科学出版社"十四五"普通高等教育本科规划教材

新编农林经济管理专业本科精品教材

# 资源与环境经济学

韩洪云 编著

科 学 出 版 社

北 京

# 内 容 简 介

  本书共分为三篇：基础篇、理论篇和应用篇。基础篇通过相关概念的介绍，为资源与环境经济学的学习奠定概念基础；理论篇则介绍关于资源与环境管理相关理论的系统知识；应用篇进一步在对世界环境管理模式演进趋势进行归纳总结的基础上，提出中国环境管理面临的现实挑战。

  本书全面、专业和全球化的特点会激起任何想要学习资源与环境管理研究的读者的兴趣。本书可作为各高等院校本科生、研究生学习的基础教材，以及各培训机构的参考教材。由于本书的理论与实践的结合特性，对于从事资源与环境管理的管理人员、企业管理者，也是不错的参考资料。

**图书在版编目（CIP）数据**

资源与环境经济学 / 韩洪云编著. —北京：科学出版社，2022.4
科学出版社"十四五"普通高等教育本科规划教材
新编农林经济管理专业本科精品教材
ISBN 978-7-03-067468-5

Ⅰ. ①资… Ⅱ. ①韩… Ⅲ. ①资源经济学 – 高等学校 – 教材 ②环境经济学 – 高等学校 – 教材 Ⅳ. ①F062.1 ②X196

中国版本图书馆 CIP 数据核字（2020）第 256064 号

责任编辑：王京苏 / 责任校对：贾娜娜
责任印制：张 伟 / 封面设计：蓝正设计

科学出版社 出版
北京东黄城根北街 16 号
邮政编码：100717
http://www.sciencep.com

**北京九州迅驰传媒文化有限公司** 印刷
科学出版社发行 各地新华书店经销

\*

2022 年 4 月第 一 版 开本：787×1092 1/16
2023 年 2 月第二次印刷 印张：29
字数：678 000
**定价：98.00 元**
（如有印装质量问题，我社负责调换）

# 作 者 简 介

　　韩洪云，女，1965 年 8 月生，现为浙江大学公共管理学院、浙江大学中国农村发展研究院教授，博士生导师，2000 年 7 月获管理学博士学位。先后赴澳大利亚国立大学（Australia National University）和泰国朱拉隆贡大学（Chulalongkorn University）进行访学与项目合作研究，主要从事资源与环境管理的研究工作。近年来主要从事资源与环境经济学、宏观经济学方面的教学和研究工作，尤其是在水资源管理、环境政策等研究方面取得了突出成绩。主持国家社会科学基金重大、重点和一般项目，国家自然科学基金和农业部软科学等项目十多项，主持多项国际合作项目，发表学术论文一百余篇，出版著作 8 部。

# 新编农林经济管理专业本科精品教材
## 编审委员会

总 主 编　钱文荣

执行主编　金少胜　阮建青

委　　员（按姓氏拼音排序）

丁关良　郭红东　韩洪云　茅　锐

张忠根　周洁红

# 总　　序

改革开放 40 多年来，我国农业、农村的发展取得了举世瞩目的成就。农村基本生产生活条件明显改善，农民收入稳步增长，生活质量显著提高，为农业、农村最终实现现代化奠定了坚实的基础。尤其是党的十八大以来，伴随着新型城镇化进程的加快和经济发展步入新常态，我国"三农"发展呈现出了一系列新特点：家庭农场、农民专业合作社、农业企业等新型农业经营主体应运而生，各种"新农人"快速成长；农村集体土地产权制度改革、农村土地制度综合改革等扎实推进，农民财产被有效赋权和保护；绿色农业、农产品加工业、观光农业、休闲农业、体验农业、农家乐、民宿等产业快速发展，农村一、二、三产业融合态势明显；政府购买服务、担保贴息、民办公助、风险补偿、社会捐资等投融资模式在农村多点开花，政府引导、多方参与的"三农"投入新机制渐见雏形。然而，当前农业农村发展还是相对落后，"三农"问题依然是影响我国全面建成小康社会的短板，农业不够强、农民不够富、农村不够美的问题依然存在，加快农村综合改革、推进城乡平衡发展是我国未来一段时间内面临的重大任务。我国农业农村改革发展中面临的新问题、新变化，对我国农林经济管理专业人才培养提出了新要求，也呼唤与之相适应的系列教材建设。

浙江大学农林经济管理专业有着悠久的历史，在多年的教学改革发展中已经形成了自己鲜明的特色。该专业最早起源于 1927 年国立第三中山大学（浙江大学前身）的"农村社会学系"，1936 年更名为"农业经济学系"后开始招收研究生。1981 年，经国务院学位委员会批准，获得硕士学位授予权；1990 年，获得博士学位授予权；1991 年，获批设立博士后工作站。近年来，浙江大学农林经济管理专业的改革发展取得了明显成效。2007 年，该专业被列为首批国家级特色专业；2015 年，以学习成果导向理念设计的学习质量保证体系（assurance of learning，AOL）正式运行，得到了同行们的广泛认可。"新编农林经济管理专业本科精品教材"系列正是为了更好地适应农林经济管理专业改革发展和新时代人才培养需要而编写的。

"新编农林经济管理专业本科精品教材"涵盖了农林经济管理专业的主要核心课程，在内容上力求既体现中国改革开放 40 多年来的改革发展成果尤其是农业、农村发展的中国故事、中国道路和中国经验，又能够与国际前沿接轨并形成完整的专业知识体系，努力做到系统性与创新性、理论性与实践性的有机结合。但由于我们水平有限，其中一定还存在诸多需要进一步完善的地方，希望广大同仁和读者不吝指教！

本次教材的编写与出版，得到了浙江大学国家"双一流"学科建设经费的大力支持，科学出版社的编辑付出了卓有成效的努力，在此表示衷心的感谢！

钱文荣

2019 年 12 月

# 目　　录

## 基础篇：相关概念

## 理论篇：资源利用与环境管理

## 应用篇：世界环境管理模式演进趋势及中国面临的挑战

# 绪　　论

## 第一节　资源与环境经济学：产生与发展

### 一、资源与环境经济学的内涵

资源即资财的来源，是人类创造社会财富的起点，包括一切可利用的有形物质和无形要素。按其来源，资源可分为自然资源和社会资源。自然资源是指广泛存在自然界的能为人类利用的自然要素，如土地、矿产资源、气候资源、生物资源等。根据联合国环境规划署（United Nations Environment Programme，UNEP）的定义，自然资源是指在给定的时间和地点，能够产生经济价值，以提高人类当前和未来福利的自然环境因素与条件。自然资源包括自然环境、土地、森林、草原、能源和矿产资源；社会资源也称为经济资源，是指在历史上及现有生产上形成发展起来的具有经济意义的固定资产和基础设施，包括人力、知识、信息、科学、技术及人类社会发展累积起来的资本和社会财富等。

长期以来，人们把水、空气等环境资源看成取之不尽、用之不竭的"无偿资源"，把自然当作净化废弃物的场所，不必付出任何代价和劳动。这种经济发展方式，在生产规模和人口规模不大的时代，对自然和社会的影响，在时间上、空间上和程度上都是有限的。从20世纪50年代起，社会生产规模急剧扩大，人口迅速增加，经济密度不断提高，从自然界获取的资源大大超过自然界的再生增殖能力，排入环境的废弃物大大超过环境容量，导致全球性的资源耗竭和严重的环境污染与破坏问题。

自然环境是环绕人类周围的各种自然因素的综合，包括大气、水、植物、动物、土壤、岩石矿藏、太阳辐射等。自然环境是人类赖以生存的物质基础。环境本身也是资源，因为其具有稀缺性、有用性和天然性的资源特性。环境的污染和破坏，除了人们未能认识的自然生态规律外，环境资源的产权制度缺失及环境资源使用上的社会贴现率与私人贴现率不一致，则是资源与环境退化的主要原因。由于产权制度缺失，因而如河流、林地和草场等在环境资源利用上产生了"公地悲剧"；私人贴现率与社会贴现率的不一致，则是导致在资源利用过程中不能全面权衡经济发展和环境保护之间的关系，资源利用与环境管理只考虑近期的直接的经济效果，忽视了经济发展给自然和社会带来的长远的影响。

随着经济与环境研究的日渐深入，一些经济学家认为，仅把因经济发展引起的环境退化当作一种特殊的福利经济问题，责令生产者偿付损害环境的费用，或者把环境当作一种商品，同任何其他商品一样，消费者应该付出代价，都没有真正抓住人类活动带来环境问题的本质，难以解决经济和社会发展对环境造成的深刻影响。许多学者研究认为，必须在经济发展规划中考虑生态因素，经济发展中的资源与环境管理的生态因素思考，要求社会经济发展必须既能满足人类的基本需要，又不能超出环境负荷，资源与环境的可持续利用，成为资源与环境管理的核心内容。资源与环境的议题管理是资源与环境可持续发展的关键。

本书所指的资源主要是自然资源，环境是指自然环境，研究的主题包括资源的效率利用、最优分配和可持续发展，以及环境管理的政策设计和环境退化的人类影响。

## 二、资源与环境经济学的研究范畴

资源可持续利用和环境管理，更远在于资源与环境利用的规则的厘定。要在掌握环境变化过程中，维护环境的生产能力、恢复能力和补偿能力，合理利用资源，保护环境，在促进经济发展的同时维护环境的生态健康，必须客观地把握与分析生态系统资源、环境和生态系统的内在联系，必须首先厘定资源、环境和生态系统的内涵与外延，必须客观地把握与分析在生态系统中资源、环境和生态系统的逻辑关系，必须分析狭义环境经济学、资源经济学和生态经济学的研究范围与研究内容，以及三者之间的内在逻辑关系。

对于环境经济学、资源经济学和生态经济学三者的关系，学界还没有一致的看法。有学者认为，这三门学科研究的内容有密切的联系，其中既有共同的部分，又有不同的部分。它们分别研究环境、生态系统和资源开发利用中的经济问题，虽然有一部分重叠交叉，但研究的重点和角度不同，各自都是一门独立的学科。

具体而言，三门学科侧重点各有不同，具体分析如下。

### 1. 环境经济学

环境经济学作为经济学的一个分支学科，兴起于 20 世纪五六十年代，当时在西方发达国家，严重的环境污染激起了强烈的社会抗议，引起许多经济学家和生态学者重新考虑传统经济定义的局限性，从而把环境和生态学的内容引入经济学研究中。环境经济学的发展，在两个方面为人类知识的发展做出了贡献：一是扩展了环境科学的内容，使人们对于环境问题的认识增添了经济分析这个极为重要的视角；二是使经济科学在更为现实和客观的基础上得到发展，增强了经济学对于社会现象和人类行为的解释力，为人类克服环境危机的现实行动提供了极大的帮助。

环境经济学是一门"年轻"的学科，直到 20 世纪 60 年代才得以兴起，而且在环境经济学和资源经济学的范围划分方面也存在分歧。可以认为具体的环境也是一种自然资源；反过来，自然资源又是环境整体的一个内在组成部分。在环境经济学之前相当长的时期中，绝大多数人错误地认为没有必要专门对环境问题进行经济学研究。在他们看来，自然资源的供给与其他生产要素的供给之间不存在实质性的差别，无须专门研究。

作为废弃物排放场所并具备自我净化能力的人类生存环境，是取之不尽、用之不竭的，因此无须纳入以稀缺性资源的效率配置为研究内容的经济学研究领域中。

实际上，社会经济的再生产过程（包括生产、流通、分配和消费）不是在自我封闭的体系中进行的，而是同自然环境有着紧密的联系。自然界提供给劳动以资源，而劳动则把资源变为人们需要的生产资料和生活资料，同时产生废弃物。劳动和自然界相结合成为一切财富的源泉。社会经济再生产的过程是不断地从自然界获取资源，同时又不断地把各种废弃物排入环境的过程。人类经济活动和环境之间的物质变换，说明社会经济的再生产过程只有既遵循客观经济规律又遵循自然规律才能顺利地进行。环境经济学就是研究合理调节人类经济活动，使之符合自然生态平衡和物质循环规律，使社会经济活动建立在环境资源的适度承载能力基础之上，综合考量短期直接效果和长期间接效果，兼顾自然资源利用的代内公平和代际公平。环境经济学存在广义和狭义的划分，狭义环境经济学着重从经济的角度研究环境污染的原因和对污染进行控制的途径；广义环境经济学则包括狭义环境经济学、资源经济学和生态经济学的内容。因为产权制度可将环境污染与资源配置内在地联系起来，而环境问题的分析和解决，必然要求将其置于自然、人工和社会的复合生态系统的框架之中。资源与环境经济学研究的是广义环境经济学的内容。

环境经济学以经济学理论为基础，其中主要有微观经济分析中的均衡理论、福利经济学、信息经济学、公共选择理论及新制度经济学的理论和方法，并将生态学、系统论、控制论及资源学的相关理论分析框架纳入其中。环境经济学的研究内容主要包括下述四个方面。

（1）环境经济学的基本理论与方法，包括社会制度、经济发展、科学技术进步同环境保护的关系，以及资源和环境价值计量（包括对未来的贴现）的理论与方法等。

经济发展和科学技术进步，既带来环境问题，又不断地增强保护和改善环境的能力。要协调它们之间的关系，须改变传统的发展方式，把保护和改善环境作为社会经济发展及科学技术发展的一个重要内容与目标。传统的经济增长模型只考虑劳动（$L$）、资本（$K$）和技术进步（$T$）对生产的贡献，这显然是不够的。当资源（$R$）和环境（$E$）的价值可以计量后，应把它们纳入经济增长的模型分析之中，即 $Q=f(L, K, T, R, E, t)$，$t$ 为时间因素。

这一生产函数对经济活动的投入要素进行重新审视，当人类活动排放的废弃物超过环境容量时，为保证环境质量必须投入大量的物化劳动和活劳动，这部分劳动已愈来愈成为社会生产中的必要劳动。同时，为了保障环境资源的永续利用，也必须改变对环境资源无偿使用的状况，对环境资源进行计量，实行有偿使用，使经济的外部性内在化，以及经济活动的环境效应能以经济信息的形式反馈到国民经济计划和核算的体系中，保证经济决策既考虑直接的近期效果，又考虑间接的长远效果，兼顾局部利益和社会整体利益。

（2）资源的最优配置。环境污染和生态失调，在很大程度上是对自然资源不合理的开发和利用造成的。合理开发和利用自然资源，合理规划和组织社会生产力，是保护环境最根本、最有效的措施。为此必须改变单纯以国内生产总值（gross domestic product，GDP）衡量经济发展成就的传统方法，把环境质量的改善作为经济发展成就的重要内容，使生产和消费的决策同生态学的要求协调一致；研究把环境保护纳入经济发展计划的方法，促进环保产业协调发展；研究生产布局和环境保护的关系，按照经济观点和生态观点相统一的原则，拟订各类资源开发利用方案，确定一国或一地区的产业结构，以及社会生产力的合理布局。这方面的研究需要综合运用经济学、生态学、系统论和控制论等理论与方法。

（3）环境保护的经济效果，包括环境污染、生态失调的经济损失估价的理论和方法，各种生产生活废弃物最优治理和利用途径的经济选择，区域环境污染综合防治优化方案的经济选择，各种污染物排放标准确定的经济准则，各类环境经济数学模型的建立，等等。

（4）运用经济手段进行环境管理。经济方法在环境管理中是与行政的、法律的、教育的方法相互配合使用的一种方法。它通过税收、财政、信贷等经济杠杆，调节经济活动与环境保护之间的关系、污染者与受污染者之间的关系，促使与诱导经济单位和个人的生产及消费活动符合国家保护环境及维护生态平衡的要求。通常采用的方法有征收资源税、排污收费、事故性排污罚款、实行废弃物综合利用的奖励、提供建造废弃物处理设施的财政补贴和优惠贷款等。

总体上看，环境经济学的发展可以沿着两条路径来追寻：一是环境经济学作为独立学科的建设和发展，其中包括理论发展和学科教育的完善；二是环境经济学作为经济发展政策、环境保护政策和可持续发展政策的理论基础所起的实际作用与效果。在这两个方面，环境经济学都表现出鲜明的特点：把环境问题作为经济问题来对待，分析环境问题的经济本质并提供有效的政策选择。环境经济学是连接经济发展与环境保护的桥梁。环境经济学是一门新兴的学科，完整的理论体系和研究方法都有待建立与充实。随着人们对经济再生产过程与生态系统相互作用认识的深化，对经济规律与生态规律相互关系和综合作用的研究，将取代目前对经济规律和生态规律的分别研究。这将为探索建立一种既能充分利用、保护、提高自然生产力和环境自净能力，又能综合利用自然资源的多层次的社会经济生态系统提供条件，从而保证经济发展既有利于提高近期经济效益，又有利于发挥长远生态效果。

环境经济学是运用经济学理论与方法研究自然环境的保护和发展的学科。关于其研究对象，一般认为至少包括环境污染治理，以及生态平衡的破坏与恢复。有争议的是，环境经济学的内容是否应进一步拓展，以将全部生态问题都纳入自身研究范围之内。环境经济学的研究方法，同样源于现代经济学，它为环境分析提供了一种思想方法和分析工具，并可为环境问题的解决提供现实的、有效的工具。与纯粹的环境保护主义者的观点有所不同，环境经济学并不主张零污染，而是希望在经济发展和环境保护之间达到协调。环境经济学通过社会成本效益分析等途径来评价环境变化的经济价值，探讨环境恶化的经济原因，最后设计经济机制来减缓乃至消除环境的恶化。

2. 资源经济学

事实上，从托马斯·马尔萨斯（Thomas Malthus，1766—1834 年）开始，经济学家们就开始关注人口、资源与环境的关系。第二次世界大战结束后，由于各国人口的迅速增加以及发展中面临的严重社会问题和矛盾冲突，全球弥漫着浓厚的悲观主义气氛。特别是20世纪50~60年代出现在发达国家的一系列严重的环境污染事件震撼了各国政府及社会各界，环境污染和治理成为热点问题。如果说皮尔逊（Pearson）和哈珀（Harper）合著的《世界的饥饿》还只是马尔萨斯论的翻版的话，福格特（Vogt）的《生存之路》则开始关注工业化以来的若干重要的消极后果。他认为由于人口增长和滥用自然资源，世界人口增长正在超过土地和自然资源的承载力，人类面临生存危机。

卡逊（Carson）用通俗的笔调描述了环境污染后的《寂静的春天》，其影响之深远，被认为是一个新的生态学时代的开始。在 1972 年问世的颇有争议的《增长的极限》中，通过运用多种宏观模型模拟人口增长对资源消耗的过程，预测人口高速增长将带来灾乱性后果，给不顾生态环境代价而沉溺于经济增长的传统理念敲响了警钟，使长期支配人类的单纯的经济增长观受到怀疑与批判，曾一度成为当时环境运动的理论基础。总体上看，这些理论大多对资源约束和环境恶化条件下人类的发展前景持较为消极的态度，最典型的是一些更为悲观的理论鼓吹"零增长"，从理论的悲观色彩上看它们和马尔萨斯论是一致的。尽管这些悲观的理论和预测大多失败了，但它们在警醒人类走向可持续发展道路方面无疑是胜利者。

出于对资源环境问题的关注，经济学、环境科学及其他相关学科的研究者们从不同于人口经济学的角度，广泛开展了对资源与环境问题的研究，并形成了自身的学科体系和研究方法。资源经济学，严格地说，自然资源经济学是一门相对"年轻"的学科，它主要研究资源有效配置问题以及资源配置决策的收入分配效果。资源经济学主要研究自然资源方面的政策问题，包括土地、森林、水资源、大气及生态系统等方面的问题。资源经济学力图分析这些资源在经济社会发展过程中的最优配置问题，提出相关政策建议。它着重研究各种选择方案、政策和工程项目的效益与成本，以及这些效益与成本对各方面的影响范围，包括地理方面、经济部门之间、社会经济阶层之间的利益分配及动态趋势。资源经济学的概念和方法，包括贴现、价格、成本及个人偏好等，在其基本分析中，个人偏好是价值的主要指标。

3. 生态经济学

生态经济学从生态系统的角度研究人口、资源与环境问题。由于当代人与自然的关系日趋对立，已经威胁到人类社会健康稳定的发展。生态经济问题成为牵涉世界各国社会、经济和科技等方面的综合性问题，是现代经济社会发展的全局性问题。

围绕着人类发展与生态环境的关系，近年来国际上出现了各种各样的理论与思潮，从协调经济社会发展与自然生态改善的发展关系这个意义上说，大致可以分为三种具体形态的生态经济模式：采取放弃发展经济来保护生态环境的原始生态经济模式；通过牺牲生态环境来实现经济发展的传统生态经济模式；通过限制资源消费和放慢经济增长来求得人类社会与经济的持续稳定增长的现实生态经济模式。这三种具体形态在本质上都属于消长互损型的生态经济模式，它们不能很好地符合现代经济社会发展和人类自身发展的客观要求，现代经济社会需要一种实现生态与经济协调发展的理论与模式，这就是生态经济协调发展论。生态经济协调发展论提出和阐明了生态经济学的七条基本原理，具体如下。

（1）生态经济两重理论。人既是自然人又是社会人，是社会机体和自然机体的统一，这使人类社会经济活动既要引起社会经济变化，又要引起自然生态变化，这两方面变化导致社会生产过程和社会经济运动的两重性。所以，人类历史发展是社会经济发展和自然生态发展的统一。

（2）生态经济有机整体理论。现代生态经济系统是由生态系统和经济系统相互联系、相互制约、相互作用而形成的不可分割的生态经济统一体，因而现代经济社会是一个由经济社会和自然生态融合而成的生态经济有机整体。

（3）生态经济全面需求理论。在现代经济社会中人的需求是多要素统一的需求综合体系。其中最基本的有三个方面：一是物质需求；二是精神需求；三是生态需求，现代人的全面需求是以生态需求为显著特征的。

（4）生态经济生产理论。现代经济社会再生产是生态经济有机系统再生产，它不仅包括物质资料再生产和精神再生产，还包括人类自身再生产和自然生态再生产。现代生产力愈发达，四种再生产愈加融合成为生态经济再生产。

（5）生态经济价值理论。在现代经济社会条件下，人类劳动不但创造商品价值，而且创造生态价值，使现代生态经济系统中的生态环境不但具有使用价值，而且具有价值，生态经济价值是商品价值和生态价值的统一。这样，社会产品既包括经济系统的经济产品，又包括生态系统的生态产品，社会财富既包括经济财富，又包括生态财富。

（6）生态经济循环理论。循环运动是生态经济系统运动的基本形式，物质循环、能量流动、信息传递、价值增殖是生态经济循环运动的具体形态，也是生态经济系统的四大基本功能。因而生态经济循环运动是生态循环运动和经济循环运动的统一运动，经济发展并不只是经济的循环所带来的，而是从经济循环和生态循环当中得到的。所以，必须把经济发展建立在生态良性循环和经济良性循环有机统一的基础上。

（7）生态经济战略理论。现代经济社会发展必须实行协调发展战略，实质是生态经济协调发展战略，其主要内容是经济、社会、科技、生态四大系统的协调发展战略。因而，现代经济社会发展战略是经济社会发展战略和自然生态环境发展战略相统一的发展战略。

生态经济协调发展理论，是依据马克思主义的基本原理，对当今世界上客观存在的全球问题进行科学分析；对人类社会发展，特别是进入现代化社会后的世界经济社会全部因素和整个自然因素互相作用的发展进程的具体情况进行历史分析；对不同社会制度间极端复杂的生态经济关系进行实事求是的分析而得出来的，人类历史发展已经进入把自然与社会作为统一整体来揭示经济社会发展的清晰图景的新时代。进入 20 世纪 90 年代，生态经济协调发展的理论与实践，正在向可持续发展领域扩展与融合，现在人们正从探讨生态与经济间的一般协调关系，并在对不考虑生态资源的传统经济发展方式产生的极不经济后果这一严酷现实的检讨中，开始深入研究生态与经济间的有机结合的条件方式、途径和机制等深层次内容，从而使生态经济协调发展成为贯穿可持续发展经济学的红线，形成可持续发展经济学的基本范畴、基本原则、主要形态、行动法则及其理论体系。因此，在生态经济协调发展理论的基础上创立可持续发展经济理论，是今后生态经济理论发展与应用的基本任务，只有实现这种发展与应用的重大转变，它才符合现代人类发展的客观要求。

总的来看，这三门学科虽然研究的侧重点各有不同，但研究对象本质上是相同的。生态经济学是研究经济发展和生态系统之间的相互关系，经济发展如何遵循生态规律的科学，这同环境经济学研究的对象和内容是一致的；而资源经济学是研究整个资源开发利用中的经济问题；环境保护从实质上讲也是保护环境资源、合理利用环境资源问题，与环境经济学研究的内容基本上是一致的。

自然资源和自然环境是一个事物的两个侧面，两者之间并不存在截然区分的界限。资源与环境经济学的研究，则是将资源的最优配置与环境资源的有效保护有机结合。本书作为对资源利用与环境管理的专门研究，将致力于资源的最优利用与环境管理的政策设计研究，为政府资源配置与环境管理政策制定提供理论依据。本书就是资源与环境统一管理思想的一个实践，将资源与环境放在一个统一的架构下进行分析，基于资源与环境自然科学特性基础上的经济分析，是一个社会科学的研究方法与自然科学的有效结合，必将能够为资源与环境管理的政策制定提供坚实的理论基础和可资借鉴的政策建议。

## ■ 第二节　本书的研究方法和研究内容

### 一、本书的研究方法

自然科学涉及物的问题，而社会科学研究人的问题。自然科学最早采用科学名称，信赖并注重观察的结果和数据；而社会科学则是研究那些不能受控制的，或不能在实验室进行实验的现象，更加注重理论。自然科学在受控制的条件下产生数据，并作为检验理论的一个方法，因此，能够通过实验设计和所产生数据检验理论；而社会科学的理论试图说明的是个人和群体的动机与行为，以及社会制度对它们的影响。因此，社会科学在研究过程中更多地使用数据以了解和分析相关理论，利用数据来分析需要解决的社会问题，这些数据是概念上和统计上的有效数字。代替产生数据的实验室，经济学家发展了更为复杂的多重变量概念和统计技术，以分析影响主要变量的大量研究对象。科学是系统可靠的知识的有组织积累，其目的是对相关理论或研究对象进行理性的解释和预测分析。

经济学（economics）就是探讨如何分配有限资源以达到效用最大的一门学问。这里的效用包含个人效用、厂商利润或是全民福祉。由于资源有限，如何有效地使用，就是一门很重要的学问。换句话说，经济学就是一门探讨选择的学问，由于资源有限，人们可以做的就有限。经济学是一门研究人类经济行为和经济现象及人们如何进行权衡取舍的学问。正是由于资源的稀缺性与人的欲望的无止境这一对基本矛盾才产生了经济学；同时，资源的稀缺性迫使人们做出选择，用有限的资源最大限度地满足人们的欲望。现代经济学按照科学的方法并运用分析工具——通过观察、理论和再观察——来系统地探索人类经济行为和社会经济现象，有其科学的分析框架和研究方法。

经济学是一门研究人类经济行为和解释人们如何进行权衡取舍的学问，用有限的资源最大限度地满足人们的欲望，资源的稀缺性迫使人们做出选择。一个经济问题就是在某些条件下将相关的目标值最大化的问题，与研究方法论具有紧密联系的三种哲学包括实证主义、规范主义和实用主义。经济研究的实证主义作为一种哲学，坚持只有通过观察获得的知识才是可信赖的；规范主义哲学强调人们认为有价值的那些问题，如效率、福利、收入、生活标准等；实用主义则认为，对于描述性知识来说，重要的是它如何很好地解决眼前的问题并发挥作用。由于经济学研究中研究类型的不同，实证主义、规范主义和实用主义这三种哲学的重要性相对有所不同。通常经济学的研究方法被简单地区分为两类：一类纯粹从科学的角度来研究问题，不加入任何主观价值判断，只去研究问题的本身，称为实证经济学；另一类加入主观判断，称为规范经济学。然而，现实的经济研究往往难以明确区分到底用的是哪一种方法，因为在研究目标的选择过程中价值判断发挥重要的作用，在试图回答所要回答的问题时，往往采用实证研究的方法，因此，可以说在经济学的研究过程中，规范经济学指导实证经济学的研究，实证研究的背后都有规范问题，实证研究离不开规范，实证分析的结果使规范研究具有说服力。本书的绝大多数论点都是实证性的；同时，本书的具体政策建议包含一定的价值判断，即涉及应该做什么的问题。

公共选择理论认为经济学是一门交易科学，经济学研究的特定主题就是人们在市场关系中的行为。把经济学的这一方法运用于政治学研究，它所展现的政治是个人、集团之间出于自利动机而进行的一系列交易过程。"决策必须更多地以未来前景为基础而非过去的成就，在这种情况下，必须对可采用的科学实践方法做出决定"，"经济学的政策科学是去发现个人和集体要求，以使他们更好地实现他们的目标"，"实践产生的政策建议与受政策问题影响的个人所想达到的目的完全对应"（布罗姆利，1996）。资源与环境经济学试图从实证分析的角度，给出资源环境经济学的研究范畴、资源可持续利用的原则，以及环境政策选择与设计的原则和发展目标。资源与环境管理的公共政策制定本身也是交易，是有关资源与环境利用规则的制度交易。

方法论上的个人主义在公共选择中的运用，可以说，经济学家把政治学研究向前推进了一大步。公共选择把个人的目的性放在首位，用个人的行为目的来解释政治过程，它展现的是政治过程的个人主义理论。公共政策本质上是关于规定个体和集体选择的制度安排结构；在制度变迁中，由于不同体制、权力和组织设置而获得的额外收益就是"租"，这是公共政策存在的理由；寻租是有成本的，表现为政治交易的费用；政府和利益集团是制度变迁中典型的两种组织，政府创租和利益集团寻租是不同的两种公共政策政治交易过程，表现为公共政策议程；有效率的公共政策选择依赖于制度结构，是制度结构赋予成本和收益以意义。20 世纪 60 年代末期，公共选择进入政治领域的研究，这不仅是经济学的方法，而是作为一种方法论，唯独经济学家推进了政治学研究。布坎南在"公共选择与财政理论"一文中阐述了经济学家对政治学研究的推进作用："毫不奇怪，现代公共选择理论的主要创始人都是一些受过欧洲财政理论传统训练的经济学家。"经济学对政治学有推动作用，人们对这一功效至今还是深信不疑。

关于经济学方法论的最为经典的论文是弗里德曼撰写的"实证经济学方法论"。在该文中弗里德曼提出了著名的"假设条件不相关"命题，其含义是，理论的作用在于解释现象和预测现象。对于理论的取舍以理论的推论是否和现象一致，即理论是否能解释和预测现象为依据，而不能以理论的假设是否正确为依据。例如，在国际贸易理论中著名的"要素价格趋同理论"，按此理论，如果两国之间的货物贸易是完全自由的，不存在贸易摩擦和交易成本，则通过货物贸易，两国的劳动力和资本等要素价格将会趋同。显然，不存在完全自由、没有摩擦和交易成本的贸易，但不能以此来否定这个理论，是否接受这个理论，依据开放贸易以后两国的工资和利率水平的差距是否缩小而定。理论和地图一样，是信息节约的工具，只要能说明主要变量之间的因果关系即可，因此，要舍掉一些无关紧要的条件，仅保留最重要的条件，否则，理论丝毫没有节约信息，也就不称其为理论了。

在人是理性的前提假定之下，经济理论无非是描述一个理性的人，在给定的条件下，如何做选择，以达到其目标的最大化，而选择的结果正好是理论所要解释的现象。因此，一个经济理论能否解释我们所观察到的现象的关键就在于这个模型中的给定条件是否合适。所以当要构建一个理论时，首先要了解限制当事人的选择的给定条件是什么。其次，理论是一个信息节约的工具，理论模型并不是越复杂越好，而是要尽可能地简化，限制条件要尽可能地少。要用很少的给定条件来解释观察到的现象，一般学者容易采用带有很强的"模型特定性"（model specific）和"问题特定性"（problem specific）的条件，因此，这样的模型缺乏普遍适用性。

经济学对人类分配有限资源以满足其需要的活动进行研究，其中心在于研究人类在竞争性用途中分配资源的活动。经济学研究被期待能用于理解和处理当前与未来的社会问题。经济学是用科学的方法来解释现象或人的行为，在科学的范畴内，回答为什么。作为对现实的抽象，经济模型的形成全部或部分地来自理论，经济模型常用数学公式表示并被设计为能够对经济现象提供解释和进行预测，其目的在于解释一种关系或一种制度是如何起作用的，弄清促使现象得以产生的因素和力量，并尽可能详细地说明这些力量是如何相互作用从而引发某一经济现象的。需要注意的是，理论模型为了简化起见，通常需要把给定的条件尽量简化，但在现实生活中对所要解释的现象可能产生影响的因素很多，在做计量检验时则必须将其他可能影响的因素尽可能地考虑进来，以便控制其他因素的影响，分离出理论模型所重点考察的因素的影响。

本书通过理论模型的运用，运用局部均衡分析方法，探索可再生资源和不可再生资源的最优利用与配置，以及环境资源管理政策设计的可行选择。具体而言，本书研究采用以下研究方法。

1. 古典经济学：斯密、马尔萨斯、李嘉图和穆勒对自然资源经济学发展的贡献

虽然自然资源与环境经济学作为一门明确的分支学科而出现是相对来说较近的事情，但有关自然资源与环境问题的要旨很早以前就有过描述。例如，它是古典经济学家所关注的主要问题，这一点在他们的文章中表现得极其明显。"古典"标签确认了 18

世纪和 19 世纪的一大批经济学家，这一时期正处于工业革命兴起（至少在欧洲和北美的大部分地区）及农业生产率飞速增长的阶段，有关于贸易和增长的发展进行合适的制度安排的政治经济争论的主题被重新提起。

这些论题是亚当·斯密（Adam Smith，1723—1790 年）著作的中心要点。虽然斯密的重点放在我们现在所称的市场的动态影响上，但他是第一个系统论述市场对资源配置的重要性的作者。他的主要作品《国富论》包含有"看不见的手"的作用的著名论述：

由于每个人仅仅是为了获取利润而进行投资，故他总是设法将资金投入可能具有最大价值的产品上，或者投资于生产能够换来最大价值的产品的企业中。于是每个人都力图将资金投入本国的企业，并引导该企业生产最大价值的产品；每个人都在力图应用他的资本，来使其生产品能得到最大的价值。一般地说，他并不是有意增进公共福利，也不知道究竟能增进多少……其实这种情形和其他很多情形一样，他只是被一只看不见的手引导着，去达到一个并不是他有意追求的目标……

通过追逐个人的利益，他更经常的是增进了社会的利益，其效果要比他真正想增进社会利益时所得到的效果更好。

——斯密《国富论》（1776 年），第四卷，第 2 章，第 477 页

以上对市场机制作用的简略描述是现代经济学包括资源与环境经济学在内的一个基本信条。究竟是什么决定了生活水平和经济增长，一直是古典经济学家感兴趣的问题。自然资源通常被看作国家财富及其增长的决定性因素。经济增长受到土地供应的制约和支配，关系到生活水平的长期发展前景，这一线索贯穿整个古典政治经济学。土地（有时用来指总的自然资源）的可获得性被认为是受限制的。早期的古典经济学家认为，当土地是生产必不可少的投入并表现出报酬递减时，经济增长只是短暂的历史特征，其最终将不可避免地进入稳定状态。

托马斯·马尔萨斯在一篇名为"人口原则"的文章中进行了有力的论述，以至现在习惯称那些对长期持续经济增长持怀疑态度的人为"新马尔萨斯主义者"。马尔萨斯认为，不变的土地供给，对人口持续正增长趋势的假设以及农业上的报酬递减，预示着在长期中每单位资本的产出将呈现下跌趋势。按照马尔萨斯的说法，存在一种使人们的生活下降到只能维持生计的最低水平的长期趋势。在维持生计的最低工资水平上，现状只能容许人口的再生产维持一个不变的水平，经济达到稳定状态。

稳定状态的概念是由大卫·李嘉图（David Ricardo，1772—1823 年）提出并发展的，尤其是在他的《政治经济学及赋税原理》一书中得到具体论述。该书以能够获得小块不同质量土地的构想代替马尔萨斯不变土地供给的假定。农业能够通过扩大内延（在一块给定的土地上进行更加集约化的耕作）或外延（开垦更多的荒地应用于生产）的方法来增大产出。然而在任何一种情况下，土地投入的报酬都被认为是递减的。经济发展只能以这样一种方式进行，即"经济剩余"逐渐以地租和土地报酬的形式被占用，经济最终走向马尔萨斯所称的稳定状态。

在约翰·斯库尔特·穆勒（John Stuarti Mill，1806—1873 年）的著作中，可以看到处于顶峰状态的古典经济学的完整陈述。穆勒的著作采用了报酬递减的观点，但同时更

普遍地承认知识增长和技术进步对农业及制造业的补偿作用。文章指出，当时在英国，人均产出显然在增加，而不是下降。考虑到由于殖民开拓获得了新的土地，矿物燃料日益得到开发及革新使农业生产率飞速增长从而减轻了对外延界限的制约，故他不太看重报酬递减的影响。稳定状态的概念没有被抛弃，反而被认为是能够达到相对较高水平的物质繁荣的一种状态。

2. 新古典经济学：边际理论和价值

19 世纪 70 年代一系列主要著作的发表形成了新古典经济学派，并拉开了代替古典经济学的序幕。成果之一是对价值的解释有一定变化。古典经济学认为，价值决定于劳动，劳动力直接或间接地体现在产出中，这一观点在马克思的著作中得到最充分的体现。新古典经济学认为，价值决定于交换，反映了产品偏好和成本。价格和价值的概念不再有差别。另外，相对稀缺论代替了以前的绝对稀缺论。这个变化着重为福利经济学的发展开辟了道路，对此下面还将做简要论述。

在方法论上，新古典经济学采取了边际分析技术，在给定生产函数的情况下，根据边际生产率递减规律，给予了早期的报酬递减概念以一个正式基础。杰文斯（Jevons，1835—1882 年）和门格尔（Menger，1840—1921 年）根据效用与需求理论形成了消费者偏好理论。新古典经济学分析的演变导致其重视经济行为的结构与效率而不是经济行为的总体水平。关于持续经济增长的前景暗淡的观点，也许反映了当时西欧经济增长缓慢的必然性。瓦尔拉斯（Leon Walras，1834—1910 年）提出了新古典一般均衡理论，并因此为我们在本书中广泛使用的效率和最优概念提供了一个严密的理论基础。艾尔弗雷德·马歇尔（Alfred Marshall，1842—1924 年）基于为学习现代微观经济学的学生所熟知的价格决定机制的分析，详尽阐述了供给和需求的局部均衡。现代环境经济学的实质之一就是继续使用这些技术作为解释工具。

前面我们注意到在新古典经济学发展时期，经济活动的水平（和增长）被大大忽略。战争期间工业化国家的经济萧条为约翰·凯恩斯（John Keynes，1883—1946 年）提出收入产出决定理论提供了背景。凯恩斯主义者把注意力转向总供给和总需求，以及研究市场经济只能长时期低水平地使用可获得投入进行生产，不能达到最优的经济总水平的原因。

凯恩斯主义的"宏观经济学"与新古典经济学的微观经济理论相比，其在 20 世纪中叶对重新激发起学者对增长理论的研究兴趣和促进经济增长的新古典理论的发展具有重要作用。在早期新古典增长模型的生产函数中，不含有土地等任何自然资源要素。以土地的不变投入为基础的经济增长理论，在早期的新古典经济增长模型中没有任何位置。真正将自然资源要素引入新古典经济增长模型发生于 19 世纪 70 年代，当时新古典经济学家第一次系统地调查了资源的效率及最优的消耗，这项工作及随后的发展就产生了自然资源经济学。

3. 福利经济学

主流经济学理论的最终发展，就是要设法阐释一种资源配置的选择问题。毫无疑问，这样的判断是在接受一些伦理标准的前提下才有可能成立。古典和新古典经济学家最普遍采用的伦理标准来自大卫·休谟（David Hum，1711—1776年）、杰里米·边沁（Jeremy Bentham，1728—1832年）和约翰·斯库尔特·穆勒提出的功利主义伦理学。可以说，功利主义者提出的社会福利包含一些由全社会所有个人享受的平均总效用水平。

经济学家努力寻找不需要使用社会福利函数（social welfare function，SWF）及不使用伦理原则就能够评判世界的不同状态的方法，并且该方法仍然能有效地进行资源配置。经济效率也称有效配置或帕累托最优（Pareto optimality）（相关内容将在第二章详细论述），可以证明若给定某些相当严格的条件，完全竞争的市场经济将达到帕累托最优状态。这是亚当·斯密"看不见的手"理论的新式的、更严谨的翻版。

没有维护市场的条件，资源就达不到有效配置状态，就存在"市场失灵"的情况。市场失灵的示例之一是"外部性"现象的存在。这种情况是由于产权结构的不合理，故市场不能有效调整经济人——个人和厂商间的关系造成的。市场失灵及其纠正方法将在第六章论述。环境污染的问题在第十一、十二章详细论述，它在经济学中作为外部性现象中普通类别的一个特殊例子。第六章探讨的成本-效益分析技术出现于20世纪50年代和60年代，是应用福利经济学及进行政策建议的切实可行的工具。它对环境经济学的发展具有深远的影响，我们将在第十四章中看到。

4. 生态经济学

生态经济学是一门新兴的交叉学科，其显著的特征是将经济系统看作地球这个更大的系统的子系统。也就是说，生态经济学是基于对经济与环境系统相互依赖的认识，以及根据上两个世纪以来自然科学，特别是热力学和生态学的发展，在研究共同的经济-环境系统的基础上产生的。我们将在第一章"资源、环境与可持续发展"中讨论这些问题，正是经济系统和自然系统的相互依存产生了可持续问题。

正如我们所看到的，经济行为对物质基础（即自然环境）的依赖性，是古典经济学而不是新古典经济学主要关心的问题，包括布尔丁在内的少数几个学者，在新古典经济学占统治地位的情形下，继续坚持应用家喻户晓的重要的自然规律进行经济学研究，因为这些自然规律是影响经济行为的物质基础。

生态学是研究动植物的分布及其丰富性的科学。生态系统是指一组相互作用的动植物群体和它们所处的非生物环境，是生态学研究的核心。20世纪80年代，一大批经济学家和自然科学家（主要来自生态学）得出结论：若想在理解和论述环境问题上有所进步的话，必须以交叉学科的方式进行研究，由此产生了"生态经济学"。

因此，所有致力于研究有关自然资源与环境问题的经济学家，都将自然科学和经济学紧密结合进行研究，资源与环境经济学正是在这样的背景下产生的，其从研究方法上而言是自然科学和经济学的一个完美的结合。

二、本书的研究内容

资源与环境经济学研究出现了新的发展新趋势。从国际生态经济学思想发展史来看，西方生态经济学主流学派的理论发展，已经从生态经济协调发展论走向生态经济可持续发展论，从而使其演变成为可持续性科学，其发展的新趋势表现出以下几个特点。

第一，生态经济学的本质内涵及研究对象已从"相互关系论"走向"可持续性论"。在国际生态经济学产生与发展的初期，西方学者一般认为，生态经济学研究的是生态系统和经济系统之间相互适应、相互作用的发展关系，是一门研究生态系统和经济系统的复合系统（即生态经济系统）的矛盾运动发展规律的科学。1990 年首届国际生态经济学讨论会的题目与中心议题就是"生态经济学：可持续性的科学与管理"，标志着可持续发展讨论已经形成热潮。进入 20 世纪 90 年代，科斯坦扎等一方面重申"生态经济学从最广泛的意义上讲是研究生态系统和经济系统之间关系的一个新的跨学科研究领域"，另一方面明确地把生态经济学定义为"可持续性的科学"。他在《生态经济学的实际应用》的论文集中进一步论述了这个观点。这样，"可持续性论"就占据了西方生态经济学的主导地位。

第二，生态经济学的核心问题及研究主题，已经从生态经济协调发展论转变为生态经济可持续性发展论。生态经济学把社会经济系统作为地球生态系统的子系统，探索两者如何协调发展的问题，以解决新古典经济学不能解决的人类社会经济活动与自然生态环境之间发展关系的一些重要理论和实际问题。阐明生态经济协调可持续发展的理论原则和实现途径，成为生态经济学的核心问题及研究主题。

第三，生态经济学的研究范围已由"生态—经济"二维复合系统扩展到"生态—经济—社会"三维复合系统，即生态向度是以生态发展为基本内容的；经济向度是以经济发展为基本内容的；社会向度是以社会发展为基本内容的。我们可以看出，目前西方生态经济学已经走向可持续性科学。

在西方生态经济学的发展过程中，自然资本理论是 20 世纪 90 年代以来最重要的基础理论，生态服务理论是其研究的热点领域和前沿问题。西方生态经济学的理论发展是处于一种开放的系统之中的，无论是主流学派，还是非主流学派，他们的思想理论观点都呈现出多元化的特点。目前，西方生态经济学的研究方法与分析工具呈现出多样性，其中大量采用定量分析和模型分析的方法，力求用经济学模型表达生态经济学理论，构建生态经济学的生态经济模型，也成为目前西方生态经济理论研究的一个新趋势，值得我们重视和借鉴。

生态经济协调发展论针对社会经济走向与自然生态环境相脱离的非持续发展道路，而建立在现代经济社会发展中、生态与经济间的不协调已成为当代人类生存与发展的主要矛盾。因此，揭示现代经济社会发展中的生态与经济由不协调走向协调发展的规律，寻求人类经济活动及其行为在不危及生态环境的前提下，实现经济发展与生态环境相协调的发展途径，就是生态经济协调发展理论的根本支点。正是这一探讨，深化了人们对生态经济协调发展规律的认识，人们进一步看到，寻求当代社会经济发展与生态环境相协调的发展途径，不但是当代经济社会的问题，而且关系到人类社会永久的发展问题。经济社会发展必须是在不危及后代人对生态环境资源需要的前提下，实现满足当代人需要的发展，这就是说，生态经济协调发展理论规定了经济社会发展必须在生态环境的承受能力允许范围内，满足当代人与后代人的需要，而可持续发展经济学正是建立在这个理论基础之上的，它不但要使人们的经济活动与发展行为在不危及生态环境的前提下寻求当代经济发展和生态环境相协调的发展途径，而且要使人们的经济活动与发展行为在不危及后代人对资源环境价值需要的前提下，寻求满足当代人对资源环境价值需要的发展途径，以解决当代经济社会发展与生态环境发展的协调关系。

生态经济协调发展学说为可持续发展经济理论奠定了科学基础，尤其是历史的必然，是现代人类生存与经济社会发展的客观需要，并由此使人们对现代经济发展规律性的认识进入一个新阶段。生态系统，简言之就是生态系统和环境系统在特定空间的组合，是占据一定空间的自然界的客观存在的实体。在自然界中的生物与环境、生物与生物之间存在着互相联系、互相依存的关系，并不断地进行着物质循环、能量流动和信息传递，使生物环境形成一个相对稳定的有机整体，这就是生态系统，它是生物圈的基本功能单位。自然界中各类各级、大小不一、不同层次的生态系统组合，形成多层次的、有序的、巨大的物质体系，这就是生物圈。生态系统与生物圈进行着物质循环和能量交换，因而整个生物圈也可以看成一个庞大的复杂的生态系统，是地球上最大的生态系统。

生态系统是由两大部分按照一定的结构组成的，这两大部分是生命系统和环境系统这两个子系统。生命系统就是动物、植物、微生物各种生命有机体的集合。环境系统就是光、热、气、水、土及各种有机和无机元素的集合。

整个自然界也是一个巨大的生态系统，它不但为人类提供生产与生活必不可少的原料和一些消费品，而且是补充生产力发展所需物质和能量的源泉。这正如威廉·配第（William Petty）所讲的"劳动是财富之父，土地是财富之母"一样，人虽然是自然界的宠儿，但不管人在生产与生活中取得什么样的成就，他都是自然巨系统中的一个有机组成部分，这就如同生产力系统是其中的一个子系统，要受到其机制或规律的制约一样，自然界这个巨大系统，不但向生产力系统提供其所需的能源和各种物质，而且成为生产力系统释放无用能量和废物的场所。自然界却并不是一个永无止境的自然资源宝库和垃圾场，尤其不是后者，人类活动的范围或对自然界破坏的程度，一旦超过自然恢复的能力极限，它就会反过来报复人类，最终强制限制人类生产力的发展和作用范围。

在可持续发展生态系统中，每种自然生态资源都是生态系统的生命系统或环境系统中对人类的生产或消费具有使用价值的物质和能量。换言之，它们都是人类生存与发展的资源承载体，从传统生产力的观点看那些尚不在人类劳动作用范围的自然界，是不属于劳动对象的，因此不属于经济学的研究范围。然而，那些人类劳动没有直接触及的自然界虽然不是劳动对象，但却是人类生存和经济发展必不可少的条件，理应成为经济学的研究内容。从联系的观点来看，在生态系统中，那些未被人类劳动涉及的自然界，也会受到人类活动的影响，这种影响反过来会对人类生产和生活产生影响，这种影响在今天已日益明显。

自然资源与自然环境之间的孪生性，是引发资源与环境、资源环境与经济、社会发展之间错综复杂连锁反应的决定性因素。人类开发活动恰当与否，则是决定这些错综复杂连锁反应方向的主导力量。如果开发活动不适当，如毁林造田、陡坡开荒等，或者超过最大允许开发总量，如草场超载放牧、森林砍伐量超过自然生长量等，势必造成自然资源的流失和衰竭，带来环境污染和生态破坏，并最终导致人与自然的对立。本书以广义的环境经济学作为研究内容，理应包括狭义环境经济学、生态经济学和资源经济学的内容，资源的效率利用途径和环境保护政策的制定，是本书研究的主要内容，经济发展的资源可持续利用和环境保护途径，是本书研究的最终目标。这里我们就本书所涉及的资源与环境经济学方法的三个特征进行简略概述。

### 1. 产权、效率和政府干预

我们已经阐明资源与环境经济学的核心问题是有效配置。市场和价格的作用是该问题分析的中心。正如我们已指明的，现代经济学的一个中心观点是，给定必要的条件，市场能导致资源的有效配置。明确清晰并且可实施的私有产权是必要条件之一。因为很多环境资源的产权不存在或不明晰，所以资源得不到有效配置。在此情形下，价格信号不能反映真正的社会成本和收益，显而易见，政府有必要为增进效率而采取干预政策，判断何处存在干预问题及应采取何种干预方式。正如我们在本书的后面章节所看到的，是所有资源与环境经济学研究的中心问题。

### 2. 经济决策的时间尺度

很多环境资源以存量的形式存在，从经济观点来看，这些环境资源是产生环境服务的长期财富。考虑到环境资源使用的效率与最优，我们不仅需要斟酌它们在某一时点上的使用，而且必须考虑它们长期的使用模式。也就是说，效率与最优具有短期和长期、动态和静态两个尺度。在考虑到环境资源使用的短期尺度时，必须注意由储蓄和投资所积累的资本的生产率的变化。如果消费推迟到未来的某一时期，由这种投资引起的未来消费的增值将超过被推迟的初始消费数量。推迟消费所得报酬的大小就是投资报酬率。

类似地，环境资源存量可以获得推迟利用的回报率。为了设法鉴别选择出长期内利用环境资源有效且最优的方式，必须认真考虑平常所理解的经济学中的资本回报率与环境资产的回报率。有关长期内环境资源利用的有效和最优的理论研究正在兴起，我们将在第四章和第九章进行研究，并在第十章探索环境价值评价方法。

### 3. 可耗竭性、可替代性及不可逆性

自然资源存量可按不同方法进行分类。第一种实用的分类法是按资源是否可以再生进行划分。可再生资源是指长期内能够通过生物性繁殖，具有生长能力的生物性动植物群体。不可再生资源是指长期内不具有生长能力的非生物性的矿产储量。有时也可按资源是否可耗尽进行划分，但这不是一个实用的划分，不能够表示可再生与不可再生的区别。可再生资源如果以超过它们的再生能力的速度被长期地开采也必将耗尽流量资源和存量资源。虽然存量资源——动植物群体，具有今天的利用牵涉明天是否能再获得的问题，但流量资源不具备这种情形。太阳能、风能、潮汐能及水能则是流量资源的典型范例。

本书内容结构和重点如下：

绪论：从资源与环境经济学的学科的发展历程入手，介绍资源与环境经济学的产生与发展，以及本书的研究内容、研究方法与研究主体。

基础篇：相关概念

第一章：资源、环境与可持续发展，对资源、环境和可持续发展概念内涵进行界定，指出本书的研究范畴。

## 三、写作本书的目的

写作本书的目的是为那些关注中国资源、环境现状，有志于中国资源、环境利用与管理研究的热心读者，提供一个了解西方的资源与环境经济学理论基础，将西方的资源与环境理论与中国资源利用和环境保护有效结合的契机。资源的效率分配和环境管理是本书的研究核心。贯穿本书的三个主题是效率、最优和可持续性。在绪论中，我们首先简略地解释这些主题，其次关注自然资源与环境经济学这个新的研究领域，最后我们对该研究领域的一些重要特征加以说明。随着我们研究的进展，本书将对绪论中提出的问题进行更加完整的论述和探索本书所涉及理论的应用。

效率和最优的概念在经济分析中以特定的方式使用，这一点我们将在第五章中给予一定程度的论述。然而在这里对它有一个简单直观的说明是有好处的。考虑效率的一种方法是根据丧失的机会得来的。如果资源的利用存在某种程度的浪费，那么机会就会被滥用；消除浪费（或无效率）可以为人类的某一群体带来纯收益，能源利用的无效率就是一个例子。人们经常评论说，很多能源的生产和利用都是无效率的，如果能够采取不同的技术，那么在得到最终产出的同时，也可以获得巨大的资源节约。

这类评论通常指的是那种技术或物质生产上的无效率，但是令经济学家更感兴趣的却是配置上的无效率。即使资源的利用在技术上是有效率的，但有时纯收益也可能被浪费掉。例如，假设发电厂的可选燃料有两类：一类是会产生重度污染的矿物燃料；另一类是会产生较轻污染的替代燃料。因为矿物燃料具有较低价格，往往被以利润最大化为目标的电力生产厂商所选中。然而，该污染导致了健康及清污方面所必需的开支。这些开支可能大大超过电力厂商使用较廉价燃料所节约的成本。如果他们真的利用污染大的矿物燃料，即使技术上具有效率，资源配置方式的选择仍然会导致无效率。若利用只有较少污染的资源，整个社会就能获得正的纯收益。全书将显示这一点，即纯粹的市场经济中充满了这种自然资源和环境利用的无效率。环境经济学的实质之一，就是关于经济如何避免自然资源和环境利用及配置上的无效率。

第二个主题——最优——虽然与效率相联系，不过从概念上说，它们是有区别的。为了理解最优的观点，我们有必要记住以下两点。

（1）一群人应被看作相关的"社会群体"。

（2）我们能够根据这个社会群体的一些综合目标，在一定程度上衡量对一些资源的利用决策从社会观点来看是否合乎需要。

如果对一种资源的利用方式的选择在受到任何可操作的、相关的约束的情况下，能够使目标最大化，那么该选择就是社会最优的选择。

正如我们将看到的（尤其是在第五章），效率和最优相联系的原因在于，一种资源配置如果没有效率就不能最优。也就是说，效率是最优的必要条件。这一点仅凭直觉就会明显感受到如果社会浪费了机会，那么就不能使其目标最大化（不论该目标可能是什么），但是效率不是最优的充分条件。换句话说，即使资源配置是有效率的，也不一定会令全社会最满意，产生的原因是几乎总存在各种各样不同的有效率的资源配置，但从社会观点看只有一个是"最优"的，因此对最优的观点在环境经济学分析中扮演重要角色也无须奇怪。

第三个主题是可持续性。目前我们认为可持续性关系到子孙后代。至于在资源与环境经济学中为什么考虑它的原因，我们将在第一章中讨论。关于"照顾子孙后代"的准确含义将在第二章中述及。初次涉及可持续性问题，人们可能觉得既然已经给定了最优概念，则可持续概念是多余的。如果资源的配置是全社会最优，那么它也必然是可持续的。如果可持续性重要的话，那么可以推测，它应进入社会目标日程并在达到最优的过程中被考虑到。其实事情并不如此简单。通常在经济学中所考虑的对最优的追求，没有必要也不可能充分地照顾到子孙后代。如果照顾子孙后代被看作一种伦理义务，那么对最优的追求就需要用可持续要求来约束。

## 参考文献

布罗姆利 D W. 1996. 经济利益与经济制度——公共政策的理论基础. 陈郁，郭宇峰，汪春，译. 上海：上海三联书店，上海人民出版社.

# 基础篇：相关概念

# 第 一 章

# 资源、环境与可持续发展

## 第一节 人类对于资源、环境认识的历史阶段性

### 一、人类资源稀缺认识的历史阶段性

经济发展依赖环境、自然资源及生产力的支持，同时又对环境质量造成一定的负面影响。人口增长、经济发展与资源和环境之间的关系错综复杂。历史上多数时期的大多数人都生活在赤贫和资源稀缺的状态下，稀缺资源的效率分配一直是西方政治、经济思想的核心问题。资源经济学认为土地是"财富之母"，经济的本质是将资源转换为生存资料。对自然资源作为"财富之母"地位的充分肯定，不仅是对客观存在的承认，也是人类关于人与资源关系再认识的结果。早在两百多年前，资源稀缺性已经成为经济发展的一个主题，主流经济学主要是后工业时代的产物，而且其实践者主要从西方的角度看待问题，但是任何时代的经济学家都面临共同的问题：在多大程度上资源会限制人类的繁荣与发展。虽然各个时代的经济学家观点不一，但这些观点都是针对技术、经济增长和人类发展前景的理论。人类对于资源稀缺性的认识反映在宏观经济学关于生产函数的界定中。

从经济角度考虑，自然资源，尤其是经济价值较高的自然资源的稀缺是必然的，是市场供需作用的必然结果。正是其稀缺的经济特性，才需要考察其效率配置问题，使稀缺资源的利用收益最大。同时，资源的稀缺性是指相对于其需求而言，资源可获得量是有限的。关于资源的稀缺性，有马尔萨斯的资源绝对稀缺论、李嘉图的资源相对稀缺论和约翰·斯库尔特·穆勒的静态经济观点。

#### （一）古典经济学家对资源稀缺的认识

有关资源与环境问题一直是古典经济学家所关注的主要问题。18 世纪和 19 世纪正处于工业革命兴起及农业生产率飞速增长的阶段，在这个时期出现了一大批经济学家，

他们的研究焦点集中在促进贸易和经济增长的制度安排的政治经济领域，古典经济学由此诞生。

经济增长和生活水平提高的决定因素，是古典经济学家关注的核心问题。在古典经济学家看来，社会生产函数可以表述为

$$Y = f(D, K, L)$$

其中，$Y$ 代表产出；$D$ 代表包括土地和矿藏资源在内的自然资源投入；$K$ 代表资本投入；$L$ 代表劳动投入。

古典经济学家们的日常经历使他们更加关注技术进步，而没有对资本在经济发展中的作用给予足够的关注。因而，自然资源通常被看作国家财富及其增长的决定性因素，经济受到土地供应的制约和支配，关系到生活水平的长期发展前景，这一线索贯穿整个古典经济学研究始终。由于土地可获得性的有限性，早期的古典经济学家认为，经济增长只具有短暂的历史特征，最终不可避免地将进入稳定状态，而大多数人的生活前景堪忧。

这一论题与马尔萨斯的人口论密切相关，他在一篇题为"人口原则"的文章中提供了有力的论证。马尔萨斯认为：不变的土地供给、人口的持续正增长及农业上的报酬递减，意味着在长期中每单位资本的产出将呈下降趋势。"两性间的情欲"会使人口按几何级数繁衍，而食品生产受土地禀赋制约则按算术级数增长，由于人均食品供应超出生存水平的剩余最终都将被增长的人口消耗，故人口的进一步增长会被饥荒、瘟疫和战争等抑制，从而人均收入在长期中将维持在最低水平。按照马尔萨斯的观点，存在一种使人们的生活下降到只能维持生计的最低工资水平的发展趋势。在维持生计的最低工资水平上，现状只能容许人口的再生产维持一个不变的水平，经济达到稳定状态。人口的增长和需求的增加迫使人类不断开发质量较差的土地资源。同时，他认为人口以指数级数增长，生产以自然基数增长，从而人口的增长快于生产的增长（Malthus，1798）。

人类对自然的依赖性并未随自身改造自然能力的增强而减弱，而是更加离不开自然。关于物资储备的短缺、环境质量的退化，甚至关于进口依赖的危险之类的末日警告，早在马尔萨斯被赋予悲观论者之前就已经存在。第二次世界大战期间金属矿产和能源的迅速耗竭，促使人类开始关注原料稀缺退化问题。在美国和整个欧洲，关于人类还能得到多少重建和工业复兴所需要的矿产资源，曾掀起一股忧虑的浪潮。在欧洲，政府各种报告预测着美国石油储量的枯竭，1950 年时曾认为世界铁矿供给仅能维持 20 年，"能源缺口"被看成重建的一大威胁。对原材料短缺危险的经济反应和技术反应都极为敏捷，技术上的大量投资，使原本不经济的矿产储量得以开采，大大提高了原材料和能源投入的效率；此外，更重要的是，随着对尚未开发的第三世界国家投资的高涨，开发活动的规模逐步升级。

20 世纪 50 年代末，作为经济发展一大制约的直接资源短缺似乎已成为过去，但人类对于资源短缺潜在威胁的担心依然存在，认为经济增长的自然极限迟早会到来。50 年代和 60 年代与经济超速增长相联系的资源消耗的迅速增长，更加剧了人类自身对于资源稀缺约束经济增长的恐惧。在发达的市场经济国家，人均国民生产总值（gross national product，GNP）在 50 年代以年均3%的速度上升，60 年代则超过 4%。工业产出

在20年间翻了两番，这个增长速度比此前的上半个世纪高出4倍，其结果是，所有重要金属和能源矿产的消费空前高涨。综合消费的增长速度至少是年均 2%，很多矿产资源消费的增长速度则超过 5%。这种景象酷似现已广为人知的马尔萨斯模式，它把此类指数增长的消费与设想为固定的资源基础相比较，从而预言经济灾难将迫近。

稳定状态的概念是由大卫·李嘉图提出并发展的，并且在他的《政治经济学及赋税原理》一书中得到具体阐述。李嘉图以能够获得小块不同质量的土地的架构代替马尔萨斯不变土地供给假定；同时，农业能够通过扩大内延，在一块给定的土地上进行更加集约化的耕作，或通过扩大外延，开垦更多的荒地应用于生产的方法来增大产出；但在任何情况下，土地投入的报酬仍然都是递减的，经济发展只能以这样一种方式进行，即经济剩余逐渐以地租和土地报酬的形式被占用，经济最终走向马尔萨斯的稳定状态。李嘉图（1962）把现代工业的资本积累看作经济增长的驱动力。不过，他也阐明另一种土地资源制约经济增长的机制，即由于农业受土地禀赋限制而呈现报酬递减，食品的边际成本以至价格必然累积性上升，从而推动工业部门名义生存工资的提高，资本利润率则因工资成本的提高而趋于下降，最终会下降到某一临界点，此时已无法为进一步投资提供激励，故而经济增长将在此停滞下来。

在约翰·斯库尔特·穆勒的著作中，可以看到处于顶峰状态的古典经济学观点的完整描述。穆勒从边际报酬递减的假定出发，同时更加强调知识增长和技术进步对农业及制造业的补偿作用。考虑到殖民开拓获得新的土地、矿物燃料得到开发及革新使农业生产率飞速增长从而减轻对外延界限的制约，故并不十分强调规模报酬递减的影响。无论如何，经济发展的稳定状态的概念并没有被舍弃，其被认为是能够达到相对较高水平的物资繁荣的一种状态。在预见环境经济学的未来发展及保护论者的想法方面，与其前辈相比，穆勒有关自然资源的研究则具有更加开阔的视野，他认为土地除了农业和采掘的用途外，还具有游憩价值；同时，随着物质条件的改善，游憩价值会变得越来越重要。

### （二）新古典经济学家对资源稀缺的认识

随着时间的推移，工业革命迅速发展，资本在经济发展中的作用逐渐加强；同时，动物和植物原料替代矿产资源，弱化了资源稀缺对经济发展的负面影响；随着技术的发展，人们开始关心制度结构。西欧各国依靠殖民地获得原材料和劳动力。因此，虽然人们已经注意到资源储量的有限性，但此时新的资源不断被发现或者总能有替代资源，似乎资源对于经济发展的作用日益下降。广义的土地似乎是无限的，更重要的是，似乎土地也没有什么特殊或唯一之处。

19 世纪 70 年代的新古典经济学派认为：价值决定于劳动，劳动力直接或间接地体现在产出中，这一观点在马克思的著作中得到最充分的体现。新古典经济学认为，价值决定于交换，反映了产品偏好和成本。价格和价值的概念没有区别。因此新古典经济学家的生产函数通常表示为

$$Y = g(K, L)$$

其中，$Y$ 代表产出；$K$ 代表资本投入；$L$ 代表劳动投入。

虽然工业化国家在 19 世纪之后一度克服了马尔萨斯和李嘉图断言的经济停滞，然

而这种危机的可能性并没有永久消除。20 世纪 70 年代爆发的世界性粮食危机和能源危机使上述断言重新受到关注，并催生出"新马尔萨斯主义"，其代表作是罗马俱乐部的报告《增长的极限》（梅多斯等，2013），它不但关注固定的土地禀赋导致的人口-食品危机，而且进一步关注由经济活动指数化增长引起的资源耗竭和环境恶化危机。该报告预测，如果不抑制这种指数化的增长，在 21 世纪，将会因为资源耗竭和环境恶化出现工业化停滞和经济活动萎缩。新古典经济学分析强调效用和需求理论，并建立了消费者偏好理论，从而更加重视经济行为的结构与效率，而不是经济行为的总体水平。新古典经济学家认为自然资源是相对稀缺的，而不是绝对稀缺的。

### （三）现代"人力资本"前景

对于当代经济学家而言，他们的日常经历给他们的印象不同于古典经济学家。对于发达国家的普通公民而言，繁荣是人们心中的准则，技术进步从农业到信息产业，教育和培训是一种终身的过程。像许多同时代的与新古典经济学有深厚渊源的经济学家一样，舒尔茨提出以下两种观点：对农业而言，土地不再占据重要地位；劳动力是对投资的回应。也就是说，培训劳动力方面的投资，提高了技能，从而使产量的增长和技术的进一步发展成为可能，所以舒尔茨的生产函数演化为

$$Y = H(K)$$

其中，$Y$ 代表产出；$K$ 代表资本投入。在此函数中，$K$ 具有现代的意义，在这里资本被看作投资行为产生的任何结果，包括物质厂房，受到良好教育、具有一定智力和体力的人力资本，农场和森林，技术包含于所有这些生产性设施中，其主要观点为，在这个世界上人类维持其生存的唯一限制因素是投资，按照这种观点，自然资源不单单是基础，它们可为替代资本和技术革命所替代。

人类对于自然界物质不灭定律的日益理解，更加深了人类对潜在环境恶化和资源稀缺的忧虑。原材料在加工和利用之后不会轻易消失，残余物质最终会以大致与当初提取时相等的量释放到地球生态圈中，并在某处聚集。因此，环境恶化被当作资源开发利用不可避免的后果。更重要的是，随着资本投入和人力资本的不断积聚，开发利用低等级矿产资源成为可能，这不仅使所产生的废料比例加大，而且还需要投入更多的能源，将开发推到环境更为脆弱的地区。这样，人们在对自然资源供给极限日益增长的忧虑之外，又加上了对环境吸收废物能力的担心。现在人们越来越清醒地认识到，自然环境其实是一个封闭系统，在物质再生能力方面基本上是固定的，在现有经济与政治体制下的以增长为政策取向的时代，经济增长和环境保护存在某种不相容性。

## 二、人类环境资源稀缺认识的历史阶段性

### （一）人类对环境资源稀缺性的历史认识

人类活动造成的环境问题，可追溯到远古时期。那时，由于用火不慎，大片草地、森林发生火灾，生物资源遭到破坏，人们不得不迁往他地以谋生存。早期的农业生产中，刀耕火种，砍伐森林，造成了地区性的环境破坏。黄河流域是中国古代文明的发源

地，那时森林茂密，土地肥沃。西汉末年和东汉时期进行大规模的开垦，促进了当时农业生产的发展，可是由于滥伐森林，水源不能涵养，水土严重流失，造成沟壑纵横，水旱灾害频发，土地日益贫瘠。

随着社会分工和商品交换的发展，城市成为手工业和商业的中心。城市人口密集，房屋毗连。炼铁、冶铜、锻造、纺织、制革等各种手工业作坊与居民住房混在一起。这些作坊排出的废水、废气、废渣及城镇居民排放的生活垃圾，造成了环境污染。工业革命后，蒸汽机的发明和广泛使用，使生产力得到很大发展。一些工业发达的城市和工矿区，工矿企业排出的废弃物污染环境，使污染事件不断发生。第二次世界大战以后，社会生产力突飞猛进。许多工业发达国家普遍存在现代工业发展带来的范围更大、情况更加严重的环境污染问题，威胁着人类的生存。

现代环境与经济发展理论源于 19 世纪初叶古典经济学理论和自然保护学说。前者所考察的是自然资源的稀缺性对经济发展的影响，后者则主张人类与自然的和谐。经济发展依赖环境和自然资源的支持，同时又对环境质量产生不利的影响。20 世纪下半叶，人类的发展已经在全球范围内威胁到人类自身的生存环境。人类对环境问题的认知、觉醒和反思，全人类在环境问题上形成的共识，标志着人类对自身和世界认识的进步。19 世纪 60 年代，在工业发达国家兴起了"环境运动"，要求政府采取有效措施解决环境问题。到了 70 年代，人们又进一步认识到除了环境污染问题外，地球上人类生存环境所必需的生态条件也正在日趋恶化。

人口的大幅度增长、森林的过度采伐、沙漠化面积的扩大、水土流失的加剧，加上许多不可再生资源的过度消耗，都向当代社会和世界经济提出了严峻的挑战。在此期间，联合国及其有关机构召开了一系列会议，探讨人类面临的环境问题。1972 年联合国召开了人类环境会议，通过了《联合国人类环境会议宣言》，呼吁世界各国政府和人民共同努力来维护和改善人类环境，为子孙后代造福。1974 年在布加勒斯特召开了世界人口会议，同年在罗马召开世界粮食大会。1977 年在马德普拉塔召开世界气候会议，在斯德哥尔摩召开资源、环境、人口和发展相互关系学术讨论会。1980 年 3 月 5 日，国际自然及自然资源保护联合会在许多国家的首都同时公布了《世界自然资源保护大纲》，呼吁各国保护生物资源。这些频繁的会议和活动说明，20 世纪 70 年代以来，环境问题已成为当代世界上一个重大的社会、经济、技术问题。

石油输出国组织（Organization of the Petroleum Exporting Countries, OPEC）的出现，使得一些经济学家成为当代的马尔萨斯。这些经济学家强调热力学第一定律——能量守恒定律：能量既不会自行产生，也不会自行消失，而且将能量守恒定律引入经济学。能量并不是像一般经济学家所想的那样被消费掉，而仅仅是一种形式转化。按照这种观点，废物的管理或者对生产或消费过程的残余的处理理所当然地成为环境管理的首要问题。环境对废物的超负荷承载不但直接威胁到环境的清洁和恢复能力，而且稀缺性本身扩展到包括环境系统的限制，人类对于资源稀缺的关注扩展到环境资源。

20 世纪 60 年代后期，人们对人类生存可持续性的忧虑进一步加剧，认为经济增长已构成对生态环境的挑战，并对消费主义的合理性提出疑问。对于那些准备放弃经济竞争的人，环境运动似乎提供了一种新的生活哲学。随着时间的推移，公众对于环境与经济发展的态度广义地被分为两个阶段：一是环境限制阶段；二是社会经济及政治关注阶段。

在环境运动作为一种政治力量出现之前，社会科学家对资源和环境问题的关注程度是极其有限的。即使在20世纪80年代后期，对环境问题的实质性威胁还缺乏某种明晰的社会学透视。同样，一度把其论题限定为人与环境关系研究的地理学家，在60年代还忙于数量革命和空间秩序探究，导致自然环境消失在城市聚集空间布局和运输网络发展的规划后面。对自然资源问题的社会科学贡献无疑主要来自经济学，但从事该领域应用研究的分析家数量还是寥寥无几。用传统福利经济学的框架看问题，可再生资源耗竭和环境退化都被看作市场失效和存在外部性的结果。为了促进对一切自然资源产品和服务的合理、有效利用，就必须保证它们具有价格（价值）并全部纳入市场体系中。这里贯穿一个假设，即任何资源管理计划的合理目标都是使从资源利用中获得的经济福利达到最大。换言之，即接受了增长的范式，而没有注意有限自然系统可能施加的生态限制。所有的社会科学家都不准备在资源稀缺关注的第一阶段起某种独特的作用，当别人提出问题时他们才被动地有所反应，而不是从自己学科的视野来重新界定问题之关键。

马尔萨斯认为物资储备的稀缺必将日益成为对经济发展的一种限制，这种思想遭到了强烈的反对。反对者指出资源的动态性质，并强调技术和社会经济变革在应付特定矿产自然短缺中的作用。经济灾难论者所提出的解决办法也受到挑战，那些主张结束人口增长、技术变革和经济发展的人被看作不食人间烟火的精英，而不被人们接受。社会科学家们开始分析各种非增长方案的社会经济后果和政治可行性。

第二阶段的标志是重新定义资源问题的核心，并将注意力从原来的资源稀缺和环境变化转向资源利用等更为广泛的社会、经济和政策方面的考察。到1975年，有关资源枯竭的预言大多数丧失了信誉，也落后于现实。现在人们关注的议题是地缘政治稀缺和全球公平分配。

在环境限制阶段，人们关注的焦点在自然环境的承受极限和环境质量的退化上。资源的基本问题倾向限定在自然概念范围内，注意力围绕着四种稀缺：第一，重要金属矿藏和能源矿藏的耗竭；第二，存在某种危险，即污染和生物单一化会破坏极其重要的全球生物地球化学循环，以至维系生命的生态圈将严重受损乃至整个消亡；第三，天然可再生的"生产性"资源的过度耗损；第四，至少对部分人口具有康乐和美学价值的环境质量资源的日益丧失和稀缺。

关于环境变化和可再生资源耗竭问题的研究，在20世纪70年代中期有了明显扩展。虽然更明晰的科学判断已证明那些"世界末日"学派的见解是过分夸大了，并且是建立在含糊数据基础上的，但是任何人都不会对这些实实在在的问题无动于衷。环境运动的兴起被当作一种社会现象来研究；替代的管理战略要根据其经济效率、社会功效、政治可行性和分配后果来分析；环境利益集团对资源政策和管理决策的影响得到评价；资源政策的制定和实施方式也被审视。

人们很快认识到，环境污染和可再生资源的耗竭对所有国家的所有人并无共同的绝对意义。由于世界在环境和经济上的多样性，不同国家在其优先考虑的细节上可能不同。这种观点在1971年联合国人类环境会议上变得更加清晰。在这次大会上，发展中国家对环境运动表示了根深蒂固的怀疑，认为这是剥夺其实现物质昌盛机会的另一场闹剧。不仅如此，控制污染或减缓资源耗竭的政策和技术，不能简单地从一个国家转移到另一个国家，这些政策和技术的实现依赖于一个国家的社会、经济、法律和政治背景。即使在一个国家内部，可再生资源管理和污染控制的目标也不会是一致的；对实现这些目标的方法也不会达成一致意见。污染的发生、生物资源的耗损和生物种类的消亡，这些事实意味着应该采取措施来避免此类环境问题。所有形式的可再生资源退化都将经济和福利的损失强加于社会中的某些团体，但是要避免耗竭和污染的损害，并不是一个无代价的过程。

### （二）思索未来

正如某些评论家把石油危机看成国际经济关系巨大变化的一大标志一样，很多人把环境运动看成经济发展史上的一个转折点。当越来越多的人需求环境物质和服务时，对物质财富的争夺是否终将会自然减弱呢？答案是否定的。因此，树立人与自然界的平等伙伴思想，协调人口与环境的关系，是今后经济、社会发展的重要课题。为此，作为本书的开篇，本章将探讨资源、环境与可持续发展的相关概念，并对环境的本质进行探讨。

## 第二节 资源与环境的相关概念

### 一、资源的内涵

#### （一）自然资源的含义

自然资源的概念源自经济学科，是作为生产实践的自然条件和物质基础提出来的，主要是指自然界所生成的资源。《辞海》中把自然资源定义为广泛存在于自然界并能被人类利用的自然要素。它们是人类生存的重要基础，是人类生产生活所需的物质和能量的来源，是生产布局的重要条件和场所。一般可分为气候资源、土地资源、水资源、生物资源、矿产资源、旅游资源和海洋资源。1970 年联合国出版的文献指出：人在其自然环境中发现的各种成分，只要能以任何方式为人类提供福利的都属于自然资源。自然资源包括全球范围内的一切要素，它既包括过去进化阶段中的无生命的物理成分，如矿物，又包括其他，如植物、动物、景观要素、水、空气、土壤和化石资源，后者是我们这个星球进化的产物。1972 年联合国环境规划署指出：自然资源是一定时间条件下，能够产生经济价值以提高人类当前和未来福利的自然环境因素的总称。《英国大百科全书》中把自然资源定义为人类可以利用的自然生成物，以及生成这些成分的环境功能。前者包括土地、水、大气、岩石、矿物、森林、草地、矿产和海洋等，后者包括太阳能、生态系统和环境机能、地球物理化学的循环机能等。

兰德尔（Randall，1981）从经济学的意义上提出了资源的定义，认为资源是由人发现的有用途和有价值的物质。首先，没有被发现或发现了但不知其用途的物质因不具备价值，所以不属于资源；同样虽然有用，但与需求量相比因数量太大而没有价值的物质也不是资源。资源是由人而不是由自然来界定的。任何物质在被归结为资源之前必须满足两个前提条件：首先，必须有获得和利用它的知识与技术技能；其次，必须对所产生的物质或服务有某种需求。正是人类的能力和需求，而不是自然的存在，决定了资源的价值。因此，对于资源的定义，会随着知识的增加、技术的改善和文化的发展而不断变化。虽然地球本身总的自然禀赋本质上是固定的，但资源却是动态的，没有已知的或固定的极限。

迄今的资源利用史就是一部不断发现的历史。对于资源基础的定义也在不断拓展。早期的资源是指构成生产要素的劳动对象、劳动工具与人的智力和体力。旧石器时代的人类所知的资源不多，天然可得的植物、动物、水、木头和石头是那时的全部基本资源。将原始植物采集者转变成农夫的新石器革命，以及后来的以金属锻造为基础的技术革新，开始了社会结构和组织的变化过程。此过程中的每一阶段都产生了对产品和服务的一系列新需求，这又反过来刺激了技术革新，并导致对自然环境要素价值的重新评价。然后，技术和经济的变化又影响社会结构，如此循环往复。不同的社会结构和社会文化，决定了即使在给定时段，关于资源基础也没有单一的定义；在一种社会中具有很高价值的东西，在其他社会很可能只是"中性材料"。国际上占优势的资源价值评价很少考虑诸如景观和自然生态系统那样的环境质量资源。现在已充分认识到，自然环境要素的文化意义在各社会之间是显著不同的，对那些满足美学需要的资源所赋予的价值或优先权，与一个国家的物质财富大有关系。

同时，自然界中的环境质量资源是动态的，环境质量的动态性是对人类价值、渴望和生活方式变迁的回应。随着工业化发展时期（19世纪90年代，20世纪20年代、50年代后期和70年代早期）的结束，人们越来越清楚地认识到新技术和工业化的发展所造成的代价。此外，随着人们越来越相对富足，人们才有能力将注意力转向非物质的价值。随着时间的推移，人类对于资源的定义得到进一步扩展。人类在生产、生活和精神上所需的所有物质、能量、信息、劳力、资金、技术等"初始投入"和环境要素都是资源。因此，正是人类的能力和需要，而不仅仅是资源的存在，创造了资源的价值。由于知识的增加，技术的改进，需求的变化，资源本身的内涵也发生着变化。因此，资源是一个动态的概念，信息、技术和相对稀缺性的变化都能把以前没有价值的东西变成宝贵的资源。资源有数量、质量、时间和空间的某种属性。

尽管对自然资源理解的广度和深度各异，文字描述不同，但其中几点是共同的：首先，自然资源是自然的，来自自然界，但又具有社会经济属性；其次，自然资源是有价值的，能给人类带来福利，是生产要素；最后，自然资源是动态的，受社会经济技术发展水平的限制，不同时代和不同地点的资源种类、数量、质量等也都不同。概括起来，作为资源必须符合以下三个条件。

（1）有用性。有用性是指可以被人们利用，这是自然资源的基本属性。自然资源通常具有多种用途，也就是多功能性。未知的或不能利用的物质不是资源，因为它无用。

（2）稀缺性。相对于人类需求而言，不具有稀缺性的物质不是资源。

（3）天然性。在人类指导下生产出来的物质不是资源。

有用性、稀缺性和天然性是资源的三个基本特征。任何一种资源又同时具有数量、质量、时间和空间四个维度。除了上述基本特点外，各类自然资源还有各自的特点，如生物资源的可再生性，水资源的可循环和可流动性，土地资源的位置固定性，气候资源的季节性，矿产资源的不可再生性和隐含性，等等，在此不再赘述。

### （二）自然资源的分类

不同的分类原则，会得到不同的自然资源类型划分。

（1）按其在地球上存在的层位，可划分为地表资源和地下资源。前者是指分布于地球表面及空间的土地、地表、水生物和气候等资源，后者是指埋藏在地下的矿产、地热等资源。

（2）按其在人类生产和生活中的用途，可分为劳动资料性自然资源和生活资料性自然资源。前者是指作为劳动对象或用于生产的矿藏、树木、土地、水力、风力等资源；后者是指作为人们直接生活资料的野生动物、天然植物性食物等资源。

（3）按其存储方式，可以划分为流量资源和存量资源。流量资源包括太阳辐射和地表水等资源，今天的使用不会影响未来的需求满足；相反，存量资源包括矿产资源等，今天的开采量对于未来的需求满足会产生影响，今天开采得越多，则未来可利用量越少。存量衡量的是资源在某个时刻的总量，或者是总生物量（如特定年龄层的鱼类总质量或活立木总蓄积量），或者是个体数量。流量是存量在一段时间内的变化量，这种变化有可能源于生物因素，如通过繁殖来增加生物的数量，或自然死亡导致数量下降，也有可能源于捕捞等一些经济因素。

（4）按其利用限度，可分为可再生资源和不可再生资源。前者是指可以在一定程度上循环利用且可以更新的水体、气候、生物等资源，亦称为非耗竭性资源；后者是指储量有限且不可再生的矿产等资源，亦称为耗竭性资源。

### （三）资源的类型

不同的分类标准，可以得到不同的资源类型划分。根据资源数量随时间变动的情况，可以将资源划分为可枯竭资源和可再生资源。为研究方便起见，本章将资源分为可枯竭资源和可再生资源，并根据两类资源的不同特性，具体研究资源最优配置的前提。

#### 1. 可枯竭资源

可枯竭资源是指经过地质年代形成的矿产资源等，它们是经过千百万年才形成的物质，因而从人类视角来看其当前供给是固定的，其总量是有限的，其最终可利用的数量必然存在某种极限，我们既不知道这个极限在何处，也不知道如果即将达到这个极限时所余物质是否仍可以看作资源。可枯竭资源与可再生资源的一个重要的区别在于，可枯竭资源在使用后就消耗掉了，而可再生资源却是可以循环使用的。可枯竭资源的当前消耗速度必然影响未来消费的可得性。因此，一个关键的管理问题是，时间上最佳的利用速率是什么，这个问题在有关文献中一直有很多争论，并不存在大家能够信服的答案。只有在完全竞争市场体系运作的理想世界中，对个别资源储备才可能建立起实现最佳消耗途径的条件。

如果以 $S_t$ 代表时刻 $t$ 的资源存量，$S_0$ 代表资源的初始存量，$R_\tau$ 代表时刻 $\tau(\tau=1,2,\cdots,t-1)$ 的资源开采量，则可枯竭资源的存量为

$$S_t = S_0 - \sum_{\tau=1}^{t-1} R_\tau$$

2. 可再生资源

如果以 $S_t$ 代表时刻 $t$ 资源存量，$S_0$ 代表资源的初始存量，$R_\tau$ 代表时刻 $\tau(\tau=1,2,\cdots,t-1)$ 的资源开采量，$H_\tau$ 代表资源的收获量，则可再生资源的存量为

$$S_t = S_0 - \sum_{\tau=1}^{t-1} (R_\tau - H_\tau), \quad H_\tau = h(S_t, N_t, X_t)$$

其中，资源净收获量依存于时刻 $t$ 的资源存量水平 $S_t$、环境自身支持投入 $N_t$ 和人类投入开采量 $X_t$。

## 二、环境的内涵

### （一）环境的定义

环境是围绕着人的全部空间及其中一切可以影响人的生活与发展的各种天然的和人工改造过的自然要素的总称。环境科学中研究的环境，是以人类为主体的外部世界，即人类赖以生存和发展的物质条件的综合体，包括自然环境和社会环境。自然环境是直接或间接影响人类的一切自然形成的物质及其能量的总体。社会环境是人类在自然环境的基础上，通过长期有意识的社会劳动所创造的人工环境。

《中华人民共和国环境保护法》第二条对环境做了如下的界定："本法所称环境，是指影响人类生存和发展的各种天然的和经过人工改造的自然因素的总体，包括大气、水、海洋、土地、矿藏、森林、草原、湿地、野生生物、自然遗迹、人文遗迹、自然保护区、风景名胜区、城市和乡村等。"

从经济学的意义上而言，环境被看作可以提供一系列服务的复合性资产。环境作为一项特殊的资产，首先提供维持人类生存的生命支持系统；其次，它还是一项资产。本书所指的环境是经济学意义上的环境。

### （二）环境的功能

人们对环境的作用与价值的认识是一个逐步深化的过程。迄今，人们认识到，环境至少有以下功能。

（1）提供资源。环境首先为经济提供可以通过生产过程转化为消费品的原材料，以及使这种转化得以顺利进行的能量。人们的衣、食、住、行和生产所需的各种原料，无一不取自自然环境。环境是人类从事生产的物质基础，也是各种生物生存的基本条件。

（2）消纳废物。经济活动在提供人们所需的产品时，也会产生一些副产品。限于经济、技术条件和人们的认识，有些副产品不能被利用，而成为废弃物排入环境。废弃物都要经历自然的生物分解过程，所以整个环境系统具有一定的吸收废弃物而不会导致

生态或美学变化的能力。环境通过各种各样的物理、化学、生物反应，容纳、稀释、转化这些废弃物，并由存在于大气、水体和土壤中的大量微生物将其中的一些有机物分解成为稳定的无机物，又重新进入不同元素的循环中，称为环境的自净作用。如果排放的速率超过分解能力，或者所排放的物质是非生物降解的，那么环境变化就不可避免。环境消纳废弃物的能力又称为"环境容量"。

（3）美学与精神享受。环境不仅能为经济活动提供物质资源，还能满足人们对舒适性的要求。清洁的空气和水既是工农业生产必需的要素，也是人们健康愉快生活的基本需求。优美舒适的环境使人们心情愉快，精神放松，有利于提高人体素质，更有效地工作。

总之，环境是一项特殊的资产。在提供维持人类生存的生命支持系统的同时，它还是一项资产，人类应该力图避免对于这项资产不恰当的利用。这样它不但可以给我们带来美学上的愉悦，而且可以继续提供维持生命的服务。自然界中的环境资源是动态的，和其他物质资源不同，其动态不是伴随技术和经济条件的变化，而是响应人类价值、渴望和生活方式的变化。

## 第三节　可持续发展

### 一、可持续发展的概念

什么是可持续发展？1972 年 6 月，联合国人类环境会议在瑞典首都斯德哥尔摩召开，会议通过了《联合国人类环境会议宣言》，"可持续性"（sustainability）和"可持续社会"（sustainable society）在这份宣言之中被明确提出，标志着可持续发展概念的萌芽（朱正，1996）。可持续发展作为一个明确的概念，在由国际自然及自然资源保护联合会、联合国环境规划署和世界自然基金会于 1980 年共同出版的《世界自然保护策略：为了可持续发展的生存资源保护》中第一次出现。该书第一次明确将可持续发展作为术语提出。该书指出："（可）持续发展依赖于对地球的关心，除非地球上的土壤和生产力得到保护，否则人类的未来是危险的。""改进人类的生活质量，并使之不逾越支持其发展的生态系统的负载能力。"（杨羽，2001）

1987 年挪威首相布伦特兰夫人在她任主席的世界环境与发展委员会的报告《我们共同的未来》中，把可持续发展定义为"既满足当代人的需要，又不对后代人满足其需要的能力构成危害的发展"，这一定义得到广泛的接受，并在 1992 年联合国环境与发展会议上取得共识。以上可持续发展的含义包括两个基本要素："需要"和对需要的"限制"。满足需要，先要满足人民的基本需要。对需要的限制主要是指对未来环境需要的能力构成危害的限制，这种能力一旦被突破，必将危及支持地球生命的自然系统。可持续发展既不是单指经济发展或社会发展，也不是单指生态持续发展，而是指以人为中心的自然、社会与经济复合系统的可持续发展。世界环境与发展委员会这一定义的核心观点如下：其一，发展是人类永恒的命题；其二，发展必须要适度，即发展的速度要有限度，既要满足当前发展的要求，又强调发展的持续性不受损害。尽管这一基本定义获得学界的共识，但后续不同领域的学者从自身学科背景的角度又对可持续发展提出各自的理解，因而可持续发展的定义具有较大的灵活性。

《我们共同的未来》作为第一个世界性可持续发展的纲领性文件，明确提出实现可持续发展的具体措施：提高经济增长速度，解决贫困问题；改善增长质量，改变以破坏环境和资源为代价的问题；千方百计地满足人民对就业、粮食、能源、住房、水、卫生保健等方面的需要；把人口限制在可持续水平；保护和加强资源基础；技术发展要与环境保护相适应；把环境和发展问题落实到政策、法令和政府决策中去。由上可知，发展是人类活动的主旋律，不但要搞好当代的发展，而且要为后代人发展打下良好的资源环境基础。《我们共同的未来》为我们现在的可持续性问题提供了大量信息，确定了对今后经济增长若干潜在的环境限制因素，并认为当前的趋势不能延续到将来。当然，这并不能得出这样一个结论，即今后的经济增长既不可行，又不需要。具体的结论叙述如下：

可持续发展认为并不需要终止经济增长，只有发展中国家在经济增长中扮演重要角色并获得主要收益的时候，才能解决贫困和不发达问题。

一些环境学家认为，"可持续发展"是一个矛盾体。他们估计，当前的情况是，环境已经到了其可承受的极限，任何经济增长不可避免地要破坏环境，因而是不可持续的。据《我们共同的未来》，如果在世界范围内采用可以改变经济增长方式的政策，那么，环境对增长的限制可以避免。要使经济增长可持续，政策必须包括：在全球范围内降低经济活动中的原材料消耗量，随着产出增加经济地利用资源，使资源的产出增加，其经济价值也不断增加，并且，使用人造资本代替环境资本。资源和环境经济学就是研究这些政策工具，这些我们将在后面的章节中研究。

从自然属性的角度来看，国际生态学联合会及国际生物科学联合会将可持续发展定义为"保护和加强环境系统的生产和更新能力"，即在不逾越生态系统再生能力的条件下，保持生态链的完整及人类生存环境的持续。普朗克（Pronk）和哈克（Haq）定义可持续发展是"为全世界而不是少数人的特权而提供公平机会的经济增长，不进一步消耗世界自然资源的绝对量和涵容能力"，自然资源的利用和开发不应超过地球承载能力而导致生态债务的产生。世界自然保护联盟、联合国环境规划署及世界野生生物基金会在联合发布的《保护地球——可持续生存战略》中定义可持续发展为"改善人类的生活质量的同时，人类的生存和发展不能超出生态系统承载力"。此类定义深化了可持续发展概念的自然属性，强调人类的生产和生活方式要与地球的资源、环境与生态承载力保持平衡，保护地球的生命力和生物的多样性，强调发展应增强资源环境的再生能力，使发展各要素的利用趋于合理化。

从社会属性的角度来看，1981 年美国农业科学家莱斯特·R. 布朗在其出版的著作《建设一个持续发展的社会》中第一次对可持续发展观做了系统阐述，认为可持续发展是指"人口增长趋于平稳、经济稳定、政治安定、社会秩序井然的一种社会发展"，探讨了向持续发展社会过渡的途径、阻力和观念转变等问题。1992 年《里约环境与发展宣言》（以下简称《里约宣言》）中将可持续发展阐述为"人类应享有与自然和谐的方式过健康而富有成果生活的权利，并公平地满足今世后代在发展和环境方面的需要，求取发展的权利必须实现"。发展的目的是改善人们的生活质量，发展应是人们社会福利和生活质量的提高，经济增长只是发展的一部分。低收入国家急需经济增长来促进改善生活质量，但这不是全部目的，也不可能无限地继续下去。可持续发展的最终落脚点是人类社会，人类活动要与地球承载能力保持平衡。

从经济属性的角度来看，希克斯·林达尔将可持续发展表述为"在不损害后代人的利益时，从资产中可能得到的最大利益"，穆拉辛格等则认为"在保持能够从自然资源中不断得到服务的情况下，使经济增长的净利益最大化"。英国经济学家皮尔斯（Pearce）和沃福德（Warford）给出的定义为"当发展能够保证当代人的福利增加时，也不应使后代人的福利减少"。世界银行在 1992 年发布的《1992 年世界发展报告》中指出，可持续发展是"建立在成本效益比较和审慎的经济分析基础上的发展和环境政策，加强环境保护，从而导致福利的增加和可持续水平的提高"。这些观点指出经济发展不再是以牺牲环境质量为代价，而是在维护环境和不破坏自然资源基础上的经济发展。发展经济无疑以经济效益最大化为基本准则，没有这一条，经济发展也就失去了意义。

可持续发展的主要观点如下。

（1）可持续发展的系统观。可持续发展把当代人类赖以生存的地球及区域环境看成由自然、社会、经济、文化等多因素组成的复合系统，它们之间既相互联系，又相互制约。这种系统论的观点是持续发展理论的核心，并为人与资源问题的分析提供整体框架。环境与发展矛盾的实质是由于人和这一复杂系统的各个成分之间关系的推敲。一个持续发展的社会，有赖于资源持续供给的能力，有赖于其生产、生活和生态功能的协调，有赖于社会的宏观调控能力、部门之间的协调行为及民众的监督与参与意识。其中，任何一个方面功能的减弱或增强都会影响其他成分及持续发展进程。在考虑社会发展战略时，需要打破部门和专业的条块分割及地区的界限，从全局着眼，从系统的关系进行综合分析和宏观调控。

（2）可持续发展的社会平等观。可持续发展主张人与人之间、国家与国家之间互相尊重，互相平等。一个社会或一个团体的发展，不应以牺牲另一个社团的利益为代价，这种平等的关系不仅表现在当代人与人、国家与国家、社团与社团间的关系上，同时也表现在当代人与后代人之间的关系上。

（3）可持续发展的全球观。我们共同生活在同一个星球上，可持续发展就是要保证全球自然、环境、人类的协调有序发展，实现全球资源的持续性。

（4）可持续发展的资源观。可持续发展强调对不同属性的资源，要采取不同的对策。例如，对矿物、油、气和煤等非可再生资源，要提高其利用率，加强循环利用，尽可能用可再生资源代替，以延长其使用的寿命。对可再生资源的利用，要限制在其再生产的承载力限度内，同时采用人工措施促进可再生资源的再生产。要保护生物多样性及生命的支持系统，保证可再生生物资源的持续利用。

（5）可持续发展的效益观。可持续发展与资源保护相统一的生态经济观，为社会持续发展提供了指导思想。可持续发展的概念，从理论上结束了长期以来把发展经济和保护资源对立起来的错误观点，并明确指出二者相互联系和互为因果。

## 二、可持续发展经济学的形成与发展

可持续发展问题及其理论的形成经历了相当长的历史过程。西方的一些经济学家（如马尔萨斯、李嘉图和米勒等）也较早地认识到人类消费的物质限制，即人类活动存在生态边界。20世纪中叶以来，资源、环境、人口等社会、经济和政治问题日益尖锐和全球化，"人类困境"问题吸引了越来越多的研究者。从50年代到90年代，人们在经济增长、城市化、人口、资源等所形成的环境压力下，对增长和发展的模式产生怀疑并展开深入研究。1972年，一个国际著名学术团体——罗马俱乐部发表有名的研究报告《增长的极限》，明确提出"持续增长"和"合理的持久的均衡发展"的概念。罗马俱乐部的报告提出"零增长"理论以后，越来越多的人开始认真思考全球范围内的长期发展问题。人们认识到，当今世界发达国家的生产和生活模式是不可持续的。在这个模式下，少数人消耗大部分资源，而大多数人实际上被剥夺发展的机会。如果全球人口都按这种模式生产和生活，人类社会将在很短的时间内耗尽一切不可再生的资源，同时使污染达到前所未有的程度，自己也将迅速走向灭亡。因为这样的认识，人们开始重视发展的持续性，希望能找到一条持续发展的道路。

1980年3月5日，联合国向全世界发出呼吁："必须研究自然的、社会的、生态的、经济的以及利用自然资源过程中的基本关系，确保全球的可持续发展。"可持续发展，一是以自然资源的可持续利用和良好的生态环境为基础；二是以经济可持续发展为前提；三是以谋求社会的全面进步为目标。资源环境与可持续发展问题已经波及全球每一个角落、每一个民族、每一个国家和地区，成为影响人类社会现在和未来生存发展的重大现实问题。

可持续发展认为要警惕"零增长"理论的影响。国际上以罗马俱乐部为首的悲观派提出的"增长的极限"与"零增长"理论，认为人口、粮食、资本投资、环境污染、能源消耗等的增长都是指数式的，而资源却不会增长，因此经济增长的后果就是自掘坟墓，以至世界行将崩溃而进入末日。为了避免崩溃，必须在1978年停止人口增长，1980年停止工业投资增长，以达到零增长与全球平衡。世界上多数学者批评了这种悲观主义立场，认为他们忽视了发展中的各种问题，只有通过发展与技术进步才能得到解决。如果真的实行零增长，人类只能自取灭亡而不能达到理想的生态平衡。这种悲观性的理论，对当今国际思潮仍有重大影响。

20世纪是人类社会获得空前发展的时代，由于科学技术的突飞猛进，社会生产力得到极大提高，经济规模空前扩大，创造了前所未有的物质财富，大大地推进了人类文明的进程。人类的生活方式随之发生重大变化，生活水平得到极大提高。然而，经济发展所付出的代价却是极其沉重的。一是对自然资源的过度开发和消耗与污染物质的大量排放，导致了全球性的资源短缺、环境污染和破坏。二是人口的爆炸性增长。20世纪人口翻了两番，达到60亿，并且仍以每年8 000万人的速度在继续增长，这些问题的不断积累，加剧了人类与自然界的矛盾，对社会经济的持续发展和人类自身的生存构成新的障碍。面对日趋严重的人口膨胀、环境恶化、资源耗竭，面对接踵而至的酸雨、臭氧层耗损、厄尔尼诺现象、生物多样性锐减、土地荒漠化、大气污染、土壤污染、水污染、城市生活垃圾、工业污染、海洋污染、森林赤字、草地破坏、水土流失和沙尘暴肆虐等问题，人们不无担忧。

工业革命以来，人类活动从根本上改变了地球表层的资源分布和环境状况，环境改变明显提高了人类福利。例如，人造环境大大改善了人们的居住和生活条件，降低了发病概率，人类可以更健康地生存更长的时间，人们跨越空间、快速旅行的能力也大大提高，可以享受更为舒适的生活方式。这些变化明显也付出了巨大的环境成本，资源消耗和环境问题的日益突出使人类将对自身发展前景的关注从单纯的人口与经济关系扩展到人地关系、资源的稀缺性和有效利用、环境问题等。在人类对资源与环境问题日益关注的过程中，大致经历了三次浪潮，每次浪潮分别集中于不同的主题（Ruttan，1993），如表 1.1 所示。

表 1.1　资源环境问题的三次浪潮

| 波次 | 一般话题 | 具体问题 |
|---|---|---|
| 第一波：20 世纪 40 年代末 50 年代初 | 有限自然资源 | 食物生产的不适应<br>不可再生资源的消耗 |
| 第二波：20 世纪 60 年代后期至 70 年代前期 | 生产和消费的副产品 | 杀虫剂与化肥使用<br>垃圾处置<br>噪声<br>大气与水体污染<br>放射性与化学污染 |
| 第三波：20 世纪 80 年代后期和 90 年代初 | 全球环境变化 | 气候变化<br>酸雨<br>臭氧层破坏 |

资料来源：Ruttan（1993）

第一波出现在 20 世纪 40 年代末 50 年代初，关注的主要问题是自然资源（如土地、淡水、能源供应）能否维持经济增长及食物增长能否满足人口增长的需要，这些问题和马尔萨斯的关注点是相似的。

第二波出现在 20 世纪 60 年代后期至 70 年代前期，增加了另一个焦点，即环境对现代技术副产品的吸收能力。例如，大气和水体污染、石棉、杀虫剂、放射性废弃物、生活垃圾等。激发第二波的原因部分可以归结于工业化国家收入水平的上升和收入的提高既增加了对产生有害副产品的商品的需求，又激发了对环境质量的需求。

第三波出现在 20 世纪 80 年代后期和 90 年代初，又增加了新的焦点即全球环境变化问题，包括气候变化、酸雨、臭氧层破坏。1997 年讨论全球气候变化问题的京都会议指出，第三波的问题尤难解决，因其涉及国家之间平等使用公共商品的问题。此外，人类活动范围扩大，生态系统破坏导致的动植物物种绝灭、生物多样性受到严重挑战的问题，以及环境污染而可能导致的生物性病理变化，都可能构成若干年后环境问题第四次浪潮的内容。

20 世纪 80 年代后期至 1992 年联合国环境与发展会议，是可持续发展观的深化与完善时期，标志着可持续发展从理论殿堂走向实践，是人类历史进入可持续发展新时期的开始。1992 年 6 月在里约热内卢召开的联合国环境与发展会议上通过了重要的《21 世纪议程》，提出人类社会要走一条可持续发展的道路，它既摈弃了过去那种过度追求物质生产的增长，不顾环境能力和资源潜力约束的传统发展观，也肯定了人类自身发展这一根本性需求，从而形成了一种新的发展观。可持续发展经济学是对传统发展观、财富观的扬弃，是对生产方式和消费方式的反省，是对可持续发展能力的追求。可持续发展观的核心，不是要不要发展的问题，而是怎样更持续、有效发展的问题。

实现人类可持续的发展，既需要发达国家逐步改变其生产和消费方式，也需要广大发展中国家的努力。对广大发展中国家来说，在实现可持续发展方面的任务更为艰巨，一方面需要切实控制人口的过快增长，另一方面更要发展经济，特别是要吸收发达国家在经济发展过程中有利于环境保护的生产方式和组织模式，开辟一条有效利用资源的新的发展道路，有效地利用物质资源是可持续发展战略的重要途径。在早期的经济理论中，物化的生产要素常常被置于十分重要的地位，从重农主义开始的古典经济学把土地看作决定生产能力的最重要的生产要素。后来，经济增长理论又以同样极端的态度看待物质资本，但现代经济增长已经无法从传统的要素投入角度加以解释，在现代经济增长中起越来越重要作用的技术已经不断被人们重视。有关经济发展中人力资本投入的作用，为可持续发展提供了具有操作性的现实选择。加大技术进步和人力资本的投入，是有效利用有限的物质资源发展经济的重要方面。

另外，在生活方式方面也有必要实现对物质资源的有效利用。发达国家在工业化过程中，人口不断向城市集中，既是生产方式对人类空间组织形式的需要，也可实现对土地资源的合理利用。同时，在实施环境保护方面也产生了明显的规模效应。因此，对广大发展中国家来说，在经济发展过程中，注意人口居住形态的适度集中和逐步城市化，是其生产方式现代化和社会现代化的必由之路。

## 三、可持续发展的本质

### （一）可持续发展的内涵

20 世纪 70 年代以来，在追求经济增长和可持续发展时，人们意识到，环境是维持经济增长的一个重要因素。20 世纪 70 年代，"可持续性"开始出现在国际政治议程中，主要出现在一系列的国际会议报告中。这些报告的共同议题是贫困、经济发展和自然环境状况之间的相互关系。发展经济和提高生活质量是人类追求的目标，它需要以自然资源和良好的生态环境为依托。忽视对资源的保护，经济发展就会受到限制，没有经济的发展和人民生活质量的改善，特别是最基本的生活需要的满足，也就无从谈到资源和环境的保护，因为一个持续发展的社会不可能建立在贫困、饥饿和生产停滞的基础上。

可持续发展不是单一的社会发展或经济发展，也并非单指生态系统的持续，而是以人为中心形成的自然-社会-经济的复合结构（李强，2011）。其中，自然、社会和经济就是构成可持续发展理念的核心要素，生态持续、经济持续和社会持续三者之间的关系则构成可持续发展的逻辑互动的基本内容，只有这三者进行良性互动，才能维持可持续发展的复合系统性，才能保证可持续发展健康、持续、稳定、和谐地延续下去（曾珍香等，1998；牛文元，2012）。1994 年通过的《中国 21 世纪议程》提出，可持续发展是一条人口、经济、社会、环境和资源相互协调发展的，既能满足当代人的需要而又不对满足后代人需要的能力构成危害的道路。此后，人们普遍接受并使用"可持续发展"这个概念。随着对可持续发展概念认识的深入，分歧越来越明显地集中在"强"与"弱"两大对立的可持续性范式之间。"弱可持续性"认为自然资本被看作本质上在消费品的生产中是可替代的，是效用的直接提供者，对子孙后代十分重要的是人造资本和自然资本的总和，而不是自然资本本身。和"弱可持续性"相对立的是"强可持续性"，其本质认为除了总的累计资本存量外还应当为子孙后代保留自然资本本身，这是因为自然资本在消费品的生产中和作为效用的较直接的提供者，是不可替代的（冯华，2004）。

"可持续发展"包括可持续性和发展两个方面的含义，发展是可持续性的，而可持续性必须是人口、经济、资源、生态环境与社会进步之间的协调进化、数量与质量并重、规模与速率同步。以往狭义的发展含义是指在经济领域产值和利润增长、物质财富增加，因而人类采取以损害环境为代价来换取经济增长的发展模式，其结果是在全球范围内造成严重的生态环境问题。广义的发展不仅表现在经济的增长、GDP 的提高、人民生活水平的改善；它还表现在文学、艺术、科学的昌盛，道德水平的提高，社会秩序的和谐，国民素质的改进，等等。如果一种经济增长随时间推移不断地使人均实际收入提高，却没有使社会和经济结构得到进步，就不能认为它是发展，发展的目的是改善人们的生活质量，而经济增长只是发展的一部分。可持续性是"维持或提高地球生命支持系统的完整性"，具体包括：①提供足够的措施以保持生物多样性；②保护和合理使用生物圈的大气、水和土地资源，并保持其完整性。世界银行前副行长伊斯梅尔·萨拉格丁（Ismail Sarageldin）给出的定义如下："可持续性是指留给后代人不少于当代人所拥有的机会。"可持续发展追求生态、经济、社会协调发展的目标，要求人类发展必须既要遵循经济运行的客观规律，更要遵循生态自然演化规律，按照物质循环、再生、生物多样性、相互依存等规律，实现人与自然之间的和谐，重建生态、经济、社会协调发展的生态文明。

可持续发展还意味着维护、合理使用并且提高自然资源基础，这种基础支撑着生态抗压力及经济的增长。可持续发展的实现，要运用资源保育原理，增强资源的再生能力，引导技术变革，使再生资源替代非再生资源成为可能，并采用经济手段和制定行之有效的政策，限制非再生资源的利用，使其利用趋于合理化。在发展计划和政策中，纳入对环境的关注与考虑并不代表在援助或发展资助方面的一种新形式的附加条件，而是改变不适当的以牺牲环境为代价的生产和消费方式，控制环境污染，改善环境质量，保护生命支持系统，保持地球生态的完整性，使人类的发展保持在地球承载能力之内。总之，可持续发展的内涵应包括如下几点：①可持续发展不否定经济增长，而是提高经济增长的质量；②可持续发展以自然资源为基础，同资源承载力相协调；③可持续发展以提高人类生活质量为目标，体现着社会持续进步；④可持续发展必须维持生态环境健康，认为发展与环境是一个有机的整体。

### （二）可持续发展的原则

一个资源管理系统所追求的，应该包括生态效益、经济效益和社会效益的综合并把系统的整体效益放在首位；可持续发展的思想极其丰富，它包含当代与后代的需求、国家主权、国际公平、自然资源和生态环境承载力。归纳起来，大致包括以下几个方面。

（1）系统性原则。可持续发展是把人类及其赖以生存的地球看成一个以人为中心，以自然环境为基础的系统。系统内自然、经济、社会和政治因素是相互联系的，系统的可持续发展有助于提高人口的控制能力、资源的承载能力、环境的自净能力、经济的增长能力、社会的需求能力。不能任意片面地强调系统的一个因素，而忽视其他因素的作用。同时，可持续发展又是一个动态过程，系统的发展应将各因素及目标置于宏观分析的框架内，寻求整体的协调发展。可持续发展包括生态持续、经济持续和社会持续，它们之间相互联系不可分割。可持续发展的特征是：鼓励经济增长；以保护自然为基础，与资源环境的承载能力相协调；以改善和提高生活质量为目的，与社会进步相适应。

（2）可持续发展要取得发展的公平性，因为人类需求和欲望的满足是发展的主要目标。然而，在人类需求方面存在很多不公平因素。可持续发展的公平性含义包括代际公平和代内公平。代际公平是指后代人拥有与当代人相同的生存权和发展权。当代人不能为自己的发展与需求而损害人类世世代代满足需求的必要条件。为此，保护和维持地球生态系统的生产力是当代人应尽的责任。代内公平是指可持续发展应满足全体人民的基本需求和为全体人民提供同等的机会，满足他们较好生活的愿望。公平性原则指的是在选择机会或使用机会上是公平的、平等的：一是本代人的代内公平即同代人之间的横向公平，可持续发展要满足全体人民的基本需求和给全体人民机会以满足他们要求较好生活的愿望。要给世界以公平的分配和公平的发展权，要把消除贫困作为可持续发展进程特别优先的问题来考虑。二是代与代之间的公平，即世代人之间的纵向公平性。各代人之间的公平，要求任何一代都不能处于支配地位，即各代人都应有同样多的选择发展的机会。可持续发展不但要实现当代人之间的公平，而且要实现当代人与未来各代人之间的公平，向当代人和未来各代人提供实现美好生活愿望的机会。三是公平分配有限资源。同后代人相比，当代人在资源开发和利用方面处于一种类似于"垄断"的无竞争的主宰地位，未来各代人应与当代人有同样的权利来提出他们对资源和环境的需求。联合国环境与发展会议通过的《里约宣言》，已把这一公平原则上升为国家间的主权原则："各国拥有着按其本国的环境与发展政策开发本国自然资源的主权，并负有确保在其管辖范围内或在其控制下的活动不致损害其他国家或在各国管辖范围以外地区的环境的责任。"要给世世代代以公平利用自然资源的权利。

（3）可持续发展鼓励经济增长，因为它体现国家实力和社会财富。可持续发展不仅重视增长数量，更追求改善质量、提高效益、节约能源、减少废物及改变传统的生产和消费模式。

可持续性是指人类的经济活动和社会的发展不能超过自然资源与生态环境的承载

力。可持续发展要求人们根据可持续性的条件调整自己的生活方式，在生态可能的范围内确定自己的消耗标准，实现生态、社会、经济三方面优化的协同发展。可持续发展要求生态规模上的足够、社会分配上的公平、经济配置上的效率同时起作用。另一个重要的原则内容是关于代际优先还是代内优先，即"平衡当代和未来的原则应该是当代人的基本需求应该优先于下一代人的基本需求，但下一代人的基本需求应该优先于当代人的过分奢侈"。

（4）质量性原则。可持续发展要以保护自然为基础，与资源和环境的承载能力相协调。因此，发展的同时必须保护环境，包括控制环境污染，改善环境质量，保护生命支持系统，保护生物多样性，保持地球生态的完整性，保证以持续的方式使用可再生资源，使人类的发展保持在地球承载能力之内。可持续发展更强调经济发展的质，而不是经济发展的量。因为经济增长并不代表经济发展，更不代表社会的发展。经济增长是指社会财富即社会总产品量的增加，它一般用实际 GNP 或 GDP 的增长率来表示；人均 GNP 或 GDP 通常是衡量一国国民收入水平高低的综合指标，并常被用于评价和比较经济增长绩效。经济发展当然也包括经济增长，但它还包括经济结构的变化，主要包括投入结构的变化、产出结构的变化、产品构成的变化和质量的改进、人民生活水平的提高、分配状况的改善等。

（5）共同性原则。可持续发展要以改善和提高生活质量为目的，与社会进步相适应。可持续发展的内涵均应包括改善人类生活质量，提高人类健康水平，并创造一个保障人们享有平等、自由、教育、人权和免受暴力的社会环境。可持续发展作为全球发展的总目标，所体现的公平性和可持续性原则是共同的。实现这一总目标，必须采取全球共同的联合行动。《里约宣言》中提到："致力于达成既尊重所有各方的利益，又保护全球环境与发展体系的国际协定，认识到我们的家园——地球的整体性和相互依存性。"从广义上来说，可持续发展的战略就是促进人类之间及人类与自然之间的和谐，敦促人类在考虑和安排自己的行动时，都能考虑到这一行动对其他人（包括后代人）及生态环境的影响，并按"共同性"原则办事。

（6）需求性原则。首先，人类需求是一种系统，这一系统是人类的各种需求相互联系、相互作用而形成的一个统一整体。其次，人类需求是一个动态变化过程，在不同的时期和不同的发展阶段，需求系统也不相同。传统发展模式以传统经济学为支柱，所追求的目标是经济的增长。它忽视了资源的代际配置，根据市场信息来刺激当代人的生产活动。这种发展模式不但使世界资源环境承受着前所未有的压力而不断恶化，而且人类的一些基本物质需要仍然不能得到满足。可持续发展则坚持公平性和长期的可持续性，要满足所有人的基本需求，向所有的人提供美好生活愿望的机会。

可持续发展的根本点就是经济、社会发展与资源、环境相协调，核心就是生态与经济相协调。可持续发展的核心问题是资源的永续利用。一方面，必须解决好资源在当代人与后代人之间的合理配置，既要保证当代人的合理需求，又要为后代人留下较发达的生存和发展条件；另一方面，应重视资源在各地区各部门和每个人之间的合理分配问题，重点解决贫困问题，贫困落后是造成资源闲置或浪费的根本原因。

### （三）可持续发展的特征

（1）可持续发展的经济特征。它是指在一定经济发展战略下，在社会生产—流通—分配—消费等方面，加强保护和管理资源，推动科技进步和体制创新，促进可持续发展经济系统的功能和结构调整、重组和优化。保证在无损于生态环境的前提下，实现经济的持续增长，促进经济社会全面发展，从而提高发展质量，不断增长综合国力和生态环境的承担能力，来满足当代人对日益增长的生态、物质、精神的需要，又为后代人创造可持续发展的基本条件。

（2）可持续发展的制度特征。以政府为主体，建立人类经济发展与自然环境协调发展的制度安排和政策机制，通过对当代人行为的激励与约束，降低经济发展成本，实现代内公平与代际公平的结合，实现经济发展成本的最小化。

（3）可持续发展的生态特征。可持续发展的整个理念就是经济子系统的增长规模绝对不能超出生态系统可以永久持续或支撑的容纳范围，生态可持续性是可持续发展的根本问题，即人类的经济社会活动必须保持在生态系统容许的限度之内，在考虑到其他非人类生命物种对资源与环境的需求的条件下，绝对不能超出可供人类利用的资源与环境的承载能力，只有这样才能保证实现可持续发展。

（4）可持续发展的系统特征。经济与生态系统的关系是子系统和总系统的关系。传统发展观的错误在于把经济看作不依赖外部环境的孤立系统，因而是可以无限制增长的。可持续发展的核心理念强调经济只是外部的有限生态系统的子系统，因此宏观经济的数量性增长是有规模的，而不是无限的。由于生态系统的规模保持不变，随着经济子系统的增长，生态系统逐渐达到相对饱和，从而使自然资本替代人造资本成为稀缺的限制性因素，经济子系统就需要从数量型增长转换为质量型发展。

长期以来，经济的增长被视为社会文明进步的标志。20 世纪后半叶，在资源枯竭、生态恶化、环境污染面前，世界性环境问题日益突显，亟须破除传统经济发展模式弊端。人类在不断思考人与自然关系的基础上提出了最具代表性的可持续发展的思想，并逐步成为人类的共识。

## 第四节　资源、环境与经济发展关系的再认识

### 一、人类对环境问题认识的发展

环境问题这一概念似乎很简单，根据其背景，印入我们脑海中的不外乎工厂冒烟、土壤侵蚀和大坝淤积等诸如此类的问题。然而，从更深的层面来看，这个概念很难理解，因为它所涉及的不仅限于人类之间的关系，还包括人类与自然之间的关系。

中世纪以前，人类对自然环境的滥用使自己陷入种种困境之中，这是对人类社会的第一次警告：要重视发展与环境的友好共存的关系。20 世纪末，我们对人类与环境关系的理解与处理方面取得显著进展。同时，人口数量的增长使我们对自然的破坏与日俱

增，人类与自然的和谐与平衡更加难以实现。科学技术以前所未有的速度和规模迅猛发展，增强人类改造自然的能力，给人类社会带来空前的繁荣，也为今后的进一步发展准备了必要的物质技术条件。同时，人类对资源与环境的掠夺式利用已经造成生态环境的破坏，贫困人口相较于富裕人群承受着更多的痛苦，包括食物短缺、水资源缺乏和极端气候条件导致的洪涝灾害威胁。由于流动性限制和发展机会缺乏，贫困人口与富裕全体的福利差距正在加大，而不是缩小。

20 世纪 70 年代以来，严重的资源和环境问题引起各国人民和政府的重视。1972 年 6 月 5 日，联合国人类环境会议在瑞典首都斯德哥尔摩召开，来自 113 个国家的 1 300 多名代表聚集在一起，第一次讨论全球环境问题及人类对于环境的权利与义务。大会通过了划时代的历史性文献——《联合国人类环境会议宣言》，该宣言郑重申明：人类有权享有良好的环境，也有责任为子孙后代保护和改善环境；各国有责任确保不损害其他国家的环境；环境政策应当增进发展中国家的发展潜力。会议确定每年 6 月 5 日为"世界环境日"。尽管一些工业国在环境治理方面取得重大成果，但区域和全球性的环境问题仍然日益严重。为此，1992 年 6 月在巴西里约热内卢举行了联合国环境与发展会议。会议回顾了第一次人类环境会议以来全球环境保护的历程，敦促各国政府和公众采取积极措施，为保护人类生存环境做出共同努力。会议通过了关于环境和发展问题的《里约宣言》和《21 世纪行动议程》，具体确定了实现这些目标的途径。

1974 年联合国环境规划署及联合国贸易和发展会议在墨西哥联合召开资源利用、环境与发展战略方针专题讨论会，提出发展是为了满足人类的需要，但不能超过生物圈的承载能力的原则，指出协调环境和发展目标的方法就是环境管理。环境管理是对损害人类自然环境质量的人为活动施加影响，而且影响是由多人协同所做出的自觉的、系统的努力的活动而产生的，以求创造一种美学上令人愉快、经济上可以生存发展、身体上有益于健康的环境。

随着环境科学、管理理论、经济学理论和法学理论的不断发展，环境管理的内涵也在不断经历着变化与发展。二十多年来，环境保护经历了从消极的"公害治理"与应对"全球性环境问题"（如臭氧层耗损、全球变暖、生物多样性消失、荒漠化、海洋污染等）到着手实施"可持续发展"的阶段。随着工业化进程的不断加快，环境问题越来越严重，环境保护和管理成为当今世界各国人民共同关心的重大社会经济问题。20 世纪 70 年代以前，环境问题往往被看作单纯的污染问题，采取的对策通常是运用工程技术措施进行治理，并运用法律、行政手段限制排污。通过实践，人们逐步认识到环境问题不只是污染问题，还包括沙漠化、水土流失、生态失调等自然资源破坏问题，环境管理的认识更加深入，环境管理的内容更加广泛。

人类既是环境的产物，又是环境的改造者。人类在同自然界的斗争中，运用自己的智慧，通过劳动，不断地改造自然，创造新的生存条件。由于人类认识能力和科学技术水平的限制，在改造环境的过程中，往往会造成对环境的污染和破坏。相当长一段时间以来，以自然资源的开发和环境的无偿利用为主要标志的经济发展方式，一方面创造了空前巨大的物质财富和前所未有的物质文明与精神文明；另一方面也造成了全球性的资源短缺和环境破坏。经济发展和人口激增，导致了自然资源的过度利用和对环境的严重污染。

在传统经济体系中，衡量社会总福利最常用的指标是 GNP。事实上，这种衡量标准存在一系列问题，在短期内 GNP 可依靠开采不可再生资源或过度使用再生资源而增长，而在计算中却没有一个补偿资源消耗的项目，因此可以说 GNP 只是一种衡量生产量的尺度，根本不能反映生产和消费中的经济性及经济福利的净变化状况。由于 GNP 是以市场价值为基础的，故它也不能反映那些不通过市场的商品和服务的变动情况。更重要的是，自然资源和环境舒适度的价值不能在市场上反映出来。

传统发展观的根本缺陷如下：它忽视了现代经济社会的健康、稳定、持续发展的前提条件是要维持自然生态财富，即生态资本存量的非减性，否定了自然资源和自然环境的承载力，即生态环境支撑能力的有限性，违背了经济不断增加和物质财富日益增加要以生态环境良性循环为基础的法则。所以，传统发展观已经完全不适应当代人口、经济、社会与资源、环境生态之间相互协调和可持续发展，与它相对立的可持续发展观应运而生。1987 年以挪威首相布伦特兰夫人为主席的世界环境与发展委员会发表了《我们共同的未来》，比较系统地阐明了持续发展战略思想，在世界各国掀起了可持续发展的浪潮，它标志着可持续发展观基本形成。

20 世纪 90 年代初，西方学者开始在可持续发展的理论平台上探索自然资本的相关问题，并把它纳入生态经济学的理论框架，促进了西方生态经济学理论的新发展。90 年代中期以来，生态服务理论受到经济学家和生态学家的广泛青睐，成为西方生态经济学研究的前沿。西方生态经济学在发展的过程中，各种理论观点呈现出多元化的特点，其主流学派的理论发展已经从生态经济协调发展论走向生态经济可持续发展论。研究方法与分析工具的多样性也成为西方生态经济学理论研究的一个新趋势。

国际社会普遍认为，可持续发展是人口、资源、环境和经济、社会的相互协调发展。可持续发展的关键是，必须实现人与自然、经济增长与环境保护、社会发展与人的发展、当代人的发展与后代人的发展等不同层面的关系协调。环境问题是随着人类社会发展而发展的，同时也是随着社会进步和科学技术发展而必然要被认识与解决的。人类对环境问题的认知、觉醒和反思，全人类在环境问题上形成的共识，标志着人类对自身和世界认识的进步。资源与环境理应是一个不可分割的整体，可持续发展经济学的研究范围，要比传统的经济学或政治经济学宽。

国际经验表明，人口数量、质量和结构的变动、分布状况直接作用于资源与环境。人口数量越多，对环境的压力越大。同时，环境恶化的主要原因，是不可持续的生产方式和消费方式、粗放型的生产方式、人类不合理的资源消费方式，加剧了资源短缺和环境恶化。随着社会发展和科技进步，人们对资源与环境产品和服务的需求越来越大，促使人类更加关注资源短缺与环境退化问题。人口、资源和环境的协调发展，是资源利用和环境保护必须正视的首要问题。自然资源和自然环境是人类社会的基础性共享资源。自然资源，无不以寓于特定环境之中的某种形态而存在，并充当着环境的载体或者物质—能量交换、传递和转移的介质，因而两者之间存在着相互联系、彼此作用与融为一体的关系，即连带性或孪生性的相互关系。于是，自然资源流失和衰竭，自然环境污染和生态破坏，常常是同时或先后出现的。

　　自然资源和自然环境可以互相转化，具有双重性。人类从自然环境中择取可以直接利用的部分作为自然资源以后，往往把资源和环境分开对待。但是，随着科学技术的飞速发展，人类需求的转变和自然环境的变迁，自然资源的含义也在不断地转化，很多过去的自然环境因子，现在已经转变成自然资源。就如以前被视为自然环境因素的水和空气，现在也要求按自然资源而加以评价、利用。因此，可以说自然资源是自然环境的组成部分，整个生态环境系统都应该成为研究者和政策制定者考虑的内容，因为人是生态环境中的一个有机组成部分，经济活动也是在生态环境这个大系统中进行的，所以生态环境的好坏，必然会影响到人类福利和经济发展。

## 二、环境管理的伦理学基础

### （一）环境管理的土地伦理观

　　土地伦理观为美国学者利奥波特于 20 世纪 40 年代提出的，这是第一次较为系统地从伦理学的高度来认识和讨论自然保护问题。在利奥波特看来，伦理观不但是一个哲学概念，而且是一个生态学概念。从生态学上来讲，伦理观是在生存斗争中对行为自由度的制约。从哲学角度而言，它是对反社会行为的一种歧视性否定。不论是生态学上的，还是哲学上的，它所表述的是一个相互依赖的个体或群体趋向合作的进化模式。

　　生态学家认为政治和经济系统是一种人类社会的共生体系。在这一共生体系中，原有的自由竞争被具有伦理学约束的协作机制取代。作为一种伦理观，通常有这样一个基本假设：个体是一个相互依赖的群体的成员，其本能促使他在群体中竞争自己的位置，但其伦理观又促使他与其他成员合作。土地伦理观将人类从土地群落征服者的地位改变为土地群落的普通一员。这便意味着人类应该尊重其同伴及土地群落总体。自然保护旨在寻求人类与土地的和谐状态。完全基于经济动机的保护体系，是不能取得和谐的，因为土地群落的大多数成员没有普通意义的市场价值。

　　土壤、水、植物及动物的总和构成了一个群落整体，利奥波特称之为土地。土地群落中的各种成分有机联系，构成生物连续机制。人类活动对土壤的破坏，对循环过程中能流的截取，使土地群落处于一种混乱状态，人们对土地的健康具有一种责任感。健康的含义体现在土地自我恢复能力方面。土地利用问题不完全是一个经济问题。对于土地利用，要考察三个方面的问题，即伦理是否正确，美学上是否有价值，经济学上是否可行。判断一个事件是否正确，根据土地伦理行为规范，要看它是否倾向保护生物群落的完整性、稳定性及美学属性。

　　土地伦理观的发展既具有学术性又具有感情色彩。然而在现实中功效不大，甚至是危险的。原因在于缺乏对土地的理解，没有形成并接受尊重土地群落的伦理观念，因而难以成为一种自觉的行为。

### （二）生物中心论

　　哲学上系统的环境伦理思考，是在一系列的环境与生态保护运动的基础上，于 20 世纪 80 年代初步形成的。生物中心论认为，我们对大自然所承担的义务，并不源于我们对人类自身应尽的义务，而是基于自然资源拥有内在价值的物种地位。自然资源具有一种属于其自身的天然价值，人类应该建立一种新的道德观。生物中心论的倡导者泰勒将之概括为尊重自然，其核心内容包括下述四个方面：人类如同其他生命体一样，是地球生命群体的成员，所有生命体都是等同的，都有生存与发展的生物及环境要求，都存在着自身适宜的生存环境；人类与其他物种一起，构成一个相互依赖体系的有机组合，每一个生命体的生存及生活的好坏不但取决于物理环境，而且取决于生物体之间的相互关系；每一种生物有机体都是独特的个体，以其自有的方式寻求自己的适宜生存环境；人类并非先天优于其他生物。

### （三）均等的环境伦理观

与生物中心论不同，均等的环境伦理观以人类为中心，它只考虑人类各成员的均等，将自然环境和其他生命有机体看作人类均等的内容，所以称为人文中心的环境伦理观。这一伦理观认为，我们对自然界的道德义务，最终都源于我们人类各成员相互间所应该承担的义务。我们尊重每一个人的权利，或者是我们应该保护和改善人类的福利，才使我们在对待地球的自然环境及非人类物种时，必须有一些道义约束，以实现社会公正。这一伦理由英国学者罗尔斯于 20 世纪 70 年代提出，他只研究代内均等问题，后来他的观点被发展为代际均等问题。罗尔斯认为社会组织和社会选择应该遵循以下两个原则：每一个成员将享有均等权利，具有与其他社会成员相容的个人自由；任何社会不均等将源于自由竞争，只有在不均等的出现有益于每一个社会成员时，不均等才会被接受。

代际均等是环境伦理观的主要成分，它与代内均等的概念不同，很少直接包含政治的或现实的因素。19 世纪末美国的自然保护运动已明确提出将资源留给子孙后代。然而，它作为一种伦理观，是近年来才形成的观点。代际均等的环境伦理观认为我们的子孙后代与我们当代人具有同样的权利，过上环境安全和健康的生活。

伦理是一个复杂的问题。人们需要一定的伦理准则来规范和约束各自的行为，也需要能够为社会所接受的伦理观念，作为追求和支持某些目标的道德依据。然而，一种伦理观念的提出、发展和形成，需要人们从不同方面、不同角度来认识和理解。环境伦理的形成过程，是人们在长期的生产实践中对持续发展的不断认识，从不同的方面、不同的角度来探讨人们应该怎么办。这就不免使得各种伦理观点带有一定的片面性。

## 三、环境、发展与经济学

经济活动发生在地球及其大气圈系统之内，且属于系统内的一部分，这个系统叫作自然环境，更简略地称为环境。这个系统本身也有一个环境，即宇宙的其余部分。图 1.1 简单地表示了经济和环境之间的相互依赖关系。粗黑线框代表环境，它是一个热力学封闭系统，其中有能量交换而无物质交换。该环境接收太阳辐射的能量输入，有些辐射被吸收并推动环境演化，有些被反射回太空，这用穿越粗黑线的箭头表示。物质不会穿过粗黑线。能量吸收和反射间的平衡取决于全球气候系统的功能。能量进出箭头穿越三个框，代表了与经济活动相关的环境表现有三种功能。由粗黑线所代表的第四种功能，指的是生命支撑系统的功能和将这些功能组合在一起的系统。请注意，三个框相互交叉，粗黑线穿过它们。这表明这四种功能相互作用，这将在下面探讨。

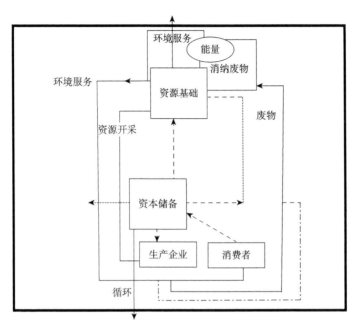

图 1.1　自然环境中的经济活动

如图 1.1 所示，经济活动位于环境之中，包含生产和消费，两者均来自环境服务，如粗黑线框中的实线所示。生产活动并非都是消耗性的，一些生产活动的产出被增加到人工的、可再生的资本存量之中，进而在生产活动中与劳动力一起发挥作用。图 1.1 表示一个从环境中开采资源，有三种类型投入的生产。生产过程中产生的废物又进入环境中。消费同样如此。消费也是直接利用舒适性服务流程。下面，我们将详细讨论这四种环境功能及它们之间的相互作用。

**（一）环境所提供的服务**

生产中使用的自然资源有几种形式。一个显著的特点是资源是否以存量或流量的形式存在。不同之处在于现在的使用是否会影响到将来的可供应能力。第二个标准差别是有关现在可再生资源的使用和将来可提供能力之间的联系。可再生资源包括生物群落——动植物群。不可再生资源是矿物，包括化石燃料。对前一种，某时的存量可通过自然再生产进行补充。如果在某一时间段内，资源的利用量低于自然的生长，存量就增加。如果总收获与自然增长同步，那么资源可以无限利用。这种利用率常被叫作"可持续产量"。利用率大于可持续产量意味着存量的减少。对于不可再生资源，不能进行自然再生产，除非在地质年代中。自然地，现在用得越来越多就意味着将来用得越来越少。

在不可再生资源中，将化石燃料和其他矿物资源分开是重要的。第一，在工业化经济国家中，化石燃料的使用非常普遍，可以认为是它们的本质特征之一。第二，化石燃料的燃烧是一个不可逆的过程，投入的燃料在燃烧之后不可能有哪怕是部分的回收。目前为止，煤炭、石油和天然气用来产生热能，而不是作为化工过程的投入，它们不能被循环利用。用于生产原料的矿产品可以被循环利用。也就是说，如果以某个给定的使用率，对一定的初始存量，矿产品被消耗完的周期将可能延长，而化石燃料则不能。第三，化石燃料燃烧是一些废物排放的主要来源，尤其是向大气中气体的排放。

生产和消费过程中的许多活动都会产生废物或残留物，并排放到自然环境中。当然，当我们讨论物质平衡原则时可以发现，从自然环境中开采物质再返回自然环境中是一个必然的结果。经济学上，废物的排放常常与污染问题联系在一起。

在某种程度上，废物排放引起的被人类经济学家觉察的问题称为污染问题。污染问题可以用两种方式定义。其一，经济学家常用的，将污染看作自然环境中的剩余物质存量。其二，生态学家常用的，将污染看作影响自然环境的流量。前一种情况，污染被作为存量资源来对待，该资源的存量增加意味着副价值的增加。剩余流量进入环境中增加了资源的存量，自然的衰退过程要从价值中减去。流量模式将环境看成有"同化能力"的，定义为剩余流量速率。污染则是剩余流量速率大于"同化能力"的结果。如果剩余流量速率等于或小于"同化能力"，则没有污染；如果剩余流量速率持续大于"同化能力"，则"同化能力"将下降，最终变成零。

在图 1.1 中，舒适性服务可以直接从环境流向个人。生物圈为人们提供休闲场所和其他娱乐资源。例如，在海滨游泳，不需要生产活动就可以使环境资源变为人们休闲的资源。野外娱乐定义为无任何其他人为活动。有人喜欢简单地躺在户外的阳光下。自然环境的作用是在向人们提供舒适性服务的过程中被认识到的。不妨想象一下占有一艘宇宙飞船的情形，缺少自然环境人们会出现什么样的情况。在许多情况下，舒适性服务并不直接包括消耗性物质流。例如，野外休闲并不掠夺野外环境中的资源，尽管可能会用一些木材生火、捕获一些野味当食物等。这并不是说舒适性服务流不影响物质上的自然环境。海滨地区的过度利用会带来其性质的变化，游客的光顾，植被逐渐消失，并最终导致土地荒漠化。

在图 1.1 中，用粗黑线表示环境的第四种功能，很难用简单而具体的方式表达除了充当资源基础、废物的"沉淀"地和舒适性基地外，目前生物圈为人类提供着基本的生命支撑功能。人类在生物学上所需的环境条件要高于其他物种，人类的忍耐力有限。例如，人类对所呼吸的空气有特殊的要求，对水的摄入有最低要求，等等。现在，环境就以这样的方式起作用，人类可以生存在其中。

经济活动和环境的相互关系非常普遍和复杂。环境作用的存在，即四种环境服务之间的相互作用使得复杂性增加。这就如图 1.1 中三个相互交叉框表示的那样。

考虑一个河口湾。它是一个地方经济发展的资源基础，可在其中进行渔业活动；也可作为一个废物"沉淀"地，城市污水要排到其中；又被当作休闲场所来利用，如游泳和划船，还可作为舒适性服务的资源。如果不被用于商业性开发，作为海洋物种的繁衍场所，它有生命支撑功能，但商业性开发在海洋生态系统中起重要的作用。当污水排放速率等于或小于河口湾的同化能力时，这四种功能同时存在。但是，如果污水排放速率大于河口湾的同化能力，不但会出现污染，而且河口湾的其他功能也会削弱。污染将妨碍商业开发中渔业资源的再生产能力，并可能导致渔场关闭。这并不一定意味着生物灭绝。污染会降低河口湾支持娱乐活动的能力，在某些方面（如游泳）将完全终止。污染也影响非商业性的海洋物种，导致对涉及海洋生态系统功能的物种的灭绝。

### （二）环境服务的替代

图1.1中还剩一个特征有待研究。迄今为止，我们已讨论了图1.1中的实线部分，还有一些虚线部分没有讨论，它们代表了环境服务替代的可能性。

考虑第一个循环，它涉及废物流在返回到自然环境之前被中途拦截，其中的一部分返回到生产中。环境功能的循环替代有两种方式：其一，它可以降低对废物沉淀功能的需求；其二，只要循环的物质可以替代环境中的资源开采，它就可以降低对资源基础功能的需求。

在图 1.1 中，从资本储备框引出的四条虚线通向其他框和代表环境功能的粗黑线框。这些虚线代表资本服务替代环境服务的可能性。

例如，再考虑与废物沉淀功能相关的向河口排放废水的问题。在将污水排放到河里之前进行多级处理是可能的。依据处理程度，能满足河口同化能力要求的排放，可以降低对污水的处理级别。以污水处理厂为形式的资本可以替代废物沉淀的自然环境的功能，其程度取决于污水处理厂的处理水平。

能源保护领域的实例表明，资本能替代资源基础功能。举一个满足人类舒适程度的例子，一栋房子通过安装隔热和控制系统可以降低能源的消耗，但这些又增加了房子及其配套设施的资本总量，因此，也增加了房子的总资本存量。然而，需注意的是隔热和控制系统本身是物质结构，要生产它们，需要从环境中汲取物质，包括能源等。在生产活动中也存在类似的燃料节省替代的可能性。

明显地，在生命支撑功能中，许多科学家认为可能的替代是非常有限的。但是，从技术角度来看，这种情况并不清楚。能够支撑人类生命的人造环境已经被创造出来，如空间站及相关装备已能使人们生活在生物圈之外，尽管时间有限。很明显，人类完全有可能在月球上建造维持人类生存的环境，提供某种合适的能源。但是，缺乏自然生命支撑功能，维持的人口数量必定很小。不是这些功能完全不可替换，而是运行的规模不可替代。另外，关于生命的质量，一些人自然而然地认为，人类和其他生物生活在一个寂静的星球上是可行的，但肯定是不情愿的。

讨论用资本服务替代环境服务的可能性。当目前的生产量没有被用于当时的消费时，当前生产积累了物质资本，资本还包括资本装备，如机器、建筑物、道路等。当目前的生产用于增加知识，由此形成技术转变的基础时，人力资本就会增加。然而，人力资本的积累显然对环境问题具有重要意义，为了从技术上改变经济活动的影响，就要将技术固化在新装备中，只有固化到替代环境功能的装备中，降低环境功能要求的知识才能真正起作用。

环境服务的资本服务替代并不是经济—环境相互关系的唯一替代形式。在图 1.1中，经济与环境之间的流动以细实线来表示。当然，每根细实线实际上代表了不同服务流的整个范围，各构成流之间的替代是可能的，并影响对环境服务的需求。任何给定的替代暗示着可以超越环境功能直接影响的范围。例如，用水力发电替代化石燃料发电，降低了化石燃料的消耗及其在燃烧过程中产生的废物（自然娱乐场所发生洪水后，同样会对舒适性服务流产生影响）。

### （三）人与环境

人体组织的组成元素及其含量在一定程度上同地壳的元素与其丰度之间具有相关关系，人类只是地球环境演变到一定阶段的产物。人类出现后，通过生产和消费活动，从自然界获取生存资源，然后又将经过改造和使用的自然物和各种废弃物还给自然界，从而参与了自然界的物质循环和能量流动过程，不断地改变着地球环境。例如，人体通过新陈代谢和周围环境进行物质交换，吸入氧气，呼出二氧化碳，摄取水和各类营养物质来维持人体的发育、成长和遗传。这使人体的物质组成与环境的物质组成具有很高的相关性。也就是说，人类和其他生物不但是环境发展到一定阶段的产物，而且它们的物质组成也和环境的物质组成保持平衡关系，如果这种平衡被破坏，则将对人体健康造成危害。环境污染或公害问题，主要就是环境中的物质组成同人类的生存不相适应的问题。

人类对环境的利用和改造已取得巨大的成就。据估算，原始土地上光合作用产生的绿色植物及其供养的动物只能为一千万人提供食物，而现代农业进行机械化生产，并施用化肥和农药，获得的农产品却可以供养几十亿人。例如，人类控制了一些河流的洪水泛滥；改良了土壤；驯化了野生动植物，培育出优良的品种；发展了各种能源和制造业，制成了原来环境中所没有的而对人有用的物质；建设了舒适的居住环境；创造出各种具有物质、精神文明的环境，使人类的生活水平大大提高。这反映了人类正从适应环境的地位，逐渐向环境中的主导地位转变。环境中的各种资源同环境的主体——人类之间，都处于动态平衡之中。因为在不同的生产水平的各个时期，环境对人口的承载量都有一个最佳点，如果超出这个界限，则会使环境质量下降或者使人类生活水平下降。所以人类在改造环境中，必须使自身同环境保持动态平衡关系。

### （四）可持续发展经济学的形成与发展

人类在改造环境的过程中，地球环境仍以固有的规律运动着，不断地反作用于人类。人类是环境的产物，又是环境的改造者。人类在同自然界的斗争中，运用自己的智慧，通过劳动，不断地改造自然，创造新的生存条件。然而，由于人类认识能力和科学技术水平的限制，在改造环境的过程中，往往会产生意料不到的后果，造成对环境的污染和破坏，故常常产生环境问题。人类在同自然界的斗争中总是不断总结经验，有所发现，有所前进。环境问题是随着人类社会发展而发展的，也是随着社会进步和科学技术发展而必然要被认识和解决的。

事实上，从人类出现在地球之后，这个特殊的种群一直想把自己作为自然界的主宰，尤其是当其具有强大的动力和机器之后，这种心态日益膨胀，虽然不少智者曾经不断地予以警告，但当事人往往非理智地向自然宣战，贪婪地掠夺自然财富，满足人类自身不断膨胀的欲望。我们明白，地球上的资源永远是稀缺的。它既要满足人类个体无休止增长的需求，更要满足人类种群自身不断扩大的需求。因此，人类理智地自控自律已经到了必须觉醒的时候了，其必须首先控制自己的"种群规模"（即先达到人口自然增长率为零）；其次，实施有节制的"可持续消费"，人类文明的延续才能具有可靠的基础。造成环境问题的实质有以下两个原因：一是人类经济活动索取资源的速度超过了资源本身及其替代品的再生速度；二是向环境排放废弃物的数量超过了环境的自净能力。

美国女科学家卡逊所著的《寂静的春天》一书受到各界的广泛热议，她用大量科学事实论述了滴滴涕等农药污染的迁移、转化与空气、土壤、河流、海洋、动植物和人的关系，提醒人们由于滴滴涕等农药滥用引起的污染，人类将失去"阳光明媚的春天"，这一警醒引发了人类对传统发展观的质疑。1966 年，布尔丁提出"宇宙飞船经济理论"，指出地球是一个封闭系统，或者更准确地说，是只能接收外界的能量输入（如太阳能流），对外界进行能量输出（如通过辐射流）的封闭系统。地球被认为是一艘孤立的宇宙飞船，没有任何无限储备的东西。超出飞船本身的范围，既不存在飞船的居民可以获得的资源储备，也无法向外界处理不需要的残留物。相反，飞船是一个封闭的物质系统，来自外界的能量输入仅限于那些可利用的、永恒的、有限的能量流，如太阳射线。在该飞船里，如果人类想无限地生存下去，就必须在不断再生的生态圈里找到自己的位置。衡量飞船经济成功与否的最好标准是资本存量的数量和质量，包括人类的身体和精神状态，飞船"好"的状态是指飞船内某些储备，如知识储备、人类的健康状况及能够使人类满意的资本存量维持高水平。这种理论是一种形象的危机描述，它实际上是描述了非可持续发展的悲观前景，但该观点进一步推动了人类对可持续发展的观念创新。

1972 年 3 月，国际研究机构罗马俱乐部提交了《增长的极限》的研究报告。这篇报告提出，"如果世界人口、工业化、污染、粮食生产以及资源消耗按现在的增长趋势继续不变，这个星球上的经济增长就会在今后一百年内某个时候达到极限。最可能的结果是人口和工业生产能力这两方面发生颇为突然的、无法控制的衰退或下降"。唯一可能的出路是在今后 15 年内停止人口增长和产量增长，达到零增长率的全球均衡，人们称之为"零的增长方案"。《增长的极限》结论过于悲观，过分夸大了人口爆炸、粮食和能源短缺、环境污染等问题的严重性，它提出的"零的增长方案"在现实中也难以推行。1972 年 6 月，联合国人类环境会议通过的《联合国人类环境会议宣言》，标志着人类开始正视环境问题。《联合国人类环境会议宣言》强调保护环境、保护资源的迫切性，也认同发展经济的重要性。1992 年，在巴西里约热内卢召开的联合国环境与发展会议上，可持续发展成为大会的指导思想，并在《21 世纪议程》《关于森林问题的原则声明》《生物多样性公约》《联合国气候变化框架公约》等一系列文件和决议中把可持续发展的概念和理论推向行动。《21 世纪议程》是第一份可持续发展全球行动计划，从政治平等、消除贫困、环境保护、资源管理、生产和消费方式、科学立法、国际贸易、公众参与能力建设等方面详细地论述了实现可持续发展的目标、活动和手段，包括如何减少浪费和消费形态、扶贫、保护大气、海洋和生物多样化及促进可持续农业的详细提议。至此，可持续发展成为世界各国的一项发展战略。

因此，可持续发展反对以追求最大利润或利益为取向，以财富悬殊和资源掠夺性开发为代价的经济增长，它所鼓励的经济增长应是低消耗和高质量的。它以保护生态环境为前提，以可持续性为特征，以改善人民的生活水平为目的。通过资源替代、技术进步、结构变革和制度创新等手段，有限的资源得到公平、合理、有效、综合和循环利用，从而使传统的经济增长模式逐步向可持续发展模式转化。经济增长不同于经济发展已成为人类的共识。经济发展不只意味着 GDP 的增长，还意味着贫困、失业、收入不均等社会经济结构的改善。可持续发展追求的正是这些方面的持续进步和改善。对发展中国家来说，实现经济发展是第一位的，因为贫困与不发达正是造成资源和环境恶化的基本原因之一。只有消除贫困，才能形成保护和建设环境的能力。世界各国所处的发展阶段不同，发展的具体目标也各不相同，但发展的内涵均应包括改善人类生活质量，保障人类基本需求，并创造一个自由、平等及和谐的社会。

近年来，国内外学者都积极地进行可持续发展经济学的研究，初步建立起可持续发展经济学的学科理论体系。国际上代表著作如下：美国著名的生态经济学家、研究环境经济与可持续发展的专家赫尔曼·E.戴利于 1996 年所著的《超越增长：可持续发展的经济学》，日本庆应义塾大学出版会于 1996 年出版的《可持续发展经济学》，欧洲工商管理学院经济学、管理学和环境科学教授罗伯特·艾尔斯于 1998 年所著的《转折点——增长范式的终结》等。

在国内，1996 年贾华强出版了国内第一部可持续发展经济学的专著《可持续发展经济学导论》，1997 年有许多侧重经济学的著作问世，刘思华出版了《可持续发展经济学》，潘家华出版了《持续发展途径的经济学分析》，朱国宏出版了《可持续发展——中国现代化的抉择》，诸大建等出版了《走可持续发展之路》，王军发表了博士论文《可持续发展》，这些著作标志着可持续发展经济学在中国的初步形成。南京大学洪银兴教授在 2000 年主编的《可持续发展经济学》，吸收上述研究成果，从经济理论和经济政策的角度分析了发展中国家面临的发展任务与可持续发展的战略及可持续发展的指标体系；分析了人口、自然资源、生态和环境等可持续发展系统；分析了可持续发展对产业结构、区域发展、技术进步和人力资源开发等提出的要求；分析了可持续发展的实现和调节机制等，为制定可持续发展的经济战略和经济政策提供了理论根据。此后，马传栋、杨文进等纷纷出版了《可持续发展经济学》《经济可持续发展论》等著作，标志着可持续发展经济学这一学科在中国已经形成。

在中国，可持续发展经济学研究建立了一套自身特有的理论体系，虽然其在人口、生态环境、资源等问题上与其他学科存在一定的重叠，但可持续发展经济学在研究这些问题时不同于人口经济学、环境经济学、资源经济学和生态经济学，因为它研究的角度及采用的方法是与这些学科和传统经济学完全不同的，得出的结论也不同，它还研究人口经济学、环境经济学、资源经济学和生态经济学所不考察的许多问题。它不但正确地界定了本学科的研究对象、性质、范围和任务，而且科学地阐明了本学科的基本范畴、理论原则、实现形态、运行法则，初步建立起理论体系。可持续发展经济学作为一门新兴经济学科的产生与形成，可以称为 20 世纪 90 年代经济学的重大成就之一。可持续发展经济学的产生与形成，是对现存的东西方经济学的一种突破与创新，标志着工业经济时代的传统经济学向知识经济与可持续发展经济时代的巨大转变。

随着技术和社会制度的不断完善，人类在提高社会福利方面，无论是在发达国家还是发展中国家，都取得了举世瞩目的成就，这是毋庸置疑的；然而，硬币的另一面是，许多人仍然生活在不能满足基本的生活水平的条件之下，特别是生活在世界上贫困国家的人更是如此，但并非仅限于此。即使在最富有的国家，收入和财富的不均等使许多人生活在物质与社会的贫困层。通常认为，要根除贫困，需要精心设计发展计划，而常常不考虑自然环境。经济和政治争论的目标在于确定经济的增长过程能不断提高人们的生活水平。经济发展和"自然保护"被看作互不相干的。有些评论者甚至说，关注自然环境是生活富裕的人们自我放纵的自私形式。

- 可持续状态是效用或消费，是不随时间而下降的；
- 可持续状态是自然资源得到管理以维持未来的生产机会；
- 可持续状态是自然资本存量，不随时间而下降；
- 可持续状态是自然资源得以管理以维持资源服务的可持续产量；
- 可持续状态是满足生态系统在时间上的稳定和弹性的最小条件；
- 可持续发展是能力和共识的构建。

可持续发展的模式与传统的发展模式的根本区别如下：可持续发展的模式不是简单地开发自然资源以满足当代人类发展的需要，而是在开发资源的同时保持自然资源的潜在能力，以满足未来人类发展的需要；可持续发展的模式不是只顾发展不顾环境，而是尽力使发展与环境协调，防止、减少并治理人类活动对环境的破坏，使维持生命所必需的自然生态系统处于良好的状态。因此，可持续发展是可以持续不断的，不会在有朝一日被限制或中断，它既能满足当今的需要，又不致危及人类未来的发展。

可持续发展战略的核心是经济发展与保护资源，保护生态环境的协调一致，让人类的子孙后代能够享有充分的资源和良好的自然环境。可持续发展是一个长期的战略目标，需要人类世世代代的共同奋斗。现在是从传统增长到可持续发展的转变时期，因而最近几代人的努力是成功的关键。尽管前进的道路上还有许多困难，但只要坚持可持续发展的战略，就能克服这些困难，战胜新的挑战。人类社会在可持续发展的道路上已经迈出最初的几步，人们必将沿着这条道路走下去。

可持续发展的持续性包含以下含义：可持续发展不应损害支持地球生命的自然系统，不能超越资源与环境的承载能力；同时，应该辩证地看待环境与发展的关系。人们不但要看到经济发展对生态环境造成的影响，更要看到资源、环境对经济发展的影响。没有生态环境的可持续就不可能有经济与社会的可持续发展，而生态问题的解决也离不开经济增长；可持续发展作为全球发展的总目标，所体现的公平性的持续性原则是共同的。并且，实现这一总目标，必须采取全球共同的联合行动。布伦特兰夫人在《我们共同的未来》的前言中写道："今天我们最紧迫的任务也许是要说服各国认识回到多边主义的必要性"，"进一步发展共同的认识和共同的责任感，这是这个分裂的世界十分需要的"。总之，可持续发展具有三个主要特征：生态持续、经济持续和社会持续，它们之间互相关联而且不可分割。孤立追求经济持续必然导致经济崩溃；孤立追求生态持续不能抑制全球环境的衰退。生态持续是基础，经济持续是条件，社会持续是目的。人类共同追求的应该是自然、社会与经济复合系统的持续、稳定、健康发展。

## 四、环境经济学的产生及目标

环境经济学是研究经济发展和环境保护之间相互关系的科学，是经济学和环境科学交叉的学科。环境经济学的理论可以追溯到 20 世纪初。意大利社会学家兼经济学家帕累托（Pareto）曾经从经济伦理的意义上探讨资源配置的效率问题，并提出了著名的"帕累托最优"理论。由马歇尔提出，庇古等做出重要贡献的外部性理论，为环境经济学的建立和发展奠定了理论基础。

一百多年以来，稀缺性资源的效率分配一直是经济学研究的主题之一。随着经济和社会的发展，工业化和城市化的产生与发展造成的环境污染及破坏，除了人们对于自然生态规律认识的缺乏外，主要是人们没有全面权衡经济发展和环境保护之间的关系。长期以来，人们把水、空气等环境资源看成取之不尽、用之不竭的"无偿资源"，把自然当作净化废弃物的场所，无须付出任何代价和劳动。

随着社会生产规模的扩大、人口的迅速增长，人类从自然界获取的资源大大超过自然界的再生增殖能力，排入环境的废弃物大大超过环境容量，出现了全球性的资源耗竭和严重的环境污染与破坏问题。为此，许多经济学家和自然科学家一起筹商防治污染和保护环境的对策，估量污染造成的经济损失，比较防治污染的费用和效益，从经济角度选择防治污染的途径和方案，有的还把控制污染纳入投入-产出经济分析表中进行研究。随着环境与经济研究的深入，一些经济学家认为，仅仅把经济发展引起的环境退化当作一种特殊的福利经济问题，责令生产者偿付损害环境的费用，或者把环境当作一种商品，同任何其他商品一样，消费者应该付出代价，都没有真正抓住人类活动带来的环境问题的本质。许多学者提出在经济发展规划中要考虑生态因素。社会经济发展必须既能满足人类的基本需要，又不能超出环境负荷。超出环境负荷，自然资源的再生增殖能力和环境自净能力会遭到破坏，引起严重的环境问题，社会经济也不能持续发展。要在掌握环境变化的过程中，维护环境的生产能力、恢复能力和补偿能力，合理利用资源，促进经济的发展。

社会经济再生产的过程，就是不断地从自然界获取资源，同时又不断地把各种废弃物排入环境的过程。人类经济活动和环境之间的物质变换，说明社会经济的再生产过程只有既遵循客观经济规律又遵循自然规律才能顺利地进行。环境经济学就是研究合理调节人类经济活动，使之符合自然生态平衡和物质循环规律，使社会经济活动建立在环境资源的适度承载能力基础之上，综合考虑短期直接效果和长期间接效果，兼顾自然资源利用的代内公平和代际公平。

环境经济学的研究内容包括社会制度、经济发展、科学技术进步同环境保护的关系，以及资源和环境价值计量（包括对未来的贴现）的理论与方法等。经济发展和科学技术进步，既带来环境问题，又不断地增强保护和改善环境的能力。要协调它们之间的关系，需要改变传统的发展方式，把保护和改善环境作为社会经济发展和科学技术进步的一个重要内容与目标。传统的经济增长模型只考虑劳动、资本和技术进步对生产的贡献，这显然是不够的。

环境经济学认为环境污染和生态失调，在很大程度上是对自然资源的不合理的开发和利用造成的。合理开发和利用自然资源，合理规划和组织社会生产力，是保护环境最根本、最有效的措施。环境保护的经济效果应该包括环境污染、生态失调的经济损失。经济方法在环境管理中是与行政的、法律的、教育的方法相互配合使用的一种方法。

20世纪80年代初期是我国环境经济学的起步发展阶段。在这个阶段，环境经济学研究主要集中在以下方面：论述经济发展与环境保护的关系，阐明环境作为物质资源在社会再生产中的重要作用，在这些分析当中主要运用规范分析方法。80年代开始的资源核算和定价研究，是环境经济学在中国应用的标志之一，它所论述的资源定价和边际机会成本理论代表相关领域研究的前沿水平，通过对中国煤炭、水、森林等资源的核算，更加充实了这一理论。有关学者在环境价值、资源核算和资源产业化等方面做了大量工作，中国学者把当代技术经济学的有关方法应用于环境问题的具体研究，如从边际效益递减的角度计算最优污染水平，对环境工程核算和微观环境经济决策进行费用-效益分析，以及对环境污染损失进行价值估算，等等。

随着我国市场化改革过程中主流经济学理论的变迁，环境经济学出现了以现代经济学为基础建立理论框架的过程。具体如下：一是微观经济学理论的全面介绍，从理性、最优化、均衡等基本假定出发，构筑环境资源的供求曲线和均衡价格，在这方面，福利经济学和微观经济学相融合，为环境经济学提供了理论基础。福利经济学最早提出的"外部性"概念成了环境经济学中最典型和最常用的理论工具。二是宏观经济理论进入环境分析领域，使环境经济学范围扩展到总量关系上，这方面内容包括经济增长的环境指标（如绿色GDP等）、宏观经济结构的环境影响分析等。环境经济学中宏观经济分析的主要目标是把环境资本的消耗和增值定量地纳入国民收入均衡分析中，这方面的理论分析已经取得较为完善的成果。1992年中国正式提出建立社会主义市场经济体制的目标后，环境经济学领域内展开了较多的关于市场经济与环境保护的理论探讨，结合中国经济成长的道路，环境保护要改变计划经济体制下形成的发展模式，适应市场经济体制的要求，形成以市场调控为主的环境保护自我发展内在机制，使环境保护走上市场化、产业化发展的道路。近年来，较多的研究以环保设施运营的企业化、社会化为突破口，从理论和实践两个方面探讨环境保护市场化问题，提出了环境保护市场化的概念与内涵，以及污染治理的集约化、产权多元化、运营服务市场化等问题，此外，对社会主义市场经济条件下环境保护的运行机制、投融资机制等重要问题做了积极探索。经济系统与自然系统的相互依赖产生了可持续问题。

# 参考文献

布朗 L R. 1984. 建设一个持续发展的社会. 祝友三，等译. 北京：科学技术文献出版社.

戴利 H E. 2006. 超越增长：可持续发展的经济学. 诸大建，胡圣，等译. 上海：上海译文出版社.

冯华. 2004. 怎样实现可持续发展——中国可持续发展思想和实现机制研究. 复旦大学博士学位论文.

洪银兴. 2000. 可持续发展经济学. 北京：商务印书馆.

卡逊 R. 2015. 寂静的春天. 恽如强，曹一林，译. 北京：中国青年出版社.

李嘉图 D. 1962. 政治经济学及赋税原理. 郭大力，王亚南，译. 北京：商务印书馆.

李强. 2011. 可持续发展概念的演变及其内涵. 生态经济，（7）：87-90.

梅多斯 D，兰德斯 J，梅多斯 D. 2013. 增长的极限. 李涛，王智勇，译. 北京：机械工业出版社.

牛文元. 2012. 可持续发展理论的内涵认知——纪念联合国里约环发大会20周年. 中国人口·资源与环境，（5）：9-14.

诺伊迈耶 E. 2006. 强与弱——两种对立的可持续性范式. 王寅通，译. 上海：上海译文出版社.

皮尔思 D W，沃福德 J J. 1996. 世界无末日：经济学、环境与可持续发展. 张世秋，等译. 北京：中国财政经济出版社.

珀曼 R，马越，麦吉利夫雷 J，等. 2002. 自然资源与环境经济学. 2版. 侯元兆，张涛，李智勇，等译. 北京：中国经济出版社.

钱易，唐孝炎. 2010. 环境保护与可持续发展. 2版. 北京：高等教育出版社.

世界环境与发展委员会. 2009. 我们共同的未来. 邓延陆，译. 长沙：湖南教育出版社.

斯密 A. 1972. 国民财富的性质和原因的研究. 郭大力，王亚南，译. 北京：商务印书馆.

杨羽. 2001. 关于"可持续发展"概念的内涵. 求是，（24）：57，58.

曾珍香，顾培亮，张闽. 1998. 可持续发展的概念及内涵的研究. 管理世界，（2）：209，210.

张坤民. 1997. 可持续发展论. 北京：中国环境科学出版社.

张晓玲. 2018. 可持续发展理论：概念演变、维度与展望. 中国科学院院刊，33（1）：10-19.

赵景柱，梁秀英，张旭东. 1999. 可持续发展概念的系统分析. 生态学报，（3）：105-110.

朱正. 1996. 论实施可持续发展战略的相关措施. 管理世界，（6）：197-198.

Amin S. 1977. Imperialism and Unequal Development. New York：Monthly Review Press.

Arrow K J. 1974. "Organization and Information"，The Limits of Organization. New York：W. W. Norton.

Malthus T R. 1798. An Essay on the Principle of Population. London：Johnson.

Randall A. 1981. Resource Economics an Economic Approach to Natural Resource and Environment Policy. Columbus：Grid Publishing.

Ruttan V W. 1993. Population growth，environmental change，and innovation：implications for sustainable growth in agriculture//Jolly C L，Torrey B B. Population and Land Use in Developing Countries. Washington，DC：National Academy Press：124-156.

# 第 二 章

# 效率、公平与公共政策

目前经济学家已经在某种程度上形成一个共识，即作为经济学家，他们不应当做出任何价值判断，而作为一个公民，他们不比任何人更有资格做出价值判断（黄有光，2005）。一般来说，所有的政策建议一定都含有某种价值判断。资源与环境经济学的研究是政策导向的，最终的目的是给出资源最优利用和环境保护的政策原则。因此，不可避免地涉及政策选择的价值判断问题。在本书的剩余部分，效率与最优化的概念将扮演核心角色，是理解资源与环境政策的理论基础。

为此，本章首先解释这些术语的含义及其遵循的基本原则。本章包括三个部分：第一部分是关于资源最优配置的帕累托最优条件（Ⅰ）和次优条件（Ⅱ），这些条件的推导不涉及任何特定的制度环境；第二部分主要考虑在市场经济背景下，如何对资源进行有效且最优化的使用；第三部分运用一个较为简单的局部均衡架构来分析经济效率，逐步形成贯穿全书的边际分析及消费者和生产者剩余的思想。

## ■ 第一节　福利经济学的概念

### 一、福利经济学的产生

福利经济学是研究社会经济福利的经济学理论体系的一个分支。福利经济学是从社会福利或整体收益最大化的原则出发，对经济体系的运行予以社会评价的经济学分支学科。福利经济学作为一个经济学的分支体系，最早出现于 20 世纪初期的英国。福利经济学的出现，是英国阶级矛盾和社会经济矛盾尖锐化的结果。1920 年庇古的《福利经济学》一书的出版，标志着福利经济学的诞生。

西方经济学家承认，英国十分严重的贫富悬殊的社会问题，由于第一次世界大战变得更为尖锐，催生了以建立社会福利为目标取向的福利经济学的诞生。庇古在其代表作

《福利经济学》《产业变动论》《财政学研究》中提出了"经济福利"的概念，主张国民收入均等化，且建立了效用基数论等。福利经济学研究的主要内容如下：社会经济运行的目标和标准；实现社会经济运行目标所需的生产、交换、分配的一般最适度的条件及其政策建议等。

福利经济学以一定的价值判断为出发点，也就是根据已确定的社会目标，以边际效用基数论或边际效用序数论为基础，建立福利概念；以社会目标和福利理论为依据，制定经济政策。因为国民收入总量增加是经济福利增加的主要源泉，所以，如何增加国民收入就是福利经济学的中心问题之一。庇古强调，要使国民收入增加就必须使生产资源在各个生产部门中的配置达到最优状态，如何才能实现这种最优配置是其理论核心。边沁的功利主义原则是福利经济学的哲学基础。他认为人生的目的都是使自己获得最大幸福，增加幸福总量。幸福总量可以计算，伦理就是对幸福总量的计算。边沁把资产阶级利益说成社会的普遍利益，把资产阶级趋利避害的伦理原则说成所有人的功利原则，把"最大多数人的最大幸福"标榜为功利主义的最高目标。

庇古作为资产阶级福利经济学体系的创立者，他把福利经济学的对象规定为对增进世界或一个国家经济福利的研究。庇古认为福利是对享受或满足的心理反应，福利有社会福利和经济福利之分，社会福利中只有能够用货币衡量的部分才是经济福利。庇古根据边际效用基数论提出两个基本的福利命题：一是国民收入总量越大，社会经济福利就越大；二是国民收入分配越是均等化，社会经济福利就越大。他认为，经济福利在相当大的程度上取决于国民收入的数量和国民收入在社会成员之间的分配情况。因此，要增加经济福利，在生产方面必须增大国民收入总量，在分配方面必须消除国民收入分配的不均等。

庇古的福利经济学是建立在边际效用价值理论的基础之上的。庇古对福利这一概念提出两个命题：第一，福利的要素是一些意识，或者说是意识之间的关系；第二，福利可以置于较大或较小的范畴之下。这就是说，福利表示人的心理状态，寓于人的满足之中，福利的大小是可以衡量的。庇古强调，福利的范围很广，在经济学中并不讨论一般福利，而只讨论与经济生活相关的福利，即能够直接或间接地用货币尺度所衡量的经济福利。这种经济福利与一般福利是相关的，对一般福利有决定性的影响。庇古把福利作为满足，用效用来表示满足，而效用可以用一个人为避免失去某种满足而愿支付的货币量来衡量，即可以用单位商品的价格来衡量，为了衡量和计量效用，庇古假设货币的边际效用是不变的。在这种经济福利的概念之上，庇古论述了经济福利与国民收入的关系。他指出，"正是由于经济福利是可以直接或间接地与货币量相联系的那部分总福利，国民收入是可以用货币衡量的那部分社会客观收入……所以，这两个概念，经济福利和国民收入是对等的，对其中之一的内容任何表述，就意味着对另一个内容的相应表述"。这样，就把对经济福利的研究变为对国民收入的研究。

庇古使用的是马歇尔给国民收入所下的定义，即"一国的劳动和资本作用于它的自然资源时，每年生产一定的纯商品总量，其中有的是物质的，有的是非物质的，各种服务也包括在内"。这就是指扣除折旧与中间产品消耗之后的国民生产净值。这种净值大致与一国的货币收入相等。庇古从经济福利转到国民收入问题，接着讨论了两个问题：

第一，国民收入量的变动，变动的衡量及其与经济福利的关系。他说明了在消费者嗜好与购买力分配不变的情况下，国民收入的增加使经济福利增加，但由于国民收入量的变化又会引起产品结构的变化，故国民收入变动与经济福利的关系也相当复杂。只有在社会成员对新增加的产品比对所消失的产品愿意支付更多的货币时，这种增加才真正代表经济福利的增加。第二，国民收入分配及其对经济福利的影响。他说明了如果在国民收入并未减少的情况下，国民收入由富人转向穷人，即国民收入分配的平等化，有利于增加经济福利。这是因为边际效用是递减的，穷人收入增加所带来的效用要大于富人等量收入减少所减少的效用。

庇古用边际私人纯产值和边际社会纯产值的关系来说明社会资源最优配置的标准。边际私人纯产值是指私人增加一个单位的投资后，投资者收入所增加的值，也就等于边际私人纯产出乘以价格，或者说是生产者支出的边际私人生产成本与增加投资带来的边际私人收益的差额；边际社会纯产值是指社会增加一个单位的投资后收入所增加的值，也就等于边际社会纯产出乘以价格，或者说是社会支出的边际社会生产成本与增加投资带来的边际社会收益的差额，如果把个人投资作为社会投资的一部分，边际社会纯产值就是在边际私人纯产值之外再加上这种生产给社会上其他人带来的利益或损失。换句话来说，个人的生产活动给社会带来的有利影响是边际社会收益，个人的生产活动给社会带来的不利影响是边际社会成本，两者之差为边际社会纯产值。如果在边际私人纯产值之外，社会还得到了好处，则边际社会纯产值大于边际私人纯产值；反之，如果在边际私人纯产值之外，社会产生了损失，则边际社会纯产值小于边际私人纯产值。如果边际私人纯产值与边际社会纯产值相等，则社会资源配置达到最优状态。

庇古认为，在完全竞争的条件下，竞争与资源自由流动最终会使边际私人纯产值等于边际社会纯产值。但是，在现实中出于种种原因，边际私人纯产值与边际社会纯产值往往并不相等。主要原因如下：第一，市场信息的不完全引起对投资收益估计错误，影响资源流动。第二，某些耐久性生产要素（如土地、设备）的所有权与使用权不一致，使这些生产要素得不到应有的维护而损害社会收益。第三，外部经济或外部不经济的存在。例如，工厂对污水的流出不予治理，其代价由社会承受，对工厂而言是外部经济，而对社会而言则是损失。第四，收益或成本变动而引起的背离。这就是说，各行业的规模经济不同，在成本递减的行业，规模扩大使边际社会纯产值大于边际私人纯产值；成本递增的行业规模扩大则情况相反。第五，垄断的存在使边际社会纯产值与边际私人纯产值的差异扩大。

根据以上原因，庇古主张由政府对资源配置进行干预，其干预措施可能包括：对事关全局的产业（如铁路、电力、自来水等）实行国有化，由政府经营；对不适于国有化的产业实行特殊鼓励和特殊限制的政策，如对引起污染的产业征以重税，而对农业这样的行业进行补贴、限制垄断、保护竞争；等等。决定国民收入多少的主要是劳动。

庇古论述了劳动在各地区各职业间的配置问题。他认为，即使各类劳动的需求价格及工资在不同的地区与职业间均能相等，而劳动在不同地区与职业间的配置却达不到理想状态。这主要是由于工人的无知、流动所需要的费用（包括交通费用与背井离乡的心理代价）及传统与习惯对流动的人为限制。劳动配置中的失误会引起失业，减少国民收入与经济福利，解决这种失业的办法则是政府采用干预手段，如由政府提供必要的费用或使工人终身受雇等。

在工资方面，庇古重点讨论了公平工资问题，公平工资就是在所有地区与职业中支付给工人的工资等于其劳动的边际净产值，并优化配置工人在不同地区与职业间的就业，使国民收入达到最大。由这一标准来看，不公平工资可以分为两种：一种是虽然不公平，但在工人所从事工作的地区与职业中，工资等于劳动的边际净产值；另一种是有剥削存在，工资低于劳动的边际净产值。前一种不公平要通过促进劳动在地区与职业间的流动来解决，后一种则要由政府进行干预来解决。此外，即使工资是公平的，但如果低于最低生活工资，也应制定最低工资法来提高工资。

庇古关于收入分配对经济福利的影响的论述是从这样一个基本观点出发的："以下情况中的任何一种情况，即或者使国民收入增加，而不减少穷人在其中占有的绝对份额，或者使穷人占有绝对份额增加，而不减少国民收入，都一定会增加经济福利。"这里所研究的主要是后一种情况。在分析这一问题时，庇古假设货币的边际效用也是递减的，即一个人的货币收入越多，其边际效用越小；货币收入越少，其边际效用越大。因此，穷人货币收入的边际效用大于富人，把货币收入由富人转移给穷人就可以增加社会的总效用，即增加经济福利。

庇古认为，在"经济萧条、工会力量强大和舆论坚持要求等情形存在时"，把富人的收入转移给穷人以增加经济福利是十分必要的。为了实现这一点，就要求国家采取收入均等化的政策。庇古指出，实现收入的转移有自愿转移与强制转移。自愿转移就是富人自动出钱举办教育、娱乐、保健、科学、文化等事业，但他也感到仅靠自愿转移是不够的。这样就需要国家实行强制转移。强制转移就是征收累进的所得税与遗产税，并把这种收入向穷人转移。转移的办法分为直接转移与间接转移。直接转移就是举办社会保险与社会服务，如养老金、失业补助、免费教育、医疗保险等。间接转移就是对穷人最需要产品的生产进行补助，如对农业生产、交通、住房建筑进行补贴，以便这些行业的产品以低价卖给穷人，使穷人间接受益。

## 二、福利经济学的发展

庇古的福利经济学被称为旧福利经济学，庇古以后的福利经济学则被称为新福利经济学。西方经济学家在庇古的旧福利经济学基础上进行修改，发展形成了新福利经济学。代表人物有意大利的帕累托，美国的勒纳、霍特林、萨缪尔森及英国的卡尔多等。他们提出了假想的"补偿原理"，建立了效用序数论，并编造了社会福利函数。代表作有帕累托的《政治经济学讲义》《政治经济学提要》《普通社会学》等。1929~1933 年资本主义世界经济危机以后，英美等国的一些经济学家在新的历史条件下，对福利经济学进行了许多修改和补充。第二次世界大战以后，世界范围内的经济发展又提出了许多新问题，也促使福利经济学的新发展。卡尔多、希克斯等的福利经济理论受到伯格森、萨缪尔森等的批判。伯格森于 1938 年发表《福利经济学某些方面的重新论述》一文，提出研究社会福利函数的"新方向"，认为卡尔多、希克斯等的新福利经济学把实证问题和规范问题分开、把效率问题和公平等问题分开的企图完全失败。继伯格森之后，萨缪尔森等对社会福利函数做了进一步论述，形成了福利经济学的社会福利函数论派。

20 世纪 30 年代，庇古的福利经济学受到罗宾斯等的批判。罗宾斯认为，经济理论应当将价值判断排除在外，效用可衡量性和个人间效用可比较性不能成立，福利经济学的主张和要求没有科学根据。继罗宾斯之后，卡尔多、希克斯、勒纳等从帕累托的理论出发也对庇古的福利经济学进行了批判。同罗宾斯不同的是，他们认为福利经济学仍然是有用的。

1939 年，卡尔多提出了福利标准或补偿原则的问题。此后，希克斯、西托夫斯基等对福利标准或补偿原则继续进行讨论。他们主张把价值判断从福利经济学中排除，代之以实证研究；主张把福利经济学建立在边际效用序数论的基础之上，而不是建立在边际效用基数论的基础之上；主张把交换和生产的最优条件作为福利经济学研究的中心问题，反对研究收入分配问题。勒纳、西托夫斯基等建立在帕累托理论基础上的福利经济学被称作新福利经济学。

新福利经济学主张效用序数论，认为边际效用不能衡量，个人间效用无法比较，不能用基数数词表示效用数值的大小，只能用序数数词表示效用水平的高低。新福利经济学根据效用序数论反对旧福利经济学的福利命题，特别是第二个命题，反对将高收入阶层的货币收入转移一部分给低收入阶层的主张。

马歇尔从消费者剩余概念推导出政策结论：政府对收益递减的商品征税，得到的税额将大于失去的消费者剩余，用其中部分税额补贴收益递增的商品，得到的消费者剩余将大于所支付的补贴。马歇尔的消费者剩余概念和政策结论对福利经济学也起了重要作用。

新福利经济学根据帕累托最优状态和效用序数论提出了自己的福利命题：个人是他本人的福利的最好判断者；社会福利取决于组成社会的所有个人的福利；如果至少有一个人的境况好起来，而没有一个人的境况坏下去，那么整个社会的境况就算好了起来。前两个命题是为了回避效用的计算和个人间福利的比较，从而回避收入分配问题，后一个命题则公然把垄断资产阶级福利的增进说成社会福利的增进。

帕累托的"最优状态"概念和马歇尔的"消费者剩余"概念是新福利经济学的重要分析工具。帕累托最优，也称为帕累托效率（Pareto efficiency）、帕累托改善、帕累托最佳配置，是博弈论中的重要概念，并且在经济学、工程学和社会科学中有着广泛的应用。帕累托最优是指资源分配的一种理想状态，即假定固有的一群人和可分配的资源，从一种分配状态到另一种分配状态的变化中，在没有使任何人境况变坏的前提下，也不可能再使某些人的处境变好。换句话说，就是不可能再改善某些人的境况，而不使任何其他人受损。帕累托最优状态是指这样一种状态：任何改变都不可能使任何一个人的境况变得更好而不使别人的境况变坏。按照这一规定，一项改变如果使每个人的福利都增进了，或者一些人福利增进而其他的人福利不减少，这种改变就有利；如果使每个人的福利都减少了，或者一些人福利增加而另一些人福利减少，这种改变就不利。

帕累托最优状态是指以下两种资源配置状态：如果对于某种既定的资源配置状态，所有的帕累托改进均不存在，即在该状态上，任何改变都不可能使至少一个人的状况变好而又不使任何人的状况变坏，则称这种资源配置状态为帕累托最优状态，或者说，帕累托最优状态是由意大利经济学家帕累托提出来的一种经济状态，是指具有以下性质的资源配置状态，即任何形式的资源重新配置，都不可能使至少有一人受益而又不使其他任何人受到损害。人们通常也把能使至少一人的境况变好而没有人的境况变坏的资源重新配置称为帕累托改进，所以帕累托最优状态也就是已不再存在帕累托改进的资源配置状态。

新福利经济学家认为福利经济学应当研究效率而不是研究公平，只有经济效率问题才是最大福利的内容。勒纳、霍特林等对经济效率问题做了论述。经济效率是指社会经济达到帕累托最优状态所需具备的条件，包括交换的最优条件和生产的最优条件。

补偿原则是新福利经济学的重要内容之一。新福利经济学认为，帕累托最优状态"具有高度限制性"，不利于用来为资本主义辩解，为了扩大帕累托最优条件的适用性，一些新福利经济学家致力于研究福利标准和补偿原则。

社会福利函数论者认为，社会福利是社会所有个人购买的商品和提供的要素及其他有关变量的函数，这些变量包括所有家庭或个人消费的所有商品的数量，所有个人从事的每一种劳动的数量，所有资本投入的数量，等等。社会福利函数论者通常用多元函数来表示。

社会福利函数论者认为，帕累托最优状态不是一个而是多个。帕累托未能指出在哪一种状态下社会福利是最大的。他们认为，要达到唯一最优状态，除了交换和生产的最优条件外，还必须具备一个条件，即福利应当在个人间进行合理分配。

经济效率是最大福利的必要条件，合理分配是最大福利的充分条件。社会福利函数论者根据假定存在的社会福利函数做出一组表示社会偏好的社会无差异曲线，并根据契约曲线做出一条效用可能性曲线。社会无差异曲线和效用可能性曲线相切的切点，代表受到限制的社会福利的最大值。

第二次世界大战以后，阿罗继续研究伯格森、萨缪尔森等提出的社会福利函数。在1951 年出版的《社会选择与个人价值》中，阿罗认为，社会福利函数必须在已知社会所有成员的个人偏好次序的情况下，通过一定程序把各种各样的个人偏好次序归纳成为单一的社会偏好次序，才能从社会偏好次序中确定最优社会位置。阿罗定理在福利经济学中被称作"不可能定理"。阿罗本想通过大量的论证对伯格森、萨缪尔森等的社会福利函数修残补缺，但客观上却证明了不可能从个人偏好次序达到社会偏好次序，也就是不可能得出包括社会经济所有方面的社会福利函数。

近年来，西方经济学家着重对福利经济学中的外部经济理论、次优理论、相对福利学说、公平和效率交替学说、宏观福利理论等领域进行讨论。这些理论一方面企图说明，现代西方国家可以通过政府干预调节价格和产量，实现资源的合理配置；另一方面企图说明，现代西方国家的分配制度虽不合理，但是如果加以改变，则可能更不合理，一切人为的改善分配状况和增进福利的措施都是无效的。无论如何，"福利经济学对于最优决策仅仅起有限的指导作用"（布罗姆利，1996）。

经济学是研究如何实现有限资源的最优配置，以获得最大利益的一门科学。有限的环境资源为人类提供一系列有益的服务，包括提供生产资料、消纳废物和优美环境服务等，资源稀缺性使资源的分配必须同时考虑资源在同一时点上的不同使用用途间的有效分配和资源的跨期配置问题，包括稀缺资源的代内与代际效率与公平（珀曼等，2002）。

资源与环境可获得的数量有限。对于不可再生的存量资源（如矿藏和化石燃料），显然如此。尽管可再生资源的状况不完全相同，但是在任何时期可获取的可再生资源的数量是有限的。而且，如果收获量持续高于可承受的水平，存量有可能不可逆转地衰退为零。

尽管可获得的数量有限，但环境资源提供了一系列有益的服务，因而它们是稀缺的。稀缺性要求在竞争性使用用途间分配资源。首先，在任何时点的资源有多种用途，并且以许多不同方式在个人和国家用途之间做出选择。其次，与跨期使用方式有关的选择——资源的代际配置。资源的效率配置是资源与环境经济学研究的核心问题，但效率配置究竟意味着什么？

## 第二节　资源与环境的效率配置的伦理学基础

### 一、功利主义和社会福利

资源与环境经济学的核心问题是资源的配置、分配和使用。在某种程度上，我们能够在无须采用任何特定伦理观点的框架下分析这些问题。我们可将注意力集中于"如果在特定的情形之下，$X$ 发生了，那么 $X$ 对 $Y$ 意味着什么？"这样的问题，对此类问题的分析有时被描述为实证经济学。然而，将我们的视野局限于回答此类问题是非常有限的。许多经济学家想要做的是解决诸如在特定的情形之下应当做什么的问题。为此，有必要建立或使用伦理评价。每当其研究超出实证经济学的问题时经济学家常常采取某种功利主义。特别是主流的资源与环境经济学中充斥着大量的功利主义伦理。功利主义源于戴维·休谟和杰里米·边沁的著作，在约翰·斯库尔特·穆勒的著作中做出全面的阐述，尤其是在他的《功利主义》中。功利主义有两个方面：一是个人如何获得愉悦或欢乐；二是个人效用与社会福利之间的联系。

古典经济学家认为效用在个人之间和在时间下是可比较的。考虑一个由 $A$ 和 $B$ 两个人组成的假设社会，他们生活在某一特定时点上。有一种好东西（$X$），对其消费构成了效用的唯一来源。以 $U^A$ 表示 $A$ 所享有的总效用，以 $U^B$ 表示 $B$ 所享有的总效用，于是，我们有

$$U^A = U^A\left(X^A\right)$$
$$U^B = U^B\left(X^B\right) \tag{2.1}$$

其中，$X^A$ 和 $X^B$ 表示 $A$ 和 $B$ 各自消费的好东西的数量。索罗的广义功利主义断定社会福利 $W$ 是由形如

$$W = W\left(U^A, U^B\right) \tag{2.2}$$

的函数所决定的，因此，在一个相互联系的共同体中，社会福利以某种特定（但未特别指出）的方式依赖于每个人所享有的效用水平。社会福利函数允许我们依照社会价值排列个人效用的不同形态。

通过社会福利函数成为个人效用的一个加权之和我们得到式（2.2），它是社会福利函数狭义形式的功利主义特例。这个总和测度中的权数反映社会对每个人效用的相对价值的判断。在最简单的例子中，权数是相等的，社会福利是所有个人效用的简单加总。因这个特例，我们有

$$W = U^A + U^B \tag{2.3}$$

图 2.1 是为这样的福利函数在效用空间上所画的一条无差异曲线。社会福利无差异曲线是产生恒定数量社会福利 $W$ 的个人效用合并的轨迹。福利函数是累加的，这一假设暗示在效用空间上所画的无差异曲线是线性的。

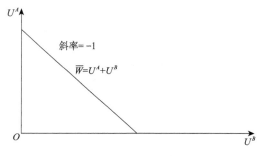

图 2.1　社会福利无差异曲线

对于在一个社会中的所有个人间应当如何分配产品的方式，功利主义不包含任何特定含义。然而，如果有人打算确定一个特定的社会福利函数形式，同时也确定个人效用函数的特定形式，那么问题就改变了：人们能够由此得到特定的分配含义。

为了简化起见，我们假设特定商品总量是固定的，用 $\overline{X}$ 表示。为了使福利最大化，$U^A$ 和 $U^B$ 最大化

$$W = U^A + U^B \tag{2.4}$$

服从于约束条件

$$X^A + X^B \leqslant \overline{X}$$

其中，$W$ 代表社会福利无差异曲线，而且 $W_1 < W_2 < W_3$，则两个具有不同效用函数的人的社会福利最大化点为（$X^{A*}$，$X^{B*}$）（图 2.2）。

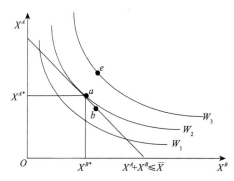

图 2.2　可获得商品总量约束下的社会福利最大化条件

## 二、资源与环境的代际社会福利函数

本章中我们处理的许多问题涉及选择。选择影响到假设的一群人享受消费的时间，或是随时间流逝，影响到不同世代的人们。因此将我们关于功利主义的讨论放置在一个代际架构中将是有益的。方法之一是重新理解"个人"和"社会"。我们可将某个人想象为特定世代的人；另一个人是另一个世代的人。由此，社会是生活在特定时间段上的世代的序列。随着理解上的这一变化，功利主义能够应对一个连续世代社会的社会福利与生活在这个时间段上的个别世代之间的关系问题。

为了简化起见，我们只考虑两个世代。这将使我们适当改变对所标示上标的解释后，像先前那样运用一般形式。世代 1 表示当今世代；世代 2 表示未来的一代人。于是，$U_1$ 和 $U_2$ 分别表示世代 1 和世代 2 的成员所享有的总效用。$W$ 表示代际社会福利（或者说是世代之间的社会福利）。广义的代际社会福利函数可写为

$$W = W(U_1, U_2) \tag{2.5}$$

狭义的功利主义，如图 2.2 所示，意味着累加形式的福利函数：

$$\bar{W} = \phi_1 U_1 + \phi_2 U_2 \tag{2.6}$$

其中，$\bar{W}$ 表示每一代人效用的加权平均；$\phi_1$ 和 $\phi_2$ 表示权数，用来加总不同世代的效用，以得到对社会福利的测度。这些权数从何而来？答案之一是由"时间贴现"的一般实践给出。在时间贴现中，权数可被解释为时间贴现因子。例如，设 $\phi_1 = 1$ 且 $\phi_2 = 1/(1+\rho)$，$\rho$ 表示社会贴现率，我们得到一个功利主义的社会福利函数，其中，在前一个时期未来效用以适当的比率贴现，即

$$W = U_1 + U_2(1+\rho) \tag{2.7}$$

时间贴现意味着（如果 $\rho > 0$），在所得到的对代际福利的测度中，与同样数量的当前效用相比，未来效用"无足轻重"。关于经济学家对伦理问题的思考，约翰·罗尔斯（John Rawls）的著作《正义论》具有显著影响。罗尔斯的著作似乎是对功利主义，或者更为确切地说，是对古典功利主义的挑战。他对功利主义伦理的异议主张如下：这些主张个人之间满足的分配是无关紧要的（而只关注效用之和），效用最大化所导致的资源配置可能根本违背本应值得保护的自由和权利。

同许多道德哲学家一样，罗尔斯寻求建立一个公正社会的原则。他采纳了一种大多源于肯特思想的态度。有效的公正原则应当是每一个能够自由、理性且没有偏见地考虑合理安排的人都同意的。为了确定这些公正原则的性质，罗尔斯设计了一个想象假设事态（"初始状况"），它先于有关公正原则的任何协议，先于任何社会制度的组织，先于任何物质奖励和捐赠的分配。在这个初始状况，个人存在于一层"愚昧的面纱"之后；每个人对自己的遗传特质（如智力、种族和性别）无所知，也不知道自己将在任何所约定的社会结构中所处的位置。此外，假定个人将不受在生活的特定环境中所获得的任何看法的影响。据罗尔斯的观点，"愚昧的面纱"的设计将确保制定社会契约的讨论无偏而公正。

他推断在以上情形之下，人们会意见一致地同意两种基本的公正原则，具体如下：

第一，对于人人类似的最广泛的基本自由，每个人都享有平等的权利。

第二，社会和经济不平等的安排的点是：①对人人都有利，这种期盼是合乎情理的；②使它们附属于职位和职责，并向所有人公开……（差别原则）。

在此，令人感兴趣的正是差别原则。差别原则主张不平等只有在提高社会上每个人的地位（如果不平等导致帕累托改进）时才是正当的。差别原则被看作有利于平等地位的论据；只有在所有人都受益的特例（或者也许是最不利者受益）中，平等地位的背离才是不公正的。经济学家试图推断出罗尔斯观点的社会福利函数含义。例如，罗伯特·索罗证明，在某个时点上，罗尔斯社会福利函数对于一个由个人构成的社会是"最大-最小"形式，其两人形式是

$$W = \min\left\{U^A, U^B\right\} \tag{2.8}$$

式（2.8）的两条社会福利函数无差异曲线如图 2.2 所示。由于最不利者的效用水平决定福利，罗尔斯社会福利函数的暗含之意是增加最低效用水平者的效用能增加福利。比较图 2.2 中标注为 $a$ 和 $b$ 的两点，它们由于位于同一条无差异曲线而产生相同社会福利水平。自点 $b$ 开始，在二者间重新分配效用，从第1个人那里减少（$b-d$），并将其加到第二个人那里。标注为 $e$ 的点将达到另一条具有较高社会福利水平的无差异曲线。显然，更高的福利水平不可能通过三者间的效用转移实现。唯一可能的效用组合是那些位于从原点出发，沿 25° 射线上的点。沿着这一轨迹，效用在个人间均等分配。因此，对于任何假定的效用总量，罗尔斯社会福利函数表明，无论个人间效用水平何时存在差异，通过将效用较高者的效用重新分配给效用较低者，是有可能增加社会福利的。这一逻辑暗含着平均主义分配。

然而，该证明的有效性要求总效用水平必须独立于其分配。这不必然是真的。有理由相信，如果激励效应提高了生产效率的话，那么在非均等状况下的效用可能更高。但是，注意罗尔斯不是功利主义者，并且，在效用不平等分配的情况下总效用可能高于平等分配状况下的，这事实上本身并未使前者成为一种公正的分配。罗尔斯的差别原则推断，如果所有人都从分配中受益的话，这恰恰是不平等分配。

现在让我们将注意力转向世代间的资源分配，也就是代际分配。对此，罗尔斯所著其少，并且他也没有得出任何强有力的推论。罗伯特·索罗提出，罗尔斯逻辑的连贯扩展显示一个两阶段的社会福利函数将具有如式（2.8）给出的形式，现在 $A$ 和 $B$ 表示世代。通过使用我们先前使用过的类似推理，代际社会福利最大化的暗含之意是应当在世代间均等地分配效用。而且，如果效用函数在所有时期都相同，这也意味着跨期消费水平的均等。

我们已经研究了功利主义伦理的几个变体。然而，功利主义不可能没有批评。一种批评来自那些对功利主义哲学基础本身发起挑战的人。显然，坚持自然主义道德哲学将不能接受视权利和价值为人类独有的伦理的正确性。值得注意的是，功利主义的范围有可能被扩展，以便使非人类生物的愉悦或快乐被赋予权数，进入社会福利函数。自由主义道德哲学也对功利主义提出根本性挑战。但是，在这部分我们的注意力限于对被经济学家普遍使用的这种功利主义的批评。

另一种批评认为经济学家的效用概念规定得过于狭窄，难以充分描述人类的经济行为。功利主义者把经济行为的目标看作在一个既定时期，把源于商品和服务的享受最大化，但是我们有理由相信在这个意义上，个人被某种比效用更广泛的东西促动。由于缺乏一个更好的术语，我们姑且称之为福利。

我们考虑的对功利主义的最后批评是不公正结果的问题。根据功利主义的简明观点，行为优良是由其对总和福利的影响所决定的，但是在要求少数人牺牲而改善绝大多数人状况的情况下，功利主义的观点将面临巨大的困难，功利主义的逻辑也许会使某些人提倡把地球上所有年过 65 岁的人统统杀死，这将提高社会福利。在某种程度上，这样的"问题"源于古典功利主义在本质上是注重结果的哲学这一事实，即利益只是通过所得到的结果而不是得到这一结果的手段加以测度的。如果从广义来界定社会福利的性质，充分考虑福利和能动作用，功利主义哲学所固有的问题——不受控制的自私自利是价值的唯一来源是能够避免的。

## 三、功利主义和贴现

### （一）两种形式的贴现率：效用贴现率和消费贴现率

我们已经发现，支撑传统经济学的伦理架构是功利主义，同时，经济分析中普遍采用的代际社会福利函数形式是

$$W = \frac{1}{(1+\rho)^0}U_0 + \frac{1}{(1+\rho)^1}U_1 + \cdots + \frac{1}{(1+\rho)^\tau}U_T = \sum_{t=0}^{t=T} \frac{1}{(1+\rho)^t}U_t \qquad (2.9)$$

在我们将要研究的许多问题中都将运用无限时间水平线，其中方程（2.9）将是

$$W = \sum_{t=0}^{t=\infty} \frac{1}{(1+\rho)^t}U_t \qquad (2.10)$$

利用方程（2.10）的连续时间描述将使以后各章的论述较为便利：

$$W = \int_{t=0}^{t=\infty} U_t e^{-\rho t} dt \qquad (2.11)$$

其中，$\rho$ 为效用贴现率。在这个比率下，随着得到效用的时刻的延迟，效用略微上升的值将下降。因此，我们认为在下一个时期得到的一个单位的效用的值比即期所得少的比率为 $\rho$。

我们刚刚叙述的代际社会福利函数的看法把效用水平作为自变量。我们可以方便地假设效用是消费的函数。大多数作者指定

$$U_t = U(C_t) \qquad (2.12)$$

因此，在时间 $t$ 的效用仅仅是由当时的消费所决定的，这就是佩西所说的绝对实利主义。但是，如同我们将要看到的，在伦理观和可持续发展的部分，上述方程不是唯一可能的公式，也不必然是最恰当的一个。

假设绝对实利主义的假设成立，研究有限时间水平线的离散时点，代际社会福利函数可以被更为清楚地写为

$$W = \frac{1}{(1+\rho)^0} U(C_0) + \frac{1}{(1+\rho)^1} U(C_1) + \cdots + \frac{1}{(1+\rho)^\tau} U(C_T) = \sum_{t=0}^{t=T} \frac{1}{(1+\rho)^t} U(C_t)$$

（2.13）

由于 $W$ 是 $C$ 的间接函数，故我们有可能直接根据消费（与效用相对）改写福利。该方程所采取的确切形式将有赖于 $U(C)$——消费与效用之间的关系。对于效用函数的一些特例，福利函数可写为如下形式：

$$W = \frac{1}{(1+\gamma)^0} C_0 + \frac{1}{(1+\gamma)^1} C_1 + \cdots + \frac{1}{(1+\gamma)^\tau} C_T$$

（2.14）

其中，$\gamma$ 为常数参数，我们将其称为消费贴现率。在这一贴现率下，消费微量增长的值随着消费时间的延迟而改变。然而，通常不会出现如方程（2.14）中那样唯一消费贴现率的情况；如我们将在以下这部分所指出的那样，贴现率反而会随时间变化而变化。

我们现在已经发现贴现率不是一个而是两个——一个效用贴现率和一个消费贴现率。在贴现的讨论中用哪一个比率，对此保持谨慎是很重要的。文献中出现的许多混淆是因为讨论"贴现率"时未对二者加以区分。

如果政策受使 $W$ 值最大化的企图所左右，那么，在实行最大化中，通过给效用水平以较小的权数，效率贴现的福利函数也许可大致被看作对未来世代的歧视。正是贴现的这一特征，使许多人认为任何正的贴现率在伦理上都是站不住脚的。

我们假设社会福利函数是贴现的效用的形式，并进行资源跨期最优利用的分析。分析表明，消费和资源跨期使用的最优路径确实严格依赖直觉选择的特定效用贴现率。直觉暗示，较高的效用贴现率将导致更为贪婪的资源使用方式，意味着在早期更多的耗竭。这一直觉或多或少是正确的。但是，它并未有根有据地证明，如果采用高贴现率的话，消费（或实际收入）将随时间流逝而下降。我们将证明，消费随时间而上升可能与效用贴现率为正是一致的。

### （二）效用贴现率与消费贴现率的关系

为了推导效用贴现率与消费贴现率的关系，我们继续假定效用只是当前消费的一个函数，并研究连续时点上的贴现的效用函数，也就是

$$W = \int_{t=0}^{t=T} U(C_t) e^{-\rho t} dt$$

此外，我们的一个传统假设是，在效用函数 $U=U(C)$ 中，效用是消费的一个增函数，但它是以递减的速率增加的。也就是说，效用关于消费的一阶导数为正，但二阶导数为负。

$$\frac{dU}{dC} = U'(C) > 0 , \quad \frac{d^2U}{dC^2} = U''(C) < 0$$

我们知道，消费贴现率 $\gamma$ 是消费略微上升的值随消费时间延迟而改变的比率。消费贴现率 $\gamma$ 可被表示为

$$\gamma = \rho + \eta \frac{\dot{C}}{C} \qquad\qquad (2.15)$$

$$\eta = \frac{C \cdot U''(C)}{U'(C)} > 0$$

式（2.15）清楚地表明，消费贴现率有赖于：

（1）效用贴现率 $\rho$；

（2）消费的边际效用弹性 $\eta$；

（3）消费增长的比率 $C'/C$。

只有当 $\eta C'/C = 0$ 时，消费和效用贴现率才相等。这将出现在当（1）$C'/C = 0$ 时，意指 $\dot{C} = 0$，因此随时间流逝，消费维持在一个固定的水平，或者（2）$\eta = 0$。可以看到，只有当效用是消费的线性函数时，$\eta = 0$。同时注意，由方程（2.15）可见，即使效用贴现率 $\rho$ 大于零，消费贴现率 $\gamma$ 也将有可能是负的。这将出现在消费水平正在一个足够高的水平下降时。

### （三）应当为效用和消费贴现率选择什么数值？

关于为贴现率设定何值的讨论常常是混乱的。因为，阿罗等（Arrow et al., 1996）指出，"我们正在对付 3 个彼此独立的问题，如何贴现未来世代的福利或效用，如何贴现未来的美元，以及如何贴现未来的污染。更进一步地说，这个问题常常是结合了效率和伦理的问题"。

重新回到方程（2.15），我们能够有所进展

$$\gamma = \rho + \eta \frac{\dot{C}}{C}$$

这清楚地表明消费贴现率依效用贴现率 $\rho$、消费的边际效用弹性 $\eta$（它衡量的是收入改变对福利的相对影响），以及消费增长率 $C'/C$ 而定。而且，引用阿罗等的话：该方程式清楚地表明了贴现未来消费的两个原因：①相对于对当前消费者的关注，人们对未来消费者的关注更少，或者说是对自己明天福利的关注要少于对今天福利的关注（反映在第一项 $\rho$ 上）；②人们相信明天消费者的境况比今天的好（反映在第二项上）。

效用贴现率有时被表述为纯粹时间偏好率。如果时间偏好率是正的，这暗示着某种形式的急切性；人们更喜欢早点儿而不是晚些时候享用效用。尽管个人表现出如此性急可能是真的，但是，作为一个整体的社会却并不必然是如此性急，或者是应当表现得如此性急。的确，许多人证明在连续世代的效用比较中，伦理上唯一站得住脚的观点是属于每一世代的效用应当被同等对待，这暗示贴现率为零。

用来论证贴现率为正的公正性的一个证据是对于未来的每一个时点，存在着人类将要灭绝的正概率。据推测这个概率是非常小的，但是人们能够预期到它随时间而增长。也许有人认为既然我们不能确定任何未来世代的存在，那么未来世代应当被赋予比当前世代更小的权重。

公平地讲，那些试图从第一个原则推导 $\rho$ 的人，以及那些关注代际选择问题的人已经普遍得出结论，效用贴现率应当为零，或者至多略大于零（不高于 1% 或 2%）。

消费贴现率即使是有人打算接受应当（或确实）为零，这并不意味着消费贴现率将必然为零。因为，$\eta C'/C$ 这一项可能不为零。在我们所做的关于效用函数形式的合理假设下，$\eta$ 将可能是一个正数。通常这个数值被认为在 1 和 2 之间。

那么，$\gamma$ 和 $\rho$ 的相对大小将依消费增长率 $C'/C$ 的符号而定。如果消费随时间而增长 $C'/C > 0$，那么消费贴现率将大于效用贴现率。对于许多人而言，这是一个直觉上合理的推论。如果某个经济正经历着收入和消费随时间而增长，那么对于一个典型的个人而言，现在增加一个单位的消费比在未来更有价值，因为未来的消费将更为充裕。假设随着总消费水平的增长，个人从增加一个单位的商品消费所获得的额外（边际）效用更少，那么对于具有较高初始消费水平的个人，增加一个单位消费的价值更小。对持续的技术进步的期望证明贴现是合理的。在其他条件相等的情况下，技术进步导致消费概率随时间推移而增加。注意，建立在消费增长和技术进步基础上的论证与消费（而不是效用）贴现率有关。

这显示出选择贴现率的核心问题：我们必须对消费增长率（我们设为 $g$）的未来价值做出恰当假设，但是合理估计的范围很大，对于作为一个整体的世界的估计，至少相差 1%~5%，在特定的地区甚至高达 10%。

这将把我们引向何处？例如，由 $p=0$，$q=1.5$，$g=1.6$，我们得到 $\gamma=2.2\%$。但是，由反应较为缓慢的长期增长趋势的 $\rho=0$，$\eta=1.1$，$g=1$，则 $\gamma=1\%$。

### （四）市场利息率和利息的消费率

一些经济学家认为试图从第一项原则推导贴现率的方法是不恰当的。他们论证道，取而代之的应当是以所观察到的，或者是以所显露出的行为为基础的消费贴现率。

我们将在第三章证明，在一定条件下，市场利息率将等于消费贴现率。我们将要证明的结果是

$$i = \gamma = \delta$$

其中，$i$ 表示无风险借贷的市场利率；$\delta$ 表示资本的回报率；$\gamma$ 表示消费贴现率。由于 $i$（可能是 $\delta$）是一个可观测的数量，式（2.15）为我们提供了一个选择所必需的标准。同时注意式（2.15）规定 $i$ 等于 $\gamma$。这为作为替代的标准贴现率应当等于资本的边际产出提供了理论基础。

这一方法果然形成了实质上比先前方法更高的比率，通常在 5%~7%。然而，以这种方法得到的比率存在巨大变化，某些观察到的实际回报率高达 20%。这也绝不是清楚地表明，对于环境经济学家所面临的贴现率选择，以这些比率为基础的偏好是恰当的。

### （五）社会与私人时间偏好率的差别

市场利息率被当作消费贴现率可观测基准，关于它的论证引人注目，但是其有效性却有赖于一系列实际上不可能满足的条件存在。这些条件相当于要求经济中不存在任何形式的市场失灵。然而，时间偏好率或在实际市场上所观察到的资本回报率，可能不适于标示其无法观测的"社会"对应物。

马格林（Marglin，1963）比较了个人与社会的时间偏好。他证明了与个人的私人

储蓄决策之和相比，作为一个整体的社会更偏好集体性的节省。储蓄基金投资提供未来消费的外在收益，这一事实必然导致上述结果。个人所期望的只是能够占用这些外在收益中的一小部分，因此私人储蓄决策将倾向忽略这些外在回报。有关于此的例子是水资源项目的投资：如果这项投资提高了公共卫生水平，该项目在未来肯定具有正外部效应。作为集体的代理人，政府可以比较总回报与当前消费的全部损失。因此，在对具有实质性外部未来消费收益的项目的评估中，所采用的贴现率比私人市场上所运用的更低。这一论证的实质是，如果试图确定社会贴现率，要采用一个恰当的社会时间偏好率。市场失灵使得社会和市场（私人）的时间偏好率不可能一致。

森做了关于作为市民的个人和作为消费者的个人之间的角色差别的类似论证。与作为消费者相比，作为市民的个人可能乐于以更低的贴现率贴现未来的成本和收益。然而，即使确实如此，问题是，政府或某些其他环境计划者代表人们强行实施市民偏好，这是否合法。

庇谷（Pigou，1920）认为也许人们低估了未来消费事实上给予他们的愉悦。那些在这方面短视的，低估了未来消费的效用的人们正遭受"望远能力缺陷"之苦。有人也许辩解说应当用于代际比较的贴现率比那些短视者的行为所暗含的要低。这再一次提出了那个非常难解决的问题，即政府应当在多大程度上靠个人所表露的行为行事。

贴现的原则和实践颇具争议，有着许多重要的且大部分没有澄清的理论上的争论。此外，许多实践问题难以得到满意的解决。例如，税收和交易费用破坏了市场回报率与时间偏好率；实际上，市场回报率高于时间偏好率，打破了方程（2.15）所假设的等式。不幸的是，所有这些都使我们处于一个令人相当不满意的位置：贴现率的选择的确相关，但是我们无法便捷地了解贴现率到底应当是多少。

### （六）伦理观与可持续发展

在第一章我们论证了可持续性和可持续发展实际上是根本伦理。发展应当是可持续的，这一信念宣称现在活着的人对未来世代负有道德义务。前文我们也论证了功利主义的伦理特性以社会福利函数的形式反映了出来。

然而，这些伦理观可能是无法共存的。只有在特定的情况下，传统的功利主义社会福利函数最大化与可持续性一致。通常，我们没有理由认为传统的最优化标准将导致可持续的结果。那些强调可持续性重要性的经济学家打算如何在经济分析中体现对未来世代福利的关注？可以确定三种方法：①采用代际社会福利函数，对其最大化得出一个可持续的结果。②加入一个或更多的约束条件，确保（约束条件下的）代际社会福利函数最大化将产生一个可持续的结果。③选择一个保证可持续结果的恰当的贴现率。

现在让我们逐个检验这些方法：

（1）规范社会福利函数体现可持续性。这里所采取的步骤在原理上是简单的。首先，选择一个可持续性标准。其次，规定一个具有如下特性的社会福利函数：对于包含该社会福利函数的问题的任何最优对策满足所选定的可持续性标准（假定可持续性是可行的）。

一个例子是我们先前研究过的索罗（Solow，1972）所采用的方法。索罗使可持续性等同于代际平等，尤其是，他主张采用罗尔斯的伦理架构，并提出了如下形式的社会福利函数：

$$W = \min(U_1, U_2)$$

该福利函数的最大化将使每一世代的人拥有同等效用，因此根据他的标准是可持续的。不幸的是，这个方法存在一些问题，其中相当重要的是我们可能不完全同意相应的可持续性标准。例如，索罗的标准受到广泛的批评。另外，这种方法把可持续性作为绝对的、附有义务的约束强制实行。更为恰当的也许是规定一个有关可持续性但不排斥其他的社会福利函数，换言之，在社会目标方程中不规定无限的权重。

（2）采用确保可持续结果的约束条件。这些约束条件可能是什么呢？我们在第三章关于可持续性的讨论中提出许多可能性。这包括不允许自然资本存量下降[也就是说，贯彻皮尔斯（Pearce M R D N and Pearce D, 1989）所说的"强硬可持续性"约束]，或者是不允许极可能导致生态崩溃的发展（尽管这本身并不保证将实现可持续性）。

该方法有三个主要的困难：首先，实行绝对的可持续性约束条件可能太过分了。其次，可能难以确立究竟是什么样的约束条件可能与可持续性一致。甚至，由于不确定性的存在，无论我们怎么做都不可能确保可持续性。最后，该方法假设最初的社会福利没有变化。我们首要关注的应当是社会福利函数的恰当形式——反映做出社会选择的机制，以及什么是"社会利益"的文化价值得以建立的机制——而不是我们可能选择来施于行为之上的约束。

（3）"可持续性"贴现率的使用。项目评估理论的核心问题是，对于在一段极长的时间范围内很可能出现的未来的成本与收益，应当选择怎样的贴现率进行加权，关于这个问题，我们在以后章节将有进一步的阐述，但是，在此提及是因为人们时常论证说如果涉及长时间跨度，那么贴现率应当比"正常的"（可能是零）低。

其间的基本原理尚不清楚。一类论证似乎是说，在关注特定的一群人与连续几代都受到影响的人之间，我们处理时间流逝的方式是根本不同的，即使是考虑到相当长的一段时间，传统的环境经济学分析的惯常做法是运用正消费贴现率，并且否认贴现个人一生的消费流与贴现连续几代人的有任何差异。

然而，在进行长期的代际比较时，人们难以找到一个令人信服的选择贴现率的标准。许多作者论证道，以目前活着的人的时间偏好为基础的贴现率不适于作为长期的社会贴现率。即使目前活着的人们也许对未来人们的需求给予适当的关注，但这是极不可能的。对于有着确定生命预期的个人，其行为可能不同于永续存在的社会的计划者。这正是两个最为著名的关于贴现表述的实质差异。

许多作者论证说，影响波及几代人的、伦理上唯一可行的项目消费贴现率是零。我们丝毫不想否认对于某些目的，零也许是一个有效的比率，我们的论证应当清楚地表明非零比率在伦理上也可能是可行的。如果消费随时间而快速增长，那么，即使效用贴现率是零，使用正的消费贴现率也是有根有据的。另外，如果消费随时间而下降，那么，负消费贴现率是有道理的。无论何时，当一个作者提出零贴现率时，质问所谈的是哪个比率（效用贴现率或是消费贴现率）也是重要的。

## 第三节　资源环境可持续利用的经济学分析

为了确保达到某些特定目标而从伦理标准上推导出应当是什么，任何这样的企图都是不当构想。代际财富公平分配的问题没有转化为选择恰当贴现率的义务。例如，如果有人认为未来世代拥有某种内在权利，那么仅仅通过选择某个特定的贴现率，这些权利是难以保证的。这几乎是肯定的。关于可持续性也有类似的论证。我们不可能先验地规定一个确保可持续性目标实现的贴现率。

贴现本是为了解决分配效率，尤其是对资源的跨期有效分配。随后章节将就这个主题进行充分探究。

### 一、自然资源利用的效率标准

贯穿资源与环境经济学的三个主要问题是效率、最优和可持续性。效率与最优概念的使用，需要一定的价值判断标准，最优是效率的必要条件。资源与环境经济学对经济效率十分重视，因为经济效率的标准支配着关于污染指标及实现污染指标的替代工具选择的讨论。环境资源可获得数量有限，而且环境资源提供一系列有益的服务。稀缺性要求就如何在竞争性使用用途间分配资源进行选择，包括在任何时点上的不同用途，以及资源的跨期分配问题。

在任何时点上，一个经济系统将获得特定数量的一系列生产资源。个人对于这些资源可能生产的各种商品有所偏好。资源的配置描述了生产什么商品，在这些商品的生产中运用哪些投入品组合，以及如何在个人间分配这些产品。资源的静态配置是指在某一时点上的配置。跨期配置被认为是在代与代之间的资源配置。

#### （一）静态经济效率

经济效率这个概念是新古典经济学的基础，为自由市场体制提供一个关键的基本原理。经济效率作为一个概念，包括三个相关但又明显不同的组成要素，即技术效率、产品选择效率和配置效率。能够用最低成本生产出一定产品的某个产业就可以说具有技术效率。由于资源的生产和消费过程具有不完全竞争的特点，正是这个事实说明技术效率和产品选择效率不太可能产生，而且技术效率是配置效率的先决条件，那么后者也不可能实现。如果一个生产者不能用最少的劳动力和资本生产一定量的产出，那么资源配置的结果就不会是最优的，因为从理论上讲，可以把额外的生产要素用于其他的经济部门而不会对该生产者不利。如果生产者和消费者通过产品选择同时实现利润最大化与效用最大化，则认为社会实现了产品配置效率。配置效率涉及生产要素、产品或服务在一定经济体制内的全面分配，这种效率的标准是帕累托最优，即资源的重新分配不能使一些消费者更有利，同时又不使另一些消费者更不利。

什么是经济？当提出这样的问题后，可能会有很多种回答，但一个最有效的回答可能是，经济应该被看作一个负责的组织体系，在这个体系中组织商品和服务的生产，并进行分配。经济体系可以简单地概括为两个部门，即生产部门和消费部门，生产的目的是消费。

假设经济系统由两个人（A 和 B）组成，生产两种商品（X 和 Y），每种商品的生产使用两种投入要素（K 和 L），每种投入要素的可获得数量是固定的。假定生产和消费都不存在外部性，其中，X 和 Y 表示私人物品。

设 U 表示个人的总效用，用无差异曲线 I 代表，它只依赖他所消费的数量而定。Z 表示个人消费约束，那么，我们能够以方程的形式表示出 A 和 B 的效用函数：

$$U^A = U^A\left(X^A, Y^A\right)$$

$$U^B = U^B\left(X^B, Y^B\right)$$

企业生产的产品数量取决于要素投入：

$$X = X\left(K^X, L^X\right)$$

$$Y = Y\left(K^Y, L^Y\right)$$

消费效率条件：

$$Z = P_X X + P_Y Y$$

则消费效率必须满足：

$$\frac{U_X^A}{U_Y^A} = \frac{U_X^B}{U_Y^B}$$

消费效率要求商品 X 和 Y 的边际效用的比率对每个消费者都是相同的（图2.3）。

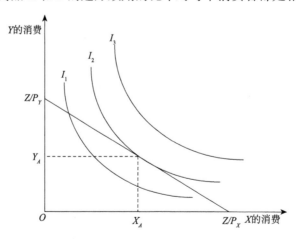

图 2.3　个人效用最大消费约束

如果价格发生变化，则消费者根据自己的预算约束来调整自己的消费行为（图2.4）。

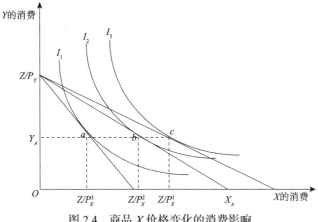

图 2.4 商品 $X$ 价格变化的消费影响

生产效率条件：

企业生产的产品数量取决于要素投入：

$$X = X\left(K^X, L^X\right)$$

$$Y = Y\left(K^Y, L^Y\right)$$

如果以 $I_X$ 和 $I_Y$ 表示两种商品的无差异生产曲线，那么企业生产多少商品 $X$ 和 $Y$，受要素 $K$ 和 $L$ 的可获得量的约束，具体表示为如下埃奇沃斯盒状图（图 2.5）。

$$Y = Y\left(K^Y, L^Y\right)$$

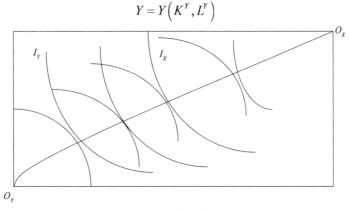

图 2.5 生产效率条件

生产效率必须满足：

$$\frac{\mathrm{MP}_L^X}{\mathrm{MP}_K^X} = \frac{\mathrm{MP}_L^Y}{\mathrm{MP}_K^Y}$$

生产效率意味着，不同投入要素的边际产出比率是相同的。如果这个条件不符合，那么生产者有可能以某些 $K$ 交换 $L$，从而，同样投入品总量能够使两种商品的总产量增加，所以，资源配置必然是缺乏效率的。

社会效率：

$$\frac{U_X}{U_Y} = \frac{\mathrm{MP}_K^Y}{\mathrm{MP}_K^X}$$

这意味着如果配置是有效率的，那么 $X$ 和 $Y$ 的边际效用之比是相同的（图 2.6）。它可以解释为所有消费者对两种商品的相对边际评价，是消费者愿意以 $Y$ 的余额交换 $X$ 的条件。右侧是两种商品 $X$ 和 $Y$ 的生产中边际产出之比，它显示出在一个单位的资本的使用中，为了 $X$ 的单位数而牺牲的 $Y$ 的单位数。混合生产效率要求消费者以一种商品评价另一种商品的比率的功能等于生产中该商品相对于另一种商品的机会成本。如果这个条件不满足的话，投入品将被重新分配，形成替代的产品结构。这样的配置方式使每个消费者都得到更高的效用，因此，帕累托改进成为可能。

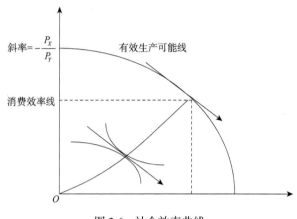

图 2.6　社会效率曲线

配置效率取决于原先存在的技术效率和产品选择效率，然而即使假设这个必要条件在实际中得到满足，欲实现配置效率还必须满足以下条件：第一，各阶层消费者必须支付为提供这一产品而花费的边际成本；第二，在每一种供给成本的范畴内，单位价格对所有的消费者应该一样。新古典经济学关注的不是自然资源的稀缺或极限，而是强调资源利用在边际水平上的成本与收益，其目标是实现资源的市场优化配置。在此，分别就不可再生资源和可再生资源的效率配置进行讨论。

竞争性市场中的效率条件为：

消费效率：$\dfrac{U_X^A}{U_Y^A} = \dfrac{U_X^B}{U_Y^B} = \dfrac{P_X}{P_Y}$。

生产效率：$\dfrac{\mathrm{MP}_L^X}{\mathrm{MP}_K^X} = \dfrac{\mathrm{MP}_L^Y}{\mathrm{MP}_K^Y} = \dfrac{P_L}{P_K}$。

生产效率意味着不同投入要素的边际产出比率是相同的。如果这个条件不符合，那么生产者有可能以某些 $K$ 交换 $L$，从而，同样投入品总量能够使两种商品的总产量增加，所以，资源配置必然是缺乏效率的。

**（二）混合生产效率**

$$\frac{U_X}{U_Y} = \frac{\mathrm{MP}_K^Y}{\mathrm{MP}_K^X} = \frac{\mathrm{MP}_L^Y}{\mathrm{MP}_L^X} \tag{2.16}$$

这个条件做何解释呢？左侧的项是 $X$ 和 $Y$ 的边际效用之比。从方程（2.3）可知，如果配置是有效率的，那么 $X$ 和 $Y$ 的边际效用之比是相同的。它可被解释为所有消费者对两种商品的相对边际评价；它给出了消费者愿意以 $Y$ 的余额交换 $X$ 的条件。方程（2.16）右侧的项是两种商品 $X$ 和 $Y$ 的生产中资本的边际产出之比。它显示出在一个单位的资本的使用中，为了 $X$ 的单位数而牺牲掉的 $Y$ 的单位数。

因此，混合生产效率要求消费者以一种商品评价另一种商品的比率等于生产中该种商品相对于另一种商品的机会成本。如果这个条件不满足，投入品将被重新配置，形成替代的产品结构。这样的配置方式使每个消费者都得到更高的总效用，因此，帕累托改进成为可能。

我们可以依照劳动的边际产出来写方程（2.16）的右侧而不改变该条件的本质。为了理解这点，注意方程（2.16）可被重新整理为

$$\frac{MP_L^Y}{MP_L^X} = \frac{MP_K^Y}{MP_L^X}$$

因此，倘若生产效率［方程（2.16）］得以满足，在方程（2.16）的右侧，我们有相对的资本边际产出还是劳动边际产出（或二者皆有）都是无关紧要的。

如果给出的条件同时被满足的话，经济系统实现对资源充分有效的静态配置。此外，我们所处理的是只有两个人和两种商品的经济，这也是无关紧要的，其结果易于扩展到有许多投入品、许多商品和许多个人的经济系统中。唯一的差异是尽可能地就三个效率条件进行配对比较，而将结果写出来将是更为冗长乏味的。

资源的有效配置不是唯一的（图 2.7）。

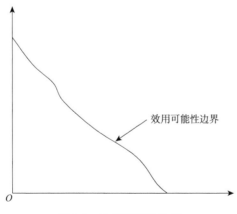

图 2.7　效用可能性边界

通常，有许多有效的资源配置。为了理解这一推断，回想一下我们曾讨论的有着一个特定财产权最初分配的经济系统。了解了最初分配和所有相关的效用与生产函数后，我们有可能设计出这种情况下有效的资源配置。解决之策将告诉我们生产多少商品，在不同产品间如何分配投入品，以及每个人将得到多少商品。

如果除了产权的最初配置有所差异以外其他都一样的话，那会怎么样呢？重复上述做法，人们将得到一个不同的有效配置。所生产的商品数量不同、投入品将以另外的方式配置，每个人所得到的商品数 $t$ 将会改变。对于每一种可能的财产权的最初配置，有

一个相应的资源有效配置。

许多帕累托最优的结果本身就具有帕累托不可比性。进而言之，甚至一种特定的帕累托最优配置也不能凌驾于建立在帕累托理论基础上的非帕累托最优配置之上。也就是说，一定的非配置较之帕累托最优配置将是帕累托不可比的。这反映了一个事实，即仅仅建立在帕累托原理之上的等级排列是不完全的（布罗姆利，1996）。

可是，前进的路是有的。我们在本章第二节的讨论表明如何用社会福利函数排列可替代的配置。对于我们此处所研究的经济系统，一般形式的社会福利函数是

$$W = W\left(U^A, U^B\right) \tag{2.17}$$

关于这个社会福利函数，我们在此所做的唯一假设是存在一个人（而且以某种方式是能够鉴别的）且 $U^A$ 和 $U^B$ 的福利是不减少的。也就是说，对于任何给定的 $U^A$ 的水平，不论 $U^B$ 上升或下降，福利都不会减少。

运用社会福利函数，我们能够推论，在与社会福利最高水平相联系的效用可能性边界上的一点，资源是以社会最优的方式配置的。这是一个标准的约束条件下最优化问题，如图 2.8 所示。$W_1$、$W_2$ 及 $W_3$ 是社会福利无差异曲线。每一条代表了产生恒定社会福利水平的个人效用的联合。社会福利在 $Z$ 点达到最大值，在 $Z$ 点社会福利是 $W_2$，每个人所享有的效用水平分别是 $U^{*A}$ 和 $U^{*B}$。

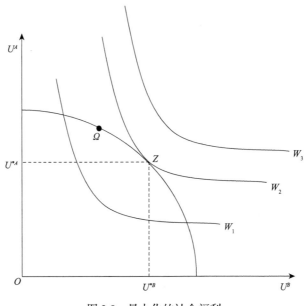

图 2.8　最大化的社会福利

毫不奇怪，它是资源有效配置的福利最大值的必要条件。由于"多了更好"，如果资源未被有效利用，那么社会不可能处在可能的最佳状态。结果，在福利最优化时，式（2.17）将得以满足。然而，最大化福利意味着一个额外的必要条件：

$$\frac{U^B_X}{U^A_X} = \frac{W_{U^A}}{W_{U^B}} \tag{2.18}$$

其中，$U_X^B = \partial U^B / \partial X$，$U_X^A = \partial U^A / \partial X$，$W_{U^A} = \partial W / \partial U^A$ 且 $W_{U^B} = \partial W / \partial U^B$。这个等式的左侧是效用可能性边界的斜率（它能按照商品 $Y$，而不是 $X$ 来写）。右侧是社会福利无差异曲线的斜率。在社会福利的最大值处，这两个斜率必须相等。这个条件意味着通过个人之间交换商品不可能增加社会福利。

一个例子可能有助于理解这个结论，考虑在图 2.8 上标注为 $\Omega$ 的一点，想象在两个人之间，商品以 $B$ 的效用下降而以 $A$ 的效用增加的方式进行交换。该经济系统将沿着效用可能性边界（UPF）向左上方移动，但是在这样做的时候该经济系统可以进入一条更高的社会福利无差异曲线，于是社会福利将会提高。只有在社会福利函数的斜率与 UPF 的斜率相等的地方，这种状况才是不可能的。于是沿着 UPF 的一个小小移动将等同于在一条社会福利函数无差异曲线上的移动，而不是在无差异曲线之间的移动。我们也可以用数值表示来考虑这个问题，在 $\Omega$ 点，社会福利函数的斜率的绝对值小于效用可能性边界的斜率的绝对值。假设社会福利函数的斜率是 $-1/1$，而 UPF 的斜率是 $-2/1$。后一个比率意味着，如果 $B$ 为了使其效用下降 1 个单位而献出足够多的商品，那么 $A$ 的效用将上升 2 个单位。然而，社会福利函数的斜率告诉我们，如果 $A$ 的效用下降 1 个单位，当社会福利保持不变时，$B$ 的效用只可能上升 1 个单位。由于 $B$ 的效用事实上上升了 2 个单位，故这意味着福利的增加。

## 二、自然资源利用的代际经济效率

由于环境经济学的许多内容是关于跨期决策的，我们进一步把分析扩展到考虑时间这一维。今天所做的决定影响着未来可获得的消费和生产可能性。倘若我们认为未来是重要的，那么，在就当前的资源使用做出决策时，如果不了解我们的行为所导致的后果，这种决策就是不可取的。

在考虑静态资源配置时，我们曾论证了资源配置所要求的最低条件是配置是有效率的，把这一观点应用到代际选择似乎也是合理的。为了推导代际效率的标准，我们采用简化的方法，定义一个现存所有人的集合体，并假定有可能界定这个集合体在任何时期的效用。假定如此，对于当前某种给定的效用水平，如果未来所有时点上的效用在经济上都尽可能高的话，那么这种跨期的资源配置是代际有效率的。换句话说，在损害当前效用的情况下，未来效用只能是增加。

在我们得出代际效率的一般标准的某些含义之前，有必要澄清我们所使用的"当前"和"未来"两个词。至少有三种解释。首先，在某些方面是最本质的，把普通的时间流逝看作与一个特定人群有关。当前的效用是现在个人获得的满足程度；未来效用是同样这些人在未来某个时刻所获得的满足程度。

其次，如果我们想要考虑一段无限长的时期，如同假设存在一个长生不老的人一样，这就有了问题。另一个可供选择的方案是构思相互重叠的几代人的群体。任何一个世代的成员都有有限的寿命，因此几代人都有生有死。相互重叠意味着在当前一代死之前下一代人已经出生。当然，我们有多种方式说明这种相互重叠的样式。

这一解释是有吸引力的，但提出了建立模型的困难，这种困难超出了本书的范围。

因此，我们要常常使用第三种解释，这是更为简单的解释。我们保留代际的想法，但是这些世代不相互重叠。每个人都是某个特定世代中的一员。0 世代是今天活着的一群人，在某个时点上，0 世代被 1 世代取代，等等。我们想象一个世代序列，在这个序列上每一个新的世代取代以前的世代，于是，我们可以认为当前的效用是指整个 0 世代所享有的效用，未来的效用是指以后世代的成员所享有的效用。

现在让我们推导一些资源跨期有效配置必须满足的特定条件。我们关注两个这样的条件，这两个条件是由资产随时间而增加的事实而产生的，对于某些生物资源（如森林和渔业）确实如此。这些资源具有自然增长的性质。它也被认为是许多形式的资本所固有的性质。因此，如果延迟今天的某些消费，并且取而代之的是让资本积累起来，明天的消费量可能大大增加，其数量大于起初的损失。设 $\delta$ 表示某个单一同质资产的实际回报率，并假设经济系统中有 $M$ 个不同部门，该资产可作为生产性投入品投入这些部门。$\delta_i$ 被称为该资产在第 $i$ 个部门的回报（其中 $i=1,2,\cdots,M$）。

### （一）第 1 代际效率条件

在任何时点上所有资产在所有部门的实际回报率都是相等的，即对于所有的 $i,i=1,2,\cdots,M$，$\delta=\delta_i$。

代际效率为什么需要这个条件？如果实际回报率是不同的，那么某些资源将有可能从低生产率的部门被重新分派到高生产率的部门，于是总回报将会增加。但是，如果总回报能够以这种途径增加，那么，当前效用可能更高而不减少未来效用，于是代际效率的一般条件就失灵了。使这种帕累托改进成为不可能的唯一情形是资产在整个经济系统中的回报率都是相等的。然而，我们解释了当前效用和未来效用这个词组，如果满足代际效率的话，那么这个条件必须被满足。这应当是显而易见的。

### （二）第 2 代际效率条件

假设相对于下一期的消费，当前消费的边际社会价值由比率（$1+r$）/1 而定。也就是说，我们认为，当前一个单位的有益消费与下一期（$1+r$）个单位的有益消费对全部福利有着同样的影响。换一种说法，即期一个单位的追加消费，其价值是下一期同样数量消费的（$1+r$）倍。显然，$r$ 是我们先前谈到的消费贴现率。与先前相同，它表示通过把一个边际单位的消费延迟一期，且将这些资源以 $\delta$ 来投资所得到的实际回报率。换言之，如果今天放弃一个单位的消费，则能转换成下一期（$1+\delta$）个单位的消费。

资源有效代际配置的第二个必要条件是投资的实际回报率（$\delta$）等于消费贴现率（$r$）。这个条件如图 2.9 所示，消费无差异曲线是当前时期（$C_0$）所有消费组合的轨迹，且下一期（$C_1$）的消费产生恒定数量的效用。在任何一点上，该无差异曲线的斜率为-（$1+r$）。注意，$r$ 不是一个常数；当沿着任何一条给定的无差异曲线移动时，斜率改变，于是 $r$ 也改变。生产可能性边界表明每个时期所能生产的消费品的组合在任何一点上的斜率为-（$1+\delta$）。跟 $r$ 一样，$\delta$ 不是常数；当沿着任何给定的生产可能性边界移动时，斜率改变，于是 $\delta$ 改变。

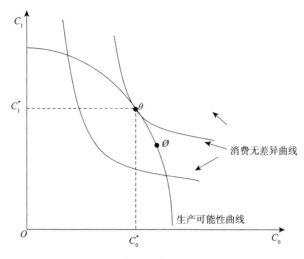

图 2.9　资源的代际有效配置

$\theta$ 表示一种有效的代际消费配置。在 $\theta$ 点，代际生产可能性边界和消费无差异曲线的斜率是相等的，而达到了可能的消费无差异曲线的最高点。在任何这样的点上，$r$ 等于 $\delta$。

如果不满足这个条件，那么，沿着生产可能性边界移动，有可能得到两个时期的更高效用水平。例如，假设经济系统现在位于图 2.9 中标注为 $\varnothing$ 点的与图 2.9 中所示的 $\theta$ 点无差异曲线相比，过这点的无差异曲线将产生较低的两期效用。通过将当前消费减少到 $C_0^*$，下一期的消费能增加到 $C_1^*$。在假定的可得代际生产机会下，在组合 $\left| C_0^*, C_1^* \right|$，效用达到最大。

### （三）代际社会福利函数与代际最优资源配置

对于今天任何给定的效用水平，如果未来效用处于其最大可能水平的话，那么资源的跨期配置是有效率的。然而，正如在静态情形下一样，不存在唯一的代际有效配置。相反，代际有效配置的数量是无限的，如图 2.10 所示。

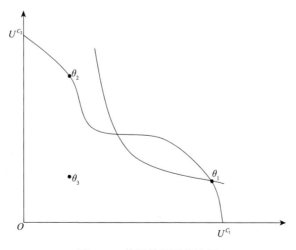

图 2.10　代际效用可能边界

图 2.10 把所有世代分成两个：世代 1 是当前的一代，世代 2 代表所有未来世代，$U^{C_1}$ 和 $U^{C_2}$ 表示每一世代的成员所享有的总效用。代际效用可能性边界表示所有可行的总效用组合。由于存在许多不同的资源使用权分配的合理方式，故存在着许多可能的资源跨期使用的有效途径。一个例子也许有助于理解这一表述。假设当前世代对资源的使用不存在使用多少或使用方式上的限制。$\theta_1$ 表示当前与未来效用的一个可行组合；我们假定这是在没有任何约束条件下的当代人所选择的配置。留给下一代的增加了的资源存量使其获得了比第 1 种情况下更大的效用。$\theta_1$ 和 $\theta_2$ 都是代际有效的：如果不减少未来效用，当前效用无法增加。但是，由于没有必要进行这样的交易，故诸如 $\theta_3$ 这样的点是无效率的。

由于资源使用权不是通常所认为的资源使用，故明确资源使用权的解释是十分有必要的。在某种意义上，当代人可任意处置已知现存的所有资源，但是有能力以所选择的任何方式使用资源与有权这样做不是一回事。我们的目的不是对应当如何分配这些权利提出建议，而只是澄清存在着应当如何分配这些权利的不同方式，以及由此而存在着许多不同的可能的有效资源配置。当然，即使能针对应当如何分配这些权利达成协议，那么应当如何实施这个协议也是不明确的。

再一次，如果我们打算在社会福利最大化的意义上，对这些有效途径哪个是最好的做出判断的话，将需要一个社会福利函数——更确切地说，我们所需要的是代际社会福利函数。设 $W$ 表示社会福利，这次是在被理解为代际的意义上的。（两个世代的）代际社会福利函数的一般形式可写为[1]

$$W = W\left(U^{C_1}, U^{C_2}\right) \tag{2.19}$$

如我们先前所说，在经济分析中使用古典功利主义的形式是很平常的：

$$W = \varnothing_1 U^{C_1} + \varnothing_2 U^{C_2} \tag{2.20}$$

其中，$W$ 表示每一世代效用的加权平均；$\varnothing_1$ 和 $\varnothing_2$ 表示权数，用来计算一代人效用总和，以得到对社会福利的测度。如果设 $\varnothing_1$ 为单位元素且 $\varnothing_2$ 为 $1/(1+\rho)$，那么，我们得到一个标准的贴现了的功利主义社会福利函数，其中未来效用以效用贴现率 $\rho$ 贴现。毫不奇怪，如果我们采用贴现了的功利主义社会福利函数，那么，跨期资源使用的最优比率将依所选定的特定贴现率而定。当阅读第七章到第十章我们就环境资源的榨取和获取所进行的讨论时，这将得到证实。

## 三、静态和代际配置及市场经济

各种各样的制度安排（如计划经济和自由市场）可用来配置资源。所有这些都能够但不是必然实现资源的有效配置。我们对自由市场资源配置决策的后果尤其感兴趣。福利经济学理论指出一系列情况，以至如果它们奏效则市场将维持资源的有效配置。对于一个有效的静态配置，这些"制度安排"，如我们从现在起对其所称，包括以下内容。

---

[1] 注意：由于假定我们能够富有意义地谈及每一世代总效用的合计水平，故这种形式的社会福利函数已经是颇具限制性的。社会福利是这些合计量的一个函数，但不是代内福利分配的函数（除非这种分配影响到相应的总量 $t$）。尽管有这些限制，但本书的大多数情况下我们将使用福利函数的这一形式。

（1）为了所有商品和服务相交换而存在的市场。

（2）所有市场都是完全竞争的。

（3）所有交易者都有充分的信息。

（4）产权是完全确定的。

（5）不存在外部性。

（6）所有的商品和服务都是私人物品。也就是说，不存在公共物品，也不存在公共性质的资源。

（7）长期平均成本非递减[①]。

如果推及现在和未来的所有时点，这七项制度安排都得以满足，那么有效的静态和代际配置将是确定的。例如，我们需要把其理解为当前正在交换的所有商品和服务的市场（即现货市场）及未来所有时点上交换的所有商品和服务的市场（即期货市场）。

现在我们解释为什么如果以上所列制度安排存在的话，资源的市场配置将是一种有效的配置。假设所有的厂商都是追求利润最大化者且所有个人都追求效用最大化。微观经济学的一个结论是，服从于预算约束的效用最大化要求边际效用之比等于价格之比。也就是说，对于任何两种商品 $X$ 和 $Y$，对于以 $i$ 标注的任何个人：

$$\left(U_X / U_Y\right)^i = \left(P_X / P_Y\right)^i \tag{2.21}$$

这要求竞争性均衡的存在。如果生产具有规模经济的特征，那么自然垄断将会存在，且竞争性均衡是不能维持的。在竞争市场上，对于同种商品，所有消费者所面对的都是一样的，因此，方程（2.21）的右侧对于所有消费者都是一样的。假使如此，方程（2.21）意味着在个人之间左侧将是同一的。这保证了满足消费的效率条件。

利润最大化要求生产性投入品的边际产出之比等于投入品的价格之比。也就是说，对于任何生产商品 $j$ 且使用投入品 $L$ 和 $K$ 的厂商，我们有

$$\left(\mathrm{MP}_L / \mathrm{MP}_K\right)^j = \left(P_L / P_K\right)^j \tag{2.22}$$

其中，$P_L$ 和 $P_K$ 表示 $L$ 和 $K$ 的单位投入价格。由于在竞争市场上所有的生产者面对同样的投入价格，这确保了满足生产效率条件（2.22），因为对于所有产品，方程（2.22）的左侧必须相等，并且适用于所有厂商。

此外，生产任何商品 $j$ 的利润最大化意味着：

$$P_j = \mathrm{MC}_j = P_K / \mathrm{MP}_K = P_L / \mathrm{MP}_L \tag{2.23}$$

其中，$P_j$ 表示商品 $j$ 的价格；$\mathrm{MC}_j$ 表示边际成本。这确保了满足混合生产效率条件（2.23）。我们应当试着自己证明为什么方程（2.23）确实满足混合生产效率条件。

方程（2.23）在直观上难以理解。但是注意，第一个等式表明（在利润最大化的竞争均衡中）价格等于边际成本。这大概是一个我们所熟悉的结果。尽管凭直觉理解方程（2.23）的另外两个等式是相当困难的，除非注意到可将方程式最右边的两项理解

---

[①] 注意：由于假定我们能够富有意义地谈及每一世代总效用的合计水平，故这种形式的社会福利函数已经是颇具限制性的。社会福利是这些合计量的一个函数，但不是代内福利分配的函数（除非这种分配影响到相应的总量 $t$）。尽管有这些限制，但本书的大多数情况下我们将使用福利函数的这一形式。

为长期边际成本。

### （一）市场经济中的代际配置和效率

我们刚刚叙述的情况维持了有效的资源静态配置。什么将确保代际有效配置呢？在我们探究这个问题之前，回忆一下代际有效配置要求：

（i）对于所有 $i = 1,2,\cdots,M$，$\delta_i = \delta$

因此每一资产在经济中每个部门的回报是相等的，且

（ii）$\delta = r$

因此，投资回报率等于消费贴现率。

着眼于市场经济中的行为，我们假设厂商的目标是利润最大化，消费者的目标是效用最大化。这些假设的代际推演是厂商使随时间流逝而产生的利润的当前价值最大化，消费者使随时间流逝而形成的效用的当前价值最大化。

完全流动的资本将被投向产生最高回报率的部门；这将有助于使整个经济中所有部门的均衡实际回报率相等。另有如下解释：竞争性厂商当前价值最大化意味着他们投资于边际项目的回报率等于市场利率 $i$ 的一点。但是在所有市场都是完善市场的经济中，厂商面临一个单一利率。由于 $i$ 在任何时点上都是一个常数，故各部门的边际回报率将是相等的。

第二个条件通过可能贷出资金的市场机制得以满足。那些延迟消费的个人为市场提供可能贷出资金；从事投资项目的个人或厂商需要从市场上获得可能贷出资金。利率充当价格，已不断调整直至市场达到均衡，届时可能贷出资金的需求与供给相等。由于每个贷款人将不断调整贷出资金的数量，直至其在市场上所得回报（$i$）等于其边际消费贴现率（$r$），故这个利率将等于消费贴现率。类似的机制在需求一方起着作用。由于每个借款人将不断调整投资量，直至所付借入资金的利率（$i$）等于其所投资项目的边际回报率（$\delta$），故当均衡时，市场利率将等于资本的实际回报率。

由此，我们得到了均衡的结果：

$$\delta = i = r \tag{2.24}$$

于是，效率条件 $\delta$ 等于 $r$ 得以满足。当然，众所周知，只有在特定的条件下，相当于在完全竞争市场的所有标准假设下等式才能成立。然而，由于在我们讨论中的这个阶段，假设所有的市场都是竞争性的，故条件是满足的。

### （二）福利最优配置和市场经济

我们先前的分析已经界定资源的福利最大化配置的本质。不幸的是，在市场经济中不存在必然的（也就是以市场为基础的）达到这样的福利最大化的趋势。完全竞争加上以上所列的其他条件将会导致一种有效配置，但不会导致获得福利最大化。有关于此的唯一例外是在与最优福利相对应的唯一性配置中，财产权分配出现意外结果。当然，政府可以实行再分配政策，使整个经济向这种状态发展，但是这全然不是市场经济自身的内在意图。

在本书后面的章节中，我们将时常就政府对多种政策工具的使用进行调查研究。有

关效率和福利的讨论将提醒我们注意政策方法评估中可能遇到的一些问题。理想的做法是，所有关于改变资源配置的可行性的说法，都应当是依据其对社会福利的影响提出的。然而出于种种原因，对于一些项目的福利影响往往不可能进行有效估计，在这种状况下，人们常常以效用增加为理由来提出项目，但效率提高并不肯定是值得期待的，这是容易理解的。效率提高可能导致社会福利价值的下降。在图 2.11 中，通过从 $B$ 点向外的移动而获得的效率提高阐明了这种可能性。尽管存在效率提高，但这样的移动将导致福利损失（因为 $W_1 < W_2$）。如前所述，也可以说，只要存在无效率的配置就总有某种其他的效率和福利俱佳的配置。例如，从 $B$ 点到 $A$ 点的移动就既增加效率又提高福利。从 $B$ 点到 $A$ 点的移动肯定有益福利的原因在于这是一个帕累托改进。另外，在无效率的配置被有效率的配置取代的意义上，从 $B$ 点到 $A$ 点是效率增加的，但这种改变不是帕累托改进。

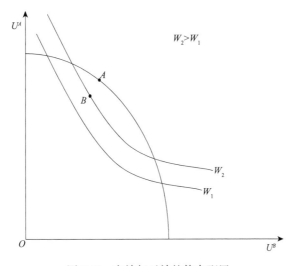

图 2.11 有效与无效的静态配置

效率增加不必然是福利增加，换言之，不必然是有益于社会的。有关于此的最朴素的言论常常被忽略。有时，有人（明了地或含蓄地）断言消除市场失灵天生就是可取的。显然，如果依据对社会福利的影响来定义可取性的话，那么效率增加可能是有益的，也可能不是。尽管就可能获得效率增加的手段进行讨论是完全合理的，但是，不能肯定效率增加会改善社会福利[①]。

**（三）运用边际分析解读经济效率**

在对效率和最优化概念的研究中，我们已经运用了一般均衡的方法。这种方法同时考虑经济中的所有部门。即使我们只对经济系统中的一个部分感兴趣——如可乐饮品的

---

① 在这个讨论中，我们忽略了补偿的可能性。例如，认为某种资源的再分配对某人有利但对其他人有害。绝对地说，如果增加的数量大于损失的数量，那么，这两部分人可以协商一种补偿交易，以使在支付了补偿之后，两部分人都得益，如果进行资源再分配，我们可以说存在一个潜在的帕累托改进，如果进行资源再分配和补偿，真实的帕累托改进将会出现。

生产和消费———一般均衡的方法要求我们着眼于所有的部门。例如，在寻求可乐的有限数量中，在一般均衡的方法中我们求得的将是所有商品的有限数量，而不只是可乐的。

该方法有几个非常引人注目的属性，其中最重要的也许是它所要求假设的严格。在阐述经济学理论时，运用一般均衡分析常常是最好的。许多有关资源与环境经济学分析的著作，都以一般均衡分析为研究基础。

但是这种假设的严格有着不利后果。以这种方法进行实证研究会耗费大量的金钱和时间。在某些情况下，数据的限制使得运用这种方法是不可能的。然而，实际运用也许不像听起来那么难。我们可以运用这种方法把某个经济系统看作只有两类商品：可乐和由除可乐以外的其他商品所构成的复合商品。经济学分析中常用这种"伎俩"。但是即使是以这样的简化形式，运用一般均衡方法也可能困难重重、花费巨大。并且，对于某些我们只是找寻大致答案的问题，使用一般均衡方法的困难与花费可能与我们对这些问题的要求是完全不成比例的。

对于许多市政论题，运用该方法的既定花费和困难使得许多研究运用不同的、更易于操作的架构。这包括只考虑经济构成中与所研究问题直接有关的部分。让我们回到可乐的例子上，在这个例子中，我们感兴趣的是尝试着估计可乐的产量。部分均衡方法研究可乐的生产与消费，忽略了经济中的其他部分。它从界定使用资源制造可乐的社会收益和成本开始，接着，将净收益定义为总收益减去总成本，可乐的产出水平是使净收益最大化的产量。

设 $X$ 为可乐的生产和消费水平（我们假设二者是相等的）。图 2.12（a）描述了各种可能的生产水平下可乐的总收益［标示为 $B(X)$］和可乐的总成本［标示为 $C(X)$］。我们将曲线标示为 $B(X)$ 和 $C(X)$，而不仅仅是 $B$ 和 $C$ 的原因是为了清楚地表明，每一个成本与收益的数值依 $X$ 而定（或者，更确切地说，是 $X$ 的函数）。原则上，任何通常的单位都可用来测度这些成本和收益；实践中，它们是由货币单位进行测度的。

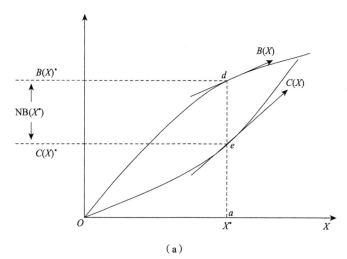

（a）

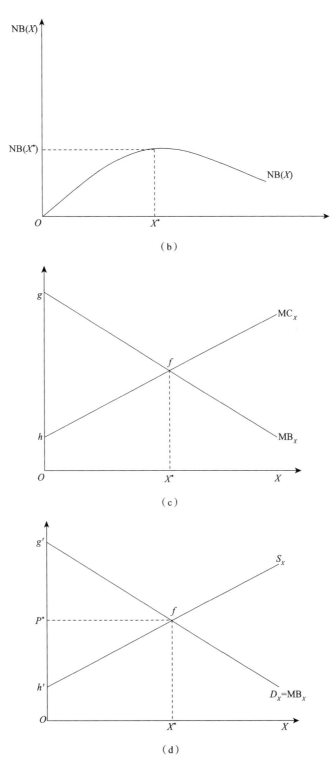

图 2.12 经济效率的部分均衡解释

当然，我们为 B 和 C 所画的曲线的形状与相对位置只是我们对其形状期望的程式化表现。试图回答我们所提出的上述问题的研究人员将从任何可利用的证据中估计这些函数的形状和位置，它们可能与图 2.12 中所画的截然不同。然而，不论实际上函数的形状如何，由此而进行的推理实质上是正确的。

既然我们把净收益最大化的产出称为是有效的，图 2.12（a）清楚地显示 X 是可乐的有效产出水平。在这个有效产出水平下，净收益（由距离 de 表示）达到最大化。这也在图 2.12（b）中描述了出来。图 2.12（b）是根据 X 的各种水平绘出的净收益。注意以下两点：①在有效产出水平 $X^*$ 上，总收益和总成本曲线相互平行［图 2.12（a）］。②在有效产出水平上，净收益函数是平行的［图 2.12（b）］。

距离 de 或相当于 NB(X) 的值，可用效率术语加以解释。它是以货币单位对效率增加的测度。这种效率增加来自生产 $X^*$ 的可乐与不生产可乐的情形的比较。

这些观点常以不同的，但恰恰正是等效的方式加以表述。这些表述运用边际函数而不是完全函数。由于大部分环境经济学文献运用这种方式提出观点（本书的有些部分我们也将这样做），让我们研究一下它是如何奏效的。为了符号简化，我们用 $MC_X$ 表示 X 的边际成本，$dC/dX$；类似地，$MB_X$ 表示 X 的边际效益，$dB/dX$。图 2.12（c）描述了与图 2.12（a）中的总函数相对应的边际函数。在图 2.12（a）中我们画出 B(X) 和 C(X) 的曲线。因此相应的边际函数是直线。这方便并简化了对后面分析的解释，但结论不是依边际效用函数是直线而定的。只要边际收益是正的并且随着 X 增加而递减，且边际成本是正的并且随着 X 的增加而递增，如图 2.12（c）所示，那么所用的结论就是正确的。

根据定义，X 的任何既定水平下的净收益由 NB(X) = B(X) − C(X) 得出。净收益的最大化要求选择使边际收益等于边际成本时的 X。这一结论是从一些基本的微积分中得来的。净收益最大化的必要条件是净收益关于 X 的一阶导数。也就是

$$dNB(X)/dX = dB(X)/dX = dC(X)/dX = 0$$

简化为

$$dB(X)/dX = dC(X)/dX = 0$$

或者 X 的边际成本必须等于其边际收益。毫不奇怪，这出现在 $X^*$ 处；在这个产出水平 $dNB(X)/dX$ 的值为零，因此，净收益函数在此处的斜率是水平的。这是我们先前提及的。

图 2.12（c）中的净收益与图 2.12（a）中的距离 de 相对应，我们能否测度这个最大化了的净收益呢？这种测度是能够获得的：它是三角形 gfh 的面积。在经过某种变化范围后边际函数之下的面积给出了在经过这个变化范围后总函数的改变。因此，在经过从 X=0 到 $X = X^*$ 范围的变化后，$MB_X$ 之下的面积是 $X^*$ 数量可乐的总收益（也就是 $B^*$），它等于图 2.12（a）中的距离 de，类似地，在经过从 X=0 到 $X = X^*$ 范围的变化后，$MC_X$ 之下的面积是提供 $X^*$ 数量可乐的总成本（也就是 $C^*$），它等于图 2.12（a）中的距离 de。通过减法，我们发现图 2.12（c）中三角形 gfh 的面积与图 2.12（a）中的距离 de 相等。

最后，我们提出有关效率的另一个解释。这一解释在实践中也被环境经济学家广为使用。于是，所有想喝可乐的人都能从市场上得到，并支付市场现价。可乐的市场需求曲线与 $MB_X$ 曲线相同，因为 $MB_X$ 曲线描述消费者对追加一个单位商品的支付意愿（willingness to pay，WTP），这正是我们通过消费曲线所表达的意思。

在我们的假设下，在一个竞争市场上，可乐由大量作为价格接受者的厂商生产。市场供给曲线——让我们称之为 $S_X$ ——与图 2.12（c）中的曲线 $MC_X$ 相等（这一结论来自标准的完全竞争理论）。它描绘了在各种产出水平下生产追加数量（或边际）可乐的成本。

图 2.12（d）给出了市场需求和供给曲线。如果所有相互得益的交易都对价格表示接受，那么商品的均衡市场价格是 $P^*$，消费者对于追加单位商品的主观评价（用货币表示），与生产追加一个单位商品的成本彼此相等。

换言之，面对共同的市场价格，所有的消费者都将调整各自的消费，直至他（以货币单位）的边际效用等于这一价格。每个厂商面临同样的固定市场价格，他们调整各自产量使其生产的边际成本等于价格，于是我们有

$$P=MC=MB$$

# 参考文献

布罗姆利 D W. 1996. 经济利益与经济制度——公共政策的理论基础. 陈郁，郭宇峰，汪春，译. 上海：上海三联书店，上海人民出版社.

庇古 A C. 2006a. 福利经济学（上卷）. 朱泱，张胜纪，吴良健，译. 北京：商务印书馆.

庇古 A C. 2006b. 福利经济学（下卷）. 朱泱，张胜纪，吴良健，译. 北京：商务印书馆.

黄有光. 2005. 社会福祉与经济政策. 北京：北京大学出版社.

珀曼 R，马越，麦吉利夫雷 J，等. 2002. 自然资源与环境经济学. 2版. 侯元兆，张涛，李智勇，等译. 北京：中国经济出版社.

Arrow K, Cline W R, Maler K-G, et al. 1996. Intertemporal equity, discounting, and economic efficiency//Bruce J P, Lee H, Haites E R. Climate Change 1995：Economic and Social Dimensions of Climate Change. Cambridge, New York and Melbourne：Cambridge University Press：125-144.

Marglin S A. 1963. The opportunity costs of public investment. The Quarterly Journal of Economics, 77（2）：274-289.

Pearce M R D N, Pearce D. 1989. Economics and technological change：some conceptual and methodological issues. Philosophy of Economics, 30：101-127.

Pigou A C. 1920. The Economics of Welfare. London：Macmillan and Co..

Pigou A C. 1932. The Economics of Welfare. 4th ed. London：Macmillan and Co..

Solow R M. 1972. Congestion, density and the use of land in transportation. The Swedish Journal of Economics, 74（1）：161-173.

# 理论篇：资源利用与环境管理

# 第三章

# 可再生资源的最优利用

考虑到世界范围内能够供给的矿产、森林及其他可枯竭资源正在逐渐消失，人类必须调整对资源的利用和管理战略。本章我们的目标是在一个广泛的层次上分析可再生资源的经济学特性，建立一个可应用于各类可再生资源的框架。尽管目标具有普遍性，但为了使得分析过程简洁明了，选择一个具体的事例，在细节处理上比较方便。为此，我们将用渔业资源作为一个特定例子，具体分析可再生资源的利用与管理问题。我们以考察一个开放—进入型的可再生资源收获过程，来开始我们的分析。对可再生资源，我们定义一个私人最优（即利益最大化）的收获过程，然后将它和开放—进入情况下的私人行为相比较。同时，一个特别重要的问题是，收获行为和贴现率的关系，这是潜在或现实的收获者都要考虑的，然后再次考虑开放—进入型的收获，最后讨论社会最优收获过程。

## ■ 第一节　可再生资源

### 一、可再生资源的内涵

如果资源具有繁殖和生长的能力，就可以认为是可再生的。可再生资源的范围很广，而且种类繁多。其中，第一类由有机生物群体构成（如鱼类和森林），它们具有自然生长能力。第二类包括非生物系统（如水和大气系统），它们随时间通过物理和化学过程再生。虽然它们不具备自然再生能力，但水和大气都有能力吸收与净化所受的污染（以保持自身的质量）。尤其是水资源，当储量下降时能够自我补充，以此保持自身的数量。习惯上耕地和牧地为可再生土地资源，因为它们可以通过复合生物过程（如有机养料的循环）和物理过程（灌溉、风化等）达到再生与增长。如果对土地不是过分索取，土壤肥沃程度可以自我恢复。在更广泛意义上的环境系统内（如荒野地或热带雨林），可以认为土壤为可再生资源。前文所列出的资源，有时也称为可再生存量资源

（renewable stock resources）。

广义的可再生资源应当包含可再生流量资源（renewable flow resources），如太阳能、波能、风能和地热能，它们与生物存量资源有相同的特性，即利用若干单位的流量并不意味着总量在下个时刻会减少。事实上，流量资源是非耗竭的，任何时刻的利用都不会影响未来可供利用的总量。

所有的资源都具有稀缺性，相对于人类的需求而言，资源本身数量是有限的。所有的资源都具有数量、质量、时间和空间四个维度。

**（一）可枯竭资源存量**

$$S_t = S_0 - \sum_{\tau=1}^{t=1} \left( H_\tau - R_\tau - D_\tau \right)$$

其中，$S_t$ 表示时刻 $t$ 的资源存量；$S_0$ 表示初始资源存量；$H_\tau$ 表示 $\tau$ 时刻的资源开采量；$R_\tau$ 表示 $\tau$ 时刻的资源重复利用量；$D_\tau$ 表示 $\tau$ 时刻资源发现量。

**（二）可再生资源存量**

$$S_t = S_0 - \sum_{\tau=1}^{t-1} \left( H_\tau - R_\tau \right)$$

$$R_\tau = R\left( s_\tau, N_\tau, H_\tau \right)$$

其中，$S_t$ 表示时刻 $t$ 的资源存量；$S_0$ 表示初始资源存量；$R_\tau$ 表示 $\tau$ 时刻的资源重复利用量；$H_\tau$ 表示 $\tau$ 时刻的资源开采量；$N_\tau$ 表示 $\tau$ 时刻的自然资源的数量。

本章后面的分析将说明：许多类型的可再生资源没有私有产权。在没有政府限制或其他一些对收获行为的共同约束条件下，资源便可以开放地利用。开放—进入型资源会趋于耗尽，而且开放—进入型资源被收获尽的可能性，高于确立私有产权和进入行为受到限制的公共产权资源。

无论是可再生资源，还是不可再生资源，都有一个共同的特点，那就是它们都可耗尽（即存量都可降为零）。如果在一段时间内采取过量收获或掠夺行为，对于不可再生资源，耗竭至尽是有限存量的必然结果；对于可再生资源，尽管存量可以恢复，但如果环境阻碍可再生能力或者收获速度持续高于自然增长，存量同样可以降为零。

## 二、可再生资源的自然生物增长

可再生资源的典型特征在于其可以由自然界不可忽视的补给速率来增加资源的流量。太阳能、水能、鱼类资源、森林资源及动物资源都是可再生资源。可再生资源的延续速度和流量与人类的活动密切相关。例如，人们对土地的侵蚀，对营养物质的消耗将减少食物的流量；对鱼类的过度捕捉，自然会减少鱼类资源的出量，就会降低鱼类的自然增长率。为了研究可再生资源的经济规律，我们需要描述这类资源在没有人类掠取情况下的生物增长模式。我们会遇到资源多样性的问题，如树木、鱼类和牛类等都有不同的自然增长过程。我们先考虑一些鱼类种群的自然增长数量方程，在后文再探讨在人类干扰条件下的生物资源的再生过程。

在一定条件下，在一个完全竞争的行业中，如果确立私有产权且具有强制力，这样形成的收获过程便会是社会最优的；如果资源被垄断独占则不会出现这种社会最优。我们将讨论开放—进入情况下的政策工具，试图使收获行为更接近社会最优的资源开采过程。

设在没有环境限制的情况下，某种鱼的自然增长率为 $g$，$g$ 可以认为是该鱼的出生率和死亡率的差值。如果个体存量为 $b$，则个体数量在一段时间内的生物存量增长量为

$$G(b) \tag{3.1}$$

在此，生物存量增长量是生物初始存量的函数。整理方程，得到个体数量在任一时刻的增长量，如图 3.1 所示。

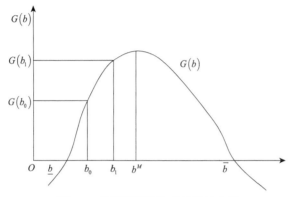

图 3.1　鱼类资源生物存量增长曲线

图 3.1 给出个体数量与生物存量增长率之间的关系。从图 3.1 可以看到，生物资源的自然增长过程面临两个关键的均衡点，此时，生物存量增长量为零。值得注意的是这两个均衡点具有截然不同的含义：在均衡点 $\bar{b}$，由于环境承载能力限制，生物存量增长率为零。由于生物增长超过环境可能提供的生存空间和食物可获得量的限制，生物存量增长率趋于零。$\bar{b}$ 为环境可以支撑的最大个体数量。因为该种生物所生存的环境系统对于该种生物有一个最大支持能力，这种支持能力当然可以改变（如海洋温度或营养成分）。但是，除非环境特征确实变得对该种生物有利，否则，$\bar{b}$ 就是该种生物个体数量所能达到的最大值。

均衡点 $\underline{b}$ 则是生物存量的临界点，如果由于环境或者人类活动的影响，故生物存量接近或者低于临界存量，则生物资源将最终消逝。当存量大小为 0 时，生物存量增长量 $G$ 等于 0。

## 三、生物生长率的逻辑斯谛方程

在理论上，对于一个具有正的增长速率的鱼类资源而言，个体数量会以指数形式增长而且没有边界。很明显，这一假设只有在一个很短的时间内才可能成立。这一假设对任何资源都是不可能的，因为鱼类生存于具体环境中，这个环境只能提供有限的支持能力，这便对数量增长的可能性设置了界限，存在环境最大可承载能力限制 $b^M$。同时，随着生物存量的逐步增加，由于环境的约束，生物存量的自然增长存在两个均衡状态点

$\underline{b}$ 和 $\overline{b}$，在均衡状态下，生物存量增长率为 0，即生物存量增长曲线与横轴相交。一个表示这种作用的简单方法是令增长率与个体数量相关，而不是各自固定不变，于是增长方程可以表示为

$$\frac{\mathrm{d}b}{\mathrm{d}t} = \dot{b} = G(b)$$

其中，$b$ 表示增长率随总量变化而变化。如果方程有这样一种性质，即当总量增加时，生长率降低，就认为方程有补偿性。

现在我们假设个体数量的增长具有有限上界，表示为 $\overline{b}$，一个表述 $b$ 的常用形式是逻辑斯谛方程：

$$\frac{\mathrm{d}b}{\mathrm{d}t} = G(b) = B(\overline{b} - b)b$$

逻辑斯谛方程决定个体数量的内在（自然）的增长率，$\dfrac{\mathrm{d}b}{\mathrm{d}t}$ 描述的是一段时间内自然增长的数量，而不是内禀的或不受限制的增长率。

逻辑斯谛方程可以用来近似地描述许多生物的自然增长过程，包括鱼类、动物和鸟类。逻辑斯谛增长是一般增长过程中的一种表述，其中个体数量的增长率与总数量的大小有关，此种类型称为密度制约型增长。

逻辑斯谛生长方程给出个体数量与生物增长率的关系（图 3.2）。在整个系统不受干扰的情况下，对任何一个数量大于 0 的生物群，自然增长都会导致该生物群数量增长。换句话说，该生物群没有一个正下限。然而，设想存在正的个体数量阈值 $\underline{b}$，如果生物群的整个数量低于这个阈值，那该生物群则不可避免地持续下降到 0，而且如果这个生物群是一个生物种群，这个物种将会灭绝。

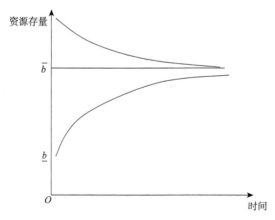

图 3.2　生物资源的自然生长过程

逻辑斯谛增长模型是一个比较常用的描述可再生资源数量动态变化的模型。这个模型适用于没有物种迁移的具体场地。当然，在该模型中，有许多影响真实生长过程的因素，包括年龄结构和随机或偶然因素被忽略。即使如此，该模型仍是对真实种群动态最近似的描述。

## 第二节 可再生资源的稳态收获

### 一、生物最大可持续产量

可再生资源的可持续利用，无论是在发展中国家还是发达国家，都是政府追求的目标。在不影响未来人需求的前提下，满足当代人的发展的需要，应该成为资源开采的应有之义。对于可再生资源而言，可持续发展的一个直观的定义应该是使开发利用量等于资源的自然增长率。

如果考虑在一段时间内，收获量等于资源的净增长量，并设收获量大小为 $H$，净增长为 $G(b)$，两者在一个连续的时间段内相等且为定值，我们称此为稳态。稳态的条件为

$$\frac{\mathrm{d}b}{\mathrm{d}t} = \dot{b} = 0$$

考虑人类资源开采的、给定资源存量（$b$）的可再生资源的真实变化率可以表示为

$$\dot{b} = G - H$$

因为是稳态收获，所以必须满足 $G = H$，资源存量的大小在这段时间内为恒定值。哪种稳态是可能的？

回答这个问题，请先看图 3.3。显然，如果人类的资源开采是不随存量变化的恒定量，那么资源开采 $H$ 与资源自然生长曲线有两个交点，在这两个交点，都有 $G = H$，即资源的自然增长等于资源开采量，资源存量保持恒定不变。

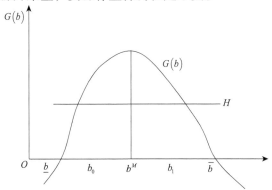

图 3.3　考虑稳态收获的鱼类资源增长曲线

应该注意，存在一个特殊的存量，在这点上其自然增长率最大（标为 $G_{MSY}$）。显然，当收获位于 $H_{MSY}$ 且保持恒定时，这种稳态也是可行的。这样，就得到了最大可持续产量（maximum sustained yield，MSY）下的稳态。

为具体分析资源 MSY 的具体数量，不失一般性地假定鱼类资源生物增长符合如下方程：

$$G(b) = Bb(\bar{b} - b)$$

其中，$B$ 为生物存量效率系数；$\bar{b}$ 为最大生物存量，则稳态的必要条件为

$$\frac{\mathrm{d}b}{\mathrm{d}t} = \dot{b} = G(b)$$

MSY 必须满足如下方程

$$G'(b) = B\bar{b} - 2b = 0$$

从而，MSY 为

$$b^M = \bar{b}/2$$

从图 3.3 可以很清楚地看出，任何在 0 到 $G_{\mathrm{MSY}}$ 之间的稳态收获水平都是可行的。资源管理部门应当使资源持续保持在 MSY 状态，使存量大小保持在 MSY 水平。渔业、林业和其他可再生资源的管理应当使得它们处于 MSY，许多人认为这是不言自明的，然而这种建议缺乏必要的经济理论支撑。

## 二、最大经济产量

我们分析的第一个可再生资源收获的经济模型是一个静态模型，是研究在一段时间内资源的生长和收获确定。这种状况可由以下两种判断作为前提，即认为未来与本阶段所做的判断无关，或每个阶段特点都相同。所以，一个阶段得到的结论对所有阶段都适用。使用这种方法意味着没有必要在模型中引入时间因素。然而，此时我们要忽略这些约束条件，我们将在讨论完静态资源收获模型后，再仔细考察它们。

在任何一个阶段，是什么决定收获 $H$ 的大小呢？首先，收获的大小取决于收获中付出的"努力"。以海上捕鱼为例，收获努力可以由使用船只的数量和正式捕鱼的天数等来表示。我们把所有收获行为都简化归结为一个衡量尺度，称作收获努力程度 $a$。

其次，收获量依赖于资源存量的大小。存量越多，在收获努力及其他条件相同的情况下，收获也就越多。收获量也受一些其他因素影响，包括随机因素，但我们的分析是抽象出来的，认为收获量仅依赖于努力程度（$a$）和资源存量（$b$）大小，即

$$H = H(a,b)$$

这个关系可以由许多不同的具体形式表示。不失一般性地假定收获函数采用如下形式：

$$H = Aab$$

其中，$A$ 表示收获系数，为一个常数，代表单位努力的收获技术效率系数。

等式两边同除以 $a$

$$\frac{H}{a} = Ab$$

考虑人类的收获量小于生物增长量的情况下，我们已经给出可再生资源的增长方程，即增长量等于生物增长减去收获量：

$$b = G(b) - H \tag{3.2}$$

资源开采者的目的是最大化其利润函数：

$$\mathrm{Max}\,\pi = \mathrm{TR} - \mathrm{TC} = \bar{p}H - \bar{\omega}a$$

如果收获可再生资源的成本是其努力程度的线性函数：

$$\text{TC} = \bar{\omega}a$$

其中，TC 表示收获的总成本；$\bar{\omega}$ 表示单位努力的成本，设为常数（可以考虑为收获努力的工资支付）。

令 TR 代表收获一定量可再生资源的总收益。一般来说，总收益和总收获量有关。因为我们想通过观察可再生资源的商业选择水平来开始我们的分析，则总收益的恰当衡量方法是企业所获总收入，即可再生资源的收获价值：

$$\text{TR} = \bar{p}H$$

其中，$\bar{p}$ 表示所收获资源在市场上的毛价格，如果我们继续假设存在一个对可再生资源的需求方程，其中市场价格和收获量呈负相关（图 3.4）。

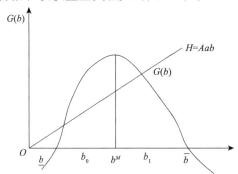

图 3.4　考虑可变收获努力下的稳态开采

$$P = P(H)$$

其中，

$$\frac{\mathrm{d}P}{\mathrm{d}H} < 0$$

那么，收获努力与资源自然生长过程可以用图 3.5 表示。

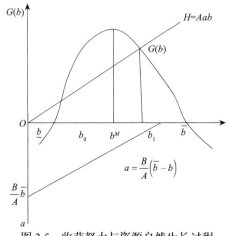

图 3.5　收获努力与资源自然生长过程

## 三、开放—进入条件下的最大经济产量

开放—进入型资源的另一个考虑角度是分析独立收获者面对的激励因素。我们考虑

没有进入限制和成员责任的商业性渔业的刺激因素。如果存在利润机会，即便减少今天的收获量有利于共同的利益（如使得鱼类能恢复和生长），企业仍会不断地开发，每个捕鱼装置都有使其捕获量最大化的积极性。对每个渔民来说，限制捕鱼努力都是不理性的，因为谁也无法保证在今后更多的捕获下会从中获益多少。事实上，对于渔业，根本无法确定明天是否还能捕获。在这种情况下，每个企业当前都用它最大的能力去收获，直至达到限制，即收入等于成本。

我们的目的是找出开放—进入均衡的存量水平和收获率。回想我们所做的关于资源收获的成本和收入假设，总成本公式为

$$TC = \bar{\omega} a$$

$$H = Aab$$

则有

$$TC = \bar{\omega}\left(\frac{H}{Ab}\right)$$

于是，总收获成本是收获率和存量水平的函数。在此，单位努力成本（$\bar{\omega}$）和收获系数都为常数，在很多情况下，这一假设都不成立。

现用简单的逻辑斯谛方程来描述这一物种的生长过程：

$$G(b) = Bb(\bar{b} - b)$$

我们仅考虑均衡状态，所以 $H = G(b)$，从而得到成本函数为

$$TC = \bar{\omega}\frac{B}{A}(\bar{b} - b)$$

这个成本、存量关系可用图 3.6 中的负斜率直线表示。

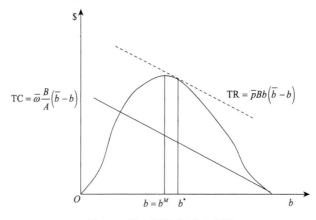

图 3.6　最大经济产量示意图

总收入的定义为

$$TR = H\bar{P}$$

收入–存量关系则表现为倒"U"形，当收入最大时资源存量处于收获量最大的存量水平，即当存量为 MSY 时收入最大，如图 3.6 所示。

此时，最大经济产量满足如下方程：

$$\text{Max}\,\pi = \overline{p}Bb\left(\overline{b}-b\right)-\overline{\omega}B/A\left(\overline{b}-b\right)$$

利润最大化的一阶条件为

$$\frac{\partial \pi}{\partial b}=0$$

即

$$\overline{p}Bb-2\overline{p}Bb+\overline{\omega}\frac{B}{A}=0$$

从而最大经济产量为

$$b_c = \overline{b}/2+\frac{1}{2}\frac{\overline{\omega}}{\overline{p}}\frac{1}{A}$$

显然，自由进入的最大生物可持续产量时的资源存量低于最大经济产量发生时的存量。这是因为对于生产者而言，必须考虑存量对生产成本的影响，必须考虑以下因素：

（1）企业收入与资源存量的关系；

（2）企业成本与资源存量的关系；

（3）开放—进入均衡的特征。

## 四、最大经济产量的变动趋势

在我们表示的开放—进入均衡中，存量 $b$ 大于可持续产量的资源存量，似乎自利的经济行为人的资源利用自然地能够保持资源的可持续性，因为考虑开采成本的资源最大经济开采存量水平高于最大可持续生物存量水平。然而这种结果并不是必然的，如果想当然地认为资源的可持续利用是必然结果那将是大错特错了。$b$ 取决于许多因素，包括单位收获努力的成本 $\overline{\omega}$，以及需求函数的形式和系数。

例如，考虑 $\overline{\omega}$ 增加，成本函数图像会绕 $b_c$ 顺时针旋转。这样，开放—进入均衡达到更大的稳态存量。很明显，如果 $\overline{\omega}$ 足够大，和生长曲线的交点会出现在收入曲线斜率为负的一边，于是开放存量水平会如图 3.7 所示超过 $b^M$。

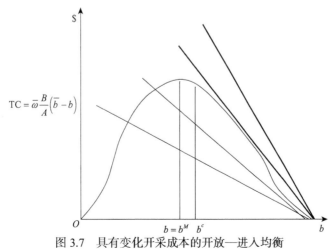

图 3.7　具有变化开采成本的开放—进入均衡

考虑两个特例，如果成本曲线与收入曲线于其最大点相交，开放—进入均衡的存量水平会达到 MSY 的存量，显然开放—进入没有必要反对资源保护。另一例是当收获成本相当高（相对收获收入），以至任何水平的收获都无利可言，那存量必然上升到 $b^M$。

当然，如果需求增加使得任何收获量下的资源价格都有所提高，则收入函数会有一个更高的最大利润。从而，均衡的开放—进入型资源存量水平将会低于需求增加前的水平（图3.8），收入函数从 TR 变为 TR'，相应地，开放—进入均衡变为较低存量水平。

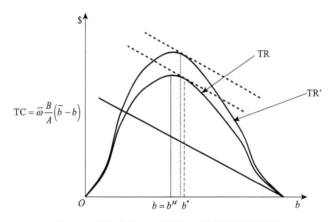

图 3.8  市场变化对于开放—进入开采的影响

当我们考虑时间因素时，假定环境条件不随时间变化。然而实际环境条件却在变化，而且有时十分迅速，当开放—进入型资源伴随不断恶化的环境条件，而且环境变化要么十分迅猛，要么不可预期或者两者都是，那么收获的后果将是灾难性的。过度捕获并不是因为人们的忽视而常常出现，当进入限制无力时，在竞争的压力下就会趋向产生这种后果。

## 第三节  资源的资产特性与管理

### 一、不考虑收获成本的资源管理

我们现在做一些关于资源存量水平特征的推论，这将和私人最优化结果相关。假设资源可以无成本地开采，渔场管理者可以自由地选择开采多少和保持多少资源存量。

假设鱼类资源存量为 $b$，环境最大可持续承载量为 $\bar{b}$，由于渔场管理者是资源的唯一所有者，则收获的资源量 $\bar{b}-b$ 以给定的市场价格 $\bar{p}$ 出售，如果销售收入 $\left[\bar{p}\left(\bar{b}-b\right)\right]$ 全部投资，则可获得的投资收益应该获得社会可接受的平均收益率 $r$。

根据前面的分析，只有当收获量和保存的鱼类资源获得相同的收益时，鱼类资产才会维持在稳定状态。作为渔场的所有者，其目标是最大化如下收益函数（图3.9）：

$$\text{Max}\,\pi = r\bar{p}\left(\bar{b}-b\right) + \bar{p}H + b\Delta\bar{p}$$

$$\text{s.t.}\, H = G\left(b\right)$$

$$\pi = r\overline{p}\overline{b} + \overline{p}G(b) - b(r\overline{p} - \Delta\overline{p})$$

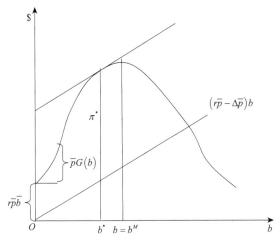

图 3.9　资源的资产管理

可以看作全部鱼类开采的投资收益，则有渔场所有者最优资源存量满足如图方程：如果资源自然增长为零，即 $G'(b) = 0$，则有

$$r\overline{p} = \Delta\overline{p} \text{ 或者 } \frac{\Delta\overline{p}}{\overline{p}} = r$$

即资源定价的霍特林规则。

显然，如果没有资本投资收益，则 $G'(b^*)$ 一定大于零，这意味着 $b^* < b^M$。同时，高利率将鼓励资源的开采直至枯竭，而高开采成本将阻止资源的开发而有利于资源的保护。同时，价格的上升趋势 $\Delta\overline{p} / \overline{p} > 0$，则能够鼓励资源所有者保留更多的资源存量以获得未来收益。

## 二、考虑收获成本的资源管理

如果开采成本随资源存量大小发生变化，公开进入资源的私人开采将是怎样的情形。当然，有理由认为私人的资源获取行为是对利润的一个滞后反应，表现为私人开采努力对于收益的一个反应。不失一般性地假定私人开采努力函数为

$$H = Aab$$

则可以近似地将私人开采努力的反应函数表示为

$$\dot{a} = v\pi$$

其中，$\dot{a} = da / dt$；$v$ 表示私人对于利润函数的反应速度

则有

$$\pi = \overline{p}Aab - \overline{\omega}a$$

$$\dot{a} = v(\overline{p}Aab - \overline{\omega}a) = v(\overline{p}Ab - \overline{\omega})a$$

其中，$v$ 表示私人或者企业对利润函数的反应速度，又称为调整系数。该调整系数随着

技术、经济和制度安排的变化而变化（图 3.10）。如果说开采能力仍然是可行的，如果从业人员掌握资源开采的必要知识或者能够很快地学习掌握必要的知识，如果政府没有对进入努力实施严格的控制，则个人的开采努力将是收获利益的一个函数，而且反应应该是十分迅速的。

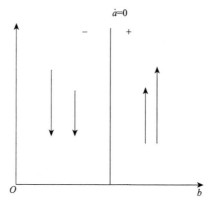

图 3.10　私人开采努力与资源存量的关系

显然，企业开采的进入行为是利润函数，利润函数由现存的开采努力和资源存量决定。当资源存量大于 $b^{**} = \dfrac{\bar{\omega}}{\bar{p}A}$ 时，则进一步的资源开采进入收益大于零，则会吸引更进一步的开采努力进入；如果资源存量小于 $b^{**} = \dfrac{\bar{\omega}}{\bar{p}A}$ ，由于私人进入的收益小于成本，则进一步的资源开采进入收益小于零。私人进入的收获努力只有在 $b^{**} = \dfrac{\bar{\omega}}{\bar{p}A}$ 时才为零，因为此时收获努力的收益为零，私人资源开采者不再具有经济激励进入资源存量十分稀缺的产业，从私人利润最大化的角度出发，继续进入努力的收益小于成本，只有当资源存量达到 $b^{**}$ 时，私人的收获努力将不再发生变化，处于稳定状态。

从图 3.10 可以看到，资源存量越大，则开采进入努力越大；当资源存量下降时，则开采努力也随之下降，这是经济规律使然。

同时，资源存量也在随开采努力的变化而变动（图 3.11）。

$$\dot{b} = G(b) - Aab$$

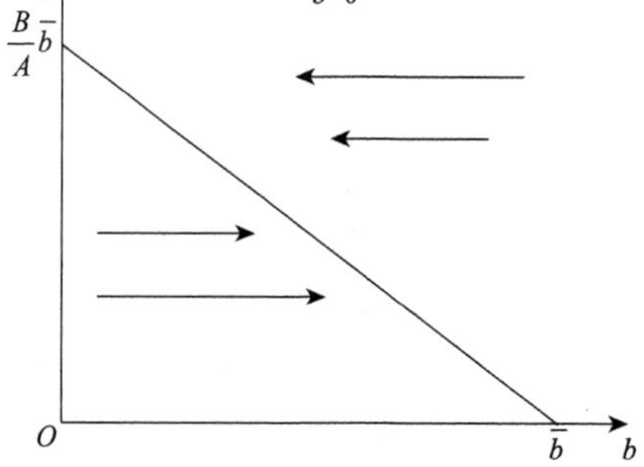

图 3.11　一定开采努力下的资源存量变化

前面已经假设资源自然生长函数为

$$G(b) = Bb(\overline{b} - b)$$

从而有

$$\dot{b} = Bb(\overline{b} - b) - Aab$$

只有当 $a = \dfrac{B}{A}(\overline{b} - b)$ 时，资源存量才是稳态的。此时，$Bb(\overline{b} - b) - Aab = 0$（图 3.12）。

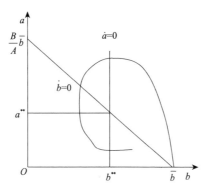

图 3.12　资源开采的稳态

将开采努力与资源存量相结合，我们可以看到，在 $\dot{b} = 0$ 的下方，应该降低开采努力，以使资源存量得到恢复，以使资源存量达到稳态 $\dot{b} = 0$。资源存量和开采努力动态关系必须同时满足如下方程：

$$\dot{a} = v(\overline{p}Aab - \overline{\omega}a)$$
$$\dot{b} = Bb(\overline{b} - b) - Aab$$

只有当收获努力和资源存量都达到稳态时，资源存量才能够实现真正意义上的资源稳定状态，当资源存量为 $b^{**}$ 时，资源收获的利润为零，此时，没有进一步的收获努力再进入渔业资源的开采，产业内现存的收获努力为 $a^{**}$。

### 三、开放—进入资源的资产管理

当可再生资源为公共所有或没有所有者时，私人竞争式的收获会出现什么结果，在这种情况下，收获资源通常称为"开放—进入资源"。开放—进入的结果必然会导致过度收获。我们的目标是确定开放—进入资源的终结，对于这个终结，决策者没有积极性（即终结是一种均衡），均衡中：

开采成本=开采收入

开放—进入均衡为总成本与总收入相等时的存量水平，即

$$\overline{p}Bb(\overline{b} - b) - \overline{\omega}B/A(\overline{b} - b) = 0$$

从而可以得到自由进入的资源存量水平为

$$b = \frac{\overline{\omega}}{pA}$$

（1）经济均衡使企业处于开放—进入的零租金均衡，$TR = TC$。

（2）生物均衡使得资源总量保持不变，$G(b) = H$。

在我们所做的假定中，开放—进入均衡是独一无二的，也是稳定的。如果资源总量低于 $\underline{b}$，在低存量水平下，持续收获的成本将超过收入，收获利润将会为负，会导致收获行为的减少和总收获量的降低。总收获量低于持续产量，存量就会恢复到 $b$。同样，当存量高于 $\overline{b}$ 时，会出现正的利润和更多的收获行为，调整过程又会使开放—进入均衡达到 $b = \frac{\overline{\omega}}{pA}$ 点。

这种开放—进入均衡的基本性质由所有企业（资源收获者）共同决定，此时的经济租金为零。同样，我们可以说开放—进入均衡的特征是零租金或净价格为零。租金是出售收获的资源所得（TR）减去收获资源所付出的总成本（TC）。零租金的情况是把所有企业和收获者看作一个整体。

## 四、社会最优资源收获

迄今为止，同社会最优资源过程相比，商业性私人最优结果是如何定义的呢？为了得到社会最优过程，我们在一个无限时间水平上最大化社会净利益，净利益的社会消费贴现率为 $r$。我们得到的主要结论是社会最优收获过程等于私人最优收获过程，得到 $i = r$（即私人和社会贴现率没有差别）。然而，这一结论有三个条件：

（1）私人的收获是处在竞争行业中得到的；

（2）资源的私人业主有强制性权利，他们可以控制资源的进入、占有和分配资源的回报；

（3）收获和使用可再生资源没有外部性。

下文我们将讨论与竞争企业相关的限制。在前面讨论的开放—进入的结论中，产权条件很明显。当考虑到外部性时，尽管一些可再生资源不考虑外部性是合理的，但对另一可再生资源却不是这样。例如，捕鱼活动并没有明显的外部性（除了我们很快会看到的一个渔民对另一个渔民的影响外），但砍伐森林却有严重的外部性，我们将会在以后的章节中讨论它们存在的原因。如果自然垄断业主具有不同于社会的预期贴现率，则私人垄断业主将如何收获的问题。

澄清垄断在本章的意义十分重要。我们注意一项可再生资源，它有强制性产权，并且所有者可以控制对资源的进入。如果仅一个单独收获者获利，或者把企业看作一个整体，这些对进入的限制就防止新进入者导致的租金下降。在这个意义上任何具有私有产权的资源都可以说有垄断特性，这种特性的重要性如同垄断市场上的生产者用来阻止竞争对手进入市场一样。

这并不意味着我们这一部分会归总到"垄断市场"，当然，资源市场仅有一个或少数收获者控制该行业而且制定价格，即垄断。正如我们在微观经济理论所了解的那样，边际收益在垄断市场均衡下会超过边际成本，但在竞争市场，每个人都无法控制价格，仅仅是价格的接受者。在捕鱼中，有进入限制的竞争是卡特尔的一种形式。其中，卡特尔成员合作遵循共同行动以限制卡特尔以外的成员进入。在竞争市场均衡中，边际收益等于边际成本，竞争性（但有进入限制）的渔业可为一例。

如果一项可再生资源在垄断市场情况下被收获，而不是竞争条件，可能导致经济无效率的收获水平。一个独占业主可能趋向每个阶段都收获得少一些，而在市场上以高于社会最优价格出售。如果我们同有些人一样，定义"保护主义"就是认为资源的高存储量是一种内在需要（也许一些人并不认为经济效率有多么重要），那么他可能会认为垄断在可再生资源市场上要比竞争可取了。

## 五、资源收获、存量下降和灭绝

人类活动对于生物资源有各种负面作用，区别两类普遍影响十分有用。一类是作用在特定物种（或当地物种数量）上，是直接作用于目标物种，主要由商业捕获行为造成。这一类也包括对相关物种或数量的影响，它们和目标物种有较强的联系。另一类范围扩展得比较宽，非直接作用于生物资源上，主要是因为对生态系统的干扰。这些都是对生物资源一般意义上的影响。总而言之，上述两类都造成生物多样性降低。这一部分，我们先考虑两类作用，下一部分再研究造成的生物多样性降低。

我们在资源收获讨论中提到，当收获率持续高于自然增长率时，该物种存量水平会逐步降低，每个种群都有一个最低界限，数量低于这一底线会导致该种群（可能是物种自身）的灭绝。同样重要的是，在这一过程中，可能会给其他种群带来灾害，许多形式的资源收获，特别是海上捕鱼，直接或间接地减少了与被捕资源互为邻居或有生物性互补关系的植物或动物的存量。

从图 3.13 可以看到，即使不考虑开采成本，如果 $(r\overline{p} - \Delta\overline{p})b$ 曲线的斜率大于或者等于 $r\overline{p}(\overline{b} + G(b))$ 曲线的斜率，则枯竭就可能发生。换句话说，如果贴现率比较小，则 $(r\overline{p} - \Delta\overline{p})b$ 曲线斜率越小，则会诱使私人资源所有者放弃进一步扩大开采努力，从而导致资源存量的增加。同时，给定资源的贴现率 $r$，从资源定价的霍特林规则可以得到，由于 $G'(b^*) + \dfrac{\Delta\overline{p}}{\overline{p}} = r$，如果价格增长很小，则 $\Delta\overline{p}$ 降低，私人资源所有者将降低资源开采行为，从而有利于资源的保护；如果周边环境有利于资源本身的自然增长，则存量资源必然增加。

相反，较高的贴现率、较大的价格上升和不利的自然环境，都可能导致资源的过度开采，以至枯竭的发生。

流行的商业资源收获理论一般都忽略这些可能性。正如我们在本章中对此给出许多说明一样，稳态收获包括再生率和收获率之间的平衡，防止物种个体数量的下跌，在特殊的环境下，许多商业性资源的收获很可能导致物种的灭绝。

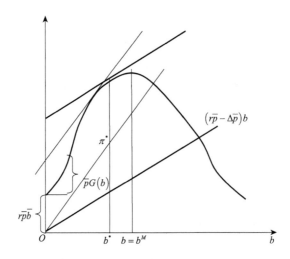

图 3.13　贴现率与资源的枯竭

从现实中随便一个角度来看，许多资源的收获和我们所构建的模型并不一致，其结果也不同于我们的预言。许多理由可以说明为什么人类行为会导致一些可再生资源数量的急剧下降，或物种灭绝，这些理由应当包括：

（1）开放—进入收获制度对于保护存量以便将来使用的激励太弱；

（2）私人最优收获过程（资源进入受限制）也许是一个最优收获资源直至耗尽的途径，然而可能性很小；

（3）忽视或无法确定不可预期的突变或物种灭绝后的梦魇结果；

（4）对系统的冲击和干扰使种群数量降到种群最小生存线以下。

有时认为，对于一种有商业价值的物种，开放—进入的存在不可避免地会导致数量剧降甚至灭绝，但这并不完全正确。可再生资源的耗尽是开放—进入的一种可能结果，但开放—进入并不必然导致物种灭绝。我们前面在开放—进入条件下讨论资源收获看到，在开放—进入条件下的资源收获和物种数量的保护之间没有不可避免的冲突，在无限的时间里，收获和存量都为正的均衡是有可能的，开放—进入并不一定导致可再生资源的耗竭。

$$G'\left(b^*\right)+\frac{\Delta\overline{p}}{\overline{p}}=r$$

在一些环境下，开放—进入确实导致资源存量降到 0，但这种情况不是唯有开放—进入条件才有，即便建立私人产权和强制性措施，商业最优化的资源收获一样可能导致资源耗竭。从经济学的意义上而言，稳态的枯竭的可能性取决于两个条件（图 3.14）。

第一，渔业开采的利润为零，私人开采者缺乏激励进入该行业，条件为 $\overline{p}Aab-\overline{\omega}a=0$，即资源存量为 $b^{**}=\dfrac{\overline{\omega}}{\overline{p}A}$，此时，没有进一步的收获努力进入渔业开采；

第二，自然增长等于收获量，从而资源既不增长也不下降，即 $G(b)=Aab$，或者

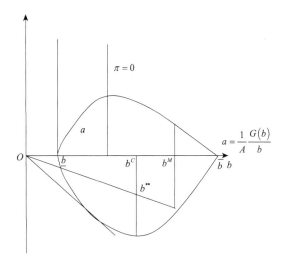

图 3.14　自然增长与收获努力

$$a = \frac{1}{A}\frac{G(b)}{b}。$$

从图 3.15 可以看到，在最低生物安全存量前，资源的平均增长率为 $\frac{G(b)}{b} = 0$，如果资源存量大于 $\underline{b}$ 时，资源的平均增长率为正，直到达到经济最大开采存量水平 $b^c$；从经济最大开采存量水平 $b^c$ 到环境的最大承载量 $\bar{b}$，资源的平均增长率为正，但不断下降；当资源存量超过环境的最大承载量 $\bar{b}$ 后，资源的平均增长率变为 $\frac{G(b)}{b} = 0$。

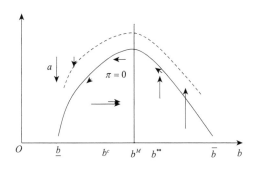

图 3.15　可再生资源的枯竭

在我们的讨论中，$b^{**} = \frac{\bar{\omega}}{\bar{p}A}$ 小于资源最低安全的阈值 $\underline{b}$，虽然资源的存量还并不为零，但枯竭仍然可能由于环境的变化而发生。抑制收获行为在此时就是恰当的。最低安全水平一词正是在这种情况下提出来的。最低安全水平严格的形式应包括强制资源收获的限制，同时使可再生资源生存的各种威胁消除。事实上，所有人类活动都会形成一些对物种生存的威胁，所以最低安全水平应当阻止事实上所有的经济活动。为了得到行之有效的最低安全水平，有必要施加较弱的限制，以便在合理的允许下选择最低安全水平方法，使有价值的资源系统受到的不确定影响或威胁消除，而且不会增加额外成本。

当资源被认为是非常有价值而且需要最低安全水平标准时，那么决策者可以使用包括合理的不确定性和高成本。物种灭绝很有可能与收获是否在开放—进入或私人产权条件下无关，而更可能是由于：

（1）更高的市场资源价格；

（2）更低的资源收获成本；

（3）更低的自然生长率和当存量减少时，边际捕获成本升高的范围更少；

（4）更高的贴现率。

这样，即使在私人产权下，也有可能出现最优收获过程使鱼类存量降为0。

如果有利可图，当存量降到最低临界点时，捕获仍然比较容易，在这种情况下，最优收获水平会在任何存量水平上超过生物增长率。

当种群的临界最小数量较大时，灭绝同样有可能发生。在这种情况下，大比例的收获过程形成的收获率很难维持。不确定性的存在同样起了重要的作用，不确定性可能与种群的最小临界数量有关或与现存存量有关，或与现在与将来的捕获率有关。如果保护时机对这些作用的量级判断有误的话，很明显，灭绝的可能性就会上升。

综上所述说明，当一项资源在开放—进入的情况下比建立了产权系统和强制性保障更有可能耗尽，或者说物种更可能灭绝，为什么？主要原因是在这种情况下，即收获没有出现集体理性安排。虽然在什么地方做什么事都很明显，但缺乏一个解决问题的机构性设置。于是收获率在开放—进入情况下普遍较高。因此，高收获率有导致高灭绝的可能。

另一种考虑方法是用经济效率的方法。开放—进入的收获过程无效率，因为资源收获者不能由投资而正常获利。如果一个渔民延迟捕获一段时间，那所有渔民都会从中获利，如果在捕获行为中，大家协定减少捕获量，那会和所有人都是利益相关的。在这种情况下，能制定出协议，但常常出现毁约。每个潜在的协议者都有积极性去突破协议的约束，当别人减少收获量时，他却增加收获量以获利。此外，即便所有参与者都遵守协议，但开放—进入的条件却意味着一旦租金为正时，就会有其他人进入该市场。开放—进入型资源有公共物品的性质——无排他性，仅这一点就足以使它不可能达到有效。

一个重要的外部性也会出现在开放—进入的环境，这常被认为是拥挤不经济的。在开放—进入情况下，该行业的收获者和收获投入也会越来越大，以至超过有效经济的容限。例如，在渔业中，每条船的捕获都会有外部成本作用于其他船只。在水中捕鱼，捕获定量鱼的成本对其他船只来说变高了，因为收获成本与资源存量有关。事实上，每个渔民都对其他渔民有一个外部成本。如果把全部渔民看作整体，捕鱼造成的平均成本要高于个人渔民造成的边际成本。

没有办法避免这种外部效应，至少在渔业中是这样。拥挤不经济是个技术性问题，它会出现在任何时候，而不仅在特定鱼种的收获上。然而，如果渔场有私人产权而且进入受限制，很有可能捕鱼队伍大小会选择最优化。最优队伍大小会平衡增加船只的额外收益和增加船只的额外外部成本，即我们所说的使拥挤不经济的负面作用内部化，导致有效率的结果。在全世界，存在开放—进入情况下大量捕鱼过度和无效率的事实。

## 六、生物多样性丧失的原因

当我们谈到资源的耗竭时，也包括可再生资源耗竭和物种濒危。当讨论生物多样性丧失时，有必要注意生物赖以生存的土地。然而，有事实证明，湖泊、河流也许是受威胁最严重的生态系统，更进一步，海洋这个包括90%的世界生物量的生态系统，也许面临更严重的生物多样性丧失。

生物多样性丧失的部分原因是人类为了娱乐或商业性目的而对某些物种采取狩猎和捕获，但这仅解释了一部分。更多物种的丧失与广泛的经济活动有关，如湿地排水成为农业用地，在峡谷建立水坝用于发电，杀虫剂的使用，荒地的扩展，有毒物质污染土壤都会造成意想不到的物种减少或灭绝。事实上，几乎所有人类活动都会形成这种威胁，偶然或不经意的影响是导致物种灭绝的重要原因，比过度捕鱼更为严重。

生物多样性下降的原因尽管很多，而且还在继续增加，但有必要区分直接原因和根本原因。直接原因直接引发生物多样性丧失，是原因链中的最后一节。根本原因有如下情况：文化、经济和制度产生和支持直接原因。这种区别对政策的提出有重要的作用。要减少生物多样性丧失必须考虑根本原因。如果根本原因没有纠正，努力集中于直接原因可能导致失败。

即便没有人类影响，仍然有许多自然原因使生物多样性丧失和物种灭绝，这包括环境和人口的随机性（随机变化）、基因破损或自然灾难。我们关心的是人类引发的过程，下面每个过程都能导致生物多样性下降：

（1）土地转变使其不能支持多样性；

（2）对野生动物的开发利用；

（3）外来物种引进；

（4）农业生产的同一化；

（5）空气、水、土地的污染；

（6）气候的变化。

虽然在生物多样性下降的直接原因上还存有异议，但在根本原因上一致性都很少，大家对于问题如何定义和什么是根本莫衷一是。生物多样性丧失的根本原因可能来源于以下方面。

### 1. 人类社会的扩张

这个解释从规模和重要性上讲都是根本性的。人类数量的增加和分布变化加大环境的压力，这些压力随着经济增长带来的每单位的生产和消费的增加而加剧。

经济和生态系统相互关联，当经济系统的规模增长到与自然环境规模相当时，系统的动力学过程便会相互影响。特别是当超出自然环境同化吸收和承受能力时，动力学过程便愈加不连续，门槛效应就开始起作用。在这一点上，生物多样性及生态和经济系统的弹性处于相互作用互为因果的关系。生物多样性提供生态和经济弹性（保证生态服务不丧失）。同时，生态弹性的减少会趋于减少多样性的扩展。

这方面给出最为重要的原因。人类的利益同其他生物的利益有最根本的冲突和竞争。保护生物多样性政策的制定需要制止人类不断扩展的广泛活动。

2. 贫穷和不发达

生物多样性丧失的另一个原因是贫穷和不发达。这里有许多作用过程，包括砍伐森林和不合理土地扩张造成土地贫瘠。本质上说，这种土地扩张胁迫人们进入一种贫困的恶性循环。贫穷与对资源的粗放、浪费和短期性的使用有关，这会有三种结果：第一，经济活动会损害环境。很少有人注意这种影响。第二，环境的破坏会对未来的生产造成负反馈。第三，这种活动增殖很少，没有形成摆脱穷困的经济资本。最初的贫困形式因此也就不断重复。

这个解释在一个重要方面有些误导。这里有一个合理的关于贫困和环境优化的正相关衡量标准。一个地区的生物多样性越高，那么相同条件下的生物多样性丧失的绝对量也就越多。许多工业化国家都在北半球，那里的生物多样性很低，另外由于森林和荒野的转化，这些国家已经失去大量的基因资源。

3. 人类选择的发展模式

生物多样性的丧失也许可以看作我们发展模式选择的结果。人类社会的选择，认为生物多样性的数量会保持它以前相同的发展趋势，但长期以一种十分危险的方式做选择，包括不可持续的资源依赖的经济发展模式和消费模式，结果越来越混乱，生物多样性丧失得也越多。

4. 不合理的政策和政策失败

说明长期低效率政策或者对政策后果的错误考虑是生物多样性下降的原因之一的例子很多，也相对容易理解，如用以消除贫困或提高发展速度的发展计划；农业支持计划；土地无效扩张——这只是一部分。

这些有误导性的政策很多，但许多政策失误似乎只有两个因素：忽略太多或存在不确定性因素；政策缺乏统一性——政府追求不同目标，认为它们之间没有相关性，实际上这些目标都是相互关联的。

任何受过训练的经济学家，都有可能感到本章尽管在其他方面都是合理的，但缺少一个重要的方面，即没有指出对人和组织的刺激模式。也许决策者对于他们的目标来说并没有失败，这意味着我们必须注意选择行为和激励机制的制度框架。

5. 制度失败

在政府决策和个人选择时未能创立制度，把生物多样性内部化。资源由于各种制度原因而被无效地配置。同样，认为资产只是源于人类资产而不包括自然界中保留的资产，这是资产认识方面的偏见。现在我们面临的局势是没有反映多样化信息内容的制度框架。

合理的政府政策会选择什么样的目标去利用可再生资源呢？首先，必须是一个有效率的目标，如果资源的利用没有效率，意味着社会有通过有效的政策产生福利的潜力。这需要政府消除外部性、提高信息量改善财产权、消除垄断的产业结构，并在收获过程中当没有效率时，利用直接手段或财政刺激去改变收获率。问题的核心是可再生资源在开放—进入的情况下会出现十分不利的结果。这个问题在海洋渔业中更明显，而且同样适用于水资源、土地资源和许多环境资源。解决问题的最简单方法可能就是定义和设置资源产权，许多国家都已做了类似的制度安排。然而，这种方法要取得有效结果必须满足两个条件：首先，进入限制必须具有强制性；其次，资源收获必须是集体性有效行为。后一条件作为领区扩展的结果并不是完全有效。不确定性和自然资源有很大的联系。政府扮演信息提供者这一角色十分重要。

我们讨论的可再生资源收获的最佳水平和政策都是着重强调经济效率。然而，如果收获率威胁到一些可再生资源（如北大西洋鱼种或原始森林）的生存或持续发展，或危及环境系统（如包括广阔生物多样性的野生生境保护），那么使用效率本身就不恰当。我们已经看到，长久来说，追求效率并不足以保证可再生资源的生存或环境系统的保持，当资源价格很高、收获成本很低、贴现率很高，而且不确定性在相关运作中较为普遍时，尤其如此。

# 第四章

# 不可再生资源的最优利用

不可再生资源由一系列不同形式的资源组成，不同的资源各自有着不同的化学成分和物理属性（石油、天然气、铀、煤炭及其所属的不同类别），并由于不同的位置、可采性、数量等而有着不同的开采成本。因此，可枯竭资源包括岩石中的能源——石油、天然气、煤炭及非能源矿物，如铜、镍矿等。这些资源的形成需要长达数百万年的地质演变过程，因此可以看作一种固定的存量：一朝开采，无法再生；只要开采，终将耗尽。与资源的未来价值相比，今天的资源价格过于便宜，人类出于自利的动机过度开发自然资源。针对不可再生资源利用的一个核心问题就是，怎样才是其最优的开采方式？今天开采，还是明天？

## 第一节　一个简单的最优资源消耗模型

### 一、资本与资源间的替代

假设社会生产一种产品，这种产品可以是消费品也可以是投资品。消费增加当前福利而投资增加资本存量从而导致未来更高的消费水平。产出通过生产函数得到，生产函数中包含一个简单"合成的"不可再生性资源，它作为生产要素投入的一种。假设一种环境资源，可以在不同环境资源之间产生替代效应。

除了不可再生资源以外，第二种投入为人造资本，则生产函数表示为

$$Q = Q(k, R) \tag{4.1}$$

式（4.1）表明在生产中的两种投入要素在数量上存在某种函数关系，但是它无法告诉我们关于这种关系的特定形式。

设想我们需要增加资本的投入，减少资源的消耗，以保持不变的产出水平。我们怎么才可以决定这两种投入要素间的技术替代率（technical rate of substitution，TRS）呢？

显然，如果保持产出不变，则有

$$\frac{\partial Q}{\partial K}+\frac{\partial Q}{\partial R}\times\frac{\partial R}{\partial K}=0$$

其中，$\frac{\partial R}{\partial K}=-\frac{\partial Q}{\partial K}/\frac{\partial Q}{\partial R}$ 表示资本对资源的 TRS（图 4.1）。

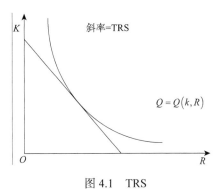

图 4.1　TRS

TRS 度量了当一种投入要素变动时，为了保持产出不变，另一种投入要素应该如何变动。如果生产函数具有特殊的指数形式的柯布－道格拉斯生产函数：

$$Q=AK^{\alpha}R^{\beta} \tag{4.2}$$

其中，$A$、$\alpha$ 和 $\beta$ 大于 0。则其 TRS 可以表示为

$$\frac{\partial R}{\partial K}=-\frac{\alpha}{\beta}\times\frac{R}{K}$$

毫无疑问，一些资源对于生产特定的产品来说是必需的。例如，原油是生产汽油、煤油、石蜡等所必需的原材料。

TRS 度量了等产量线的斜率。事实表明，随着时间的推移，最佳资源消耗模式取决于在某种意义上环境资源是否是"必需的"。一般来说，承认一种资源是必需的意味着：第一，作为废物处理和再加工企业来说，资源是必需的。废弃物所造成的污染无所不在、所造成的损害范围不断扩大，因而对于污染处理企业来说，资源是必需的。第二，对于满足人们的精神需求来说，资源也是必需的。通过观察或生活在自然环境中发现，很多人需要平静、安宁、祥和及美的享受。第三，在一定意义上，一些资源对于生态系统的维持来说是必需的，若没有这些资源，有关生态系统中的某些或者全部将难以维持下去。

如果我们试图回答有关经济系统的长期性问题，不可再生资源可能存在一些问题。因为，根据定义，不可再生资源的数量是有限的。从无限的角度来看，随着资源的不断开采利用，不可再生资源不可能保持，那么生产和消费将不可能无限维持下去。如果具有必需性的资源减少为零时，生产不能长久地得以维持。产出是增长的，还是随着时间的推移至少保持不变，还是逐步减少为零，这取决于不可再生性资源能够被其他资源替代的程度及当这种替代发生时的产出行为。

在给定资源环境的条件下替代可能性的大小在很大程度上对长期生产能否得到维持

具有重要作用。下面我们来检验一下不可再生资源和资本之间的替代关系。

如果将资本和不可再生的环境资源（以下简称资源）的替代弹性定义为资本和资源相应变化的比率与资本和资源边际产出相应变化的比率之比，即

$$\sigma = \frac{\mathrm{d}(K/R)}{K/R} \bigg/ \frac{\mathrm{dTRS}}{\mathrm{TRS}} \qquad (4.3)$$

其中，$\mathrm{TRS} = -\dfrac{\partial Q}{\partial K} \bigg/ \dfrac{\partial Q}{\partial R}$，$Q_R = \dfrac{\partial Q}{\partial R}$ 表示资源边际产出；$Q_K = \partial Q / \partial K$ 表示资本边际产出。运用对数函数的性质，可以表示为 $\sigma = \dfrac{\mathrm{d}\ln(K/R)}{\mathrm{d}\ln|\mathrm{TRS}|}$，在此，对 TRS 取绝对值是为了满足对数函数的性质。

替代弹性表明：随等产量斜率的变动，要素投入比率的如何变化。如果斜率的微小变化引起要素投入比率很大的变动，等产量就相对平滑，这意味着大的弹性。替代弹性的范围在 0 和无穷大之间。替代可能性可以用图 4.2 表示。

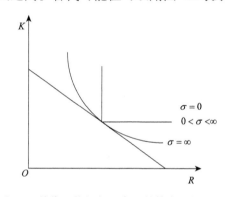

图 4.2　替代可能性与生产函数等产量线的形状

在给定的生产函数下，一条生产无差异曲线是各种如何、何时富有效率的各种产出的轨迹，生产无差异曲线是一条等产量曲线。图 4.2 中有三条无差异曲线，均表示在产出水平为 $\bar{Q}$ 条件下，但是来源不同的生产函数。不同替代可能性通过无差异曲线的弧度大小反映出来。

对于柯布-道格拉斯生产函数而言，替代弹性为 $\sigma =1$。不存在产出弹性的情况下，即 $\sigma =0$，则产出必须有固定的比例，生产无差异曲线是 "L" 形的。这种形式的生产函数表明不存在替代弹性，也被称为列昂惕夫生产函数，被广泛应用于经济系统的投入-产出模型。另外一个极端情况是 $\sigma$ 具有完全弹性，即 $\sigma = \infty$。生产无差异曲线越大，替代弹性越低。

## 二、资源稀缺的经济增长制约

随着时间的推移生产将继续下去，不可再生资源的存量将不断减少。有理由相信，随着不可再生资源存量的降低，不可再生资源的价格与资本的相对价格将持续上升。生产富有效率意味着，随着不可再生资源的相对价格的上升，资源与使用的资本的比率将

下降，因此资源的边际产量将上升，而资本的边际产量将下降。然而，二者之间替代效果的大小取决于二者的替代弹性值。在替代弹性高的情况下，投入要素价格的微小变化将导致所使用的投入要素数量的巨大变化。当经济系统通过可再生性产品替代稀缺资源时，资源稀缺性对经济系统所产生的影响后果比较小。另外，在这种情况下，由不可再生资源有限性所产生的限制将明显减弱。

非常低的替代弹性意味着随着资源的退化推动资源的相对价格上升，所引起的替代效应范围将比较小。当稀缺资源被可再生资源替代的范围越小，那么"资源稀缺"可能导致的负面效果越大。如果替代弹性为零，那么根本不存在可替代性。显然，不可再生资源和其他投入要素之间的替代弹性的大小是非常重要的，但是替代弹性的大小不能仅通过上述理论分析来得到，而必须通过经验推知。然而很多经济学家相信事实表明了合理的高替代可能性。

环境科学家和生态学家强调资源和资本之间的替代可能性是非常有限的。实际上，一些生态学家认为，从长期的角度来看这种替代弹性为零。在很大程度上，这些分歧反映了关于环境资源提供服务的范围在概念上的不同。例如，在生产过程中石化燃料投入物的使用比较容易进行经济核算，而在自然保护区所提供的优美环境方面或者在稳定全球气候方面，可再生资本不能替代环境资本。有害废物的再处理是比较难以消除的，当然，可再生资本和劳动在一定程度上可以替代环境的废物处理功能，但是这种替代程度似乎非常有限。

最后，即使过去替代可能性非常高，但这并不意味着将来替代可能性也仍然那么高，这一点是显而易见的。也许随着发展推动经济系统到达环境成为主要制约因素时，替代可能性将明显下降。最近环境科学方面的文献似乎证实了这种可能性。另外，一个比较的乐观估计是技术进步的效果，在很多情况下，技术进步增加替代的可能性。

实际上有大量不同的自然资源，它们之间存在明显的替代可能性，同样重要的是这些自然资源是不同质的，在数量上也不是固定不变的，而是等级和质量均不断变化。随着高品质的自然资源耗尽开采将转向低品质的自然资源，假设资源的价格足以高到弥补开采低品质的资源所花费的相当高的成本。而且虽然地球表层资源存量有一个上限，但是我们并不能确切地知道存量的分布与规模。已知资源存量耗尽，但是勘察可以增加可利用的资源。最后，可再生资源可以作为不可再生资源的替代，如风能和水能可以替代化石燃料，木材产品可以替代金属用于一些建筑目的，但这种替代的可能性是相当有限的，生产中的固定资本与资源，尤其是能源资源是互补的，同样，替代弹性小于 1。随着高品质资源存量的耗竭，资源的开采与提炼成本将提高，这与降低生产成本之间存在着明显冲突，如采用新技术工艺与材料等可以有效地降低生产成本。

## 三、资源稀缺的经济学含义

### （一）马尔萨斯的资源绝对稀缺论

在马尔萨斯看来，从环境上看，有一个资源总量的限制问题；从经济上讲，有一个资源稀缺问题。无论是资源物理数量的有限性，还是经济上的稀缺，在马尔萨斯看来，都是必然存在的，而且是绝对的，它不会因为技术进步和经济发展而有所改变。20 世纪 60 年代后期和 70 年代，人们普遍认为在某些重要资源的可得性与将来对它们的需求之间存在某种不平衡。许多学者对于资源稀缺性的经济影响给予关注，认为不可再生资源的稀缺已经成为经济持续发展的限制，尤其是对第三世界的经济；更为严重的是，主要矿产储备的彻底耗竭可能导致社会在 21 世纪的完全崩溃。1973 年的石油危机，以及随后的以色列战争和石油输出国组织对石油供给的成功控制，导致石油价格的大幅度提高，稀缺俨然演变为一个政治问题，加剧人类对资源稀缺的恐惧与担心。

其实这种对稀缺的恐惧并不新鲜。早在 1798 年，马尔萨斯关于"人口原理"的论著就做了充分论证。他认为有一种普遍而且不可改变的法则支配着人口与资源之间的关系。资源有限并固定，而人口在呈指数增长趋势的情况下，人均收入不可避免地随着时间的推移而减少，直到饥荒和疾病使资源与人口数量之间的平衡重新恢复。实际上马尔萨斯所关注的还只是农产品，而如果将马尔萨斯法则应用于随利用而减少的矿产资源储备时，他的法则就更具有警示性。然而，马尔萨斯忽略技术和资本投入在生产增加上的作用，这在他写那篇论文的时代条件下是可以理解的。40 年后，恩格斯提出不同的观点，他认为：如果人口呈指数增长，那么生产食物的劳动力也呈指数增长。恩格斯强调劳动力生产率和人口利用科学技术以满足需要的能力，因此马尔萨斯法则并非不可改变。迄今为止被证明正确的是恩格斯。技术和经济的进步不但防止资源储备的耗竭，而且是在人口和人均消费水平大大提高的情况下做到这点的。

### （二）李嘉图的资源相对稀缺论

李嘉图对自然资源利用的分析，在方法与结论上均不同于马尔萨斯。在方法上，李嘉图认为，自然资源不存在均质性，以土地为例，肥力较高的土地，数量可能是有限的；肥力较低的土地，数量上可以不断增加。这样，李嘉图实际上否认自然资源经济利用的绝对极限，他所强调的是肥力较高的自然资源数量的相对稀缺性。

按照李嘉图的说法，最好的或成本最小的资源储备先被利用。在这种情况下，消费的增加只能由相继开采总储备中的次等级资源来满足。于是，由于生产每一额外单位产出所需的劳动力和资本投入增加，生产率必然下降。在绝对自然耗竭发生之前，会出现一个阶段，此时边际自然产量开始下降，单位劳动的报酬（或产出）递减发生。换言之，当用维持产出所需的要素投入来测度时，资源开发成本的实际费用将会上升。当然，在利用埋藏更深、位于对市场的通达性更差的地区的次等级矿石或矿床时，劳动和资本的报酬递减并不见得就一定会出现，这也是无可争辩的。技术革新能够适度延缓报酬递减的出现。

然而如果承认李嘉图的基本法则仍然有效，那么资本分析就面临两个主要问题：第一，将来此类移动会在什么范围内继续发生？第二，如果某一特定资源开采确已开始报酬下降，那么技术、经济和社会的变化将会对减少其资源利用起作用吗？20 世纪 70 年代早期发生的关于资源稀缺的两个极端之见，基本上代表对这两个问题的不同回答和判断。悲观派强调封闭的、固定的自然系统所固有的极限；乐观派则认为市场机制、有目标的技术革新和社会变革将会共同起作用，并解决一切稀缺问题。

### （三）穆勒的稳态经济

对资源稀缺理论有重大贡献的另一个古典经济学者是约翰·斯库尔特·穆勒，他提出稳态经济的概念。穆勒全面接受资源绝对稀缺的概念，认为有限的土地数量和有限的土地生产力构成真实的生产极限，这种极限在最终到来时，稀缺资源将会对生产产生制约。不仅如此，早在该极限来临之前，资源绝对稀缺的效应便会显现出来。

对于李嘉图的相对稀缺论，穆勒全部继承过来，并且加以引申扩展。穆勒明确区分土壤肥力可变更性与矿产资源利用的一次性特征，并且将资源稀缺论引申到非均质生产的环境。穆勒所考察的，包括生活环境的数量和质量。穆勒对环境经济研究最重要的贡献在于，他认为环境、人口和财富均应该保持在一个静止稳定的水平，而这一水平要远离自然资源的极限水平，以防止出现食物缺乏和自然美的大量消失。穆勒认为这种极限在现实世界中是不甚相关的，因为这一极限是无限未来的事情。社会进步和技术革新不但会拓展这一极限，而且还可能会无限推迟这一极限。穆勒的稳态经济研究为自然资源的利用提供理论基础。

## 第二节　可枯竭资源的效率配置

前面几章已经从总体上确立生产性资源有效率和最优分配概念的内涵，我们现在将把这些概念应用到自然资源的特定情况下。我们的目标是确定自然资源最优分配必须满足什么样的条件，在某种意义上，这种最优分配使得社会福利函数最大化。本章主要讨论不可再生资源，同时也将讨论这些观点如何应用到可再生资源中。

我们要做的第一件事情是确定社会福利函数，社会福利函数可以一般地表示为

$$W = W(U_0, U_1, U_2, \cdots, U_T) \tag{4.4}$$

其中，$U_t$ $(t = 0, 1, \cdots, T)$ 表示社会在各个时刻的总效用。假设社会福利函数为序数效用形式，这种形式的社会福利函数将社会福利定义为各相关个体的效用的总和。由于我们关心时间序列上的福利水平，故我们把"个人"理解为在特定时点上生活着的"个人"总和，也就是在时点 0、时点 1 等时的效用。从而在时间序列上的社会福利函数可以定义为如下形式：

$$W = \alpha_0 U_0 + \alpha_1 U_1 + \alpha_2 U_2 + \cdots + \alpha_T U_T \tag{4.5}$$

现在，我们把每个时期的效用假设为凹函数且该时期的消费水平，那么对所有 $t$，有 $U_t = U(C_t)$，其中，$C_t$ 表示资源的消耗量，而且有

$$U_c > 0 , \quad U_{cc} < 0$$

需要注意的是，效用函数本身并不依赖时间，因此消费与效用之间的关系在各个时期都是相同的。将式（4.6）的权重解释为贴现因素，并假设社会效用贴现率为 $\rho$，且在各时期保持不变，那么社会福利函数可以改写为

$$W = U_0 + \frac{U_1}{1+\rho} + \frac{U_2}{(1+\rho)^2} + \cdots + \frac{U_T}{(1+\rho)^T} \qquad (4.6)$$

为了数学上处理方便，我们把离散时间序列转变为连续时间序列，并假设时间区间为无限时间序列，从而可以得到如下的基数效用型社会福利函数：

$$W = \int_{t=0}^{t=\infty} U(C_t) \mathrm{e}^{-\rho t} \mathrm{d}t \qquad (4.7)$$

对于任何最佳解，都必须满足两个约束条件。第一个约束条件为所有资源存量都必须在时间序列结束时开采完并使用完（在此之后，任何资源存量对社会福利没有影响）。鉴于此，我们认为资源存量是固定的且为有限初始存量，时间序列上的资源总使用量受到限制，必须等于初始资源存量。假设初始资源存量为 $S_0$（在 $t=0$ 时），$S_0$ 为初始资源存量，$H_\tau$ 为 $\tau$ 时刻的资源开采量，$R_\tau$ 为 $\tau$ 时刻资源重复利用量，$D_\tau$ 为 $\tau$ 时刻资源发现量，这样约束条件可以写为

$$s_t = s_0 - \sum_{\tau=1}^{t-1} (H_\tau - R_\tau - D_\tau)$$

如果忽略 $\tau$ 时刻资源重复利用量和资源发现量

$$S_t = S_0 - \int_{\tau=0}^{\tau=t} H_\tau \mathrm{d}\tau \qquad (4.8)$$

我们在式（4.8）中将时间序列定为从 0 时刻到 $t$ 时刻，因此有必要引入另外一个变量（希腊字母 $\tau$）来表示函数的时间范围上的任何时点。式（4.8）表明时刻资源现有存量（$S_t$）等于初始存量减去时间序列从 0 到 $t$ 的资源开采量（也就是等式的右边所表示的积分部分），资源存量约束条件也可以表示为微分形式，那么式（4.8）变为式（4.9），为

$$\dot{S}_t = -H_t \qquad (4.9)$$

其中，变量上面的圆点表示时间序列上的微分，也就是 $\dot{S}_t = \mathrm{d}S/\mathrm{d}t$。式（4.9）表明：资源存量消耗率 $-\dot{S}_t$ 等于资源存量开采率 $H_t$。

福利最大化的第二个约束条件可以从有关消费、产出和经济系统资本存量变化核算等式中推导出来。产出在消费品与资本品间分配，经济产出中没有被消费的部分将导致资本存量的变化。在连续时间序列上，这一等式可以表述为

$$\dot{K}_t = Q_t - C_t \qquad (4.10)$$

现在需要说明产出 $Q$ 是如何确定的。产出是通过包含资本与一种不可再生资源这两种投入的生产函数得到的，即

$$Q_t = Q(K_t, H_t) \qquad (4.11)$$

把式（4.11）代入式（4.10）中，则核算等式可以写为

$$\dot{K}_t = Q(K_t, H_t) - C_t \qquad (4.12)$$

现在，我们准备确定不可再生资源社会最优时间序列分配的解。为了获得解，需要对有约束条件的最优问题进行求解。目标是经济系统社会福利函数最大化，约束条件为不可再生资源存量与流量约束和国民收入等式约束。因而，采用数学形式，我们可以将

该问题表述如下：

选择变量 $C_t$ 和 $H_t$ 的值，使得下列目标函数最大化：

$$W = \int_{t=0}^{t=+\infty} U(C_t) e^{-t} dt$$

这个问题的解是通过利用最优控制的最大化原理求得的。

在我们讨论这些等式的经济解释之前，有必要解释有关我们使用的注解及解的特征方面的情况：

在 $t$ 时刻的 $Q_{K_t} = \partial Q / \partial K$ 和在 $t$ 时刻的 $Q_R = \partial Q / \partial R$ 是产出对资本和可枯竭资源的偏微分。从经济学的意义上来讲，它们分别是资本和资源的边际产出。

在最优解中，这些边际产品随着时间的变化而发生变化，这也是它们带有时间下标的原因。我们可以说以上各式资源利用的效率条件，与资本和资源初始值结合在一起，通过获得使社会福利函数最大化的 $K_t$ 和 $R_t$ 的独特时间路径及其相应价格，那么最优化问题的最优解就明确地确定了。如果资本边际产出 $Q_K$ 大于社会贴现率，则消费在最优路径上随着时间的推移而不断增加；如果 $Q_K = \rho$，那么消费将保持不变；如果资本边际产出小于社会贴现率，那么消费将呈下降趋势（图 4.3 和图 4.4）。

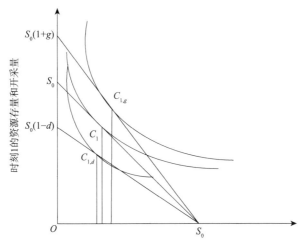

图 4.3　初始存量和第一期开采量

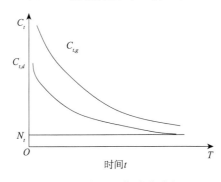

图 4.4　资源最优消费路径

## ■ 第三节　可枯竭资源的开采

### 一、资源定价的理论基础

传统的资源价值观念难以适应现代经济发展的需要，必须进行重新认识并加以完善。正如马克思所指出的，劳动并不是价值的唯一源泉，自然界和劳动一样也是使用价值的源泉，劳动本身不过是一种自然力的表现，即人的劳动力表现。人在生产过程中只能像自然那样发挥作用，也就是说，只能改变物质的形态。不仅如此，它在这种改变形态过程中还要经常依靠自然力的帮助，因此劳动并不是它所产生的使用价值（即物质财富）的唯一源泉，正如威廉·配第所言，"劳动是财富之父，土地是财富之母"。关于资源价值的认识，理论界有以下不同的观点：西方经济学的效用价值论、马克思的劳动价值论、地租理论和存在价值理论或非使用价值理论。

首先，西方经济学的效用价值论是从物质满足人的欲望能力或人对物品效用的主观心理评价角度来解释价值形成过程的经济理论。效用是指物品满足人的需要的能力。效用价值论认为，一切生产无非创造效用的过程，人们获得效用却不一定非要通过生产，效用不但可以通过大自然的赐予获得，而且人们的主观感觉也是效用的一个源泉。维塞尔首创的边际效用是指不断增加某一消费品所取得的一系列递减的效用中最后一个单位所带来的效用。边际效用论观点认为：价值起源于效用，效用是形成价值的必要条件，效用和稀缺性是价值得以成立的充分条件；价值取决于边际效用量；边际效用递减和边际效用均等；效用量是由供给和需求之间的均衡决定的，其大小与需求强度呈正比例关系，物品的价值最终由有效性和稀缺性共同决定。马歇尔认为，价值是由"生产费用"和"边际效用"两个部分共同构成的，二者缺一不可。根据效用价值论，水资源等自然资源具有价值。因为水资源是人类生活不可缺少的自然资源，无疑对人类具有巨大作用。此外，21世纪70年代以来，水资源供给与需求之间产生尖锐的矛盾，水资源短缺已成为全球性问题，水资源满足既短缺又有效用两个条件，因此，水资源具有价值。然而，根据边际效用价值论，人类没有开发利用的水资源和人类没有涉足的水资源的边际效用是零，也即没有价值，这是不对的。因为其对于整个生态环境有用，因此，这部分没有开发的资源具有存在价值。

其次，马克思的劳动价值论认为物化在商品中的社会必要劳动量决定了商品价值。马克思的劳动价值论，首创了劳动二重性理论，即指出价值与使用价值共处于同一商品体内，使用价值是价值的物质承担者，离开使用价值，价值就不存在了。使用价值是有价值商品的自然属性，它是由具体劳动创造的，价值是商品的社会属性，它是由抽象劳动创造的。"物的有用性使物成为使用价值"，价值"只是无差别的人类劳动的单纯凝结"。用马克思的劳动价值论来考察水资源价值，关键在于水资源等自然资源是否凝结着人类劳动。按照马克思的观点，"如果它本身不是人类劳动的产品，那么它就不会把任何价值转给产品。它的作用只是形成使用价值，而不形成交换价值，一切未经人的协助就天然存在的生产资料，如土地、风、水、矿脉中的铁、原始森林的树木等，都是这样"（马克思和恩格斯，1956）。没有价值的东西之所以在形式上有价格，是由于其垄断性、稀缺性和不可替代性。某些物品被赋予价格形态从而取得商品形式，物质的无价值和自然资源资本的"虚假的社会价值"构成自然资源价值的二元性，这是自然资源价值的真正内涵。水资源已经成为经济社会进一步发展的制约因素，资源环境问题成为世界面临的大问题，资源的供给已难以满足日益增长的经济需求，水资源不能无偿使用，水资源的垄断占有、稀缺性和不可替代性使其具有价值。

再次，是地租理论。地租是土地所有者凭借土地所有权获得的收入。在西方经济学中，"土地"一词并非单纯指土地这一单一的自然资源，它泛指一切自然资源。资源所具有的生产性、不可替代性和稀缺性，使得资源所有权的垄断成为可能。为了有效、合理地利用资源，在经济上实现资源所有权，就要对水资源的使用者收取一定的费用，这种凭借资源所有权取得的收益，就是资源绝对地租。如果使用者使用资源，不向资源所有者交付任何费用，其结果等于放弃所有权。资源绝对地租的实现，也就是资源所有权的实现。它要求不管资源如何丰富，也不管资源开发条件多么劣等，使用具有明确所有权的资源都应该向所有者交纳一定的地租，即付出地租转化而来的价格，否则意味着所有权的废除。

最后，是资源存在价值或非使用价值理论。存在价值或非使用价值是现代西方资源经济学和环境经济学对资源价值的认识。存在价值的产生是因为许多自然和环境资源能成为永久的财富，提供舒适或在某些时候提供消耗性服务。存在价值认为资源是一种资产。资源成为资产，并不是自古就有的，而是一个历史的发展过程。自然资源是自然界中能够用来为人类提供福利的自然物质和能量的总称。资产是国家或企业所拥有的具有使用价值能够带来未来收益的财产。

总之，无论是效用价值论、劳动价值论、地租理论，还是资源存在价值理论或非使用价值论，资源价值主要体现在以下三个方面，即稀缺性、所有权垄断、劳动价值和存在价值。稀缺性是资源价值的基础，也是市场形成的条件，只有稀缺的东西才会具有经济学意义上的价值，才会在市场上有价格；资源的价格是开发资源应付出的价格，合理的资源定价应该包括资源费、生产成本、环境成本和正常利润。资源费率是资源使用者为了获得资源使用权需要支付给水资源所有者的费用，它体现所有者与使用者之间的经济关系，是资源有偿使用的具体表现，是对资源所有者因水资源资产付出的一种补偿。马克思在地租理论中指出，"土地价格无非是土地资本化的收入"（马克思和恩格斯1974）。因此，资源价格是资源资本化的收入，即资源价格是资源资本化的地租。

## 二、不考虑开采成本的资源最优开采路径

### （一）资源最优开采路径

对于可枯竭资源而言，资源开采的实质问题如下：今天还是明天开采。为了研究问题方便起见，在此，以矿产资源作为研究对象，具体分析矿产资源的最优开采路径。为了讨论问题方便，同时，假定资源开采是无成本地进行的。

假定整个产业的市场需求为 $x = x(p)$，对于竞争性产业内的特定企业而言，其需求函数为一条水平的直线，则产业与企业的需求函数可以表示如下（见图 4.5 第四象限）：

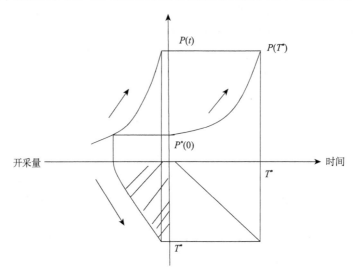

图 4.5 资源开采的最优路径

如果资源所有权安排清晰，企业资源开采应该随资源产品价格的上升而增加（图 4.5）。无论如何资源开采量应该等于资源的初始存量。动态效率要求每种资源或者资产获得同样的报酬率并且该报酬率在任何时点上相同，并等于社会贴现率 $r$。由第三章的相应资源定价公式可知，确保能够满足动态效率所需要的条件为

$$G'(b^*) + \Delta \bar{p} / \bar{p} = r$$

其中，$G'(b) = 0$。从而有 $\Delta p / p = r$，$r$ 为社会贴现率。即 $\dfrac{\mathrm{d}p}{p} = r\mathrm{d}t$。

该式表明资源影子价格的增长率（也就是其报酬率）应等于社会贴现率。

### （二）资源定价的霍特林规则

21 世纪 30 年代，哈罗德·霍特林（Harold Hotelling）指出，一个有限资源（如煤炭或石油）的均衡价格以等于社会贴现率的均衡速率随时间增长。如果年利率是 5%，则均衡价格每年应增长 5%。我们应该记住他说的是"地下的"自然资源的价格：煤炭的价格是开采的边际成本加运输的边际成本再加上其作为一种自然资源的价格。不可再生资源开采的霍特林规则常常表示为下列形式：

$$\frac{\dot{P}}{P} = r \tag{4.13}$$

上面已经讨论了这一条件的一种解释。第二种解释可以由下面的形式给出。对式（4.13）按照先前采用的形式进行重写得到：

$$\dot{P} = rP \tag{4.14}$$

对式（4.14）积分得到：

$$P_t = P_0 e^{rt} \tag{4.15}$$

其中，$P_t$ 表示环境资源的未贴现的价格，贴现价格通过在社会贴现率为 $r$ 时对 $P_t$ 进行贴现获得。用 $P^*$ 表示资源的贴现价格，则有

$$P_t^* = P_0 e^{rt} \tag{4.16}$$

式（4.16）表明，沿着有效率的资源开采路径，资源的贴现价格是不变的（图 4.6）。

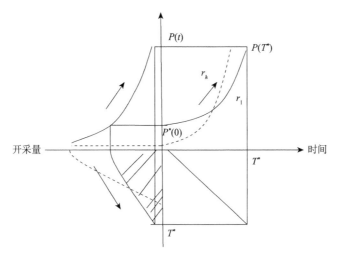

图 4.6　不同初始价格下的资源最优开采路径

霍特林规则是在时间序列上的任何有效率的不可再生资源开采过程必须满足的效率条件。采用这种形式或者其他形式表示，我们在本章和以后章节的讨论中将回到霍特林规则。

换句话说，霍特林规则表明资源的贴现价值在所有的时间序列上应该相等，但是这仅仅是一般资产—效率条件的一种特殊情况，任何有效管理的资产贴现（或者现值）价格应该在所有时间序列上保持不变。这种解释霍特林规则的方式表明当考虑资源效率时，没有任何一种资源能够例外。自然资源是一种资产，任何有效管理的资产必须满足其贴现价格在所有时间点上保持不变的条件。如果我们希望这样做，那么霍特林规则已经从这种一般性条件中直接得到了。

$r$ 越大资源价格增长率则越高。对于我们所提出的霍特林规则的两种解释，这一结果显然是合理的。第五章将讨论这种结果的含义。霍特林规则描述了一种效率条件，但是这种要求资源价格增长率等于社会贴现率的条件并不能保证独特价格路径的增长。通过分析图 4.7 可以发现这是显而易见的。图 4.7 中的初始价格不详，不妨假设为 1 和 2，时间序列上的贴现率相同，不妨假设为 5%。如果 $\rho$ 等于 5%，则这两条路径均能满足霍特林规则，也就是说它们都是有效率的路径，但是只能有唯一一条价格路径为最优。因此，霍特林规则是最优化的必要条件而不是充分条件。

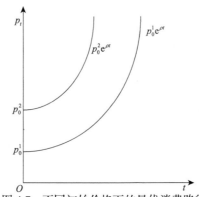

图 4.7　不同初始价格下的最优消费路径

对不可再生资源的过度消耗的担心，是 19 世纪末美国自然保护运动的主要内容。对不可再生资源的经济分析，始于美国数理经济学家霍特林的经典论文"可枯竭资源经济学"，该论文发表在 1931 年的《政治经济学》杂志上。根据霍特林的观点，对于可枯竭资源的开采利用而言，系统优化条件有以下两个：一是关于资源的优化价格。资源的市场价格应该等于其边际开采成本加上资源的影子价格（资源租金或者矿山使用费）。二是关于资源影子价格的变化率。假定资源存量的品位相对均质，也就是资源存量的边际变化不影响开采成本，则影子价格的变化率与市场利率相等 $\frac{\dot{p}}{p}=\gamma$（$p$ 为资源的影子价格，$\gamma$ 为市场利率）。在竞争性市场条件下，影子价格与市场价格趋于一致，由此得出，资源价格的变化率与市场利率相等。这一结论被称为资源定价的霍特林规则或可枯竭资源经济学的基本原理。

在这样的一个优化开采过程中，给定量的矿产资源被看作一笔资产。如果开采利用，其所有者便将这笔资产在市场上转化为资本资产。资本用以投资，在资本市场上按市场利率增值。如果这笔资产放在地下不开采，只要资源的市场价格的变化率与市场利率相同，那么，该资产的市场增值量与开发转化为资本以后的增值量一样。对于资源所有者来说，并不介意是让资产在地下增值还是开采以后变为资本增值。霍特林规则的政策含义在于，资源存量本身的变化或者说枯竭与否无关紧要，关键是矿产资源开发是否有效率。要真正实现效率配置，不但要存在现实的竞争性市场条件，而且要有竞争的未来市场条件，即未来市场关于该资源的供给与需求情况，而后者往往面临很大的不确定性。因此，不可再生资源的优化定价和效率配置仍然存在许多操作上的困难。

## 第四节　可枯竭资源的跨期分配

### 一、资源与产品价格的区别

截至目前，我们对资源消耗的分析尚未把开采成本纳入在内。通常情况下，环境资源的开采是要花相当大代价的，所以我们的分析需要把这些成本考虑进来。

有可能总开采成本随着更多的资源被开采而不断增加，$TC_t$ 表示总开采成本，$H_t$ 表示资源开采数量，我们希望是的函数还有些其他因素可能影响开采成本，在很多情况下，成本取决于资源现有存量的大小，随着资源的消耗，成本将迅速上升。$S_t$ 表示在时刻的资源存量大小（以前开采以后资源所剩下的数量），我们把开采成本表示为

$$TC_t = TC(S_t, H_t) \tag{4.17}$$

为了帮助理解式（4.17）中存量对于开采成本意味着什么，请看图4.8。图4.8表示总开采成本与在不变资源开采水平上的资源存量大小之间的三种可能关系。在第 1 种情况下总开采成本与资源存量无关。这时开采成本函数简化为 $TC_t = TC(H_t)$，这表明开采成本仅取决于不同时期的开采数量。在第 2 种情况下，开采一给定数量的资源，其开采成本随着资源不断耗竭呈线性上升趋势。第 3 种情况表明，对于开采给定数量的资源，其开采成本随着剩下的资源存量趋近于零而以一个不断增长的速度上升。开采成本的一阶导数为负值但不是常量，随着资源存量下降其绝对值变大。第 3 种情况是典型的不可再生资源最有可能发生的情况。例如，让我们来考虑一下采油成本随着可采存量接近于零，资本设备直接用于开采更小的油田，这些小油田常常分布在不便开采的地区或者水域。在此过程中，随着最好的油田先被开采，资源存量的质量可能明显下降。这样或者那样的原因意味着新增一桶石油的开采成本随着资源存量趋近于耗竭而上升。

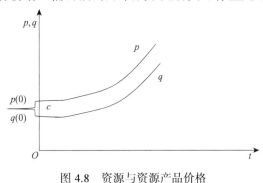

图 4.8 资源与资源产品价格

无论如何，资源的开采必须满足如下方程：

$$\int_0^T H(p)\mathrm{d}t = s，s \text{ 为可枯竭资源的资源总量}$$

$$\int_0^T H(p(0)\mathrm{e}^{rt})\mathrm{d}t = s，r \text{ 为资本贴现率}$$

与简单模型的最优化问题的描述相比，你可以发现有一点不同。对 $X$ 的微分方程现在把开采成本单独作为一项纳入在内。通过生产函数 $Q(K,R)$ 的产出现在应该视为总产出，开采成本是引起总产出的一部分，净开采成本的产出等于总产出减去开采成本。

这里关于资源净价格和净价格变化率的方程是不一致的，这里对这两个等式进行额外的讨论。首先，有必要把总价格和净价格这两种价格区分开来，总价格是指所开采资源的销售价格（$p$）；净价格则是指资源本身应有的价格，又指"使用费"或者"租金"（$q$）（图4.8）。这两种资源价格相互关系可以描述为

净价格=总价格−边际开采成本

在竞争经济条件下，如果追求利润最大化的企业开采资源，那么这些边际成本是企业内部成本，市场价格等于总价格。需要注意的是，净（和总）价格仅仅受到资源开采率对成本的影响。资源存量的影响没有考虑在内。

$$\frac{\dot{p}}{p} = r$$

$$q = q(0)e^{rt}$$

$$r = \frac{c + q(0)e^{rt}}{q(0)e^{rt}} \frac{\dot{p}}{p}$$

资源存量对成本的影响决定资源净价格变化率。在一个有效率（和最优）的资源利用率上，资源利用的边际成本与边际效益在每个时上保持平衡。对这一关系该如何解释呢。首先看一下方程的左边，资源的净价格 $q$ 是资源所有者现期内开采和销售资源所获得的价值，当社会效用贴现率为 $r$ 时，$pq$ 是现在不开采而延缓一个时期开采所放弃的效用回报，它有时被看作资源存量的拥有成本。方程右边包括两个部分，$\dot{q}$ 是未开采一单位资源的价格增值，是如果额外一个单位资源开采所导致成本增加的延迟回报。

总之，与资源开采水平有关的成本引起总价格中超过净价格（或使用费）的部分上升，但是对资源净价格的增长率没有影响。相反，资源存量水平对开采成本的影响将使资源净价格增长率下降。在大多数情况下，这意味着与不存在资源存量影响的情况相比，资源初始净价格比较高（最后比较低）。初始价格比较高，时间序列早期阶段的开采率呈现出下降态势，从而使更大量的资源存量保留下来以留给未来开采。

我们在本章中是以一个简单的模型展开讨论的，模型中假定存在单一的、已知的且为有限存量的不可再生资源，而且全部存量都假定是同质的。当然，在实际生活中，这两个假设常常是错误的，现实中不是存在单一存量的资源，而是有许多种不同种类、不同数量的不可再生资源，且它们中的一些可以相互替代（如原油和天然气、铁与铝等）。

从实物意义的角度来看，假定这些资源中的每一种存在一个有限的存量也许是正确的，可能有如下几种情况。

（1）确切地说总存量并不知道；

（2）新的发现增加了已知的资源存量；

（3）需要区分存量的实物量与经济上可行的存量大小；

（4）研究与开发和技术进步可能改变开采成本、已知资源存量的大小、经济上可行的资源存量的大小及环境资源利用所引起的损害估计的大小。

而且，即使我们在讨论一种特定的不可再生资源时存量也可能是不同质的。全部存量的不同部分在质量上也可能是不一样的，或者存量的不同成分导致开采成本有差别。

如果把所有不可再生资源看作一种混合物品，那么我们在本章的分析就没有必要考虑资源之间的替代问题（当然，资源与资本之间的替代除外），但是如果我们的分析进入一种更复杂的情况，在这种情况下，有多种不可再生资源，它们在一定程度上可以相互替代，那么我们的分析无疑会变得极为复杂。一个潜在的极为重要的特殊问题是支撑技术的出现（见第八章）。假设我们现在利用一些不可再生资源用于特定目的，如用于能源生产。也许存在一些其他资源完全可以替代我们正在考虑的资源，但由于其成本相对高，目前可能不会利用。这种资源就被视为支撑技术。例如，可再生的动力源（如风能等）可以作为石化燃料的支撑替代品。

支撑技术的存在给资源的价格设定一个最高限额，如果"原来"资源的成本超过支撑成本，那么使用者将转向支撑产品。即使可再生动力目前在经济上不可行，或至少规模不够大，但如果石化燃料的成本达到一定高时，使用者也会转向支撑产品。支撑技术的存在为原先的资源设定一个最高价格。

## 二、企业的资产管理

考虑一种可耗尽矿藏的所有者面临的决策问题，企业资源开采的目的是开采资源的净收入流量的现值最大化。这里资源所有者通过开采和出售这种资源，把财富（即地下矿藏）转变为当前的收入的决策问题类似于任何其他的投资决策问题，他可以用保存这种矿藏的办法来投资，也可以把这些矿藏变为现金，投资于金融证券，按一定的利率获得利息，还可以把一部分矿藏或一部分金融证券变卖为现金以支付当前的消费，或者为当前消费去借钱，同时保留这些矿藏。获得这个问题的解也需要利用最优控制的最大化原则。

假设完全竞争性的产业中有多个企业，每个企业只是产业中的一个分子，任何企业都不具有影响市场的力量，则企业开采多少，取决于企业的生产函数。

$$\pi(x,b) = \text{TR} - \text{TC}$$
$$= px - wa - Rb$$

其中，$p$ 为产品的市场价格；$a$ 为企业的生产成本；$\pi$ 为企业产量与资源存量的函数；$b$ 为资源存量；$R$ 为资源租，是为了获得资源开采或者使用权所支付的费用。

$$w = \bar{w}$$
$$R = \bar{R}$$
$$x = F(a,b)$$
$$\pi(x,b) = pF(a,b) - wa - Rb$$
$$\pi_a(a,b) = pF_a - w = 0$$
$$\pi_b(a,b) = pF_b - R = 0$$
$$\frac{F_a}{w} = \frac{F_b}{R}$$

其中，$q$ 为资源的价格。

$$\pi(x,b) = px - wa - Rb - (R - (\delta + r)q + \dot{q})b$$
$$x = F(a,b)$$
$$\dot{q} = (\delta + r)q + R = pF_b + (\delta + r)q$$

对于资源的管理者而言，可枯竭资源的自然增长为 $-\delta b$；可再生资源的边际增长率为 $G'(b)$；可枯竭资源的边际增长率为 $-\delta$；

$$\pi(x,b) = px - C(x,b) - Rb$$

企业利润最大化的一阶条件为

$$\pi_x(x,b) = p - C_x(x,b)$$
$$\pi_b(x,b) = -C_b(x,b) - R$$
$$\mathrm{MC} = p$$
$$-C_b = R$$

从以上两个条件可以看到，第一个条件是边际收益等于边际成本；第二个条件是资源的开采成本的增加应该与资源收益保持相等。在此，有必要进一步解释资源开采的第二个条件。

作为资源使用权的拥有者，资源管理人获得的资源租可表示为如下函数：

$$R = rq - \dot{q}$$

其中，$r$ 为贴现率；$q$ 为资源的价格。

如果进一步假定企业的生产函数为 $x = F(a,b)$，$a$ 为企业的资源开采努力，$b$ 为资源的存量。那么，则有

$$\pi(a,b) = pF(a,b) - wa - (rq - \dot{q})b$$

那么，企业利润最大化的一阶条件为

$$\pi_a(a,b) = pF_a(a,b) - w$$
$$\pi_b(a,b) = pF_b(a,b) - (rq - \dot{q})$$

即

$$\frac{w}{F_a} = \frac{R}{F_b}$$

$$\frac{w}{F_a} = \frac{R}{F_b} = \frac{rq - \dot{q}}{F_b} = p = C_x$$

将企业的利润函数改写为企业生产的函数，并考虑资源收益，则有

$$\pi(x,b) = (p - q)x - C(x,b) - Rb$$

其中，$qx$ 为边际使用者成本。

利润最大化的一阶条件转化为

$$\pi_x(x,b) = (p - q) - C_x(x,b) = 0$$
$$\pi_b(x,b) = -C_b(x,b) - R = 0$$
$$(p - q) = C_x$$
$$\dot{q} = rq + C_b$$

## 三、自然资源开发的边际使用者成本

在开发利用上也有不同的对策措施。假设在自然资源有限，在边际开采成本为常数的情况下，我们来研究自然资源的有效配置，使得问题的研究相对简单。由于自然资源的有限性，前期的开采利用和后期的自然资源在数量上是互补的关系，这样就会产生自然资源在时间上的有效配置问题。

自然资源和资源动态配置问题，其核心是将消费在不同时期进行优化配置，以取得最佳效益，其决策和储蓄决策类似（图4.9）。

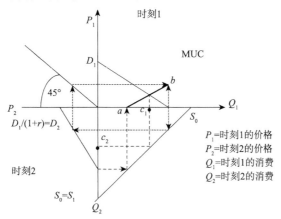

图 4.9　资源配置的两时期模型：资源最优分配的使用者成本

如果可开采的自然资源总量为 $Q$，$r$ 为稳定利率，为初期价格和边际开采成本之差，称为边际使用者成本。图 4.10 表现了自然资源的最优动态配置。

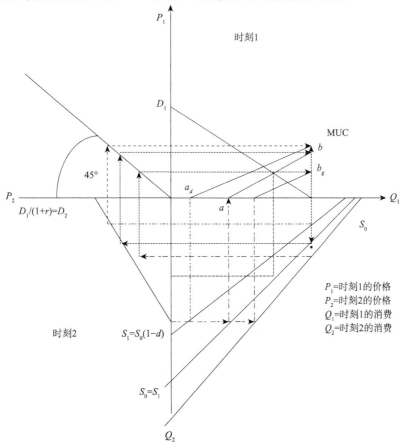

图 4.10　考虑资源损耗或者再生的资源最优分配模型

　　我们来考虑某种以一定的数量和质量在一定的地点存在的资源，假定在任何对人类有意义的时间范围内，资源质量保持不变，资源数量也不增加，而且其减少的数量正好等于人类开采的数量，我们称这种资源为可耗尽资源。矿藏非常近似于上述可耗尽资源的概念，我们用它作为例子来分析可耗尽资源的经济问题。耗竭既可以看作一种过程，也可以看作一种状态，一种可耗尽资源的持续不断地开采构成耗尽过程。当这种资源一点也没有剩下时，或者更现实一些，当剩下的这种资源所处位置十分不便，开采费用极为昂贵，以至需求数量为零时，就达到了耗尽状态。

　　关于耗尽的最简单的分析概念是开采费用在达到耗尽点之前保持不变，到达该点后，开采费用突然变成无限大，较为实际的概念性模型设想开采成本因为矿藏越来越难开采会随着时间逐渐上升，一直到开采成本终于变得太高而使得需求为零。按照后面这种概念，耗尽状态是开采成本和需求决定的，如对资源的需求向右上方移动将诱使人们进一步开采这种资源，而这种资源在以前被认为是已耗尽的。

　　资源耗损在地方、区域或国家尺度上取决于其自我维持活动产生的程度（图4.11）。当经济基础仍然依赖于单独的存储性资源开发时，其经济耗竭就会导致严重的社会、经济问题。资源的私有产权安排会加剧资源的过度开采，因为生产者收益最优的开采速率不可能是那种使社会、经济的瓦解程度最小的速率。市场无法阻止某些特殊矿藏的耗竭，或防止依赖这些矿藏的任何国家和地区因此而来的经济、政治瓦解。事实上，市场力量很可能加速耗竭的发生，因为矿藏在自然耗竭发生很久以前就几乎不可避免地在经济上耗竭了。即使市场过程确实能够防止可枯竭资源的自然耗竭，而且无须政府行为的干预，然而对于具有公共产品特性的环境恶化的担心，是市场力所不及的。

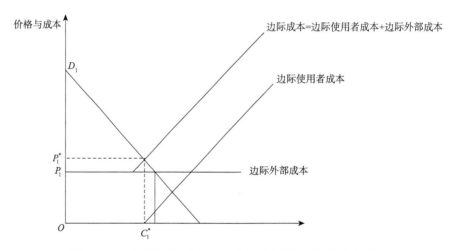

图4.11　考虑到外部性资源损耗或者再生的资源最优分配模型

　　所有自然决定论的模型都没有注意到资源是由文化决定的，是由社会选择、技术和经济系统作用的产物这个事实。人类不是盲目的机器，不会把储存性资源消费推进到灾难性的极限。资源悲观派既忽视人类的响应机制，也忽视资源的文化性质，这种论证方式使他们受到严厉的批判。暂时避开经济增长是否会在社会和环境方面符合愿望这个基本问题，问题仍然是我们的政治、社会和经济制度能否在实践中足够快地行动，以防止可枯竭资源稀缺成为经济继续发展的障碍。悲观派构建其模型的方式，实际上是假设不存在响应机制，或假设行动已晚。

乐观派认为市场会对防止严重耗竭问题自动做出积极响应。在运作完善的市场经济中，任何已变得稀缺的资源产品价格不可避免地会上涨。随着报酬递减的出现，生产成本增加，这就意味着在现有价格水平下生产者会减少市场供给，因而价格上涨，直到恢复供求均衡。这种价格上涨会立即引发一系列的需求、技术和供给的响应。首先，由于用户转向较便宜的替代品，或采取节约、经济的措施，需求会减少。其次，价格的上涨和对稀缺的担忧都会为革新发明提供一种刺激，所导致的技术变化很可能增加资源的可得性，降低替代品的成本，并促进消费的节约。然后这些变化又会通过价格机制反馈来抑制需求，从而减小资源产品的稀缺压力。再次，价格的上涨将使原来开采起来不合算的矿藏变成经济的，将鼓励探寻新的供给源泉，并将促进萃取技术的发展从而提高已知矿藏的有效产量。当然，对于任何单独的可枯竭资源物质而言，人们也认识到上述最后一种适应机制不可能无限制地继续下去。如果接受有关经济系统运作的这种情景，那么消费将不会增长到自然极限而至崩溃，而是随着价格的上涨相对平缓地终止。

乐观派的争辩认为需求的减少将使耗竭速度放慢，而且这种减少本身不一定就会导致生活标准的下降或经济增长速度的降低。虽然随着价格的上涨消费者再也买不起那么多更贵的矿物产品了，因而会发生某种初始需求的下降，但到一定时候替代将成为关键的需求替代机制。因为，如果不从其产生的服务和产品中获得价值，资源将是毫无实际意义的。因此，只要找到其他方法来完成同样的功能而无额外的实际成本，那么实际收入和增长速度未必会受影响。当然，这种争辩是建立在如下假设基础上的：就单个储存性资源产品而言，没有一种是绝对必需的，总有替代品或总能找到替代品来取而代之。

替代可以有多种形式。当一种资源产品接替另一种资源产品的作用时，直接替代就产生了。同样的矿物一般都取自不同类型的地质源泉，并且与其他元素构成多种多样的化学组合。当传统来源的矿物变得稀缺时，人们会做出努力发展技术以从替代资源中提取它。同样，一种矿物可能被其他材料直接取代，至少就其某种最终用途来说是这样的。例如，铝、不锈钢、塑料都是铜的替代品，铝已经普遍占据高压输电线市场，铝和不锈钢也已经大大取代铜炊具。第三种形式的替代包括增加"二手"材料的使用从而减少矿产品消费。当生活方式或需求变化改变最终产品和服务的组合，就在一种不相同的意义上造成替代。如果承认需求对价格的上涨会做出响应而下降，而且资本可替代资源，那么没有必要像悲观派那样，认为只有通过控制人口才能应对资源稀缺和环境质量退化的经济增长压力。然而替代也并不是无限的，因而必须探求资源和环境的效率分配和利用，用同样的资源获取更高的收益，成为资源与环境经济学试图解决的问题。

在可枯竭资源的开发和利用过程中的每一阶段，都需要各种环境资源的配合。资源开采可能导致破坏土壤、植被和排水系统，产生相当程度的水污染和空气污染，降低景观价值，对健康、物质和建筑的损害，导致生产力的降低，这些都可能是必须加进矿产实际价格中的成本。对于大多数矿产来说，环境破坏的程度是随着低等级矿藏的开发、开采规模的扩大以及现代"大型采矿"技术的采用而逐步升级的。而且这种逐步的变化会不断降低环境资源的美学价值和康乐价值，因而降低社会福利水平。更为严重的是，生态学家和其他科学家已经指出，人类不可能不断地将环境用作废物堆放处而不损害生命自身赖以存在的生物——地球化学系统循环。市场对于技术激励的不对称性，同样会对环境造成破坏。市场失灵与公共政策之间的关系是第五章研究的主要问题。

# ■ 参考文献

马克思，恩格斯. 1956. 马克思恩格斯全集. 第23卷. 中共中央马克思恩格斯列宁斯大林著作编译局，译. 北京：人民出版社.

马克思，恩格斯. 1974. 马克思恩格斯全集. 第25卷. 中共中央马克思恩格斯列宁斯大林著作编译局，译. 北京：人民出版社.

# 第 五 章

# 市场失灵与公共政策

前面几章，我们分析资源的静态配置和代际配置有关的效率与最优化的概念。在一定的条件下，市场能够实现资源的有效配置；相反，一旦这些条件不能满足，便会出现市场失灵。在现实经济中，没有人会认为市场效率的这些条件都能得到满足，经济学家们在研究公共政策时主要——如果不是全部的话——就是以纠正市场失灵从而实现资源的有效配置为出发点的。当然，在分析旨在促使收入和财富的再分配以实现社会公平的种种措施时，经济学家们也考虑到与公共政策有关的最优化问题。

在本章的第一部分，我们围绕资源与环境利用的市场失灵及其原因进行系统分析；在第二部分，我们将把这些理论应用于特定的分析对象并阐明由此而产生的政策影响。市场失灵的原因分析，尤其是具有公共物品性质的资源利用的含义以及相关的共有产权资源的管理问题，是本章的核心议题。在第六章中，我们将考察具有公共物品性质的环境及环境政策的含义，主要考察共有产权资源及环境政策设计。

## ■ 第一节 资源配置的市场失灵

### 一、资源配置的市场效率前提

任何关于需求变化、技术革新和社会适应的预测都带有很大的不确定性，而且越是预测到遥远的将来就变得越不确定。虽然自然资源的绝对稀缺将造成社会危机和灾难性崩溃的说法是不可信的，但是，过分乐观地认为市场过程将自行解决一切稀缺问题的论点同样是荒谬的。在前两章，我们已经给出了资源市场静态配置和代际配置的效率条件。竞争性市场的效率条件包括：

一是消费效率条件：

$$\left(\frac{U_X}{U_Y}\right)^A = \left(\frac{U_X}{U_Y}\right)^B = \left(\frac{p_X}{p_Y}\right)$$

二是生产效率条件：

$$\left(\frac{\mathrm{MP}_L}{\mathrm{MP}_K}\right)^X = \left(\frac{\mathrm{MP}_L}{\mathrm{MP}_K}\right)^Y = \left(\frac{p_L}{p_K}\right)$$

三是联合生产效率条件：

$$\left(\frac{U_X}{U_Y}\right) = \left(\frac{\mathrm{MP}_K^Y}{\mathrm{MP}_K^X}\right) = \left(\frac{\mathrm{MP}_L^Y}{\mathrm{MP}_L^X}\right)$$

$$\Leftrightarrow P_X = \mathrm{MC}_X$$

$$= \left(\frac{P_K}{\mathrm{MP}_K}\right)^X = \left(\frac{P_L}{\mathrm{MP}_L}\right)^X$$

四是代际效率条件：

$$r_i = r, \quad \delta = r$$

市场效率的产品特性条件包括：

第一个假定：商品或服务是私人物品；消费是竞争性的；消费是排他的，能够制止潜在消费者得到它们的服务；生产和消费是可分的。

第二个假定：一种商品对潜在消费者的全部价值或效用都反映在该商品的需求函数上，所有消费者都有正确和诚实的偏好显示。

第三个假定：生产该物品的所有成本都反映在供给曲线上。

第四个假定：市场是竞争的，没有个别的生产者或消费者能够影响价格。

资源有效配置所必需的制度条件包括：

● 存在进行商品和服务交换的市场；

● 市场是完全竞争性的；

● 没有外部性；

● 所有商品和服务都是私人物品，没有公共物品；

● 产权明晰；

● 交易者具有完全信息；

● 厂商都追求利益最大化，个人都追求效用最大化；

● 长期平均成本非递减；

● 交易成本为零；

● 所有相关函数满足凸性条件。

显然，如果市场不存在，它也就不能够有效地配置资源。许多环境资源根本就不能通过市场行为进行交换，或者它赖以交换的市场在某些方面是不完备的。不能通过市场交易的环境资源的例子包括地球上的空气、大部分的水资源及荒野地区。在没有管制措施的情况下，市场对污染也无能为力。有些环境资源能够通过市场进行交易。几乎所有的矿藏是私人所有的，一旦开采利用便成为市场商品，但是在以下这些地方市场通常是不完备的。这些资源的现实市场确实是存在的，但是通常而言商品的未来市场并不存在。没有一种资源、商品或服务的完备的未来市场（在所有时间点上）存在。因为，市场体系显然是不完备的；市场运作的结果可能与社会、经济、政治目标不相符合；市场不能克服某些形式的自然资源稀缺。具体而言，市场失灵的原因包括：

- 由商品和服务的特点产生的市场失灵：公共物品、外部性。
- 由市场的特点产生的市场失灵：不完全竞争、不完全信息、时滞和高交易成本。
- 市场配置失灵原因：它也许不能为特定类型的人提供足够的就业机会，或者是市场产生的收入分配结果也许是不合理的。

无处不在的公共物品和外部性暗示静态效率条件的失败，而在市场不完备情况下的风险与不确定性也表明对资源进行有效率地代际配置是极不可能的。市场失灵在分配上的原因将在本章第二节和第三节公共政策设计里面具体讨论。

## 二、产品特性与市场失灵

### （一）外部性与市场失灵

#### 1. 外部性的类型

市场非对称性问题，最初由福利经济学家庇古于 20 世纪 20 年代提出。在商品生产过程中存在社会成本与私人成本的不一致，造成市场非对称性或外部性的存在。外部性一般发生在一个经济行为人或一个企业的利益不仅由其自身行为决定，也由其他外部环境控制的情况。外部性的影响可以是主观的，也可以是客观的。历史上外在的不经济和外在经济都曾用来描述团体受损或得利的情况。显然水污染是一个外在不经济的例子，而私人所购买的美丽住宅就为行人提供了外在经济。

当某一个体的生产或消费决策无意识地影响到其他个体的效用或生产可能性，并且没有对被影响方进行补偿时，便产生外部效果，或简称外部性。"相互依存性或外部性的三种基本类型可以从技术、金钱和政治三方面来考察。技术性的外部性或影响是指他人在物质上对你或你的物品产生直接影响。金钱性的外部性是指物品的物质特性保持不变，但它的价值在交换中受到影响。政治性的外部性既可以是技术性的又可以是金钱性的，但它源于政府的作用，在政府改变游戏规则或进行管理型交易时产生"（斯密德，1999）。本书涉及的外部性是指技术性的外部性。

技术性的外部性包括以下类型，首先，外部效果既可能是有益的也可能是有害的。例如，注射疫苗以防止传染性疾病是一个有益的消费外部性的例子。假设一位妇女决定给自己注射防止麻疹的疫苗，这一消费决策是基于她所得的净收益为正这样一个考虑而做出的，但是她的行为将影响到其他人；她减少了感染麻疹的可能性，但同时这种减少也使其他人感染疾病的机会降低。这种对别人的效果不会影响她本人的消费决策，她也不会得到别人给她的补偿（通过市场或其他途径），在这个意义上讲这种效果是外在的。换句话说，选择注射疫苗的总收益要大于她个人的直接收益。稍后我们将证明，就经济效率水平而言市场经济将倾向消费尽量少的具有有益外部效果的商品。相反，它总是倾向消费足够多的具有有害外部效果的商品。

在实践中，某些个体的消费或生产行为确实会影响其他消费者的效用或生产者的产出，并且这种影响是不予补偿的。生产外部性表示两个或多个私人生产者成本函数间直接的、物质的联系。当私人收益与社会收益或者私人成本与社会成本不一致时，外部性就出现了。外部性的存在，使得理性的最大化的单个生产者的私人决策不能提升整个社会的理性产出，产出是无效率的。厂商在很大程度上会从事于产生外部性的经济活动，因为其不必承担外部成本，而对于产生正外部效果的行为，缺乏经济激励，因为它并不能获得全部收益。负外部性是不可避免而且无处不在的，并且它和环境资源的使用有内在的联系；无规制的市场行为是不可能将这些外部性内部化的。因此在缺乏政府干预的情况下，无效率的结果将是必然的。我们此处的目标是解释这些结论赖以存在的基础并阐明外部性，怎样导致资源的无效配置。

其次，私人物品还是公共物品型的外部性。公共物品利用中的外部性包括所有类型的空气和水污染问题。外部性也可能以私人物品的形式出现。这主要取决于这种外部效果是公共物品还是私人物品。但是，值得注意的是所有与环境有关的外部性都是公共物品型的。正如我们将要看到的那样，在设计和采取措施以减少与市场失灵相关的种种问题的过程中，环境外部性的公共物品性质给我们造成不同寻常的困难。

2. 外部性与经济效率

"当一个人的消费或者企业的生产活动对另一个人的效用或另一家企业的生产函数产生一种原非本意的影响时，就会出现外部性"（穆勒，1999）。在一个存在外部性的经济中，竞争市场中的效率条件仍然有效吗？毫不奇怪，它们不再有效或者更精确一点，只有我们以另一种特殊的方式对其进行解释之后它才有效。那么外部性的存在是怎样改变效率条件的呢？

首先考虑我们曾列出的生产效率条件：

$$\frac{\mathrm{MP}_L^X}{\mathrm{MP}_K^X}=\frac{\mathrm{MP}_L^Y}{\mathrm{MP}_K^Y} \tag{5.1}$$

为了使生产效率条件有效，需要用净值的概念解释 4 个边际产出的含义，在此也可称之为社会边际产出。如果用 $\mathrm{PMP}_L$ 代表劳动的私人边际产出，$\mathrm{EMP}_L$ 代表劳动的外部边际产出，$\mathrm{SMP}_L$ 代表劳动的社会边际产出。上述三种边际产出的关系可以表示为

$$\mathrm{PMP}_L+\mathrm{EMP}_L=\mathrm{SMP}_L$$

式（5-1）的含义非常简单：当一个厂商增加雇佣一个单位的劳动时，该单位劳动对该厂商的边际产出是 $\mathrm{PMP}_L$，如果增加的这一个单位的劳动对其他厂商有外部影响，称这种外部影响为 $\mathrm{EMP}_L$。存在外部影响时社会生产效率条件就可以表示为

$$\frac{\mathrm{SMP}_L^X}{\mathrm{SMP}_K^X}=\frac{\mathrm{SMP}_L^Y}{\mathrm{SMP}_K^Y} \tag{5.2}$$

或者

$$\frac{\text{PMP}_L^X + \text{EMP}_L^X}{\text{PMP}_K^X + \text{EMP}_K^X} = \frac{\text{PMP}_L^Y + \text{EMP}_L^Y}{\text{PMP}_K^Y + \text{EMP}_L^Y} \tag{5.3}$$

当存在外部性时，私人效益最大化行为并不能够实现资源的有效配置。从个体利益出发，厂商就会只考虑私人边际产出。利益最大化将导致两种商品生产的私人边际产出率相等。在第二章有关市场经济资源有效配置部分已证明了这个比率等于投入品的价格之比，即

$$\frac{\text{PMP}_L^X}{\text{PMP}_K^X} = \frac{\text{PMP}_L^Y}{\text{PMP}_K^Y} = \frac{P_L}{P_K} \tag{5.4}$$

显然，如果不能从数字上抵消外部影响，私人边际产出率的社会化将导致与社会边际产出率平均化不同的资源配置。因为后者是效率的必要条件，所以在存在外部性的情况下，私人的市场行为从社会的角度而言是无效的。

可以换个角度去理解外部性导致的生产无效率。假如厂商之间采取互不合作的行为（独自实现利益最大化），其产出就比相互合作（联合利益最大化）要低。假如，一个厂商生产 $X$ 商品，另一个生产 $Y$，为简化起见，假如生产 $X$ 商品只需投入 $K$，生产 $Y$ 商品只需投入 $L$，但两个厂商都使用空气作为生产投入，但都不必为使用这种资源付费。另外，假设生产 $Y$ 商品会产生大气污染，并且这种污染将对 $X$ 商品的生产产生负的外部影响，但不会影响 $Y$ 商品的生产。假设污染排放量为 $M$，并且污染排放是生产 $Y$ 过程中投入 $L$ 的增函数。

两个生产函数可记为

$$X = X(K, M)$$
$$Y = Y(L) \tag{5.5}$$
$$M = M(L)$$

假设

$$\partial X / \partial K > 0 , \quad \partial X / \partial M < 0$$

且

$$\frac{\mathrm{d}Y}{\mathrm{d}L} > 0$$

$X$ 商品生产者的产出不但是自身投入 $K$ 的函数，而且依赖于生产 $Y$ 商品的投资决策的制约。在竞争性市场经济中，每个厂商都独自追求自己利益的最大化，那么这个过程会产生什么结果呢？两个厂商的利润函数分别应该满足如下方程：

$$\pi_X = P_X X - P_K K$$
$$= P_X \left[ X(K, M) \right] - P_K K$$
$$\pi_Y = P_Y Y - P_L L \tag{5.6}$$
$$= P_Y Y(L) - P_L L$$

个别厂商的利益最大化就使得在 $X$ 商品生产中选择资本投入 $K$ 来实现利润最大化，在 $Y$ 商品生产中选择劳动投入 $L$ 来实现利润最大化。两个厂商的投入选择满足下列一阶条件是实现利润最大化的必要条件：

$$\frac{\partial \prod_X}{\partial K} = P_X X_K - P_K = 0$$

$$\frac{\partial \prod_Y}{\partial L} = P_Y Y_L - P_L = 0 \qquad (5.7)$$

其中，$X_K = \partial X / \partial K$ 且 $Y_L = \partial Y / \partial L$。式（5.7）经整理可得式（5.8）的利润最大化条件：

$$P_X X_K = P_K$$

$$P_Y Y_L = P_L \qquad (5.8)$$

式（5.8）左边是投入的边际产出价值，右边是边际成本。式（5.8）表明每种投入品的数量是基于这样一个原则来决定的，即使其边际产出和边际成本相等。

注意，我们还能推导出其他利润最大化条件，式（5.8）经整理可得式（5.9）：

$$P_X = \frac{P_K}{X_K}$$

$$P_Y = \frac{P_L}{Y_L} \qquad (5.9)$$

式（5.9）表明在最大利润平均化过程中，每种商品的价格等于其个别边际成本。

现在回到式（5.8），式（5.8）说明在竞争性市场经济中生产 $Y$ 商品的投入需求，此时该厂商不用为外部性污染支付费用，这决定了就不能实现资源的有效配置。如果实现资源的有效配置就意味着没有潜在的净利益存在，但是在这个例子中却存在潜在的净利益，因为个体的竞争行为没有实现总体或共同利润的最大化。

接下来分析一下劳动投入发生细微变化时利润会有什么变化。式（5.8）的第 2 个式子表明生产 $Y$ 商品的利润没有变化，因为劳动成本的增量（$P_L$）与劳动增加的边际产出（$P_Y Y_L$）相抵消了，但是生产 $X$ 商品厂商的利润降低了，因为劳动消耗 $L$ 的增加也提高有害物质的排放量。由于 $\partial X / \partial M < 0$，劳动投入的增加不可避免地就会降低 $X$ 商品的产出，并且降低该厂商的利润。

显然，如果只使用较少的劳动，联合生产的总利润就会提高。因此，竞争均衡是无效的，它导致劳动的过度消耗，使联合生产的利润低于最优水平，形成潜在的帕累托改善。

3. 联合生产利润最大化

按照科斯的观点，当存在生产外部性时，一个可能的解决办法是通过联合生产内部化外部成本。现在我们仔细考虑一下效率问题的解决办法，联合生产利润函数可以表示为

$$\pi_{X+Y} = P_X X(K, M) + P_Y Y(L) - P_K K - P_L L \qquad (5.10)$$

为了使联合生产的利润最大化，联合生产利润函数最大化的必要条件为

$$\frac{\partial \prod_{X+Y}}{\partial K} = P_X X_K - P_K = 0 \qquad (5.11)$$

$$\frac{\partial \prod_{X+Y}}{\partial L} = P_X \cdot \frac{\partial X}{\partial M} \cdot \frac{\mathrm{d}M}{\mathrm{d}L} + P_Y Y_L - P_L = 0 \qquad (5.12)$$

式（5.12）经整理后得

$$-P_X \cdot \frac{\partial X}{\partial M} \cdot \frac{\mathrm{d}M}{\mathrm{d}L} = P_Y Y_L - P_L \qquad (5.13)$$

式（5.13）左边第 1 项是 $Y$ 产生的污染对 $X$ 造成的边际损失。边际损失的单位是 $\partial X/\partial M$ 与 $\mathrm{d}M/\mathrm{d}L$ 的乘积，以前我们称为劳动的外部边际产出。边际损失的价值量是损失单位与 $P_X$ 的乘积。左边第 2 项是生产 $Y$ 商品过程中劳动的边际产出的价值。公式右边两项之和是劳动的边际产出的价值，也就是在 $X$ 商品生产过程中由劳动 $L$ 造成的边际损失的净值。式（5.13）说明劳动的边际产出净值等于劳动 $L$ 的边际成本 $P_L$。最后从式（5.13）还可以推导出另外一个结论：在有外部性的情况下，生产效率要求劳动 $L$ 投入应达到其在 $Y$ 商品生产中的边际贡献 $(P_Y Y_L - P_L)$ 等于其对 $X$ 商品造成的边际损失这一点（图 5.1）。

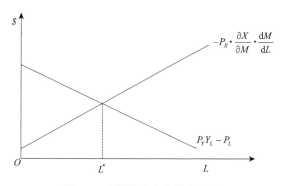

图 5.1　外部性的生产效率影响

市场经济中利益最大化行为满足式（5.13）的第 2 式，即 $P_Y Y_L = P_L$，但是在有外部影响的情况下，这是不经济的，因为存在潜在的帕累托改进。

式（5.13）给出解决效率问题的办法，它要求增加的单位劳动创造的 $Y$ 商品的产出价值以及与此相关的外部影响对 $X$ 商品生产造成的损失等于增加的单位劳动投入的成本 $P_L$。注意式（5.13）左边第 1 项表示外部负效应，以前称为 $\mathrm{EMP}_L$，因为 $P_L$ 对所有的厂商来说都是一个常量，在这两个公式中必然是相等的，而且，式（5.13）的第 1 项是负的，所以式（5.13）中的产出 $P_Y Y_L$ 比式（5.7）中第 2 项要高。换句话说就是 $Y$ 相对较高，也就是说劳动 $L$ 投入较低。从图 5.1 中不难看出这些结论。有效劳动投入点 $L$ 比私人利益最大化时的劳动投入 $L$ 要低。

用另一种稍微不同的形式来说明图 5.1 中的信息能帮助我们更好地理解上述讨论，见图 5.2。图 5.2（a）表示竞争性（无效）的解决办法，此时 $L$ 的数量使 $P_Y Y_L = P_L$。用 MB 表示私人边际利润的净值，令 $\mathrm{NMB} = P_Y Y_L - P_L$，那么私人生产者将购买劳动投入直到 MB 等于零。图 5.2（b）表示联合效率的解决方案。

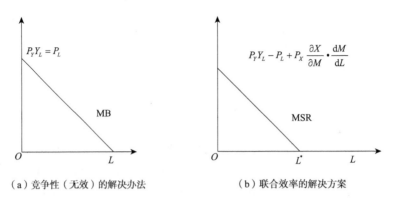

（a）竞争性（无效）的解决办法　　　　　（b）联合效率的解决方案

图 5.2　存在外部性对劳动的私人边际收益和社会边际收益

式（5.14）表示社会边际效益的净值。

$$P_X \cdot \frac{\partial X}{\partial M} \cdot \frac{\mathrm{d}M}{\mathrm{d}L} + P_Y Y_L - P_L \tag{5.14}$$

从式（5.12）中可以看出，效率要求劳动投入 $L^*$ 应该达到使 MSB 为零那一点。图 5.3 包含图 5.2 的两类信息，并且使我们可以对 $L^*$ 与 $L$ 进行比较。从图 5.3 中还可以获得其他信息。$ab$ 的长度表示外部负效应对社会最优劳动投入水平 $L^*$ 的影响，这个值是一个影子价格，它决定排放税的最佳征收水平。

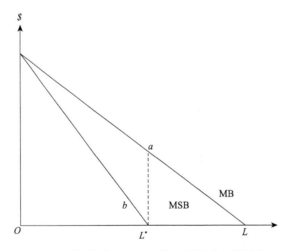

图 5.3　外部效应对私人和社会边际成本的影响

在式（5.9）中，我们提到竞争均衡中利润最大化的推导公式，对于 $Y$ 商品来说是

$$P_Y = \frac{P_L}{Y_L}$$

所以 $Y$ 商品的生产价格等于 $Y$ 商品的私人生产成本。

从上文的分析中，我们知道资源的有效配置必须满足：

$$P_X \cdot \frac{\partial X}{\partial M} \cdot \frac{\mathrm{d}M}{\mathrm{d}L} + P_Y Y_L = P_L$$

从而有

$$P_Y = \frac{P_L}{Y_L} - \frac{P_X \cdot \dfrac{\partial X}{\partial M} \cdot \dfrac{\mathrm{d}M}{\mathrm{d}L}}{Y_L} \qquad (5.15)$$

即产品 $Y$ 的社会经济价格等于 $Y$ 商品的私人边际成本 $(P_L / Y_L)$ 减去 $Y$ 的外部边际成本，即式（5.15）右边的第二项，由于 $\partial X/\partial M < 0$，故这一项是负的，因而 $P_Y > P_L > Y_L$。

依据相同的供求曲线，图 5.4 对 $Y$ 商品的私人无效配置与社会有效配置进行了比较。

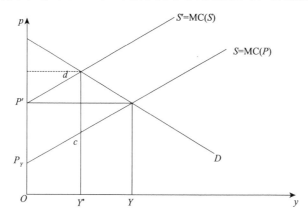

图 5.4　考虑外部性的私人利润最大化产量与社会有效产量

竞争市场中私人利润最大化导致 $Y$ 产出水平，在这个产量水平下私人边际成本等于私人边际收益。$Y$ 商品的竞争市场价格是 $P_Y$，该价格不包含 $Y$ 对 $X$ 的外部影响。社会有效产量水平是 $Y^*$，它等于 $Y$ 商品的边际收益及其社会边际成本。由于包含外部影响，故社会成本大于私人成本。

$cd$ 的长度代表影子价格，可以看作 $Y$ 单位产出外部性税收的有效数额。社会有效价格 $P_Y$ 大于竞争市场价格 $P_Y$，这是外部负效应造成的。在第十一章中详细讨论污染税的问题，目的是实现外部效益的内部化。现在的讨论只是想说明外部负效应对自然环境问题的影响。

以上讨论生产负外部性对于资源配置效率的影响。在现实生活中，存在很多关于外部性的情形，如荒野地的过度开发，经济活动对栖息地干扰造成生物多样性的丧失，集约农业生产活动造成的无机污染的积累，道路拥挤和垃圾处理实际经济成本的上升，等等。

关于外部性的讨论主要集中于生产活动的外部负效应。消费中的外部性，不论是负的还是正的，分析方法和结果的表达形式都是基本一致的。消费效率条件应进行修正以使不同商品间的社会边际效用的比率相等，但是在不规范的市场经济中很难实现这一点；单个的消费者会使他们的私人边际效用的比率等于商品价格的比率。一旦出现消费外部性就会导致无效率的结果。还应该提及的是联合生产的情况，在联合生产中，生产的外部性会对个别消费者造成损失，反之亦反。我们不打算详细分析这些情况，但应该认识到这些情况一般也会导致市场失灵。

### （二）公共物品与市场失灵

#### 1. 公共物品的定义

许多环境资源具有公共物品的属性。"纯粹公共物品具有两个显著特征：供给的连带性，以及排除他人消费的不可能性或无效率"（穆勒，1999）。作为理性个体行为，私人选择会造成资源在公共物品和私人物品之间的无效率分配。公共物品是指某个人的消费并不减少其他人消费该物品所获得的效用，即物品的消费是非竞争的，同时物品的供给是非排他的。因为存在着"搭便车"行为，理性的个人会充分利用公共物品的非竞争性和非排他性，而不承担公共物品的创造成本，即使个体对公共物品的 WTP 很高，他也不会真正支付他所愿意支付的货币数量，从而由零星个体选择产生的公共物品均衡是无效率的。

即使公共物品能够产生正的净效益，依靠现存市场提供或保全公共物品的可能性也是极低的，结果是从社会效率的角度看完全的市场经济所提供的公共物品的数量是非常低的。另外，即使是在一个充分发展的私有市场中，公共物品的市场供给仍然可能是无效率的；而且这种假设本身的可能性也非常小。公共物品供给的连带性意味着商品的不可分割性，因为可分割性意味着提供这种商品的边际成本是正的。公共物品供给的非排他性是某商品的所有者不能够阻止其他人使用或消费该商品。公共物品供给的连带性和消费的非排他性为政府干预经济提供借口。

首先，私人商品一般是可分割和排他的，但并不是所有的商品都具有这两种属性，尤其是许多环境资源具备这两种或其中之一的属性。例如，在利用极限之内，荒野地就不具有可分割性，个人来到荒野地并且享受荒野地提供的服务，如娱乐、观赏野生动物和幽静，他并没有办法阻止其他人同时享受上述服务。只要对荒野地的利用水平没有超越拥挤的界限，在不同的消费者之间不具有竞争性在这种情况下一个消费者对荒野地的访问不会损害其他消费者的乐趣。这时我们就认为荒野地提供的这些服务不具有可分割性。那么额外提供一单位此类服务对其他使用者的边际成本意味着什么呢？很明显这个成本为零，因为其他使用者对该资源的消费并不要求增加该资源的存量。这一结论的背后包含着许多值得我们进一步深入研究的内容。

其次，有许多物品不能够阻止其他人对该物品的消费，这包含两方面的内容。一方面关系到财产权的界定：假如某人或团体对一项资产不拥有财产权，就没有法律依据阻止其他人使用该资源。另一方面是财产权的具体形式，实物财产权几乎不能实现排他性。例如，对于荒野地，可以建立起稳定的私人财产权，但要排除访问者一般是不现实的。

公共物品一词有两种含义：一些学者认为某商品同时具有不可分割性和非排他性才是公共物品；另一些学者认为只要某商品在消费上具有不可分割性，不论是否具有非排他性都可以看作公共物品。在本书中我们使用第二种含义，即只要某商品在消费上具有不可分割性就认为是公共物品。

经典教科书中关于公共物品的例子是科斯的灯塔。它们都具有非排他性和不可分割性的特点。当为任何一个人提供该项服务的时候，并没有办法将那些不付费的人排除在外。而且，一个人消费该项服务也不减少其他人消费的数量。如果没有达到交通拥挤的程度，桥梁在一定程度上也具有不可分割的属性，尽管这种属性不是非常典型。

从以下的例子可以看出许多环境资源都是公共物品。在每一个例子中应该检查其是否满足关键的不可分割标准。生物多样性价值、荒野地资源提供的服务、大气层对地球气候的调节机制、垃圾处理和污水处理系统共同组成公共物品，前提条件是对这些物品没有过度使用。事实上，许多针对环境资源的公共政策就是通过规范或激励来防止资源的过度使用，一些可再生自然资源系统也具有公共物品的属性，如水资源系统和地球大气层。尽管一个人的消费确实减少其他人潜在可利用的数量（因此在经济上这些资源可能是"稀缺的"），但相对于系统的再生能力，只要没有超过系统更新能力的阈值，实际当中这种影响是没有多大关系的。

在很多情况下，大部分不可分割（公共）物品也具有非排他性，恰恰是后一点决定公共物品在市场经济中的地位：如果一个所有者不能排除其他人消费该物品，那么无论在多高的价格水平上都无法出售该物品。但是如果不能给某个物品定价，也难以想象会存在该物品的市场我们的结论是纯粹的市场经济不能提供非排他性的公共物品。

在公共物品的多种属性（如不可分割性）中单独考虑排他性使我们可以对缺乏私人财产权的物品进行另外一种分类。关于这些物品的例子有地下含水层、渔业、森林、地球大气资源和荒野地。

### 2. 公共物品与经济效率

我们再来回顾一下静态效率条件。为方便起见，在图 5.2 的上半部分再次列出生产、消费和联合生产的效率条件，这些条件适用于没有公共物品存在的情况（$X$ 和 $Y$ 都是私人物品）。

怎样理解这些条件呢？$\left(U_X/U_Y\right)^A$ 是 $Y$ 物品的数量，$A$ 是对每增加一单位 $X$ 的 WTP。

两种私人物品 $X$ 和 $Y$ 的消费效率条件：

$$\left(\frac{U_X}{U_Y}\right)^A = \left(\frac{U_X}{U_Y}\right)^B = \frac{MP_K^Y}{MP_K^X} = \frac{MP_L^Y}{MP_L^X}\left[-\frac{P_X}{P_Y}\right]$$

私人物品 $Y$ 和公共物品 $X$ 的消费效率条件：

$$\left(\frac{U_X}{U_Y}\right)^A + \left(\frac{U_X}{U_Y}\right)^B = \frac{MP_K^Y}{MP_K^X} = \frac{MP_L^Y}{MP_L^X}\left[-\frac{P_X}{P_Y}\right]$$

因为 $X$ 的消费是可分割的。只有一个人能消费，因此对一单位 $X$ 的社会 WTP 等于其私人 WTP。假定市场价格不变，分别为 $P_X$ 和 $P_Y$，WTP 的衡量对全部消费者都是相同的。$Y$ 的边际产量减少是由于资源转移用于增加的一单位 $X$ 的生产，换句话说就是 $X$ 的机会成本就是 $Y$ 的边际产量减少的量。效率条件要求用单位 $Y$ 衡量的对 $X$ 的个别 WTP 等于用单位 $Y$ 衡量的 $X$ 的机会成本。

再来看一下 $Y$ 为私人物品而 $X$ 为公共物品的情况。这种情况的效率条件如图 5.2 的下半部分所示。因为对 $X$ 的消费是不可分割的，对单位 $X$ 的社会 WTP 是所有消费者个别 WTP 的总和，而不再是等于一个人的个别 WTP。关于边际产品的概念仍然与前文所述一样。所以资源的有效配置要求个别 WTP 的总和等于用 $Y$ 衡量的 $X$ 的机会成本。在竞争性市场经济中，相对于 $Y$ 的 $X$ 的机会成本等于两者的生产价格之比。这个结果可以用下面的公式表示，对于一个公共物品和一个私人物品，经济效率条件是

$$\sum\left(\frac{U_X}{U_Y}\right)=\frac{P_X}{P_Y} \tag{5.16}$$

这个效率条件还有其他的含义。两个私人物品的效率条件是

$$\frac{U_X}{U_Y}=\frac{P_X}{P_Y}$$

一个私人物品 $Y$ 和一个公共物品 $X$ 的效率条件是

$$\sum\left(\frac{U_X}{U_Y}\right)=\frac{P_X}{P_Y} \tag{5.17}$$

为了讨论问题方便起见，现在假如 $P_Y=1$，这时我们可以写出两个效率条件如下：式（5.17）是两个私人物品的效率条件

$$\frac{U_X}{U_Y}=P_X \tag{5.18}$$

一个公共物品 $X$ 和一个私人物品 $Y$ 的效率条件如式（5.18）所示。

$$\sum\left(\frac{U_X}{U_Y}\right)=P_X \tag{5.19}$$

式（5.17）也可以这样理解，即对任何两种私人物品的购买来说，消费效率要求对 $X$ 的 WTP（用单位 $Y$ 表示）应该等于 $X$ 的价格（用单位 $Y$ 表示）；另外，当 $X$ 为公共物品时，式（5.18）表示购买 $X$ 的 WTP（用单位 $Y$ 表示）的总和应该等于 $X$ 的价格（用单位 $Y$ 表示）。

与此相关的有两个问题：

（1）是否应该提供某一尚不存在的公共物品？如果应该提供那又有多大的必要性？

（2）对已有的公共物品，合理的使用规模应该是多大？

第一个问题是最基本的，可以通过项目成本-收益分析（cost-benefit analysis，CBA）来评价，如果它的预期社会净现值（net present value，NPV）大于零，则该项目就应该实施。

第二个问题涉及的是在某公共物品的边际供应成本为零的情况下，潜在的使用者能够从对该公共物品增加的使用中获得正的边际效益，这种增加的使用对社会就是有益的，是应该得到鼓励的。满足后者的就是纯粹的公共物品。

但是，当在使用者之间出现拥挤或竞争，如新来到野生动物栖息地的参观者损害其他参观者的愉悦程度，此时某物品就不再是纯粹的公共物品。只有采用消费者付费的办法对使用进行限制，才能实现社会效率。对于私人物品的使用应该使其个别边际成本和边际收益相等。纯粹公共物品的有效利用水平见图 5.5。

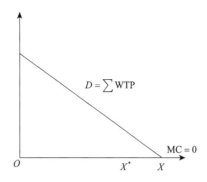

图 5.5　公共物品的社会有效利用水平

## 三、市场特点与市场失灵

### （一）市场不完备

帕累托最优是在给定偏好、生产技术和禀赋可利用程度条件下，在价格机制的引导下，实现资源的最优配置和商品的最佳分配，它是在西方经济学的三个假定（理性、完备信息和完全竞争）条件下完成的分析过程。然而在现实世界中，信息是不充分而有限的，获取信息本身是要付出成本的，人的计算能力是有限的，由此造成现实中的市场失灵。

根据帕累托最优原理，当市场中的所有的个体面临相同的价格时，效用最大化、利润最大化的个人选择才会产生不同消费者和不同生产者之间的相同的边际效用比率与相同的边际产品的价值比率，离开这一平衡，难以实现帕累托最优。因为信息的获取是成本高昂的，消费者和生产者面对的是非完备信息，那些获得较少信息的消费者就会比获得较多信息的消费者支付更高的价格，同时信息的不完备也会导致生产者的不同的估计。高昂的信息成本，使得经济当事人难以了解产品的质量、其他人的能力或者其他人的预期计划。另外，由于信息的非对称性，故经济当事人之间实现有价值交易的成本十分高昂，甚至有时无交易。

非完备信息和由此导致的人的有限的计算能力，决定交易是有成本的，包括度量成本、签约成本和实施成本，从而不能达到理性假定下的零成本的联合最大化结果。为了对需求、技术和供给做出响应，以便在时间和空间上优化配置资源于相互竞争的用户之间，市场需要完善的竞争机制，构成市场的企业要按合理规定的方式行动以使其利润最大化，而且要由具有无所不知的能力以预测未来资源需求和价格水平的经纪人来管理。通过完全自由市场达到有效结果的假定条件是交易双方对直接和外部影响完全了解。在一些情况下，不完全信息反映基础科学的不确定性；在另一些情况下，则反映个人对复杂世界认识的局限性。当存在特别敏感的未知信息，而且获得信息成本非常高的时候，政府干预也许确实能够再次提高效率进而增加效益。正如我们在下一节中将要讨论的，政府干预也不是百分之百地能够实现这些潜在的净效益。

### （二）风险及不确定性

任何关于需求变化、技术革新和社会适应的预测都带有很大的不确定性，而且越是推测到遥远的将来就变得越不确定。虽然绝对自然稀缺将造成社会危机和灾难性崩溃的说法是不可信的，但是，过分乐观地认为市场过程将自行解决一切稀缺问题的论点同样是荒谬的。因为，市场体系显然是不完备的；市场运作的结果可能与社会、经济、政治目标不相符合；市场不能克服某些形式的自然资源稀缺。

奈特认为风险和不确定性是有差别的。只有当变化及其结果是不可预测的时候，才可能带来特殊形式的收入，这就是利润。只有敢于创新的企业家，才可能创造出乎人们预料的收入，才能带来利润。这种不可预测的变化及其结果，就是不确定性，而风险则是可以被度量的。市场存在的其他不完备性却导致相反的而且更广泛接受的意见，即现在的资源开发为了获取最大化的长期利润。在不完备的市场条件下，一个竞争者为了有利于将来的报酬，要对目前的生产限制到什么程度这个问题上做出最优选择，他需要知道需求、供给和价格的长期变化情况。因此，他必须能够预测世界经济、技术革新的未来状况，预测其他供给者的活动和消费者偏好及生活方式变化。他不能靠把现在可指望的产品留待遥远将来的市场上去出售，来减少围绕未来报酬的不确定性。如果未来市场不明朗，则风险和不确定性很可能推动生产者加速开发已知的资源以获得现期收益。

当我们的行动会产生不可逆的结果时，不完全信息和不确定性对我们的分析就变得特别重要。许多关于环境资源利用的决策的确会产生不可逆的结果，例如，自然荒野地一旦被开发就难以恢复其自然状态。资源与环境的天然依存性，使得资源与环境的公共政策设计成为必须，资源利用的市场失灵天然地为政府干预提供借口。

### （三）自然垄断与市场失灵

#### 1. 自然垄断行业：边际成本还是平均成本

此外，市场系统还需要避开政府的干涉。不言而喻，这样的条件在现实中不存在。从定义上来看，竞争不完善的公司就是大得足以影响其产品最终市场价格的企业。为了长期使其利润最大，它们将限制当前产量以维持价格水平，此即垄断。造成垄断的原因有两个：一是政府的管制或特许；二是产业特性。产业特性造成的垄断，就是自然垄断。水资源的开发利用具有明显的自然垄断特性。自然垄断，指的是某一产业，因生产的规模经济特别显著，以致长期平均成本线 LAC（long average cost）随产量不断下降；或者虽然此产业的规模经济并不显著，厂商的LAC线呈先下降后上升之"U"形，但因社会上对此产品的需求太小，以致市场需求线 $D$ 与厂商的 LAC 线相交于下降阶段。水供给系统有一个共同的特点，就是资本不可分性，水供应能力少量增加在技术上既不可行也不实际，所以只有大量增加才是有效率的。

完全竞争市场和垄断市场的产品需求曲线是不相同的。完全竞争市场厂商所面对的是一条水平的需求曲线，在此价格下，完全竞争的厂商可以销售它所能生产的任意数量的产品。垄断厂商所面对的是一条负斜率的市场需求曲线，表示垄断厂商若想多销售一些产品，势必要降价才能办得到。反之，它如果把价格提高一点，需求量会减少一些，但不至于到完全卖不出去的地步。而且垄断厂商所面对的需求线就是其平均收益曲线 AR（average revenue），对应的边际收益曲线 MR（marginal revenue）位于平均收益曲线的下方。假设垄断厂商的经营目标和完全竞争厂商一样，都是追求最大利润，那么垄断厂商也可以通过调整其销售数量（产量）来达到目的。但是，由于垄断厂商的需求曲线是负斜率直线，故垄断厂商可以通过调整其定价以求得利润最大。无论如何，必须把产量（或价格）定在边际收益等于边际成本的水准上。

从社会角度而言，自然垄断产品如何定价。在此，LMC（long run marginal cost）代表企业的长期边际成本曲线，LAC 代表企业的长期平均成本曲线，LAC 与 LMC 相交于 LAC 线的最低点，此后 LAC 低于 LMC。如果听由垄断厂商自由定价，则其会把价格定为 $P_m$，产量为 $Q_m$；如果以社会资源配置最优为目标，其价格为 $P_c$，产量为 $Q_c$，但会造成厂商的亏损，亏损量为面积 $P_ccbP_l$；如果规定厂商平均收益等于平均成本定价，则其价格为 $P_a$，产量为 $Q_a$，此时厂商生产无任何利润，厂商不会有生产积极性（图 5.6）。综合考虑以上情况，相对边际成本定价和最大利润定价而言，平均成本定价处于次优的位置。

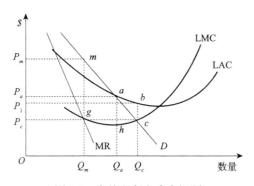

图 5.6　自然垄断之成本问题

首先，从激励机制来考虑。在边际成本定价法则下，政府必须给予企业一定的补贴才能诱使企业投资或继续经营下去，因而企业的预算约束既是不平衡的又是有弹性的。这样，企业就很有可能利用其在成本信息分布上的优势地位，更多地靠与政府监管机构的讨价还价而不是通过积极降低成本来谋取更多的利益。因为企业知道如果上年发生亏损，政府无法确定在多大程度上是边际成本估计偏差以至定价过低还是经营管理不善造成的成本上升。因此，企业可以合理地预期下一年将提高价格或者增加补贴。在这种机制下，企业的经营管理人员不仅不必控制和降低成本，反而可以人为地增加在职消费，从而人为地制造成本。在这个意义上，边际成本定价法具有对成本节约的逆向激励效应。相反，在平均成本定价法则下，由于企业已经能够获得正常利润，因而形成平衡的预算，而企业在这样的硬预算约束条件下，一方面增加耗费会带来亏损；另一方面节约成本可以为企业带来短期超额利润，从而产生促进企业积极降低成本的激励作用。

其次，从测算难度考虑。边际成本定价法的成本测算比较困难。当固定成本不随产出变化时，边际成本是额外一单位产出所消耗的可变成本。固定成本和可变成本的划分不是绝对的，而是随时间变化而不断相互转化。测算涉及的时间越长，更多的固定成本会转化为可变成本。于是，时间跨度的确定成为构成边际成本定价所面临的一个难题。资本不可分性会加大这种边际成本定义的含糊之处。由于资本不可分性的存在，故严格意义上的边际成本便难以计算。

综上所述，平均成本定价法有利于减轻政府财政负担，能够激励自然垄断企业降低成本和促进技术进步，也便于监督机构测算、观察和对比，因而具有较强的可操作性。在平均成本定价法下，自然垄断厂商不会得到超额利润，也不会发生亏损，但平均成本定价法有两个缺点：一是经济效率并未达到最高，造成了社会福利绝对损失 $ahc$；二是在此种定价方法下，平均成本不论高低，都反映在价格上，此时无异于保护低效率之厂商，鼓励生产者浪费资源，从而造成平均成本线向上移动，损害生产效率。平均成本定价和边际成本定价各自有其优越性和难以克服的困难，在政府监督下的自然垄断行业管理成为中国现行制度安排下的可行选择。

2. 自然垄断行业的政府管制

（1）管制的定义。

"管制是由行政机构制定并执行的直接干预市场配置机制或间接改变企业和消费者的供需决策的一般规则或特殊行为"（史普博，1999）。在此，行政机构是指由立法机关设立的，用以贯彻政策目标的政府单位。由于政府管制范围的差异，管制可以分为以下三个类型：第一，直接干预市场配置机制的管制，如价格管制、产权管制及合同规则。第二，通过影响消费者决策而影响市场均衡的管制。消费者的预算组合受税收、补贴或其他转移支付的制约。第三，通过干扰企业决策从而影响市场均衡的管制，包括施加于产品特征之上的限制。对企业投入产出或生产技术的限制导致产品组合方面的制约。管制过程本身是由管制市场中的消费者和企业、消费者偏好和企业技术，可利用的战略及规则组合来界定的一种博弈过程。管制者管制的政策目标是削减由市场力量导致的配置无效率和垄断租金。市场份额集中到某一企业，以及市场需求缺乏弹性是市场力量不完全的表示，也是政府管制的直接理由。

（2）管制之起因。

第一，规模经济与管制。在理论的市场均衡模型中，实现市场均衡及最优化的前提条件如下：技术不显示递增的规模报酬、商品是完全可分的及所有商品都是私人物品。由于规模经济及公共物品特性的存在，市场均衡也许不能明确定义。如果大规模商品生产有递增的规模报酬或商品间存在成本互补，管制者通常通过进入限制防止新企业的过度进入，用价格控制削减由进入壁垒而造成的垄断租金。在不存在沉淀成本的情况下，可以通过特许权配置机制，以保证有规模经济特性的市场的有效运作。如果存在沉淀成本，如不可转换的资本投资及其技改费用，妨碍了经济代理人改变市场条件的选择能力，而且沉淀成本由于风险和不确定性的存在而加强了。在此情况下，费率管制的传统方式就成为必然的了。

第二，外部性和政府管制。由于外部性的存在，意味着资源的配置无法达到帕累托最优。科斯认为缺乏明确界定的产权和存在交易费用造成外部性，从而引致经济无效率。按照波斯纳的观点，市场有效运行的前提是产权的普遍性、完全界定的私有权、可交换性。明确界定的产权体系在正式的市场模型中是不言自明的，没有明晰的产权，则很难想象市场的形成。政府对自然资源的使用有必然的管制责任，但通过政府管制而建立的完整产权，并不能解决公共资源的竞争性使用问题，而必须通过财产法则将使用权转让给最有效的资源利用的团体。

## 第二节 市场失灵的解决途径

### 一、市场失灵的合作解

#### （一）市场失灵的自发解——"囚徒困境"

经济学最重要的成就也许就是证明了受纯粹自利动机驱使的个人能够从交易中实现互利。市场是指由买卖双方自愿和独立决策导致商品和服务均衡价格及数量的状态。市场区别于政府的核心在于相对缺乏强制、相对较强的自由和独立决策能力。政府则通过约束和限制个人行为来达到集团目标。市场和政府的主要区别在于买卖双方自由和资源决定价格和产量的相对程度。自愿行为程度越大，我们说市场起作用越大。政府施加在自愿行动上的约束越大，市场发挥的作用就越小。市场失灵的自发解试图探讨当面临公共物品、外部性、高交易成本和信息不对称条件下，在不诉诸政府强制的条件下，自愿行动如何使市场运转得更好。

共有资源的过度利用被哈丁（Hardin，1968）定义为"公地的悲剧"。面对公共资源，我们可以选择通过出卖私有化公共资源，或者保持公地的国家所有，但通过分配进入权利控制对资源的利用。这种对于进入的控制可能基于资源基础，也可能通过使用权的拍卖、赠予。在哈丁看来，资源的私有化和国家所有都不能解决公共产品资源的过度利用问题。哈丁的"公地的悲剧"通常被概括为"囚徒困境"（Models，1975；Lomborg，1996）。私利与集体利益冲突的经典案例是"囚徒困境"（表5.1）。

**表5.1 "囚徒困境"**

| （A，B） | 保持沉默 | 坦白 |
|---|---|---|
| 保持沉默 | （−1，−1） | （−30，0） |
| 坦白 | （0，−30） | （−15，−15） |

显然，如果从个人的私利出发，每个行为人的最优选择是坦白，两个行为人都坦白的均衡结果是（−15，−15）。如果他们能够合作，他们能将结果推进到双方都保持沉默的情形，使得被监禁的总和最小，或者集体利益最大化，即每个人在监狱里监禁一年，（−1，−1）是两个行为人合作条件下的最优结果。在每个囚犯看来，结果是不受控制的，每个人只能从基于明显的私人利益选择坦白。两个人由于缺乏合作的激励，难以促成合作结果。如何解决私人收益与社会收益最大化之间的矛盾，关键在于如何促使人们从"搭便车"行为人向合作转变。

对于"囚徒困境"的一般的解释是，在非排他性公共物品的情况下，"搭便车"会阻止合作。心理学家丹尼尔·卡来曼指出，"这里存在每个人都总是'搭便车'的假设，但事实并非如此"。大多数研究人员认为，反馈、学习和重复博弈能够揭开"囚徒困境"的枷锁。"囚徒困境"的主要限制：假定决策是一次性的，而事实上我们能够从重复决策中吸取教训。今天，人们有很多理由对合作持乐观态度。首先，许多集体行动问题都是动态的。一个重复的"囚徒困境"允许局中人从其他局中人处获得反馈信息，并据此采取措施。先合作，然后采取一报还一报的针锋相对的策略。其次，在潜在集团中可能形成联盟，只要这些联盟超出某个最低规模，并且成本收益比具有吸引力，则合作解就可能出现。

　　如果由相同的博弈者重复进行相同的博弈，合作解作为博弈的特级博弈的结果而出现。即使在博弈者之间缺乏直接的沟通的情形中，只要每个博弈者都选择一种特级博弈策略，从而将每次博弈的结果与对方的博弈策略相连接，那么也会为合作解的出现提供可能性。实现合作解的另一个策略方案如下：只要一个博弈者采取合作策略，那么，其他博弈者的跟随的最优策略是合作，并且对随之而来的博弈者转向其他合作策略的背叛者实施惩罚。各种实验性研究已经发现，"囚徒困境"博弈中合作解的出现，取决于参与者的数量、博弈的次数，以及相对于非合作结局的损失和合作的收益对比。

　　Olson（1965）首先向组织理论提出挑战。他认为拥有共同组织目标的个人不会自动地实现最优的组织目标。只有在小规模的组织内部，个人才会自愿地提供公共产品-合作行为以实现共同的组织目标；在大规模组织内，如果没有有效的激励机制，自利的行为人不会自愿实现共同的组织目标。在 Olson 看来，组织内成员的数目和激励机制是实现公共目标的前提条件。尽管 Olson 强调组织规模和私人激励机制对合作行为的影响，Ostrom（2000）却集中在不同因素对于组织内合作行为的影响。通过广泛的经验研究，她发现在不同国家合作行为充分发展的组织内有八大特点：清晰界定的组织边界；占有规则和当地条件的适应性；合作选择行为安排；监督机制；渐进的处罚机制；冲突解决机制；权利的界定；有充分发展的供水组织的发展。内在的合作规则的建立是合作行为充分发展的主要条件。

　　在 20 世纪 20 年代后期，有许多关于合作行为研究的相关文献。Heckathorn（1988）提出，"许多社会组织受制于合作监督，包括对于不合作的惩罚和对于合作的奖励"。除了合作监督之外，Heckathorn（1993）提出，组织的异质性、合作行为和合作规则有紧密关系，这些组织的异质性包括个人对公共产品的兴趣，"这些异质性依环境条件不同，可能会促进或者阻碍合作行为的发展"。

　　作为理性、自利的经济行为人会选择非合作策略以实现自身福利的最大化。在简单的"囚徒困境"模型中，由于对经济行为人沟通的限制，故行为人之间难以建立有约束力的合约。由于建立有约束力合约能力的缺乏，每个人都会选择其利润最大化策略——违约。建立有约束力的合约是实现合作行为的必要条件。行为规则的公正性和个人在公共产品生产中效力在合作行为中发挥着重要作用。第一，个人对于公共产品生产的效力对组织内其他成员的贡献有潜在影响；第二，沉淀成本，换句话说，合作行为的初始贡献会引致组织内其他成员的预期的合作行为；第三，行为人必须明确确认自己是可区别的合作行为的一员。Macy（1991）认为，"合作趋向是长期以来社会行为规则的结果"，这种有利于社会的行为规则是合作行为的结果而不是合作行为出现的原因。总的来说，社会行为规则和内部合作规则对于组织内合作行为是十分重要的先决条件。经典的"囚徒困境"是对从私利出发的两个独立行动的当事人如何注定不合作，并给双方带来极大损害的负和博弈的一个演绎。如何有效控制公共产品资源的开采利用以实现社会的可持续发展是一切社会在任何时候都必须面对的首要问题。

### （二）作为自愿解决方式的俱乐部

布坎南（Buchanan，1965）提出俱乐部产品的概念，俱乐部产品解释为什么俱乐部这种合作安排可能是一种有效率的组织某些纯公共物品的方法。俱乐部是一个自愿地同意提供公共物品并只用于他们自己消费的个体集团（穆勒，1999）。当公共物品的供给者能够低成本地排除对没有做出贡献的公共物品的消费时，就潜在地存在着一个自愿地提供该物品的俱乐部。俱乐部产品通常具有排他性，易于排斥不付费的人使用。他们也可以在消费上有竞争性，在某个点之前，新成员的进入能够降低其他成员承担的平均成本，但随着规模的扩大，使用者就会在空间和时间上存在竞争，从而降低使用者的边际收益。

假定俱乐部产品的固定成本为 $F$，而且不同成员之间平均地分摊固定成本，那么对于第一个消费俱乐部产品的会员而言，第二个消费者的进入就会降低第一个消费者承担的固定成本，从而第一个消费者的边际收益为 $F/2$，依此类推，从新成员加入获得的收益就是额外的固定成本分摊的节约（图 5.7）。而且可以不失一般性地认为，新成员的边际成本在俱乐部规模比较小的前提下是负的。最优俱乐部规模由其边际收益与边际成本的交点确定。

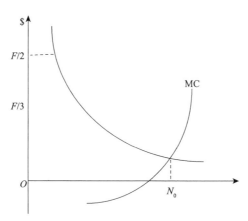

图 5.7　最优俱乐部规模的确定

俱乐部物品具有三个特征：第一，只有那些想得到这种物品并能够付费的人才会选择加入俱乐部；同时，它还必须能以相当低的成本排斥他人。第二，非纯粹公共物品存在拥挤现象，仅有有限数量的会员有加入某一俱乐部的激励。第三，当会员人数超过随物品有极大变化的有效成员规模时，形成新的俱乐部是有效率的。最大化个人效用是个人加入俱乐部的激励。效用可能来自物品的使用、分摊生产成本及享有会员资格。

### （三）私人提供公共物品——人们为什么不"搭便车"

集体行动的逻辑意味着大集团成员在匿名的引身衣后面有"搭便车"的强烈愿望。按此逻辑，人们不会自愿支持那些不用负担成本就可获得其利益的活动，所以似乎只能政府提供。事实上存在大量私人提供的公共物品。第一，为什么存在捐赠：对捐赠的解释有两个学派：一是曼库·奥尔森的理性选择方法，认为人们提供公共物品是为了获得某种私人物品或选择性激励。二是利他主义行为。按照利他主义的观点，分享意识是一种强有力的大众黏合剂，人们愿意为此放弃收益。

第二，为什么存在非营利组织：第一种解释是居民对现存公共部门产出或甚至对提供这类产出感到不满，非营利组织作为满足公民需要的一条途径而出现。存在非营利组织的第二种解释是契约失灵的思想。按此观点，潜在的捐赠人担心营利性企业不能确保未来他们所合意的产品和数量。在捐赠人眼里，捐赠基金的使用和生产力极不确定。考虑到不确定性，非营利组织必须把净利润留下用于再投资，而不是将其分配给经营者、工作人员或股东。

第三，利他主义，即当其他人从改进的后果中得到效用时，自己也获得效用。斯科菲尔德在概括有关合作问题的研究时指出，反应的可预测性对合作是决定性的：支撑合作问题的基本理论问题是他们相互获得对方偏好和可能行为信息的方式。既然每个人不但拥有他人偏好的信息，而且也知道他人拥有对自己的偏好和策略的知识，所以，这是一个共同知识问题。这种知识的可预测性最有可能通过国家或社区的出现，通过达成成员共有的规范和自愿的互动实现合作。

各种不同形式的自愿行为或许可以对付公共物品问题，也就是可以带来更有效率、更为平等的结果，但自愿行为用作解决市场失灵问题面临两大难题：一是公共物品提供过程中对于非俱乐部成员的监督十分困难的话，策略性行为导致的"搭便车"会造成集体行为无效率。二是达成和实施市场交易的交易费用太高。经济学中的自利逻辑表明，如果"搭便车"和高交易费用的结合能够消除合作行为，那么只会导致非效率结果；该逻辑的另一个方面表明，尽管有"搭便车"的可能，却仍然存在大量自愿解决方法，但自愿行为总体上不足以帮助解决所有的市场失灵问题。

## 二、资源配置的政府失效

渊源于马克思《资本论》等著作的传统社会主义计划经济体制设想未来的社会主义经济是由"社会"直接配置全部资源。按照这个设想，不存在交易与交易费用；不存在市场配置资源方式的价格不均衡或供求不均衡形成的生产费用的浪费；不存在外部性，这是资源配置费用最少因而也是最优化的资源配置方式。为了弥补市场的缺陷和纠正市场失灵，政府在社会经济生活中扮演着公共物品的提供者、负的外部效应的消除者、收入和财富的再分配者、市场秩序的维护者和宏观经济的调控者等角色。

许多环境资源都是非私有的，并且具有公共产权或开放性的特征，其所有权一般不健全或根本就不存在。在这种情况下，多种因素可以造成此类资源的无效率利用，最主要的问题在于此类资产的产权不明，资源的开发利用者难以得到预期的投资回报。在不存在排他性产权的情况下，往往存在公共产权或开放产权。对于资源与环境，应该区分"公共产权资源"和"开放性资源"的差异。对于公共产权资源却有可能实现有效配置，虽然这种情况很少。对于开放性资源，市场自身不能实现资源的有效配置。在缺乏制度规范的情况下，经常会发生对这类资源的掠夺性利用。

由于公共产权资源问题与资源的长期利用有密切的关系，并且这是许多公共可再生资源的特征。通过消除或缓解市场失灵，政府干预提供提高效率的可能性。首先，许多环境资源缺乏明确清晰的产权，如果政府能够制定或维护适当的制度安排以建立或支持产权，就能够提高效率。在已经存在产权但实施产权的成本非常高的情况下，通过健全法律和司法结构以纠正外部性造成的损失可能是一种高效经济的手段。如果在效率的基础上一种制度安排能够使提供具有正效益的公共物品或产生正的外部性的供给者得到适当的补偿，那么这种制度安排是值得尝试的，因为这些正效益或正的外部性无法在市场交易中自动反映，但是设计实现这些目标的手段途径是很困难的。由于各种法律、文化和制度原因，市场潜能是不完善的，除非文化道德支持讨价还价制度取代市场交换，否则外部性就可能增加。

政府干预可以采取提供信息或资助能降低不确定性和增加社会知识总量的研究活动的形式。如果一些研究活动具有公共物品的特性，那我们就有充分的理由开展这些研究或得到公共部门的资助。20 世纪 30 年代以前，传统经济学描绘了一个完全竞争、市场制度能自动使社会资源有效达到最优配置的完美世界。但是 30 年代的危机打破了传统经济学的市场无所不能的美妙幻想，使人们普遍认识到市场制度的缺陷。自此之后，以凯恩斯为首的主流经济学家们，把政府当作市场制度的合理调节者和干预者作为根本信条。但是，随着政府对市场干预的增强，政府干预的局限性和缺陷也日益显露出来，政府财政赤字与日俱增，且不可避免，大量政府开支落入特殊利益集团的私囊，政府的社会福利计划相继失败，经济停滞膨胀。在具体实践过程中，各个国家依据本国不同的实际情况，在处理政府与经济发展关系中采取不同的理念模式，如美国的自由资本主义发展模式、德国的社会市场发展模式、瑞典民主社会主义发展模式、日本模式及东亚的政府主导型发展模式等。不同的政府干预经济的模式对各个国家政治经济及社会发展产生不同的影响。

然而政府既要保证市场运行的外部条件，又要作为市场机制的补充，不可避免地造成现实的政府失效。布坎南指出：国家不是神的造物，它并没有无所不在和正确无误的天赋。“政府失败”是指国家的活动并不总像应该的那样或像理论上所说的能够做到的那样“有效”。政府失效表现如下。

第一，公共政策失效。政府对经济生活干预的基本手段是制定和实施公共政策，以政策、法规及行政手段来弥补市场缺陷，纠正市场失灵。然而公共决策本身的复杂性和困难及公共决策体制和方式的缺陷，信息的不完备、公共决策议程的偏差、沉淀成本等对合理决策的制约，往往造成公共政策失效。

第二，公共物品供给的低效率。导致公共机构提供公共物品低效率，尤其是官僚机构低效率的主要因素如下：一是公共物品评价上的困难。官僚机构提供公共物品所追求的是社会效益，而非经济效益，社会效益的衡量缺乏准确的标准和可靠的估算方法及技术。同时，要合理确定社会对某一类公共物品要求的数量、提供公共物品的政府机构的规模以及对这些机构绩效的评价是困难的，甚至是不可能的。二是公共机构尤其是政府部门垄断公共物品的供给，缺乏竞争机制。三是监督机制的缺陷。政府官员的行为必须受到立法者、公民的政治监督。现有的监督机制是不健全的，尤其是监督信息的不对称、不完备，使得对政府的监督徒有虚名。立法者和选民都缺少足够的必要信息来有效地监督公共机构及其官员的活动，被监督者比监督者拥有更多关于公共物品及服务方面的信息。监督者完全可能被受监督者操纵，后者有可能主动实施某些有利于自身利益而损害公共利益的公共政策。

第三，内在性和政府扩张。公共机构尤其是政府部门及其官员追求自身的组织目标或地方利益而非公共利益或社会福利，这被人们称为内在性。正如外部性被看作市场缺陷和市场失灵的一个重要原因一样，内在性被认为是政府失败的一个基本原因。正如英国经济学家帕金森在 1957 年出版的《帕金森定律和公理中其他问题研究》一书中所指出的，无论政府的工作量是增加还是减少（甚至无事可做），政府机构及其人员的数量总是按同一速度增长。在现代国家中，公共行动费用的分散性和利益分配的集中性，是国家机构及其职能膨胀的重要原因。

综上所述，环境问题产生的原因可以归纳如下（图 5.8）。

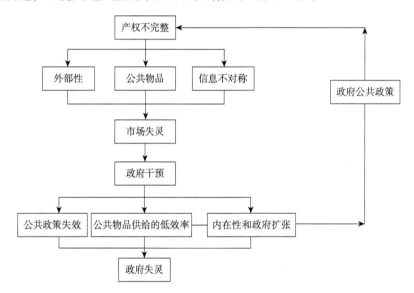

图 5.8　环境退化的原因及可能的解决途径

对于市场而言，发挥效率和竞争作用的前提条件如下：

- 产权的可交换性；
- 经济行为范围的规则；
- 立法的确定；
- 价格形成规则的建立；
- 关于责任的习惯；
- 对过失的惩罚。

对已经存在的市场使用财政激励计划是比较合适的，但是由于这样或那样的原因，也可能不能达到预定的效率目标。即使一定水平的供给是社会所需要的。然而对于许多物品，尤其是公共物品的市场供给可能是无效的。在市场不存在的情况下，完全的计划配置或完全的私有化，都不能实现资源的最优配置。新制度经济学给政策制定者开出一个巧妙的配方，制度是实现资源最优配置的唯一选择，资源与环境管理的公共政策设计与选择是政府制度安排的应有之义。因为正是权利与物品的特性紧密相关，权利冲突的解决决定着资源与环境利用的效率。要弥补市场制度与政府干预的缺陷，必须进行非市场决策的经济研究，从而用相应的政治制度来完善市场交换的不足。政府干预由各种规章制度形成，可以分成两类：一类被称为行政工具如规章制度的限制，对特定行为的限制或规范；另一类是财政工具，如税收和补贴制度及市场许可，目的是建立对私人行为的激励模式。在第七章我们将深入讨论这些政策工具的设计问题。

## 第三节　资源与环境管理的公共政策设计

### 一、公共政策的内涵

布坎南等创立公共选择理论，旨在探讨如何通过公共政策设计以克服政府干预的局限和缺陷。"大体上从 1948 年以来，公共选择作为一个独立的研究领域而发展起来了"（穆勒，1999）。经济学作为一门交易科学，其特定的研究主题就是人们在市场关系中的行为；公共选择理论则把经济学的这一方法运用于政治学研究，它所展现的政治交易是个人、集团之间出于自利动机而进行的一系列政治市场上的交易活动过程。公共选择理论把经济学的方法论运用于政治学科领域的研究，方法论上的个人主义、经济人及看作交易的政治交易活动是公共选择理论的三个构成要素。

熊彼特认为，政治市场上的"一切行为都是人的行为，当个体成员的行为被排除以后，就不会有社会团体的存在和现实性"。人是自利的、理性的效用最大化者，而政府只是在个人相互作用基础上的一种制度安排（穆勒，1999）。所以，政府并不是一个抽象的、以社会全体福利最大化为目标的实体，政府的行动反映追求自身利益的各种经济主体的利益关系，政府为这些利益关系去做出决策，这一决策过程是受政策决定者或者集团目标所驱使的。所以，在公共选择理论体系中，"公益""社会正义"等这些暧昧的概念是不存在的。"人是自利的，效用的最大化，在市场中是如此，在公共领域中也是如此。当个人由市场中的买者或卖者转变为政治过程中的投票者、政治家、纳税人或官员时，他们的品行不会发生变化"。可以说，公共选择把个人的目的性放在首位，用个人的行为目的来解释政治过程，它展现的是政治过程中的个人主义理论。

公共选择理论以经济人的假定为基本出发点，探讨在政治领域，经济人行为是怎样决定和支配集体选择行为，特别是对政府行为的集体选择所起到的制约作用。公共选择论认为承担政府决定的结果的人就是选择决策的人。政府政策是国家或政府解决各种经济问题的行动指南。经济政策，实际上是国家在政党和各个利益集团的压力下所采取的经济行动。经济政策选择过程实际上是一种政治行动，是国家或政府的经济意志的体现。国家通过各个不同层次的经济政策的贯彻、实施，来指导、调控或干预社会经济生活的各个方面，引导整个国民经济和社会发展计划，实现既定战略目标。制度是影响人们经济生活的权利和义务的集合，国家则是制度供给的最大者，是公共政策的制度安排的提供者；公共政策本质上是关于规定个体和集体选择集的制度安排的结构；为达到特定目标的经济干预经常要求制定一系列结构性的组织制度，这就形成"政府失灵"的可能性，有时也称之为制度陷阱。

任何一个经济体制的基本任务就是对个人行为形成一个激励集，由此鼓励发明、创新和勤奋，以及对别人的信赖并与别人进行合作。不同的政治体制会选择不同的方式方法来设计这些激励机制，如果能够找到办法鼓励个人勤奋工作，从事生产性活动，以及长期保持清醒的头脑来进行经济决策，那么集体利益很可能得到增加。个人和集团有希望实现的经济利益，并由此通过集体行动形成制度安排，他们确信这些制度安排将有助于他们实现自己的利益。从制度变迁的角度来看，公共政策是经过公共选择的一种特殊的公共物品——正式的制度安排，本质上是关于规定个体和集体选择集的制度安排的结构。公共政策本质上是关于规定个体和集体选择集的制度安排的结构的一项制度安排。在制度变迁中，由不同体制、权利安排和组织设置而获得的额外收益就是"租"，这是公共政策存在的理由；政府和利益集团是制度变迁中的两个典型的组织；政府创租和利益集团寻租是两个不同的公共政策政治交易过程，表现为公共政策议程；有效率的公共政策选择依赖于制度结构，是制度结构赋予成本和收益以意义。

政治与经济领域的相互依赖为"租"以及与租相关的"寻租"活动提供可能。个人效用最大化表现在经济交换中是寻利，表现在政治交易中是寻租。在有秩序的市场结构中，在亚当·斯密的"看不见的手"的引导下自利的经济行为能够带来外部经济效果；然而，政治领域的寻租活动会造成外部不经济，有人也称这为"看得见的脚"。租与寻租直接同政府在经济中的活动范围和区域有关，同国营部门的相对规模有关，也就是同公共政策有关。租是政府干预，也就是公共政策实施的结果。租的形成归根于政府对自由的市场经济的公共政策干预，只要政府行动主要限于（即使不是全部限于）保护个人权利、人身和财产并实施自愿议订的私人合同，那么，市场过程就支配经济行为，租将因竞争性的进入而消失。

公共政策的本质是关于规定个体和集体选择集的制度安排的结构。出现制度非均衡，人们就会需要新的制度安排，如果要利用国家，就产生公共政策的选择问题。公共政策有两个中心概念：首先，决定社会可接受的制度安排（所有权结构），这些制度安排限制又解放在操作层次上的个人行动；其次，寻找自发决策与集体决策之间的界限。第一种选择的决定因素，包括我们希望在什么样的世界中生活，谁参与这一选择以及对各阶层的偏好的权衡；第二种选择的决定因素，包括对不同的可供选择的所有权结构的操作效率的考虑以及犯错误可能成本。

制度安排确定在哪一层次，主要取决于两个因素：第一，每种层次安排中各自收益和成本的比较状况；第二，在制度安排中受影响团体相对的市场和非市场力。国家在使用强制力时有很大的规模经济，作为垄断者，国家可以比竞争性组织以低得多的费用提供一定的制度服务，国家在制度实施及组织成本方面也有优势，因此，国家是最大的制度供给者。对某个主体来说，如果在现有制度中无法获取某种收益，即存在额外收益，也就是租时，如果制度变迁的收益大于制度变迁的成本，就会导致主体通过国家进行权利的再安排，这就是公共政策存在的理由，也是公共政策选择的动力源泉。关于公共政策选择设计，或者公共政策变化的原因，不同学派有其不同的观点和理由。

## 二、制度变迁与公共政策

由产权理论观之，任何物品和服务，如果没有与之相关联的权利规定，是没有现实意义的。交换在本质上不是物品和服务的交换，而是一组权利的交换；所交易的物品价值，也就取决于交易中所转手的产权多寡或产权强度。人们可以通过变更权利变更商品的价值，而国家决定了权利，因此，国家必然成为不同主体或利益集团控制的目标。建立在价格接受行为的市场模型，实质上是一个权利接受行为模型。既然决定利润和成本的市场价格是权利的函数，那么这个模型仅在特定的权利结构背景下才有意义。事实上，在政治经济的交易模式下选择有两个层次：一个层次关注的是在给定制度结构下的资源配置决定；另一个层次关注的是制度结构选择本身。

制度安排至少有两个目标：一是提供一种结构使其成员的合作获得一些在结构外不可能获得的追加收入；二是提供一种能影响法律或产权变迁的机制，以改变个人（或团体）可以合法竞争的方式。在决策各方面的初始谈判力量给定的条件下，制度的功能在于促进政治和经济的交换。现存的权利结构（以及它们的实施特征）确定游戏者现存的财富最大机会，同样的游戏者会发现将资源用于改变政治团体的基本结构以进行权利的再安排是值得的。诺斯认为，政治规则通常决定着经济规则，政治规则并不按效率原则发展，它受到政治的、军事的、社会的、历史和意识形态的约束。政治规则导致相应的经济规则，产权的单个合约是通过政治决策来界定和实施的，但是经济利益的结构也影响政治结构。"产权制度和实施产权的程序是一种萨缪尔森所说的公共物品"（穆勒，1999）。产权理论认为商品的交换是权利的交换，是权利决定交换的价值。布罗姆利（1996）认为，制度决定了个人的选择集，个人的最大化行为仅仅是被界定在选择集中的一种最大化选择。效率是在一定的制度安排假定下的人为的东西。

制度变迁在更大程度上是国家对个人的强制，或者是那些能使国家为其所用的人对他人的强制。人们对于制度安排是有偏好的，就像他们对在一定的制度安排下做出的选择有偏好一样。既然经济主体是在既定的制度结构下进行选择的，那么选择的结果是由占主导地位的制度安排引起的相互作用的类型导致的。效率总是依赖于制度结构，是制度结构赋予成本和收益以意义并决定这些成本和收益的发生率。利益代表个人受特定结果影响的程度，当他们对现状强烈不满，即某些利益受损或一个额外的收益在现存制度结构下不能获取时，他们就采取集体行动，试图使他们的利益转化为对新的公共政策的需求，并最终转化为国家承认的权利。利益转化为权利的这一过程正是制度变迁的本质。这一个过程表现为一个政治交易过程，其成本表现为交易费用。

根据布罗姆利（1996）的观点，市场中存在两类交易：商品交易和制度交易。商品交易是关于物品和服务的买卖；制度交易是关于商品流通的有规则的市场过程的秩序、结构、稳定性和可预测性。在对新的经济条件做出反应的过程中发生的这些意在确立新的制度安排的活动，我们称之为制度交易。那些发生在一个既定的制度结构中的活动，则可看作商品交易。制度交易的结果是一个特定的制度安排结构，它界定商品交易将发生的领域。制度界定独立的经济行为者在现状中的选择领域；界定个体间的关系；指明谁对谁能做什么。制度安排决定个人和集团的选择集。选择集的界定以及不断修正是通过制度交易进行的。这样的制度交易会产生新的制度安排。制度交易将决定商品交易的性质和范围，在任何时候，经济条件在决定制度交易的发生以及制度安排的出现过程中将起到重要的作用。

制度交易类型，包括提高生产效率的制度交易、重新分配收入的制度交易、重新配置经济机会的制度交易和重新分配经济优势的制度交易（布罗姆利，1996）。首先，提高生产效率的制度交易是为了增加净国民收入。这些制度交易所导致的生产效率的提高并不是由社会效用函数或社会福利函数的变化驱动的，这些变化是由相对稀缺性（价格）的变化而不是偏好、态度或者口味的变化驱动的；而重新分配收入的制度交易关注的是改变收入分配的制度环境的变化。收入的变化随着时间的推移最终会改变经济中资源的配置。

其次，重新分配收入的制度交易是建立在社会福利函数的变化而不是相对稀缺性的变化或者社会对产品组合的效用的变化基础上的；重新配置经济机会的制度交易的政策目标直接出现在决策者的效用函数中，而不是政策手段。经济机会只是以不同于现状的方式进行配置，但经济仍然和过去一样有效率。

再次，重新配置经济机会的制度交易或者起因于社会效用关系的变化或者起因于社会福利考虑的变化；重新配置经济优势的制度交易不是根基于社会福利函数的设定，也不是基于社会效用函数的新形式。

最后，重新分配经济优势的制度交易完全是对福利的重新分配。寻租作为重新分配经济优势的特殊例子，通过减少社会总福利进一步说明这一问题。

经济思想的一个意义重大的进展是对试图理解、说明和预示经济条件变化的本质和范围产生新的兴趣。因为经济条件是由社会中的制度安排决定的，所以人们发现经济条件本身与制度变迁密切相关。制度变迁总是源于制度需求。按照布罗姆利的制度变迁观点，制度交易是对新的稀缺性、新的技术性机会、收入或财富的再分配和新的爱好与偏好保持一致的收益成本对比的结果。导致制度交易的偏好会增加特殊集团的利益，作为要求，它会反对现行的制度结构。拉坦认为制度变迁的需求是由要素与产品相对价格的变化以及与经济增长相关联的技术变迁引致的。相对价格的变化包括要素价格比率的变化、信息成本的变化、技术的变化等。诺斯和托马斯对欧洲中世纪历史进行深入研究，认为制度变迁是由人口对资源赋予的压力增加引起的。舒尔茨在考察最近的经济史时，指出人的经济价值的上升是制度变迁的主要原因。拉坦则认为技术变迁所释放的新的收入流是制度变迁的一个重要原因。

制度变迁是利益、权利和权力再分配的过程。正如阿尔钦所说："……在本质上，经济学是对稀缺资源产权的研究……一个社会中的稀缺资源的配置就是对使用资源权利的安排……经济中的问题，或价格如何决定的问题，实质上是产权应如何界定与交换以及应采取怎样的形式的问题。"产权的本质是一种排他性的权利，在暴力方面具有比较优势的国家处于界定和行使产权的地位。国家对合法使用强制手段具有垄断权的独特地位，决定国家在制度变迁中是一种重要的制度创新的组织，表现为一系列公共政策的制定。于是，寻租就成为竞相通过政府的公共政策行为竭力改变法律规定的权利的过程。

制度变迁是公共政策存在的理由。当出现制度非均衡时，由于现行制度安排和制度结构的净收益小于另一种可供选择的制度安排和制度结构，也就出现额外收益租，新的制度安排的需要就会产生。引起制度非均衡的原因如下：①相对产品和要素价格；②宪法秩序；③技术的改变；④市场规模；⑤一个社会中各团体对收入预期的改变会导致它们对建立新制度安排的收益和成本评价的全面修正。国家是最大的制度供给者，表现为一系列的公共政策输出。因此，如何通过国家把公共政策要求转化为公共政策的制定，就成为一个复杂的政治交易过程，也就是公共政策议程。

无论如何，制度供给面临众多约束，具体包括：①正式制度的约束，如既定宪法秩序；②非正式制度的约束，如习惯和意识形态制约；③制度供给成本，包括文化和社会科学知识的稀缺性程度、新制度的设计和实施成本等。相对价格的变化，改变人们之间的激励机制，而讨价还价能力的变化导致重新缔约的努力。但是并不是相对价格的任何变化就必然导致制度变迁，有些时候，相对价格的变化只是导致既定制度规则某些条款的修改。新制度经济学认为，制度变迁的充分条件是制度均衡的打破。制度变迁本身是要消费资源的，制度均衡只是说在现有条件下投入资源改变现存制度安排收益小于成本。归结起来，有四种因素能引起制度不均衡，即制度选择集合改变、技术改变、制度服务的需求改变、其他制度安排改变。制度均衡被打破的根本诱因在于已有制度的安排下无法获取的外部利润的出现，以及随着人们讨价还价能力变化而导致的外部利润（或者外部成本新负担）重新分配的经济机会的出现。

## 三、公共政策制定

### （一）公共政策制定的三个层次

公共政策议程就是将问题纳入政治或公共政策机构的行动计划的过程，它提供一条公共政策问题进入公共政策过程的渠道和一些需要予以考虑的事情。从制度变迁的角度来看，公共政策是经过公共选择的一种特殊的公共物品——正式制度安排，本质上是关于规定个体和集体选择集的制度安排的结构。

公共政策制定过程包括三个层次：政策层次、组织层次和操作层次。在民主制度中，政策层次由立法和司法机关代表，组织层次由行政机关代表。联系政策层次和组织层次的法规可以被称作制度安排。操作层次的操作单位——企业和家庭，其日常行动形成了某些可观察到的结果。行为主体在操作层次上的选择范围是由政策层次和组织层次上的制度安排决定的（布罗姆利，1996）。

新制度主义认为国家的最基本的目标有两个：一是界定形成产权结构的竞争与合作的基本规则，使统治者的收入最大化；二是在第一个目标的框架中使社会产出最大化。

虽然二者具有一定的冲突，但由于竞争的压力和产出最大化的基础性地位，追求产出最大化仍然是个根本性、长期性、方向性的目标。政府提供新的制度安排的能力和意愿是制度变迁的主导因素，而这种能力和意愿主要取决于一个社会的各既得利益集团的权力结构或力量的对比。只要统治者的预期收益高于其强制推行制度变迁的预期成本，政府就会制定公共政策，提供新的制度安排。

政府创租是一种强制性的制度变迁，它由政府命令和法律等公共政策来实现。作为垄断者，国家可以以低得多的费用提供一定的制度性服务，而且在制度实施及其组织成本方面也有优势，能以最短的时间和最快的速度推进制度变迁。政府创租的制度变迁的特征表现如下：①在政府主体与非政府主体参与制度安排的社会博弈中，由于政府主体在政治力量与资源配置权力上均处于优势地位，故政府主体是决定制度供给的方向、形式、进程及战略安排的主导力量。这种优势地位又取决于政府集权的程度、财力集中的程度及政府在国民中的威望等因素。②由于目标函数与约束条件的差异，政府主体与非政府主体对某一新的制度安排的成本与收益预期制度安排的成本与收益差异，这就难以避免非政府主体对制度需求与政府主体对制度供给的差异，即存在制度供求上的矛盾。在这种情况下，只有重新调整利益结构，改变政治力量对比，才能增加制度供给，更好地贯彻实施公共政策。

政府创租受许多因素的制约，包括制度设计的成本、现有的知识积累、实施新安排的预期成本、宪法秩序、现存制度安排、规范性行为准则、公众的一般看法和居于支配地位的上层强有力的决策集团的预期净利益。为了更好地实施公共政策，它必须寻求大众的支持，面临的问题是如何从政府议程进入大众议程。

### （二）公共政策的选择标准

公共政策有两个中心概念：决定社会可接受的制度安排（所有权结构），这些制度安排既限制又解放在操作层次上的个人行动；寻找自发决策与集体决策之间的界限。第一种选择的决定因素包括我们希望在什么样的世界中生活、谁参与这一决策及对各阶层的偏好的权衡；第二种选择的决定因素包括对不同的可供选择的所有权结构的操作效率的考虑及犯错误可能造成的成本（布罗姆利，1996）。公共政策的本质是关于规定个体和集体选择集的制度安排的结构。因此，政策问题关注的是那些制度安排上的变化。制度安排是从政策层次和组织层次中产生并进而决定了操作层次的最基本行为者的选择集。参与者、决策方式和选择标准是集体选择的关键要素。

参与集体选择通常是自愿的，但除非有让人参与的社会压力、公民荣誉或获益前景，否则自愿意味着没有参与者。

集体选择的第二个要素是决策方式，这些方式多种多样。既包括高度独裁的集权社会，独裁者可以做出所有重要决策，也包括大家同意以市场作为分散化决策方式，由个人选择他们买什么，以及主要依赖于才能或专门知识，从通常在技术或科学方面有专业知识的人那里获得忠告；一致同意是做出集体决策的另一种方式；做出集体选择的另一种方式是通过代表，即通过挑选出的代表代表我们进行决策。

集体选择的两个标准：一是经济效率；二是公平。当效率和公平这两个标准在某一议题上不能在相同方向起作用时，在进行集体选择时，必须经常进行效率和公平的取舍。张有光教授提出了一元即一元的公共政策主张，认为应该对所有人的收入采取一视同仁的态度，而把追求平等的任务留给一般性的税收/转移支付体系去完成，因为利用一般性的税收/转移支付体系来实现平等目标是更有效率的。因为在具体政策上追求平等会扭曲当事人的特定选择，从而造成额外的效率损失。在公共政策的研究中，只有一个性质上称得上是得到了某种程度的普遍共识，这就是只要有一个人的效用有了提高而没有任何人的效用水平下降，就应该认为社会福利增加了。

### （三）投票规则的选择

有人受益而无人受损一定是社会福利改善的一个充分条件吗？公共选择问题的核心是如何将个人的自利行为导向公共利益的政治秩序，关键是把个人偏好转化为社会决策的机制或程序的选择。包括通过全民投票或者指定代表的间接方式，显示公民对公共物品的数量和质量的偏好。因此，在选民和国家之间必须插入一个媒介——选举制度。选举制度规则包括一致同意原则和多数通过原则。一致同意原则是指一项集体行动方案，只有所有参与者都同意，或者至少没有任何一个人反对的前提下，才能得到通过的表决方式，也就是说每个参与者都享有一票否决权。多数通过原则是在多数决定的规则下，一项决定能否通过取决于能否得到某一多数比例的参与者的支持，因此多数通过原则只是在调和投票人中多数人的偏好，和一致通过原则相比可以大大的节省时间。

公共决策投票的阿罗不可能定理给出投票规则的选择困境。加总投票方式应该是明确和一致的，所涉及的是这种方法是否会有可预测的结果。假设城市所拥有的一块空地可用于三个相互排他的用途。一个作为街心公园，一个作为城市停车场，一个作为青年活动中心，分别称这些用途为 $X$、$Y$、$Z$。现在假定社区的选民被分为三个组（$V_1$，$V_2$，$V_3$），下面是按递减顺序排列的偏好：显然，每种用途都仅有三分之一的选民最为满意。集体选择文献将这种结果称为阿罗问题、投票悖论或循环投票。它显然存在问题，当有两个以上的选择方案时，没有任何固有的或被证明过的优势。

| $V_1$ | $V_2$ | $V_3$ |
|---|---|---|
| $X$（公园） | $Y$（车场） | $Z$（中心） |
| $Y$（车场） | $Z$（中心） | $X$（公园） |
| $Z$（中心） | $X$（公园） | $Y$（车场） |

多数人投票和排列顺序投票这两种方法所存在的问题是，它们的结果可能受机敏的经济行为人所操纵。多数人投票方法可以因为改变投票表决的顺序以得到合意的结果而受到操纵。排列顺序投票方法可以因为引进新的选择改变了有关选择的顺序而受操纵。事实上，阿罗不可能定理说明：如果一个社会的决策机制满足以下条件，那么它必然是一个独裁，即所有的社会偏好顺序就是一个人的偏好顺序。

- 当任何一组完全的、反身的和传递的个人偏好集给定时，社会决策机制将产生具有相同性质的社会偏好。
- 如果每个人偏好选择 $X$ 超过选择 $Y$，那么社会偏好应当把 $X$ 排在 $Y$ 的前面。

● *X* 和 *Y* 之间的偏好取决于人们如何排列 *X* 和 *Y* 的顺序，而不是人们如何排列其他选择的顺序。

穆勒（1999）指出，公共选择理论可以定义为非市场决策的经济研究，或者简单地定义为把经济学应用于政治学。公共选择研究的是理想状态下的政治市场主体依据公共价值和政治规则做决策选择。决策选择实际上是价值选择，而价值问题正是新古典边际分析的用武之地，边际效用价值理论是新古典经济理论研究市场决策理论的有用工具。公共选择理论是用边际分析去研究非市场决策行为。公共选择理论所坚持的仍然是新古典经济分析的框架，一般认为这是主流派对其反对者制度学派的渗透，他们试图在新古典理论的框架中实现制度主义。包括贝克尔对社会组织和习惯的分析、奥尔森的集团理论、布坎南对政治决策的过程的分析、斯蒂格勒对政府管制的分析，以及波斯纳对法律的系统分析等。

公共选择理论研究的是集体（政治集体）的价值选择。传统理论认为可以从个体理性和最大化假设逻辑地推出集团会从自身利益出发采取行动。事实上由于"搭便车"行为的存在，除非一个集团中人数很少，或者除非存在强制或其他某些手段以便个人按他们的共同利益行事，否则，理性的、寻求自身利益最大化的个人是不会采取行动来实际他们共同的或集团的利益的。罗宾·道斯认为，"只有在摆脱私利时人们才持有公正的观点，没有真实地描述他们的行为。当人们处于一个集体中时，价值观念也在变化。传统的观点认为，形成集团的目的在于增进其共同利益，集团规模越大就越有效率；如果存在共同利益，小规模未必就好"。Olson（1965）则认为集团越大，个人提供公共物品的消极性越强，"搭便车"的潜能越大。在集团中，没有任何个人的贡献能作为一个整体对集团产生可感觉的影响，除非存在强制或某种外部诱导，否则集体物品肯定不能被提供。对于那些个人贡献的影响不显著的潜在集团而言，集体行动问题的逻辑与囚徒困境相同。在一个集团中，当个人的贡献对集团具有显著影响时，结果就不那么清楚了。当博弈重复进行时，当有关博弈者以往表现的信息完备时，当参与博弈的人数足够少时，与别人合作就是有利可图的。

公共政策是有关制度交易的，是关于重新配置经济机会和重新分配经济优势的制度交易，公共政策及其决定亦是制度变迁的一种变量，公共政策的本质是要回答市场和政府的界限，政府在公共政策供给中处于得天独厚的位置，资源与环境管理的制服职能是资源与环境经济学不可避免地要回答的问题之一。

## 第四节　资源与环境管理的政府职能

### 一、政府职能

制度变迁的主体是国家，而国家在使用强制力时具有很大的规模经济。约翰·斯库尔特·穆勒在其《政治经济学原理》一书中，将政府角色分为必要的政府角色与可选择的政府角色。其中，必要的政府角色包括保护人身与财产的安全、防止和制止暴力和欺诈及增进普遍福利。可选择的政府角色主要是指命令式干预或非命令式干预。政府是不可或缺的，没有政府，人类社会就会陷入冲突与战争状态。霍布斯（1985）说过："在没有一个共同权利使大家都慑服的时候，人们处在所谓的战争状态之中。这种战争是每一个人对每一个人的战争。"但是，政府一旦产生，因其强制性和人为性而具有侵犯性。政府是必不可少的，但又具有侵犯性。政府研究的核心问题是思考如何使政府能够更好地为人类社会服务，包括政府职能和管理方式的研究。如果说市场是一种极不完善的财富分配机制，那么国家也并非没有缺点。公共选择理论的根本目的，不是试图证明市场缺陷，从而为政府干预提供借口，而是研究通过对政府决策行为的研究，使政府政策失灵的可能性降到最低限度，从而通过政治市场领域的和谐运转来弥补经济市场运转不足的目的。

近代意义上的政府产生于资本主义经济基础和结构之上，在资本主义发展的不同阶段，其政府角色并不完全相同。在早期自由资本主义阶段，政府主要承担"守夜人"的角色，很少干预经济生活，"自由放任"是当时奉行的信条，人们普遍认为"管得最少的政府，就是最好的政府"。20 世纪 30 年代经济大危机之后，"看不见的手"一度失效，政府角色从自由放任转向国家干预。1933 年美国总统罗斯福实行"新政"，政府角色表现为对整个社会经济生活的大规模干预。70 年代出现的"滞胀"，则表明资本主义国家政府的干预性角色又走过了头，于是，各主要发达国家又对政府角色开始进行重大调整，从"看得见的手"发展到"有限制的适度的国家干预"，即市场机制与国家干预这两只手的结合。一直到现在，西方主要发达国家的政府角色还在作继续调整。世界各国的经验表明，政府角色设计的合理和优化，直接关系到社会经济的可持续发展。在亚当·斯密以前，学者一般都是从哲学的角度探讨政府职能，其主要观点在于政府是通过社会契约产生的，其职能是保障个人的权利，促进人类的福利；在亚当·斯密之后，人们逐渐开始从经济学的角度探讨政府职能，认为市场经济能够促进经济发展，创造人间的繁荣，而政府则是"守夜人"，提供国防和治安服务、提供基础设施及救济穷人等。

然而，政府远不是那种功能只限于提供法律以及保护产权的"最小国家"，市场也不是完全竞争的市场，而是至少包括经济、法律、政治的多维竞争的市场；制度是影响人们经济生活的权利和义务的集合；国家是制度供给的最大者，包括公共政策的供给。阿罗定理说明，"甚至市场都不能有效配置社会资源时，存在有能力做到此事的民主的集体选择过程吗"？因而我们设计出来的任何集体选择机制必然是不完善的：要么有效率，但有独裁；要么有民主，但无效率，我们必须选择。公共政策就是决定"我们应该选择什么位置"。一个极端是商品和服务的买卖主要依靠市场和自愿决策；而对于公共物品，由于人们的偏好在市场上表现不出来，结果一些物品可能生产得太少（如教育和对穷人的收入再分配）；而另一些物品又可能生产得太多（如污染和犯罪）。政府干预是克服资源市场配置低效率的一个可行的选择，由于政府失灵的存在，适宜的政府是公共政策选择必须考虑的问题。

## 二、政府的选择

### （一）直接的政府

政府的本性就是运用强制并有能力使消费和生产模式偏离效用最大化的个人或利润最大化的企业所偏好的模式。政府不是古典经济学中的全能计划者或拍卖者，而是某种制度和组织的混合物。一个普遍接受的社会契约规定了国家和公民的权利与责任。自利的个人为什么会在某些集团决策并不符合他们最优利益时，也会服从共同的决策规则，因为个人预期通过加入某个集团来获得公共物品消费收益，与他人共同提供这种公共物品服务是有效率的；同时个人也必须承担作为组织成本的东西。如果能够保持低组织成本，那么个人加入这个潜在的强制性政治管辖权就是有效率的。然而个人对某个议题的意见必须通过一定的方式来表达，尤其是当集体行动或市场产生的结果与个人偏好相悖时，他会有两种可供选择的考虑：一是选择声音；二是选择退出。

### （二）立法政府

立法政府的基本经济模型假定所有的参与者都是自利的。立法者为被选出的政治供给者，需要政府的公民、企业和利益集团则为政府行为的需求者，那些仅仅分派商品和服务给需求者的行政人员则是被任命的政治代理人。政府行为的需求者试图最大化自己的效用和利润；而被选出的政治供给者则努力最大化预算规模。

由于政治物品的公共产品特性，公民只有微弱的动力获取信息和参与政治活动。如果选举成本低而收益高，他们也许会参加投票。小企业和公民一样，在政治上也不积极。大企业则有更大的激励发挥积极的政治作用，因为它们在经济上有更多的利害关系，并能对其他人造成更大的威胁；而且还因为行业内企业更少，它们作为一个集团行动的成本更低。大企业还容易形成利益集团试图影响公共政策和寻租（谋求财富转移的稀缺资源耗费）。换句话说，寻租是试图利用政治过程让企业获得超过他们机会成本的经济报酬。因此施蒂格勒（Stigler, 1971）提出"规制由行业谋取，并主要根据其利益设计和运作"的观点。行业通过直接的货币补贴或者限制进入等手段利用国家权利获得利益。立法活动市场和传统市场运行的理由是一样的，都是为了互惠机会：它以利益集团或其他人对立法活动的需求，以及自利的代言人对这些活动的供给为基础。

### （三）行政政府

官僚作为被任命的政治代理人，并不仅仅是执行被选举的政治供给者的命令。官僚机构作为立法者、企业或投资者（委托人）的代理人，官僚机构的目标是预算最大化。

官僚机构面临的困难如下：第一，当委托人和代理人拥有不同类型与不同数量的信息，并有不同的激励显示这些信息时，委托人如何保持对代理人的控制。第二，作为委托人的选民和作为委托人的立法者之间存在着不同的政治行动激励。一个有强偏好的立法者可能与另一个立法者结成同盟或互投赞成票，以更好地表达其偏好，而一个有强偏好的选民为了表达这些偏好通常面临着极为不利的激励框架，因为成功的政治行动果实是一种公共物品。激励上的差异表明立法者在政治上是积极的，而选民在政治上则是消极的，甚至关键的中间投票人也是如此。第三，政治的长期理性传统把政治活动与官僚机构相互分离，即假定政治家制定公共政策，行政官员执行这些政策。然而，事实是随着政府作用的扩展和公共政策的复杂化，政治活动和行政机构交织在一起，政治代理人不但实施公共政策，而且在制定政策上发挥重要作用。被任命的代理人是发挥积极作用的典型即铁三角或次级政府思想。在贝利看来，"一个次级政府主要包括利益集团的拥护者、立法者及其助手，以及受通行的原则相互制约，并控制着某一特定领域政策制定的关键机构官员。立法者、利益集团和次级政府形成政治市场的铁三角"。

## 三、有限的政府

行政政府的膨胀和官僚组织扩大所提供的公共服务在整个世界都是铁一般的事实。改革的艰辛历程证明确立民主政治和市场远不止建立可行的选举规则、立法机关、中央银行和产权体系。民主和市场都需要一个有限的政府，一个政府不但要有能力保护政治权利、个人权利及经济权利不受侵犯，而且要把这些权利当作其行动的界限。我们需要政府采取行动，建立一个公正而有效率的法律体制；运用宏观经济政策来稳定经济、对付失业和通货膨胀；运用再分配政策以改变市场对货币选票的随意分配结果，让那些需要的穷人也能过上人道的生活。特别地，对因为外部性、公共物品和垄断而造成的市场失灵，政府更有责任进行纠正。

在布坎南看来，政府干预与市场制度一样有其局限性和缺陷，政府干预自身也可能降低经济效率。例如，不合理的税收或补贴计划可能以意想不到的方式扰乱资源的配置。因此，在评价政府干预的经济效率价值时必须考虑政府干预可能的效率损失。同时，政府远不是那种功能只限于提供法律以及保护产权的"最小国家"，市场也不是完全竞争的市场，而是至少包括经济、法律、政治的多维竞争的市场。

然而，如何保证有限政府实施那些内在于市场和民主政治的限制，就需要政治官员认识到忍受限制是出于自己利益的考虑，也就是说，这些限制必须是自我实施的。为什么某些统治者在有效的产权必定会增加其总收入时竟会选择一组无效率的产权？实际上，竞争性约束（其他竞争者取而代之的威胁）和交易成本约束（有效的规则可能需要更高的税收成本以至统治者的税收收入降低）构成了无效规则存在的根源。政府也是一个有缺陷的机构：首先，决策者面临信息不完全和不对称问题；其次，公共机构或政府官员的目标常常是部门利益或个人目标，并不一定代表公众利益目标或国家目标；再次，各利益集团利用寻租方式影响政府政策以谋私利，从而将其所获收益以及成本转嫁他人或其他集团利益；最后，政府机构存在大量极其普遍的滥用职权，工作效率低下的弊端。

有限但必须强有力的政府要求政府能够在必要时没收个人财富并管辖他们的管理结构。政府应该承诺保障私人产权的安全性。政府承诺问题的解决要么依赖于政府的本质，要么依赖于政府的行政结构。如果政府是由社会成员控制的，即典型的民主政治下保障产权的承诺可以轻松实现。如果政府没有组织制度来保护有效竞争，这种对产权保障的承诺要通过政府的强制力实现，交易的发生不是基于自愿和互利。实现经济效率的充分条件如下：

- 明确界定的产权；
- 法制、公平而且开放的贸易；
- 稳定的货币体制；
- 资本与劳动的流动；
- 适宜发明创造的社会；
- 有限但必须强有力的政府；
- 有限但强有力的政府。

政府的角色是相当有限的，主要是维护纪律秩序、规定财产内容、制定市场游戏规则、补充私人慈善事业和对缺乏能力的人的照顾。公共选择学派的代表人物布坎南（Buchanan，1965）认为，政府的角色主要是设法将社会摩擦系数和交易费用降低到人们认可的范围。政府应该具有六项作用与角色：促进教育，促进技术进步，支持金融部门，进行投资基础设施和制度的建设，防止环境恶化，建立和维护社会保障体系。

公共政策意味着由政府造成的任意或人为的稀缺。这种稀缺意味着租的潜在出现，而后者又意味着寻租活动的开始。人们或者去获得关于人为的稀缺机会的权利的最初分配，或者当最初的持有者被取消地位时去获得取代地位。宣传、吹嘘、奉承、说服、哄骗就是寻租行为的典型特点。获得的租金反映了价值的转移及在此过程中价值的纯粹损失，寻租没有生产出任何纯粹价值。更为重要的是，创租是利益集团的需要。因为控制国家有巨大的价值，人们一旦组成特殊的利益集团就能增进其利益。利益集团主动地通过以下途径影响公共政策的制定：

- 进行疏通活动；
- 直接进入政治，以便能够取得决策权；
- 制订关于进入或退出受影响的活动的计划。

寻租活动造成社会浪费。为了消除租的存在而造成的社会浪费，作为分配结果的给予某些人的极大便利必须被消除。这一原则反过来，即必须允许社会全体成员同等具有获得由政府对市场经济的公共政策干预所造成的稀缺价值的资格。因此，必须给社会每一个成员提供预期中的租相等的份额。同时，每一次随机地分配获取制造出来的稀缺价值的"权利"，但布坎南原则先天地存在这样一种内在矛盾：减少寻租活动的基本方法就是由政府通过公共政策建立共同遵守的法规，但恰恰是通过政府部门来限制寻租企图本身为寻租创造了新的可能性，因为寻租是多层次的。租是由不同的制度安排形成的额外收益，而国家是最大的制度供给者，表现为公共政策的输出，因而，租与公共政策有某种必然的联系。国家对合法使用强制手段具有垄断权的独特地位，决定了国家在制度变迁中是一种重要的制度创新的组织，表现为一系列公共政策的输出。于是，寻租就成为竞相通过政府的公共政策行为竭力改变法律规定的权利的过程。政府公共政策设计是任何政府，无论是发达国家还是发展中国家都必须正视的首要问题。

## 四、政治文化与政策制定

通常的公共经济学假定：政策制定者设计政策是为了使社会福利函数最大化。虽然这种假定不现实，但从纯粹的数学模型的理论推导而言，还是能够做到的。现实情况是，即使不考虑社会福利函数获得困难，决策者试图最大化一个福利函数的努力仍然面临着诸多困难，包括市场失灵、信息不对称和环境不确定性问题。因此，政府环境政策目标的设计与选择就必须同时满足不同的目标。要了解政策工具选择与设计背后的政治问题，人们必须认识到治理或统治国家是一个复杂的现象，需要经济学家、政治学家、心理学家和社会学家的通力合作。

当代世界政治学发展中的一件大事，就是政策研究取代传统的对国家和权力的研究。政治学发生的这场变革，基于这样一个基本的认识：政治就是决策和制定政策的过程。政治系统的主要功能就是根据社会系统的需要，通过政策的制定和执行进行权威性活动。政治学家们对于中央政府在多大程度上介入日常治理和控制方面具有不同的观点。《政治学分析辞典》把政治文化界定为"每一个社会内由学习和社会传递得来的关于内政府和政治的行为聚集。政治文化通常包括政治行为的心理因素，如信念、情感及评价意向等"。政治文化是一个民族在特定时期流行的一套政治态度、信仰和感情。政治文化影响到政治过程的各个方面。政治过程实质上就是一种决策和制定政策的过程，政治过程的结果和最终产品是政策，政策选择在所难免地受到政治文化的制约。政策选择也是一种文化选择，而政治文化即"选择文化"。

系统论者把政策制定过程作为一个"输入—转换—输出"的系统看待：环境作用于政治体系，就产生了政策信息，政策信息在政治体系内部经过转换变为公共政策，政策输出的同时，就开始了执行与评价的过程，产生的作用和影响通过反馈渠道又再次输入政治体系。在现实生活中，人们对公共政策的种种要求和支持即政策信息，这种要求和支持进入政治体系即输入。政治文化对政策输入的干预效应是全面的，它不仅影响政策输入的数量、内容、强度，同时还影响到政策要求进入政治体系的方式。当政策信息进入政策体系后，经过加工处理才能转换为公共政策。政策体制就是这样一个由政策制定介入者组合而成的加工处理政策信息的机器，包括政治首脑、行政机构、立法机构、研究机构、利益集团、政党等。由于政治文化的不同，这种组合在不同的国家会呈现不同的方式，从而对政策制定产生举足轻重的影响。政治决策过程中最核心的事实是各个利益集团之间的交互作用，公共政策是利益集团经过一个竞争过程后达到的均衡。政治文化作为政策系统的文化背景，影响到政策过程的各个阶段，从而影响公共政策的设计与选择。

## ■ 参考文献

布罗姆利 D W. 1996. 经济利益与经济制度——公共政策的理论基础. 陈郁, 郭宇峰, 汪春, 译. 上海：上海三联书店, 上海人民出版社.

德姆塞茨 H. 1992. 竞争的经济、法律和政治维度. 陈郁, 译. 上海: 上海三联书店.

霍布斯 T. 1985. 利维坦. 黎思复, 黎廷弼, 译. 北京: 商务印书馆.

科斯 R H. 1990. 企业、市场与法律. 盛洪, 陈郁, 译. 上海: 上海三联书店.

科斯 R H, 阿尔钦 A, 诺斯 D C. 1994. 财产权利与制度变迁——产权学派与新制度学派译文集. 上海: 上海三联书店.

穆勒 D C.1999. 公共选择理论. 杨春学, 等译. 北京: 中国社会科学出版社.

诺斯 D C. 1992. 经济史上的结构与变迁. 厉以平, 译. 北京: 商务印书馆.

诺斯 D C. 1994. 制度、制度变迁与经济绩效. 刘守英, 译. 上海: 上海三联书店.

史普博 D F. 1999. 管制与市场. 余晖, 何帆, 钱家骏, 等译. 上海: 上海人民出版社.

斯密德 A A. 1999. 财产、权利和公共选择——对法和经济学的进一步思考. 黄祖辉, 等译. 上海: 上海人民出版社.

Buchanan J M. 1965. An economic theory of clubs. Economica, 32 (125): 1-14.

Buchanan J M, Tollison R D, Tullock G. 1980. Toward a Theory of the Rent-Seeking Society. Texas: Texas A&M University Press.

Caporaso J A, Levzene D P. 1992. Theories of Political Economy. Cambridge: Cambridge University Press.

Hardin G. 1968. The tragedy of the commons. Science, 162: 1243-1248.

Heckathorn D D. 1988. Collective sanctions and the creation of prisoner's dilemma norms. American Journal of Sociology, 94 (2): 535-562.

Heckathorn D D. 1993. Collective action and group heterogeneity: voluntary provision versus selective incentives. American Sociological Review, 58: 329-350.

Knight F H. 2005. Risk, Uncertainty and Profit. New York: Dover Publications.

Lomborg B. 1996. Nucleus and shield: the evolution of social structure in the iterated prisoner's dilemma. American Sociological Review, 61: 278-301.

Macy M. 1991. Learning to cooperate: stochastic and tacit collusion in social exchange. American Journal of Sociology, 97: 808-843.

Models A. 1975. Individual contributions for collective goods. Journal of Conflict Resolution, 19: 310-320.

Olson M. 1965. The Logic of Collective Action-Public Goods and the Theory of Groups. New York: Harvard University Press.

Ostrom E. 1991. Governing the Commons-the Evolution of Institutions for Collective Action. Cambridge: Cambridge University Press.

Ostrom E. 2000. Collective action and the evolution of social norms. The Journal of Economic Perspectives, 14 (3): 137-158.

Ostrom E. 2002. Some thoughts about shaking things up: future directions in political science. Political Science and Politics, 35 (2): 191, 192.

Stigler G J. 1971. The theory of economic regulation. The Bell Journal of Economics and Management Science, 2: 3-21.

# 第 六 章

# 资源与环境管理的产权途径

在审视具体的环境问题及其对应政策之前，我们必须先对采用的经济方法进行阐述和澄清。本章在分析环境问题时，所使用的是通用的经济学概念框架。经济学体系阐释了人类的行为，因为，本章从考察人类行为与这些行为引起的环境后果之间的关系开始，从而建立起对这种关系的结果的理想性进行判断的标准。这些标准提供了对环境问题的本质和严重制度进行认识的基础，同时，这些标准也给出了当处理环境问题时制定有效政策的根据。厂商和消费者的资源利用方式取决于资源配置中的权利与责任安排。经济学中的产权是一系列权利的总和，包括所有权、收益权、使用权和处置权。通过考察这些权利是如何影响人类的行为，我们可以更好地理解环境问题是怎样起于政府行为和市场配置的。本章从经济增长与环境治理的关系入手，在此基础上探索资源配置的一般途径，以及进一步说明为什么产权是资源与环境管理的一项政策安排。实际的产权可以是私人的、国家的，或者是公共产权安排的，而本章将对资源的公共产权安排给予更多关注。

## ■ 第一节 经济增长的环境影响

### 一、资源、环境与可持续发展

#### （一）经济-环境大系统

人类所面临的资源问题十分严重，资源的过度开采、不合理利用等问题导致环境问题日益突出，资源和环境危机日趋严峻，迫使人们越来越多地关心资源和环境问题，不断寻求解决资源和环境问题的有效途径。

传统的经济系统把整个经济社会看作一个系统，在这个系统中没有考虑环境和自然资源。在传统的经济系统模型中，有两个基本的行为主体，即厂商和家庭。通过产品市场和要素市场将这两个行为主体连接起来。这便是我们微观经济学中较为熟悉的经济系统（图 6.1）。在这个经济系统中，一方面，厂商生产产品和服务，通过产品市场出售给家庭，家庭向厂商支付货币；另一方面，家庭在要素市场上将土地、劳动和资本等生产要素出售给厂商，厂商向家庭支付货币，即整个经济系统是由产品和货币相反流动而联系起来的系统。

图 6.1　传统的经济系统

由于经济活动发生在地球及其大气圈系统之内，且只是一部分，这个系统叫作"自然环境"，或称为"资源环境"，因此，现代资源与环境经济学在考虑传统的经济系统时总是考虑资源环境这个子系统。事实上，资源环境子系统与经济子系统间存在复杂的相互依赖性。图 6.2 简单地描述了经济和环境之间的相互依赖关系。粗黑线框代表环境，它是一个热力学封闭系统，其中有能量交换而无物质交换。该环境接收太阳辐射的能量输入。有些辐射被吸收并推动环境演化，有些被反射回太空，这用位于该图顶部穿越粗黑线的箭头表示。物质不会穿过粗黑线。能量吸收和反射间的平衡取决于全球气候系统的功能。能量进出箭头穿越三个框，代表了与经济活动相关的环境表现有三种功能：资源基础、废物沉淀、环境友好服务。由粗黑线所代表的第四种功能——生命支持功能。如图 6.2 所示，经济活动位于环境之中，包含生产和消费，两者均来自环境服务，如粗黑线框中的实线所示。生产活动并非都是消耗性的，一些生产活动的产出被增加到人工的、可再生的资本存量之中，进而在生产活动中与劳动力一起发挥作用。

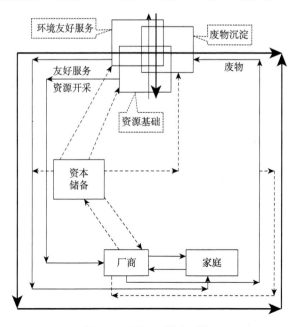

图 6.2　经济–环境大系统

图 6.2 表示一个从环境中开采资源，有三种类型投入的生产，生产过程中产生的废物又到环境中。消费同样如此，也是直接利用舒适性服务流从环境到个人的过程，没有生产活动的中间过程。在经济-环境大系统中，资源基础是自然资源提供的第一大服务。在生产中使用的自然资源主要有两种形式。根据有关现在资源的使用和将来可提供能力之间的联系可以将自然资源分为可再生资源和不可再生资源。简单地说，可再生资源主要是指生物群落——动植物群，不可再生资源是矿物，包括化石燃料。生产和消费过程中的许多活动都会产生废物或残留物，并排放到自然环境中。污染被视为存量资源，该资源的存量增加意味着副价值的增加。剩余流量进入环境中增加资源的存量，自然的衰退过程要从价值中减去。

舒适性服务可以直接从环境流向个人。生物圈为人们提供了休闲场所和其他娱乐资源。在图 6.2 中，粗框表示环境的第四功能，很难用简单而具体的方式表达。除了充当资源基础、废物沉淀和环境友好服务外，目前生物圈为人类提供着基本的生命支撑功能。例如，生物圈为人类提供生命维持所需要的最基本的空气、水和光热。

经济活动和环境的相互关系非常普遍和复杂。环境作用的存在（即四种环境服务之间的相互作用）使得复杂性增加。

### （二）资源稀缺的经济发展影响

自两次世界大战以来，全球自然资源正在遇到前所未有的破坏，资源日趋枯竭。资源的过度开采、破坏导致了严重的资源稀缺问题。一个国家或地区所拥有的资源在数量和质量上的有限性引起了经济上的稀缺性，加上分布的地域性，形成了资源约束，从而对经济发展产生很大的影响，限制或规定着经济发展的各个方面，并使一个国家或地区的经济发展具有明显的特征。资源稀缺对经济发展的影响主要表现在以下两个方面。

资源稀缺制约着经济发展的规模和增长速度。资源总量约束及其程度决定着长期经济发展的规模和增长速度。由于某些个别资源稀缺程度的提高，所造成的资源约束会使经济发展得到抑制，因为这些个别的资源常常成为经济发展的"瓶颈"。例如，非洲和我国西北地区匮乏的水资源一直是这一地区农业生产和经济发展缓慢的重要障碍。当然，从长远观点来看，经济结构的调整和资源的替代选择，个别资源稀缺对经济的约束会得以减轻或缓解，从而不会成为制约经济发展和增长速度的决定因素。

各种资源稀缺程度不一，或结构上的特点或不平衡性形成的资源约束，对于产业的发展和产业结构的形成产生影响。如果一个国家或地区拥有品种齐全、数量均匀的资源，那么，该国或地区就有可能建立一个产业部门比较完整、各产业协调发展的产业结构；反之，如果缺乏某些资源，比较完整的产业结构体系则很难形成。从这个意义上讲，资源稀缺制约着一个国家或地区经济发展模式的选择，一定的资源稀缺状况决定着一定的经济发展模式。我国西北地区匮乏的水资源决定了农业生产中以种植大麦、小麦和土豆等节水型作物为主，形成了水资源节约型的农业发展模式。

应该看到，资源稀缺对经济发展影响的范围、方向和程度由于科学技术的进步及贸易市场的发育而发生着变化。例如，科学技术进步可以较容易地寻找到稀缺资源的替代品，从而发展完整的产业结构，减少资源稀缺对经济发展规模和发展结构的影响。产品贸易与生产要素贸易是通过产品交换与生产要素交换来缓解一个地区某种资源稀缺对经济发展影响的有效途径的。例如，目前的"南水北调"和"西气东输"工程都是通过要素的区域转移来缓解我国北方水资源稀缺与东部天然气资源稀缺对北方和东部地区经济发展的影响。对应地，在我国西北部分水资源匮乏的地区往往通过出售土豆、大麦和小麦等节水型农产品，购进大米等耗水型粮食来缓解水资源稀缺对该地区的影响。

## 二、环境库兹涅茨曲线与环境问题

### （一）环境库兹涅茨曲线

在人类漫长的发展史中，每次生产力的飞跃都是以新的生产工具制造业崛起作为标志的，而工具制造业的崛起又是以新的自然资源被大量利用作为基础的，每一次大规模的自然资源开发利用往往又导致一次新的环境危机。随着社会发展的步伐加快，人类对原材料需求量猛增。例如，人类开始大量使用的一些金属铜、铅、锡及锌等，使矿物自然资源的重要性不断加大。随之，出现了相应的危机，使人类生活环境恶化。其中，土壤的破坏是最有代表性的。由于重金属矿产的不科学开采和利用，造成大量金属元素进入土壤，土壤环境恶化。另外还会造成土壤和水质污染，给人类健康带来危害和疾病。同时，强化了自然资源的开发利用，出现了人为的对自然环境的破坏情况，导致土地被盐化、碱化、沙化，水土流失、草原退化等空气污染也越来越严重。

环境保护与经济发展之间是否存在一种权衡取舍关系，争论颇多。这种权衡取舍关系，可以简单地概括为此消彼长的矛盾关系。环境保护与经济发展之间的另一种关系是相互促进的和谐关系。然而在经济发展过程中，这两种关系可能存在一种联系或一种转换关系，表现为环境库兹涅茨曲线。20世纪60年代中期，西蒙·库兹涅茨在研究中提出了这样一个假设：在经济发展过程中，收入差异一开始随着经济增长而加大，随后这种差异开始缩小。在二维平面空间，以收入差异为纵坐标，以人均收入为横坐标，这一假设便是倒"U"形关系。这一关系为大量的统计数据所证实，通常称之库兹涅茨曲线，其逻辑含义在于，事情在变好之前，可能不得不经历一个更糟糕的过程。

环境库兹涅茨曲线是对经济发展与环境管理关系的一个最经典的概括。西蒙·库兹涅茨在20世纪50年代提出了一个假说，即在经济发展过程中，收入差距先扩大再缩小，这一收入不平等和人均收入之间的倒"U"形关系，被称为库兹涅茨曲线。环境库兹涅茨曲线解释了环境质量与人均收入间的关系。环境库兹涅茨曲线表明，环境质量开始随着收入增加而退化，当收入水平上升到一定程度后，随收入增加而改善，即环境质量与收入为倒"U"形关系。通过经验数据的分析发现：在经济发展过程中，环境也同样存在先恶化后改善的情况。和二三十年前相比，一些新兴发展国家的城市（如曼谷、墨西哥城等）的污染更严重了，而发达国家则变得更干净了。环境经济学家据此提出了环境库兹涅茨曲线的假说，环境库兹涅茨曲线如图6.3所示。

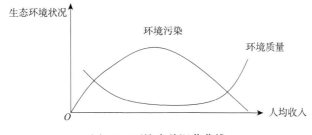

图 6.3　环境库兹涅茨曲线

图 6.3 中环境污染指标可以用人均污染物的排放量等指标表示。在经济发展的较低阶段，由于经济活动的水平较低，环境污染的水平较低。以农业和手工业为主的经济发展初级阶段，资源耗费量低，环境污染的水平也较低。当进入经济起飞阶段时，以发展技术含量低的粗放型工业为主，资源耗费就会超过资源再生，环境污染加剧。随着经济结构的改变，经济发展进入高级阶段，污染产业停止生产或被转移，高科技等新兴产业涌现，成为经济发展主要贡献力量。在经济起飞，制造业大发展阶段，资源的耗费超过资源的再生，从而导致环境恶化；在经济发展的更高阶段，经济结构发生改变，从而导致污染产业停止生产或被转移，经济发展带来的资本积累可以用来治理环境污染；同时，经济发展带来的积累使环境治理投入力度加大，人们的环保意识也逐渐增强，污染物排放逐渐趋缓，环境状况开始改善，因此环境状况开始改善，这样就形成了一条倒"U"形曲线。

这一逻辑推论也一直是关于环境与经济增长的争论焦点。似乎在经济发展的过程中，环境先变得恶化，而后得到改善。例如，发展中国家的城市污染较之于二三十年前，污染水平随着经济的增长而提高；而发达国家的城市污染，则随着经济增长而使污染水平不断得到降低，污染状况远比 20 世纪六七十年代低。这些经验数据可能支持一种倒"U"形的环境退化率和经济发展水平的关系的存在。在经济发展的较低阶段，对资源的影响较为有限，到了中期，农业现代化和工业化发展，资源消耗速率开始超出资源更新速率，在较高的发展阶段，环境意识得到强化，环境管理也更有效，技术更为先进，环境治理开支增加，使得环境退化得以遏制并逐步得到逆转。然而并不是说，只要收入水平提高了，环境状态就会得到改善。经济增长也可能带来环境污染效应，这取决于经济活动水平或国民经济规模、国民经济的部门结构、技术水平、对优美环境的要求、环境保护的支出及其有效性等因素。以上因素决定着环境库兹涅茨曲线的形状和拐点出现的位置。

从纵向来看，一个国家或地区在不同的经济发展阶段，对于环境有不同的偏好，环境质量会经历一个先恶化再改善的过程，即在工业化的起飞阶段，不可避免地会出现一定程度的环境恶化；随着经济的发展，在人均收入达到一定水平后，经济发展就会有利于环境质量的改善。从横向来看，经济发展水平不同的国家或地区，人们的收入水平不同，对于环境的偏好也就不同。一般说来，人均收入水平越高的国家或地区，人们采取行动保护环境的愿望就越强烈。反之，则有可能牺牲环境资源，而偏向于追求经济发展摆脱贫困。某一经济社会的自然资源和环境状况主要取决于以下因素。

第一，经济活动的水平和规模。如果其他条件不变，则经济活动的规模越大，自然资源的消耗越快，污染越严重。随着经济的进一步发展，经济则由于规模效应、技术效应和结构效应提出经济增长通过规模效应、技术效应与结构效应三种途径影响环境质量。从规模效应角度而言，一方面经济增长要增加投入，进而增加资源的使用；另一方面更多产出也带来污染排放的增加，从而对环境质量产生负面影响。从技术效应角度而言，高收入水平与更好的环保技术、高效率技术紧密相连。在一国经济增长过程中，研发支出上升，推动技术进步，从而对环境质量产生正面影响：一是当其他不变时，技术进步提高生产率，改善资源的使用效率，降低单位产出的要素投入，削弱生产对自然与环境的影响；二是清洁技术不断开发和取代肮脏技术，并有效地循环利用资源，降低了单位产出的污染排放。

第二，经济结构。经济结构决定资源消耗和环境污染的水平与类型，产业结构和经济发展水平之间有一定的关系。低收入国家一般以农业和轻工业为主，中等收入国家工业产值占总产值的比重增加，高收入国家制造业的比重降低，而高技术产业和服务业的比重增加，工业污染水平与重化工业在工业中的比重有关。从结构效应角度而言，随着收入水平提高，产出结构和投入结构发生变化。在早期阶段，经济结构从农业向能源密集型重工业转变，增加了污染排放，随后经济转向低污染的服务业和知识密集型产业，投入结构变化，单位产出的排放水平下降，环境质量改善。规模效应恶化环境，而技术效应和结构效应改善环境。在经济起飞阶段，资源的使用超过了资源的再生，有害废物大量产生，规模效应超过了技术效应和结构效应，环境恶化；当经济发展到新阶段时，技术效应和结构效应胜出，环境恶化减缓。

第三，技术水平。同样产业结构的两个国家，如果使用的技术不同，产生的污染也不同。一般来说，使用低技术的国家会消耗更多的资源，或产生更多的污染。随着经济发展水平的变化，环境质量的变化也与环保投资密切相关，不同经济发展阶段上资本充裕度有别，环保投资的规模因而不同。资本投入广义地分为生产资本和环境保护资本投入。在低收入阶段，由于资本获得的限制，自利的企业所有者必然会将有限的资本用于商品生产；随着收入水平提高，更高的资本收入为环境保护投入提供了物质保障，使得环境污染治理投资成为可能。环境质量提高需要充足的减污投资，而这以经济发展过程中积累了充足的资本为前提。减污投资从不足到充足的变动构成了环境质量与收入之间形成倒"U"形的基础。同时，在收入提高的过程中，随着产业结构向信息化和服务业的演变、清洁技术的应用、环保需求的加强、环境规制的实施及市场机制的作用等，环境质量先下降然后逐步改善，呈倒"U"形。

第四，环境保护政府管制的方式和效果。在经济发展的不同阶段，政府的政策目标的轻重缓急和管理手段会发生相应的变化，对环境保护的重视程度也会变化。随着经济增长和污染水平的提高，政府的环境政策得到加强，有关污染者、污染损害、地方环境质量、排污减让等信息不断健全，促成政府加强地方与社区的环保能力建设和提升一国的环境质量管理能力。严格的环境规制进一步引致经济结构向低污染转变。

第五，环保支出及其效果。随着经济发展、收入提高，人们对环保更加重视，用于环保的资金也会增加，环境保护意味着资金的投入。许多环保设备十分昂贵，环境保护对于发展中国家是一种奢侈品。在早期发展阶段，自然资源开采加剧，降低了自然资源的存量；当经济发展到一定阶段后，自然资源的稀缺性逐步显现，社会对自然资源的稀缺性更加关注，并不断提高自然资源的使用效率，同时促进经济向低资源密集的技术发展。另外，随着收入水平的提高和市场机制的不断完善，资源的市场价格不断提高。同时，自然资源的稀缺性诱使消费者从利己或者利他的角度出发，更加关注环境变化，更加关注现实和未来的生活环境，产生了对高环境质量的需求，不但愿意为环境友好产品支付高价格，而且不断强化环境保护的压力，愿意接受严格的环境规制，并带动经济发生结构性变化，减缓环境恶化。

### （二）环境库兹涅茨曲线与环境问题治理启示

环境库兹涅茨曲线理论假说提出后，实证研究不断，结论呈多样化，有的支持倒"U"形，也有结论显示两者呈"U"形、"N"形、单调上升型、单调下降型，并且不同污染物的污染与收入之间关系呈现差异形态，对环境库兹涅茨曲线提出了挑战，学术界在理论上也展开对环境库兹涅茨曲线的批评。环境库兹涅茨曲线反映多种环境-收入理论关系的一种形态，且更适用于流量污染物和短期的情况，而不适用于存量污染物，在长期内可能呈"N"形。其他形态的环境-收入关系的理论基础需要深入探讨。这一是由于环境库兹涅茨曲线的内生缺陷，二是由于环境库兹涅茨曲线的适用局限。

环境库兹涅茨曲线的内生缺陷在于环境库兹涅茨曲线假定收入仅是一个外生变量，环境恶化并不减缓生产活动进程，生产活动对环境恶化无任何反应，并且环境恶化也未严重到影响未来的收入。但是，低收入阶段环境恶化严重，经济难以发展到高水平阶段，也达不到使环境改善的转折点。经济增长与环境是互动的大系统，环境恶化也影响着经济增长和收入提高，需要构建将收入内生化的模型探讨环境质量与收入水平间的互动关系。

另外，由于环境库兹涅茨曲线的适用局限。环境库兹涅茨曲线理论上应该用一国长期的时间序列数据来检验，但是有关资料缺乏，因此经济学家大多用包括发达国家和发展中国家的经验资料来检验环境库兹涅茨曲线。然而必须注意的是，环境库兹涅茨曲线可能产生的误导作用，人类的发展不是必须经过先污染后治理的过程，在经济发展没有达到一定水平之前，污染是必然的；政府整治与否都无济于事这种理解并不准确，它不利于发展中国家政府在经济发展中注意环境保护。无论如何，环境库兹涅茨曲线为我们理解环境政策措施提供了基础。

1. 极限论者的人口增长的环境压力

人口增长对于环境的压力是不言而喻的。许多自然保护主义者和环境主义者将人口的环境压力当作环境问题的症结。对经济学家来说，人口有两重性：一是人类生存发展需要消耗资源，构成对环境的压力；二是人类的双手和智慧，又可以改善环境，保护资源，对环境保护有着积极作用。所以在环境与资源的经济分析中，多将人口当作中性的因子或常量。人口问题引起人们对环境的担心，不仅源于人口数量的增长，还因之于生活质量的提高。从人口数量角度而言，人类社会面临人口持续增加压力，自从人类出现在地球上，人口数量一直呈增长趋势，在8000年前的农业革命之前，人类尚未处于地球生物的主宰地位，人口数量基本持平。农业革命使得粮食生产趋于稳定，保证了食物供给，使人口增长速度加快，但真正的高人口增长率是在工业革命之后。工业革命使得人类的生存条件大为改善，人类的疾病得到控制。生产的发展，客观上又需要大量人口，使人口增长进一步加快。同时，人口增长分布不平均。世界每年新增人口的绝大多数在贫穷的发展中国家。从人口增长率来看，1900~2000 年发达国家平均每年为0.83%，而发展中国家则为 1.52%；尤其是那些最不发达的国家，人口增长率更高。古典经济学的资源稀缺论是基于社会经济对资源需求的自然极限而提出的观点。增长的极限是一个静态的物理量限的概念，这一观点认为，经济发展面临资源约束。这一观点的提出，使得人类社会在征服自然和经济增长的自我陶醉中醒悟过来，重新审视资源利用、环境保护与经济发展的关系。

不论是生物物理极限，还是社会极限，最终原因仍在于地球的有限特征。对这一量限有两种理解：总量和通量。总量是指地球上环境与自然资源的总存量，20 世纪 70 年代关于极限的讨论认为这一极限如果来临，便是世界的末日。这一极限只是一种远虑，尚不构成近忧。而且，极限一旦来临，人类也就不可自救了。极限论者随后对极限的内涵进行了修正，强调社会经济体系中的资源流通量。认为自然资源的开采、利用量应该受到自然恢复、更新速率的制约。这样，总量极限便成为一种通量极限。对自然资源的开采利用有一个量限，社会经济排放到自然环境的废弃物也有一个量限。自然环境所能吸纳废弃物的总量及单位时间内有效降解转化量，也都有一定的极限。如何具体地认识通量极限，极限论者提出了以下简单原则：对于可再生资源——土壤、水、森林，其持续利用率应该低于更新率；不可再生资源——化石能源、高品位矿石、地下水，其可持续利用率应该低于可再生资源在可持续条件下对于不可再生资源的替代率。可持续的排污量应该低于回收利用、环境吸收和转化能力。

通量极限已被逾越。在极限论者看来，造成越限的原因在于社会经济结构内部，而不在于某一个人、某一个人群和某一种因子。梅多斯等认为一个富人所需要的通量高于一个穷人，但缺乏效率的生产远比高效率产出所消费的物质与能源要多。因此，环境恶化与其影响因素之间的关系可以概括为环境影响=人口×财富×技术。从而挥霍浪费的发达国家、人口增长过快的发展中国家、高资源消耗低物质产出的原计划经济国家，对资源的恶化都有一定责任。降低人口数量、减少人均物质消费和改进技术，将有助于人类生存于地球极限之内，从而减少生存所需的能流和物流。

在一个经济体系中，技术进步和市场机理会对环境与资源问题，尤其是那些与生产和消费直接相关的稀缺资源和污染损失做出反应，导致资源的有效保护和效率配置，从而缓解乃至消除资源的制约效应。在预见增长的极限时，市场和技术便会通过下列机制发挥作用：市场导致稀缺资源相对于其他资源的价格上升，价格上涨又诱使开采者开采更多的资源，用较充裕的资源替代稀缺资源，发明新的技术以更有效地利用资源。极限论的积极意义如下：提醒人类社会，自然资源和环境不能支撑在现有技术条件下的现有生产方式的无限经济增长。但在，极限论所展示的暗淡前景及倡导的零增长主张，又难以为现实社会所接受。这就使得极限论让位于持续论，为持续发展观所取代。

2. 产业结构与环境质量

经济增长理论是西方经济学的核心内容之一，也是资源与环境管理的研究热点。传统的新古典经济增长理论在竞争均衡的假设下将经济增长归因于资本积累（$K$）、劳动力增加（$L$）和技术变化（$T$）长期作用的结果，而不曾将其与结构因素联系起来。因为他们提出的竞争均衡指经济制度具有足够的灵活性以维持均衡价格，从而资源存在长期的有效配置，每个部门劳动和资本的转移不可能增加总产出，即不存在结构变动效应。在现实经济中，竞争均衡状态一般是难以实现的，各个产业甚至各个部门、各个行业间也从未有过相等的边际收益，而产业结构也总是处于不断的变动之中；从最直接的角度来看，资本、劳动和技术通常是在一定产业结构中组织在一起生产的，对于给定的资本、劳动和技术，不同的产业结构导致不同的生产。因此，结构变动效应在经济增长中的重要作用不应被忽视。

产业结构变动影响经济增长的原因可概括为以下三点：①从静态来看，经济增长是一种投入-产出关系，虽然大量的资源投入是经济增长的基础，但其投入的产出效益在很大程度上却取决于结构的优化程度，因为各种要素投入总是要最终体现在特定的产业部门中，形成产业结构。同时，各产业之间由于"前向关联"和"后向关联"而存在着广泛的投入-产出关系，所以产业结构的状态在一定程度上影响着经济总量增长。②从动态来看，因为任何产业都要经历产生、发展、成熟、衰落的过程，当原有部分产业走向衰落时，如果没有具有较高增长率的新兴产业出现，即没有产业结构的变化，那么经济总量必然下降，所以说经济增长必须依靠这样的产业来支撑，经济总量的持续增长有赖于产业结构的转变。③从技术、产业结构和经济增长三者的关系来看，新技术总是首先出现在某一特定的生产部门，并引起该部门的快速增长，其次通过产业之间的关联效应扩散到国民经济各部门，从而带动整个经济的增长，所以说产业结构是联系技术进步与经济增长的纽带。

产业结构在经济系统中并非孤立的，从图 6.4 的关系示意图来看，产业结构受到资源结构、分配结构和需求结构的制约。因此，产业结构并不只是产业间的一种关系，更准确地讲，它是指与外界环境相互作用的产业之间的结构关系。由图 6.4 可知，产业结构受到资源量及其分配结果的影响，周振华在该图中所说的资源是指经济学意义的资源，即劳动力、资本等。因此，如果产业结构是在环境资源的约束下形成并与之协调发展的，那么它对环境的影响可能比较小，反之就会对环境产生冲击作用。然而从产业结构的演变过程看，对其产生制约作用的主要是资金、劳动力、技术等要素，而环境资源的影响比较小，有时甚至会出现克服环境资源限制的行为。另外，传统经济理论讨论的是稀缺物品的配置问题，非稀缺物品则被排除在分析框架以外。环境资源在相当长的历史时期内属于自由取用物品；进入现代社会后，在人类社会的强烈冲击下，环境资源已不再取之不竭，用之不尽了，供求关系的变化使之成为"稀缺品"，而处在工业化背景下的产业结构变动却未能充分考虑到环境资源"日益稀缺"的限制。所以，现阶段产业结构对环境资源的影响是比较大的。

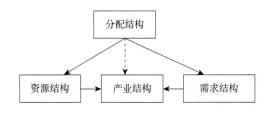

图 6.4　产业结构与外环境的关系示意图

资料来源：周振华（1995）

对微观生产活动的分析也能证明上述观点，因为生产过程是使用环境资源并造成环境影响的最主要环节。环境影响的范围取决于地理状况，但影响的程度却取决于相似生产过程的数量和生产过程的平均生产技术水平。在此，相似生产过程的数量形成产业的概念，平均的生产技术水平则形成效率的概念。生产技术水平在短期内是一定的，所以由该技术决定的短期产业生产水平是一定的，对环境造成的影响也是一定的。这样，一个区域内不同的产业构成就形成不同的环境问题和影响。因此，产业结构对环境具有重要的影响。现在研究较多的结构性污染问题，就是指在经济发展过程中，经济系统的某些结构性因素（如产业结构、消费结构、产品结构等）不合理而引起的环境污染。

3. 环境政策与污染治理

传统发展观以物质财富的增长为核心，认为经济增长必然带来社会财富增加和人类文明福利。因此，经济的无限增长及物质财富的无限增加成为社会发展的最终目标，该发展观的理论前提是自然资源的供给无限性。经济增长和物质财富增长所依赖的自然资源在数量上是不会枯竭的，因而对它的开发可以不受约束，自然环境的自净能力具有无限性，人类生产和生活的废弃物排放不至于对自然环境构成非可逆性破坏。在这种发展观的指导下，在世界工业化的进程中，先是发达国家工业化，后是发展中国家工业化，都基本上是把经济增长建立在无限索取自然资源、大量地消耗化石能源的基础之上，使工业文明建立在对不可再生资源的大规模开发和自然环境容量的毫无顾忌地利用的基础上，同时，传统发展观又片面地强调发展的速度和数量，并严重忽视对资源的节约利用和保护增殖，忽视对污染的认真防治，忽视自觉地调整人口、资源、环境与生态的协调关系，这就使得人们的发展行为和发展方式越来越脱离人、社会与自然界的协调发展和全面进步的轨道。

综合传统发展模式下所产生的种种消极后果，主要是由于人口迅速增长对资源和环境产生大规模的破坏性效应，这种破坏性在很大程度上是不可逆的，从而削弱人类发展赖以延续的环境能力和资源潜力。导致这些不利后果的原因，目前的观点经常将人口数量的增加作为主要的方面，应该说这种观点是偏颇的，至少是不完全的。按照这种观点，很容易把过去人类对环境的破坏和资源的掠夺归罪于广大的发展中国家，因为 20 世纪 50 年代以来世界人口的高速增长主要发生于广大发展中国家。虽然人口数量的迅速增长，不可避免地扩大了人类对资源的需求量和对环境的压力，但同时也应该看到，人类生产方式和生活方式的变化，也是导致环境恶化的重要原因。众所周知，发达国家的人口仅占世界总人口的 25%，但却消耗着世界上 80%的自然资源，只占世界人口 5%的美国，每年却消耗世界 25%的商业能源，可持续发展这一新发展观的言中之意就是要求人类调整传统的发展方式，具体说，如生产方式和消费方式，控制人口的增长并非可持续发展的目标，而是实现可持续发展的一种手段或途径。

环境外部成本的形成原因，从社会宏观角度来看，如在国民经济中产业结构和消费结构的不合理、国家对造成环境污染行为的管制不严格等；而从微观角度来看，在一个对环境没有严格管制（或者说忽略外部社会成本）的情况下，以追求利润最大化为目的的生产者个体在经济利益和环境污染之间做出的选择结果往往就是在他们的产品价格中不反映污染的社会成本，从而，消耗资源和造成污染更多的商品（指与考虑社会外部成本时生产的商品相比）会被制造出来并被消费掉。

这样就导致了污染的产生和环境质量的下降，进而损害生产要素的质量，从而影响经济增长。这可从以下几方面来解释：第一，环境质量下降影响人体健康，降低工人劳动效率，从而减少工人的有效工作时间；第二，环境质量下降会破坏耕地、森林、水体等自然条件的生产能力，并影响这些行业的生产；第三，环境质量下降腐蚀机器和建筑物，加速固定资产的折旧，加大生产成本，这些都阻碍了经济的增长。

污染削减成本对企业竞争力的影响主要是因为该项成本会加大企业的成本负担，挤占有限的资源，减少生产性投资，从而影响企业的竞争力。例如，1972 年里约"地球峰会"后，世界各国纷纷加强环境规制，在竞争日益国际化条件下，国家间环境标准的差异性导致参与国际竞争的各国企业面临着不平衡的污染削减成本支出。美国、德国、日本等国的企业提出，本国过于严厉的环境标准加大了企业成本，削弱了企业在国际市场上的竞争力，使其处于竞争劣势地位。20 世纪 80 年代中期后的大量研究文献也表明：环境规制会负面影响企业竞争力，环境保护与企业竞争力目标之间形成一种两难选择。

这一观点受到了著名管理学家波特（Porter，1991）的挑战，他认为："恰当设计的环境规制可以激发被规制企业创新，产生效率收益，相对于不受规制的企业，这可能会导致绝对竞争优势；相对于规制标准较低的国外竞争者而言，环境规制通过刺激创新可对本国企业的国际市场地位产生正面影响。"波特同时还认为，环境管理压力就像市场竞争压力一样，可以鼓励企业进行清洁生产或清洁产品的创新，创新的结果往往是新的具有商业价值的产品或生产工艺的产生。发展中国家的任务应该是在考虑发展总效益的前提下，如何降低环境库兹涅茨曲线的弧度，或者说，在倒"U"形曲线上找到一条相对更加水平的通道。同时，经济政策的实施，可能影响环境库兹涅茨曲线拐点出现的时机，政府影响资源与环境相对价格的政策，会影响获得相同收入水平的资源的利用量和资源利用方式，并最终影响废弃物排放水平。归根结底，政府的资源与环境政策是决定经济发展与环境保护关系的最终决定要素，政府的环境政策应该为最终的环境退化负责。

## 第二节 资源与环境管理政策设计

### 一、资源与环境管理：最优污染和有效污染

污染是有害的，但同时又是不可避免的，不产生污染就不可能生产我们认为有用的产品或服务，或者说，只有大大增加成本，产品才有可能以无污染的方式生产出来。适当污染水平的确定就包含着这样一个权衡评价的过程。实际上，如果将污染看作生产和消费活动的副产品，这种权衡取舍的含义就十分清晰了。如果把污染看作生产活动导致的负外部性，则可以用一个流量损害污染模型来分析最优和有效污染排放水平。静态分析考察的是单期的均衡状态，在假定所有参数和外生变量都是已知的条件下，研究这种背景下将出现的均衡点。静态模型的优点在于其简单性。

有效的产出应该使净效益最大化。假设环境损害成本为 $D = D(E)$，收益为 $B = B(M)$，$D$ 为环境损害成本函数，$B$ 为环境损害排放削减收益，$E$ 为环境损害的污染排放量。从经济学角度而言，污染的边际损害和边际收益应该相等（图 6.5），即 $\dfrac{\partial B(E)}{\partial E} = \dfrac{\partial D(E)}{\partial E}$。

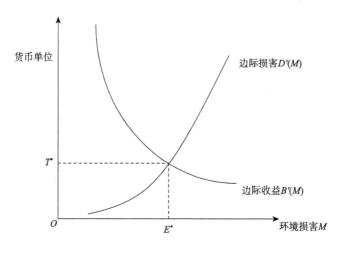

图 6.5 环境税与环境损害

如果存在污染市场的话，企业就可以购买排放单位污染权的权利，$T^*$ 就是污染产品的市场价格，$E^*$ 是市场分配下的最优污染排放量（图 6.5）。

市场机制所提供的选择包括提供适当的产权安排、运用价格机制等。主张国家干预的经济学家认为：由于环境与生态资源属于公共财产，无法做到明确产权，即使明确产权，除了当代人以外的受害者也无法亲自维护自身的利益。还有经济学家认为如果交易

成本过高，而国家干预所需成本既低于上述交易成本，又低于支付方的预期净收益，那么用国家干预来取代市场机制在经济上就是更有效率的。概括起来，市场调节可以称为第一次调节，政府调节可以称为第二次调节，只有在第一次调节达不到社会经济发展预定目标的场合，才需要第二次调节，即使如此仍应当意识到离开了市场机制，第二次调节也就发挥不了作用。

1. 污染控制——目标

庇古（Pigou，1920）是首位对污染问题进行系统经济分析的学者。这主要是得益于他对外部性理论的开发。20世纪50年代，外部性理论得到了很大的发展，20世纪60年代，经济学家表现出对污染的极大关注，开始将外部性概念作为分析污染问题的基本原则。

同时，其他一些经济学家运用物质平衡的原则分析污染问题。尽管这种思路并没有忽略外部性的存在，但二者的分析目的是不同的。大多数以外部性危机出现的污染分析模型采用局部均衡分析的方法，其所构筑的用于分析特定污染问题的框架大多与外部经济世界相对分立。相反，污染的物质平衡模型采取的则是一种更为综合和系统的观点。物质平衡的观点认为污染的产生具有物质的根源，而不仅仅是体制的根源。这种认识基础要求我们去仔细考察经济系统和环境之间的关系，生产和消费行为从环境中索取材料与能源，经济过程的残余物又返回到环境受体，包括空气、土壤、生物圈和水体。当然，残余物流入和流出并不是同时发生的，其间往往存在显著的时间差别。尽管流入和流出环境的物质相等，但返回环境的物质流的物理形态，以及返回地点都与最初流出环境不同。残余物给环境增加了负荷，这种负荷可能造成有害的损害，废弃物可能造成危害性后果的程度取决于以下几方面因素：

（1）受体（环境介质）的吸收或同化能力；

（2）环境受体的本底负荷；

（3）环境受体的位置及由此决定的居民数量和受影响的生态系统的特点；

（4）受影响人群的偏好。

2. 污染控制——手段

关于最优污染水平的分析表明：边际私人净收益不一定等于边际社会净效益，经济活动的私人最佳水平也不一定等于经济活动的社会最佳水平。那么应采取什么样的手段来进行环境管理呢？环境经济学认为有两种手段可以选择，即市场机制和国家干预。许多关于政策工具的讨论被误导，似乎世界上只存在标准与税收两种政策工具。实际上存在着不同类型的政策工具，可以广义地划分为市场化政策和命令——控制政策。与市场有关的是数量和价格，管制制度需要有经济认可的支持，所以，一些学者将环境政策划分为经济激励、法律标准和信息政策。思德纳（2005）则把环境政策工具划分为四类：利用市场、创建市场、环境管制和公众参与（表6.1）。

表 6.1 环境政策工具的分类

| 利用市场 | 创建市场 | 环境管制 | 公众参与 |
|---|---|---|---|
| 补贴削减<br>环境税收<br>使用者收费<br>押金返还制度<br>有指标的补贴 | 产权与地方分权<br>可交易许可证和权利<br>国际补偿机制 | 标准<br>禁令<br>许可证与限额<br>分区<br>责任 | 公众参与<br>信息公布 |

资料来源：思德纳（2005）

政府要实现一定的环境政策目标，就必须采取相应措施进行环境管理。通常的手段有两种：一是传统的直接管制，但该法管理费用高昂，执行困难，因而不是控制环境损害的有效方法；二是环境经济手段，这是政府环境管理当局从影响成本-收益入手，引导经济当事人进行选择，以便最终有利于环境的一种政策手段。它能使经济主体以他们认为最有利的方式对某种刺激做出反应，它是向污染者自发的和非强制的行为提供经济刺激的手段。现有的环境经济手段主要有庇古手段（税收或收费、补贴、押金-退款）和科斯手段（自愿协商、排污权交易[①]制度）。

## 二、资源配置机制的一般思考

在既定技术条件下，如何将有限的资源分配到能最大限度地生产出满足社会需要的产品和服务的用途上去，是任何时代的经济学家都不能回避的问题。然而，资源配置本身是要花费代价的。资源配置费用是指资源配置方式本身的所费。这种费用是资源配置方式变动及其选择的基本依据。

资源配置费用，首先是指生产费用。经济学的主流学派认为，"经济学研究人和社会如何做出最终抉择，在使用或不使用货币的情况下，来使用可以有其他用途的稀缺资源在现在或将来生产各种商品，并把商品分配给社会的各个成员或集团以供消费之用。它分析改善资源配置形式所需的代价和可能得到的利益"（萨缪尔森和诺德豪斯，1992）。主流经济学把生产和再生产看作资源配置形式的核心。所以主流学派实质上把资源配置形式所需的代价看作生产费用，生产所需的稀缺资源为劳动、土地和资本，从而生产费用为工资、地租和利息之和。以价格均衡为基本内容的瓦尔拉斯均衡为资源配置的最佳状态。

现代产权学派强调交易费用对资源配置的重要性，强调资源配置方式、经济制度的选择必须考虑交易费用。科斯认为，主流经济学派的经济理论假定资源的分配是直接依据价格机制的。然而在现实世界中，价格机制在许多领域无法发挥作用。首先，运用价格机制本身需要费用；其次，企业本身的存在也是由于交易费用及其替代；再次，政府对市场的干预也要付费；最后，在资源的利用过程中，存在着外部性。

综上所述，资源配置费用=生产费用+交易费用+外部性。资源配置费用实质上是一个整体性范畴。资源配置机制的选择是生产费用、交易费用和外部性的比较，正是资源配置费用决定各国资源配置机制的不同选择。

---

① 排污权交易：tradable pollution permits。

稀缺性与选择是所有资源分配的属性。资源配置是不同资源如何分配的机制,即资源权力如何在不同权利主体之间进行分配。从决策角度而言,资源配置机制表现为在什么程度上资源分配决策靠国家当局制定或由独立于国家的微观单位(家庭和企业)通过市场体制做出。换言之,资源配置机制是集中化的,还是分散化的。经济学的先哲们对此进行深入研究,提出以下三种看法:一是市场竞争是资源配置的充分必要条件;二是中央计划机制能够达到最优配置;三是界定使个人目标和社会目标相吻合的产权规则,能够实现资源的最优配置。

资源本身具有多重特性,包括自然特性、生产特性、消费特性和经济特性。从自然特性来看,它可以循环再生,但是储量有限,而且自然界需要大量的生态环境用水;从生产特性来看,它的长期供给有自然极限,短期供给依赖于水利设施,水利设施往往投资大,周期长,具有公共物品的特点,使得水供给具有自然垄断特性;从消费特性来看,水需求同时包含水量需求和水质需求,人类水资源的需求可以分为两部分,一部分是基本的生活需求,即为了维持正常生命、保障基本生活的日常用水这部分水的需求弹性很小,另一部分是非基本需求的多样化用水,需求价格弹性较大;从经济特性来看,水利设施提供的服务具有混合经济特性,既有私人物品特性,又有公共产品特性。水市场只能在供水、水电、灌溉等这些具有私人物品属性的领域内发挥作用,水市场不是一个完整的市场,只是一个准市场。准市场是指在政府宏观调控下的市场,它是在兼顾基本生活用水和生态、防洪用水需求的基础上,部分多样化用水市场配置。政府的责任是制定竞争规则,而对于微观的水资源分配,则应该发挥水市场的基础作用。

### (一)市场与帕累托最优

什么是市场?不同的人强调的侧重点不同,对市场也有不同的理解。对于某些人而言,市场是指潜在的购买者和销售者的聚集地;另一些人则认为市场是众多交易的结果;还有一些人则认为它是众多交换协议;布罗姆利(1996)认为,"市场是进行收益(或收入)流交换的有规则的媒介,是关于未来收益流的所有权的交换"。作为市场,本质上的要素是秩序、可预测性、稳定性和可靠性。市场机制的本质是价格机制。在私有制条件下,价格提供了生产激励,因为收入是由价格和出售的商品和服务量决定的;价格在消费者之间分配商品和服务,因为每个消费者都必须受预算约束的限制,所有商品和服务的价格都是由供求条件决定的,价格运动提供了稀缺性和需求变化信息,并为生产者和消费者提供适应新条件的激励。从而价格为市场经济提供了一个反馈和自我矫正机制,无数追求最大化的个人一起,形成了社会最大化,实现资源的最优配置——帕累托最优,通过理性的个人的选择实现资源的最优配置。

对于市场而言,发挥效率和竞争作用的前提条件为产权的可交换性;经济行为范围的规则;立法的确定;价格形成规则的建立;关于责任的习惯;对过失的惩罚。帕累托最优是在给定偏好、生产技术和禀赋可利用程度条件下,在价格机制的引导下,实现资源的最优配置和商品的最佳分配,它是在西方经济学的三个假定:理性、完备信息和完全竞争条件下完成的分析过程。然而在现实世界中,信息是不充分而有限的,获取信息本身是要付出成本的,人的计算能力是有限的,由此造成现实中的市场失灵。

（1）完备信息。根据帕累托最优原理，当市场中的所有的个体面临相同的价格时，效用最大化、利润最大化的个人的选择才会产生不同消费者和不同生产者之间的相同的边际效用比率与相同的边际产品的价值比率，离开这一平衡，难以实现帕累托最优。因为信息的获取是成本高昂的，消费者和生产者面对的是非完备信息，那些获得较少信息的消费者就会比获得较多信息的消费者支付更高的价格，同时信息的不完备也会导致生产者的不同的估计。高昂的信息成本，使得经济当事人难以了解产品的质量、其他人的能力或者其他人的预期计划。同时，信息的非对称性，使得经济当事人之间实现有价值交易的成本十分高昂，甚至有时无交易。

非完备信息和由此导致的人的有限的计算能力，决定了交易是有成本的，包括度量成本、签约成本和实施成本，从而不能达到理性假定下的零成本的联合最大化结果。

（2）理性假定和公共物品问题。作为理性个体行为，私人选择会造成资源在公共物品和私人物品之间的无效率分配。公共物品是指某个人的消费并不减少其他人消费该物品所获得的效用，即物品的消费是非竞争的，同时物品的供给是非排他的。因为存在"搭便车"行为，理性的个人会充分利用公共物品的非竞争性和非排他性，而不承担公共物品的创造成本，即使个体对公共物品的 WTP 很高，他也不会真正支付他所愿意支付的货币数量，从而由零星个体选择产生的公共物品均衡是无效率的。

（3）生产外部性。生产外部性代表了两个或多个私人生产者成本函数间直接的、物质的联系。当私人收益与社会收益或者私人成本与社会成本不一致时，外部性就出现了。外部性的存在，使得理性的最大化的单个生产者的私人决策不能提升整个社会的理性产出，产出是无效率的。厂商在很大程度上会从事于产生外部性的经济活动，因为其不必承担外部成本。对于产生正外部效果的行为，缺乏经济激励，因为它并不能获得全部收益。

如果一个企业要维持下去，所生产的产品和服务就必须反映消费者的偏好，生产者只不过是对消费者的要求做出响应；消费者的选择取决于可得性限制和有条件偏好限制。然而在现实中我们必须放弃产品选择效率自动产生的假定。在现实世界里，生产者能够通过广告和选择把某种产品放到市场上去，来操纵和控制消费者的需求；企业之间通过联合赢得对市场的更大控制；生产者通过控制提供替代产品和服务的企业然后又消灭它们，精心地强制消费者的选择。从西方市场经济理论与实践来看，市场的缺陷及市场的失灵被看作政府干预经济的基本理由。由于市场缺陷和市场失灵，在市场经济发展的任何阶段都需要程度不同的政府干预。

### （二）中央计划与资源配置效率

马克思《资本论》等著作的传统社会主义计划经济体制设想未来的社会主义经济是由"社会"直接配置全部资源。按照这个设想，不存在交易与交易费用；不存在市场配置资源方式的价格不均衡或供求不均衡形成的生产费用的浪费；不存在外部性，这是资源配置费用最少因而也是最优化了的资源配置方式。为了弥补市场的缺陷和纠正市场失灵，政府在社会经济生活中扮演着公共物品的提供者、负的外部效应的消除者、收入和财富的再分配者、市场秩序的维护者和宏观经济的调控者等角色。然而政府既要保证市场运行的外部条件，又要作为市场机制的补充，不可避免地造成现实的政府失效。

（1）公共政策失效。政府对经济生活干预的基本手段是制定和实施公共政策，以政策、法规及行政手段来弥补市场缺陷，纠正市场失灵。然而由于公共决策本身的复杂性和困难以及公共决策体制和方式的缺陷，信息的不完备、公共决策议程的偏差、沉淀成本等对合理决策的制约，往往造成公共政策失效。

（2）公共物品供给的低效率。导致公共机构提供公共物品低效率，尤其是官僚机构低效率的主要因素如下：一是公共物品评价上的困难。官僚机构提供公共物品所追求的是社会效益，而非经济效益，社会效益的衡量缺乏准确的标准和可靠的估算方法及技术。同时，要合理确定社会对某一类公共物品要求的数量、提供公共物品的政府机构的规模及对这些机构绩效的评价是困难的，甚至是不可能的。二是公共机构尤其是政府部门垄断公共物品的供给，缺乏竞争机制。三是监督机制的缺陷。政府官员的行为必须受到立法者、公民的政治监督。现有的监督机制是不健全的，尤其是监督信息的不对称、不完备，使得对政府的监督徒有虚名。立法者和选民都缺少足够的必要信息来有效地监督公共机构及其官员的活动，被监督者比监督者拥有更多关于公共物品及服务方面的信息。监督者完全可能受被监督者的操纵，后者有可能主动实施某些有利于自身利益而损害公共利益的公共政策。

（3）内在性和政府扩张。公共机构尤其是政府部门及其官员追求自身的组织目标或地方利益而非公共利益或社会福利，这被人们称为内在性。正如外部性被看作市场缺陷和市场失灵的一个重要原因一样，内在性被认为是政府失败的一个基本原因。正如英国经济学家帕金森在 1957 年出版的《帕金森定律和公理中其他问题研究》一书中所指出的，无论政府的工作量是增加还是减少（甚至无事可做），政府机构及其人员的数量总是按同一速度增长。在现代国家中，公共行动费用的分散性和利益分配的集中性，是国家机构及其职能膨胀的重要原因。

在市场不存在的情况下，完全的计划配置或完全的私有化，都不能实现资源的最优配置。

### 三、环境问题的经济根源

人类短暂历史的大部分时间，是一部人类生存的无尽斗争史。寻找食物和住所，尽量保护自身免受疾病、野兽的袭击。从那时开始，由于人的智慧、交流能力和求知欲，慢慢地人类开始强迫环境适应自己的需求，并且建立了一种社会结构——交往和组织制度，使他们能够利用集体的力量。为了防御、驯化动物、种植谷物，他们结成群体，并发展了文明、文化、艺术、文学、神话和宗教。他们同时在沙漠的产生、环境的破坏中担任重要的角色。现在我们已经看到发展的步伐缓慢而痛苦，增长的极限似乎就在眼前。人们不再期待迅速的繁荣，社会、文化和政治制度成为维护社会稳定而非变化的工具。经济发展的目标是增进福利，然而人类行为从来都是一柄双刃剑，经济发展的某些因素，将阻碍环境的保护和资源的持续利用。这些因素包括市场失效、非确定性和不可逆性、人口增长及在许多情况下存在的环境与经济发展的取舍关系问题。环境危机的出现并不是人们对于环境的忽略，而是在现实社会经济条件下，经济运行所伴生的必然结果。造成环境问题的根本原因有如下几个方面的内容。

### （一）市场失灵

市场经济条件下，环境资源的开发利用，目的在于效率与收益。然而由于经济运行过程中的技术进步的非对称性和市场非对称性（或外部性）和对无市场价值的资源的忽视，造成了资源与环境利用中的市场失灵。

一般认为，技术进步是有利于环境资源的保护和持续利用的。它可以提高资源的利用率，开发新的替代产品，从而使有限资源的有效使用期限得以延长。事实上，市场运作中对环境资源稀缺的补偿过程，也正是通过市场价格作用促进技术进步实现的。对技术进步的质疑最早由美国环境经济学者克鲁蒂拉于 20 世纪 60 年代提出。他认为，技术进步包括两种类型：一类是利用环境资源生产商品与服务的技术；另一类是有利于人类效用的。由于技术创新倾向经济生产过程和产品，而对于各种自然现象，如气候现象、大自然奇观的复苏等，它们的生产技术难度大，需要的投入多、周期长，成功的可能性低，市场条件下的技术进步几乎不考虑这些方面，不可避免地出现经济生产技术和资源保护技术进步的不对称现象。70 年代后期，美国另一位学者分析了技术进步的不对称含义，即资源开发利用技术和环境保护技术的不对称。这两种技术进步的非对称性含义都源于市场机理，是市场自身所不能解决的，而这种不对称性对于环境持续的影响是不言而喻的。

#### 1. 市场非对称性

市场非对称性问题，最初由福利经济学家庇古于 20 世纪 20 年代提出，即在商品生产过程中存在社会成本与私人成本的不一致，造成了市场非对称性或外部性。外部性一般发生在一个经济行为人或一个企业的利益不仅由其自身行为决定，也由其他外部事物控制的情况。外部性的影响可以是主观的，也可以是客观的。历史上外在不经济和外在经济都曾用来描述团体受损或得利的情况。显然水污染是一个外在不经济的例子，而私人所购买的美丽的住宅则是一个外在经济的例子。

#### 2. 非市场交易资源

在环境资源的开发利用中，还有市场之手伸不到的地方，就是那些没有市场价值的资源。外部性，不论是排污，还是公共资源的收益，它们都有市场收益。那些没有市场价值的资源，不存在市场利用问题，它们只是伴随其他经济活动被随意处置。这些资源包括生物多样性、生态系统功能，以及许多没有被人类开发利用的动植物品种等。这些资源没有市场价值（指实际上没有直接使用价值），但它们有间接使用价值和存在价值，由于这两项价值没有在市场上交换，故市场对它们是忽略不计的。

#### 3. 不确定性和不可逆性

Arrow（1974）指出在存在市场失灵的条件下，组织是获得合作收益的一种方式。不确定性是指"对我们确信存在的现实世界的完全描述的失败"。造成市场失灵的不确定性包括生产条件变化、个人偏好变动引起的交易愿望的变化等。不确定性是指现实决策对未来影响的不可准确预见。这是不可避免的，因为我们不具备完备信息，没有无限时间系列的期货市场。环境资源的利用带有一定的不确定性色彩。

对于不确定性引发的资源过度消耗，环境安全问题是显而易见的。资源的最优利用水平，是指决策者考虑了时间和风险等因素后，能获取最大收益的资源利用方式和利用量。它反映了资源持续利用的内容。当资源流量低于最优水平，等同于节省了资源，但同样会引起资源持续利用的担忧，因为这一节省减少了社会产出，阻碍了经济发展，不利于自然资产与生产资本之间的动态平衡调节，削弱了自然保护的经济能力，表现出抑制环境持续的负效应。源于不完全信息和缺乏未来市场的不确定性，是人们的决策与实践所不能排除的问题。它与环境资源开发利用中的不可逆性联系起来，使得环境持续所受的威胁进一步加大。环境利用中的资源存量不确定性会减少资源开采利用率，导致经济体系中的资源流量低于最优水平。环境利用中的技术创新不确定性使得如果人们担心资源更为稀缺，技术创新将倾向减少资源消耗，但如果人们担心资源贬值或被破坏，技术创新将倾向增加资源消耗。环境利用中环境污染影响测定精度的不确定性，则导致如果高估了污染损失，污染控制将过于严厉；如果低估了污染损失，污染控制将过于宽松，导致社会损失。环境利用中的所有权不确定性，增加了资源开采利用量，导致经济体系中资源流量高于最优水平。

一个经济系统中的个体间的谈判、议价及所有契约的基础是产权的明确建议，产权的演变是资源稀缺和价值提升的结果，随着资源稀缺的加剧，对产权的定义则可以被看作一项环境管理的政策工具。坚信市场理性的经济学家，以美国的朱丽安·西蒙为代表，否认增长的极限和反对环境管制，认为如果实施环境控制，厂商就不能实现效率生产，由此而产生的社会损失会更大。尽管公共资源的利用存在市场失效，这类问题可以通过明确产权关系来解决。缺乏明确界定的产权，没有市场价格，或是定价太低或者补贴，才是环境恶化的根本原因。美国的一些经济学家将这一环境资源产权界定与市场交易的自由放任管理方式称为自由市场环境主义，其中心思想是通过明确界定产权，使环境与生态资源融入经济体系，让自由放任的市场来管理公共资源。

**（二）环境管理的政府失效**

1. 企业定义的重新理解

随着社会的发展和知识的积累，人们关于企业性质的认识也在不断深入。新古典理论认为，企业是技术的函数，由其表现为生产可能性的技术来定义，资本和劳动作为对称的生产要素而投入企业生产中去，资本和劳动的报酬取决于各自对生产的贡献。企业由无私的经理经营，他对投入和产出水平的选择都是为了利润最大化与成本最小化。在此，企业被看作一个黑箱，完全忽略了企业内部的激励问题、企业的组织结构和企业边界问题。企业经营仅是为了利润最大化，所有者和管理者高度统一。

1937 年罗纳德·科斯在其开创性的一文"企业的性质"中，将企业的边界刻画为交换的范围。在那里，组织是对市场的替代，用组织内的权威和指令来完成资源的配置。当市场配置的成本大于直接使用权威的成本时，活动就会纳入企业内。市场制度和企业组织的运行成本差别导致企业取代市场。因此，企业的发展可以看作要素市场对产品市场的替代，企业的建立节约了交易费用。在科斯的企业中，正如在一个新古典经济学中的企业中一样，资本与劳动依旧是对称的，与谁掌握企业剩余控制权无关。企业是生产要素间的一系列契约，每一种要素为其自我利益驱使。交易费用理论强调组织中权利通过契约确立的重要性，使它区别于委托-代理理论，但交易费用理论认为只要交易费用为零，权利的界定是无差异的。在交易费用理论发展基础上，21世纪70~80年代，经济学文献中出现一个委托代理问题理论分支，它将企业看作一系列委托代理的契约关系的总和，如何在委托人和代理人之间进行利益分配和风险配置是委托代理问题的核心。无论是交易费用理论，还是代理理论，都强调企业为一系列合约的联结，但二者的侧重点不同，前者的重点仅限于研究企业与市场的关系；后者则侧重于企业的内部结构与企业中的代理关系。代理理论将激励问题融入企业理论之中，但它仍没有解决企业边界的决定因素这个基本理论问题，也很少涉及企业的内部组织问题。在此文献中，资本与劳动之间的主要契约安排完全是外生的。

Cheung（1968）将科斯的企业理论推进一步，认为企业与市场的不同只是一个程度问题，是契约安排的两种不同形式而已。企业的设立是用要素市场取代产品市场，或者说是一种合约对另一种合约的替代。由于估价产品或获得产品的信息要支付成本，通过对某些替代物进行估价的定价方式，其成本通常小于对产品的直接定价，从而改进和发展了企业理论。

综上所述，企业是现代社会中一种重要的组织和制度形式，组织是生产要素的所有者与消费者之间各种契约的联结。契约结构与可行的生产技术和外部法律规定结合在一起，以决定特定形式组织提供产品的成本函数，组织结构决定其生产效率。

2. 组织结构决定因素

制度和组织是不同的。制度是社会游戏的规则，是人们创造的用以约束人们相互交流行为的框架，组织是由一定目标所组成，用以解决一定问题的人群（卢现祥，1996）。呈现在人们面前的基本的政治-经济选择只有一张很短的清单：一是通过政府权威的社会组织；二是通过交换和市场的社会组织，还有一个，如我将建议的，乃通过说服的社会组织（林德布洛姆，1992）。换句话说，社会中的组织包括政府组织、企业组织和合作组织。人们从一系列组织清单中选择一定的组织形式，是在一定技术结构和制度环境条件下的理性选择行为，其目的是实现利润最大化（效用最大化）。

权力的广义解释是一种可能性：一种无论对方如何抵制，都能实现本方意愿的可能性。众多组织的存在是为了获得权力，只有通过组织才能在激烈的社会竞争中获取权力。社会中实施控制的基本方法包括交换、权威和说服。实施控制的不同方法决定现实中的组织存在包括政府组织、企业组织、通过说服的组织——合作组织。

（1）权威与政府组织。

对于任何既定的人民，一个政府在这样一个意义上是存在的，即作为对他们行使权威的集团之一，它拥有对其他一切人或权利要求的权威，不会遇到来自一个与之平起平坐的权利要求者的挑战，它在维护自身秩序方面具备居于其他一切组织之上的普遍的权威（林德布洛姆，1992）。通过权威的控制有时是成本低廉的，甚至是零交换的。政府权力的实施，主要是靠行政管制机制，但也不排除说服机制和利益诱导机制的作用。政府可以通过亲自购买或供应产品（劳务）的方式来实现自己的目标，并为此创办国有企业。政府组织在社会经济生活的存在是无可辩驳的事实。

（2）交换与企业组织。

市场赖以建立的交换关系，是一种审慎的控制。交换不仅是权利交易的一个方法，它也是控制行为方式和组织人们协作的一个方法。在一个交换制度中，控制人的每种尝试都要付出高昂的代价。因为只有提供出有价值的东西，才能诱导出理想的反应。交换只有在一个用道德、法规和权威维护着安宁的社会才有可能。交换的权利是众多营利机构普遍拥有的权利。营利机构是通过迎合消费者的消费需求来获取实现自身意愿的可能性的。这种权力的权威来自营利机构所提供产品和劳务的特点——物美价廉。因此，这种权利主要是通过利益诱导机制来实现的。当然，为了让消费者相信自己的产品是物美价廉的，营利机构在实施权利的过程中也需运用说服机制，如进行广告宣传等，但不可能使用行政管理机制，因为它们与消费者之间，在身份上是完全平等的。

（3）说服与合作组织。

说服是社会控制的一种方法。第三种权力是非营利机构拥有说服权利。非营利机构不以利润为目标，它提供信用资源来沟通某种产品或劳务的供需双方，以解决一个社会问题——组织的共同目标。这个权力的权威来自供需双方的信任，它的实施主要靠说服机制。当然，这种说服必须体贴入微，使供需双方都能领悟到彼此的合作是最佳的互利方式，或者这种合作对社会是有利的，因而对自己是有利的。

"通过交换的控制常常要求一个人放弃某种价值，这个价值就是劝诱别人去做自己愿意让别人做的事情；通过说服的控制则花费时间和精力。对比之下，通过权威的控制经常是成本较低的……然而，没有人会否认，权威的建立和保持常常是成本很高的，尤其是在政府中"（林德布洛姆，1992）。从社会控制的基本要素：权威、交换、说服而言，人们在市场上可以感受到三种权力的存在：公共权力、交换的权力、说服的权力。三种权力并存，决定政府组织、企业组织和合作组织的共同存在是社会选择的结果。

## 第三节 环境管理的产权途径

在一个运行良好的市场经济体系中能够带来资源有效配置的产权结构应该具有以下特点：第一，排他性——所有由于拥有和使用资源所带来的收益和成本应该由所有者自身承担并且只能由其自身承担，要么直接或间接地通过出售转让给他人；第二，可转让性——所有的产权都可以在所有者之间进行自由的转让；第三，强制性——产权应该受保护防止非自愿的夺取和别人的侵犯。稀缺是人类共有的社会现象，当人们试图占有非相容性资源时，可以观察到稀缺的存在。人们需要设法解决彼此之间的冲突，通过资源的适当的分配，在满足自己需要的同时，不对他人需要的满足能力造成影响。

## 一、环境与产权安排

环境本身是一个典型的公共产品问题，具有消费的非排他性和不可分割性。环境管理的产权明晰是政府环境政策的前提。

科斯等（1994）认为，"产权是一个社会所实施的选择一种经济品的使用的权利"。这一定义明确给出了人与人之间由于物的使用所引起的社会权利和社会强制，从而产权不是人与物之间的关系，而是人与人之间的社会关系。诺斯（1991）认为，"产权的本质是一种排他性的权利……产权安排所规定的是每个人对应于物时的行为规范，每个人都必须遵循他与其他个人之间的相互关系的一般规则，承担某种相互关系的成本或收益"。布罗姆利（1996）认为财产包括三方面的关系：某个人、某客体及相对于其他所有的人。

产权是财产权利的简称，它是一组权利。产权包括所有权、使用权、收益权和处置权。所有权是产权权能的核心，它是由法律规定的所有者对于财产的最高的、排他性的独占权，不存在超出这个法定主体的其他更高更终极的主体；它允许个人在权利所允许的范围内以各种方式使用权利，即使用权；在不损坏他人的情况下可以享受从事物中所获得的各种利益，即收益权；改变了物的形状和内容，转让收益权或把所有权出售给别人，即处置权。

在现有的西方产权经济学研究中，往往都是以财产所有权明确界定为前提的。然而在中国转型经济条件下，所有权的明确界定应该成为经济学研究应有的内容之一，为此必须明确所有权的概念。所有权是指财产所有者支配财产的权利，是在法律规定范围内的人对物的关系，主要是一种经济关系。它指的是在政府的限制和保留以后给予个人的所有权利。所有权意味着所有者的主权，意味着所有者可以控制并使用财产，可以随意处置收入流，可以对财产进行转让或赠送，而不是所有者本人应尽的责任或义务。所有权是指对财产归属关系的权力规定，而产权是以所有权为核心的若干权能的集合。

产权是对所有权的完善。产权是指由于物的存在而引起的人与人之间的关系。因为在交易过程中，当交易双方各自在其所有权范围内行事时，两个所有权范围可能存在相互交叉，各自的界线模糊不确定，导致双方的收益不确定甚至造成一方对另一方的损害。面对这种所有权失效和不确定性，产权能够有效界定各自的行动范围，规定所有权主体是否有权利利用自己的财产去损害他人。（产权）制度界定独立的经济行为者在现状中的选择领域；界定个体间的关系；指明谁对谁能干什么（布罗姆利，1996）。产权制度安排的集合在特定时间决定着经济条件。也就是说，在任何一种经济中都有一种占主导地位的标准、准则、惯例和法律结构界定个体和集团的选择集。财产是对未来收益流的保障。财产不仅仅是界定谁可以使用有价值客体，谁可以控制客体的使用以及谁可以从客体中获取收益的制度安排。财产还是一种将成本施加给他人的法律能力（布罗姆利，1996）。产权制度通过界定所有权的行使范围，确定人们在经济活动中如何受益、如何受损及他们之间如何进行补偿等问题。从法律上说，所有权是不完备的、不明确的。

市场交换实质上是关于附着在商品或者服务之上的权利束的交换。产权明晰是市场经济有效运行的前提，在其他条件不变时，任何物品的交换价值都取决于交易中所包含的权利束。市场机制的本质是价格机制，其根本假定是商品在某一价格下能够买到或卖掉。商品买卖和服务交换的实质，不是物质实体的空间转移和从一个所有者手中转移到另一个所有者手中，而是由物的存在而引起的人与人之间的关系。

第一，产权明晰能够确保市场可预测性、稳定性和可靠性。竞争的市场体制的基础是财产权利的明确界定。道格拉斯·诺斯在《经济史中的结构与变迁》中指出，市场定价需要明确界定产权和行使产权，这就必须使对物品和劳务数量的度量成为可能，而且随之产生的权利必须是排他的，以及必须存在一种实施机制去维持物品的交换。因为市场交换不是物的交换本身，而是以物为载体的权利的交换，正是权利价值决定所交换的物品的价值。财产权明确规定作为物质客体的财产的各种权利，使得交易双方能够形成商品交换的稳定的预期；同时交易的基础——使交易成为可能的是一个复杂的法律结构及其实施过程，制度提供人类相互影响的框架，它们建立一个社会经济秩序的合作与竞争关系。制度安排的集合在特定时间决定经济条件。

第二，产权明晰有利于规范政府行为。在目前条件下，由于政府直接介入市场交易关系，造成政府与企业角色的严重错位。政府既热衷于充当企业投资主体，又热衷于成为企业经营管理主体，陷入企业的债务、融资管理甚至产品的生产与销售等具体的微观事物之中，而企业却承担着政府职能，承担提供社会公共物品、教育、医疗、卫生、住宅、社会保险和保障等具体事务。不该管的乱管，常常导致市场失灵，而市场的失灵又会引起政府的更进一步干预，使政府偏离经济服务行为越来越远。产权安排明确规定面对财产的个人、政府及其他社会成员的权利安排关系，因此消除政府和公民私人权利的双向侵权行为。

## 二、资源产权界定缺陷

创造一个富于活力的经济制度（现代市场制度），必须把人们之间的权利关系置于核心地位，通过权利的调整或配置，实现各主体进而整个社会的福利最大。建立权责明确的经济组织是经济繁荣的先决条件，这是经济学的一个基本信条。然而在资源与环境利用与管理中，存在着极大的产权界定不清。表现在以下几个方面。

第一，国有财产所有权与行政权的混淆。

国有财产所有权与政府行政权有着本质的差异。首先，从法律依据来看，国有财产所有权与私有财产权一样，是由民法所确认的一种权力形式，而政府行政权是由宪法和行政法所规定的权力。国有财产所有权作为民事权利，体现的是所有者和非所有者之间对财产的占有和支配关系，而行政权体现的则是政府机构对社会生活进行管理的权力，它表现为对人和社会组织的分配关系，其目的是维护社会正常的秩序。

其次，从与主权的联系来看，除了国有土地和自然资源的极少部分国有财产与主权有着密切联系外，绝大部分国有财产与主权没有大的联系，因而可以进入市场进行平等交易。行政权则是直接由主权派生的，它不但具有强制性特征，而且根本不能进入市场进行平等交易，否则，只能造成对交易秩序的破坏。

再次，从权利（权力）的内容来看，国有财产所有权是由国家所享有的占有、使用、收益和处分等权能构成的。国有财产所有权的行使要遵循公平、等价的原则，而行政权则是由命令权、行政处罚权等内容构成的，并凭借这种强制力排除权限行使的障碍。另外，当国家行政机关（政府）与公民和社会组织之间发生联系时，他们之间并不存在平等对待、等价给付的权利义务关系。

最后，从权利（权力）的实现方式来看，国有财产所有权可以发生权能的分解和转移，通过产权的分割，能够更有效实现国有财产所有权，而行政权却是专属的权限，总是与具体的行政机关（各级各类政府）相联系。除了法律有特殊规定外，一个机关的权限不得随便转让给另一个机关，更不得转让给经济组织和公民。

国有财产所有权和行政权本质上的差异决定二者的分离，进而国有财产所有权主体的独立既是必要的又是可能的。国有财产所有权主体作为市场主体，必须与其他任何市场主体同等看待，这是由现代市场制度的本质决定的。现代市场制度的内在要求是不同市场主体的法律地位平等。行政权力与财产权利界区模糊，造成行政权力对财产权利的侵蚀，削弱财产权利，造成财产权利主体市场交易中的事实上的不平等。

第二，所有权虚置和产权不可分。

产权界定明晰的条件之一，是产权在性质上是明确的，具有明确的所有权主体。20世纪50年代中期以来，我国有关法律规定自然资源归全民和集体所有，在实际操作中具体由各级部门或地方政府代理管理，有关劳动者也就成了这些自然资源的经营使用者。全体人民都是国家的主人，对于国有资产人人有份，人人都没份，造成财产权利的不可分割。

第三，产权限制。

"一个产权的基本内容包括行动团体对资源的使用与转让权，以及收入的享用权。它的权能是否完整，主要可以从所有者对它具有的排他性和可转让性来衡量，如果权利所有者对他所拥有的权利有排他的使用权，收入的独享权和自由的转让权，就称他所拥有的产权是完整的。如果这些方面的权能受到限制或禁止，就称为产权的残缺"（布罗姆利，1996）。产权包括了众多的利益、权利和组合，只要产权的行使不违反财产规则时，产权应该是完备的、不受任何限制的。因为产权本身就是一种多种用途进行选择的权利，可以只行使使用权，也可以只拥有收益权，亦可以只有处置权，产权所有者可以根据自己的偏好理性地选择自己的目标函数，通过自愿的交易和符合市场规则的交换，实现自己的效用最大化。个体有效率的结果可以实现整个社会集合体有效率。然而现实中产权分割和实施受到不同程度的限制，对于产权的实施的限制分为两类：一是产权的实施应受法律和契约的限制；二是政府强加的限制。第一种限制是符合现代市场经济的交易平等规则的，这保证交易的总体效率。第二种限制将导致无效率。国家在产权界定中具有暴力方面的比较优势，国家不是中立的，维护产权规则时政府对某个人的干预是政府对另一个人的保护。在产权规则的实施过程中，政府与人民处于一种强制与服从状态，这种产权规则属于所有者特权，而生产者无权，农民对生产什么，生产多少，为谁生产的决定权是不完全的。外力强加给产权拥有者的限制，约束了当事人的经济理性。

第四，产权不能交换。

根据比较优势理论，当财产权拥有者面临新的获利机会时，自愿交易会增进个人的福利水平。产权拥有者有权根据自己的偏好理性地选择具有排他性的产权，不可替代的多种权利组合，或者行使产权的整个权利的集合，或者只行使产权的某单一权利，即当事人有选择某项权利安排的权利，也有放弃某项权利安排的权利，产权交换就成为尊重个人选择权的必备条件。然而，传统上我国在自然资源的流转方面，已由法律明文规定任何人、集体不得出售或转让任何自然资源。只允许通过有关政府和集体经济组织进行调配来作为自然资源流转的唯一手段，而这种自然资源流转方式很难迅速对市场压力和非市场压力做出回应，造成自然资源分配调整迟缓，自然资源配置长期处于低效率状态。

第五，产权界区模糊。

财产关系是经济行为主体间的社会惯例和规则，它不但重视客体，并且重视未来的收益流，而且收益流取决于物质客体之外的其他因素。产权是由一系列权利与义务规则组成的。一个人在享有行使产权的权利时，同时也要为其行为后果负责，而且在权利实施过程中，必须遵守相应的规则。然而，在我国的自然资源产权界定过程中存在着严重的产权界区模糊，一方面表现为产权规则模糊；另一方面表现为权利与责任边界模糊、权利义务不对等。在我国自然资源产权制度实施过程中，当国家与农户发生关系时，服从的是不可剥夺规则，而当农户之间发生资源交易时，必须服从财产规则。因此，在资源的分配过程中，规则本身是不确定的。另外，我国自然资源产权实施中分配规则不明确，存在着所有权和资源经营权之间的双向侵权。在自然资源使用的委托-代理关系中，所有者和使用者的关系缺乏明确界定的合约、结果，一方面使自然资源的所有权在很大程度上在经济上不能实现；另一方面又给各级政府乱摊派找到借口，由于租约安排不明确，造成这种双向侵权行为。

我国传统资源产权制度的特点是一个组织（国家、集体）范围内的财产为该组织成员共同所有，任何个人都不能单独占有或者声称拥有某部分财产的所有权，权利的整体性和不可分性是这种制度安排的基本特点，也是资源利用效率低下的根本原因。

## 三、环境管理的产权途径

公共产品和私人物品是人们早已熟悉的概念，下面主要说明公共物品与国有物品的差别。作为公共物品，公共的范围是有限的。它有两个特性，第一，排他性。公共产品仅仅由其全体成员——它是由具有某种资格，并遵守俱乐部规则的单个成员组成——共同消费，因而排他是可能的；纯粹公共物品则由全体消费者共享。从这一排他性来说，其似乎更像私人物品，只不过后者的消费规模仅是一个单位。第二，非对抗性。单个成员对公共产品的消费不会影响或减少其他会员对同一物品的消费。因而公共产品既有别于私人物品，又不同于国有资源物品，其消费规模只限于全体会员（而非全部消费者）。

公共物品理论认为，"具有公共性的资源或资产，由于'外部效果'和'搭便车'

等原因，其产权不宜私有，或者更确切地说，私有产权的履行和保护费用极高。从资源配置的帕累托观点来看，这一类资源和资产的共有产权（社团产权）安排是相对有效率的"（张军，1989）。共有产权是水资源产权安排的理性选择。

关于环境经济的理论与政策的阐述，是以庇古税为主线来分析帕累托最优的基本条件的。强调产权管理的科斯定理，作为一种环境管理的市场途径，无论是从理论上，还是从实践上都具有重要意义。科斯定理源于其 1960 年发表的题目为"社会成本问题"一文。其实，产权途径的理论框架是在其之前的关于控制无线电广播信号干扰的文章中提出的。在该文中，科斯反对美国联邦通信委员会对无线电信号的政府管制，提出应该由无线电信号干扰者明确其信号使用权利，两者协商解决。由于无线电信号管理与环境管理的联系不甚直接，这就使得科斯关于牧人和农夫的故事成为产权途径的经典之论了。在此，农夫耕一片土地，牧人在耕地附近的牧场放牧。由于距离较近，牧人的牲口有可能躲过看管侵扰农田。农作物被破坏，损失是可估计的。假定权利的初始界定是农夫有权，而牧人无权的话，对于农夫而言，他是收获农作物在市场上出售获得收入，还是在农作物被牲口践踏后接受同等数量的补偿是无差异的。对于牧人而言，他要权衡的是控制牲口的成本与向农夫提供补偿之间的关系。经过双方讨价还价的相互协商，能够达成一个补偿价格。反过来，如果牧人有权在农夫耕作的土地上放牧，则农夫要赔偿牧人不在该地上放牧和控制牧群的损失。二者的结果是一致的，与产权的初始界定无关，都会达到农夫和牧人双方的总体收益最大化。从这一意义上来说，其结果在资源优化配置上是与庇古税一致的。

产权途径具有如下特征：具有明确的产权；双方的自愿协商，无须政府干预；无交易成本。在以上条件下，产权途径能够使环境管理达到帕累托最优。

基于政府管制和市场的环境政策手段均建立在财产权事先明确界定的基础之上。任何居民对各种环境污染导致的损害有充分的权利要求取得足额补偿，但这种足额补偿是建立在双方能够就损害进行准确估计并且污染者确应对此负责时，法律手段能够给污染者施加正确的激励作用。在污染控制费用低于损害赔偿时，污染者会采取污染控制措施；否则，当污染控制费用高于损害赔偿时，污染者将选择负担损害赔偿而继续污染。这可以使与污染控制有关的控制费用和剩余的损害最小。然而现实世界是十分复杂的，即使财产权得到明确界定，通过立法和私人谈判来进行环境保护仍会遇到其他困难。当污染冲突的当事双方不是一一对应的，经常存在众多的污染者，因此很难辨明具体是哪一家工厂应对特定的污染损害负责；同样地，如果遭受污染损害的对象非常大时，也许他们中的每个人遭受的污染损害并不足以使其独自诉诸法律或者进行调节与协商。法律规范的交易成本如此之大，足以抑制个人采取正常的诉讼程序，尽管污染对人们造成的总的损害是显著的。污染造成损害的度量困难，使得法律框架下的私人谈判或者协商调节是十分昂贵的行动。

环境管理的产权途径受到诸多因素的制约，第一，产权界定的缺乏。对于环境资源而言，缺乏明确界定的产权。对于公共资源，政府可以通过许可制度，通过许可份额在市场配置，可以达到许可份额的优化配置，但这些许可份额本身并非帕累托最优水平，因为它们并非产权的拥有者与使用者之间协商的均衡产物。第二，交易参与各方在协商中应用误导战略。所涉及的各方在讨价还价中均有利益刺激促使其给出错误信号，以使自己获益。第三，零交易成本假设的非现实性。第四，收入效应的存在可能使科斯定理很难自圆其说。如果协商双方均为生产厂商，收入效应的影响不会表现出来，但如果参与协商的一方是消费者，由于各个消费者的收入差异，每个消费者所愿意支付或要求补偿的数额可能相去甚远，如果产权所有者为高收入者，所要求的补偿就会很高；而产权所有者为低收入者，其索要的补偿很可能要低一些。在这种情况下，产权的初始分配就会影响资源利用。

无论如何，产权途径不可能替代市场经济激励方式和环境管制方式的政府干预，尤其是那些产权不容易界定的资源，如大气，生物资源等，政府应该作为公众的代表，而不必让所有受影响的人们直接参与协商。事实上，在大气污染排放许可额的拍卖和交易中，制定排污许可总额的政府在某种角度上具有大气产权所有者的性质，而排污企业具有产权使用的性质。在交易达到市场均衡时，每一个许可额的价格等于排污的边际收益。资源利用的外部性和公共产品问题，不可避免地存在市场失灵，而政府管制的效率缺乏，使得人们不得不另辟蹊径，探索公共产权资源的管理问题。

由于存在"政府失灵"，国家管理环境的职能只能在一个合理的范围内行使。在市场经济条件下，政府调节环境冲突的作用可以适当地由市场机制所代替，同时也应积极鼓励公众参与环境管理，环境经济分析要为这种替代提供理论说明和实施方案，这实际上是研究建立一种环境管理的社会制衡机制问题。市场机制和政府干预都存在一定的有效区间，环境问题导源于"市场失灵"，但其解决又不能只靠政府，所以在设计环境保护的政策手段时，需要寻求新的制度安排，构建广泛的社会参与机制，以及政府的环境管理综合决策机制如何得以贯彻。由于经济发展过程是环境问题的主要影响因素，故改革和改善宏观经济决策过程是保持环境可持续利用的重要途径。

# ■ 参考文献

布罗姆利　D W. 1996. 经济利益与经济制度——公共政策的理论基础. 陈郁，郭宇峰，汪春，译. 上海：上海三联书店，上海人民出版社.

陈家琦，王浩. 1996. 水资源学概论. 北京：中国水利水电出版社.

科斯 R H，阿尔钦 A，诺斯 D C. 1994. 财产权利与制度变迁——产权学派与新制度学派译文集. 上海：上海三联书店.

林德布洛姆 C. 1992. 政治与市场 世界的政治——经济制度. 王逸舟，译. 上海：上海三联书店.

刘传江，侯伟丽. 2006. 环境经济学. 武汉：武汉大学出版社.

卢现祥. 1996. 西方新制度经济学. 北京：中国发展出版社.

诺斯 D C. 1991. 经济史中的结构与变迁. 陈郁，罗华平，等译. 上海：上海三联书店.

萨缪尔森 P A，诺德豪斯 W D. 1992. 经济学（上册）. 12版. 高鸿业，译. 北京：中国发展出版社.

思德纳 T. 2005. 环境与自然资源管理的政策工具. 张蔚文，黄祖辉，译. 上海：上海人民出版社.

张军. 1989. 现代产权经济学. 上海: 上海人民出版社.

周振华. 1995. 现代经济增长中的结构效应. 上海: 上海三联书店, 上海人民出版社.

Arrow K J. 1974. General economic equilibrium: purpose, analytic techniques. collective choice. The American Economic Review, 64（3）: 253-272.

Cheung S N. S. 1968. Private property rights and sharecropping. Journal of Political Economy, 76（6）: 1107-1122.

Pigou A C. 1920. The Economics of Welfare. London: Macmillan and Co. .

Porter M E. 1991. America's green strategy. Scientific American, 264（4）: 168-172.

# 第 七 章

# 环境政策设计

环境管理是指运用行政、法律、经济、教育和技术手段，协调社会经济发展同环境保护之间的关系，处理国民经济各部门、各社会集团和个人有关环境问题的相互关系，使社会经济发展在满足人们的物质和文化生活需要的同时，防止环境污染和维护生态平衡。环境管理包括环境计划的制订、环境质量标准的确定和环境技术的管理。

任何政策的制定都是在给定的经济环境、考虑政府组织安排和资源限制条件下的政策选择。如果经济本身缺少竞争性、官僚机构效率低下、信息失灵并且缺少履行职责的资金，那么任何政策都不能很好地发挥作用。有研究者将政策简单地分为市场化工具和命令控制政策工具，然而这样的划分过于简单，因为在这一简单的标准下，许多数量型政策工具虽然具有强制命令的意味，但实质政策制定本身包含市场化工具的元素；有研究简单地把政策工具划分为"胡萝卜、大棒和劝说机制"，这种简单地将政策工具划分为经济激励、法律规制和信息工具的分类方式，同样存在政策工具的归属交叉。因此，任何一种简单的分类方式都不是完美的，但是不同的条件都是合理的，又各有其局限性。本章采用思德纳（2005）的分类方法，把环境管理的政策工具广义地划分为利用市场、创建市场、环境管制和公众参与（表6.1）。

## ■ 第一节　环境规制的经济学原理

### 一、环境的直接规制

政府规制又称政府管制，在实践层面则称为政府监管，是指政府依法对市场经济微观主体进行直接的经济、社会控制或监督，以纠正致使微观经济无效率与社会不公平的微观经济政策，实现社会福利最大化。从全球范围来看，环境作为一种提供系列产品和服务的复合性资源，对经济发展具有举足轻重的作用。然而环境与经济发展常表现为矛盾统一体，许多国家和地区在高速经济增长的同时，导致环境资源被过度开发和消耗，进而造成严重的环境污染和生态破坏，即经历"在经济发展达到中等发达水平之前环境随经济发展而恶化"的倒"U"形环境库兹涅茨曲线的两难区间。这不仅损害人类的健康与生活质量，也危害经济发展能力，制约经济的长期增长。环境问题源于微观经济主体（主要指企业）活动的负外部性及其机会主义，无法通过市场机制自行解决，而必须由政府实施环境规制来加以矫正。

20 世纪 30 年代以后，发达国家先后出现的"八大公害事件"使它们开始重视环境问题；1972 年里约"地球峰会"之后，各国政府都陆续采取越来越严格的环境规制对企业的生产行为进行约束，确立"污染者付费"原则，并且相继出台一系列协议、法规。环境规制在改善环境绩效的同时，会导致环境污染支出的上升。这可能会加大企业成本，影响产业或企业的竞争力，最终影响到经济发展。特别是在竞争日益国际化的条件下，国家间环境标准的差异性导致参与国际竞争的各国企业面临不平衡的规制负担，一些受环境规制影响较大的产业纷纷反对政府严格的环境规制。

简言之，一方面环境规制是必要的，另一方面其可能带来的一些负面效应而遭到反对或难以很好执行，这就使得环境与经济发展双赢的规制内在机理及其对策研究具有重要的现实意义与理论价值。环境规制按照其对企业排污行为的不同约束主要分为命令-控制型（直接影响企业环境绩效的制度措施，如排污许可证、技术标准、排污标准）和基于市场的激励型（如污染税、可交易许可证）。毋庸置疑，在静态条件下（假设技术、消费者需求、资源配置效率不变），环境规制在改善环境绩效的同时，将迫使企业改变生产工艺和生产技术或增加生产工艺流程，这都可能增加企业成本（直接成本加间接成本）；或为环境规制而投入的资源不会产生直接的生产价值；或产生挤出效应；等等。这些必然降低企业的投入生产率，从而削弱企业竞争力。即使有时环境规制提高社会效益，但成本却很大。从一国角度而言，环境规制与经济发展目标将陷入两难困境。

在静态条件下，环境规制与经济发展目标出现两难困境，这可能导致政府与企业之间的非合作博弈，企业力求规避环境规制，导致污染问题屡禁不止，而政府虽投入大量资源进行规制，却难有效果。所以必须进行合理的规制设计，促使企业降低成本和增强竞争力，使企业适应环境成本内在化和企业必须履行社会责任的时代要求，引导政府与企业建立合作博弈关系。在动态条件下，政府与企业的合作博弈关系，将会促进企业技术、消费者需求、资源配置效率等发生有利的变化，从而将"双赢"扩张到最大，将制约降低到最小，最终实现可持续发展的目的——生态、经济、社会三者平衡。

设计合理的规制政策，引导企业增强企业绿色生产意识，改变污染治理模式。首先，引导企业改变污染治理模式，由传统的末端治理（污染控制）模式转变为源头减污（也称清洁生产）模式来代替传统的内在成本很高的污染物达标排放和废弃物处置的规制模式，最终解决信息不对称而导致的决策低效率问题，减少政企不合作而导致的较高交易成本。其次，在符合企业理性决策需要的参与约束与激励相容约束这两项基本约束条件下，设计以市场为基础的激励型环境规制。最后，引进非正式的环境规制方法，包括信息公开计划或项目、环境管理认证与审计、生态标签、环境协议等，以对传统的命令–控制型和激励型规制模式进行补充。这类政策创新试图利用环境规制中的相关利益集团，通过非传统的规制渠道为被规制企业和规制机构提供激励，引导各利益集团参与规制政策的制定、执行与监督，以此来减轻政府规制机构和企业的负担，提高规制效率。

政策制定者面临的处境可以用图 7.1 来做一个简要的说明。如图 7.1 所示，如果政府环境规制的目标是把环境污染从当前排污量 $E_0$ 缩减到最优排污量 $E^*$，价格型政策对污染者征收税费 $T^*$，而数量型政策则使污染从当前的污染排放量 $E_0$ 缩减到最优排污量 $E^*$。

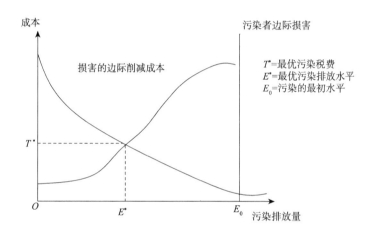

图 7.1 庇古税与污染削减

边际减污成本是为了达到较低水平的污染而额外花费的成本。在这个简单的模型中，价格型政策和数量型政策能够达到相同的结果。事实上，决策者面临着多种决策选择。如果产品生产污染率固定不变，则当产量为 $Q^*$ 时，污染水平控制在 $E^*$ 水平上，由此说明，如果生产的污染排污率是固定的，则庇古税和数量型政策可以实现相同的目标。然而污染排放率并不是固定的，因而很难确定排污量与产量之间的数量关系，因此，许多环境污染问题不是通过减少产出而是通过削减污染来解决的，政策工具的主要目标在于鼓励企业削减污染。

如果考虑两种生产方式：更为清洁的生产方式和相对不清洁的生产方式，企业面临不同的生产成本，边际生产成本分别为 $MC_C$ 和 $MC_D$，如果庇古税为 $T$，当征收庇古税后，则非清洁生产技术下的价格为 $P^*$，产量为 $Q^*$，清洁生产技术下的价格为 $P^{**}$，产量为 $Q^{**}$，无政策控制下的产品市场价格为 $P_m$，产量为 $Q_m$（图 7.2）。可见，清洁生产技术的发展对于价格和产量具有很大影响。

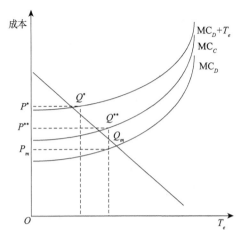

图 7.2　庇古税与污染控制

在动态条件下，企业为了应对环境规制所带来的压力，通过积极的环境管理，推进技术创新，实现产品或工艺的创新，从而降低对环境的破坏。同时，技术创新使企业的投入更具生产率，不但弥补企业遵循环境规制的成本，而且为企业带来净收益，获得"创新补偿"；进一步看，在社会环境意识日益提高的情况下，企业通过率先采取环境规制所要求的环境友好措施，如改进生产过程与产品的环境性能，可以优先于其竞争者在国际市场中获得更多的"货币投票"，实现"先动优势"。这样，在动态模型中，因企业技术、消费者需求、资源配置效率发生有利的变化，环境规制带来"绝对竞争优势"；相对于规制标准较低的国外竞争者而言，环境规制通过刺激创新可对本国企业的国际市场地位产生正面影响。

进一步来看，环境污染是在生产过程中产生的一种废弃物形式，是资源利用低效率的一种表现。适当的环境规制可以引导企业创新，为减少这种废弃物的产生而寻找提高资源利用率的方法，以减少投入成本；或者引导企业寻找将废弃物变为提供额外收入的可销售产品的途径。这样，环境规制或减少企业成本，或提高销售收入。而且环境规制还可以通过技术创新，降低能源使用，从而刺激资源的利用效率；在长期内，严格的规制能支持一国经济向有效率的生态经济转变。

简言之，遵从环境规制，将使企业获得包括创新优势、先动优势、效率优势和整合优势等一系列竞争优势。因此，环境规制是企业竞争力的来源，是经济发展的源泉，能够实现环境与经济发展的双赢。边际污染成本可以考虑为达到较低水平的污染而额外花费的成本，如清洁生产的额外资本投入等。

## 二、污染者付费的基本原则

假设污染排放不具有累积效应，而且污染物是同质的，只有流动性污染物，没有存积性污染物，也就是说没有污染的累积效果，从而不必考虑污染治理的时间问题。而且社会中只有一种污染物，因而不必考虑污染物的空间尺度问题。

假设存在社会规划者和社会福利函数 $W$，社会福利最大化（$W$）函数取决于产量

（ $q$ ）和减污量（ $a$ ）。污染排放的损害成本函数为 $D = D(E)$ ， $E = \sum e_i$ ， $E$ 为社会的总的污染排放水平， $e_i$ 为企业 $i$ 的污染排放量， $P$ 为产品价格， $c_i$ 为企业 $i$ 的生产成本，则有 $W = \sum_i \left[ Pq_i - c_i(q_i, a_i) \right] - D\left[ \sum_i e_i(q_i, a_i) \right]$ 。则企业最优污染排放应该满足如下条件：

$$P = c_q' + De_q'$$
$$c_a' = -De_a'$$

这意味着最优定价和生产量必须使得：第一，边际污染削减成本必须与环境损害成本相等，边际减污收益可以通过环境损害的减少来测量；第二，产品价格不仅要反映传统的生产成本，还要包含环境损害所代表的稀缺性。

以上两个等式确定环境污染规制污染者付费的基本原则。一些企业家抱怨说，他们在进行双重付费，在为环境污染削减付费的同时，为污染损害付费。

## 三、环境的直接规制手段

### （一）公共物品的政府直接提供

政府环境保护机构总是乐于利用自身的人力、技术和资源去解决面临的特定的环境问题。在环境保护领域，该机制其实就是公共产品的直接提供。

公共物品的政府直接提供的一个经典例子是清理公共街道，其他包括为主要环境威胁承担责任，提供和维护自然公园，以及管理某种一般由环境保护机构承担的研究和控制职能。出于公共产品定价困难和政府失灵的考虑，政府正通过规制分散化，雇用私有企业来提供公共服务。

### （二）技术标准

规制企业、家庭或其他经济主体经济行为的一个重要的方法是技术标准，由于技术标准、限制和分区等工具具有实行上的简单性，仍然被广泛使用，更可能是由于此类政策比较符合管理者和污染者的利益，而被广泛采用。技术标准有许多不同的称呼，包括最实用技术、无额外成本的最可行技术或最简单的可行技术。相比照强制性技术规制而言，技术标准允许企业开发能够达到污染开展目标的成本有效的方法。

假定企业 $i$ 的利润函数为 $\pi_i = Pq_i - c_i(q_i, a_i)$ ， $e_i = e_i(q_i, a_i)$ 为企业 $i$ 的污染排放量。

如果企业 $i$ 要在政府强制执行污染技术 $i$ 的 $\hat{a}_i$ 的条件下最大化其利润函数，则有拉格朗日公式为

$$L = Pq_i - c_i(q_i, a_i) + \lambda_i(\hat{a}_i - a_i)$$
$$P = c_q'$$
$$\lambda = c_a'$$

如果存在一个管理者，管理者的目标是最大化社会收益，在管理者掌握有关污染削减的全部信息，可以详细规定在各种必要的技术的前提下，管理者能够为每家企业选择最优的减污量为 $\hat{a}_i$ ，减污的影子价格为 $\lambda$ 。

　　但是，管理者并不能了解每个企业的减污水平或减污技术，从对信息的要求的角度，以及管理者的管理成本角度考虑，技术标准的可行性是值得怀疑的。同时，技术标准是强制执行的，并没有给企业提供足够的技术激励，而且它也经常因为没有对存量的约束而无法达到减污和排污目标。同时，单独的一家企业污染通过寻求新的减污或者生产拘束来实现环境目标。更为严重的是，污染削减技术没有给企业任何选择的机会，企业缺乏激励去探索新的污染削减技术，从而造成经济效率损失。从政策实施的角度而言，由于污染削减技术实施过程的强制和监督缺乏，污染削减技术标准很容易和执行不力联系在一起。而且由于污染削减技术标准缺乏对于产量的约束而无法实现总量削减目标。

　　尽管污染削减技术面临一定的困难，在某些条件下，技术标准具有优越性：

　　（1）技术与生态信息是十分复杂和难以获得的；

　　（2）关键知识只有在权威的中央层面才能获得，企业不能够获得相应技术与知识；

　　（3）企业对价格信号反应迟钝，而投资会产生长期的不可逆转的影响；

　　（4）可行的技术数量有限；

　　（5）污染排放监督成本高，但对技术监督相对容易。

### （三）环境标准

　　环境标准也叫排污标准，是目前世界上使用最广泛的污染管制方法。排污标准是由有关部门制定并依法强制实施的每一污染源特定污染物排放的最高限额，如对化工厂每日向环境排放的污染物量的规定，对机动车辆向空气中排放的二氧化硫或铅元素含量的规定，对排入水源中某些微量元素含量或物理性状的规定，等等，它主要是一种技术指标。基本上是依照环境对污染物的自净能力（即环境容量）制定的。

　　制定排污标准的假定前提是适度的污染物排放是允许的，即只要排放的污染物不对周围环境造成危害，就允许其排放；如果排放的污染物量超过了环境容量，给自然环境和人体健康造成一定程度的危害，就应该予以制止，如采取罚款、勒令停产等措施令其限期改正。

　　目前理论界对排污标准的制定及其实施有一些争论，有人认为从环境经济学的角度看，制定排污标准不但要考虑环境污染造成的损失，而且要考虑排污标准对经济发展的影响。因为排污标准与经济效率并不总是一致的。排污标准至少存在两个问题：一是排污标准一般情况下是较难达到最优排污水平的，只有在最优排污量罚款为与最优排污量对应的数额，罚款的实施是完全确定的（即违规后被罚款的概率为100%）这三个条件同时满足时，才能达到最优排污标准；二是在存在多个污染源的情况下，出于成本原因，政府对不同污染源设立统一的排污标准，是不会达到最优的，因为各个污染源的控制成本是不同的，政府如果对不同污染源设立不同的排污标准，就需要了解各污染源的控制成本，而污染源往往不愿将自己的控制成本如实相告，这样制定出来的排污标准往往是统一的，而统一的排污标准的针对性较差不能够达到每个污染源的最优排污水平。因此，在环境污染控制中，排污收费和排污标准应该结合运用。

在许多情况下，强制性的技术可能是受欢迎的，但事后看起来政策结果并不令人满意，甚至可以说政策的实施结果事与愿违，甚至是失败的。很多决策的一个十分令人懊恼的特征是目光短浅。一项给定的技术方案，从一个政治周期来看是适宜的，但随着时间的推移，技术可以提供比那些立竿见影的方案更好的解决办法。

与规定一项技术不同的是，对产量或排污强制实行某一限制的规制叫作执行标准，或者环境标准。一个执行标准对产量进行控制，是标准的命令-控制政策。环境标准与强制性技术标准大不相同，因为在执行环境标准的条件下，企业有很大的选择空间，它们可以根据自己生产成本条件选择达到强制目标的排污方法。企业也可以在减少产量与削减污染之间做出选择，这样就使得污染单元之间的权衡成为可能。

假设企业要在污染削减限制条件下最大化其利润函数，拉格朗日公式为

$$L = pq_i - c_i(q_i, a_i) + \lambda_i\left[\hat{e}_i - e_i(q_i, a_i)\right]$$

约束条件为 $e_i = \hat{e}_i$。其中，$p$ 为产品价格；$c_i$ 为企业 $i$ 的生产成本；$a$ 为污染削减量；$e$ 为排污量；$\lambda$ 为拉格朗日系数；$\hat{e}_i$ 为污染削减的环境标准。则生产企业的最优条件为

$$p = c_q' + \lambda e_q'$$
$$c_a' = -\lambda e_a'$$
$$e_i = \hat{e}_i$$

在信息充分和排污权利充分配置的前提下，$\lambda_i$ 将等于满足上述两个条件的边际损害水平。此时的产品价格反映排污许可权利的机会成本。

一般来说，执行环境标准下的产品价格可能会略高于技术标准下的产品价格，而产量原则上会低些。因为在执行环境标准的条件下，企业在削减污染上有额外的灵活性，它可以通过增加减污投资来削减污染，也可以通过减少产量来削减污染。政策弹性通常是社会最优产出的一个内在组成部分，通过降低产量来降低污染的成本可能比通过额外投资来降低污染的成本要低。但是，如果排污量限制与产量相关，那么这种政策弹性就不复存在了。在污染强度规制的限制下，不存在产出效应，但在技术上存在一定的灵活性。

除了在控制成本和灵活性方面的差异之外，技术标准和环境标准之间还存在一些细微差别。环境标准为排污交易提供可能，但由于政府和企业之间的信息不对称，政府确定的环境标准往往比较低。从而企业更愿意接受环境标准而非技术标准。

当然，环境标准也并非无懈可击，我们必须警惕环境标准制定与实施中的信息需求和腐败风险。管理者所要做出的判断和拥有的灵活性越高，潜在的效果越好，但是规制政策的人事费用也会越高。同时，不同行为人的利益冲突也是一个风险。环境标准实施中的污染许可证发放过程，对于管理者而言也是一个创租或寻租的过程。同时，行业内的企业有激励通过对规制机构发放污染排放证的影响活动而阻挠潜在进入者的进入行为。

## ■ 第二节　可交易许可制度

### 一、排污权交易制度

随着工业的发展和社会经济水平的不断提高，环境污染问题越来越严重，西方国家相继对污染物排放进行不同形式和程度的规制。实现了人类漠视环境保护到污染物排放的限制政策，再到法律规制的发展历程。在排污权形成的短暂历程中，排污权即将或正在实现市场化进程——排污权交易。将排污权纳入市场机制中，作为市场配置的客体。

"排污权交易"制度最早由美国经济学家戴尔斯于20世纪70年代提出，且最先被美国联邦环境保护局（Environmental Protection Agency，EPA）用于大气污染及水污染治理。同时，美国也是排污权交易最普遍的国家，排污权交易作为一种新环境管理的经济手段，是美国于1979年提出的，经过多年的运行，在美国已取得明显的经济效益与社会效益。在《清洁空气法》修正案中，其中在酸雨计划执行过程中，到1995年至少已完成10 000笔交易，节省100亿美元的环保支出；在《清洁水法》修正案的指南中，美国确立418个点源/点源的交易水体系统，943个点源/非点源的交易水体系统。

排污权交易指管理当局制定总排污量上限，按此上限发放排污许可，排污许可可以在市场上买卖。建立控制排污量或产出水平的一个合理的途径，是确定许可证或配额的总量，以适应环境的同化能力。在确定总量的同时，允许经济上的由于人口增长、技术变化、交通发展和经济增长等因素带来的一些变动，这意味着分配的许可证能够流转。否则，所有可用权利的分配将使得新的进入成本高昂，而新的生产活动成为不可能。基于以上思想提出的环境政策工具称为污染管理上的可交易排污许可证（tradable emissions permits，TEP），在渔业管理上称为可转让配额。

可交易排污许可证的创立有助于消除隐含在财产权缺失中的外部性，或环境公共产品特征导致的外部性。可交易排污许可证为越来越稀缺的环境资源建立新的财产权，为资源的最优配置提供良好机会。

假定管理者已经获得环境总污染控制和总污染损害曲线的信息，确定总排污量的社会最佳水平为 $E^* = \sum e^*$，并且发放相应数量的许可证。这些许可证分配给每个企业，企业 $i$ 的污染排放许可数量为 $e_{i0}$。企业从自身利润最大化角度出发，决定自己的污染排放水平。

假设企业利润函数为

$$\pi_i = Pq_i - c_i(q_i, a_i) + p_e \left[ e_{i0} - e_i(q_i, a_i) \right]$$

则有，企业利润最大化的前提为

$$P = c_q' + p_e e_q'$$

$$c_a' = -p_e e_a'$$

显然，如果设定 $p_e = D_a'$，则可交易的许可证价格刚好内部化了环境损害成本。

企业只要遵从交易限制，就可以自由地选择它所要生产的产品组合、污染排放量和许可证的组合。与排污收费和排污标准相比，排污权交易是充分利用市场机制来控制环境污染的一种方法。它的基本内容是，实现排污许可证制度，政府向厂商发放排污许可证，厂商则向指定地点排放特定数量的污染物，排污许可证及其所代表的排污权是可以买卖的，厂商可以根据自己的需要，在市场上买进或卖出排污权。

排污权交易有许多优点。第一，有利于降低污染控制成本。因为在一定的排污水平上，控制成本较低的排污者将发现自己控制污染比在市场上购买排污权更便宜，而控制成本较高的排污者则发现在市场上购买排污权比自己控制污染更经济。于是排污权就可以在污染控制成本高低不同的排污者之间进行交易，交易的结果是使污染控制成本达到最低。第二，有利于提高经济效率。因为在某一地的环境容量是有限的，如果规定该地的排污量指标不被突破，在本地的所有厂商排放的污染物量已经达到环境标准的前提下，就不允许科技含量更高、市场竞争力更大、污染治理成本更低的厂商进入该地区，这样就会影响该地的经济效率的进一步提高。第三，有利于加强对污染控制的宏观调控。因为排污收费和排污标准的修正需要一定的程序，有时还有主观因素的影响。有了排污权交易后，政府可以用类似中央银行公开市场业务的办法，提高排污权的市场买卖，对环境保护中出现的问题做出及时的反应，也可以通过排污权市场买卖的动向了解公众对提高或降低环境标准的意愿。

实现排污权交易有一定的前提：一是政府具有维护和管理排污权交易市场的能力，以避免有人对排污权的恶性炒作而使排污权功能失效的现象；二是环境管制部门的工作人员应做到行为公正，不以权谋私，以保证排污权市场的正常运作；三是政府能够对污染者的排污行为进行有效的管理，避免无证排污现象的发生。

## 二、排污权交易制度的可行性

排污权交易制度：在实施排污许可证管理及排放总量控制的情况下，为鼓励企业自主地进行技术改进和污染治理，许可和鼓励排污主体在已获得一定排污许可的情况下，利用降污或去污等技术改进和提高污染治理的有效手段，降低和减少污染物排放量，以节约排污指标，将排污指标这类有价"资源"储存以备扩大发展之需或同其他排污许可需求方进行的排污许可的市场交易行为的相关制度的总称。

第一，环境资源的稀缺性是进行排污权交易的根源所在。在一定时期和一定范围内，环境资源及环境容量是极为有限的，环境资源具有不可再生性和稀有性。污染物排放是环境资源的主要破坏力量，而环境一经破坏则极难或根本不能恢复。基于环境资源和环境容量的稀缺性和有限性，加之目前环境资源和环境容量的不断减少势必导致环境资源和吸收污染排放的环境容量出现供不应求的状况，市场经济环境的经济机制必然性地调整排污权交易，排污权交易价格必然上涨，以使拥有剩余排污许可的市场主体获得较为可观的经济收益，通过市场机制势必导致经济效益对各市场主体的激励和引导，实现环境、经济和社会的和谐有序发展。因此，将污染排放许可纳入市场化轨道，充分发挥市场机制的作用，通过排污权市场交易产生经济效益，以鼓励和引导排污主体主动改进生产设备，降低和消灭污染，从而实现对稀缺性环境资源的保护，使排污权交易从理论和实践上具有可行性和必然性。

第二，目前已经存在的对相关污染排放的费用规定，即排污收费制度。以污染物的种类、数量和浓度为标准征收排污费，对排污主体征收污染排放费用和治理费，一方面能有效预防污染的排放；另一方面以费用的征收来加重企业生产成本，以收益机制来促使市场主体主动更新设备，减少或降低污染，节约指标，为排污权交易提供促进（激励）机制和可能性。

第三，市场供需主体的存在和交易的迫切性。污染物排放对于一些行业的市场主体来说具有必要性和不可或缺性，其必然产生对污染排放的需求，大体来说，主要原因有四个，具体如下。

在主体成立的时候，市场主体相应地通过原始取得的方式获得的排污许可具有有限性和排污主体运行过程中污染物排放超标的可能性与不可预测性。

市场主体原始获得的排污权因国家和地区在环境容量和可持续发展方面的政策考虑在区际分配不均，加之在某一区际内主体间获得的排污许可和指标在量上具有不均等性。

排污主体存在有限理性的问题，所以，某些市场主体在生产过程中对排污权交易有清楚认识或者市场主体的负责人具有高度的环保意识，在生产中积极改进生产设备，引进先进科技，但是其他一些市场主体缺乏改进技术和设备的积极性或进行技术革新速度稍慢于前者。在国家和社会环保要求和强制下，必然对超出原许可排污范围的排污指标进行扩展。

不同排污主体所在污染影响区域的环境容量和政府环保政策的要求也是导致排污主体产生对排污许可需求的原因。不同地区基于政策和环境实际容量的有别性，加之市场主体在成立时对将来其在市场运行中可能产生的污染超标问题具有不可预知性和不稳定性，导致其在运行中必然性地寻求获得新的污染排放指标，以解决一定时期内的污染物排放超标问题。

此外，排污市场主体还具有排污的迫切性。作为理性的经济行为人，市场主体为了尽可能获得最大效益，总不惜利用各种手段。在市场经济环境下的市场主体，其获得效益最大化的方式和途径大体有两种：其一，传统经济增长途径，在相对稳定的价格和相当稳定的市场需求下，加大投入，以增加产出；其二，利用技术革新，改进生产设备和生产工艺。在第一种途径下的市场主体对于其产生的污染不能在生产过程中自行解决，不可避免地造成污染。加之其原始获得的排污许可量上的有限性以及生产过程中产生的污染量上的相对不可预见性，必然积极寻求拓展排污许可的途径，以获得更多的污染排放许可。相反，对于第二种途径，指出主体通过改进生产工艺和手段，大大减少或避免在生产中的污染，节约排污指标。因此必然性地在两者之间产生排污权交易的需求方和供给方。加之，市场主体的发展不会放弃经济利益最大化而有限使用排污超标。在寻求拓展排污权的过程中，市场经济体制下的交易是最佳选择，通过市场可以实现排污权资源在市场主体间自由流动，以实现各方的经济效益，充分发挥市场在排污权资源配置中的作用，实现经济、社会和自然环境的可持续发展。

第四，充分的经济环境是排污权交易存在的基础。成熟的市场机制以市场主导为主，优化资源配置，为市场主体自由生存、竞争和发展提供自由博弈的空间。

排污权作为一种市场资源，是企业的一种竞争优势，只有通过相对完善的市场经济环境才能充分发挥市场作用，使市场资源在市场上自由流动，流向优势市场主体手中，才能实现资源的最有效利用，最终达到社会成本最小化与社会效率最大化目标。

第五，相对健全和完善的法律制度为排污权交易提供法制保障与重要基础。排污权是一种对排污许可的交易，其基于污染物排放的阶段性和必然性。在现代社会，环境污染日趋严峻化，不断威胁人类生存和发展。排污权交易以限制和减少环境污染为前提，以限制性流动从而实现激励与效率作用为原则。相对健全的法制为排污权交易目标的实现提供有力的实施保障。

第六，总量控制是排污权交易的基础。国家事先划定一定的区域，作为交易的范围。有关部门必须首先确定该地区的环境质量目标，根据所定区域的环境容量等相关因素确定分配到各个地区的份额，而分配额的确定就是以总量控制为基础的。这也体现国家的社会利益服务职能。通过总量控制而达到确保环境效益的目标。

## 三、排污许可交易法律制度的创设

### （一）排污许可交易类型

美国的可交易许可证制度从 1976 年开始实施，其种类包括空气污染许可证、汽油含铅量许可证和向水体排放污染物的许可证等。排放交易是美国采取的同许可证相关的第一个主要制度，是空气质量管理政策的主要手段。美国的《清洁空气法》规定，允许进行排放交易：交易包括补偿（offsets）、容量节余（netting）、泡泡（bubbles）政策和银行（banking）四种方式。迄今为止，许可证采取两种主要形式，包括排放信用（emissions credit）交易和限额交易计划（思德纳，2005）。

排放信用可以进行交易，可交易量等于允许排放量与实际排放量之差，交易既可以是内部交易（同一工厂或车间不同污染源之间）也可以是外部交易（不同工厂之间）。美国的排放信用交易制度将污染源分为老污染源（20 世纪 70 年代中期已经存在的污染源）、新污染源（20 世纪 70 年代中期以后出现的污染源）和改扩建污染源。污染排放地区则被分为达标地区和未达标地区。在排污交易中，补偿政策用于达标地区的新污染源和改扩建污染源及未达标地区的一些污染源。在这类地区，只有厂商得到足够的排放信用后，才能进行新的排放，容量节余政策允许改扩建污染源通过减少同一工厂内的其他污染排放来避免通常要求达到的更高标准。工厂必须在总体上产生净效应。

泡泡政策用于达标地区和未达标地区的老污染源在存在多污染源的工厂内部，允许在总污染排放水平保持在规定的限度内的情况下，可以减少一个污染源排放的同时增加另一个污染源的排放。银行政策促使污染源储存排污消减信用以备将来之用。

排污权交易制度通过市场交易能够提高经济的整体效率，但如何创设排污权交易制度仍然是一个难题。可交易许可证制度的实施，必须先解决概念上和实践中的严峻问题。要使许可证或者配额制度发挥作用，其必须具有财产权的特征，如持久性和可靠性。特许权是一种公共授予的权利或特权。

### （二）特许权竞争设计

一项环保政策包括两个部分：提出总体控制目标和实现该目标的具体途径。排污许可证交易制度涉及的内容只是第二部分，即在一个允许的排污总量的前提下将污染额度以许可证的形式分摊给各个企业。这样做的好处是，基于利润最大化目标的企业会根据自己的经营活动过程中的成本-收益核算来尽力降低实际的排污量。他们发现，将其污染水平控制在减少污染的边际成本等于市场上许可价格的这一点是最合理的。由于许可证可以通过市场自由交易和转让，故所有企业会通过价格体系反映出的竞争激励程度而调整自己的措施，使得所有企业都把减少污染的边际成本调节到与同一许可价格相一致，致使所有污染源之间减少的边际成本趋于一致。

政府对公共事业进行管制的一个传统的法律依据是，企业必须从政府获得特许权，它构成了实行管制的法律基础。政府必须设计一种机制，从而在取得供应市场权力的竞争中获得好处，以达到消除垄断租金、实行有效定价及取得生产效率。然而问题在于如何设计一种这样的机制，以免带来高交易成本和传统管制的行政无效率。

假设有多种不同的产品，一般来说，允许企业在一系列不同质量的服务中收取不同的费用。获胜的价格向量正是社会所欢迎的结果。在特许权竞争中，消费者直接地进入与潜在的生产者进行谈判的程序，管制当局的作用是制定市场规则，在这一规则下，管理者与潜在的生产者进行谈判，并且决定胜负的标准。假定各个企业都能平等地接近一般技术，这里不存在产品多样化、专利或资源所有权形式的进入壁垒。不存在市场不确定性，尽管市场生产可能面临沉淀成本，然而在进入市场之前，投标市场服务权并没有沉淀成本。因此可能出现的唯一的进入壁垒，将是政府在设计特许配置机制时建立的。现在讨论一个技术为 $C(\cdot)$ 行业的排污许可证设计问题。

假定存在大量的潜在的市场进入者，同时，各个企业不能为获得特许权而相互勾结。企业希望在一个特定的时期内为市场服务。商品向量 $(q_1, q_2, \cdots, q_N)$ 为不同企业获得的排污份额。设企业集合为 $N(N = \{1, 2, \cdots, n\})$ 以此来界定相关市场。企业的效用函数为 $U_i$，企业的要素禀赋为 $W_i$，一个价格机制将排污权份额分配给企业，同时企业在政府提供的契约中做出选择，以使它们的效用最大化。

特许权竞争机制必须满足如下条件：

第一，政府管制机关的任务是明确企业所采用的价格机制：①线性定价，向购买 $q^i$ 的企业索取支付 $pq^i$；②两部定价 $(p, E)$，向购买 $q^i$ 的每个企业索取支付 $pq^i + E$；③个人化的进入费加上一般单价 $(p, E_i)$，向购买 $q^i$ 的企业索取支付 $pq^i + E_i$。

第二，政府机关从企业可以执行的价格机制集合中选择一个子集合，假定政府通过与一个企业集合 $S \subseteq N$ 协商，签订契约，以选定它愿意为之服务的那一部分市场。$(p, S)$ 是一个契约，它必须为所有的企业 $i \in S$ 所接受。

第三，每个企业只允许最多接受一个服务契约。

特许权竞争的市场是由下列因素 $(p, C, N, U_i, W_i)$ 来界定的，包括被允许的价格机制

$p$，一般的技术 $C$、企业集合 $S$，以及企业的偏好和要素禀赋$(U_i, W_i)$。具体来说，一个价格机制 $p$ 和一个企业群体$S \subseteq N$ 构成的服务契约$(p, S)$。

政府的目的是分配环境污染配额，企业为获得环境污染权配额$(q_1, q_2, \cdots, q_N)$，而支付费用 $p_i(q_i)$ $(i = 1, 2, \cdots, N)$，从而使企业 $i \in S$ 的所有需求得到满足的一种出价。同时，如果企业获得非负盈利，服务契约$(p, S)$ 就被认为是可行的，即

$$\sum p_i(q_i) \geqslant C\left(\sum_{i \in S} q_i\right)$$

特许权竞争的胜利者，是那些在签约之后成功地约定向一个消费者群体提供服务的企业。潜在生产者对特许权竞争的自由进入挤掉了垄断租金。同时，管制当局无须对企业实行任何费率管制，也无须了解消费者有什么形式的偏好，就可以得到这一价格向量。社会福利在次优的意义上得以最大化，而绝对不需要管制机关对社会福利的衡量问题。

同样，可以对两部定价$(p, E)$ 和个人化的进入费加上一般单价$(p, E_i)$ 进行特许权竞争设计。

### （三）总量标准与市场结构

假设环境污染可排放总量为 $Q^*$，假设在一个产业中有 $m$ 个企业，单个企业的排污量分别为 $q^j$，$\sum_{j=1}^{m} q^j \leqslant Q^*$。

排污许可证的获取为一种稀缺资源，污染排放权利应该在竞争的使用者之间分配。管制者的目标是把产权配置给最高价值的使用者。更进一步，管制者的长期目标是要促进一种有效率的产业结构。在成本最小的要求下调整厂商的数量和规模。

在此假定产出市场是可竞争的，即不存在任何进入壁垒，厂商用相同的成本生产无差别的产品，假设厂商的成本为 $C(Q) = K + V(Q)$，代表企业排污权需求不但是自身需求的函数，而且依其他厂商排污权需求变化而变化。从而排污权支付价格的逆需求函数由 $P = P(Q)$ 表示，从而自由进入下的市场均衡$(\tilde{q}, \tilde{m})$ 应该满足如下条件：$Q = q_1 + q_2 + \cdots + q_N$。

a. 零利润条件，$p(m\tilde{q})\tilde{q} - C(\tilde{q}) = 0$；

b. 价格等于边际成本 $p = c'(\tilde{q})$。

如果在竞争的市场中，$\tilde{m}\tilde{q} \leqslant Q^*$，那么社会最优化无须政府管制；否则需要政府管制。所有厂商的社会最优化配置可以通过净剩余最大化获得。

对 $\int_0^{mq} p(Q)\mathrm{d}Q - mC(q)$，$L = \int_0^{mq} p(Q)\mathrm{d}Q - mC(q) + \zeta(Q^* - mq)$

最优分配的必要条件为：

$\partial L / \partial m = 0$，$\partial L / \partial q = 0$

即

$$p(mq)q - C(q) - q\zeta = 0 , \quad p(mq) = C(q)/q + \zeta ;$$
$$p(mq)m - mC_q - m\zeta = 0 , \quad p(mq) = C_q + \zeta 。$$

其中，$\zeta$ 为排污许可证的影子价格。边际成本等于平均成本时的厂商数量是社会最优数量。

## 四、排污许可交易法律制度实施中的关键问题

根据最初经济学家的设计，排污许可交易制度的运行过程如下：先由环境主管部门设定总体目标，即一个时段内（通常为一年）某种污染物的排污总量。然后规定以许可证的形式代表排污量（如一个许可证的持有者可以排污 1 吨），再按照事先约定的程序和方式将许可证分配给各企业。企业必须把排污量控制在其持有的许可证范围内，由于这种许可证允许转让，各企业可以根据自身减少污染的边际成本，或是选择改进污染治理技术，减少排污，然后出售剩余的许可证，或是选择另外购买许可证以满足排污的需求。通过许可证交易市场上价格机制的作用，排污许可证合理地分配给各企业。实践中的排污许可证交易制度在此基础上有所发展，但并非所有的交易制度都取得了成功。如何设计排污许可交易制度的运行方式，是该制度能否成功的关键所在。在这里，笔者按照交易制度的实施顺序，就该制度的几个关键环节的设计问题加以论述。

### （一）排污许可交易制度合适的范围

采用交易制度的地域范围是多种多样的。有企业内部的交易制度；有地方范围内设立的许可证交易制度；有几个行政区划联合实行的（如美国东北部氧化氮的交易计划），也有全国范围的交易制度，还有人提倡在国际范围内实行许可证交易制度。排污许可交易制度是通过市场上供需双方转让排污许可证来实现的。如果买卖双方的竞争越多，市场运行的效果就更好，相反，如果市场上交易的人少，排污许可证很容易集中到少数企业手中，这些企业也很容易借助对许可证价格的控制，而取得经济竞争中的垄断地位。从环境的角度来看，交易制度的实施范围应该加以限制，更何况由于地区间经济发展水平不一，各企业控制污染的能力不同，排污许可证很可能集中到某些地方或某些企业，造成各地的环境质量大不相同。事实上，没有一条明确的标准来衡量究竟多大的实施范围比较合适，决策者们必须根据具体的情况来衡量这两方面的关系。通常情况下，在排污许可交易制度才开始运用时，实施范围都定在较小的行政区划内。这样便于搜集相关数据，制定科学的污染控制目标，企业的外部环境也相差不大，其间的交易也较为公平。当然，也不是说较大范围就不能实施交易制度，这必须有待于各种条件的成熟，相关制度的完善（如污染申报制度），各地方环境主管部门的通力协作，等等。

### （二）排污许可交易制度与可持续发展战略

可持续发展战略的核心是实现经济、社会与环境之间的平衡，强调当代人与后代人发展机会的平等，而交易制度设计体系及其运转方式正能够满足这样的要求。就目前而言，经济发展与环境保护仍然是一对矛盾体，要寻求经济的发展就不可能不排污，而要

保护环境就不得不限制排污，从而可能限制经济的发展速度；然而这两者又是统一的，都是为了提高人类的生活质量，为平衡两者之间的关系，交易既节省了污染治理的费用，为经济发展提供了更多资金，同时也为企业在控制污染方面提供了更大的自由度。将污染治理作为市场主体的生产成本，促使主体自主性地更新设备，改进技术，从而选择最经济的污染治理途径，以减轻控制污染的负担，使企业有更多的人力、物力投入生产。该制度通过设定排污总量，将污染控制在环境自净能力和限度内。因此，从制度本身的内容来看，可持续发展本来就是交易制度所追求的价值取向。

### （三）排污许可交易制度与相关的环境法基本制度

排污许可证是污染物排放总量控制制度下颁发的许可证，这一类许可证是以污染物排放总量控制为前提的，是在总量控制额度范围内颁发的许可证。排污许可交易制度与排污许可证制度都是在控制排污总量的基础上，以排污许可证的形式控制每个污染源的排污量，而两者的区别只是许可证是否可以转让。可推知，排污许可交易制度属于经济刺激方式，而排污许可证制度属于命令与控制方式。

排污许可证制度中的许可证不能交易，而是以一种命令与控制形式将排污许可证分配给各污染源。排污许可证制度是以高昂的社会成本为代价使主管部门对污染的控制产生直接控制。在分配排污许可证前，主管部门必须对市场主体的生产规模、技术力量和控制污染的能力等方面做细致的评估调查，再根据主体的不同情况分配排污许可证，排污许可证制度在遇到某些情况时，就显现出缺乏灵活的一面，原本合理的许可证分配就可能不公平了。

在排污许可交易制度中，允许排污许可证进行交易，可以在实现有效的污染控制时，充分地节约社会成本。排污许可交易制度也要求主管部门的分配要尽可能地合理有效，但可以避免主管部门责任过度加重带来的不合理。企业因为自己了解其自身的实际情况易于达到最理想状态。排污许可交易制度借用市场的价格机制，让企业根据自身条件对许可证通过市场进行再分配。另外，与排污许可证制度相比，交易制度更具有强烈的灵活性。交易制度中的许可证分配可随企业的变化而经过市场加以调整。

## 五、排污许可交易制度的优势与缺陷

许可证的创设不仅仅是从生态和技术上的计算来定义的，其中也包括许可证的界定、数量、持续时间、时间和空间上的有效性和被提议的分配方式。这些都是十分重要的，部分原因在于排污许可证包括基本的财产权的特性，如使用权、收益权、转让权和处置权。企业支付了排污许可价格，便获得了政府规定的污染排放的使用权；当然企业也可以选择在政府规制约束前提下，将排污许可进行交易，以获得收益。排污许可证的财产权特性，使得政府排污许可安排面临一定的风险。

排污许可交易制度是在对污染物排放总量控制的前提下，利用市场的价格机制和竞争机制，允许排污指标在企业之间自由地进行有偿转让和买卖活动。由于激励机制的引导作用，各个企业竞相采取技术改进来降低排污程度，有利于改善环境质量，实现环境污染问题内部化。

排污许可交易制度具有上述通过行政手段实施排污收费制度的优点，既可以将控制污染的负担以最低的成本有效分摊，还可以部分克服其信息不足，即能够避免企业反映不明确的问题。另外，其本身内含的激励机制能够促进企业改进排污设备和技术，为进一步改善生态环境质量做出贡献。

另外一个明显的好处是，每个企业都分到固定的排污指标，它就会采取各种措施使得其排污量控制在所分摊的排污指标范围内，就可以将剩下的没有用完的指标通过市场机制卖给或租赁给需要该指标的其他企业，或者将其用于抵消该企业其他部门的超标的排污量。每个企业因自身实力的不同，存在安装治理污染的设备与购买排污信用之间的差异，用于治理污染所必须支出的成本就会不一样，因而排污交易就会存在。那些面临经营困境的企业就会将自己的剩余排污指标转让给其他企业，从而筹措到资金来挽救自己的命运。另外，由于新建或扩建污染源，对排污指标需求增加，在已有其他企业等着要填补其空缺时，排污权交易为工厂的关闭给予最大的鼓励。这给新技术的采用和优化产业结构创造了良好的条件。

然而，排污许可交易制度也存在局限性和自身不可避免的问题。第一，由于排污许可交易制度只是达到政府为其制定总体控制目标所采取的具体措施，该制度不能对政府制定的总体控制目标做出合理评价，政策合理性仍欠缺有效评估和细致论证。第二，既然是许可，那就意味着只有部分企业能够分摊到排污指标，而另外一部分企业则无法分摊到排污指标。这里面也有一个信息障碍问题，即必须事先知道应该给哪些企业许可，不该给哪些企业许可是恰当的，由此会耗费巨大的用于甄别的信息成本。第三，给部分企业以许可就意味着制造了许可交易的市场进入障碍，只有获得许可证的企业才能够进入该市场，导致对市场中的企业以区别对待，违反了公平原则。第四，许可证交易存在巨大的交易成本，致使机会主义者主动寻求规避法律的种种措施，从而加大了企业守法的总成本，使得许可证交易产生负面影响。第五，由于不确定因素的存在，许可证交易制度是否能更有效取决于边际收益函数和边际成本的斜度及两函数之间的关系。

环境资源作为一种公共物品，具有使用上的非排他性而导致该资源有被滥用的趋势。因此，需要重新界定相关权利，采取合适的产权形式，实现高效率地对环境资源的合理配置，使其外部性内化。然而，产权安排的变化不可能是一个双赢的制度博弈，产权安排的变化必然受到利益受损者的抵制。正如科斯定理所表明的那样，在现实世界中，只要有交易就会存在交易成本。市场并不是在真空中运行的，其本身价格机制的形成也要耗费相应的成本，即便克服了产权不清的障碍后，该问题仍然会存在。由于产权的形式具有多样性和变动性，在经济活动中具体采取何种产权形式才是有效率的，并不是一个先验的命题，而是根据效率原则进行具体比较后才能知道。在 1937 年的论文《企业的性质》中，科斯论证了企业存在的理由在于，它能够行使行政命令进行内部决策从而节省大量交易成本，同时，也会因命令链的延长而增加企业的行政成本。因而企业的边界取决于市场交易成本与企业内部行政成本之间的比较。也就是说，企业并不总是最有效率的，否则其他组织形式的存在原因不能给出很好的解释。

同样的道理，排污许可制度也并非总是有效率的，并不能因其在某些条件下比政府征税有效率，就否决了政府征税在任何时候都是无效率的。上述的排污许可交易制度的理论基础是建立在新古典微观经济学的边际成本-边际收益学说上的。由于污染的排放量是可以分割并可以测量的，每个企业付给每个受害者的补偿额应该等于该企业为治理污染所支出的边际成本，并使得受害者接受最后一单位的污染量。对于企业来说，最佳排污量应该是该企业因排污带来的边际收益等于社会边际成本，即每个人的边际成本之和。所有这些目标都是在市场中通过交易方能实现，既然要交易就会有交易成本的存在。当企业面对的受害者的数量较少时，通过谈判达成协议的交易成本较低，这时通过市场本身的力量或许是最有效率的；当受害者的数量不断上升时，企业为达成每一个协议所耗费的交易成本会明显上升，一旦当此交易成本达到可观的数量时，通过此种制度安排达到应有目标就不再是最有效率的。或许在这时，基于规模经济效应由政府代表每个受害者对企业征税比私人交易所支出的费用更少，也更有效率。

## 第三节　环境税收政策

### 一、庇古税的理论依据

根据污染所造成的危害程度对排污者征税，用税收来弥补排污者生产的私人成本和社会成本之间的差距，使两者相等的说法由英国经济学家庇古最先提出，这种税被称为"庇古税"。庇古是英国现代经济学家，英国新古典学派的最后一个伟大代表。环境污染这种负的外部性的存在，造成环境资源配置上的低效率与不公平，促使人们去设计一种制度规则来校正这种外部性，使外部性内部化。庇古在研究外部性的过程中，提出解决外部性的税收方法，即征收庇古税。庇古税即用税收手段迫使企业实现外部性的内部化：当对一个企业施加一种外部成本时，应对它征收一种税，该税收等于该企业生产每一单位产品所造成的外部损害，即税收恰好等于边际外部成本，即污染者必须对每单位的污染活动支付税收，税额等于负的外部性活动对其他经济行为者造成的边际外部成本，即边际社会成本与边际私人成本的差额。通过征收这样一种税收，污染者便将负的外部性内部化。

庇古税是解决环境问题的古典教科书的方式，属于直接环境税。它按照污染物的排放量或经济活动的危害来确定纳税义务，所以是一种从量税。庇古税的单位税额，应该根据一项经济活动的边际社会成本等于边际效益的均衡点来确定，这时对污染排放的税率就处于最佳水平。

按照庇古的观点，导致市场配置资源失效的原因是经济当事人的私人成本与社会成本不一致，从而私人的最优导致社会的非最优。因此，纠正外部性的方案是政府通过征税或者补贴来矫正经济当事人的私人成本。只要政府采取措施使得私人成本和私人利益与相应的社会成本和社会利益相等，则资源配置就可以达到帕累托最优状态。这种纠正外在性的方法也称为"庇古税"方案。

庇古税是由福利经济学家庇古所提出的控制环境污染这种负外部性行为的一种经济手段。那么，什么叫环境污染呢？环境污染是指人类活动产生的污染物或污染因素排入环境，超过了环境容量和环境的自净能力，使环境的构成和状态发生了改变，环境质量恶化，影响和破坏了人们正常的生产和生活条件。环境污染既是一种行为，也是一种物品，作为物品也可以称为"受污染的环境"。环境污染直接导致人们生活质量的下降，故它是一种厌恶品。如果环境污染仅仅是一种厌恶品，那么只要生产者不去生产它、消费者不去消费它即可。因为，理性的生产者总是追求利润（正常商品的生产）的最大化，理性的消费者总是谋求效用评价最高的消费组合。

不幸的是，环境污染不但是一种厌恶品，而且是一种厌恶公共品。公共物品是与外部性密切相关的。外部性就是某经济主体的效用函数的自变量中包含了他人的行为，而该经济主体又没有向他人提供报酬或索取补偿。只要某经济主体的福利受到他自己控制的经济活动的影响，同时也受到另外一个人所控制的某一经济活动的影响，就存在外部性。外部性可以分为正外部性和负外部性。环境污染具有负外部性。它表现为私人成本与社会成本、私人收益与社会收益的不一致。在没有外部性时，私人成本就是生产或消费一件物品所引起的全部成本。当存在负外部性时，某一厂商的环境污染，导致另一厂商为了维持原有产量，必须增加一定的成本支出（如安装治污设施），这就是外部边际成本。私人边际成本与外部边际成本之和就是社会边际成本。

考虑一个寻求扣除污染削减成本和税收后利润最大化的典型企业。它的生产决策行为由下式决定：

$$W = \sum_i \left[ Pq_i - c_i(q_i, a_i) \right] - D\left[ \sum_i e_i(q_i, a_i) \right]$$

$$\mathrm{Max} Pq_i - c_i(q_i, a_i) - Te_i(q_i, e_i)$$

其中，$P$ 为产品价格；$q_i$ 和 $a_i$ 为企业 $i$ 的产量（$q$）和减污削减努力（$a$）；$e_i$ 为企业 $i$ 的污染排放量；$c_i$ 为企业 $i$ 的生产成本；$E = \sum e_i$，$E$ 为社会的总的污染排放水平。

对于一个具有正的产出和污染削减成本的企业而言，其一阶充分必要条件为

$$P = c_q' + De_q'$$

$$c_a' = -Te_a'$$

对污染物的排放征收一定的税费是污染控制的重要方法。它能够将环境保护同排污单位的经营成果和企业切身利益结合起来，能够调动企业治理环境污染的积极性。因而是 20 世纪 70 年代以来世界上许多国家在环境保护方面普遍采用的一种经济手段。

庇古税是根据排污者对环境造成危害的程度所征收的一种税，其目的是用税收来弥补私人成本与社会成本之间的差距，以使二者相等。图 7.3 为庇古税的示意图。图 7.3 中 MNPB 为企业的边际私人净效益，MEC 为边际外部成本，企业在 MNPB 大于零时一直扩大生产规模至 $Q'$，而社会最优要求当生产规模达到 $Q^E$ 时停止扩大生产。税 $tE$ 使企业在 $tE$ 大于 MNPB 时停止扩大生产，即把生产限制在社会最优产量 $Q^E$ 的水平。图 7.3 中税率恰好等于最优产量对应的边际外部成本，相当于将 MNPB 线向下平移到 MNPB+E。企业在 MNPB−$tE$>0 时停止扩大生产，从而使最优污染水平等于边际外部成本，施加的税 $tE$ 就是最优庇古税。

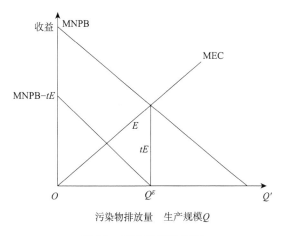

图 7.3　庇古税的示意图

排污费的实质是企业承担的超标准排放污染物对自然环境造成损害的经济责任，是通过国民收入再分配形式对污染受害单位和个人的经济补偿。排污收费的目的在于明确企业排污危害自然与社会方面的经济责任，为防治污染、保护环境开辟资金渠道，并促使排污单位妥善处置废弃物，避免损害环境和人体健康。

排污收费一般有两种情况：一是对排入环境的污染物，不论其数额大小，一律征收一定的费用。理由是任何污染物的排放不但会造成环境污染，而且会浪费资源，为了保护环境、节约资源和能源，应尽量避免污染物的排放，因而需要对全部的排放到环境中的污染物征收一定的费用。二是只对超过规定标准排放的污染物征收一定的费用。对于在规定标准之内排放的污染物，则不征收费用。目前，实际操作中两种情况都有，但理论界多倾向第二种收费原则，按照可持续发展的要求，只对超标排放的污染物征收费用是不彻底的，只有对所有排放的污染物都征收费用，才能有效抑制环境污染。

## 二、庇古税的优势与困难

### （一）庇古税的优势

庇古税可以达到资源有效配置，能够导致污染减少到帕累托最优水平。污染者权衡保持污染水平所支付的税收和减少污染少交税所获收益，控制成本小于税率，则污染减少，直到二者相等时，达到污染最优水平。这有动态和静态两方面的优势：在静态条件下，因为只要有污染就会被征税，企业出于少交税的目的也要控污；在动态条件下，若税率不变，企业通过技术进步可以减少对未来税收的支付，庇古税能够提供进一步减少污染的动态效率与静态效率被认为是与其他方式相比的主要特点。

庇古税对外部的不经济有矫正性的功效。它通过税收的方式对生产和消费中的外部成本进行矫正，使产量和价格在效率的标准上达到均衡，矫正的边际私人成本，使企业认识到在社会层面上的成本，故又名"矫正性税收"。作为矫正性税收的另一角度的优势在于，它很好地避免税收的扭曲性效应。例如，当个人所得税的税率过高时，人们会以闲暇替代，有奖懒罚勤的副作用，相反，庇古税正是将外部不经济调整为经济，是修正性的，在初衷上就避免了扭曲效应。

在实践中，征收环境税、提供补贴、发售污染许可证、收取押金都是间接控制方法。征收环境税与提供补贴相比，是阻止而不是鼓励资源流入污染严重的企业；无须确定污染的基准点，只需确定单位排放量的税金就够了；可附带得到一笔财政收入。征收环境税与发售许可证相比，许可证的发售有膨胀的可能。征收环境税与收取押金相比，收取押金的操作相当麻烦，且只能限于很小的范围内。由此可见，征收环境税的确是一个理想的环境保护手段。

西方发达国家利用税收政策来加强环境保护始于 20 世纪 70 年代。许多国家的探索和实践证明，利用税收手段治理环境已经取得明显的社会效果，环境污染得到有效控制，环境质量有了进一步的改善。美国在 20 世纪 70 年代就开始征收硫税，从征收方法上看，一般根据主要能源产品的含硫量或排放量计算征收。碳税最早由芬兰于 1990 年开征，碳税一般是对煤、石油、天然气等化石燃料按其含碳量设计定额税率来征收的。OECD（Organisation for Economic Co-operation and Development，经济合作与发展组织）成员国在环境政策中应用经济手段取得可喜的成果。在这方面，丹麦堪称"楷模"。推行生态税收制度不但有效地保护了丹麦的环境，而且为符合环保要求的企业发展积累了资金，产生了明显的经济效益，使丹麦在欧盟国家中成为经济增长率最高的国家。

征收资源税提高资源的利用效率，限制高能耗产品的使用，在一定程度上抑制资源的浪费和过度消耗。开采税是美国对自然资源主要是石油的开采征收的一种税。开采税通过影响资源开采的速度和数量来影响环境，抑制处于边际上的资源的开采和经营活动，促使减少资源的开采。荷兰的土壤保护税是由省级部门对抽取地下水的单位和个人及从土壤保护中直接获益的单位或个人征收的一种税，其目的是为保护土壤提供资金。瑞典的一般能源税是对石油、煤炭和天然气征收的一种税。

税收在开展资源综合利用，减少废弃物的排放方面发挥一定的作用。在丹麦，对废物收税已经使垃圾填埋成本翻倍，使垃圾焚烧费用增加 70%。从最近的统计数字来看，家庭垃圾减少 16%，建筑垃圾减少 64%，其他方面的废物也平均减少 22%。废物回收率也大幅度增加，纸类增加 77%，玻璃增加 50%。在美国，37 个州中大约 3 400 个地方社区对家庭垃圾征税，征税依据是家庭垃圾丢弃量，结果垃圾丢弃量明显降低，回收率明显提高。

### （二）庇古税的困难

排污收费制度要求企业要排污就必须交纳一定的费用，而交纳的费用必须用于环境污染的防治。该制度充分体现"谁污染谁治理""污染者付费"的基本原则。从经济学的角度上来讲，当企业控制污染的边际成本等于排污费的费率时，减少污染对企业来说是值得的。这样，所有的企业都会把控制污染的边际成本尽力维持在费率的水平上，使各企业间减少污染的边际成本趋于一致，从而使防治污染的费用在企业中被有效地分摊。然而在执行政策的过程，对环境税收实施的时机选择也是至关重要的，因为环境收费会引起企业排污的流动性问题。当企业与环境投资有关的成本达到最高时，企业税收也处于最高值。解决企业流动性问题的一个可行的解决办法是实行双重税收政策，即对于一个可允许的污染水平下的低水平的税收，对过度污染者则实行高税率，使环境污染企业有足够的资金对污染控制进行融资。

最优化的一个主要条件是庇古税应该等于边际损失，但由于边际损失的实际度量十分困难，主要原因在于缺乏对生态系统多样化服务及其公共产品特征的了解。另外一个比较负责的情况是环境保护机构设定的最优税收是在给定时间下的最优量，这有别于当决策本身发生时的边际损失。类似地，在环境标准设置上也存在相同的问题。从长期来看，庇古税可能会过高设置，因为随着环境治理的发展，环境污染的边际成本也在发生变化，但环境税并没有随之发生变化，过高的环境税可能会引致企业倒闭、失业及与环境收费工具相背离的结果。

排污收费制度根据污染量收费，它不能控制污染水平，容易造成"有钱就能污染"的结果，这样就很难控制污染严重企业的排污量及其造成的严重后果。对于非固定污染源（农业污染和生活污染），其污染水平变动相对较小，相对容易控制，采用排污收费制度更为合理。排污收费制度也为污染受害者主动寻求污染提供了动机，因为污染补偿的存在，污染受害者可能为了补偿而宁愿忍受环境损害，以此来获得赔偿。

在有些情形下，被征税企业常常让污染受害者远离污染源，以便减少环境损失。政策实施的结果是造成对污染受害者的不公平。而且往往由于受害者数量大，无法通过统一行动来提高或降低与污染企业的谈判能力，从而造成资源社会分配的扭曲。

排污收费制度面临最根本的技术难题，只有当边际收益等于边际成本的时候，庇古税水平才是最优的。然而，估计污染损失和控制曲线的斜率是十分困难的，而且环境保护机构为精确地计算污染和环境控制成本，需要收集大量的信息，并进行精确的计算，即使政府机构愿意这样做，仍然面临计算困难。

## 第四节　补贴、押金返还制度

### 一、补贴

除了税收和技术标准外，另外一种经常被提及的价格手段是补贴。

考虑一个寻求政府政策支持的利润最大化的典型企业。它的生产决策行为由下式决定：

$$W = \sum_i \left[ Pq_i - c_i(q_i, a_i) \right] + s \left[ e_{i0} - e_i(q_i, a_i) \right]$$

$$\mathrm{Max} Pq_i - c_i(q_i, a_i) + s \left[ e_{i0} - e_i(q_i, a_i) \right]$$

其中，$P$ 为产品价格；$q_i$ 和 $a_i$ 为企业 $i$ 的产量（$q$）和减污削减努力（$a$）；$e_{i0}$ 为企业 $i$ 的初始污染排放量；$c_i$ 为企业 $i$ 的生产成本；$e_i$ 为企业 $i$ 现在的污染排放水平；$s$ 为污染削减的政府单位补贴水平。

对于一个具有正的产出和污染削减成本的企业而言，其一阶充分必要条件为

$$P = c'_q + se'_q$$

$$c'_a = -se'_a$$

从上式可以看到，补贴和税收的作用近似，但它们关于一个行业中的企业数量的特性，就有所差异了。补贴缺少税收的产出替代效应，不仅价格及由此产生的产出效用消失了，同时补贴产生一些不合理或者相反的效应。因为，补贴倾向鼓励企业进入，导致太多的企业及很大程度的生产和污染。

尽管补贴没有贯彻污染支付原则，但补贴政策本身也有存在的合适的理由。如果污染企业已经不复存在、破产，公共部门则别无选择，利用公共基金来补助清理活动也许是合理的选择。此外，如果在以往的环境政策安排下，污染企业已经获得污染排放的权利，或者企业正在进行明显有公共产品特征的新产品的研究与开发，此时，公共部门的补贴显得不但是合理的，而且是必要的。

在现实中，与环境补贴相关的问题，不是对污染控制补贴的本身，而是对污染不合理补贴的盛行。不恰当的补贴不仅不能够阻止环境不经济行为等破坏行为，反而对这类行为具有推波助澜的作用，促进环境不经济行为的发展。例如，不同国家对农业的补贴政策导致土地和水资源的过度利用，以及对于农药和化肥的支持政策导致环境的农业面源污染（diffused pollution）；前计划经济国家对于能源的过度补贴政策，导致资源的过度消耗。不合理的补贴如此普遍，以至免除补贴被当作一项环境保护的政策工具。更加具有讽刺意味的是，取消一项不合理的补贴政策也被归纳为环境保护的政策工具。由于补贴和权利紧密相连，补贴政策的免除从政治角度而言是十分复杂的过程，免除补贴的成本往往大于政策实施的成本，故发展中国家补贴政策的制定应该是十分慎重的问题。

补贴可以作为对直接减污成本的偿还或者是对每单位排污减少的固定支付。后者的补贴可以看作一种相反的税收。补贴政策与税收的区别在于，补贴政策设计中有一个固定的补贴（$Te_0$），补贴政策是固定补贴和变量税收（$Te_i$）的结合。由于补贴是固定的，固定补贴不影响企业利润最大化的一阶条件，从而不影响企业污染削减的动机，这表明补贴和税收之间具有相似之处。

补贴和税收差异之处在于，固定补贴降低企业的总成本和平均成本，使得在补贴情形下的成本要低于税收下的成本。在税收政策安排下不能够生存的企业，在补贴政策安排下将得以存在，其结果是整个行业拥有太多的企业和过多的产品。从分配效率的角度来看，这种情形是一种亏损，而非社会效率的改善。从而对原生材料征税（税收等于处理相应垃圾的边际成本）的福利收益会大于再生材料补贴的福利收益，也大于对垃圾直接收费或预付处理费用的福利收益。

同时，对原生材料征税提高原生材料相对再生材料的市场价格，从而刺激循环回收；因为税收政策的实施提高生产总成本，鼓励材料使用的源头削减，激励企业实行绿色设计。相应地，这导致生产更少的废弃物。尽管对原生材料征税在一些产业鼓励了再生材料的使用（在这些产业，原生材料和再生材料是高度替代的），另外一些产业对原

生材料征税并不会增加对再生材料的需求。此外，当存在进出口时，一国对原生材料征税不能鼓励出口厂商使用再生材料。因为，很大比例的再生材料已被出口。原生材料征税也许对特定产业是有效的，但它不能作为一个通用政策。这有两个原因：①原生材料与再生材料往往并不能完全替代；②回收还受到其他因素的影响，如供应侧瓶颈。尽管原生材料征税会产生有效的投入组合，但是，它会抑制生产和消费，其结果是无效率的垃圾数量降低（过分降低）。

原生材料征税必须与最终产品消费补贴相配套，即原生材料征税对降低直接开采使用原生材料的外部成本是必需的（如防止乱砍滥伐），但是它不会有利于降低垃圾处理的外部成本，即对废弃物管理来说没有什么实质作用。笔者以为，与其他政策相比，原生材料征税是解决垃圾外部性的一种更间接的政策，由于税负转嫁效应等诸多复杂、不可预测的因素，原生材料征税政策的垃圾管制效果是不确定的。在开放经济条件下，原生材料征税甚至会影响到一国产业的国际竞争力。但是，如果现实中原生材料相对于再生材料来讲享受了补贴（负的税收），那么这种补贴会抑制垃圾的循环回收，也会影响到资源的可持续利用。因此，对原生材料的税收补贴必须逐步削减乃至取消。鉴于原生材料征税政策显示出低效性，需要再生材料回收补贴政策，以对废弃物及其循环利用进行直接管理。因为再生材料补贴有助于鼓励企业进行绿色设计，使其产品易于循环和回收利用。一些下游激励政策（如垃圾收费）可能不足以给上游厂商发出适当的信号，鼓励其进行绿色设计。这是因为存在高交易成本的情况下，垃圾收费尽管确实会鼓励家庭将一些垃圾再循环，但他们没有积极性进行相应的垃圾分类，从而也不能促进厂商实行绿色设计。

当考虑到生产技术、市场需求等不确定因素时，再生材料补贴政策的有效性是值得怀疑的。即便不考虑生产技术、市场需求等不确定因素，尽管再生材料补贴能导致产生高效率的投入组合，但是也可能导致过度生产、过度消费和过度废弃。从同时鼓励源头削减与循环回收角度而言，回收补贴确实是效率最低的选择。将回收补贴和消费税结合使用，就会同时鼓励生产的源头削减和处理的循环回收。将回收补贴和消费税结合起来实际上就是押金返还制度。

二、押金返还制度

事实上，组合政策已经是一个多产的领域。例如，数量限制可以与补贴政策组合，在限制生产的同时鼓励技术开发。当管理者不能够确定最优的污染水平时，这样的组合就成为一个环境政策的安全阀，以尽量降低政策失误所导致的环境保护目标损失；此类政策组合也为搜集有关减污成本的信息提供了基础。回收补贴和税收政策组合实际上就是押金返还制度，它包括了对特殊项目的收费和对污染物退还的补贴两个部分。这一政策工具一方面对资源的循环利用提供激励，另一方面通过税收政策安排降低对资源的过度消费。押金返还制度本质上是对那些不退还污染物品的行为遵照排污者付费原则征税，对污染物归还的行为人进行资金返还。

考虑一个寻求扣除污染削减成本和税收后利润最大化的典型企业。如果假定模型中的产出（$q$）等同于要消除的污染量（$e$），而污染削减必然导致对于再利用的二手产品的收集，从而企业 $i$ 的污染损害函数为 $e_i(q_i,a_i)=q_i-a_i$，则企业的生产决策行为由下式决定：

$$\text{Max} Pq_i - c_i(q_i,a_i) - Te_i(q_i,e_i)$$

对于一个具有正的产出和污染削减成本的企业而言，其一阶充分必要条件为

$$P = c'_q + T$$

$$c'_a = T$$

其中，$P$ 为产品价格；$q_i$ 和 $a_i$ 为企业 $i$ 的产量（$q$）和减污量（$a$）；$e_i$ 为企业 $i$ 的污染排放量；$c_i$ 为企业 $i$ 的生产成本；$T$ 为退还金价格，该价格包含不适当处置方式所带来的损害成本。

押金返还制度最显著的特征就是它具有一个灵敏的显示机制：当潜在的排污者通过退还规定带有退款的物品时显示服从了制度安排，从而对于不合法的污染处置的监督就不是必须的了，从而降低规制机构对于污染企业的监督支出。押金返还制度是一个双层系统。为了实现有效的资源配置，押金等于处理相应垃圾的社会边际成本，返还金额等于垃圾的边际成本与回收的边际成本之差。如果回收的边际成本为零，返还额就等于押金。在存在垃圾非法处理（如非法倾倒）的情况下，如果对非法处理无法征收庇古税（这在垃圾单位定价中是一个常态而不是例外），那么押金返还制度是最优的选择。押金返还制度在效果上类似于对废弃物处理直接定价（对垃圾外部性进行直接矫正）：当产品收回时偿付押金，如果产品被扔掉，就只能由消费者承担费用。这样，押金返还制度能够确保运用成本最低的办法来减少废弃物的处理量，无论是在源头上减少废弃物还是通过循环利用的途径来完成。

考虑预付处理费用、回收补贴及押金返还制度，对于任一固体废弃物削减比例来说，押金返还制度都将是一种成本最低和最有效的途径。因为押金返还制度同时鼓励源头削减和再循环，而预付处理费用和回收补贴都只有一个方面的作用：预付处理费用抑制消费，降低可获得的循环材料的数量，导致循环降低；回收补贴鼓励循环但降低最终循环材料的有效价格，从而鼓励消费，使事后的垃圾增加。从政策实施的角度看，相对于垃圾收费、原生材料征税和预付处理费用来讲，押金返还制度有一种"自我管制"和"自我实施"（即激励相容）的特点，这种激励相容特点对于一个管制政策的成功是极其重要的。

关于押金返还制度的具体实施，押金返还制度比对原生材料征税同时对消费补贴更易于执行。后者这种替代性政策组合也许能达到同样结果，但执行更难。这是由于企业会强力反对对原生材料征税，它们的组织力量强大，而消费者家庭则缺乏这种能力。

当然押金返还制度也同样面临困难。为确定最优的押金返还额，政府管制者需要确切计算垃圾处理的社会边际成本。由于政府信息获得困难，押金返还制度的管理成本可能过高。对此，押金返还制度适用于以下情形：①目标是减少废弃物的非法处置现象（而非减少废弃物流量）和总体上增加物质的循环利用水平；②在废弃物的合法处置成本和（对非法处置或乱扔垃圾进行）清理成本之间存在显著的差异。

预付处理费用是在产品销售时基于产品的最终处理成本收取的费用，实际上预付处理费用就是产品消费税。在产品交易时，未来处理废旧产品及包装废弃物的外部性并未反映在价格中。这样预先收取处理费用会适当地提高产品价格以反映社会真实成本，最终抑制产品消费和垃圾产生。预付处理费用的成功应归因于其隐含的系统思想，因为任何达到回收率标准的产品免征处理费用，这增加了它们的市场能力。事实上，预付处理费用为这些产品贴上了环保标签，它具有广告效应。

对预付处理费用的一个主要质疑在于，在固体废弃物管制政策中，产品消费税是一个"钝"政策工具，因为它不能区别"抛扔"和"不抛扔"垃圾的社会成本差异。同时，企业可能将产品消费税转嫁给消费者，企业在抑制消费的同时，获得政府的额外补贴，从而对于垃圾减量的作用不大。因为消费者购买时已经预先支付了处理费用，他们消费后会丧失循环回收的积极性，也许预付处理费用仅仅对不可回收产品是一个最优政策。对于可回收产品，由于预付处理费用不鼓励循环回收，仅仅采用预付处理费用是比较低效的。

押金返还制度通常被用于某些最终产品（如饮料罐和瓶子）的消费，消除环境污染已经远远不是唯一的动机。特别是税收-补贴方案组合，排污者对于超过基准排污量的部分要支付费用，而当排污低于基准排污标准范围时，政府会对低于基准排污的部分给予补贴。新进入的企业没有污染排放权，必须为它们的排污支付费用。这正是这种政策工具吸引人的特性。一方面，它为排污者对环境的财产权安排和基准排污量之间提供了一个清晰的联系；另一方面，它也揭示了排污者应该支付的污染排放权的稀缺租。如果基准排污量为零，那么税收-补贴方案组合就简化为税收；如果基准排污量等于当前的排污量，那么税收-补贴方案组合就转化为一种慷慨的补贴政策。

更为复杂的押金返还制度安排是对企业全体的押金退还制度。另外，被退还的押金是给企业全体，而非排污者个体。考虑一个寻求扣除污染削减成本和税收后利润最大化的典型企业。它的生产决策行为由下式决定：

$$\text{Max} Pq_i - c_i(q_i, a_i) - Te_i(q_i, e_i) + q_i \Big/ \left(\sum_i q_i\right) T\left[\sum_i e_i(q_i, a_i)\right]$$

其中，$P$ 为产品价格；$q_i$ 和 $a_i$ 为企业 $i$ 的产量（$q$）和减污量（$a$）；$e_i$ 为企业 $i$ 的污染排放量；$c_i$ 为企业 $i$ 的生产成本。

对于一个具有正的产出和污染削减成本的企业而言，其一阶充分必要条件为

$$P = c_q' + Te_q'(1-\sigma_i) - T(E/Q)(1-\sigma_i)$$
$$c_a' = -Te_a'(1-\sigma_i)$$

在此，排污者对污染支付费用，收益被退还到同一污染者全体，不与支付的排污费成比例，但与企业产量成比例。个体排污者对其排污支付税费为 $Te_i$，而且还在产出 $q_i$ 的基础上收回了被征收的全部费用中的一个部分 $\text{TE}(q_i/Q)$，其中，$Q = \sum q_i$ 和 $E = \sum e_i(q_i, a_i)$ 分别为总产量和总排污量。所有企业都要支付排污费用，但不同企业的退款是不同的，超过平均排污水平的企业向低于平均排污水平的企业付费。

押金退还制度消除污染的动机，在本质上与庇古税是一致的，重要企业数量足够

大，以至每个企业占有的市场份额 $(\sigma_i = q_i / Q)$ 非常低，则押金退还制度就与庇古税是一致的。然而，此政策的产出价格效应与税收不同。在押金退还制度安排下的平均成本要低于庇古税安排下的平均成本和更低的价格 $P = c'_q + Te'_q(1 - \sigma_i) - T(E/Q)(1 - \sigma_i)$ 和更高的产出。当然，与没有任何政策工具的情形相比，这个价格仍然较高，且产出较低。

## ■ 第五节　环境管理的公众参与

### 一、公众参与制度的理论基础

在环境保护领域里，公众参与是指公民有权通过一定途径或程序参与与环境利益相关的决策活动，使得该项决策符合广大公民的切身利益。公众参与有利于政府对环境问题的全方位管理，加强政府决策的公开性、透明度，使政府决策和管理更符合民心民意和反映实际情况，有利于解决和处理环境问题，实现对环境问题的全方位、全过程管理。

对于环境问题的原因及其解决方案，每个人都有自己特定的不同于他人的目标，并随时间不同而发生变化。环境问题因人类社会系统与其所处自然环境系统之间的关系处理不当而产生。为了解决不断产生的环境问题，应当不断发展新技术，但对环境问题社会性的把握同样重要。公众参与之所以对解决环境问题重要，是因为它承认社会中公众对于环境问题解决方案具有不同偏好，并充分利用人类偏好这一特点，将社会中个体对环境问题的认识有机联系起来，从而在一种和谐关系的基础上调整人与自然的关系，有利于从根本上解决环境问题。正是基于这一点，解决环境问题才强调公众参与的必要性和重要性。

公众通过环境决策、环境信访、环境诉讼等法律途径参与环境管理监督，是政府行为的一种补充。在环境法中确立公众参与的原则是民主理念在环境管理活动中的延伸。随着现代各国对公众参与制度的重视和推广，公众参与环境保护的领域已从仅参与环境资源的监督管理，扩大到参与环境资源法的立法和司法救济。公众不但要参与有关环境与发展的决策，特别是那些可能影响到他们生活和工作的决策，更需要参与决策执行过程的监督。然而，从已有的实践来看，科学工作者和公众的角色已被界定，公众在目标制定过程中的地位得到认可，制订并实施相关计划的过程却仍由科学工作者单方面进行。虽然科学工作者能够更准确地把握环境问题中环境变化这一客观部分，但公众偏好同样不可忽视。公众参与和科学技术手段的发展是解决环境问题的两个重要方面，它们之间存在着非常强的联系。

制度的保证才是最根本的保障，公众参与制度需要自上而下和自下而上（即公众和政府）两方面的努力。从政府应为公众利益服务的职能和保护基本人权的角度上讲，政府应当在公众参与制度的建设过程中发挥积极的作用，我们可以建立一套合理有效的公众参与组织程序，完善环境信息公开、环境监察、环境影响评价等一系列与公众参与相关的环境制度，制定与公众参与相关的法律法规，从法律上确定公众参与的合法地位，保证公众参与的环境决策被顺利执行。同时，建立有效的公众参与渠道，提供尽可能多的真实可靠的环境信息，提高公众参与的效率，协调各种社会行为。只有这样，才能增加公众参与的预期收益，降低公众参与的成本，提高公众参与的积极性，让公众参与制度在解决环境问题中发挥其应有的作用。

公众参与是最近几十年在社会的公共管理和公共事务方面频繁出现的社会行为模式。虽然公众参与的行为本身在整个近代都是存在的，但是作为一种独立的行为模式，其在近几十年才凸现出自己的特征。环境保护中的公众参与是指在保护和改善生活环境与生态环境，防治污染和其他公害的活动中，允许、鼓励和保障公众参与其过程，并对整个过程做出评价和选择的行为。公众参与环境保护不仅是环境保护本身的需要，也是一个国家是否重视和保护公民权利的一个重要标志，它与国家的政治民主化进程是紧密联系在一起的。公众参与机制又构成对社会成员分散和差异性的环境利益诉求进行整合和集中表达的渠道，以便更有效地实现利益诉求表达，增加政府权威和公众利益诉求的均衡效果，成为公众参政权在环境法领域的实现机制。因此，公众参与一方面可以把分散的环境利益诉求进行收集、聚拢、整合、反馈给政府决策部门，使决策部门能系统地均衡各利益群体、阶层、地域的环境利益，为制定科学的环境决策提供依据。另一方面，公众参与制度是公众对各级政府及有关部门的环境决策行为及环境行政管理部门工作进行监督的有效手段。特别是对于我国这样一个幅员辽阔，地理环境各异，利益分化异常复杂多样、环境管理注重于政府主导的国家，只有实行环境民主和公众参与，广泛吸纳公众的意见，发挥广大公众的监督作用，才能最大限度地预防环境污染和生态破坏的产生。

公众参与制度的产生既是公民参与社会政治生活的要求和意识不断提高的体现，也是政府管理社会公共事务向公开化、透明化、民主化方向转化的产物。公众参与制度既源于现代公共管理的理论成果，也源于现代民主政治的发展，又得到环境资源法学理论的有力支撑。

### （一）公共财产理论

公共财产理论将环境要素界定为全体公民的"公共财产"，认为"空气、水、阳光等人类生活所必需的环境要素，是人类的'公共财产'，应当由代表全体意志的机构来予以管理，并引入科学决策方法和程序，只有这样才有利于环境这种公共财产的品质提高"。美国法学家萨克斯教授认为，鉴于空气、水、阳光等环境要素对于人类生活不可或缺，我们应该摒弃将环境要素当作"自由财产"的传统做法，使其成为所有权的客体，将其视为全体国民的"公共财产"。这一理论确立了环境资源作为公共财产的法律属性，打破了过去认为环境资源属于无主物的局面，既有利于法律对环境要素的开发和利用行为进行调整，遏制环境污染和生态破坏加剧的趋势，也为公民参与环境管理提供了理论上的正当性和合理性。既然环境资源是全体公民的"共享资源"，是全体公民的"公共财产"，任何人都不能对其任意占有、支配和侵害，否则，任何其他个人、组织均有权通过一定的法律程序和途径对此行为进行事前防范和事后救济。因此，建立完善的公众参与制度，对保障公众的环境资源"公共财产"权是非常重要的。

### （二）公共信托理论

公共信托理论是公众参与环境保护制度的又一重要理论依据。公共信托理论源于罗马法，基本含义如下：空气、水、河流及其他自然资源本质上属于公民的共同财产，应基于公共利益之目的由政府或其他组织以信托的形式加以管理和利用。现代的公共信托理论是由美国学者萨克斯教授发展而来的。萨克斯教授认为："在不侵害他人财产的前提下使用自己的财产"——这是对环境资源具有公共权利属性的最好写照，而大气、水等公众所有的环境资源属于全体人民共同的资产，对其管理、使用应当符合公共利益。公民和政府之间形成一种信托关系，公民作为委托人把有关环境资源管理、使用的权利授予政府，政府必须履行有关受托人的义务，基于社会公益合理地处置、使用这些公共财产。基于这种考虑，我们有必要建立一种约束机制，使代理人按照委托人的利益来行事，实现政府与公众之间畅通的信息传递，以保证公众在适当的条件下直接行使自己的"公共财产权"。由此，公众参与制度成为一种必然的需求。

### （三）环境权理论

环境权理论是公众参与环境保护的另一个重要的理论基础。

环境权的提出源于人类工业化和无限度地改造自然所带来的全球性环境问题和环境危机。20世纪六七十年代环境权概念及相关理论逐渐被提出，1970年3月，在日本东京召开了公害问题国际座谈会，会后发表的《东京宣言》提出环境权，"即把每个人享有其健康和福利等要素不受侵害的环境的权利和当代传给后代的遗产应当是一种富有自然美的自然资源的权利，作为一种基本人权，在法律体系中确定下来"。20世纪六七十年代，美国掀起了有关环境权的争论，萨克斯教授的公共财产理论和公共信托理论为公民享有环境权提供了依据。他认为，就环境资源而言，公民与政府的关系是委托人和受托人的关系，政府作为受托人，负有使公民的环境资源得到合理管理和不受破坏的义务；而公民则享有在良好的环境下生活的权利；环境权可以通过公众参与法律机制及诉讼机制得以保障和实施；环境权应当成为构建环境法制的根基。

环境权的提出，必定要求在实体法上加以确定，同时也要求有相应的程序性法律制度保障公民环境权的实现，公众参与制度便是建立环境权法理基础上的程序性法律制度设计。

## 二、公众参与制度的现实依据

公众参与制度的现实依据问题其实是要解决为什么公众要参与环境保护的问题。

第一，是由公众的环境利益主体和价值主体地位决定的。我国是一个人民当家作主的国家，公众有权知道他们周围的环境发生了什么变化，这些变化会产生什么影响，如何避免和消除这些影响。他们有权发表意见，参与决策过程，寻找适合他们、有利于他们的解决途径。公众参与实质是使自己的环境价值观彰显，环境利益得到表达的过程，因此，在公众参与中，公众是主体，而不能仅仅被认为是一些收集意见的对象。

　　第二，环境问题的特点需要公众参与。环境问题最突出的一个特点是污染和破坏容易，治理与恢复困难，故环境保护重在预防。这就要求环境立法除了通过加重法律责任、扩大环境诉讼的范围等事后惩罚性措施外，还应动员全社会的力量，以广泛赋予公众参与环境保护权利的积极方式，充分发挥广大群众的积极性、主动性和创造性，以预防和减少环境问题的发生。

　　第三，公众参与是补充在环境问题上的"政府失灵"和"市场失灵"的需要。在市场机制下，公众的环境利益诉求通过个体运用自身的资源和优势，以相互之间的公开自由竞争来实现各自的利益诉求。由于个体实力存在差异，这种利益诉求表达机制表现为强势群体占优势，弱势群体处于被动和不利地位。对于环境与资源这样公共性很强的利益，处于强势的企业为了"自身利益的最大化"而做出不负责任的短期行为，于是，在环境保护领域就会出现"市场失灵"。我国传统的环境管理模式是政府主导型环境保护机制，在环境保护领域，政府的环境管理主要通过公共政策的推行得以实现，政府制定公共政策，实现公共资源的合理分配。政府组织本身存在着垄断性、自利性，往往会借社会利益之名行机构利益之实，从而难以制定正确的公共政策，偏离社会的公共利益。社会弱势群体的利益诉求无法实现，于是在环境管理领域的"政府失灵"现象就会产生。公众参与环境保护增加政府决策和管理的公开性和透明度，使政府的决策与管理更加符合民意，更能反映实际情况，而且公众也能充分了解政府决策的理由和依据，了解和掌握环境信息，从而认同有关行政机关的决策，减少公众与政府之间的冲突，并能监督环境执法，使有关决策得到顺利实施，提高公众捍卫自身环境权益的意识，增强公众的权利意识和责任意识，激发公众参与环境保护的主动性和积极性。

　　第四，公众参与有利于将潜在的社会冲突显化，使环境问题引发的社会冲突得到及时的识别和解决。我国社会的政治伦理是少数服从多数、地方服从中央、个人利益服从集体利益和全局利益，但是环境问题事关公众切身身体健康、精神愉悦和生活质量，一旦环境遭受污染和破坏，公众必然通过各种途径寻求解决，从而引发个体之间、个体与群体之间、群体与群体之间的环境利益的尖锐矛盾和冲突。只有通过社会公众的广泛参与，让各种利益需求得到充分的表达和相对均衡的关照，才能平息这种矛盾和冲突的加剧。

# ■ 参考文献

思德纳 T. 2005. 环境与自然资源管理的政策工具. 张蔚文，黄祖辉译. 上海：上海人民出版社.

# 第八章

# 环境政策选择

按照惯例，最优污染水平是污染控制的边际损害曲线与边际成本曲线的交点。然而，由于信息缺乏和环境不确定性的影响，获得平滑的边际成本曲线是十分困难的。首先，政策制定者对于污染控制技术的了解程度，以及政策制定者在掌握污染控制技术的同时的计算能力和政策实施意愿都会影响政府的政策选择的估计。实际情况是，管理者必须依赖污染者提供的不完备的污染信息来确定污染成本曲线，更大的不确定性来源于边际损害成本曲线的计算与获取。因为其依赖于环境污染程度，需要详细地了解生产与污染之间的技术关系，以及生产、污染与环境之间的逻辑关系。

由于污染损害的收益和成本曲线获得中的不确定性，故不同的政策工具的选择与实施，可能面临不同的成本和不同的政策实施效果。因此，本章的目的在于给出不同政策工具选择的标准，以及不同政策工具在给定条件下的成本与分配效果。

## ■ 第一节　环境政策工具选择

### 一、污染控制政策选择的依据

#### （一）成本和权利的污染者与社会间分配

任何环境政策都由环境目标和实施目标的手段组成。政府的环境保护目标已经在第七章中进行了详细的讨论。给定政府的环境目标，必须选择达到目标的手段。也就是说，如何控制污染源以达到相应的环境目标。通常的途径包括集权管制和以激励为基础的分散管制。在集权管制条件下，每个污染者被指定特定的污染削减量，污染削减量的分配原则包括比例均等原则和负担能力原则。在比例均等原则下，为达到环境标准，每个污染源被要求削减相等比例的污染物，等比例削减污染物意味着不平等的财务负担。在负担能力原则下，排污削减量是以负担能力为基础的，即那些财务状况良好的企业被要求减少更多的污染排放量，但基于支付能力的污染削减分配有着潜在的严重缺陷，它惩罚了成功的、管理良好的企业。

在分散管制下，污染者拥有更多的行动余地。分散的管制包括排污收费和许可证制度。在排污收费方案下，管理部门对污染排放的每一单位污染物征税或收费，收取的费用必须能够反映每单位排放对人类健康或生态系统造成的损害。管理部门并不要求每一个厂商应该削减多少排污量，而是让厂商依据费用标准来自行决定适宜的行动。一些污染源可能选择削减排污量，因为其单位净化成本低于对单位污染物排放收取的费用，通过削减污染，其可以节约单位控制成本和单位污染物排放收费之间的差额。也有一些污染源选择继续排污，因为他们发现支付污染税比治理污染所需费用要低，排污缴费比治理污染来得更加经济。这一方法具有以下优点：首先，它确保选择对污染进行控制的企业都是那些能以最低成本来完成的企业。其次，它提供给企业减少污染控制成本的持续动力。因为如果企业能够找到办法使得企业污染削减成本低于排污收费，其将会持续获得经济收益。这一管理体制要求所有污染源都采取措施，必须削减污染以避免支付排污费，要么继续为污染付费，其缺陷在于衡量每一单位污染物造成的损害是一件花费成本的事情。

决策者往往具有多重目标，因此，一个好的污染控制手段在理论上应该满足政策设计的可接受性和可实施性。污染控制当局、政策制定者和公众对环境标准的不同侧重，将影响各自对污染控制手段选择的判断，同时，可能因污染类型的差异而对各项标准赋予不同的权重，进而导致选择不同的控制手段。以往的研究认为，污染控制手段的选择必须遵循以下标准（表8.1）。

**表8.1　污染控制手段的选择依据**

| 标准 | 简要概述 |
| --- | --- |
| 费用有效性 | 能否以最低的成本达到目标？ |
| 可靠性 | 在多大程度上可以依靠该手段实现目标？ |
| 信息要求 | 该手段要求污染控制主管部门掌握多少信息？ |
| | 信息获得的成本是多少？ |
| 可实施性 | 该手段的有效实施需要多少监测？能做到吗？ |
| 长期影响 | 该手段的影响力是随时间增强、减弱，还是保持不变？ |
| 动态效率 | 该手段在污染削减的过程中能否在改善产品品质或生产过程方面提供持续激励？ |
| 灵活性 | 当出现新信息、条件变化或目标改变时，该手段能否以低廉的成本迅速适应？ |
| 公平性 | 该手段的应用对于收入和财富分配的影响是什么？ |
| 不确定性使用的成本 | 当该手段在错误信息下使用时，效率的损失有多大？ |

资料来源：珀曼等（2002）

### （二）不同质的污染产品的污染削减政策手段

一项政策工具的选择取决于多种因素。对于政策制定者而言，一个非常具有争议的议题就是使用基于市场的环境管理政策工具，还是实行命令-控制政策。通常意义下，当总体污染水平不变，而且污染削减成本存在差别时，则存在着污染治理政策工具选择的效率思考。如果一项污染削减手段能够以最低成本达到目标，我们就说它是费用有效的。污染控制的最小费用定理，即以最低总成本实现削减的必要条件是所有污染者的边际削减成本相等。

假设有两个企业，污染削减成本分别为

$$C_1 = \frac{1}{2}a_1^2 , \quad C_2 = \frac{1}{2}ha_2^2$$

如果政府污染削减目标为

$$OA = 2\hat{a}$$

则两个企业的边际污染削减成本分别为

$$MC_1 = a_1 , \quad MC_2 = ha_2$$
$$a_1 + a_2 = 2\hat{a} = A$$

图 8.1 表明了污染削减责任在两家企业进行分配的情况。社会污染削减目标既可以通过在各企业分配一定目标的污染量 $\hat{a}$，也可以通过运用诸如排污权交易等市场化政策实现污染削减目标 $2\hat{a}$。两个企业分别根据利润最大化决定自己的污染削减水平，但必须实现政府设定的污染削减目标：$a_1 + a_2 = 2\hat{a} = A$。

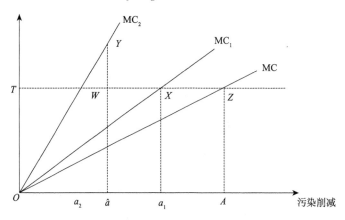

图 8.1　不同减污成本下的静态效率比较

作为政府政策制定者，其目标是以最低的成本实现污染削减目标，政策工具选择的目的是实现经济效率。

如果允许企业通过排污许可证交易来削减污染，企业 1 会主动提高污染削减量，企业 2 则发现通过市场购买排污许可证所需要的成本比进行减污所需要的成本还低。如果企业间的污染削减责任交易是无成本的，则两个企业可以通过自愿交易实现目标。设整个社会的污染削减成本为 MC，则在边际收益等于边际成本利润最大化约束条件下，市场分配下的企业污染削减目标可以表述为

$$a_1 + a_2 = 2\hat{a} , \quad a_1 = ha_2 = MC = T$$

由上式可得

$$a_2 = 2\hat{a}/(1+h) , \quad a_1 = 2h\hat{a}/(1+h)$$

相反，如果政府采用强制的污染削减政策，不失一般性地假定两个企业的规模是相

同的，而且政府"公平"地将污染削减目标平等地分配给两个企业。给定减污目标为 $2\hat{a}$，当两个企业平均分配减污指标时，则企业 1 的污染削减成本为 $\frac{1}{2}\hat{a}^2$，企业 2 的污染削减成本为 $\frac{1}{2}h\hat{a}^2$，两个企业的削减成本和为 $\frac{1+h}{2}\hat{a}^2$，市场分配与平等分配的成本差为 $\frac{1}{2}\hat{a}^2(1-h)^2/(1+h)$。

当然，精确的成本节约取决于诸多因素，包括企业数量和企业减污的成本函数形式，尤其是两个企业的技术效率差异系数（$h$）。通过上面的简单的例子说明，通过市场化的政策工具，能够在实现减污目标的同时，通过不同成本企业的污染削减交易，实现整个社会的污染削减成本节约（表 8.2）。如果 $h$ 比较大，即两个企业的污染削减技术效率存在较大差异，则社会污染削减成本节约效率越高。

**表 8.2　市场化政策工具的静态效率**

| 政策 | 平均分配 | 效率分配 | 削减成本节约 |
|---|---|---|---|
| 企业 1 | $\frac{1}{2}\hat{a}^2$ | $\frac{4h^2}{2}\hat{a}^2/(1+h)^2$ | |
| 企业 2 | $\frac{1}{2}h\hat{a}^2$ | $\frac{4h}{2}\hat{a}^2/(1+h)^2$ | |
| 两个企业的污染削减成本 | $\frac{1+h}{2}\hat{a}^2$ | $\frac{4h}{2}\hat{a}^2/(1+h)$ | $-\frac{1}{2}\hat{a}^2(1-h)^2/(1+h)$ |

尽管企业的减污政策工具效率分析是对现实的一个简化，包括假定市场只有两个企业，企业具有线性的边际减污成本、减污目标固定等，与现实的环境治理政策选择相去甚远，但市场基础上的环境政策静态效率讨论仍然为我们的环境政策选择 CBA 提供了一个很好的开端。当然，讨论结果的具体应用还必须考虑减污成本的时间和原因，因为污染削减成本的计算会因污染的流动性而变得更加复杂。而且，污染削减政策选择分析还必须考虑污染削减投资与企业其他投资之间的可能的互补关系，必须考虑不同企业在污染削减时机上的选择与效果。

### （三）不同质的损害成本的污染削减政策手段

与不同质减污成本相对应的是不同质污染成本。在不同质污染成本中，假定污染物具有混合性。当污染具有不同质的危害时，某一污染物的危害成本则会随时间、地点及排污的其他条件的不同而不同。为研究问题方便起见，在此假定减污成本是同质的。

如果污染纯粹是局部的，且每种污染物都是唯一的，没有必要争论某个企业在减污方面可以比其他企业做得更好，从而通过市场交易改进资源利用效率。如果污染物是有差别的，理论上而言，政府最优税收水平应该随排污成本的变化而变化，因为污染或者减污不是一个单独的市场，而是一些在地理上分离的市场。考虑一条河流不同地段的污染收费标准问题，显然由于污染损害差异，政府的环境税水平应该是不同的（$T_1$ 和 $T_2$）（图 8.2）。

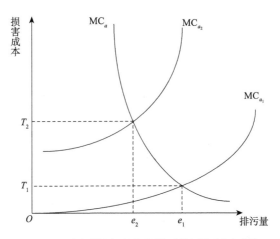

图 8.2　不同质损害成本条件下的污染削减政策

事实上，绝大多数污染物的影响既有地方性的也有地区性的，所以理想的税收政策应该是随污染物排放的地区差异而变化的。不幸的是，差别税收在某些情况下是可行的，在更多的情况下，差别税收的实施困难重重。首先，公平税收的理念深入人心，它经常受到法律的保护，一些国家甚至宪法中对此做出相应规定。毋庸置疑，如果企业在人口密集的地区比在人口稀少的地区被征收不同的税收的话，那么它们就会抱怨政府过度优惠人口稀少的农村地区的污染者。同样，对于进入城市地区的农村驾驶员征收地区定价费也会被认为是一种不合理的进入收费。按照排污量对污染者进行征税，以及按照地区、时间及其他因素来确定税率，都需要进行精确的检测与计算。在信息短缺和监督困难的前提下，一般认为按投入或产出进行征税比较合理，因为它们是造成污染的主要原因，但这样就难以按照排污时间和空间进行区别征税。

污染成本普遍会随其他因素的变化而变化。污染曲线通常是非线性的，在受污染严重的地区，边际污染的增加会导致更高的污染削减成本。这种非线性和受影响的生态系统可恢复性，共同形成了污染临界负荷的概念基础。一些地区或许能够承受更多的污染也不会受到很大的损害，而在其他地区，这种额外的损害可能十分严重。

实行差别化税收政策的另一个原因是污染物过剩。大量的化学物质在排放到不同生态系统时会体现出不同的特性，所以需要考虑很多条污染曲线。受知识和资源获得的限制，确定合理的排污量和税收水平面临很大的不确定性。

污染物总是混杂在一起，对污染曲线的推测，会随着知识和污染物集中程度的变化而变化，污染源追溯困难更加剧了差别税率政策的实施难度。

## 二、不确定性和信息不对称性对污染削减政策手段选择的影响

在上一节集中讨论了不同技术和经济条件下的政策工具的效率问题。本节将在环境成本的不确定性条件下，在 Weitzman（1974）研究的基础上，探讨不同政策选择的社会效果。Weitzman（1974）在"价格与数量"一文中，主要对价格型政策工具（即税收与收费）与数量型政策工具（即可交易许可制度的选择）进行对比分析。Weitzman 在

假定管理者不具有污染削减成本的完全信息的条件下，研究认为两种政策工具具有相同的效果。以下就是对 Weitzman 研究成果的一个应用。

在环境成本和企业污染削减成本面临不确定性条件下，不同政策的合理目标水平也将具有不确定性。显然，如果污染削减的边际成本被高估，那么政府数量型控制政策的结果将导致污染削减水平低于预期的污染削减量；如果选择价格型政策工具，则收费水平过高而导致污染削减水平高于社会预期的最优污染削减。整个社会的福利损失则是由价格扭曲而引起的消费选择扭曲，取决于边际污染削减成本的斜率。

如果判断失误，并且把与其相应的消费者和生产者损失的总和最小化，那么在价格型政策工具和数量型政策工具下的期望损失是不同的，由图 8.3 中的三角形面积代表。

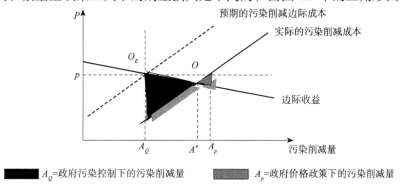

图 8.3 税收和许可制度安排下的社会福利净损失（一）

图 8.3 中，$P$ 代表价格型政策工具；$A_p$ 代表政府价格政策下的污染削减量；$p$ 代表最优税收水平；$O$ 代表最优政策下的目标；$O_E$ 代表预期成本下的政府削减目标；$A_Q$ 代表政府污染控制下的污染削减量；$A^*$ 代表最优削减量。

图 8.4 中，$P$ 代表价格型政策工具；$A_p$ 代表政府价格政策下的污染削减量，$p$ 代表最优税收水平；$O$ 代表最优政策下的目标；$O_E$ 代表预期成本下的政府削减目标；$A_Q$ 代表政府污染控制下的污染削减量；$A^*$ 代表最优削减量；$A_p$ 代表政府价格政策下的污染削减量。

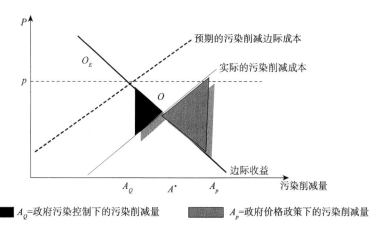

图 8.4 税收和许可制度安排下的社会福利净损失（二）

从以上两个图形的对比可以看到，当污染削减收益成本曲线相对陡峭时，在污染削减的边际成本曲线相对平缓的条件下，过高的污染税收水平将造成很大的社会福利净损失，而选择一个数量型的政策工具，以既定的社会污染水平为目标，则社会福利损失相对较小。因此，如果污染削减成本曲线比污染削减收益曲线陡峭，则应该采用价格型政策工具；当污染削减成本曲线比污染削减收益曲线更平坦时，则应该采取数量型政策工具。

由于污染削减成本与收益的不确定性，无论是价格型还是数量型政策工具而言，都不能够单独地实现其污染削减目标，其中的一个建议就是通过价格型与数量型政策工具结合的混合政策安排，以降低政策制定犯错误的风险，即允许排污者或者使用者在购买许可证和付费之间进行选择。例如，环境保护机构可以根据污染水平的目标发放许可证，同时允许一些无法承受过高减污成本的企业，自由地购买其他许可证。通过这一混合政策安排，以诱导排污者或者使用者对于污染削减的支付价格，从而为环境保护机构的政策设置提供必要的成本或者收益信息。

因为在政府污染削减目标设定，或者污染治理税收政策制定过程中，污染削减的社会收益和企业污染治理成本曲线是政策制定的基础，而企业本身有激励向环境保护部门提供错误的信息，以降低企业的环境保护支付；更因为企业真实汇报污染削减成本信息会导致政府下一个时期更加严厉的环境保护税收政策，政府获得的关于企业污染治理的信息，往往是受到人为污染的错误信息。

受污染损害的一方同样有激励夸大污染的社会损害范围或者程度。企业与受损者的社会谈判力量差异，企业对于污染税率安排具有更大的发言权，从而导致税收政策安排的不公平负担。

## ■ 第二节　政府政策目标的实现

### 一、均衡效应与市场条件

任何一项政策都具有多重效应。征收污染税会直接影响到投资结构和生产技术的改进，这是我们希望达到的直接效应。税收同时具有间接效应，征税会导致产品更加昂贵，从而降低产品需求，即产出效应或者产出的替代效应。

一项经济活动或者一个部门的排污量，主要取决于它的污染强度或者污染排放率（$\xi$）及它的生产活动水平或规模（$Q$）。在实施许可证制度条件下，环境管理机构先确定符合预先制定的环境目标所要求的总排污量，进而公布单个的污染排放许可，单个污染排放许可的总和为排污总量。

如果企业的污染排放可以表示为

$$e = \xi q$$

其中，$\xi$ 为企业的污染排放速率；$q$ 为企业生产规模，或者企业产品产量。政府环境政策关注的目标往往是污染排放的速率，除了通过技术手段削减污染排放的途径外，还可以通过削减产量来实现降低污染的环境政策目标。

市场化政策如果设计得当，其优点之一则在于可以通过价格型政策设计来改变产出结构和产品数量，进而降低环境污染损害。这样的思路同样适用于可交易许可制度。

污染治理政策的选择取决于环境污染政策的产出效果和消费者对于产品的需求弹性。因此，污染治理政策的选择取决于政策实施的目标的精确性、实现程度和实施成本。污染削减政策的精确性是指政策实施的环境污染削减效果。

如果将消费者需求弹性定义为

$$\varepsilon = \frac{\Delta q / q}{\Delta P / P} = \frac{\Delta q / P}{\Delta P / q}$$

其中，$P$ 为产品价格；$q$ 为产品产量。

环境政策工具的消费者和企业效果如图 8.5 所示。

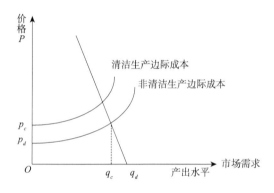

图 8.5　污染削减和产量削减（一）

图 8.5 中，$P$ 代表不同生产条件下的价格；$p_d$ 代表非清洁生产的产品价格；$p_c$ 代表清洁生产的价格。

如果对产品征税，税收使得产品价格从 $p_d$ 上升至 $p_c$，产量则从 $q_d$ 下降到 $q_c$。污染税收设计的目的是通过给定污染浓度条件下的产量降低来降低污染排放，但税收政策的效果取决于政策设计的产出效果与消费者需求弹性的对比（图 8.6）。

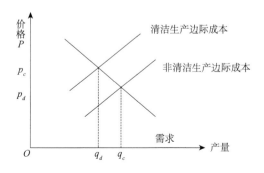

图 8.6　污染削减和产量削减（二）

一个经济工具具有多重效应，征收污染税会直接影响投资结构和生产技术，这是我们希望达到的直接效应；税收还会影响最终产品的需求，称为产出效用或产品替代效应。税收理所当然地增加了财政收入 。

一项经济活动或一个部门的排放量，主要取决于它的污染强度或排放率（$\xi$）及它的活动水平或规模（$q$）。换句话说，可以假定 $e = \xi q$ 是与企业相对应的污染总量。在现实中，环境政策关注的重点是污染强度或排放率 $\xi$。从减少排污的技术方法来看，可以通过降低产量来减少排污量。市场化政策工具（包括税收和可交易许可证政策）如果设计得当，其优点之一是可以改变产出结构，进而降低污染的危害。

## 二、相对于污染而言产出的重要性

产出效应重要与否，似乎取决于污染的难易程度及产品的需求弹性。与之相关的问题是政策工具的精确性、目标的实现程度和检测成本。

图 8.7 中，$p_0$ 表示最优成本；$p_m$ 表示没有任何政策下的市场价格；$p_a$ 表示使用了最优技术但不征税时的成本；$p_0 + T$ 表示使用了半清洁技术而且征税时的生产成本。

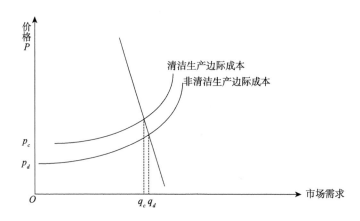

（a）无弹性需求，低成本减污

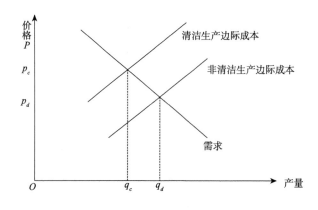

（b）弹性需求，无清洁技术

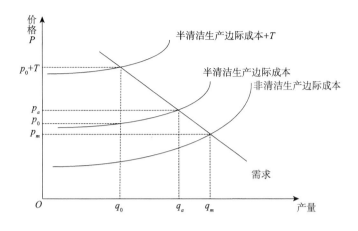

（c）弹性需求，清洁技术

图 8.7　产品需求弹性与技术选择

从图 8.7（a）可以看出，如果污染削减是低成本的，而且需求是刚性的，那么技术性的减污措施是最佳的解决方法。从图 8.7（b）可以看出，如果不存在减污技术，也没有采用污染削减技术的可能，减污的唯一途径是降低产品需求和产量。无论如何，政策工具的效应取决于需求弹性。从图 8.7（c）可以看到，如果需求具有弹性，而且具有清洁技术，则采用新的清洁的生产方法会导致成本大大增加。同时，还要支付环境税收，这样需要考虑生产边际成本增加问题。

$$e(T) = \xi(T)q(T)$$
$$\mathrm{d}e / \mathrm{d}T = q\mathrm{d}\xi / \mathrm{d}T + \xi \mathrm{d}q / \mathrm{d}T$$

$$\varepsilon_{eT} = \varepsilon_{qT} + \varepsilon_{\xi T}$$

所以，政策工具的污染排放弹性是产出弹性和污染削减弹性之和。

因为税收引起的价格上升将使产出从 $q_a$ 大大减少到 $q_0$，同时因采取污染削减措施而引起产品成本的直接增加，又会使产量从 $q_m$ 下降到 $q_a$。在一定政策安排下的污染削减目标的实现程度取决于污染削减的技术效率与产出替代效果之间的相对效果。

由于 $q = q\left[p(T)\right]$，$\varepsilon_{qT} = \varepsilon_{qp}\varepsilon_{pT}$，$\varepsilon_{eT} = \varepsilon_{qp}\varepsilon_{pT} + \varepsilon_{\xi T}$，从而，排污量的最终反应取决于降低污染排放率的可能性、最终产品需求的价格弹性及供给的边际成本的税收弹性。

图 8.8 中，$p$ 代表不同生产条件下的价格；MC 代表不同生产方式下的边际成本（清洁、半清洁和污染生产）；AC 代表不同生产方式下的平均成本（清洁、半清洁和污染生产）；$p_d$ 代表非清洁生产的产品价格；$p_c$ 代表清洁生产的价格；$Q$ 代表整个产业的总产量；$S$ 代表产业的供给或者边际成本曲线；下标 $s$、$t$、$r$、$m$ 分别代表补贴、税收、政府规制和在没有任何政策工具条件下的市场。

图 8.8（a）表示一个具有代表性的企业在没有采取任何污染控制措施时的短期边际成本（MC）和平均成本（AC），以及因补贴、税收、政府规制和在没有任何政策工具条件下的市场而采取污染削减措施下的污染削减的边际和平均成本曲线。

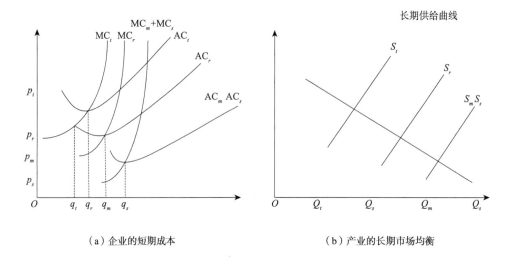

（a）企业的短期成本　　　　　　　　（b）产业的长期市场均衡

图 8.8　政府政策与企业成本

当选择补贴政策时，政府补贴虽然没有改变企业的边际成本，即 $MC_t$ 等于 $MC_s$，虽然短期内市场竞争和补贴条件下的平均成本保持一致，从而不会导致产量和价格的变化，但长期来看，补贴降低企业的平均成本，使 $AC_t$ 大于 $AC_s$，从而导致在完全竞争条件下不能够生存的企业，在政府补贴政策下仍然能够存在；更为严重的是，政府补贴导致企业为获得政府补贴而过度进入，从而可能导致低价格和产量的增加，以及相伴而生的过度污染。当然补贴政策也并不总是一无是处，在企业发展的进程中，为诱导企业的污染削减技术改进投资，政府的补贴政策将是一个十分有效的政策选择。

对于税收政策安排而言，政府的税收政策提高产品价格，从而降低企业产品产量；而政府规制政策导致的边际成本和平均成本介于税收政策和政府补贴之间，因为政府规制只影响污染削减成本，而不会影响未采取污染削减措施的污染成本。除了企业的产出效应外，税收政策也会引起产业结构的变化，高税收会使一些企业退出本行业。

### 三、一般均衡、征税和双重红利

图 8.9 中，面积 $C+D$ 度量了政府税收政策下的社会福利损失，包括消费者剩余和生产者剩余损失（图 8.10）。

近年来，有大量来自环境管理工作的利益，这就是双重红利问题。虽然按照配置效率和激励结构来说，税收是最优的政策工具，但它受到纳税者的强烈抵制。因此，世界范围内的环境政策安排提出了绿色税收的口号，即利用环境税收来减少发生扭曲的税种。例如，如果对某种消费品征税，那么它的相对价格会上升而消费量将下降。因此，消费者的选择模式将被扭曲，从而大大增加消费者剩余的损失或超出税收负担。在一定条件下，反向弹性规律说明只有需求无弹性的物品才可以征税，因为这些物品的消费量几乎不受影响。技术需求曲线是垂直的，产品税也会随着产品价格的提高和实际要素回报的减少而加大劳动力的供给。

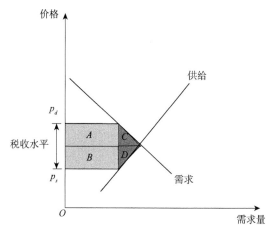

图 8.9　政府环境政策的社会效果

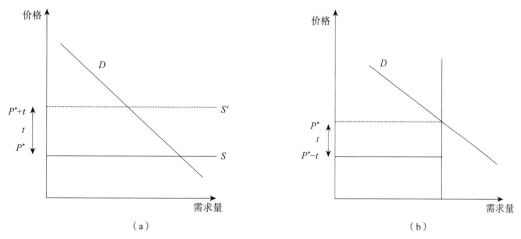

（a）　　　　　　　　　　　　　　　　（b）

图 8.10　不同需求条件下的税收转移

税收在生产者与消费者之间的分配见图 8.11。

反向弹性规律只能解释简单的税收产出效应模型。税收政策必须考虑若干因素，其中较为重要的因素之一是收入分配效应，主要的考虑是对哪些产品征税、对产品征税还是对投入要素征税。

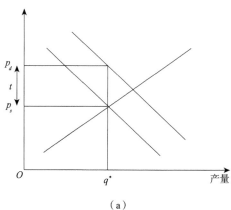

（a）

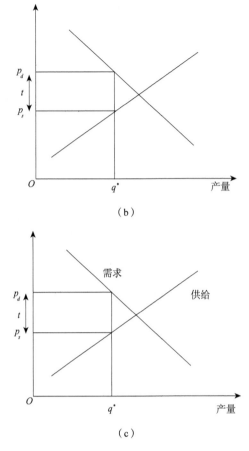

（b）

（c）

图 8.11　税收在生产者与消费者之间的分配

除了税收政策在不同群体间的分配效果外，一个值得注意的问题是中间产品征税的双重红利问题。例如，家庭可以用油来取暖，也可以用电来取暖。如果对两者征收相同的消费税，那么一个家庭使用油发的电取暖的话，这个家庭就会因为油的使用而被征双重的税收。现实情况是，这种简单的双重红利的观点是缺乏理论依据的，因为对于油的使用的征税行为是对资源开采的环境外部性的一种补偿支出。

环境税的效应通过以下四个途径得以实现：第一，直接的污染削减效应；第二，投入替代效应，对某些投入要素征税，诱导消费者和生产者寻求替代的要素投入而降低资源开采，保护环境；第三，产量削减效应，通过降低产量，在给定的污染排放浓度下，降低污染排放；第四，收入的循环效应在于通过对要素投入征税而提高要素投入的直接成本，从而使要素的循环利用变得有利可图，达到降低资源开采和保护环境的目标。政府环境税具有多重目标，其中最主要的是降低污染排放和为环境保护筹集资金。政府环境税收政策税率水平的设定必须考虑税收的多重效应。

## 四、对市场条件的反应

至此，对于环境政策工具的讨论已经相对透彻了，对于市场结构讨论的缺乏仍然使得以前的政策工具选择讨论显得不够精确。对于发展中国家而言，不完全的市场竞争情况下的政策选择问题仍然值得深入讨论。

图 8.12 中，$p_m$ 为垄断的市场价格；$Q_m$ 为垄断市场下的产量；$Q_{mt}$ 为垄断税收下的产量；$Q_0$ 为垄断市场下的最优产量。

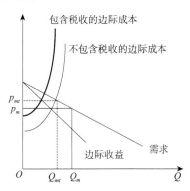

图 8.12　环境税与市场垄断条件下的政策效果

在垄断的市场结构下，不考虑税收的最优产出水平（$Q_m$）已经低于社会的最优产出水平（$Q_0$），政府税收政策的实施，则会导致产量进一步下降到 $Q_{mt}$。当无法打破或者根除垄断时，政府规制政策制定者不得不在对垄断者收费产生的无效性和垄断产生的外部性之间进行权衡与选择，两种无效性哪个更为严重，取决于污染削减和产出替代效应的相对效果。在需求缺乏弹性和清洁技术的成本相对较低的前提下，税收政策工具也许是令人满意的一个政策安排。

## 第三节　环境管理的成本分配

环境政策工具选择不但面临着简单的生产者之间的分配效应，而且面临着不同政策工具选择的排污者、受害者和整个社会的经济负担分配问题。一些因素会影响管理者对于环境管理政策工具的选择。其中，最重要的是污染对受害者的影响。根据科斯定理，污染施加者与受害者应该坐下来进行协商，但往往污染的受害者数量巨大，如果要求污染染者与数量巨大的受害者进行协商往往是成本高昂的，或者是不可行的。在这种情况下，由社会来代表受害者也许是一个合理的选择，因为社会可以通过政策制定代表受害者提出一个合理的解决办法。

有一些因素会影响管理者对政策工具的选择。通常，人们最有可能将注意力集中在效率问题上，效率强调的是污染削减的总成本。根据产权的定义，资源的产权安排规定了资源利用的相关行为人对于资源的权利和责任的明确规则。本节主要讨论两种类型政策工具的成本分配问题：一是政策成本在排污者和社会之间的成本分配；二是政策成本在排污者之间的成本分配。最后，在以上讨论的基础上，从总体上阐述有关收入分配的效应。

## 一、排污者和社会之间的成本和权利分配

政策工具不但产生不同的分配效应，而且会增加受害者、排污者和社会的经济负担。成本分配很显然与产权的分配有关。为此，必须考虑政策涉及的排污者、受害者和社会之间的分配，而且必须考虑在排污者之间的成本分配及总体上的收入分配效果。

不同的政策工具引起的成本和收益在所有者及所有受害者与社会之间的分配情况，可以借助一个简单的图形来进行讨论。管理者希望通过政策措施的实施，使得污染排放水平由初始的 $E_0$ 下降到社会最优的排放水平 $E^*$，此时污染削减的边际成本（$MC_a$）刚好等于污染排放的边际成本（$MC_e$）（图 8.13）。

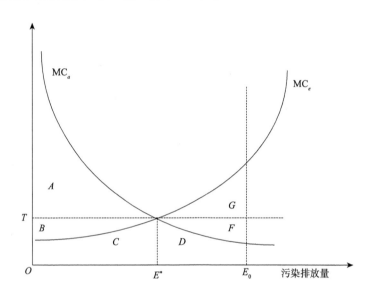

图 8.13　不同政策工具和环境权利安排下的成本分配图

其中，$MC_a$ 为污染削减的边际成本；$MC_e$ 为污染排放的边际成本；$E^*$ 为社会最优的排放水平；$E_0$ 为初始的污染排放水平；$T$ 为庇古税。

如图 8.13 所示，$D+F+G$ 为污染削减对环境改善带来的社会收益的总和，由于企业还要承担污染削减成本 $D$，从而社会净收益为 $F+G$。显然面积 $C$ 是由于污染排放造成没有减掉的污染成本，而 $B+C=TE^*$ 为经典的庇古税，或者稀缺租。$B$ 是把税收或者可拍卖的 TEP 作为政策工具时从排污者转到社会的资金；如果政府采用污染削减补贴政策，则 $D+F$ 是政府按照污染削减单位固定补贴 $T$ 而支付给企业的补贴总额，而 $F$ 是按照单位污染削减给予固定补贴而从社会转移到污染企业的净资本收益。

当然，补贴通常会设计成正好等于 $D$ 或者只是 $D$ 的一个部分。转移 $B$ 和 $F$ 是对环境采用单一市场价格的一个结果。表 8.3 是对不同政府政策选择的成本分配的一个简单描述。

表 8.3 不同政策工具和环境权利安排下的成本分配

| 政策工具 | | 环境权利 | | | | |
|---|---|---|---|---|---|---|
| | | 排污者绝对权利 | | 排污者相对权利 | 混合安排 | 受害者权利原则 |
| 成本和收益分配 | 环境收益 | $D+F+G$ | $D+F+F$ | $D+F+F$ | $D+F+F$ | $D+F+F$ |
| | 排污者成本 | $F$ | $0$ | $-D$ | $-(C+D)$ | $-(B+C+D)$ |
| | 社会成本 | $-(D+F)$ | $-D$ | $0$ | $C$ | $B+C$ |
| 政策工具类型 | 数量型政策工具 | 公共清洁 | | CAC，VA，TEP（免费） | TEP，部分拍卖 | TEP，完全拍卖 |
| | 混合型政策工具 | | | 混合 | 混合 | 混合 |
| | 价格型政策工具 | 补贴 | | REP，税费−补贴 | 部分 REP | 税收，押金返还制度 |

注：CAC：control-and-command policy，命令—控制政策；VA：voluntary agreement，自愿的交易；REP：refundable emissions permits，可退款排污许可证制度

表 8.3 说明了选择不同政策工具时的成本变化，政策工具选择导致权利在污染者和受害者之间的不同分配，从而污染削减成本的分配也是不同的。应该由排污者还是由社会来承担污染成本，不但是一个效率问题，而且关乎福利和道德思考。按照科斯的观点，这个问题可以通过环境产权的初始界定和自愿的交易实现效率目标。权利的界定具有不同的成本分配效果。

表 8.3 中的第 3 列说明，当排污者对环境拥有排他性的完全所有权时，一个受害者如果想要一个清洁的环境就必须付费，或者提供污染削减补贴，这样社会就必须给排污者额外的补贴（$F$），而排污者或者因为减少污染排放的额外补贴。

从第 4 列来看，污染削减补贴仅仅是补偿减污的实际成本 $D$ 的一个部分，如对减污投资进行贴息贷款。

如果是受害者有权（第 7 列所示），排污者必须为获得环境服务的使用权而按照市场价值支付有关费用。反映这类所有权安排的价格型工具为庇古税，数量型政策工具为可拍卖的排污许可证安排。排污者的成本支付除了将排污量从 $E_0$ 降低到 $E^*$ 的开支（$D$）外，还要支付环境税，其承担的总成本等于 $B+C$ 的面积之和。

第 6 列代表一个中间所有权的概念，由排污者和受害者共同分担成本。在这种产权的解释中，排污者必须支付污染削减和污染的环境损害成本，但并不支付额外以税收的方式从企业向社会的资金转移（$B$）。这样的政策安排类似于考虑历史分配的排污许可证制度安排，政府对于以往的污染排放权是免费发放的，只有超过了一定的额度，排污者才需要付费。

在决定污染治理政策工具时，决策者必须首先面对权利的界定与分配问题，污染"权"的分配是政策选择的首要前提。首先，政策制定者必须明确污染权利到底有多大，是整个环境租金，还是其中的一个部分。基于历史基础上的权利分配考虑的是权利分配的可接受性，尤其是当排污者或者资源使用者本身就是受害者的时候。权利的初始分配在考虑经济效率的同时，还必须考虑社会公平。在设计分配原则时，必须考虑以下

因素：一是历史的，还是根据当前的分配；二是权利的分享，是按照产量、排污量还是其他一些变量。无论如何，政策的制定在考虑其生产和社会福利效果的同时，必须考虑政策制定成本、实施成本。许可证的分配是一个长期、复杂的政治过程，事先难以做出正确预测。

## 二、排污者之间的成本分配

政府环境政策安排的另一个重要方面是排污者之间的成本分配。尽管排污者减污成本的总和及其分配对每种市场化工具来说应该是一样的，但却存在成本在排污者之间的不同分配问题。排污者之间的成本分配问题不仅是一个公平的问题，也是实现社会效率的一个重要前提。

追溯型许可证分配有利于过去污染严重的企业，却不利于新兴企业，新兴企业往往更愿意采用现代技术，并且效率更高。税收、可交易许可证和押金返还制度相对更有利于污染程度低的企业，尽管这类企业也面临一定的污染削减成本。和前面的假定一致，在此仍然给出如下假设条件：设有两个企业，污染削减成本分别为

$$C_1 = \frac{1}{2}a_1^2 , \quad C_2 = \frac{1}{2}ha_2^2 \quad (h \geqslant 1)$$

政府污染削减目标为 $OA = 2\hat{a}$，两个企业的边际污染削减成本分别为

$$\mathrm{MC}_1 = a_1 , \quad \mathrm{MC}_2 = ha_2$$

$$a_1 + a_2 = 2\hat{a} = A$$

图 8.14 中，MC 代表企业污染削减的边际成本；$T$ 代表庇古税；$a$ 代表企业 1 和企业 2 最优污染削减水平；$\hat{a}$ 代表企业 1 和企业 2 均衡的污染削减水平。

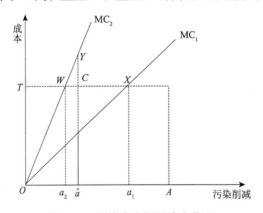

图 8.14　污染者之间的成本分配

环境保护的市场型政策工具的目的是通过利益机制诱导排污者降低污染排放、保护环境。不同的市场型政策，企业污染治理成本差异会导致不同的成本分配效果。表 8.4 是在政府强制下的企业相同减污量和实行许可证交易后的成本分配。

表 8.4　不同市场工具下的企业成本

| 相同减污量 | | | 实行许可证交易后的成本 | | |
| 企业 | 减污量 | 边际成本 | 削减成本 | 减污量 | 减污成本+许可证成本 | 总成本 |
|---|---|---|---|---|---|---|
| 1 | $\hat{a}$ | $\hat{a}$ | $\hat{a}^2/2$ | $2h\hat{a}/(1+h)$ | $2h^2\hat{a}^2/(1+h)^2$ $-2h\hat{a}^2(h-1)/(1+h)^2$ | $2h\hat{a}^2/(1+h)^2$ |
| 2 | $\hat{a}$ | $h\hat{a}$ | $h\hat{a}^2/2$ | $2\hat{a}/(1+h)$ | $2h\hat{a}^2/(1+h)^2$ $+2h\hat{a}^2(h-1)/(1+h)^2$ | $2h^2\hat{a}^2/(1+h)^2$ |

显然，如果采取政府强制下的企业相同减污量分配，则两个企业由于污染削减成本差异，总的污染削减成本为 $(h+1)\hat{a}^2/2$。

如果采用可交易许可证制度，企业 1 由于污染削减效率可能愿意承担更大的污染削减量，但作为回报，应该获得一定数量的补贴或者收益。两个企业根据自己的成本收益决定污染削减量，两个企业的边际污染削减成本分别为 $MC_1=a_1$ 和 $MC_2=ha_2$，如果政府为实现污染治理的单位污染排放价格为 $T$，则企业作为理性的经济行为人，各自的污染削减行为应该符合边际收益等于边际成本的利润最大化的前提。两个企业的污染削减还必须满足条件 $a_1+a_2=2\hat{a}$，则由于污染削减成本差异，企业 1 和企业 2 的支出之差为 $a_2WXa_1$，如果采用排污许可证交易，两个企业具有相同的市场谈判力量，则许可交易支出为面积 $a_2WXa_1$ 的一半。

效率改进的前提是企业根据自己的成本收益决定自己的污染削减目标和购买排污许可数量。实现整体效率的前提是边际收益等于边际成本，则低效率的企业可以通过购买排污许可而降低污染削减成本，如果两个企业具有相同的市场谈判能力，则排污交易收益可以在两个企业之间进行平均分配，考虑排污权交易收益后的企业 1 与企业 2 的污染削减和排污权交易成本分别为

$$2h^2\hat{a}^2/(1+h)^2-2h\hat{a}^2(h-1)/(1+h)^2$$
$$2h\hat{a}^2/(1+h)^2+2h\hat{a}^2(h-1)/(1+h)^2$$

其中，两个企业的成本总和为 $2h\hat{a}^2/(1+h)^2$，从而实行许可证交易后的成本节约为 $2h\hat{a}^2(h-1)^2/(1+h)^2$（表 8.4）。节约的污染削减成本的数量取决于减污成本的非均衡性。

## 三、政府环境保护政策与贫困

污染治理政策选择主要涉及三项成本：环境污染成本、污染削减成本和与政策工具选择有关的费用。不同政策工具选择导致的成本分配会影响就业、租金、利润和税收的分配。成本分配包括多个维度，不但包括成本在资本所有者与劳动者之间的分配，或者是富人与穷人之间的分配，而且包括在一代人与另一代人之间的分配，或者是穷国与富国之间的分配。

可持续发展具有非常清楚的代际公平的含义。事实上，可持续性一直被定义为代际

公平的某种形式。可持续性包括总资本存量应至少保持在一定的水平上，以确保后代人能具有同当代人一样的发展能力。环境资本是这种存量中重要的一部分，因为它提供生命支持功能，使合理的生活质量得以实现；换句话说，它使生命得以存在和延续。因此，可持续发展首先应关注国家间的不公平问题。有观点认为，富国在穷国共谋保护自然资源资产，只是因为这些资产对富国具有效用。根据这种观点，不但是该资产产生的效益主要在穷国的外部，而且这种保护也排除了穷国通过使用该资产而得到发展的可能性。热带雨林为富国产生了存在价值和选择价值方面的效益，但是这些价值并不会变成穷国的现金流量，而穷国还可能存在着其他发展选择，如果富国的自然资源贸易的需求方式鼓励了这些资源在穷国的非可持续性的管理，那么这种需求模式会损害未来的发展前景，这些前景是基于发展中国家自然资源的比较优势而具备的。因此，国家间的不公平（代内不公平）是同发展中国家的可持续发展相关联的。在这一前提下，国家间的不公平在某种政策环境下，可能会加剧非可持续性的发展。换句话说，不但可持续性会影响公平性，而且不公平性也会影响可持续性。

其次，可持续发展更应该关注政府环境政策的不同群体间的分配效果。由于穷人比富人更加依赖自然资源，如果他们没有可能得到其他资源的话，他们或许会更快地消耗自然资源。所以，一国内部的不公平性可能会助长非可持续性，这是贫困与环境关系的假设前提；而且，由于穷人直接依赖于自然资产，退化了的环境会加速他们的贫困程度，这种环境与贫困之间的循环关系及贫困问题本身远比一般人所想象的复杂和普遍得多。一般来说，越是贫困的地区，其对自然资源与环境的依赖度越高。世界上最贫困的人们直接依赖自然资源以获取他们必需的食物、能源、水和收入，如果草地退化了，牲畜就会受到影响，而收入也会因此损失；如果森林被砍伐，薪柴就会变得稀缺；如果土壤受到侵蚀，农作物的产量就会因此下降。

贫困群体对于自然资源和环境的依赖性更强，环境退化，贫困人口是首当其冲的受害者，他们从自身利益出发，理性地对环境保护给予更高关注。如果没有政府不当环境政策的引导，他们将是可持续发展的维护者。环境服务与舒适是奢侈品，政府环境政策会引起环境服务供应或改进的出现一个消极的效果。政府环境产品定价太低，会导致环境产品的过度消费；同时，政府环境产品定价过低，也会造成对于低收入人群环境贡献补偿不足，从而造成环境服务供给能力低下。

政府对于环境责任的不当分配，更加剧了环境恶化与贫困之间的恶性循环。经济发展差异，发达地区产业结构升级导致落后的产能向环境政策相对宽松的落后地区转移，政府的不作为加剧了不发达地区的环境恶化，经济发展短期目标严重威胁不发达地区的经济可持续发展。同时，由于企业相对于消费者而言，处于更强的市场谈判单位，必须考虑政府环境政策的排污者与受害者之间的成本分配效果。

但是，贫困是导致环境退化的原因吗？很难将贫困的影响从人口增长的影响中区分出来。人口增长可以加剧贫困，同时也是贫困的一个后果。因为很多家庭通过生育孩子作为一种长期的保障，通过社区向生态脆弱地区或市区边缘地带的扩张，人口增长又同环境退化问题紧紧相连。

关于贫困和环境变化的关系，必须从短期和长期不同的时段来看。通常引起争议的论点是通过经济增长摆脱贫困的过程会在短期内使环境退化，但从长期来看，高收入可以使个人和国家有可能创造一个更好的环境，这样的过程大概可以通过工业化经济的经济发展史加以描述。最初农业生产的扩大通常伴随着环境损失，如森林覆盖率降低；而工业化过程则伴随着污染所带来的各种问题，一旦工业化过程完成，工业化经济就开始恢复环境或控制环境问题，这正是环境库兹涅茨曲线假说描述的场景。在全球 7 亿贫困人口中，约有 2.5 亿人生活在可以通过施用化肥和使用现代科技使农业生产条件得以改善的区域；从这个意义上来说，生态系统的脆弱性可以被资金投入所替代，大约 3.5 亿人所生活的区域，由于气候和土质的缘故，属于或者是替代非常困难，或者是替代不可行的地区；剩下的 1 亿最贫困的人口生活在城区的边缘地带，缺乏必备的卫生条件和基础设施，经常面临很大的威胁。

最贫困的人口生活在世界上恢复能力最低、环境破坏最严重的地区，对压力和冲击的低恢复能力意味着任何外部事件。例如，气候变化的发生都可能促使穷人采取使环境进一步退化的行动，当贫困人口生活在生态脆弱地区并通过强化使用有限资源，即通过砍伐森林和过度放牧等作用于环境时，上述情况就会发生。这并不是说贫困是环境退化的全部原因，它只是一种机制，在这种机制下，真正的深层次原因转化成使环境退化的行动。换句话说，贫困本身并不一定必然导致环境退化，它取决于贫困人口拥有多大的选择余地以及他们对外界压力和刺激的反应方式，然而由于时间限度的短暂加上可行的选择极少，贫困又剥夺了穷人做出反应并采取行动的能力。

只有两种反应可能发生，他们可能通过使用免费的公共财产或开放资源试图补充稀缺的资源或者他们可能一起移向城市地区，耗尽资源的结果是导致农村环境的退化。移居城市的后果是退化形式的一种转化，也就是从农村环境的退化转化到城市环境的退化。贫困通常与恶劣的健康条件相联系，使得穷人借助体力对外界因素的反应能力进一步削弱，贫困与文盲相结合也是问题的一个部分，因为文盲同样会削弱个人对外界压力的反应能力，贫困的所有表现形式使得无法将贫困同其他导致环境退化的深层次因素分开。

## ■ 参考文献

珀曼 R，马越，麦吉利夫雷 J，等. 2002. 自然资源与环境经济学. 2版. 侯元兆，张涛，李智勇，等译. 北京：中国经济出版社.

Weitzman M L. 1974. Prices vs. quantities. The Review of Economic Studies，41（4）：477-491.

# 第九章

# 自然资源的资产化管理挑战

增长并不等于发展。随着经济的快速增长，人类面临的资源与环境问题日益突出。即使经济高增长，如果自然资本减少，则总资本也可能为零甚至负值，经济和社会就不可能持续增长。所以，人类发展的角度应扩展到广义的发展价值观，即发展要强调经济与社会、人类与自然的和谐发展，没有和谐发展就无法实现可持续发展。由于传统经济核算的缺陷逐渐暴露出来，为了适应现今人类发展观和价值观的改进，将资源、环境、社会进步等包括在核算体制内，这就要求引进自然资源与环境的核算。当今全球都面临着可持续发展这一宏大命题，人们十分关注这一问题的科学解决。自然资源是人类社会文明的基本必需条件，是社会经济持续发展不可替代的重要物质基础，决定着可持续发展的进程。为此，本章在对自然资源核算提出的背景、发展历程及核算意义进行介绍的基础上，着重阐述自然资源核算的内容、程序和方法。目前在我国学术界和政策界中流行的绿色 GDP 核算便是其典型代表。

## ■ 第一节　自然资本与经济增长

长期以来，物质资本是主流经济学研究的起点和终点，物质资本形成是经济发展的约束条件和决定性因素。史上诸国不论是东方还是西方，不论是滨海还是内陆，都出现了一些极为成功的致富案例，然而时过境迁，它们的经验很难照搬到全球化、一体化日盛的现代世界。有关经济增长的理论研究，无论是方法还是内容，都在持续深化。

### 一、古典经济增长研究

在这一时期，亚当·斯密、李嘉图、马尔萨斯是主要的代表人物。与新古典经济理论不同，经济增长和发展是以亚当·斯密为旗手的古典经济理论更为关注的问题，而前者则以资源配置为核心议题。李嘉图、马尔萨斯对经济增长同样有着重要的思想贡献，在我们今天所研究的现代增长理论中，时常可以发现他们当年的思想光辉。

亚当·斯密写于 1776 年的《国富论》是一部划时代的巨著。在此，他将增长论和劳动论视为密不可分的整体，认为一国的经济增长总是取决于就业数量的增加和劳动生产率的提高。资本积累可以扩大资本存量，这将有助于提高劳动就业数量，更快的经济增长因而可能实现。同时，劳动分工也在不断深化，由此将进一步引致劳动生产率的增长。财富的创造最终要靠劳动，因分工而提高的劳动生产率和生产劳动在全部劳动中所占比例，这两者共同决定了经济增长的速度。规模化的分工，需要积累一定的资本作为基础，换言之，资本积累决定劳动分工能否发生及其所能达到的细密程度，而分工则又决定国民收入的增长速度。根据这个思路进行分析，在促进经济增长中，资本积累和资本形成是厥功至伟的关键因素。亚当·斯密断言，要想增加国民财富，其终极途径离不开两条：一是生产性劳动者的数量要增加；二是劳动者的生产率要提高。要实现前者，则必然要增加总工资，为此就要增加资本；对于后者而言，则需要投入资本来改良生产设备，增加先进的机械和器具，而做到这些也离不开先前资本的积累。所以，扩大再生产，无论是外延式的还是内涵式的，其基础都是资本的积累与投放。

在产业部门的差异上，亚当·斯密创造性地提出，农业部门之所以出现劳动生产率低于工业部门的现象，是因为该部门的劳动分工程度远不及工业部门。由于分工和专业化，资本积累的作用变得不可替代。他说，"资本的不同用途，对国民产业量及土地和劳动的年产物量，会直接发生不同的影响"。他还认为，资本的产业投向遵循一定的"自然顺序"。他在著作中写道，任何事物的发展都有其自然趋势，这一点对于每个处于发展中社会的资本来说也毫不例外，"首先是农业，其次是工业，最后是国外贸易"。他相信，人们的投资行为在一切拥有领土的社会都有着高度的相似性，这种极其自然的秩序总是在左右着资本的流动方向。"总是先开垦了一些土地才能建立很多城镇；正是城镇里那些粗糙的制造业的持续经营，才使人们投身于国外贸易"。

李嘉图在研究中对有形资本的积累情有独钟，他认为这才是经济增长的主要驱动力。在《政治经济学及赋税原理》中，他指出，资本主义要积累资本和发展生产，则需要保证一定的利润率。他认为，自然禀赋（如土地等）是固定的，人口的增长会导致食品价格上涨，从而推动工资成本上升、利润率下降，这样一来就会降低企业追加投资的激励。只要工业部门长期的工资成本不上升，则投资的利润率就不会下降，此时企业的利润可以持续地用于再投资，从而有望实现生产和就业的持续增长。但是，事实上自然禀赋（如土地等）总是相对固定的，所以人口的增加不可避免地导致食品价格上涨，从而推动工资成本上升、利润率下降，以致降低追加投资的激励。这种固定的土地资源禀赋制约工业化发展的机制也被称为"李嘉图陷阱"。因此，经济增长过程不但是工业部门的发展，而且关乎农业部门的发展。在亚当·斯密增长理论的基础上，李嘉图对收入分配和对外贸易进行重点研究，他认为，劳动力的多少、分工的细密程度及劳动生产率水平都是由资本数量及其积累状况所决定的。资本家在消费后，其净收入的剩余部分是否追加投入生产之中，以及在生产中追加投入多少，这是关系经济增长的主要因素。

　　与亚当·斯密强调增进劳动分工和资本积累促进增长不同，李嘉图更为关注的是导致经济增长停滞的原因，因此他将经济分析重心转向收入分配理论。在国民财富是什么的问题上，李嘉图与亚当·斯密的观点接近，都将其与一国商品生产物总量等量齐观；对于财富和价值，李嘉图进行了深入的分析，并且相信两者存在本质的差异。前者由商品的多少决定，而后者则与商品生产时所耗费的劳动有关。提高劳动生产率，其成效是可以成倍地增加商品的数量，也就是财富，但同时却使单位商品的价值下降，因为包含于其中的劳动有所减少。基于这种分析，要想同时增加财富和价值，我们可以增加劳动量，这样劳动量和商品数量都实现增加；如果只想增加财富而不考虑价值，则可以在劳动量不变的情况下提高劳动生产率。提高劳动者效率是李嘉图经济增长的最主要源泉。

　　在李嘉图看来，如果一国在资本增长的同时使人口保持同比例增长，土地收益递减的趋势并不能通过技术进步来弥补，那么该国的经济发展前景难言乐观，但也有例外，即开放其经济，通过国际贸易使其财富和人口实现持续增加。利用世界市场，可以在一个规模更大的空间里，运用市场机制进行资源的调丰补缺，便可以消除本国内市场规模狭小而引致的种种不利经济发展的障碍。在国家间自由贸易的条件下，土地资源衰减就不再是不可克服的困难。李嘉图认为，经济增长过程是利益转移的过程，增长问题必然与分配问题相联系。经济发展所带来的变化将是深刻的，不但会使需求结构、产业结构发生重组，而且要素的配置不同使得价格也不再一成不变，进而影响整个的利益分配格局，社会利益集团之间的关系和力量对比也会因此而与之前大异其趣。李嘉图主张从利益关系入手，通过调整利益分配来促进经济增长，这就要求对市场现状进行改变。财富不取决于价值，而取决于产品数量。由于边际生产递减，在收益递减到一定程度后，经济增长也会趋于停止。鉴于人口的增长和土地质量的下降都会导致边际收益递减，需要对有限产出下的收入分配问题给予足够的关注。

　　李嘉图的以上观点具有重要的理论意义，直至今日，还被不少研究当代经济增长的理论流派奉为圭臬。亚当·斯密在研究增长理论时，对资源约束问题有所忽视，没有对人口压力进行深入分析，但李嘉图关注到这一问题并否定资源的无限供给可能，这显然是难能可贵的。此外，国际贸易对一国经济增长到底有哪些利弊，国际分工在整个经济增长机制中到底起到何种作用，李嘉图对此也进行了不遗余力且卓有成效的研究，这对于当时的诸国发挥自身优势，突破某些要素短缺的制约无疑起到理论上拨乱反正的作用。否则，只着眼于国内的封闭市场，要素优势便无从发挥，国民财富的增长势必受到极大的限制。最后，李嘉图指出社会财富与积累之间的交互关系，指出积累源于社会财富，同时又反过来导致社会财富的增加，这对理论界和社会公众都有一定的启示意义。

　　在 1848 年发表的《政治经济学原理》中，穆勒认为劳动、资本和自然资源是社会生产的三要素，人口增长、资本增加、技术进步是经济增长的源泉。长期来看，资本投资的利润率会不可避免地趋于下降，人口和资本也将不再增长，但生产技术和人类自身仍将持续发展，到那个时候，经济增长将会进入"静止状态"。

马尔萨斯从人口的角度重新审视经济增长理论，在其代表作《人口原则》和《政治经济学原理》中提出"马尔萨斯人口论"。人类的性本能决定人口以几何级数增长，若不加以控制，每 25 年可增加一倍；因土地有限而导致的报酬递减规律，食物只能以算术级数增长；人口受生活资料的制约，在缺乏有效控制的条件下，随生活资料的增加而增加。因人口增长速度快于食物供应的增长速度，随时间推移，人口将超过食物的供给量，而食物不足会引起贫困、恶习等，故人口与食物间的不平衡总是通过抑制人口增长而加以改善。他提出两类抑制人口增长的方法：道德抑制与积极抑制。前者是指人们通过晚婚、独身、节育来控制出生率；如果人们未能通过道德抑制控制住人口增长，则恶习、贫困、战争、疾病、瘟疫、供水等各种形式的积极抑制，将会使人口减少，以达到人口增长与食物供应间的平衡，但积极抑制方法是十分残酷的。虽然作为精确的人口增长与食物增长的比例关系缺乏充足的事实根据，也没有认识到社会与科技进步给人们的生育观及食物供应水平所带来的巨大影响，但马尔萨斯人口论是近代人口学诞生的标志。该理论存在的问题很多，特别是，人类必须控制人口的增长，否则，贫穷将是人类不可改变的命运。他还提出让渡利润论和第三者理论，即存在由地主、官僚和牧师等组成的"第三者"，他们只买不卖，才支付资本家的利润，避免社会消费不足而导致的生产过剩的危机。在他看来，人口的增长总是快于生活资料的增加，前者遵循的是几何级数而后者顶多只是算术级数，如果以人均的概念来度量，则产出和生活资料都无法持续增加。人口的压力是持续的，到了一定程度的时候，这种压力势必会导致社会发展中的灾难性后果。

## 二、马克思经济增长理论

经济增长是马克思在建构其理论体系时重点考察的内容之一，对经济增长因素的分析成为马克思理论体系的重要组成部分。在分析劳动生产力的变动时，马克思对经济增长因素给予充分的考虑。决定劳动生产力的诸因素，往往也是决定经济增长的因素，如劳动者的素质、科技水平、生产组织形式、规模经济和资源条件等。在马克思看来，自然生产效率受土地等自然条件的影响。经济增长离不开资本积累，特别是在工业化的初级阶段，推动这种粗放的经济增长，首先要依赖资本积累。资本家是资本的人格化，为了追求剩余价值，他们会不断地积累资本以扩大生产，这也是资本主义生产方式的必然规律。新的技术应用于生产之中，对提高劳动生产率起到极大的促进作用，从而能够持续地促进经济增长。在分析经济增长的实现条件时，马克思综合运用他的系统理论，如劳动、剩余价值和资本积累、再生产和流通理论等，以对资本主义经济增长的性质进行阐述。

马克思认为，资本是能够"带来剩余价值的价值"。在马克思主义经济学者们看来，投入商品生产中的固定资产、流动资产及资金都是资本。从本质上来说，资本是劳动的积累。当资本家将一部分剩余价值转化为资本时，便有了资本积累。马克思认为，为了获取更多的剩余价值，同时提高自身的竞争力，资本家不会消费全部的剩余价值，而是将其一部分以资本的形式投入下一轮生产中，雇佣更多的劳动力，以实现扩大生产规模的目的。资本在使用中的数量和效率是经济增长的决定性因素。资本积累是资本主义制度的内在要求，在积累财富的同时，贫困也同时积累起来。马克思说，"社会的财富即执行职能的资本越大，它的增长的规模和能力越大"，这样的结果就是无产阶级的绝对数量及他们所拥有的劳动生产力也就越大，整个产业的后备军就变得日益庞大。"可供支配的劳动力同资本的膨胀力一样，是由同样原因发展起来的。因此，产业后备军的相对量和财富的力量一同增长"。剩余价值是资本主义生产的目的，再生产扩大的同时就是剩余的扩大。社会总资本的配置遵循一定的规律，在生产和消费两大部门间以及两大部门内部，资本都会按照一定的比例进行分配。马克思认为，生产资料与消费资料是社会总产品的两种实物形态，不变资本、可变资本与剩余价值是社会总产品的三种价值形态，实物形态和价值形态的社会总产品都会保持一定的运动，这种运动是社会总资本运动的前提和出发点。

在《资本论》中，马克思将产业资本的循环分解为生产过程和流通过程两个阶段，指出二者的有机统一构成完整的产业资本循环。生产过程可以分为购买、生产和售卖三个环节，与其相对应，产业资本在三个环节中有不同的职能形式，即货币资本、生产资本及商品资本。资本首先以货币形态购买生产资料，其次生产出商品，再次在流通过程中出售，最后和增值部分一起回到货币形态。这种循环运动周而复始，以持续不断地实现货币资本的增值。在这个过程中，起着关键作用的是货币资本，它是另外两种职能资本（即生产资本与商品资本）得以实现的基础。货币资本在起始阶段"表现为资本预付的形式"，再转化为生产资本和商品资本，最后实现增值回收，在生产的过程中创造剩余价值，在销售阶段实现剩余价值。

## 三、资本积累与经济增长

### （一）资本的内涵演进

随着社会和经济的发展，作为经济学基本概念的资本，其内涵也在持续地丰富和完善之中。不同的经济学流派、不同的经济学者基于不同的研究目的和研究主题，会产生不同的研究成果，从而对资本的范畴也常常有不同的理解。正因为此，给资本下一个确切的、能揭示其各个方面本质属性的定义并非易事。目前为止，还没有哪一个经济学家能够为资本下一个具体明确、兼顾各方、为人们普遍接受的定义。

与欧洲资本的原始积累时期相同步的，是重商主义思想。在重商主义者眼里，货币是唯一的财富，财富的源泉在于贸易，唯有贸易才能积累货币财富，形成商业资本。商业资本被认为决定性地支配着产业资本。威廉·配第作为古典政治经济学创始人，对重商主义者的看法并不苟同，他认为货币只是一般的财富，社会财富还有其他的存在形式。货币进入流通渠道，则具有资本的属性。在《赋税论》中，他深刻分析税收与国民财富及国家经济实力之间的关系。他认为如果税收是来自从事生产和贸易活动并且因此给社会增加物质财富的人，那么会导致社会财富的减少；正确的做法是对不生产任何物质财富或者是不生产有社会实际价值物品的人征税，再把这些征税的收入通过国家向前一类人进行转移，以用于有价值物品的生产，这样会增加全社会的财富。税收可以作为政府的一个有效工具，用以激励大家去竭尽所能地增加社会财富。

作为古典政治经济学派的重要代表，法国重农学派的开山鼻祖弗朗斯瓦·魁奈开创性地对资本与货币进行区别，揭开资本研究的序幕。魁奈在《人口论》中指出，财富是人口增长的决定因素，有效地积累并正确地使用财富是至关重要的。要创造财富，必须是用自己已有的财富，或者是借助他人的财富才可实现。有了财富，人们才可以去消费，各种需求才有被满足的可能。资本只是物质资料，以供农业生产之用，生产资本尤其如此。货币并非真正的财富，它不能直接用于生产，也不能直接满足人们的生活所需，充其量只是获得这些物质资料的手段。从本质上来讲，资本就是农业生产中用到的物质资料，其数量就是预付到土地上的这些物质资料的量。财富若用于维持人的日常生活，其就是消费性财富；若用于生产财富，那么就是生产资料。由于当时小农经济在法国占有重要地位，工业发展相对落后，故魁奈认为是农业创造了社会的各种财富；而货币本身不是财富，只是一种流通手段；工业附属于农业，因为它的作用只是对现有的农产品进行一些加工；对外贸易也无法创造社会财富，它只是一种交易形式，在这个过程中实现农产品及其加工品的等价交换。

对于经济发展来说，物质资本的形成是客观的约束条件和决定性因素。在亚当·斯密看来，资本具有两重意义：一是作为保留起来的资财，以获得未来收入。一个人"所有的资财，如足够维持他数月或数年的生活。他自然希望这笔资财中有一大部分可以提供收入"。因此，他所保留的只是适当的一部分，作为维持未来一段时间生活的保障，而其他的部分会用来进行取得收益的投资。这样，理性的人会谨慎地安排他的财富，一般都会分成两部分。"资本与消费"。二是作为价值手段，以占有工人创造的利润。亚当·斯密认为，"资本已经在个别人手中积聚起来，当然就有一些人为了从劳动生产物的售卖或劳动对原材料增加的价值上得到一种利润，便把资本投在劳动人民身上，以原材料与生活资料供给他们，叫他们劳作"。对于劳动者来说，他们所创造的价值会被分为两个部分，他们自己的工资占了其中的一个部分，剩下的则被雇主拿走，这一部分就是投资的利润，是对雇主垫付原材料和工资活动的报酬。

在《政治经济学及赋税原理》中，李嘉图指出：土地、资本和劳动等要素，其产出的边际报酬都是递减的，这将使得一国的经济增长最终陷入停滞。如果没有技术进步抵消土地报酬递减效应，随着主要生活资料谷物价格的不断提高，货币工资也随之提高，必然导致利润率下降。利润率的持续下降使得资本家资本积累的动机和动力消失，储蓄和资本积累完全停止，社会将进入简单再生产的静止状态。对于资本积累来说，保持一定水平的利润率是完全必要的。

### （二）资本积累的经济增长效应

Solow（1956）认为，经济增长研究至少应该追溯到亚当·斯密的《国富论》。亚当·斯密很早就提出，一国国民财富增长的源泉在于劳动分工、资本积累和技术进步。生产劳动的条件取决于前期资本积累的数量，资本量则是在上一年收获的谷物中用于雇佣生产劳动的谷物数量。因此，资本的唯一形式就是那些以谷物形式存在的工资基金。国民收入中用于雇佣劳动的部分所占的比例越大，国民财富增长率越高。亚当·斯密认为，"资本增长的直接原因是节约而非勤劳"。他在《国富论》一书中分析了资本积累和资本配置对经济增长的影响。亚当·斯密认为，国民产出的增长主要取决于两个方面：一是资本积累；二是资本配置。资本积累决定社会劳动分工，从而决定国民收入的增长，所以经济增长的最重要因素是资本积累。亚当·斯密所说的资本，不但包括工具，如材料、机器设备、厂房等物质资本，而且包括"社会上一切人民学到的有用才能"，即人力资本。

《国富论》问世以来，如何实现持续的经济增长始终是困扰经济学家和政治家的一大难题。随着经济发展环境的复杂化，这种困扰在当代尤为突出。在人类有文字记录的文明史上，很长时期内普通人的生活水准并没有出现极大的提高，这背后的原因有两个：一是缺少突出的技术进步；二是资本的积累还不够。资本投入对经济增长有着举足轻重的作用。当资本向一个部门增加投入时，该部门的收入会增加，同时其他相关的国民经济部门的有效需求也会得到刺激，从而使得这些部门的收入增加。这会引起一种连锁反应，总产出的最终增长将会是最初那笔投资的若干倍，这种连锁反应带来的就是投资的乘数效应。

### （三）新古典资本与经济增长理论

社会的生产活动，一部分用以生产直接消费品，另一部分则用来生产可提升生产效能的物质资本，如机器、工具和交通器材等，这样，资本形成便开始了。这一过程的实质，是从现有的资源中将一部分抽调出来，变成存量资本品，为的是提高生产能力，从而在未来生产出更多的可消费产品（纳克斯，1960）。资本形成就是对未来生产能力的投资。萨缪尔森和诺德豪斯（1992）也指出，设备、房屋和存货等社会实际资本，由于资本形成或"净投资"而实现净增长。新古典经济增长理论有着共同的基础，却又有着不一样的建树。在 20 世纪中后期的三十年里，新古典综合派以索洛为代表的经济学家们创建了新古典经济增长模型，而另一些人（如卡尔多等）则独树一帜地创建了新剑桥学派经济增长模型。

罗斯托（1990）在他对经济增长分析的史学回顾中，提出一个核心命题，认为经济增长一直建立在这样或者那样的某种形式的普遍等式或者生产方程之上，他说，不论是休谟的经济短文，还是亚当·斯密的《国富论》，还是新古典经济增长模型，事实上都可以用 Adelman（1958）提出的公式进行概括，一国的经济增长能力可以归纳为

$$Y_t = F\left(K_t, N_t, L_t, A_t, S_t\right)$$

其中，$K_t$、$N_t$、$L_t$ 分别代表资本存量、自然资本和劳动投入；$A_t$ 代表知识或者技术水平；$S_t$ 代表社会文化安排，或者社会能力。这个普遍的等式包括经济增长的直接和基本原因。罗斯托（1990）考察西方国家由封建社会向现代化的发展过程，从经济史的角度研究经济增长，认为增长源自储蓄，只要能够把国民收入的 15%~20%从消费转化为可用于投资的储蓄，经济的增长水平就会大大提高。库兹涅茨（1989）以大量翔实的数据来支持其对经济增长的研究成果，认为对于经济增长来说，先进技术所提供的只是潜在的可能，要想真正发挥作用，需要充分地利用人类在历史中积累的宝贵文明成果，这还有赖于制度和意识形态的配合。

### （四）内生经济增长理论

20 世纪 80 年代以来，经济增长理论研究取得了长足发展，建立和发展了以外在收益递增与知识外溢为典型特征的内生经济增长理论。内生经济增长理论认为，资本、知识在积累过程中会产生正外部性，这些正外部性会带来非递减报酬。美国经济学家 Romer（1986）、Lucas（1988）把规模收益递增和内生技术进步引入新古典模型，提出了新经济增长理论。经济增长的动力来自一些作为内生变量的因素，包括技术进步、人力资本及知识等。从另外一个角度来看，这其实是对资本概念的一种扩展，除了物质资本之外，知识资本与人力资本的积累都属于资本积累的内容，在经济增长中同样起着极其重要的作用。

Romer（1986）指出，在追求利润最大化的动机下，知识或技术成为厂商物质资本投入的副产品，知识或技术具有溢出效应。内生经济增长理论认为，技术进步的溢出效应使得总量生产函数表现出规模报酬递增特征。基于 Arrow（1962）的"干中学"（learning by doing）理论，Romer（1986）提出技术进步是私人厂商投资于研究活动而产生的新知识，Lucas（1988）则认为技术进步是教育部门进行人力资本投资的结果。知识或技术溢出导致社会均衡的增长率高于竞争均衡增长率。Romer（1986，1990）的知识溢出模型和研究开发模型及 Lucas（1988）的人力资本溢出模型，是内生经济增长理论的主要成果。从外生增长到内生增长，近几十年来的现代经济增长理论不断演进，这个过程同时也是新古典增长理论逐步向经济发展理论融合的过程。内生技术变化因素（如知识、人力资本等）在经济增长模式中得到肯定，要素收益由递减假定向递增假定演化，这更真实地反映现代经济增长的实际。资本收益率在满足某些条件时，可以增长或者不变，按人均来计算的生产水平可以实现无限的增长。

经济增长的动力来自知识和人力资本。当增加投资时，厂商的知识存量也会提高，而增加的知识存量又会对其他的厂商产生积极的影响，即具有外溢效应。边干边学使得厂商的知识水平持续提高，进而影响到整个行业。新知识作为投资和生产的副产品持续积累，使得资本的收益出现递增，经济的增长得以持续。Arrow（1962）指出新古典经济增长理论存在的局限性，认为在资本积累的过程中出现超出预期的副产品，这就是技术进步。技术进步不只是发生在某一厂商的内部，由于这种非竞争性的知识具有外部性，通过学习，其他厂商也可以受益，故技术进步在经济系统中是重要的内生变量。他的"干中学"理论认为，社会的技术进步率最终取决于外生的人口增长率。

厂商为了追求利润最大化，在发展研究领域有意识加大投资，使知识得到开发和积累，这是经济增长的动力所在。创新所取得的知识具有一定的排他性，在一段时间内为开发者独占，从而为其带来一定的市场垄断地位。垄断所带来的超额利润，为持续创新提供动力。竞争对手为了改变这一局面，势必也要加大开发的力度，通过相互之间的竞争，确保了这种创新过程的持续，经济增长也就得以持续。马歇尔（1980）在《经济学原理》中指出，经济增长受资本家的投资行为和企业家的经营管理活动所促进。罗斯托在其早期关于经济增长的研究中，对西方国家从传统的封建社会向现代化演进的历史过程从经济史的角度进行了深入考察，他认为把国民收入储存起来进行投资是非常必要的，这个比例如果能达到 15%~20%，经济增长率就会迅速提高。库兹涅茨（1989）指出，制度的调整有助于人类的创新活动，从而使得先进技术不只是一种潜能，而是在促进经济增长中发挥实实在在的作用。

许多经济学家和经济史学家试图回答的最主要问题如下：为什么普罗米修斯式增长发生在资源禀赋比较富裕的地理区位（Lal，2008）。人和环境的关系是古人们经常探讨的问题。在中国古代的哲学思想中，道家对此进行过深入剖析。老子、庄子都认为，人是自然的一部分，"天地者，万物之父母也"，倡导天人合一、道法自然，强调人类与自然和谐共处。马克思主义者则普遍认为，生产力的发展离不开自然环境，人类的生产活动有赖于自然，自然环境自身也有生产力，被人力正确利用之后可以和社会生产力一起成为相互作用的统一体。人类社会发展到今天，越来越认识到自然环境的重要性，各个国家和国际组织对此达成了高度的共识。在 1974 年召开于墨西哥的讨论会上，联合国环境规划署及联合国贸易和发展会议联合提出了新的环境管理理念，指出发展是为了满足人类的需要，不应超过生物圈的承载能力。

## 四、环境资产与经济发展

### （一）土地资本与经济发展

土地在经济发展中的作用，自古典经济学开始就是经济学研究的主要问题。威廉·配第提出"土地为财富之母，而劳动则为财富之父和能动的要素"的观点。配第指出，对于社会生产来说，劳动和土地是不可缺少的两个条件，人力和自然的结合是创造社会财富的基础。此后，马克思在论述资本主义剩余价值的产生时指出："劳动力和土地"是"形成财富的两个原始要素"，是"一切财富的源泉"。恩格斯认为，"其实劳动和自然界一起才是一切财富的源泉"，因为自然界能够为劳动提供所需的材料，而劳动则能够把这些材料变为财富。马克思所说的"劳动力和土地"，恩格斯所说的"劳动和自然界一起"是提供"一切财富的源泉"，是对资源的最深刻解释。这里，劳动广义上包含了一切社会、经济和技术因素，可统称为社会资源。

古典经济学家认为自然资源是决定社会经济增长和人民生活水平的关键性因素。土地的供应对经济发展产生制约和支配作用，从而决定着人们生活水平的长期发展前景，这是整个古典政治经济学一以贯之的思想。Malthus（1798）在《人口原理》中提出，由于土地获得的限制，如果土地投入表现出报酬递减趋势，经济最终的宿命是进入稳定状态，增长只是间歇的昙花一现的历史特征。他认为，土地的供给是不变的，所以并不能为人口持续的正增长趋势提供长期的支撑。因此，从长期来看，人们的生活水平最终会下降到勉强维持生计的标准。凭着最低标准的收入，人口的再生产只能维持在与其相对应的水平上，整个经济进入稳态。

李嘉图进一步发展了马尔萨斯的稳态理念，他在《政治经济学及赋税原理》一书中具体论述了经济发展的稳态思想。该研究以能够获得小块不同质量土地的假设替代了马尔萨斯不变土地供给假定，提出农业可以通过影响内涵和外延增加产出。理论上讲，农业通过在一块给定的土地上进行更加集约化的耕作，或者通过外延扩张，如开垦更多的荒地来增大产出。然而土地投入的报酬递减特征，会使"经济剩余"被地租及土地的其他报酬所吞噬，经济的发展也因此而丧失其动力并最终走向稳态。

在自然资源对经济发展作用几何的问题上，穆勒与其前辈们相比有更开阔的视野。在穆勒的著作中，可以看到古典经济学关于经济发展的资源贡献的完整论述。穆勒的著作更普遍地承认知识增长和技术进步对农业及制造业的作用。那个时代的英国，人均产出在增加而不是下降。这部分得归功于通过殖民开拓而获得的大片新土地，同时由于矿物燃料得到持续开发、技术的进步使农业生产对资源的依赖有所减轻，在这种情况下经济能够以更快的速度发展。于是，虽然土地报酬递减趋势仍然存在，但经济却能够达到相对较高水平的物质繁荣的稳态。对此，穆勒在他的著作中写道，随着生活技能的提高、资本的持续积累，土地的潜力还有着巨大的开发空间。

19世纪70年代一系列主要著作的发表形成了新古典经济学派，并拉开了代替古典经济学的序幕。在古典经济学家们的眼里，价值是由劳动决定的，劳动力通过其产出得到了直接或间接的体现，马克思在他的著作中多次提到了这些观点。新古典经济学家们则认为，价值由交换决定，反映的是产品的成本和人们对它的偏好。在新古典经济学发展时期，经济活动增长研究被大大忽略。直到20世纪，第二次世界大战前后工业化国家出现大规模的经济萧条，这又为约翰·凯恩斯的收入产出决定理论提供了基础。随着凯恩斯主义的兴起，人们对经济增长理论的关注再次被激发，一批学术成果相继涌现，土地、资本及经济增长成为这些成果中反复论述的内容。

### （二）环境资产与经济增长

对于自然资源与经济发展的关系的认识，始于马尔萨斯的人口论。"马尔萨斯陷阱"的提出是基于对人口增长将会快于生活资料增长的判断，"食物为人类生存所必需"，加之"两性间的情欲"使得人口的自然繁殖往往过度，所以马尔萨斯认为人类永远不会"完善"或"至善"，人类社会的发展始终受到人口与资源间矛盾的制约。Jones等（1993）区分斯密式增长和普罗米修斯式增长，认为劳动分工、专业化、贸易可以提高生产率，但最终回报递减而使得前者不可持续，而后者是技术进步和创新的产物，才是真正可持续的增长方式。

随着人们对环境问题的认识日益深化，人们逐步认识到环境也是一种资源，其开发利用能够给拥有者带来经济价值。环境资产化就是把环境看作生产要素，在其投入社会的再生产、提供服务的同时，必须获得资产收益或合理的生产要素收入分配。在经济学中，环境被看作能够提供一系列服务的复合性资产。环境是一项特殊的资产，因为它提供了维持我们生存的生命支持系统。同其他资产一样，我们需要避免对这项资产的不恰当估值，这样它不但能够给我们带来美学上的愉悦，而且可以继续提供维持生命的服务（图9.1）。

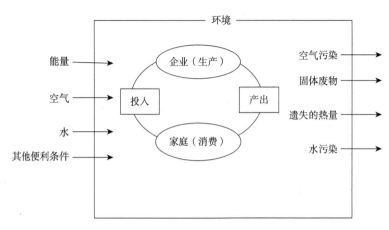

图 9.1 经济系统与环境

把地球看作封闭系统具有非常重要的意义，这在热力学第一定律中可以概括如下：能量和物质既不能创造也不能被消灭。这意味着从环境流向经济系统的大量材料或者在经济系统中累积以来，或者以废弃物的形式返回环境。当积累过程停止时，流入系统的材料从数量上来看与流入环境的废弃物的量相等。过多的废弃物当然会使环境资产价值降低，当超过自然的吸纳能力时，废弃物污染造成环境所提供服务的减少。

同时，热力学第二定律也限定了人之于环境的关系。热力学第二定律意味着从一种能量到另一种能量间的转换，并不存在着完全有效率的转化，而且能量的消耗是一个不可逆转的过程。转化过程中总要失去一些能量，而其余能量在使用之后，也就不能进一步用于工作。热力学第二定律还意味着如果没有新的能量输入的话，任何一个封闭的系统一定会最终消耗尽所有的能量。

能量是生命所必需的，能量一旦消失，生命也就不复存在。环境资产化管理包括环境资产的产权管理、经营管理和收益管理等，其目标是资产性环境的保值与增值，使环境资产收益最大化。环境价值理论是环境资产化管理的基础。环境价值是货币化了的环境承载能力，一般是指货币化了的环境质量。

环境经济学理论认为，环境的总经济价值包含多种价值成分，可分为两个部分：使用价值或有用性价值（可进一步分为直接使用价值、间接使用价值和选择价值等）；非使用价值或内在价值。对人类生产和消费的贡献来说，主要包括：①环境容量价值。环境容量价值主要是由环境以其同化、扩散、储存人类排放的污染物和为人类提供娱乐功能的作用而为人类服务而产生的。②选择价值。选择价值是由人们为了保护环境，以便将来利用的支付愿望而产生的。③存在价值。存在价值是由人们对某一环境资源存在的支付愿望而产生的。

环境资源具有天然性，最初是由于自然因素形成的。同时，环境资源并非完全天然，其中许多已受人类活动参与的影响。在环境资源的价值构成中，既包括自然作用，也包括人类劳动，因此，环境资本是由自然资本和人造资本共同构成的。

## 第二节　自然资源资产核算的内涵

### 一、资产评估的理论基础

#### （一）资产评估的必要性

资产评估就是根据特定的评估目的和评估对象的特点，遵循一定的原则、程序，采用适当的评估方法对评估对象进行价值评定和估计的一种动态化、市场化的社会经济活动。当人类的劳动成果从物物交换转变为以货币为媒介的交换时，便产生了商品经济。早期的商品经济是以交换劳动成果为主的。随着社会分工的不断细化，以及生产资料私有制的形成和社会化大生产的发展，土地、资本、设备、技术等生产的必要条件，必须通过市场机制来进行分配，这时就产生了对进入市场的生产要素进行定价的客观要求，但是资产评估成为社会分工中的一个专业性行业，则是现代市场经济的产物，同时也与产权理论的发展有密切联系。

首先，随着现代商品经济的发展，生产要素流动、组合的市场化程度日益提高，大大发展了资产业务。从资产所有权的组合、变动来看，不同所有者的合资、合作和联营，企业兼并、合并和分设，企业租赁、出售及实行股份制等，使得资产流动日趋社会化；从资金流动的角度来看，融资租赁、抵押贷款、发行债券等普遍发展，使资产业务与信用紧密结合；从生产要素的再生产角度来看，不但要考虑生产要素的购置和按历史成本收回的过程，而且要考虑物价变动与无形损耗所导致的重置成本的变化，同时还需考虑财产保险的问题。此外，不动产的买卖、租赁，企业的破产、清算等，是进一步拓宽资产业务的需要。资产业务的社会化、多样化、普遍化对资产评估的技术与法规提出了较高的要求，从而使资产评估得到了相对独立的发展，成为一个不同于财务会计的专门行业。

其次，随着现代产权理论的发展，生产要素与产权在市场上流动、组合，不但局限于所有者之间，或所有者与使用者之间，而且存在于不同占有者与使用者之间，这大大扩大了对资产评估业务的需求。

最后，为维护公平的市场等竞争，促进经济社会发展，不仅有形资产需要评估作价，从而促进资产流动和市场配置；日益发展的无形资产市场，使得无形资产的评估正日益成为资产评估中的重要内容。

#### （二）资产价值的决定因素

资产计量标准，亦称资产计量基准，包括资产计量时间标准和空间标准。从时间上考虑，包括"过去"、"现在"和"未来"三种状态；从空间上看，则可分为"购买"和"销售"两种市场。资产计量标准所要讨论的正是在特定情况下应该以什么"时间"和什么"地点"条件下的价值对资产进行计量。根据前述的三种状态和两种市场条件的组合，就会出现六种最基本的资产计量标准，由于"过去销售价值"标准的实际应用价值甚微，故一般不予考虑。资产计量的基本标准如表 9.1 所示。

表 9.1 资产计量的基本标准

| 资产成交时间 | 购买市场<br>（投入价值） | 销售市场<br>（产出价值） |
| --- | --- | --- |
| 过去 | 历史成本价值 | |
| 现在 | 现实重置成本价值 | 现行销售价值 |
| 未来 | 未来折现成本价值 | 可能实现净值 |

资产的价值是由什么决定的？按照马克思主义的经济学原理，资产价值是由其生产过程中所花费的社会必要劳动时间决定的；如果从价值和使用价值的关系来考虑，资产的价值应取决于它的服务潜力，即资产使用者的未来预期收益。尽管预期效益受多种因素制约，但不可否认的是，预期收益更多地取决于资产所有者的主观判断和估计。因此，不可避免地导致资产价值的绝对性和相对性双重属性。

资产价值表现出绝对性，即绝对价值。货币作为价值尺度和交换媒介，是资产价值的天然尺度，但资产的价值最终是由其生产过程中所耗费的社会必要劳动时间决定的。因此，资产价值存在一个相对固定的货币数量标准。从这种意义上讲，资产价值应该是客观和绝对的，故称为资产价值的绝对性。

同时，资产价值具有相对性：由于资源同时具有数量、质量、空间和时间四个维度特征，即使在同一时间、地点，由于使用目的的差异，而具有不同的价值，更由于资产的价值，可由为其所有者服务的潜在能力和预期收益所决定。所以，相同的资产对于不同的所有者也会表现出不同的价值，即相对价值。

资产价值具有绝对性与相对性的二重属性表明：资产价值不能一概而论，而应对具体问题做具体分析。在资产评估工作中，应该根据资产评估的目的和特定的资产所有者及该资产在未来的效用等因素区别不同情况，分别核定资产价值。资产评估，既要考虑资产价值的绝对性和客观标准，又要充分考虑到评估目的、资产所有者等因素，以便保证资产的评估价值对于各有关方面的可接受性。对于资产评估的初步结果，应根据资产价值的绝对性标准进行衡量和做必要修正，以此保证评估结果的可检验性。

## 二、自然资源核算的背景与现实意义

### （一）自然资源核算的背景

从广义讲，资源包括自然资源、人力资源和其他一切具有潜在的社会经济效益的资源；从狭义讲，资源特指自然资源。资源是指自然界及人类社会中一切能为人类形成资财的要素。按照《辞海》中的释义，资源是一切"资财的来源。一般指自然的财源"，因此，资源一词又称"财源"。从这一点出发，资源可区别为两个范畴：一是自然界赋予的自然资源，如土地、水、气候、矿藏、森林、渔业资源等；二是人类社会、经济、技术因素产生的资源。至于经过人类开发利用和改造的自然资源，如已开垦利用的土地等，因为附加了人为因素，一般应具有双重性，但人们仍然统称这类资源为自然资源。资财的来源或财源是资源最为一般的释义。

在现代经济学中，不同的经济学科对资源的内涵和外延有着不同的理解。对一般经济学而言，其根本问题就是研究资源在整个社会不同方面和不同时期得以最优配置的可能性与手段。这里所说的资源是指有限的、具有使用价值的物质要素。所以，一般经济学常把资源称作经济资源，并将其分为自然资源和社会资源。前者包括土地资源、气候资源、水资源、矿产资源、生物资源和环境资源等，后者则包括人力资源、技术资源、信息与管理资源等。人们通常把资源称为生产资源，认为一切产品都是由各种生产资源配合而成的，并把资源分为土地、劳动、资本和管理四大类，叫作生产的四大要素。在这个资源范畴之中，自然物和自然力、劳动力、生产资料（种子、化肥、饲料、机械）等一切生产投入要素均称为资源。

随着人口、资源、环境问题的产生与发展，以及资源和环境经济学体系的不断完善，资源和环境经济学逐渐形成了特定的有关资源的概念。美国著名资源经济学家兰德尔认为："资源是由人发现的有用途和有价值的物质。自然状态的未加工过的资源可被输入生产过程，变成有价值的物质，或者也可以直接进入消费过程给人们以舒适而产生价值。"1972 年联合国环境规划署对资源的解释是"在一定时间、地点的条件下能够产生经济价值，以提高人类当前和未来福利的自然环境因素和条件"。由此可见，资源和环境经济学对资源的理解强调以下几个方面：①资源是被人类所发现，有用并有价值的物质。②资源是一个动态的概念，包括时间、空间、数量和质量四个维度。随着信息、技术和相对稀缺性的变化，以前没有价值的物质也可能变成资源。③尽管人类通过资源、资本、技术和劳动结合起来生产出的物质含有资源的成分，或具有资源的某些特征，但这些物质不能称为资源，即强调资源物质的原始性或自然性。因而资源和环境经济学中的资源一般是指我们通常讲的自然资源。

### （二）自然资源核算的现实意义

自然资源核算缘起于传统国民经济核算体系（System of National Accounts，SNA）的缺陷。现行的国际通用的 SNA 是 20 世纪中期发展起来的，其目的是提供经济性能指标和政策分析的相关数据，是一个分析经济增长趋势的系统方法。同时，SNA 还是经济活动监测、宏观经济分析和经济政策制定的基础。SNA 在资源环境问题尚未影响人的生活质量和威胁社会经济可持续发展的年代，无疑发挥了巨大作用。

随着经济的飞速发展和人口的高速增长，环境污染、生态破坏、能源危机、粮食短缺等资源环境问题日益突出，它们不仅严重地削弱生活福利，甚至威胁人类的生存，在这种情况下，依然沿用原有的 SNA 来度量经济发展状况显然是不合理的。原有的 SNA 必须进行改进，其主要原因是传统的 SNA 存在致命的缺陷：①仅记录人造资本的消耗，很少或没有考虑自然资源的投入及环境问题；②没有将自然资源作为国民财富加以核算；③将环境治理费用加进 GNP 中，而环境破坏带来的损失未从 GNP 中扣除。这些缺点突出 SNA 的核心总量指标 GDP 和类似的措施不能反映自然资源对经济繁荣的作用。如果不认识清楚，这些疏漏会对现在和将来的经济可持续发展产生负面作用。

1993 年联合国会同世界银行与国际货币基金组织在总结各国实践的基础上提出一个系统核算环境资源存量和资本流量的卫星体系：综合环境经济核算体系（System of Environment and Economic Accounting，SEEA）。SEEA 提出后，世界银行等国际组织积极推动在墨西哥、博茨瓦纳、巴布亚新几内亚、泰国、菲律宾等国的试点。一些发达国家（如美国、日本等）均按照 SEEA 的思路，对本国地下资源进行核算，编制出较为完整的 SEEA 实例体系。印度尼西亚于 1996 年完成本国 1990~1993 年的自然资源环境核算账户，并初步完成核算矩阵的构造及 1990~1993 年的实例估计。

经过联合国和许多国家的研究试算，SEEA 逐渐完善。已经完成修改版的 SEEA 2003，并且已经被联合国、欧盟、国际货币基金、世界银行和经济合作与发展组织 5 个机构接受，成为正式出版物。与传统的 SNA 相比，SEEA 不但将自然资源的使用、环境费用核算的范围、内容予以拓宽（不再仅限于经济资产的界限之内），而且把资源环境综合核算的有关概念、定义、分类和表式同 SNA 常规的经济账户联系起来，扩大了 SNA 的分析功能；既可以将核心账户中没有反映的资源环境内容在附属账户中给予充分反映，又可以使 SNA 核心账户的结构保持相对稳定，有利于历史对比。具体而言，表现在如下两个方面。

1. 为自然资源的合理开发和保护提供基础信息

通常对自然资源的核算，既要进行实物量核算，又要进行价值量核算，同时包括质量核算。自然资源的实物量核算不但反映出自然资源数量的增加或减少，而且反映出社会经济发展对自然资源的需求状况以及下一周期自然资源的供需矛盾。自然资源的价值量核算不但可以用货币指标来反映自然资源存量的变化，而且可以与国民经济核算指标联系起来，反映出自然资源对社会经济发展的保障程度。自然资源的质量核算则更是直接反映出自然资源质量变化状况。这些信息无疑能帮助我们更有效地开发利用和保护自然资源。

2. 实现可持续发展的必然要求

自然资源是社会经济发展的物质基础，然而以 GDP 为核心的传统 SNA 的最大弊端是诱使人们单纯追求经济产值和经济增长速度，而不顾自然资源过度开发，因此造成资源浪费和破坏，不但最终导致自然资源的不断衰竭和生态环境的不断恶化，而且带来社会经济发展的虚假繁荣，甚至对未来社会经济的发展产生严重影响。因此，要全面、客观地分析一国社会经济的真实发展状况和未来发展潜力，不但要对经济发展情况进行评估，而且要对资源环境价值进行测算，消除这种由于消耗资源、环境而带来的国民经济的虚假增长。这就需要在一个通用结构中分析资源环境与经济问题，把经济信息与资源环境信息融合在一起，而这些资源环境信息就需要通过对自然资源的核算而获得。由此可见，自然资源的核算对全面、客观评价社会经济发展状况及未来发展潜力是极其重要的。

可持续发展战略提出发展是多重目标的发展，是协调和持久的发展，是包括经济、社会、环境和制度等各方面的协调发展。联合国环境与发展会议通过的《21 世纪议程》第一部分第 8 章"为可持续发展制定政策"中就指出："应在所有国家中建立环境与经济一体化体系，应发掘更好的方法，用来计量自然资源的价值，以及由环境提供的其他贡献的价值，GNP 和产值核算应予扩充，以适应环境与经济一体化的核算体系，从而补充传统的 GNP 和产值核算的方法。"可以看出对资源环境进行核算是可持续发展战略的必然要求，通过对自然资源的核算，把资源环境信息导入 SNA，将经济与资源环境结合起来度量国家社会经济发展的可持续性。

## 三、国外 SNA 的发展

### （一）SNA 的缘起

自然资源核算是指对一定时间和空间内的自然资源，在合理估价的基础上，从实物、价值和质量等方面，测算其总量和结构变化并反映其平衡状况的工作。最初的 SNA，后改译为国民账户体系，是 1953 年的 SNA（以下简称 SNA 1953）。现行的国际通用的 SNA 是 20 世纪中期发展起来的，其目的是提供经济性能指标和政策分析的相关数据，是一个分析经济增长趋势的系统方法；同时，SNA 还是经济活动监测、宏观经济分析和经济政策制定的基础。随着市场经济飞速发展，特别是新经济的产生、经济全球化的加剧，国民经济核算面临诸多新问题，SNA 面临不断更新和发展的要求，先后出现了 SNA 1953、SNA 1968、SNA 1993 和 SNA 2008 版本（李金华，2016）。

SNA 在资源环境问题尚未影响人的生活质量和威胁社会经济可持续发展的年代，无疑发挥了巨大作用。

随着国际上"国民经济核算应当反映资源环境因素"这一观点日益成为共识，一个如何进行自然资源与环境综合核算并将其纳入 SNA 的实际操作问题已摆到议事日程。在 20 世纪 80 年代 SNA 修订工作开展的时候，经过有关国际专家的认真探索和研究，提出了国民经济核算附属账户——综合环境和经济核算，这一结果同时反映在 1992 年里约热内卢召开的联合国环境与发展会议中。在大会通过的《21 世纪议程》主体文件中明确规定，为了实现人类社会经济的可持续发展，"主要目标为扩大现有国民经济核算体系，将环境和社会因素纳入该体系，至少所有会员国的核算体系应包括附属自然资源核算制度"。

### （二）SNA 发展历程

#### 1. SEEA1993

根据李金华（2015）在"联合国环境经济核算体系的发展脉络与历史贡献"的研究，为推动各国国民经济核算，促进全球统计成果的国际对比的发展，联合国统计委员会曾单独或联合欧盟委员会、世界银行、国际货币基金组织等机构向世界各国推荐过四大核算体系：SNA、物质产品平衡表体系（System of Material Product Balances，MPS）、社会和人口统计体系（System of Social Demographic Statistics，SSDS）和 SEEA，用以指导世界各国的经济核算、社会核算和环境核算活动。四大核算体系为协调各国的核算实践，推动统计和经济分析数据的国际对比发挥了不可替代的重要作用。1993 年联合国会同世界银行和国际货币基金组织在总结各国实践的基础上提出一个系统核算环境资源存量和资本流量的卫星体系，即 SEEA。

1972 年，联合国人类环境会议在瑞典首都斯德哥尔摩召开，环境问题、可持续发展问题开始受到全球关注。同年的 12 月 15 日，联合国大会决定成立环境规划署。1973 年 1 月，联合国环境规划署正式成立。联合国环境规划署的成立，有力地推动了全球环境发展和环境保护工作。1987 年，世界环境与发展委员会出版《我们共同的未来》报告，其中阐发了挪威前首相格罗·哈莱姆.布伦特兰（Gro Harlem Brundtland）的可持续发展概念和观点，即既能满足当代人的需求，又不损害子孙后代满足其需求能力的发展，基本内容包括社会结构、经济增长、自然资源、生态环境、国家主权等。环境、环境与经济、环境的测度、环境与经济关系的测度的现实需求，催生了 SEEA 的发展，即 SEEA 1993——缘起构想、SEEA 2000——操作应用、SEEA 2003——框架初成和 SEEA 2012——体系成型。

1992 年 6 月，在里约热内卢召开的联合国环境与发展会议上发表的《21 世纪议程》提出：联合国要建立综合环境和经济核算体系，加强各国间现有的技术合作机制，推动环境经济核算方面的经验交流，向各成员国提供必要的技术支持，以确保综合环境和经济账户的应用。在以上系列活动的基础上，1993 年联合国经济社会信息和政策分析部统计处发布了《国民核算手册：综合环境和经济核算（临时版本）》，即 SEEA 1993。

国际上关于自然资源核算的探索始于 20 世纪 70 年代。1978 年挪威率先开展了自然资源与环境核算的实践活动，形成了挪威国家统计局和能源委员会联合颁布的《挪威自然资源核算》。随后，芬兰、荷兰、法国等欧洲国家的统计部门开展了本国自然资源与环境核算。20 世纪 90 年代，墨西哥、日本、美国、印度尼西亚等欧洲之外的国家也相继进行资源环境核算的探索和实践。在这些国家研究和实践的基础上，联合国统计署于 1993 年构建了 SEEA，即 SEEA 1993，以此作为 SNA 1993 附属的卫星核算账户。SEEA 1993 一经发布，即把国民经济核算的资产边界扩大到了自然资源和环境，成为自然资源与环境核算的重要依据。SEEA 体系将资源资产纳入 SNA 体系，构建了资源核算与 SNA 之间的有效链接，并尝试改变和增加环保支出，加大资源耗减、环境退化成本等项目，以对 GDP 及国内净产值（net domestic product，NDP）进行有效调整。

国际上对于环境经济核算的学术研究和学术讨论，主要围绕 1993 年联合国提出的 SEEA 进行。1993 年的目标如下：作为 SNA 1993 的附属体系，为环境经济核算体系提供一个概念基础，描述自然环境与经济的相互关系，将常用的经济账户与环境自然资源账户联系起来，进而通过一个综合信息系统支持国际社会的社会经济和环境政策。SEEA 1993 共六章。第 1 章论述环境与经济的关系、环境经济核算体系的范围；第 2 章是 SNA 与环境活动的分解，如流量账户、非金融账户的分解等；第 3 章是实物核算，包括物质能量平衡表和实物账户等；第 4 章是虚拟环境成本的核算，如按市场价值计算的虚拟环境成果、维护成本方法等；第 5 章是环境经济核算体系的可能扩展，包括住户活动、环境服务、内部环境保护活动的外部化、投入产出分析等；第 6 章是国家环境经济核算的实施问题等。SEEA 1993 首次构建了一个将环境经济问题联系起来进行测度分析的框架，整合了自然资源和环境领域不同学派的核算方法；它将自然资源账户等诸多要素纳入既有的国民核算体系，以便建立更全面、完整的数据体系（李金华，2015）。

随着人类活动对环境体系及其功能的影响加剧，处于不同经济发展阶段的国家都面临着环境退化和资源衰竭的问题，如果不从系统、定量和结构上了解环境与经济的关系，就无法确切了解经济活动在哪些方面给环境造成危害，以及如何才能消除这些危害。于是，在联合国统计委员会指导下，联合国环境规划署成立了"内罗毕小组"进行 SEEA 的修订。2000 年，联合国经济和社会事务司统计处和环境规划署共同发布了"内罗毕小组"的工作成果——《国民核算手册：综合环境经济核算，一个操作手册》（SEEA 2000）。较之 SEEA 1993，SEEA 2000 向操作实用的层面迈进了一大步。它强调了综合环境经济核算的性质和用途，阐明了国民账户中为什么要包括环境，以及国民账户的调整、SEEA 的目标和结构、实物和货币账户的综合、综合环境经济核算的结果及应用等核心问题。SEEA 2000 还提供了自然资源账户，如森林账户、深耕土地账户、土壤退化账户、可再生水生资源账户、空中排放账户的编制原理，设计了国家实施 SEEA 的政策制度，如经济政策、环境政策、政策的制定者及国家规划元素和环境核算、实验性项目的实施等。努力将 SEEA 推向应用是 SEEA 2000 的一个重大进步。

20 世纪后期，经济活动对全球和当地环境的影响愈发受到关注，人们更加清醒地认识到经济的不断增长和人类福利都依赖于环境提供的服务。环境禀赋问题、污染问题、资源耗减和退化问题、防护问题、可持续发展问题等都受到了前所未有的关注。经联合国统计委员会的批准，联合国、欧盟委员会、国际货币基金组织、经济合作与发展组织、世界银行于 2003 年共同推出了再次修订的环境经济核算体系，即 SEEA 2003。较前一版本的 SEEA 2000，SEEA 2003 更侧重理论建设，论及的主要问题如下：理论基础、框架结构、实物流量账户编制方法、复合流量账户编制方法、与环境有关的经济活动和产品的核算问题、与环境有关的交易的核算、资产账户与自然资源存量的估价、资源账户的编制、环境退化的计量技术、流量账户的环境调整、SEEA 的应用与政策用途等。在形式上，SEEA 2003 基本具备了与 SNA 并行的结构和功能，成为一个相对独立的核算体系。

由于数据的缺乏，以及 SEEA 1993 关于自然资源价值评估问题还不完善，SEEA 2000 被提出并且与 SEEA 1993 相比更具有操作性。后来，联合国统计署与"伦敦小组"于 2003 年发布了 SEEA 2003，这是世界各国环境经济核算体系的参考依据。SEEA 2003 发布后，一些国家在环境经济核算实践方面有了明显进步，但国际社会对环境和环境经济信息的需求持续不减，提出了更高要求。于是，联合国统计委员会于 2005 年成立了联合国环境-经济核算专家委员会，考虑对 SEEA 2003 进行修订。2007 年，联合国统计委员会第 38 次会议正式授权联合国环境-经济核算专家委员会主持 SEEA 2003 的修订。2011 年底，统计委员会第 42 次会议批准通过了 SEEA 的修订版，于次年发布，此即 SEEA 2012。

经过联合国的不断改进，2008 年 SNA 最新版本（SNA 2008）发布，其中明确界定自然资源为非金融、非生产性资产中的有形资产，从而为自然资源资产核算奠定了基础。随后，联合国统计署等国际机构于 2014 年发布了 SEEA 2012，成为当前进行自然资源资产核算最新、最权威的国际规范，其总结了矿产和能源资源、土地资源、土壤资源、木材资源、水生资源、其他生物资源和水资源七种自然资源资产核算的基本原理，形成了对这些资产进行数据处理的算式和表格。

2. 2012 年环境经济核算体系中心框架

SEEA 2012 是国际上第一个环境经济核算体系的统计标准。SEEA 2012 与 SNA 2008 是联合国有关自然资源资产负债表和国家资产负债表编制的权威性标准。SEEA 作为 SNA 的附属卫星核算体系，二者密切相关，内容相互协调。作为环境经济核算的国际统计标准，SEEA 2012 采用在国家统计系统内灵活运用的模块式方法，使之能够符合各国政策背景，具有较强的数据可利用性和可统计性，加大了其适用范围。

SEEA 2012 是"基于二十多年环境核算开发而发布的第一个综合性国际环境核算标准"。联合国前秘书长潘基文在其序言中说："《2012 年环境经济核算体系中心框架》是一部用于理解环境与经济之间交互作用的多目标概念框架。它提供了国际公认的环境经济核算的概念和定义，因此成为收集综合统计数据、开发一致且可比的统计指标、测度可持续发展进程的有力工具……我向所有为支持实现可持续发展目标而进行环境经济核算的国家推荐这部国际标准。"根据《2012 年环境经济核算体系中心框架》，为连贯一致的分析性政策框架提供支持的相似而可靠的数据属于基本要素，为辩论提供依据并为经济与环境之间的相互关系的相关政策提供指导。对经济和环境信息进行整合，需要采用一种跨学科方法。环境经济核算体系中心框架将水资源、矿物、能源、木材、鱼类、土壤、土地和生态系统、污染和废物、生产、消费和积累信息放在单一计量体系中，为每个领域指定一种具体而详细的计量方法，将这些方法全部列入环境经济核算体系中心框架中，以提供一种全面的观点。

虽然环境经济核算体系中心框架为评估国民账户体系资产范围内的可再生和不可再生自然资源及土地提供指导，但它不包含对于国民账户体系已包含价值以外的这些资产和相关流量评估方法的指导。对国民账户体系已包含评估以外的自然资源和土地资产及相关流量的全面评估，仍然是一个未解决问题。在将来修订环境经济核算体系时解决这一问题，有可能为回答诸如环境条例对经济增长、生产率、通货膨胀和就业的影响之类关键问题提供进一步指导。SEEA 2012 是现今环境经济核算理论方法的最新版本，与其前身相比有了重大进步，体现在以下方面。

一是理论依据发生变化，首次被作为一个国际标准在全球推行。这些年间，对 SEEA 2003 的修订基本是依据 SNA 2008 的原则、框架来进行的，这就使得 SEEA 2012 在诸多概念的界定、计算口径、核算方法上较之前几个版本有较大变化。在 SEEA 2003 中被视为环境活动的其他一些经济活动，如利用自然资源和最大限度减轻自然灾害等，不再被视为环境活动。在 SEEA 2012 中，环境核算体系基本经济账户序列包括以下内容（表 9.2）。

**表 9.2　环境核算体系基本经济账户序列**

| 生产账户（在供应使用表中编制） | |
| --- | --- |
| 主要账项 | 产出、中间消耗、固定资本消耗、耗减 |
| 平衡项/总量 | 总增加值、GDP、计入耗减后做出调整的净增加值、计入耗减后做出调整的国内生产净值 |

续表

| 收入分配和使用账户 | |
|---|---|
| 主要账项 | 雇员报酬、税收、补贴、利息、租金、最终消费支出、固定资本消耗、耗减 |
| 平衡项/总量 | 计入耗减后做出调整的净经营盈余、计入耗减 |
| 资本账户 | |
| 主要账项 | 生产资产和非生产资产的取得和处置 |
| 平衡项/总量 | 净贷款/借入 |
| 金融账户 | |
| 主要账项 | 金融资产和负债交易 |
| 平衡项/总量 | 净贷款/借入 |

二是在实物流量、环境活动与交易、环境资产测算的范围方面有重大突破。SEEA 2012 对于环境实物流量的范围更加明确、宽泛，它将所有培育性生物资源、进入受控填埋场的流量、与可再生能源投入相关的流量等均收入框架内，并增列了专门的经济环境实物型供应使用表。同时，它采用 SNA 2008 中关于固定资产退役成本、可转让排放许可的处理及研究与开发支出记录等有关领域的最新研究成果，只认可那些主要目的是减轻或消除环境压力或者更有效利用自然资源的经济活动，也就是仅认可环境保护和资源管理这两类经济活动（表9.3）。

**表 9.3 一般实物型供应使用表**

| 供应表 | | | | | |
|---|---|---|---|---|---|
| | 生产；产生残余 | | 积累 | | |
| | 按行业分列的残余产生情况（包括住户自给性生产）——采用国际标准行业分类分类法 | 住户产生的残余 | 按国际标准行业分类分列的各行业 | 来自世界其他地区的流量 | A. 来自环境的流量（包括残余自然资源） | 自然投入供应总量 |
| 自然投入 | C. 产出（包括出售回收和再使用产品） | | | D. 产品进口 | | 产品供应总量 |
| 产品 | H₁. 各行业产生的残余（包括残余自然资源）<br>I₂. 处理之后产生的残余<br>K₂. 受控填埋地点的排放 | J. 住户最终消费产生的残余 | K₁. 生产资产报废和拆除产生的残余 | L. 从世界其他地区接收的残余 | M. 从环境中恢复的残余 | 残余供应总量 |
| 残余 | | | | | |
| 供应总量 | | | | | |
| 使用表 | | | | | |
| | 产品中间消耗；<br>自然投入使用； | 最终消费 | 积累 | 流入世界其他地区的流量 | 进入环境的流量 | 共计 |
| | 残余收集 | 住户 | 按国际标准行业分类分列的各行业 | | | |
| | 按国际标准行业分类分列的各行业 | | | | | |

续表

| 供应表 | | | | | |
|---|---|---|---|---|---|
| | 生产；产生残余 | | 积累 | | |
| 自然投入 | B. 自然投入的开采量<br>B₁. 用于生产的开采量<br>B₂. 残余自然资源 | | | | 自然投入使用总量 |
| 产品 | E. 中间消耗（包括购买回收和再使用产品） | F. 住户最终消费（包括购买回收和再使用产品） | G. 资本形成总额（包括固定资产和存货） | H. 产品出口 | 产品使用总量 |
| 残余 | N. 残余的收集和处理（不包括受控填埋地点的积累） | | O. 受控填埋地点的废物积累 | P. 送往世界其他地区的残余 | Q. 流入环境的残余 | 残余使用总量 |
| | | | | | Q₁. 直接来自行业和住户（包括残余自然资源和填埋场的排放） | |
| | | | | | Q₂. 处理后的残余 | 残余使用总量 |

注：没有按实物流量记录政府最终消费的账项。所有政府间接消费、生产和残余生成，都对照实物型供应使用表第一栏相关行业记录

　　"生态系统服务"描述生态系统对经济和其他人类活动所受惠益的贡献（如所开采的自然资源、碳固存和休闲机会）。相比之下，环境经济核算体系中的环境货物和服务仅包括经济体内的产品流量。环境货物和服务包括专门性服务、关联产品和适用品。同账户和统计所认定的主要类型生产者，是主要活动为生产环境货物和服务的专业生产者。非专业生产者（生产可供销售的环境货物和服务但不以此作为其主要活动）和自给性生产者也被单列出来。

　　经济体对自然投入的使用，与产生这些投入的环境资产存量的变化有关联。环境资产的实物型和价值型资产账户是环境经济核算体系的一个重要特点。环境资产是地球上自然发生的生物和非生物组成部分，共同构成生物物理环境，可为人类带来好处。虽然它们是自然发生的，但很多环境资产因经济活动而发生不同程度的转型。环境经济核算体系从两个角度看待环境资产。SEEA 2012 中心框架侧重为所有经济活动提供物资和空间的各项环境组成成分，包括矿产和能源、木材资源、水资源和土地（表 9.4）。

表 9.4　环境活动分类：类别概览

| 大类 | 小类 |
|---|---|
| 一、环境保护（环保） | 1. 保护周围空气和气候<br>2. 废水管理<br>3. 废物管理<br>4. 保护和补救土壤、地下水和地表水<br>5. 减小噪声和震动（不包括工作场所保护措施）<br>6. 保护生物多样性和景观<br>7. 辐射防护（不包括外部安全）<br>8. 环保研发<br>9. 其他环保活动 |

续表

| 大类 | 小类 |
|------|------|
| 二、资源管理 | 10. 矿产和能源资源管理<br>11. 木材资源管理<br>12. 水生资源管理<br>13. 其他生物资源管理（不包括木材和水生资源）<br>14. 水资源管理<br>15. 资源管理研发活动<br>16. 其他资源管理活动 |

### （三）SNA 的世界发展及其贡献

从 SEEA 1993 到 SEEA 2000、SEEA 2003，再到 SEEA 2012，SEEA 完成了由最初的 SNA 卫星账户的设计构想到相对完善和规范的国际核算标准的演变，初步确立了其与 SNA 并行的核算体系的重要地位。SEEA 最初是作为 SNA 的卫星账户而设计定位的，及至 SEEA 2003，也没有作为国际统计标准正式通过，先前的版本较多地包含了一些国家和地区进行环境核算的实际运用方法，并展示了各国的不同做法。到 SEEA 2012，则形成了相对完整的环境经济核算理论体系，作为国际统计制度或国际统计准则，它具备严谨的概念、范畴、统计分类，明确的核算规则、核算原理，可行的核算方法、计量口径，结构完整，逻辑清晰，形成了一个科学的知识系统。

SEEA 1993 的面世，给世界各国的环境经济核算提供了工具。SEEA 的实践体现在两个方面：一是政府官方的核算行动，用于政府了解国情和制定环境资源保护政策；二是学者的核算行动，用于学术研究和核算理论的修正完善。回溯历史，全球有影响的环境经济核算实践主要如下：1996 年，德国政府编制了 1990 年的联邦德国物质流量账户；芬兰统计局编制了芬兰 1995 年木材和森林产品实物流量表、1991~1995 年全部森林产品的数量与价值表、1995 年木材和森林产品的物质平衡表、1990 年包装物供给和使用表等；丹麦统计局编制了 1990 年丹麦氮流量实物型投入产出表、丹麦 1990 年产品中含氮的供给与使用表；1999 年，欧洲委员会编制了欧洲国家间损害转移表，两年后又编制了欧盟国家物质消费初步估算表；2000 年，英国编制了英国 1998 年土地覆盖和群落生态环境表，1972 年、1980 年和 1994 年英国污染削减与控制的支出账户；2000 年，加拿大统计局编制了 1998 年加拿大按行业分类的环保支出表，次年又编制了 1971~1996 年土地利用变化表；2000 年，瑞典统计局编制了瑞典 1997 年二氧化碳排放与税收表、1993~1998 年瑞典环境税表、1991 年若干行业经济贡献和国内污染环境负荷表；2001 年，澳大利亚统计局编制了澳大利亚 1992 年非金融资产存量表，核算了澳大利亚 1992~2000 年不同类别资产的真实增长指数，也核算了澳大利亚 1990~2000 年自然资源耗减和新发现调整的储蓄数据；2000 年，挪威统计局核算了 1985~1996 年挪威石油和天然气开采业资源租金和税收，并核算了 1985~1995 年挪威林业资源租金和税收；2000 年，菲律宾国家统计协调委员会核算了 1996 年若干行业 GDP 份额和总退化成本份额等。

SEEA 丰富和完善了 SNA 理论，拓展了国民经济核算的领域。SEEA 是一个包括经济学、统计学、能源、水文学、林业、渔业、环境科学等多学科知识的理论体系，是它们各自概念和结构相融合的产物。SEEA 作为联合国推荐的核算体系，为世界各国制定适合本国的环境经济核算体系提供了范式。以其为范本，美国、日本、澳大利亚、英国都制定了本国的环境经济核算体系。20 世纪 90 年代初，中国即有学者开始研究环境经济核算理论和方法。国家统计局、国家环保总局（部）等相关部门也十分重视环境经济核算体系的研制工作。现在，中国虽然还没有官方认可和公布的中国环境经济核算体系，但学术版的中国环境经济核算体系已有面世，而且关于环境经济核算体系这一问题的学术研究成果层出不穷，如关于水资源的计量方法，环保投入、环境损失的计量方法，自然资源估价方法，资源耗减值计算方法及资源性资产价值计算方法，等等。观察思考 SEEA 现有的理论体系和演化历史可以预见，SEEA 将作为一个严密的理论体系独立于 SNA，环境经济核算实践也将独立于国民经济核算实践，这是 SEEA 的发展趋势，也是其发展前景。

## 第三节 自然资源核算的方法

### 一、自然资源和核算项目分类

#### （一）自然资源分类

自然资源是人类社会赖以生存和发展的物质基础。自然资源是指在一定的社会经济技术条件下，自然界中一切能够为人类所利用并产生使用价值的、能够提高人类当前和未来福利的自然诸要素总和。因此，自然资源资产是指具有稀缺性及产权明确，并能为人类提供福利且该资源的成本或价值能够可靠计量的自然资源。自然资源是一个动态性的概念。一方面，自然资源包括土地、森林、矿产和水等多种资源，有些潜藏在地下，并且有些资源具有很强的流动性，对这些资源进行具体确认的难度很大；另一方面，随着社会生产力水平的提高与科学技术的进步，部分自然条件可以转换为自然资源，并且自然资源在经济发展中所扮演的角色发生了重大的变化。只有在理论上研究自然资源的分类和属性问题，才能根据不同类别的自然资源的特点建立与资源环境相适应的法律法规，研究制定自然资源档案制度、自然资源许可制度和自然资源有偿使用制度等，探索更加有效的途径来开发、利用和保护自然资源。自然资源分类如表9.5所示。

**表9.5 自然资源分类**

| 序号 | 依据 | 内容 |
|---|---|---|
| 1 | 耗用状况 | 有限资源（含可再生资源和不可再生资源）、无限资源 |
| 2 | 发生方式 | 可再生资源、不可再生资源 |
| 3 | 再生性 | 可再生资源（含生物可再生资源，如鱼、森林等；非生物可再生资源，如土壤、水、大气、潮汐和太阳能等）、不可再生资源（如矿物资源） |
| 4 | 数量变化 | 耗竭性资源（如矿藏资源）、稳定性资源（如土地资源）、流动性资源（包括恒定性资源，如光、水等资源；变动性资源，如森林资源） |

续表

| 序号 | 依据 | 内容 |
|---|---|---|
| 5 | 地理特征 | 矿产资源（地壳）、气候资源（大气圈）、水资源（水圈）、土地资源（地表）、生物资源（生物圈） |
| 6 | 物理形态 | 有形资源（如土地、水体、动植物、矿产等资源）、无形资源（如光、热等资源） |
| 7 | 地理学 | 恒定性资源（如太阳能、风能、原子能、潮汐能、气候和水等资源）、储存性资源（如铜、石油等资源）、临界性资源 |
| 8 | 属性特征 | 国土资源、矿产资源、生物资源、森林资源、农业资源、海洋资源、气候资源、水资源 |

在经济社会不断发展的同时，环境污染、生态破坏等矛盾日益突出，对自然资源的过度开发、不合理利用是这些矛盾的主要根源，导致资源问题成为制约国家经济社会协调发展的重要因素。面对资源环境对社会经济发展的束缚，人们意识到不能再单纯地追求 GDP 的增长速度，资源的利用效率和环境的保护程度都是影响社会发展水平的重要因素。

### （二）核算项目分类

联合国环境规划署对自然资源的定义是，在一定时间和一定条件下，能产生经济效益以提高人类当前和未来福利的自然因素与条件。这个定义拓宽了自然资源的内涵，使自然资源与自然环境的概念几乎等价。作为第一批建立资源环境账户的国家之一，挪威的资源环境核算重点为匮乏能源、渔业资源、森林资源、矿产资源、土地资源、水资源、空气污染物和水污染物的核算。芬兰的资源核算研究主要集中在森林资源和生态系统上。美国联邦政府在 2000 年确认了自然资源资产的分类，包括木材、外大陆架石油和天然气、可出租矿物质（固态）、可出租矿物质（液态）、可定位矿物质、矿物材料、牧草地和电磁频谱。英国自然资源核算账户包括土地、木材，以及已探明、可采、可能的石油和天然气储量。加拿大的自然资源资产主要包括自然资源存量、土地和生态系统三类。其中，自然资源存量包括能量资源、矿产资源和木材资源，而能量资源包括已探明的、可收回的天然气、原油、煤等资源的储量。世界银行把自然资本定义为一个国家的全部环境遗产，通过对各种资源在其使用年限内的"经济租金"进行贴现和加总来估算自然资本的价值。在其发布的《国民财富变化：衡量新千年可持续发展》（2011年）中，自然资源损耗的核算包括能源损耗、矿产资源损耗和森林资源净损耗。联合国等五大机构共同编写的 SEEA 2012 由 7 个账户组成，包括矿产和能源资源、土地资产、土壤资源、木材资源资产、水生资源资产、其他生物资源和水资源资产。

西方国家对自然资源核算的项目分类开展了一系列研究，普遍认为自然资源核算应包括能源和矿产资源、森林资源、土地资源和水资源等项目。这样设置主要出于两点考虑：一是城市化建设需要大量的上述资源，这些资源的合理利用对社会经济发展贡献巨大；二是根据资源利用数据的可获取程度和资源价格核算的难易程度来确定。国外自然资源价值评价方法大致可以归纳为市场法、替代市场法、收益法和成本法。

市场法，又称市场比较法，通过比较相近情况下自然资源的交易价格来确定本地区的自然资源价格，可分为直接比较法和间接比较法。这种方法最简单有效，但是需要有较为发育、活跃的资源市场和可比较的参照物及评估指标。

替代市场法，是指针对不参与市场交易的自然资源，用替代的物品和劳务来确定其价值，如旅行费用法、意愿调查评价法等。

收益法，包括收益倍数法和收益还原法。收益倍数法是较为简单的方法，比较常用的方法是荷兰经济学家詹恩·丁伯根于 20 世纪 30 年代提出的影子价格法，该方法以边际效用价值论为基础，运用数学线性规划来确定自然资本的最优配置价格。但是，影子价格法只能静态反映自然资源的最优配置价格且无法表现资源本身的价值。

收益还原法的基本公式是

$$V = \frac{a}{r}\left[1 - \frac{1}{(1+r)^t}\right]$$

其中，$V$ 代表自然资源价值；$a$ 和 $r$ 分别代表净收益和折现率；$t$ 代表剩余收益年限。

成本法，包括生产成本法、净价法和机会成本法。生产成本法，通过直接或间接的计价方法，根据自然资源价格构成因素和表现形式来确定其价格，可用于矿产资源、土地资源、水资源、森林资源、海洋生物资源和野生生物资源的估价。美国经济学家 R. 雷佩托在机会成本理论的基础上提出净价法来计算可交易的自然资源价格。机会成本法是在无市场价格的前提下，通过估算自然资源的投入成本所牺牲的替代用途收入来确定其价值。

国际组织在自然资源定价方面也取得一些共识。国外普遍认同的 SEEA 是根据 SNA 的附属账户提出的，其核算方法可借鉴 SNA 1993。SNA 1993 建议，在条件允许的前提下，首先选择市场价格法进行资产估价。如果是不能在市场交易的资产，可使用 NPV 法、生产成本法作为次优选择。Serafy 提出使用者成本法也是一种较为常用的估价方法。另外，各个版本的 SEEA 对资源租金的估算提出不同的建议，资源租金测定是否准确，直接影响自然资源核算的准确性。资源租金的核算方法主要包括拨付法和间接推算法。国外学者还对自然资源核算的必要性持肯定的观点，通过研究提出多种核算理论方法，各种方法有其适应性和局限性（表 9.6）。在自然资源核算实践过程中，根据资源核算项目的目标，综合运用资源核算方法，并在此基础上拓展和延伸。

表 9.6  常用资源核算方法比较

| 方法 | 市场法 | 收益法 | 成本法 |
|---|---|---|---|
| 计价尺度 | 市场价格 | 资产未来收益的折现值 | 重置资本 |
| 前提条件 | 资源交易市场发育良好、运行规范 | 政府或者交易双方可确定资源纯收益 | 评估资产与假设的重置资产有可比性，有历史资料 |
| 适用范围 | 以市场为基础的资源资产 | 可以单独计算收益的无形资产 | 特定用途的资源资产（如农用地） |
| 优点 | 易于理解和掌握，反映市场价格变动趋势 | 核算结果容易被供求双方影响 | 更公平合理，使用范围广 |
| 缺点 | 缺少可对比数据，受主观因素影响较大 | 预测难度较大，适用范围小 | 工作量大，不易计算资产未来收益 |

一些发达国家较早开展了自然资源的核算，研究成果显著。1978 年，挪威最早开

始了资源环境核算，其环境账户以国民经济为模型，作为决策者评估能源交替增长的工具。1987 年，挪威统计局和能源委员会提交了《挪威自然资源核算》的研究报告，将自然资源分为实物资源和环境资源两大类。芬兰政府建立的自然资源核算体系框架，涵盖了森林资源核算、环境保护支出费用统计和空气排放调查，随后展开了大范围的环境价值核算研究。欧盟在总结挪威、芬兰两国实践经验的基础上，提出了包括环境账户的国民经济核算矩阵。1985 年，荷兰中央统计局开始进行土地、能源、森林等方面的核算，荷兰是最早提出排放量核算的国家，荷兰的水资源核算主要借鉴了联合国 SEEA 的框架体系和核心范围。1987 年，法国统计和经济研究所发表《法国的自然遗产核算》，1989 年又发布了一系列在国际上有较大影响的研究成果，如《环境核算体系——法国的方法》。1990 年，墨西哥把石油、土地、水、空气、森林纳入环境经济核算范围，率先实现了绿色 GDP。1993 年，美国建立了反映环境信息的资源环境经济整合账户体系。同期，日本开始进行本国 SEEA 的构造性研究，建立了较为完整的 SEEA 实例体系，并给出了 1985 年和 1990 年日本绿色 GDP 的初步估计。澳大利亚在 SEEA 2012 的基础上，结合本国实际情况进行扩展，编制土地账户进行计算。

## 二、核算的程序与方法

### （一）自然资源核算的程序

自然资源核算应主要解决三个问题：一是获得自然资源期初、期末及增减变动量的实物数据；二是在此基础上，按照一定的估价原则及方法确定相应的价值量指标；三是将自然资源核算的结果纳入 SNA 中。因而，通常自然资源核算的程序如下。

（1）界定自然资源核算对象，即对某一地区全部自然资源进行严格界定，如所包括的土地、矿产、水、森林、生物和能源等自然资源。

（2）统计自然资源实物量，内容包括自然资源数量、质量性状及利用状况等。这一过程对自然资源核算具有决定性作用，关系到核算能否顺利进行、核算结果的可信与否。在大多数情况下，自然资源统计已有相当的基础，其数据资料可以直接引用，但需注意其真伪。

（3）绘制自然资源流向及流程图。该图用来直观而形象地反映各类自然资源的增减变化、流入和流出的方向与过程。实际上，其目的在于明确资源增减的原因、数量和利用结构的情况，服务于建立资源核算账户。

（4）自然资源估价，即估定自然资源单位价格并核算其总价值量。这是自然资源核算的关键步骤，也是难点所在，关系到核算的成败。自然资源核算必须建立在对自然资源的合理估价基础之上。

（5）对自然资源进行分类核算。分类核算既包括对其逐类进行实物增减量的计算和流量分析，也包括对其逐类进行价值增减量的计算和流向分析。分类核算是综合核算的基础。

（6）自然资源综合核算，即进行资源价值总量的比较和平衡分析，用以反映资源总量的整体变化情况，同时可反映出自然资源利用的综合效率情况。

（7）进行自然资源质量指数核算。核算自然资源质量指数并用以校正数量核算和价值核算的结果。

（8）将自然资源综合价值量核算结果纳入 SNA 或经济增长的成本效益分析之中，用以改进和完善常规的经济效益分析，使之符合可持续发展和自然资源可持续利用的要求。

### （二）纳入国民经济核算方法

将自然资源核算纳入 SNA 是自然资源核算的最终目的，但对于以何种方式将资源环境因素纳入 SNA 有两种分歧意见：一种意见认为应当将资源环境项目融入国民经济核算 SNA 中；另一种意见则认为应维持现行 SNA，另外再专门设计反映资源环境与经济关系的独立账户体系，作为国民经济核心账户的"卫星账户（体系）"。随着 20 世纪 80 年代后期 SNA 修订工作的开展，上述争议由理论探讨转为具体的操作处理课题，其结果同时反映在联合国1990年 SNA 修订稿和1992年世界环境发展大会上。如本章前文所述，联合国以《21 世纪议程》的文件形式向各国推荐 SEEA。

1. 指标调整

这种方法的思路是对国民经济核算的几个关键性指标（如 GDP、国内生产净值等）做一些调整，将自然资源资产的变化反映在这些指标中。以下为自然资源核算对国民经济核算若干总量指标的调整方案。

（1）自然资源核算对 GDP 的调整。

在国民经济中独立划分一个自然资源部门，将其视为生产部门纳入 SNA，这在GDP 的计算中又多了一个独立的部门，突出表现自然资源部门在 GDP 形成中的地位和作用。与以往相比，GDP 的量是否会发生变化，取决于其他部门的产出结构变动。一般来说，将会增大当期的 GDP，因为资源利用部门是用以往的积累资金去购买未来几年或几十年内消耗的资源。用收入法计算，则：

调整后的 GDP=总产出−中间物质投入+当期自然资源净收益

其中，自然资源净收益=总产出−中间物质投入−服务投入−劳动报酬−固定资产折旧−生产税净额−正常营业盈余。

（2）自然资源核算对国内生产净值的调整。

自然资源消耗的价值表现是以资源折耗形式反映的。因此，自然资源核算对国内生产净值的调整是在调整后的 GDP 基础上减去固定资产折旧，再减去资源折耗，即

调整后的国内生产净值=调整后的 GDP−固定资产折旧−资源折耗

=总产出−中间物质投入−固定资产折旧−资源折耗

+当前自然资源净收益

（3）自然资源核算对资产负债的调整。

资产负债是指一定时点、一定范围内存在的以价值量表现的物质资料、债权债务和其他资产，是国民财富的存量形态。将自然资源纳入资产负债体系，扩大资产负债的构成及总量，对资产负债的期初、期末余额及资产结构都有影响，其主要影响是资产负债的期初、期末余额。

调整后的资产期末余额=资产期初数+资产当期净变化+自然资源资产当期净变化
=资产期初数+资产当期净变化+资源当期净收益
−资源折耗−资源损耗或重估

2. 设立卫星账户

设立卫星账户的好处在于不必对传统的 SNA 进行彻底的调整，并且可以根据需要设立多个卫星账户。这种方法的思路是从传统的 SNA 内部结构入手，认为传统的 SNA 的缺陷在于其在账户结构中没有把人类赖以生存的资源环境作为经济大系统的一个子系统考虑，在现行的经济分析中忽视了资源环境因素，但为了避免对整个体系进行结构上的重组调整，可以通过设立若干个独立的卫星账户来表明资源环境与经济活动之间的相互关系。目前国际上已经有许多国家建立了卫星账户，本章主要介绍挪威的资源环境实物核算账户和芬兰的森林资源平衡表账户。

（1）挪威的资源环境实物核算账户。

挪威是最早开始自然资源统计核算体系编制的国家。1970 年挪威中央统计局就编制出了森林账户，1974 年编制了渔业账户。1974 年挪威环境部着手建立挪威资源核算体系，于 1978 年编制和出版了石油、矿物、水力、土地使用、大气和水污染物的账户，并出版了自然资源和环境状况与变化的年度报告，该报告包括"资源账户与分析"。1981 年，首次公布并出版了"自然资源核算"数据、报告和刊物。20 世纪 80 年代中期，挪威统计局采用实物量指标首次编制了自然资源核算账户，包括能源、矿产、森林、渔业和土地使用等，并于 1987 年公布了"挪威自然资源核算"研究报告。

挪威首先将自然资源分为物质资源和环境资源两大类，在此基础上，对自然资源的核算分别从物质资源核算和环境资源核算两方面进行。物质资源核算包括能源、矿物、渔业资源和森林存量，并包括流动资源——水力；环境资源核算包括土地利用、空气污染及两类水污染物（氮和磷）。挪威物质资源核算账户的设计主要是考虑要与 SNA 相似，以便分析这些物质资源在经济部门中的使用；而环境资源核算账户重点放在污染水平和资源使用的信息资料收集方面。

物质资源核算账户包括储量账户核算、开采转换贸易账户核算和消费核算内在的完整的物质资源核算体系（表 9.7）。这比单独的储量核算更适于资源管理目标，它能清楚地揭示资源环境政策对各部门和最终消费的影响。

**表 9.7 挪威物质资源核算账户的结构**

| 账户类型 | 结构 |
| --- | --- |
| 储量账户 | |
| 期初 | 资源基础储量（开发的、未开发的） |
| | 本期开采量 |
| | 资源基础的调整（新发现的、对已发现资源的再评价） |
| | 储量调整（新技术、开采成本、运输成本、资源价格） |
| 期末 | 自然资源基础（开发的、未开发的） |

续表

| 账户类型 | 结构 |
|---|---|
| 开采转换贸易账户 | |
| 出口账户 | 部门总开采量-采掘部门用掉的资源=净开采量 |
| | 部门进口量-部门出口量=净进口量 |
| | 存量变化 |
| 国内使用量 | 净开采量+净进口量+存量变化 |
| 消费账户 | 国内使用量（最终用途分配、商品） |

资料来源：转引自曲福田（2001）

挪威的环境资源核算侧重于环境质量的核算，由两部分组成：一是排放物的核算，主要核算作为废弃物向大气、水、陆地的排放量；二是状态核算，即核算不同时点的环境状态及期间的环境变化。

（2）芬兰的森林资源平衡表账户。

芬兰森林资源核算采用的是欧盟制定的"欧洲森林核算框架"体系，其主要内容由三部分组成。第一部分：森林资源实物量核算，主要包括森林区域的开发、相关生态状况数据、木材数量、碳化物的凝聚、空气污染和酸雨沉淀状况、人类享受森林资源娱乐方面的信息等。第二部分：森林质量指标，主要包括森林生态系统指标，一些特殊用途指标，娱乐指标，森林变化的数量、价格和质量方面的指数指标等。第三部分：森林资源价值量核算，主要包括木材使用、森林生长和碳化物形成、森林生产、森林生态保护、治理酸雨的成本费用、人们娱乐活动的价值估算、来自森林资源的持续收入等。

为了实施这套森林资源核算体系，芬兰统计局编制了三套平衡表账户：第一套账户是森林供给平衡表，主要包括由于生态生长、自然损失和倒塌引起的木材存量增长的变化的核算。第二套账户是森林资源使用平衡表，主要包括木材砍伐和加工，有木材的中间产品、最终产品、木材废料和废物。第三套账户是总量平衡表，也是利用投入产出表，主要包括森林产业的中间产品、最终产品、木材燃料和废物供给与使用的综合统计（吴优，1998）。

其他一些国家也纷纷建立了本国的卫星账户，如英国统计局开发的资源卫星账户包括石油、天然气、温室气体的排放、森林和水等账户；加拿大的卫星账户包括地下资产和森林账户；德国联邦统计局建立了废水和 $CO_2$ 卫星账户。

# 第四节　中国自然资源资产化管理挑战

## 一、中国自然资源核算发展历程

20 世纪 70 年代开始，各国学者和一些国际组织（如联合国、著名国际研究机构等），以及各国政府一直致力于环境资源核算的理论和实践探索，以构建体现资源环境因素的核算体系。我国的资源核算工作虽然起步相对较晚，但是一直跟踪这一领域的世界前沿研究成果与学术研究的动态和趋势，而且发展较快，成果丰富且引人注目。

早在 1985 年，我国有关科学工作者就对资源价格严重背离其价值的不合理的现实进行了反思和探讨，但是尚未达到对资源展开核算的高度。1987 年，李金昌等翻译了美国世界资源研究所 Repetto 博士的《关于自然资源核算与折旧问题》《挪威的自然资源核算与分析》等研究报告，由此引发了国内有关人士对资源核算的关注。此后，李金昌等又撰写了"实行资源核算与折旧很有必要""资源核算应列入国民经济核算体系""经济发展中的资源空心化现象"等一系列文章，探讨资源核算的意义与重要性，呼吁尽早开展这项工作。1988 年，国务院发展研究中心在福特基金会的资助下，与美国世界资源研究所合作，进行了"自然资源核算及其纳入国民经济核算体系"的课题研究，首次尝试开展了自然资源核算的研究。

1992 年，外交部、国家环保局提出的《关于联合国环境与发展大会的情况及有关对策的报告》中强调支持研究并试行把自然资源和环境纳入 SNA。国家科委、国家计委共同编制的《中国 21 世纪议程》中，在关于制定可持续发展的经济政策方面，强调要进行自然资源核算的研究与试验，建立综合的经济与资源环境核算体系，并分析了将其纳入 SNA 的可能性。

随后，国家统计局、环保局、林业局等有关部门也在自然资源核算方面开展了大量的研究实践工作。2001 年，国家统计局开展自然资源核算工作，重点是试编"全国自然资源实物量表"，包括土地、矿产、森林、水资源四种自然资源。通过编表，可基本搞清这四种自然资源的存量规模和结构状况。"全国自然资源实物量表"兼顾各种自然资源的不同特性，突出了宏观核算的特点。2003 年 8 月，国家统计局、中国林业科学院和海南省统计局、海南省林业厅、北京林业大学经济管理学院等联合研究，初步建立了海南省森林资源与经济综合核算的基本框架，为绿色 GDP 核算积累经验。

以《中国国民经济核算体系（2002）》中的自然资源实物量核算为例，该核算体系根据自然资源的性质，把自然资源分为土地资源、森林资源、矿产资源和水资源，土地资源又分为土地资产和非资产性土地资源，森林资源又分为森林资产和非资产性森林资源，矿产资源又分为矿产资产和非资产性矿产资源，水资源又分为水资产和非资产性水资源。核算的内容包括自然资源期初存量、本期增加量、本期减少量、调整变化量和期末存量，其中，引起本期自然资源增加或减少的因素包括自然因素、经济因素、分类及结构变化等，而影响调整变化量的因素主要考虑科技进步、核算方法变化等。这样，自然资源的实物量核算表就分为五个部分：第一部分反映自然资源在核算期初始的实物存量状况；第二部分反映由于各种因素引起的自然资源物量的增加；第三部分反映由于各种因素引起的自然资源物量的减少；第四部分反映自然资源在核算期内由于科技进步、核算方法改变等因素而引起的增减变化；第五部分反映自然资源在核算期终结的实物存量状况。《中国国民经济核算体系（2002）》附属表：自然资源实物量核算表见表 9.8。

**表 9.8　自然资源实物量核算表**

| 项目 | 土地资源 | | | | 森林资源 | | | | 矿产资源 | | | | 水资源 | | | |
|---|---|---|---|---|---|---|---|---|---|---|---|---|---|---|---|---|
| | 土地资产 | | | 非资产性土地资源 | 森林资产 | | | 非资产性森林资源 | 矿产资产 | | | 非资产性矿产资源 | 水资产 | | | 非资产性水资源 |
| | | | | | | 非培育资产 | | | | | | | 初始利用量 | | | |
| | 农用土地 | 耕地 | 房屋及建筑物占地 | 其他 | | 培育资产 | 人工林 | 天然林 | | 能源矿藏 | 金属矿藏 | 非金属矿藏 | | 地表水 | 地下水 | 重复利用量 | |
| 一、期初存量 | | | | | | | | | | | | | | | | |
| 二、本期增加量 | | | | | | | | | | | | | | | | |
| （一）自然增加 | | | | | | | | | | | | | | | | |
| （二）经济发现 | | | | | | | | | | | | | | | | |
| （三）分类及结构变化引起的增加 | | | | | | | | | | | | | | | | |
| （四）其他因素引起的增加 | | | | | | | | | | | | | | | | |
| 三、本期减少量 | | | | | | | | | | | | | | | | |
| （一）自然减少 | | | | | | | | | | | | | | | | |
| （二）经济使用 | | | | | | | | | | | | | | | | |
| （三）分类及结构变化引起的减少 | | | | | | | | | | | | | | | | |
| （四）其他因素引起的减少 | | | | | | | | | | | | | | | | |
| 四、调整变化量 | | | | | | | | | | | | | | | | |
| （一）技术改进 | | | | | | | | | | | | | | | | |
| （二）改进测算方法 | | | | | | | | | | | | | | | | |
| （三）其他 | | | | | | | | | | | | | | | | |
| 五、期末存量 | | | | | | | | | | | | | | | | |

2004 年，国家统计局和国家环保总局成立绿色 GDP 联合课题小组，研究适合国情的绿色 GDP 核算体系，用以衡量经济发展过程中付出的资源环境代价。该课题小组首先对能源、土地、矿产等自然资源"实物量"的增减情况进行了统计，在经过近一年的共同研究后，提出了初步的中国绿色 SNA 框架，并在 2005 年 3 月至 6 月就框架的一部分在 10 个省市进行了试点。中国国家环保总局和国家统计局 2005 年联合发布了《中国绿色国民经济核算研究报告 2004》，这是中国第一份经环境污染调整的 GDP 核算研究报告，标志着中国绿色国民经济核算研究取得阶段性成果。

2010 年 12 月，中国环保部环境规划院公布了《中国环境经济核算研究报告 2008（公众版）》，此后每年公布核算结果。此外，一些省（区、市）的统计部门在 21 世纪初就已开始尝试进行环境污染、环境损失、环境保护、环境成本的核算，并发布相关成果。中国的环境经济核算活动虽起步较晚，但发展迅速，成绩显著。

十六届三中全会明确提出要"统筹人与自然关系的和谐发展"，"坚持以人为本，树立全面、协调、可持续的发展观，促进经济社会和人的全面发展"，以构建和谐社会。社会经济发展观念的科学提升，充分证明国家对保护环境和实现资源持续利用的重视、决心及优先行动领域。科学发展观把人的发展与人类需求的不断满足同资源消耗、环境的退化、生态的胁迫等联系在一起，强调"自然、经济、社会"复杂关系的整体协调，努力把握人与自然之间的平衡。科学发展观强调通过舆论引导、观念更新、伦理进化、道德感召等人类意识的觉醒，更要通过政府规范、法制约束、社会有序、文化导向等人类活动的有效组织，逐步达到人与人之间关系的调适与公正，以实现人与自然关系的平衡和人与人之间关系的和谐。诸多案例所反映的问题，都在于如何合理配置自然资源，对自然资源的使用施以最佳限制，以确保它们的长期经济价值和生态价值。

2013 年底，十八届三中全会通过的《中共中央关于全面深化改革若干重大问题的决定》提出"自然资源资产负债表"的概念性制度，"探索编制自然资源资产负债表，对领导干部实行自然资源资产离任审计。建立生态环境损害责任终身追究制"。截至2014 年 2 月，至少包括广东、贵州、江西、青海、内蒙古 5 个省区以及重庆、深圳等多市明确将"探索自然资源资产负债表"作为 2014 年政府工作重点。2015 年 9 月 11 日，中共中央审议通过《生态文明体制改革总体方案》，再次提出"探索编制自然资源资产负债表"的任务。2015 年 11 月 17 日，中国政府网对外下发了《国务院办公厅关于印发编制自然资源资产负债表试点方案的通知》。该通知指出，将在国家层面成立编制自然资源资产负债表试点工作指导小组，并在内蒙古自治区呼伦贝尔市、浙江省湖州市、湖南省娄底市、贵州省赤水市、陕西省延安市 5 个试点地区启动编制自然资源资产负债表。其中，赤水市、湖州市率先做出了有益尝试，并取得了阶段性成果。这些工作动态充分表明了国家及各级政府对编制自然资源资产负债表的重视，以及对推进生态文明建设的决心。

2015 年 10 月 26 日，党的十八届五中全会首次将加强生态文明建设写入五年规划。目前我国对自然资源资产的界定还未达成共识，相关的自然资源资产理论框架体系还存在很大缺陷。自然资源资产的界定和分类是"自然资源资产负债表"这一概念性制度的重要前提条件，只有解决自然资源资产的认识模糊问题，清晰界定自然资源资产的视域范围，自然资源资产核算体系和监管体系才能够建立起来。

## 二、中国环境资产化管理价值评估挑战

传统的国民经济核算只注重经济的增长和物质财富的增加，忽视了经济社会发展中自然生态系统为其提供的服务价值，未将环境污染和自然资本的耗损贬值计算在内。随着我国经济的不断发展、生态建设工程的稳步推进，自然资源在国家战略中的地位日益突出。2013 年十八届三中全会首次提出"探索编制自然资源资产负债表"。2015 年《编制自然资源资产负债表试点方案》的推行，正式拉开了学界研究自然资源资产负债相关问题的帷幕，有关自然资源资产负债核算的研究成为学术界研究的重点和热点。政府绩效评价理论为自然资源资产负债表的编制奠定了目标性理论基础。2017 年 6 月 26日审议通过并下发执行的《领导干部自然资源资产离任审计规定（试行）》，是对十八届三中全会中提到的"所有地区政府必须构建生态环境危害责任追查机制，关于领导干部采取离任审计的方式，对其在职期间的管理绩效展开评估"的后续开展工作，这将为建立健全生态文明制度体系提供重要支撑，确保所有干部及领导更为自觉地落实相关资产管控以及生态环保职责，在促进生态文明构建上产生更大的效用。十八届三中全会以

来，我国大力推进生态文明建设，明确提出"把资源消耗、环境损害、生态破坏纳入经济社会发展评价体系，建立反映生态文明要求的目标体系、考核方法、奖惩机制"。目前，国内学者对自然资源资产负债核算的主流观点已初步形成，在自然资源资产负债核算的要素界定、核算的基本思路、核算的实物量向价值量转化方面取得了较为丰硕的研究成果，但整个自然资源资产负债的核算仍缺乏系统的理论基础研究，完整的自然资源资产负债核算体系仍处于探索之中。国家资产负债表是国家治理的重要分析工具，对于编制自然资源资产负债表具有重要的参考价值。自然资源资产负债表作为一个崭新的概念，目前其编制工作面临着理论基础不扎实、资产与负债的界定不清晰、相关概念与内涵不确定及价值化体系不完善等一系列问题（封志明等，2015）。

环境资产化管理反映的是环境的经济属性，其以价值管理为核心，目标是实现环境价值和价值补偿。因此，与传统的环境物质形态管理相比，具有经济管理特点，应以市场机制为主导。同时，环境资产与一般的资产相比，与生态系统和人类生命与生存有密切关系，同时与环境物质形态要素有密切联系，因此，环境资产化管理与一般资产的管理相比具有直接的生态限制特点。环境资产化管理一方面要反映环境资源的经济特性；另一方面必须考虑环境资产的生态要素特性。在国家资产负债中，具有明确所有权、控制权及效益性的资产才能纳入其中（封志明等，2015）。

第一，以市场机制为主导。我国传统的环境管理忽略了调控机制的作用，导致一系列严重的缺陷，表现如下：缺少环境资源市场，缺乏价格信号，环境资源开发、利用和配置的经济合理性缺乏依据，计划存在一定的盲目性；环境资产缺乏流动性，难以实现环境资源的优化配置，难以提高环境资源的使用效率；缺乏激励机制，难以有效地调动节约环境资源、保护环境的积极性。实行环境资产化管理不但是管理观念和方式的变化，而且涉及整个环境管理制度的变化。资产化管理的原理能够形成环境利用的激励机制和约束机制，促使人们节约资源和合理地利用资源，努力提高资源的使用效率，通过公平、公正、公开的市场竞争，实现环境资源的优化配置。运用经济手段调节环境资源的开发和利用，充分发挥市场在配置环境资源过程中的作用。

第二，政府的职能占有重要地位。市场经济不能完全解决环境资产利用中存在的问题。环境资源的共有物品性质，环境资源的稀缺性和利用中的竞争性、环境资源的地域性与分布的不平衡性及环境演变的不可逆性，环境的综合性与整体性，开发利用中的外部性以及环境资产的选择价值和存在价值的市场缺乏，客观上决定了政府在环境资源的资产化管理中的作用。同时，国家作为天然环境资源的公共财产权拥有者代表，必然承担对环境资源的管理的行政职责。我国的经济发展正处于高速起飞阶段，面临的环境问题多而复杂，需要有力的政府管理的法律制度保障。环境资产化管理不但不排斥行政手段，而且需要市场手段和行政手段的有机结合。由于企业逐利性和个人追求生活便利的天性，在缺乏外部监督的情况下，多数企业和个人不会主动付出努力防治污染，环境资产化中强有力的政府干预和推动措施是不可缺少的。行政管理机制作为环境资源和环境功能的分配与再分配机制，是解决全局与局部利益、公众整体与个体利益的利益冲突和协调问题的有力方式。在环境资产化管理中，政府的行政管理主要通过行政强制机制，确立环境资源最低安全标准，使得人类行为对环境的影响控制在一定的损失和不可逆性界限内。同时，通过行政指导、调节机制，提高环境资源利用效率和环境质量。

第三，建立严格的环境物质形态管理。提倡和实行资产化管理并不是取消资源的物质形态管理。事实上，资产化管理必须建立在严格的对环境物质形态的资产管理，即环境要素管理的基础之上。物质形态的环境资源作为环境实物，与环境资产既有区别，又有密切联系。环境实物是环境资产的物质承担者；而环境资产是环境资源的价值化表现形式。两者是环境资源的不同表现形式，其内涵具有一致性。因此，既要将环境要素管理与环境资产管理区分开来，同时又要将两者有机地结合起来，共同实现环境资源管理的目的。

第四，构建环境资产化管理的法律基础。环境资产化管理要求市场机制为主导，环境政策法律应根据环境资产化管理发展要求，完善环境资源产权制度和价格制度，建立公平和合理的环境资源使用原则和调节机制。改革环境保护法律制度，加强环境质量和环境承载能力的法律保护，一方面，环境法在指导思想上从末端治理向清洁生产转变，环境法律的重心也调整到环境问题的全过程控制；另一方面，强化环境污染排放控制制度及其实施，形成有效的达标控制机制，对企业产生强大的"末端控制"实际压力，对企业排污行为的控制形成足够的法律约束和经济刺激。促进环保产业发展的市场需求形成，促进环保市场的形成和发展。

适应环保市场具有很强的专业性的要求，建立环境保护的有关技术规范，统一环保产业标准、市场规范和部门管理，加强环保市场的专业化管理，以促进建立公平有序的环保市场，并规划建设一批国家级和地方的环保技术、产品的集散地。

为了促进现实环保市场的发育，一方面，应加强环境立法，启动环保市场；另一方面，必须完善环境执法及其监督的有关制度，完善环境法律关系主体法律责任追究制度，加强环境执法行为、执法程序规范，提高环境执法的公正性、准确性，减少任意干预，为环保潜在市场转化形成现实的环保市场提供有力保证。

第五，构建环境资产产权管理制度。产权制度是市场发展的基础。一般地，环境资源属于公共资源，空间分布范围广大，流动变化性极强，往往难以界定明晰的私有产权，不能为任何特定的个人或单位所拥有，但却能为任何人所享用、获利；生态价值不能在市场上通过交易实现，权利人对保护它没有兴趣；权利人的单个行为对生态价值的不利影响，一般是难以感觉到的。因此，权利人在行使产权时，经常忽视生态价值，从而导致生态价值的破坏。同时，环境资源具有很强的区域性特点，某个区域环境资源或某个环境要素资源往往可以被区域内优先使用。环境资源的稀缺性要求使用环境资源的经济当事人向其所有者支付使用者成本，但环境资源的所有权、使用权和收益权未有明确的权限划分，一方面会造成环境资源的过度利用；另一方面将环境资产单纯作为经济产业而忽视其生态价值。因此，必须通过法律和政策调控，建立公平和合理的环境资源使用原则和调节机制，促进环境资产化管理的健康发育。另外，环境资源一般都是作为公共资源存在的。在管理环境资源时，需要由政府对使用者征收环境资产使用费或环境税。同时，应该通过明确环境资产的使用权、收益权和处置权，促进可交易的排污权管理制度的发展。

# 参考文献

封志明, 杨艳昭, 陈玥. 2015. 国家资产负债表研究进展及其对自然资源资产负债表编制的启示. 资源科学, 37 (9): 1685-1691.

库兹涅茨 S. 1985. 各国的经济增长. 常勋, 等译. 北京: 商务印书馆.

库兹涅茨 S. 1989. 现代经济增长: 速度、结构与扩展. 戴睿, 易诚, 译. 北京: 北京经济学院出版社.

魁奈 F. 1979. 魁奈经济著作选集. 吴斐丹, 张草纫, 选译. 北京: 商务印书馆.

李嘉图 D. 1962. 政治经济学及赋税原理. 郭大力, 王亚南, 译. 北京: 商务印书馆.

李金华. 2015. 联合国环境经济核算体系的发展脉络与历史贡献. 国外社会科学, (3): 30-38.

李金华. 2016. 联合国国民经济核算体系的源生、发展及学理价值. 国外社会科学, (4): 77-86.

罗斯托 W W. 1990. 富国与穷国. 王一谦, 陈义, 邱志峰, 等译. 北京: 北京大学出版社.

马克思, 恩格斯. 1972. 马克思恩格斯全集 (第29卷). 中共中央马克思恩格斯列宁斯大林著作编译局, 译. 北京: 人民出版社.

马克思, 恩格斯. 1973. 马克思恩格斯全集 (第26卷). 中共中央马克思恩格斯列宁斯大林著作编译局, 译. 北京: 人民出版社.

马歇尔 A. 1980. 经济学原理. 朱志泰, 陈良璧, 译. 北京: 商务印书馆.

纳克斯. 1960. 不发达国家的资本形成问题. 谨斋, 译. 北京: 商务印书馆.

曲福田. 2001. 资源经济学. 北京: 中国农业出版社.

萨缪尔森 P A, 诺德豪斯 W D. 1992. 经济学 (上册). 12版. 高鸿业, 译. 北京: 中国发展出版社.

沈满洪. 2007. 资源与环境经济学. 北京: 中国环境科学出版社.

斯密 A. 1972. 国民财富的性质和原因的研究. 郭大力, 王亚楠, 译. 北京: 商务印书馆.

吴优. 1998. 挪威和芬兰的资源环境核算. 中国统计, (5): 39, 40.

WCED. 1989. 我们共同的未来. 北京: 世界知识出版社.

Adelman I G. 1958. A stochastic analysis of the size distribution of firms. Journal of the American Statistical Association, 284 (53): 893-904.

Arrow K. 1962. The economic implications of learning by doing. Review of Economic Studies, 28 (2): 155-173.

Jones L E, Manuelli R E, Rossi P E. 1993. Optimal taxation in models of endogenous growth. Journal of Political Economy, 101: 485-517.

Lal D. 2008. An indian economic miracle? Cato Journal, 28 (1): 11-34.

Lucas R. 1988. On the mechanics of economic development. Journal of Monetary Economics, 22 (1): 3-42.

Malthus T R. 1798. An Essay on the Principle of Population. London: Johnson.

Romer P. 1986. Increasing returns and long-run growth. Journal of Political Economy, 94 (5): 1002-1037.

Romer P. 1990. Endogenous technological change. Journal of Political Economy, 98（5）: S71-S102.

Solow R M. 1956. A contribution to the theory of economic growth. Quarterly Journal of Economics, 70（1）: 65-94.

# 第 十 章

# 环境价值评估：理论与应用

人类社会经济发展的资源利用与配置，必然考虑自然资源和环境资源的特点，以期获得最多的产品。环境本身是一项资产，环境资产管理包括环境资产的产权管理、经营管理和收益管理等，其目标是资产性环境的保值与增值，使环境资产收益最大化。物质形态的环境资源作为环境实物，与环境资产既有区别，又存有密切联系。环境实物是环境资产的物质承担者；而环境资产是环境资源的价值化表现。两者是环境资源的不同表现形式，其内涵具有一致性。因此，既要将环境要素管理与环境资产管理区分开来，同时又要将两者有机地结合起来，共同实现环境资源管理的目的。由于环境资源的公共产品特性，环境资源服务没有市场价格，估计损失的大小要更复杂。所以，本章将介绍环境评价的最新发展。首先，介绍评价中的收益/成本估算方法；其次，介绍环境评价方法的最新发展。本章我们首先介绍 CBA，这是一种广泛应用于投资项目的社会评价技术。如果没有市场失灵现象，那么项目评价就可以让私人机构参照市场价格来进行，这至少在效率上是可行的。许多环境资源的市场并不存在，这在很多时候反映了这些环境资源本身是公共物品这样一个事实，对于市场缺失的环境物品而言，成本收益方法具有不可克服的缺陷，非市场产品的价值评估方法，对于资源与环境保护意义重大，尽管基于陈述性偏好（stated preference，SP）的环境价值评价方法缺乏准确性而广受诟病。

## 第一节 环境评价的 CBA 方法

### 一、CBA 的原理

CBA 方法的发展历史是一个有趣的研究实例，也是关于某项技术是怎样适应解决实际问题的需要逐步发展和完善的历史。CBA 方法的理论基础源于美国对防洪和灌溉工程进行评估的需要，最初几乎没有考虑分析项目的福利意义，仅要求总收益大于总成本而不关心分配情况。1960 年后，采用 CBA 技术的项目种类和数目急剧增加，CBA 成为发达国家普遍使用的评估工具。在发展中国家它也常被用于由世界银行、联合国或其他国际组织正式资助的某些项目的例行评估。CBA 是项目评价中广泛应用的技术。例如，用于新药品开发的 CBA；通过对污染损害的成本评价，说明政策设计与实施的重要性；确定某一部门内部或者部门之间的发展优先顺序；等等。

一般的 CBA 只评价可见的消耗（或产量）增减的变化。接下来就可以用项目总收益减去与项目有关的成本来确定净收益，收益和成本都采用与消耗一致的度量单位。一般来说，某一项目 $T$ 个时期（$T>0$）的净值为

$$NV=NB_0+NB_1+\cdots+NB_T$$

某一项目的 NPV 可以表示为

$$NPV = NB_0 + \frac{NB_1}{(1+r_1)} + \frac{NB_2}{(1+r_1)\times(1+r_2)} + \cdots + \frac{NB_T}{(1+r_1)\times(1+r_2)\times\cdots\times(1+r_T)}$$

因为我们计算的是一段连续时期内消耗（或等价消耗物）的总和，如果与某个贴现率相关，这个合适的比率应该作为消耗的贴现率。没有必要深究各时期的贴现率为什么相等，我们已经给出消耗贴现率不等的 NPV 表达式，如果贴现率是固定的，就得到 $r_t = r, t=1,2,\cdots,T$。在实际使用 CBA 时一般都是这样假定的，某一项目的 NPV 就采用下列公式计算：

$$NPV = \sum_{t=1}^{t=T} \frac{NB_t}{(1+r)^t}$$

比较不同备选方案的成本与收益，从中选择成本最低或者效益最大的项目，就是 CBA 方法的原则。CBA 的决策原则如下：如果 NPV 大于零，实施此项目，否则不实施。

为什么这是一个敏感的规则呢？假如在某一时点 $r$ 代表某个经济中最优替代项目的边际报酬率（消耗单位），如果稀缺资源没有投入拟议项目中，那么这些资源就可以每期 $r$ 的回报率投资到其他用途。只有当某项目的边际报酬率大于 $r$ 时，项目的 NPV 才能大于零。因此只有当拟议项目的报酬率至少等于最优替代项目的报酬率时，稀缺的投资才能拨付给该项目。这正是有效的投资评估所要求的——将稀缺的投资分配给最有价值的用途。因此可以清楚地看到 CBA 是一项目的在于保证资源配置的经济效率的分析技术。

这些决策规则是否也存在道德判断？事实证明如果能满足附加的假设条件，就可以认为正的 NPV 会增加总的社会福利。条件之一是个人消费的边际效用相等，这就保证了个人消费（或替代消费）总量的变化在任何时期都为正，相应时期内总效用的变化也定为正。即使按照功利主义的道德要求，讨论这一时期增加的社会福利也是有必要的。

但就 NPV 分析自身而言仍然是不充分的，NPV 标准表明若每一时期贴现后的福利变化总额是正的，则同期的社会福利就会增加。这要求我们也要承认这一时期的社会福利函数有一个效用形式的问题，并要选择一个合理的贴现率。显然大量的假设表明应该采用道德评价支持成本效益分析技术。

正如我们在第十一章将要看到的，这些假设的另一个条件是现存社会财富的分配在每个时点都是最优的，在这种情况下个人损益值相对较小，因此个体间的损益分配就不会对项目福利造成影响。

当对会产生代际影响的项目进行成本-效益分析时，CBA 会变得更加复杂吗？许多研究者给出肯定的答复。当产生了跨期问题时，对后代会产生重大影响（消极的或有利的）的成本和效益并没有在未来长时期内进行分配，对于这类项目形成专门的评估技术。在过去的二十年中，CBA 已经成为有重大环境意义方案的例行评估方法，由此也产生大量的困难。首先，几个关于规模的问题，在有些情况下，项目的影响大于其边际影响，但在应用 CBA 分析时大多数要么忽视进行有效的成本或效益加总所必需的条件或简单地假设这些条件已经得到满足，这是极其不合理的。例如，假设收入的边际效用是固定不变的，但当重大影响对于个人实际收入造成的变化大于边际数量时，这个假设就站不住脚了。

其次，许多对环境有严重影响的项目会对人体健康造成危害甚至威胁到人的生存，而不仅仅是改变某些疾病的患病风险。对这类影响的评估中存在许多意义深远的问题。

再次，某些项目可能有许多非常小的影响，但这些影响涉及的人非常多，持续时间也很长。在这些情况下，个人可能没有意识到这些相关影响或很难确定其程度大小。在评价中试图通过人的行为推断价值以揭示偏好的努力是缺乏依据的。在未来的影响可能非常重要的情形下，分析者还面临一个艰巨的任务，就是如何衡量并把还未出生的人的偏好考虑进来。

最后，许多有环境影响的项目的成本和效益具有公共物品的特征。作为 CBA 分析基础条件的原则非常简单。某项目对每个人在每一时点上的影响是确定的，每个人的得失也是可以评价的。原则上讲，这些评价应以被影响的个人的偏好为基础，理想状态是能反映个人对获得改善的 WTP 或补偿的接受意愿。计算出项目对每一被影响人的影响价值后，使用有关的技术就可以得到此项目影响的总值或社会影响值。如果项目影响的净总值为正，就可以批准该项目。但是，效用是不可见的，而且不是所有经济学家都同意效用在人与人之间有可比性。当某一项目的实际成本或利益不能通过市场价格来表现或根本不能进入市场交易（而且也没有市场价格）的情况下，一般不能使用 CBA 方法。

## 二、成本-效益分析方法——缺陷与扩展

传统的经济学在研究涉及动态时间范围和不确定性的问题时，提出现值和期望值的概念。现值是投资决策分析中的基本概念，而保护决策也正是一种投资决策，现值的计算涉及贴现，而它们在产生长期影响的决策中是不适用的。期望值这种处理方法主要依靠概率，所以适用于与风险有关的决策，但是不适用于与不确定性有关的决策。当决策的每一种可能的结果的价值和每一种结果实际发生的概率都已知的时候，把每种结果的价值乘以各自的概率，然后把所有的计算结果加起来，就可以确定这一决策的期望值。

在时间范围相当短，每种结果的价值都处于同一数量级时，现值和期望值的概念是相当有用的。

然而，当需要对一种可能会在未来某一时期产生灾难性后果，但这种后果发生的概率又很低的决策问题进行分析时，传统经济学方法所能提供的帮助就很小了。近年来，经济学家们提出一些尝试性的方法，用来分析涉及长期时间范围、极端的不确定性和（或）不可逆性的决策问题。一个仍未解决的问题是应该用什么样的标准为长期影响几代人的项目选择贴现率。通常认为在这种情况下应使用比常规的短期项目的评估中更低的贴现率，一些学者认为评估有长期环境影响的项目应使用零贴现率。

这些论点的原理不很清楚。依据之一可能是低（或零）贴现率能够减少经济行为对环境的影响。但是，很容易证明，选择低或零贴现率也不一定就能减少环境退化的速度或者更多地注意项目的可持续性。

依据之二是因为从道德上讲零贴现率是应该选择的唯一的贴现率，但这个观点也难以成立。首先，很难弄清哪个贴现率应为零——消费还是效用贴现率。如果是消费贴现率，那么就与许多合理的道德立场相违背。如果预计实际收入将会下降，那么负的消费贴现率可能是合适的，因为将来的消费比现在的消费更有价值。如果预计消费将会随着时间而增加，那又会怎样呢？将来的单位消费与现在的单位消费等值吗？看来，任何一个贴现率都不能适用于所有情况。其次，应该记住 CBA 技术本质上是实现资源有效配置的一个手段。如果接受这一观点，就必须以其他某种途径实现最优目标。

$$\text{NPV} = \sum_t \left(B_t - C_t\right) / \left(1+r\right)^t$$

如果 NPV 大于零，则项目可以进行。在环境 CBA 中，由于项目所引起的环境改善与环境退化的价值各自都包括在效益与成本中。在利用传统的现值法或成本-收益法的时候，某些资源经济学家已经试图扩展这些方法。在应用中，成本-收益法总是只给那些容易定量和估价的收益与成本项目确定数量和价值，也只有它们有明确的经济意义。

近年来，在把非市场的货物和满足（也就是由于外部效果、消费中的不可分性及没有财产专有权等一个或几个原因，不在市场上买卖的那些货物和满足）的收益和成本结合到定量的 CBA 方面，已经取得相当大的进展，这种方法近来已经扩展到对当代人关于未来可能持有的担心、忧虑和情绪的估价方面。此外，另外两种经济价值——选择权价值和存在价值已经得到承认。

CBA 方法扩大到包括非市场货物及选择权价值和存在价值等方面，对于完善这种方法显然是一种贡献。不过 CBA 方法的完善，并不能使那些关心很遥远的将来的自然和环境资源的人们感到满意，因为 CBA 方法依赖于贴现法，而贴现法更适用于那些效果局限在短期的方案，而对于评价那些产生长期结果的方案，则没有什么说服力。更为严重的是，资源利用与管理 CBA 的生态系统服务价值缺失。

## 第二节 环境资源非市场价值评价——理论基础

### 一、环境资源的价值构成

自 1996 年戴利（Daily）发表《超越增长——可持续发展的经济学》之后的十多年间，西方著名的生态经济学家的专著中都明确把自然资源评价作为主要研究对象，使西方生态经济学沿着可持续发展理论方向又迈进了一步。自然资本理论回应了西方生态经济学理论的两个根本观点：一是肯定了在当今"满的世界"中，剩余的自然资本已经取代人造资本成为社会生产的稀缺要素，是经济发展的限制性因素；二是自然资本和人造资本具有互补性，生产越多人造资本，在物质上就需要越多的自然资本，而"在一个满的世界，任何人造资本的增加，都是以自然资本及服务为代价的"。戴利、霍肯等在他们的论著中，以开创性思维详细阐明了生态经济学关于自然资本的这两个基本观点，实际上成为西方生态经济学作为一个独立学科的理论支撑点。

在可持续发展的理论平台上研究生态服务理论，是 20 世纪 90 年代中期以来西方生态经济学研究的热点领域和前沿问题。因为这个理论使生态经济学理论从定性分析走向定量分析，从难以检验转向可以检验，极大增强了生态经济学理论的生命力和解释力。1997 年戴利主编的《自然的服务——社会对自然生态系统的依赖》一书，综合地研究了生态系统服务与功能的各个方面，为生态系统服务价值研究奠定了理论基础；而科斯坦扎（Costanza）等著的《生态经济学导论》一书，特别是科斯坦扎等在《自然》杂志上发表的题为"世界生态服务与自然资本的价值"的论文，全面肯定了生态系统及自然资本为人类福利做出的巨大贡献。此后，生态服务价值及评估就成为学者们的热点选题，研究成果层出不穷。

根据戴利、科斯坦扎和卢伯钦科（Lubchenco）等对生态服务的定义，地球生态系统对人类社会与经济福祉的贡献，在本质上是生态系统对人类提供的各种生态惠益，它既包括生态系统提供的各种产品，也包括生态系统提供的各种服务，它们统称为生态系统服务，简称生态服务。生态服务理论研究的重点是生态服务的价值构成与评估，现在已获得国际学术界的广泛认同。对地球生态系统服务价值进行评估，迄今为止，最有影响的是科斯坦扎等的研究成果。他们综合了国际上已有的各种对生态系统服务价值评估的不同方法，最先对全球生态系统服务价值及自然资本进行核算。他们的研究成果在《自然》杂志公布后，引起国际学术界对生态服务价值的极大关注，也为如何实现生态服务价值提供了学术平台。

对生态系统服务功能的研究可以追溯到 1864 年，美国学者 George Marsh 首先提及生态系统具有为人类生产生活提供服务的功能。美国学者 Dairy 在其著作《生态系统服务功能：人类社会对自然生态系统的依赖性》中，提出生态系统服务功能的定义，即生态系统服务功能是指生态系统及其生态过程所形成与维持的人类赖以生存的环境条件与效用。它不仅包括各类生态系统为人类所提供的食物、医药及其他生产原料，还包括支撑与维持地球的生命支持系统，维持生命物质的不断循环等服务功能。Dairy 的这个定义强调生态系统服务功能对人类生存的重要性。

满足和支持人类生存和发展的自然生态系统状况和过程是多种多样的，主要包括生态系统的产品生产、生物多样性的产生和维持、气候气象的调节和稳定、旱涝灾害的减缓、土壤的保持及其肥力的更新、空气和水的净化、废弃物的解毒与分解、物质循环的保持、农作物和自然植被的授粉及其种子的传播、病虫害暴发的控制、人类文化的发育与演化、人类感官心理和精神的益处等方面。环境资源价值的构成包括使用价值和非使用价值。环境资源经济学认为，非使用价值通常占据相当大的比重，是目前环境资源经济学的研究重点，它是环境资源的一种内在属性，与人们是否使用没有关系，包括存在价值、遗赠价值和选择价值（图 10.1）。

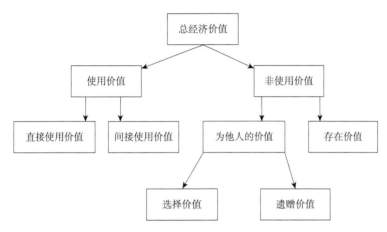

图 10.1　环境价值构成

存在价值是非使用价值的主要表现形式，它是人们对环境资源价值的一种道德上的判断，即环境资源的内在价值，表现为人们为了环境资源的存在的 WTP。对于那些理解并欣赏自然系统及其多样性在这些系统中所发挥的重要作用的人们来说，仅仅因为得知这些系统完整无缺地存在着，就能从中获得效用。因此一种自然环境的消失，或者一种生物的灭绝，对于永远不会去利用这些资源的人们可能会产生负效用。这种因存在而得到的效用，或因消失和灭绝而产生的负效用，就是存在的价值来源。存在价值作为一种货物或满足在消费中是不可分的，个人从得知一种生物或生态环境存在得到的效用，不会仅仅因其他人也得知这一情况而减少。自然资源和环境经济方面的研究者目前正在做出努力，以形成使存在价值定量化的方法，这样就可以把它们并入关于可能威胁某些生物或环境继续存在的任何计划项目的 CBA 中。

远期价值源于人们的遗赠动机，指的是人们在未来有能力使用环境所带来的价值。远期价值反映了人们这样一个意愿，即在现在不使用环境的情况下，保留在未来使用环境的选择权。

选择价值是指人们为了保留将来使用某种环境资源的权利而具有的 WTP。某个人虽然当前并没有使用一种特定的服务和满足，但是他可以在将来决定是否使用这种服务和满足，这种选择权具有正的价值。选择权在地产和保险业市场中是可以买卖的，在这些地方一直存在着高效率的选择权市场。选择权价值这一概念包含的意思是，虽然关于自然资源和环境资源及其提供的产品和满足的选择权市场并不存在，但是在地产和保险业选择权市场中发挥作用的个人动机，对于自然和环境资源来说也是同样存在的。因此找出与动态配置决策有关的选择权的价值来源，把这些价值定量化并把它们包括在CBA中是有意义的。

使用价值是指环境与自然资源的实际使用或者可能的使用方面的价值，它又包括直接使用价值、间接使用价值。直接使用价值是由环境资源对目前的生产或消费的直接贡献来认定的，如森林提供木材、食物和生物量等；间接使用价值包括从环境资源所提供的用来支持目前生产和消费活动的各种功能中间接获得的效益，如森林提供的保护土壤、生物控制、净化环境、涵养水源等。从已有的生态系统服务价值评估的实证研究来看，生态系统服务功能的间接使用价值是主要的评估对象。

传统的自然资源与生态系统服务价值定量评估主要有以下三个方法：能值分析法、物质量评价法和价值量评价法。能值分析法是指用太阳能值计量生态系统为人类提供的服务和产品，也就是用生态系统的产品或服务在形成过程中直接或间接消耗的太阳能焦耳总量表示的方法。能值分析法的局限性主要如下：①产品的能值转换率计算，需对生产该产品的系统做能值分析，用系统消耗的太阳能值总量除以产品的能量而求得，这种分析非常复杂，并且难度很大；②能值转换率是指每单位某种能量（或物质）由多少太阳能焦耳转化而来，但是一些物质与太阳能关系很弱，甚至没有关系，如地球中的矿物质元素、地热、信息等，这些物质很难用太阳能焦耳来度量；③能值反映的是物质产生过程中所消耗的太阳能，不能反映人类对生态系统所提供的服务的需求性，即WTP，也不能反映生态系统服务的稀缺性。

物质量评价法是指从物质量的角度对生态系统提供的各项服务进行定量评价的方法。物质量评价法的局限性主要如下：①运用物质量评价法得出的结果不能引起人们对区域生态系统服务足够的重视，进而影响人们对生态系统服务的持续利用；②运用物质量评价法得出的各单项生态系统服务的量纲不同，无法进行加总，很难评价某一生态系统的综合生态系统服务。

价值量评价法是指从货币价值量的角度对生态系统提供的服务进行定量评价的方法。价值量评价法主要包括市场价值法、机会成本法、影子价格法、影子工程法、费用分析法、人力资本法、资产价值法、旅行成本法和条件价值评估法（contingent valuation method，CVM）。运用价值量评价法可以克服能值分析法和物质量评价法的许多局限性。

价值量评价法计算自然资源与生态系统服务价值所得到的结果都是货币值，因此，既能进行不同生态系统同一项生态系统服务的比较，也能将某一生态系统的各单项服务加总。此外，由于人们对货币值有明显的感知，故运用物质量评价法得出的结果能够引起人们对生态系统服务足够的重视，促进人们对生态系统服务的可持续利用。传统的生态系统服务价值评价方法仍然或多或少地和现有的市场相关联，但仍然未能克服生态系统服务的非市场评价的瓶颈问题。

## 二、环境资源价值的理论依据与评价方法

从经济学的角度来看，环境资源价值的理论基础目前主要有马克思的劳动价值论、效用价值论和存在价值论，它们分别从不同的角度提供环境资源价值的理论依据。

马克思的劳动价值论是在批判地继承古典政治经济学的劳动价值论的基础上，建立起来的科学的价值理论。他指出，"一个物可以是使用价值而不是价值。在这个物并不是由于劳动而对人有用的情况下就是这样。例如，空气、处女地、天然草地、野生林等"。从马克思的这段论述中可以看出，他认为那些天然存在，没经过人的破坏，也没经过人的劳动就能够为人利用的自然资源和生态环境不存在价值，也就是说，没有经过人作用的自然生态系统的诸因素对人来说只有使用价值而没有价值。随着经济和社会的发展，人类为了使资源环境和经济发展需求增长相均衡，投入大量的人力物力。可以说，现在的资源环境已经不是自然生态系统的资源和环境，而是生态经济系统的资源与环境，已不是"天然的自然"，而是"人工的自然"了。由于这类使用价值（即自然资源和生态环境）是有了劳动后才产生的，按照马克思关于价值"只是无差别的人类劳动的单纯凝结，即不管以哪种形式进行的人类劳动力耗费的单纯凝结"的理论，它应该是具有价值的。

效用价值论是从物品满足人的欲望能力或人对物品效用的主观心理评价角度来解释价值及其形成过程的经济理论。效用就是指物品满足人的需要的能力。效用价值论的主要观点如下：①价值起源于效用，效用是形成价值的必要条件，效用和稀缺性是价值得以体现的充分条件；②价值取决于边际效用，即满足人的最后（即最小欲望）的那一单位商品的效用；③边际效用递减和边际效用均等；④效用量是由供给和需求之间的状况决定的，其大小与需求强度呈正比例关系，物品的价值最终由效用和稀缺共同决定。运用效用价值论很容易得出环境资源具有价值的结论，因为环境资源是人类生产和生活不可缺少的，无疑对人类具有巨大的效用；此外，20世纪70年代以来，随着人类社会的不断进步发展，人与自然的矛盾日益尖锐，环境资源问题日益突出并成为全人类关注的焦点。

环境在提供生产所必需的要素投入的同时，还为人类提供了生态和环境美好服务。在人类的消费函数中，除了普通的市场产品的消费之外，还有对环境服务的需求。环境的存在价值论将价值分为使用价值和非使用价值，后者也称为存在价值，主要包括能满足人类精神文化和道德需求的部分，如美学价值等。马克思的劳动价值论和效用价值论都不承认不具有使用价值的物品有价值，但存在价值论认为，非使用价值，即独立于人们对物品的现期利用的价值，是客观的。在环境资源的代际问题中，存在价值评价意义重大。它不但使得环境资源的价值构成更加丰富，而且对环境资源的价值评估的理论基础提出了严峻挑战。

到了20世纪90年代后期，关于生态系统服务价值评估方面的研究取得了较大进展。总的来说，生态系统服务价值评估的研究可分为全球或区域生态系统服务价值的评估、单个生态系统服务价值的评估及生态系统单项服务价值的评估研究（徐中民等，2003）。其中，以Costanza和Folke（1997）在《自然》上发表的论文最为引人注目，

其为大区域的生态系统服务价值评估提供了可供借鉴的方法。他们将生态系统的商品和服务统称为生态系统服务，利用全球静态部分平衡模型，根据自然状况将全球生态系统分为大洋、海岸、森林、湿地、湖泊/河流、草原/牧场、沙漠、冻土、冰/岩石、耕地和城区等16种，将生态系统服务及其功能分为17个主要类型，在以生态系统服务供给曲线为一条垂直曲线的假定的条件下，逐项估计各种生态系统类型的年均服务价值（表10.1）。计算结果表明，全球生态系统服务的价值为16万亿~54万亿美元（平均价值为33万亿美元）。生态系统服务总价值相当于1994年全球GNP的1.8倍。

表 10.1　Costanza 和 Folke（1997）划分的生态系统服务和功能

| 编号 | 生态系统服务 | 生态系统功能 | 例证 |
| --- | --- | --- | --- |
| 1 | 大气调节 | 调节大气化学成分 | $CO_2/O_2$的平衡、$O_3$的紫外线防护、$SO_x$的水平 |
| 2 | 气候调节 | 调节全球温度、降水量及其他全球性或局部性生物介导的气候过程 | 温室气体调节、影响云层发生的硫酸二甲酯保护分析的产生 |
| 3 | 扰动调节 | 生态系统对环境波动反应的启动、衰减和整合 | 暴雨的防护、洪水的控制、干旱的恢复及其他由植被结构控制的生态区对环境多样性的反应 |
| 4 | 水调节 | 调节水流动 | 为农业过程（如灌溉）或工业过程（如水力）或运输提供水 |
| 5 | 水供应 | 水储存和水滞留 | 由森林地带的水集中区、水库、地下蓄水层提供 |
| 6 | 土壤流失控制和沉积物保持 | 将土壤滞留于某个生态系统中 | 防止因风化、雨水冲刷或其他过程引起土壤流失；湖泊和湿地的淤泥储存 |
| 7 | 土壤形成 | 土壤的形成过程 | 岩石的风化和有机物的积累 |
| 8 | 营养物循环 | 营养物的储存、内部循环、加工和获得 | 固氮作用；氮、磷和其他营养物的循环 |
| 9 | 水处理 | 收复流动的营养物，去除或降解多余或异类的营养物或化合物 | 水处理；污染控制；解毒作用 |
| 10 | 传粉 | 花配子的移动 | 为植物种群的繁殖提供传粉媒介 |
| 11 | 生物控制 | 种群的营养动态调节 | 由基本食肉动物控制食肉动物物种；由高级食肉动物调控食草动物 |
| 12 | 躲避居留区 | 定居和暂留种群的栖息地 | 产仔地；迁移物种的栖息地；当地特产动物的区域性栖息地 |
| 13 | 食物生产 | 总初级生产力中可用为食物的部分 | 通过捕猎、采集、耕作和捕捞生产鱼、猎物、庄稼和果实 |
| 14 | 原材料 | 基本总生产中的原材料部分 | 木材、燃料、饲料的生产 |
| 15 | 遗传资源 | 独特的生物材料和生物产品的来源 | 药品、材料科学的产品、抵御植物病原体或庄稼害虫的基因、装饰物种（宠物和园艺学种类的植物） |
| 16 | 娱乐 | 提供娱乐活动的机会 | 生态旅游、钓鱼运动和其他户外娱乐活动 |
| 17 | 文化 | 为非商业用途提供机会 | 生态系统的美学、艺术、教育、精神和科学价值 |

随着Costanza论文的发表，国内许多学者参照Costanza的分类方法、经济参数与研究方法，对生态系统服务价值进行评估。较之国外，我国的生态系统服务价值评估起步较晚，从已检索的文献来看，最早的一个案例是张嘉宾于1982年利用影子工程法、替代费用法估算云南怒江、福贡的森林保持土壤功能的价值为154元/（亩·年）、森林涵养水源功能的价值为142元/（亩·年）。进入20世纪90年代，生态系统服务价值评估的研究工作开始逐渐成为研究的热点，我国的研究者在借鉴国外理论方法的基础上结合我国的实情开展了一系列生态系统服务价值的评估活动，可以说目前国内的研究正处于

引进国外理论和模仿阶段，同时也处于积极探索适合我国国情的生态系统服务价值评估体系的转型时期。从已检索的文献来看，国内早期生态系统服务价值评估研究中具有重要意义是薛达元等（1999）对长白山自然保护区生态系统生物多样性经济价值的评估，结果表明，长白山的年总经济价值为 72.91 亿元，在对长白山森林生态系统间接经济价值进行评估时，引入环境价值核算方法，首次采用 CVM 对长白山地区生物多样性的非使用价值进行了 WTP 调查。王宗明等（2004）应用 Costanza 等提出的生态系统服务价值系数，分析吉林省各主要生态系统类型的土地利用变化及其所引起的生态系统服务价值的变化，这对研究土地利用变化对区域生态系统服务价值的影响具有重要意义。

从已检索的文献来看，目前国内生态系统服务价值评估具有如下特点：①研究对象不断扩大，且评估小范围尺度生态系统服务价值的案例有所增加；②研究方法曾现出多元化趋势，从最早的以直接市场法和 Costanza 研究方法为主，逐渐引入替代市场法及假想市场法；③随着假想市场法在我国的不断实践，非使用价值越来越多地被评估在内，此外，众多学者对生态系统服务价值的直接使用价值和间接使用价值进行了比较，得出的结论是间接使用价值往往是直接使用价值的几倍甚至更大。

## 三、环境资源价值评价的经济学基础

### （一）价格变化：等价变差与补偿变差

当一种商品的价格发生变动时，会有两种效应：用一种商品来交换另一种商品的比率会发生变化；收入的全部购买力也会发生变化。由于两种商品之间的交换比率的变化所引起的需求变化为替代效应；价格变化导致的购买力变化而引起的需求变化称作收入效应。

尽管环境是非竞争性的，对环境的偏好可以通过正常的效用函数表示出来。假设存在所需要的效用函数，由于某一物品 $x_1$ 的价格从 $p_1$ 下降为 $p_1'$，另一物品 $x_2$ 是所有其他物品的组合，价格为 1，个人的收入为 $m_0$。价格变化之前，个人的预算约束线为

$$p_1 x_1 + x_2 = m_0$$

追求效用最大化的消费者将在这一预算约束下选择 $x_1$ 和 $x_2$ 以使效用最大化。当两种物品的消费量分别为 $x_1'$ 和 $x_2'$ 时，效用达到最大化（图 10.2）。

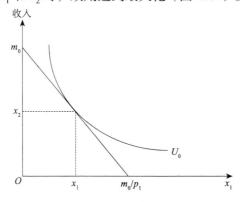

图 10.2　消费者最优消费选择

如果某一物品 $x_1$ 的价格从 $p_1$ 下降为 $p_1'$ （图 10.3），则预算约束线围绕着纵轴上的点反时针旋转，得到新的预算约束线：

$$p_1' x_1 + x_2 = m_0$$

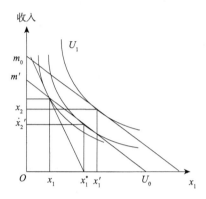

图 10.3　价格变化的等价变差与补偿变差

无差异曲线与新的预算约束线的切点为（$x_1'$，$x_2'$），效用最大化的消费水平为（$x_1'$，$x_2'$），效用水平从 $U_0$ 提高到了 $U_1$。物品的消费由 $x_1$ 增加到 $x_1'$，可以分解为替代效应 $x_1^* - x_1$ 和收入效应 $x_1' - x_1^*$。

更确切地说，替代效用可以表示为

$$\Delta x_1^s = x_1\left(p_1', m'\right) - x_1\left(p_1, m\right)$$

收入效应为

$$\Delta x_1^n = x_1\left(p_1', m\right) - x_1\left(p_1', m'\right)$$

需求的总变动 $\Delta x_1$ 是在收入保持不变的情况下由价格变动引起的需求变动 $\Delta x_1 = x_1\left(p_1', m\right) - x_1\left(p_1, m\right)$，这个变动可以分解为替代效应 $\Delta x_1^s = x_1\left(p_1', m'\right) - x_1\left(p_1, m\right)$ 和收入效应 $\Delta x_1^n = x_1\left(p_1', m\right) - x_1\left(p_1', m'\right)$。

$\Delta x_1 = x_1\left(p_1', m\right) - x_1\left(p_1', m'\right) + x_1\left(p_1', m'\right) - x_1\left(p_1, m\right)$，这个方程为需求总变动的斯拉茨基恒等式。尽管替代效应总是负的，但收入效应可能是负的也可能是正的。因此，最终的效应是不确定的，取决于收入效应和替代效应的相对效果。

有两种与价格变化相联系的效用变化的希克斯货币计量：

（1）补偿变化（compensating variation，CV）是指收入的变化以补偿价格变化引起的效用变化，是当价格下降时仍使个人效用保持在最初的效用水平下的货币收入变化量。

（2）等价变化（equivalent variation，EV）是指收入的变化，这种变化与提议的价格变化是等价的，是个人效用保持在价格下降后的小于水平上的货币收入变化量，因此，它是替代价格下降个人所接受的最小补偿量。

**（二）马歇尔需求和希克斯需求**

在这里，我们遇到的是商品 1 的价格下降。这意味着预算线围绕截距 $m_0$ 旋转并变得更加平坦。预算线的这种变动包括两个步骤：一是预算约束线围绕着原需求束转动；二是转动后的预算线向外移动到新的需求束上。这种转动—移动步骤使我们能非常方便地把需求变动分解为两个部分：一是预算线斜率发生变化而购买力保持不变的一种变动；二是斜率保持不变而购买力发生变化的一种变动。

　　预算线的转动和移动的经济学含义如何？首先，来看转动后的预算线。这条预算线同最终的预算线具有系统的斜率，因而具有同样的相对价格，但面临不同的纵截距，所以同这条预算线相对应的货币收入不同。既然原来的消费束仍然处在转动后的预算线上，这个消费束仍然是可支付的。从这个意义上来讲，消费者的购买力保持不变，因为原来的商品束在转动后的新的预算线上是正好支付得起的。

　　下面我们可以看一下，为了使原来的消费束恰好能够支付得起，货币收入应该做多大的调整。显然，$m_1 - m_0 = x_1 \left( p_1' - p_1'' \right)$，这个方程表明，为了使原来的消费束在新的价格水平上仍然能够支付得起，货币收入必须做出的变动恰好是商品 1 的原来的消费量与价格变动量的乘积。

　　马歇尔需求曲线是简单的常规市场或个人的需求曲线。价格变化会产生替代效应和收入效应，马歇尔需求函数表明当消费者的收入和其他物品的价格保持不变时，物品 $x_1$ 的需求量如何随着价格的变化而变化，它是普通的需求函数。马歇尔需求曲线包含收入效应和替代效应，是加总的两种对价格变化的不同反应后的"净"需求（图 10.4）。

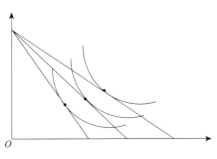

图 10.4　马歇尔需求

　　假设我们不让初始的消费束转动，而是绕着经过原消费束的无差异曲线移动，如图 10.4 所示。此时，面临一条新的预算线的消费者，但该预算线与原预算线面临相同的相对价格，有不同的收入。在这条预算线上，虽然不能够购买原来的商品束，但消费者却能够购买与原消费束无差异的商品束。希克斯替代效应不是保持购买力不变，而是保持效用不变。希克斯需求函数表明，当消费者的收入和其他物品价格保持不变时，特定物品的需求量与其价格之间的关系，即通过补偿来消除价格变化的收入效应。因此，沿着希克斯需求曲线运动表示的是价格变化的纯替代效应，有时又称希克斯需求函数为补偿需求函数，称马歇尔需求函数为非补偿需求函数。

　　希克斯需求也被称为"补偿"需求。这个名字来自当价格变动时，为保持消费者处于同一条无差异曲线上，就必须调整消费者的收入，即对其予以补偿。由于相同的理由，马歇尔需求被称为"非补偿"需求。斯拉茨基替代效应给予消费者足够的货币使他刚好能恢复到原来的消费水平，而希克斯替代效应则给予刚好足够的货币使他能够回到原来的无差异曲线上去（图 10.5）。

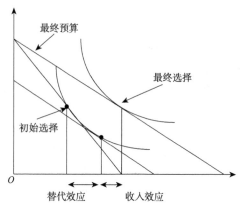

图 10.5　希克斯替代效应

微观经济学有一个核心命题，即个人追求自身利益最大化的行为会受一只无形之手的引导而无意识地产生最有利于社会利益的结果。瓦尔拉斯第一个试图以数学形式表述这一经典命题，由此形成一般均衡论。他的弟子帕累托还引入一个检验这种均衡是否最优的标准，但在他们那里，一般均衡只是个人最大化行为的一种逻辑结果。直到 20 世纪 30 年代，帕累托最优的可能性，甚至于一般均衡的可能性，都没有得到严格的证明。如果没有一种论点来支持在经济体系的所有市场中至少存在一种均衡价格，那么瓦尔拉斯的理论将空洞无物。

希克斯的《价值与资本》给一般均衡论注入了生命力，使之走上新的充实发展之路。他在利用无差异曲线方法对消费者和生产者的最大化行为做出统一解释的明确基础上，把瓦尔拉斯体系重新表述为是使一切超额需求等于零的相对价格集合，并进而主要探讨一般均衡是否稳定的问题。

### （三）价格变动引致的补偿变化和等价变化

消费者的行为如何随经济环境的变化而变化，这是经济学家们经常关心的一个问题。消费者消费行为变化的福利后果如何？当商品的价格发生变化时，一般可以通过两种方式来计量人们福利水平的变化，即马歇尔消费者剩余和希克斯消费者剩余。

在经济学中，假定个人能够对其自身福利进行最好的判断，而且可以通过观察每个人对不同商品或服务组合的选择来推断其福利状况，如果一个人选择组合 A 而放弃他有能力选择的另一个组合 B，那么组合 A 则代表相对较高的福利水平。环境资源的状态变化可以通过四种途径来影响个人的福利：①市场上购买的商品的价格变动；②生产要素价格的变动；③非市场产品的数量或者质量的变动；④人们面对的风险的变动。其中，第一种途径是基础性的，其他途径的变化也只有通过间接地影响价格才能影响人们的福利。

当商品的价格发生变化时，计量福利的变化一般有两种形式的消费者剩余，即马歇尔消费者剩余和希克斯消费者剩余。因此，目前研究者多采用基于消费者的效用和福利不变的希克斯消费者剩余，从不同的角度考虑共有四种计量形式：补偿变化、等价变化、补偿剩余（compensation surplus，CS）和等量剩余（equivalent surplus，ES）。

当价格发生变化时，使消费者恢复到他初始无差异曲线上所必需的收入变化叫作收入补偿变化。用货币单位测度价格变化影响的另一种方法，是问在价格变化以前必须从消费者那里取走多少货币，才能使他的境况同他在价格变化以后的境况一样好，这种变化叫作收入等价变化，等价变化测度的是消费者为了避免价格变动而愿意付出的最大收入量。价格变动引致的补偿变化和等价变化见图 10.6。

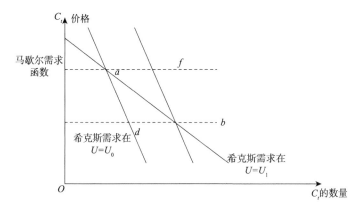

图 10.6　价格变动引致的补偿变化和等价变化

补偿剩余指的是，如果有机会购买新的商品或服务，且其价格已经改变，为了使之与初始位置所带来的个人福利水平相等，需要支付多少进行补偿。

等量剩余指的是，在给定初始价格及消费水平的情况下，为了使个人福利在新的价格和消费点保持不变，收入需要变化多少。

由于普通马歇尔消费者剩余是基于消费者收入不变，不能根据潜在的效用函数来定义，故其无法有效计量福利的变化。因此，目前大多数研究者采用的都是基于消费者的效用和福利不变的希克斯消费者剩余。假设个人最大化其效用函数：

$$\text{Max } U(X,Q)$$
$$\text{s.t. } P \times X + R \times Q \leqslant Y \tag{10.1}$$

其中，$X$ 为个人市场商品消费数量的向量$(X = x_1, x_n)$，消费者可以自由选择；$Q$ 为环境资源等非市场产品的向量$(Q = q_1, q_m)$，其不受个人支配，在 $Q$ 之中，至少有某种元素可能有一个正的支付价格，令 $R \geqslant 0$ 为价格的向量，$P$ 为 $X$ 的价格向量；$Y$ 为收入。

这是一个一般模型，当实际考虑生态系统服务等纯公共物品时，$R$ 等于 0，且可以把 $Q$ 看作只有一种元素 $q$，此时，由于 $q$ 没有市场价格，其预算线是水平的而不是向下倾斜的。目标函数变为

$$\text{Max } U(X,Q)$$
$$\text{s.t. } P \times X \leqslant Y \tag{10.2}$$

从式（10.2）中可以导出市场商品 $i$ 的条件需求函数为

$$x_i = h_i(P, q, Y) \tag{10.3}$$

将条件需求函数代入效用函数，就可以得到间接效用函数：

$$V(P,q,Y)=U\big[h(P,q,Y)\big] \qquad (10.4)$$

在 $P$ 和 $q$ 给定的情况下，为实现效用水平 $u$ 所必需的市场物品的最小支出函数为

$$e=e(P,q,u) \qquad (10.5)$$

如图 10.7 所示，假定由于环境资源的改善，$q$ 由 $q_0$ 增加到 $q_1$。个人消费的初始位置为 $A$ 点，在该点上个人消费为 $q_0$ 和 $X_0$，其效用为 $u_0$。$q$ 的增加使个人效用水平达到 $u_1$ 的 $B$ 点。如果为了消费 $q_1$，收入必须减少 CS，那么个人效用水平又回到 $u_0$ 的 $C$ 点。如果收入增加 ES，$q_0$ 保持不变，那么个人效用水平可达到 $u_1$ 的 $D$ 点。因此，CS 为保持环境资源改善前的效用，因享受环境改善而愿意支付的金额，即最大 WTP。ES 为保持环境改善后的效用，因没能享受环境改善而得到的收入补偿，即最小受偿意愿（willingness to accept，WTA）。这种变化可以用间接效用函数来计量：

$$V(P,q_1,Y-\mathrm{CS})=V(P,q_0,Y) \qquad (10.6)$$

$$V(P,q_0,Y+\mathrm{ES})=V(P,q_1,Y) \qquad (10.7)$$

也可以通过支出函数来定义：

$$\mathrm{CS}=Y-e(P,q_1,u_0) \qquad (10.8)$$

$$\mathrm{ES}=e(P,q_0,u_1)-Y \qquad (10.9)$$

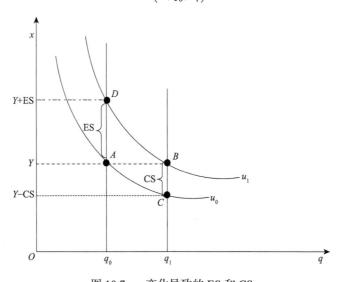

图 10.7　$q$ 变化导致的 ES 和 CS

补偿变化和等价变化这两种计量方法都假定个人可以对所消费的商品组合进行数量调整，以适应相对价格和收入水平的变化，适用于市场性产品。在环境资源经济学领域，许多关于环境资源的政策或项目，在执行后所产生的影响是不能通过市场反映出来的。此时，政策或项目的影响主要通过环境资源等非市场产品的数量或质量的变动来实现，而这种变动产生的影响一般是不能通过市场来反映的，因此就没有办法用 CV 或者 EV 来衡量。此外，一些环境资源等非市场产品的有效性取决于其数量固定且不可改变，这些数量在个人对消费组合进行选择时起到约束作用，对于这类问题的分析，称其

为数量约束下的选择和福利理论，或强加数量下的选择和福利理论，此时可以通过消费者个人由收入或支出的调整来使其得以维持某种满足水平为依据来进行衡量，即 CS 或 ES。由于马歇尔消费者剩余是基于消费者收入不变，不能根据潜在的效用函数来定义，故其无法有效计量福利水平的变化。

从以上的分析看，当价格上升时，CV 作为最低补偿值将使个人效用保持不变，EV 作为个人最大愿意支付值将使价格保持不变。用 WTP 表示支付意愿，WTA 表示受偿意愿，则 WTP、WTA、CV、EV 之间有如下的关系（表 10.2）。

表 10.2　价格变化效应的货币计量

| 价格变化 | CV | EV |
| --- | --- | --- |
| 价格下降 | 对变化发生的 WTP | 对变化发生的 WTA |
| 价格上升 | 对变化发生的 WTA | 对变化发生的 WTP |

显然，当价格下降时：CV 小于 EV，同样地，WTP 小于 WTA；当价格上升时，CV 大于 EV，同样地，WTA 大于 WTP。从而，对通常的商品有 WTA 大于 WTP。

效益和成本是基于个体偏好的个人对商品或者服务的评价的价值，当某产品或者服务能够给个人带来效用时，消费者个人为了获得该商品或者服务而放弃的其他有价值的东西，可以作为消费者支付意愿的一个近似度量；同样地，消费者为了获得某商品或者服务，必须支付一定的价值以诱导商品或者服务的占有者放弃其权利，可以看作消费者的 WTA。如果以货币作为衡量福利的标准，则收益可以定义为为获得这一收益的 WTP，或者人类因为放弃这一利益而愿意接受的赔偿（WTA）。

## 第三节　非市场价值评估方法——CVM 的产生与发展

### 一、CVM 的产生与发展

环境资源等公共物品通常是不存在市场的，因而也就没有价格，即使市场价格存在，这种价格也是一种不精确的测量，因为市场价格和真实的价值之间存在根本的差别（薛达元等，1999）。价值是人们对事物的态度、观念、信仰和偏好，是人的主观思想对客观事物认识的结果，只有 WTP 才是一切商品或服务的效益价值的唯一合理的表示方法，即商品或服务的价值=人们的 WTP=商品或服务的价格+消费者剩余。对于环境资源等公共物品而言，价格和消费者剩余都不能求出，因此其价值也无法通过市场交换和市场价格估计，只能通过一定的方法求得 WTP 来得到其价值。

CVM 是求导人们 WTP 的有效方法之一，它通过假想的环境资源的状态变化或维持现有状态不变，询问人们对环境资源变化或保护的 WTP 或 WTA，从而得以计量受访者的福利变化以及环境资源的价值。因此，CVM 求导的 WTP 或 WTA 本质是消费者剩余，即效用改变的货币化度量。CVM 是根据环境经济学中计量福利变化的补偿变化（CV）、等价变化（EV）、补偿剩余（CS）和等量剩余（ES），直接询问被调查者对环境变化的 WTP 金额或 WTA，进而推算资源环境等非市场产品价值。补偿变化（CV）和等价变化（EV）这两种计量方法都允许个人可以对所消费的商品或服务组合的数量进行调整，以适应相应的价格和收入水平的变化，适用于市场性产品。然而，在资源环境经济学领域，很多关于环境资源的政策或项目及建议，在执行后所产生的影响往往是不能通过市场反映出来的。政策或项目的影响主要通过环境资源等非市场产品的质量或数量的变动来实现，而这种变动所产生的影响一般不能通过市场来反映，因此就没有办法用补偿变化（CV）或者等价变化（EV）来衡量。从个人的角度来看，一些环境资源等非市场产品的有效性常常取决于其数量固定且不可改变，这些数量在每个人对消费组合进行选择时起到约束作用。对这类问题的分析，Johansson 称其为数量约束下的选择和福利理论，或强加数量下的选择和福利理论，此时可以通过消费者个人由收入或支出的调整来使其维持某种福利水平为依据来进行衡量，即补偿剩余（CS）或等量剩余（ES）。补偿剩余和等量剩余这两种计量方法是个人在商品数量的调整受到限制的情况下进行定义的。

CVM 是一种典型的主观陈述偏好评价方法，它利用效用最大化原理，通过建立假想市场，直接询问受访者对接受环境物品或服务的最大 WTP，或者询问他们失去某种给定的环境物品或者服务而愿意接受补偿的最小 WTA，从而推断出环境物品的经济价值。CVM 能够对环境总经济价值包括使用价值和非使用价值进行评估，是目前应用最广泛的关于环境公共物品价值评估的方法。

CVM 的产生可以追溯到 1947 年，资源经济学家 Ciriacy-Wantrup 在计量防治土壤侵蚀的正外部效应时，首次提出了 CVM 的最初概念，称其为直接访问法，但这一概念并未得到具体实施（赵军，2005）。1979 年，美国水资源委员会（Water Resources Council，WRC）将 CVM 推荐为评估休憩效益的两种优先方法之一（另一种为旅行成本法），并建立了将 CVM 方法应用于娱乐问题的指导原则、标准和程序，推动了水资源相关联邦机构［如美国陆军工程部队（US Army Corps of Engineering）、美国垦务局（US Bureau of Reclamation）等］对 CVM 的应用。1986 年，美国内务部把 CVM 推荐为评估自然资源和环境的存在价值和遗赠价值的基本方法。1989 年埃克森公司的"瓦尔德斯"号事件发生后，Carson 等使用 CVM 估算出原油泄漏造成沿岸的非使用价值损失在 30 亿~50 亿美元，而此前埃克森公司已经投入了大约 41 亿美元来消除泄漏的原油，因此沿岸受损者要求埃克森公司继续追加补偿额，由此引发了包括产业界在内的关于 CVM 准确性和有效性的大争论。1992 年美国国家海洋和大气管理局（National Oceanic and Atmospheric Administration，NOAA）任命了一个由两位诺贝尔经济学奖获得者 Kenneth Arrow 和 Robert Solow 领导的"蓝带小组"（Blue Ribbon Panel），对 CVM 在测量自然资源的非使用价值或存在价值方面的可应用性进行评估，报告结果对 CVM 的准确性给予了充分的肯定。1984 年美国加州大学农业与资源经济学系 Hanemann 教授建立了 CVM 与 Hicks 等价剩余、等价剩余和 WTP 等概念的有效联系，为 CVM 奠定了坚实的经济学基础。20 世纪 80 年代以来 CVM 研究进入了一个文献爆炸时代。

在美国政府的有力推动下，CVM 逐渐成为美国环境与自然资源经济学领域的主要方法之一。20 世纪 80 年代英国、挪威和瑞典引入 CVM，90 年代法国和丹麦引入

CVM。欧盟国家过去二十多年的研究表明，CVM 在帮助政府公共决策方面是很有潜力的。据统计，至 1999 年欧洲国家用各类环境价值评估技术开展的环境价值评估研究案例已达 650 多例，这些评估技术包括 CVM 和其他陈述性偏好法，如选择试验（choice experiment，CE）、联合分析（conjoint analysis，CA）、条件排队、条件分级及旅行成本法、内涵资产价格法等，其中 CVM 的应用占主要部分。在日本的环境经济价值评估研究中，CVM 也同样占据着重要的地位，应用 CVM 评估的结果已经用于环境税的制定。近四十年来，CVM 在西方国家得到日益广泛的应用，研究案例和著作数量增多，调查和数据统计分析方法日臻完善，已经成为一种评价非市场环境物品与资源的经济价值的最常用和最有用的工具。Mitchell 等统计，从 20 世纪 60 年代初提出到 20 世纪 80 年代末的二十余年时间里，公开发表的研究案例有 120 例。近四十年来世界上四十多个国家 CVM 研究的案例已超过 2 000 例，研究对象有空气、河流、湖泊、湿地、森林、野生生物保护等环境与自然资源领域。据加州大学经济系 2001 年的统计，20 世纪 90 年代以来用 CVM 评估非市场源价值的文献达 500 多篇。到 2001 年 CVM 已在世界上 100 多个国家开展，研究案例超过 5 000 个（Carson，2003）。

相对发达国家，由于经济发展水平、经济和政治体制、技术条件的限制，CVM 在发展中国家的理论与应用研究开展得较少。CVM 研究方法于 20 世纪 90 年代末引入我国，目前国内采用该方法评估环境物品的经济价值的研究工作刚刚起步，我国的研究案例也是 2000 年后才逐渐开展。从已检索文献来看，薛达元等（1999）是国内较早从事 CVM 研究的学者，他们采用开放式 CVM 探讨了长白山自然保护区的非使用价值和旅游价值，并分别对非使用价值的存在价值、选择价值和遗产价值做了详细的探讨，是早期较具影响的研究之一。2000 年后，国内学者开始较多关注 CVM，集中在自然资源与生态系统服务价值领域的案例近三十个，归纳起来，可大致分为以下 3 个方面。

（1）自然资源与生态系统保护。薛达元等（1999）采用开放式 CVM 探讨了长白山自然保护区的非使用价值和旅游价值，并分别对非使用价值的存在价值、选择价值和遗产价值做了详细的探讨。

（2）环境质量改善和生态系统恢复。徐中民等（2003）开展的对我国西北黑河流域生态恢复的价值评估，是近期较有影响的条件估值研究案例。他们采用直接市场法、开放式、支付卡式、二分式 CVM 及环境选择模型（choice modelling，CM）等方法，对黑河中上游的甘肃张掖地区和黑河下游的内蒙古额济纳旗等生态脆弱地区生态恢复开展了大量调查工作，并对环境价值评估的主要方法进行了比较。

（3）环境污染损失。环境污染和生态破坏的价值损失评价是 20 世纪 80 年代自然资源和环境价值评估的主流，当前这方面研究已不多见。

**（一）CVM 的研究步骤**

CVM 的基本研究步骤可以概括如下：①建立假想市场；②取得个人的 WTP 或 WTA；③估计平均 WTP/WTA；④估计 WTP/WTA 曲线。具体而言，在实际中，可以遵循以下步骤（图 10.8）。

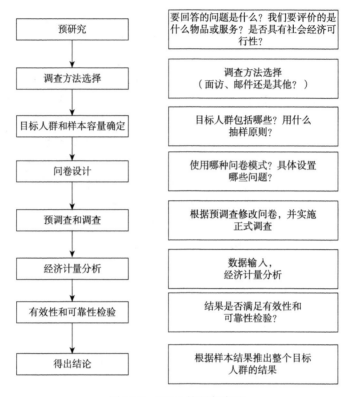

图 10.8　CVM 的研究步骤

### （二）CVM 的问卷模式

经过多年的发展，CVM 的问卷模式或者说用于引导出 WTP/WTA 的引导技术大致可以分为两大类：连续型条件价值评估法（Continuous CVM）和离散型条件价值评估法（Discrete CVM）。连续型条件价值评估法包括投标博弈法（iterative bidding game，IBG）、开放式问卷（open-ended questions，OQ）和支付卡式（payment card，PC），离散型条件价值评估法包括二分式选择（dichotomous choice，DC）和不协调性最小化（dissonance minimizing，DM）。

投标博弈法是 20 世纪 70~80 年代常用的形式，也是最早采用的研究模式。在这种方式中，受访者首先被询问是否愿意支付 $X$ 元，调查者根据受访者的回答而不断提高或者降低报价，直到辨别出受访者的最大 WTP。该方法可以建立一个类似市场的环境，使得受访者可以更好地表明自己的偏好，但是其容易产生起始点偏差。

开放式问卷是获取人们经济评价的一种最直接的形式，由于没有给调查对象任何暗示和线索，故不存在起始点偏差。但是，也正因为如此，受访者在回答问题上存在一定的难度，导致许多人的 WTP 等于零或者其 WTP 很小而招致一些学者的批评。

相比其他的 CVM 问卷模式，二分式选择的优点是它可以给受访者提供一个熟悉的市场，只需要受访者回答"是/否"，从而给受访者以讲真话的激励，提高调查的有效反应率。二分式选择的缺点是容易产生肯定性回答偏差，从而造成 WTP 值的高估。

由于 CVM 是一种实践性很强的研究方法，其问卷设计的质量和调查实施的科学性直接影响结果的有效性和可靠性。1993 年由两位诺贝尔经济学奖获得者 Kenneth Arrow 和 Robert Solow 领导的"蓝带小组"，对 CVM 在测量自然资源的非使用价值或存在价值方面的可应用性进行评估，报告结果对 CVM 的准确性给予充分的肯定，同时也提出了 CVM 研究的一些指导性原则。由于中国的市场化程度不高，经济发展水平相对较低，且国内 CVM 研究正处于起步阶段，故应该对 NOAA 提出来的原则加以修正和补充以更好地适应中国的实际情况。结合国内的一些研究，笔者认为 CVM 的问卷设计和调查实施应该遵循以下方法学原则。

（1）问卷中应该提供受访者足够的关于被评估对象的属性信息，包括评估对象特征的描述、它能够带来的效益、地理范围、现有产权等，尤其是当 CVM 研究所涉及的问题是非常复杂的，或者是受访者不太熟悉的时候，如生物多样性、温室效应的影响等，问卷应该提供足够的相关背景资料。由于调查的时间有限，故也没有必要解释得过于详细，可以用较通俗的语言附加一些相关的图片资料来向受访者传递重要的信息。在询问中，不应带有引导或暗示性的语句。对于一般性的认知和评价问题，尽量采用标准的利克特多尺度量表，所有问题的提问方式和备选答案应避免引起受访者的反感或敏感。

（2）问卷中提出问题的顺序，也就是问卷的结构，会影响 CVM 的结果，如问卷中前面的问题会影响后面问题的回答；前面问题的难易程度会影响到受访者的兴趣，因此在问卷设计中往往遵循如下原则：将容易回答的直接的问题放在问卷的前面，而较难回答的问题放在问卷的后面；提问应该有一定的逻辑性，将相关的问题一起询问。

（3）问卷中应该包括对有关受访者的社会经济特征和人口统计变量的询问以检验 CVM 成果的理论有效性，如受访者的性别、年龄、职业、受教育程度、收入、居住地与项目距离、环境认知态度等。

（4）建议采用单边界两分式选择或双边界两分式选择的核心估值问题；投标数额的项数一般在 10 项左右，且不宜采用"过分精确"的数字（如 7，12，16），应采用受访者在日常生活中较熟悉并容易接受的"分类数值"（如 5，10，20）；最小投标额应该满足 90% 的受访者能够接受，最大投标额应该满足 90% 的受访者不接受；在询问人们的 WTP/WTA 之前提醒受访者其家庭或个人的收入约束。

（5）在调查中辨明受访者拒绝支付的原因是非常重要的，即弄清楚哪些是代表零 WTP，而哪些是代表反对这种假象市场。因此，在核心估值问题之前，应该设置一个问题以弄清楚零 WTP 的原因。

（6）建议采用捐款或缴税等方式；对于长期提供的物品或服务，在城镇地区支付单位可采用每户每月，因为大部分人每月都有相对固定的收入，而在农村地区建议采用每户每年，因为其没有固定的月收入而对年收入可能较敏感；对于一次性的购买支出行为，应当采取一次性支付方式。

（7）建议采用二分式选择 CVM，投标额的项数一般为 10 项，考虑到对各子样本的社会经济特征进行 $t$ 检验的统计学要求，各子样本量应该大于 30 个。因此，有效样本容量至少应该大于 300 个。在条件允许的情况下，尽量采用分层抽样，以增加总体均值的估计准确性和有效性。

（8）鉴于中国市场调查程度较低，调查过程采用面访形式为宜，根据受访者的配合态度，一般访问时间在 15~30 分钟，在问卷的最后应该记录受访者的理解程度、配合态度等。

（9）预调查中宜采用支付卡式的问卷来获取两分式选择问卷的投标起始点和数值间隔及范围；同时尽可能调查高收入人群，对高 WTP 的界定有重要意义。

（10）数据分析和经济学验证应该剔除回收问卷中的无效问卷，无效问卷的一般辨别依据如下：①重要信息如收入回答不完全；②对 WTP 调查不理解；③回答态度不够严肃，结果失真；④边缘投标，如 WTP 显著高于其收入组成的 10%。

数据统计一般采用编码和虚拟变量的形式，易于统计分析。应该指出，由于我国属于发展中国家，居民收入水平和环境意识水平相对较低，对于可能出现的大量零 WTP 一般应认为有效而不应剔除。WTP 平均值和中点值的分析模型则相应地采用合适的回归方程，为增加回归方程的稳健性，一般只设一个解释变量即投标数额。

（11）在计算总 WTP/WTA 时，应该以 WTP 的平均值而不是中点值作为价值测度的尺度。WTP 中点值表明 50% 的受访者愿意支付该值，从社会公正角度来说，WTP 中点值可以接受，但中点值不能应用于研究总体，因而不能用于推导自然资源的总经济价值；WTP 平均值在本质上与希克斯收入补偿原则一致，且符合帕累托效率，环境经济学更支持 WTP 平均值；研究整体区域范围的确定一般采用保守估计（如世界遗产自然保护区效益甚至可达全球范围），一般以受计划项目环境影响较为直接的行政区单元为研究总体。

### （三）CVM 可能出现的偏差及其解决方法[①]

CVM 应用中暗含的主要假设是，受访者知道自己的个人偏好，有能力对环境物品或服务估价，并且愿意诚实地说出其 WTP。正是由于其理论前提的相对简单性，用 CVM 得到的价值评估结果的正确性和可靠性由于其内在的偏差而受到质疑。根据经验研究，在调查问卷的设计和调查实施过程中可以采取相应的解决方法从而有效减少和降低 CVM 中大部分偏差的可能性影响。表 10.3 介绍了 CVM 中各种可能偏差描述及解决方法。

表 10.3　CVM 中各种可能偏差描述及解决方法

| 偏差类型 | 偏差描述 | 问卷设计和调查实施中减少偏差的方法 |
|---|---|---|
| 假想偏差 | 调查的假想性所导致的受访者所申明的 WTP 与真实的 WTP 不一致的情况 | 设计图文并茂的问卷，进行至少 30 人参加的预调查并完善问卷，以充分模拟市场；采取匿名的调查方式；给参与者适当的报酬 |
| 支付方式偏差 | 假设的收取人们支付的方式不当而导致的偏差 | 用各种支付方式设计 WTP 问题，进行预调查，以选择"中性"的支付方式；或者提供各种适当的支付方式，由受访者自己选择合适的方式 |
| 投标起始点偏差 | 支付卡和投标博弈的 WTP 引导方式以某一投标起始点开始，该起始点的高低会影响 WTP 的分布 | 改进 CVM 问卷与调查的设计，如通过预调查确定这种投标格式的起点值和数值间隔及范围，或者将不同出价组合的范围加以重叠，或者使用较少的出价组合，以减少起始点偏差；直接利用模型推估调查对象回答封闭式问卷时的起始点效果或偏差 |

---

① 本节部分内容参考徐中民等（2003）。

续表

| 偏差类型 | 偏差描述 | 问卷设计和调查实施中减少偏差的方法 |
|---|---|---|
| 策略性偏差 | 受访者试图影响调查结果和实际决策过程，而在投标时故意说高或说低其真实的 WTP | 剔除所有的极端值，如对调查结果进行分析前可以剔除边缘投标（即收入 5%~10%的投标）；强调其他人的支出是确定的；不让受访者知道其他人的 WTP/WTA；让受访者知道环境质量的改善或某项公共物品的提供取决于社会总的 WTP/WTA |
| 信息偏差 | 提供的信息的数量、质量和顺序会影响投标数量，信息不足或者提供错误的、诱导性的信息，会使事先不了解情况的调查对象很难给出恰当的 WTP | 使用焦点群体或多次调查的方法预先调查重点被调查群体对于该"商品"的理解，并在调查时尽量向受访者提供清楚、完全和准确的信息 |
| 未回答偏差 | 当未回答者与回答者有显著差别时，导致样本不能有效代表总体 | 将问题设计得简明和易于回答（70%以上的反映率是比较理想的，40%~60%的反映率也是普遍的） |
| 肯定性回答偏差 | 受访者在回答离散型 CV 问题时，倾向回答"是"，这种回答表达的是他们的某种动机而非其真实偏好 | 尽量在不涉及价格的情况下给受访者提供其他的机会以表达其对调查计划的支持 |
| 抗议反应偏差 | 受访者倾向反对假想的市场或支付工具而引起的偏差 | 在问卷中应该专门设计一个问题以弄清楚零支付的原因；从样本中剔除抗议投标样本，但其比例不应超过总样本的 15% |
| 嵌入性偏差 | 当把被要求估价物品看作更大类别中的一部分时，估计出来的 WTP 比直接对这一物品本身估价得到的结果要低 | 向受访者适当地提供替代品的信息；将不同物品的 CVM 调查分开，在不同的样本中分别进行调查 |
| 部分—整体偏差 | 受访者没有正确区分某种整体环境与其组成部分，或者受访者对于范围不敏感 | 提醒受访者明确和注意自己的收支限制，估价整个物品而不是物品的部分 |
| 问题顺序偏差 | 在有多个估价问题的问卷中，各个相关问题的不同出现次序对结果可能产生影响 | 提醒受访者对问题前后参照，并修正前面所做出的估值判断 |
| 停留时间长度偏差 | 调查中停留时间较长使受访者感到不方便和产生厌烦感觉而对调查结果产生影响 | 从介绍情况到调查结束通常不应该超过 30 分钟 |
| 调查员偏差 | 调查员的不同而导致估价结果的不同 | 要对调查员进行严格的培训 |
| 调查方式偏差 | 邮寄信函、电话、面对面采访等不同调查方式对结果的影响 | 在信函调查中用下列方法提高反映率：在第 1 份信函后再分别寄出第 2 份和第 3 份（或打电话）；在第 1 份信函中附寄一定的费用；用印刷精美的图案刺激参与者的反应动机 |
| 抽样偏差 | 由于不能调查所有的对象，抽样调查的对象又不能准确地代表被调查群体的 WTP 而带来的偏差 | |

对于以上几种偏差，可通过以下 3 种方式进行检验：①理论检验，调查前从理论上明确各变量之间的关系，之后用调查结果来检验；②预测能力检验，看 CVM 预测到的人们的选择行为与人们的实际选择行为是否一致，但是，这种方法对于非市场产品来说是有一定难度的；③通过受访者的 WTP/WTA 分布进行检验。

## 二、CVM 的理论基础及其局限性

CVM 的产生可以追溯到 1947 年，资源经济学家 Ciriacy-Wantrup 在计量防治土壤侵蚀的正外部效应时，首次提出可以通过调查问卷直接询问消费者对于某项非市场产品供应的 WTA，并以此来估计消费者消费此公共物品而获得的经济效益，但这一概念并未得到具体实施。直到 1963 年美国哈佛大学的博士 Davis 首次采用 CVM 研究缅因州宿营、狩猎的娱乐价值以来，CVM 不断地被研究者应用于评估各种外部效应的价值。CVM 是一种典型的陈述偏好评价方法，它基于效用最大化原理，通过建立假想市场，直接询问受访者对接受环境物品或服务的最大 WTP，或者询问他们失去某种给定的环境物品或者服务而愿意接受补偿的最小 WTA。通过计算受访者的平均支付（受偿）意愿，并把样本扩展到研究区域整体，用平均支付（受偿）意愿乘以生态系统服务范围人口数（户数），从而推断出环境物品的经济价值。

### 三、CVM 研究方法在我国环境评价中的应用

CVM 研究方法于 20 世纪 90 年代末引入我国，目前国内采用该方法评估环境物品的非市场价值的研究工作刚刚起步，我国的研究案例也是在 2000 年后才逐渐开展的。目前，我国的研究已经从单纯的资源环境价值评估拓展到居民健康价值、历史文化价值、政府公共政策评估等多个领域。相比较而言，我国的研究案例无论是从理论方法上还是实践研究上与国际的差异还非常明显，研究主要集中在 WTP 计算、经济价值评估和影响因素分析等方面，更深层次的理论探讨较为缺乏。我国学者进行 CVM 研究的初步结果表明，CVM 的确在公共物品的价值评估方面具有相当大的潜力。关于推进 CVM 方法在我国的应用，一方面需要进一步将研究的内容主要集中在取样、问卷调查、数据处理、有效性检验等方面；另一方面需要拓宽 CVM 应用领域，并进行深入的实例研究和方法论上的探讨。为推进 CVM 方法在我国的应用，还需在以下几方面做出改进。

（1）问卷要根据研究目的和实际情况进行合理的设计，通过采用适当的问卷设计技术，来减小被调查者不理解甚至抵触调查发生的可能性。通过预调查检验和发现问卷中存在的问题，对所要评价的环境对象了解越清楚、信息越多，越能够准确表达自己的 WTP，所以与调查有关的信息在调查时要向被调查者进行清楚的解释和说明。为了更直观地表达某些问题，问卷可以设计成图文并茂的形式。

（2）严格按照统计学的抽样规范进行抽样，科学选取具有代表性的样本。通过 WTP 与其他一些社会经济特征的相关性分析，以提高研究结果的有效性。WTP 总量与总人口范围关系极大，所以在研究过程中，要合理界定环境生态服务功能所达到的受益人群范围，并科学选取样本。

（3）在进行资源环境价值评估时，常常会形成一些偏差。为纠正结果偏差，最好能将意愿调查价值评估法与其他方法（如市场价值法、旅行者成本法）的评价结果进行比较，拓宽 CVM 研究领域，探索 CVM 与其他资源环境价值评估法的结合运用，如实验经济学方法、综合选择法、表现偏好法与 CVM 的联合运用等。

（4）应该注重 CVM 方法在农村的应用和发展。目前，某些生态系统（如农田生态系统、荒漠生态系统、森林生态系统等）服务功能的各项服务价值还没有或者只有很少的研究资料，而对这些生态系统服务价值的正确核算意义重大。正确合理地评估农村生

态资源价值，对于解决"三农"问题、优化资源配置和可持续发展都有极其重要的作用和意义。

总之，CVM 与其他方法相比，特别适宜于对那些非使用价值占有较大比重的资源环境价值的评估及对公共政策的成本效益分析。根据国外资源环境价值评估的研究趋势，以及我国近年来的研究进展，CVM 具有广阔的应用前景。虽然目前国内对于 CVM 研究的有效性和可靠性仍有很大不确定性，但这一方法的有效性已经得到了很多国内学者的肯定，它可以作为政府决策的一种科学有效的工具，能够获得准确的调查结果，使用科学、有效的分析方法，它的应用将更加广泛。

## 第四节　CVM 方法的产生与发展

### 一、CVM 方法

环境物品或环境服务的经济价值评估是国际上环境经济学研究的前沿领域，是制定可持续环境政策的关键步骤。随着人们环境意识的逐渐提高和环境资产稀缺性的增加，在资源利用决策中，决策者也逐渐考虑环境因素的作用，但是由于缺乏市场，资源利用决策中大多缺乏有关环境价值方面的信息。近年来国际上关于非市场环境物品价值的估算方面的理论和实践研究日益增多，经济学家已经发展了一些超越传统市场基础的方法来估计环境物品所带来的福利和所引致的成本。这些方法主要包括两类：显示性偏好法和陈述性偏好法。显示性偏好法需要利用相关市场的一些信息来进行价值估算，主要有旅行成本法（娱乐地区的使用价值）和享乐价值法（用于污染成本的估计等）。陈述性偏好法主要利用人们对一些假想情景所反映出的 WTP 来进行环境物品价值估计。从当前的研究来看，陈述性偏好法主要有两类：CVM 和选择试验模型法。

CVM 是通过调查参与者为实现某种假想的环境目标所愿意支付的货币数量，从而推导环境物品的价值参与者需要在现有状态（获得在当前政策下所具有的环境状况不需要额外的支付）和推荐情景（取得某种优于当前的环境状况需要支付一定的费用）之间做出选择。CVM 主要用于分析公共产品的供给水平变化，尤其是用于分析具有非排他性和不可分割性的环境商品。与间接方法对比，CVM 通过假设的问题，获得访问者对于环境产品等的价值评价，存在一定的不足。另外，CVM 与间接方法相比具有两个方面的优势：一是它可以用于使用价值和非使用价值问题，而间接方法只能用于使用价值问题；二是从原则上看，与间接方法不同的是，CVM 得到的是意愿支付和意愿接受价值。

常用的环境资源经济价值评估方法可分为显示性偏好法和陈述性偏好法两大类。显示性偏好法的原理在于消费者所购买的商品优于其他可以选择的商品组合，即消费者在实际市场中的行为能够传递出一定的信息（张巨勇和韩洪云，2004）。显示性偏好法包括简单市场价值法和替代市场法，其中简单市场价值法包括生产率变动法、收入变化法、替换成本法、预防支出法和重置成本法，典型的替代市场法有旅行成本法和内涵资产定价法。由于显示性偏好法是基于可观测的行为，所以能够比较客观地反映人们对于资源环境的价值评估。但是，显示性偏好法是追溯性的，因此它也有自身的缺陷：第一，显示性偏好法只能用于评估使用价值，而不能用于评估非使用价值；第二，显示性偏好法不能用于评估未曾经历过的（环境）质量问题；第三，人们在做出现实选择时往往缺乏完备的信息；第四，显示性偏好法要求环境资源等非市场产品和市场之间存在着一定的联系，而很多情况下这种关系并不存在（张巨勇和韩洪云，2004）。

CVM 需要针对不同的参与者询问相同的问题，通常只是在支付的货币数量上存在差异。一定样本的参与者的个人 WTP 被用于推导人们对环境质量改进的平均 WTP。CVM 运用于一次通常只能解决一种环境变化状态所引起的福利变化，而且也只能解决环境质量整体一种变化状态的价值估计，但通常环境物品都具有多重的属性，在实际决策中，决策者可能更关心环境物品某种属性的变化和整体质量状况不同变化的价值估计。虽然 CVM 可以用于使用价值和非使用价值评价，但是实际上主要用于后者，特别是大多数条件价值评价涉及存在价值或消极使用价值。

应用 CVM 包括以下步骤。

（1）创造获得个人 WTP/WTA 资料的调查工具。这可以进一步划分为有区别但又相互联系的三个部分，包括设计假设方案、决定问 WTP 还是 WTA、确定有关支付或者补偿手段的方案。

（2）在有关群体的样本中应用调查工具。

（3）分析调查资料，这可以分为如下两个部分：利用关于 WTP/WTA 的样本数据估计群体的平均 WTP/WTA、评价调查结果以确定精度。

（4）计算相关群体的总 WTP/WTA，以便用于环境成本-效益分析。

（5）进行敏感性分析。

环境价值包括使用价值和非使用价值。使用价值是指所研究非市场的实际使用或者可能的使用方面的价值，包括直接使用价值和间接使用价值。非使用价值是指非市场产品的一种内在属性，它与人们是否使用它没有关系，其主要包括存在价值、选择价值和遗赠价值。存在价值是人们对非市场产品价值的一种道德上的判断，即只是因为非市场产品的存在而表现出的 WTP。选择价值也称为期权价值，此时人们对某一物品的存在具有 WTP 的目的在于保留将来使用这种物品的权利。遗赠价值是指人们为了保护某种非市场产品而愿意做出的支付，是为了把它留给后代人享用其使用价值和非使用价值。

环境价值评价方法广义地分为显示性偏好法和陈述性偏好法。显示性偏好法主要用于可以通过直接观察市场或替代市场对环境价值进行评价，主要有旅行成本法（娱乐地区的使用价值）和享乐价值法（用于污染成本的估计等）。非市场产品本身不存在市场，没有市场交换价值，以致环境物品利用决策中大多缺乏有关环境价值方面的信息。对于缺乏市场及替代市场的商品，经济学家们主要利用人们对一些假想情景所反映出的 WTP 来衡量外部成本和外部收益，包括 CVM 和选择实验模型法。选择实验模型法包括 CA 和 CM 方法。CVM 和 CM 方法能够对环境总经济价值包括使用价值和非使用价值进行评估。与显示性偏好法相比，陈述性偏好法是唯一有效的非市场产品价值评估方法。

### （一）CM 调查表设计

CM 是近年来国际上关于非市场产品价值货币评价的一种陈述偏好法。它早期用于市场调研和交通设计等问题，如市场营销中的 CA 可用来速记某种新产品的影响，以及交通设计中用于考察引入新的运输方式后的交通模型组合等。CM 包括选择试验、条件排序（contingent ranking）、条件打分（contingent rating）和配对比较（paired comparision）四个方面。

选择实验模型法是最近几年在发达国家出现的一种新的环境公共物品经济价值评估方法，通过给参与者提供不同属性状态组合而成的选择集，让参与者从中选择自己最偏好的替代情景，据此对不同的属性状态做出损益比较。对于环境物品这种具有多重属性的对象而言，选择实验模型法提供了一种估计环境物品属性价值的方法。与 CVM 相比，选择实验模型法在所获取的信息量的多少、估计环境物品属性状态的变化范围等方面都具有独到的优势。选择实验模型法作为一种新的非市场环境价值评估技术，应用中需要询问参与者一个与 CVM 方法非常相似的问题，不同的是选择实验模型法需要参与者在现有状态和多个不同的推荐情景中做出选择。

选择实验模型法最早由 Louviere 和 Hensher 提出，早期研究主要集中在市场、交通和旅游领域，在环境领域应用较少，直到最近，Adamowicz、Boxall、Hanley、Carlsson、Bennet、Rolfe 等开始将选择实验模型法应用于评估环境的非使用价值，目前主要用于评估水质改善、自然区域和野生动植物保护的经济价值。由于选择实验模型法问卷设计和技术分析难度较大，以及受不同社会体制等多种因素的影响，故选择实验模型法在我国的实践只有个别案例。

选择实验模型法以随机效用理论（random utility theory）为基础。选择实验模型的研究一般是通过构造选择的效用函数模型，将选择问题转化为效用比较问题，通过构造选择的效用函数模型，用效用的最大化来表示参与者对替代情景集合中最优方案的选择，以达到估计模型整体参数的目的。该方法需要系统设定研究对象的一系列不同水平特征的选择集合，被调查者要从每个不同的选择集合中选择自己具有最大偏好的方案。选择实验模型法认为被调查者的每一个选择都可以表示为不同属性状态的组合，随机效用函数将选择的效用描述成一个系统的、可观测的部分（可解释的）和一个隐含的、随机误差部分（不可解释的）之和。假设被调查者的效用函数用 $U(X,S)$ 表示，则：

$$U_{ni}(X_{ni},S_n)=V_{ni}(X_{ni},S_n)+\varepsilon_{ni} \qquad (10.10)$$

其中，$U_{ni}$ 为被调查者 $n$ 选择方案 $i$ 的直接效用函数；$V_{ni}$ 为被调查者 $n$ 选择方案 $i$ 的间接效用函数；$X_{ni}$ 为被调查者 $n$ 所选方案 $i$ 的属性特征；$S_n$ 为被调查者 $n$ 的社会经济特征；$\varepsilon_{ni}$ 为被调查者 $n$ 选择方案 $i$ 的随机变量。

被调查者对各种方案的选择主要根据每种方案为其带来效用的大小，他只选择给其带来最大效用的方案。因此，被调查者 $n$ 从选择集 $C$ 中选择方案 $i$ 的概率可表示为

$$\text{Prob}(i/C)=\text{Prob}(V_{ni}+\varepsilon_{ni}>V_{nj}+\varepsilon_{nj};i\neq j,j\in C) \qquad (10.11)$$

假设 $\varepsilon$ 服从独立同分布（independent and identically distributed，IID），则被调查者 $n$ 选择方案 $i$ 的概率可用多元 Logit 模型（multinomial logit model，MNL）表示：

$$\text{Prob}(ni) = \frac{\exp(\mu V_{ni})}{\sum_{j \in C} \exp(\mu V_{nj})} \tag{10.12}$$

其中，$\mu$ 为标量函数，通常可取 1。

在 MNL 估计的基础上，环境物品各个属性的价值（WTP）可表示为

$$\text{WTP} = -(\beta_{\text{attribute}})/(\beta_m) \tag{10.13}$$

其中，$\beta_{\text{attribute}}$ 为环境物品各属性项的估计系数；$\beta_m$ 为收入的边际效用，通常用货币项的估计系数表示。

假设被调查者 $n$ 选择方案 $i$ 的间接效用函数为方案 $i$ 各个属性特征的线性函数：

$$V_{ni} = \text{ASC} + \sum \beta_k X_k \tag{10.14}$$

其中，ASC 为替代特定常数（alternative specific constant），用来解释无法观察的属性对选择结果的影响；$\beta$ 为系数；$X_k$ 为方案 $i$ 的第 $k$ 个属性特征，则：

$$\text{CS} = \frac{1}{\beta_m}\left[ \ln\left(\sum_i \mathrm{e}^{v^0}\right) - \ln\left(\sum_i \mathrm{e}^{v^1}\right) \right] \tag{10.15}$$

其中，CS 为补偿剩余（compensating surplus），表示环境物品状态变化所带来的福利；$v^0$ 和 $v^1$ 为环境物品状态变化前和状态变化后的间接效用。

**（二）选择实验模型的应用步骤**

选择实验模型的应用通常需要以下 7 步才能完成：①确定决策问题的特征，需要辨明研究的问题（环境质量的变化影响娱乐行为、公共物品供给的变化等）；②属性和状态的选择，在这一阶段需要进行预调查，以确定所研究对象的关键环境属性和属性的状态值；③问卷的设计，问卷可以采取各种各样的方式，图文并茂效果更佳；④实验设计开发，只要确定属性和状态，就可以用实验设计程序构造需要呈现给参与者的选择替代情景及其组合（选择集）；⑤抽样规模，通常考虑状态值是否精确和数据收集成本来决定抽样规模；⑥模型估计，通常采用的统计分析模型是 MNL，估计方法是最大概率估计方法；⑦结果分析，大多数 CM 估计结果可用于福利测量和预测参与者的行为，可以支持决策分析。

根据是否给推荐的替代情景冠名，可以将选择实验模型分为普通的替代选择（替代情景 1、替代情景 2、替代情景 3）和标度的替代选择（如提高水质的替代、增加绿洲面积的替代）两种类型，普通的替代选择和标度的替代选择对参与者的选择结果有影响。

## 二、选择实验模型法和 CVM 的比较

选择实验模型法和 CVM 是目前用于评估环境物品经济价值的两种主要方法。由于选择实验模型法和 CVM 都是基于效用最大化理论，同属于陈述性偏好法，对选择实验模型法和 CVM 的比较研究是目前环境经济学研究的一个热点问题。

### （一）CVM 估计的 WTP

CVM 是利用效用最大化原理，在假想的市场条件下，采用问卷调查来揭示消费者

对环境质量改善的 WTP 或是对环境质量受损的 WTA，以 WTP 或 WTA 的方式推导环境物品或环境服务的经济价值。研究者可以根据被调查者的偏好，运用经济计量模型分析环境物品或环境服务不同属性的价值以及由不同属性状态组合而成的各种方案的损益情况。

在多种选择方案中，消费者只会选择给他带来最大效用的方案。假设方案 $i$ 的直接效用函数为

$$U_i = V_i + \varepsilon_i \qquad (10.16)$$

其中，$V_i$ 为选择方案 $i$ 的间接效用函数，取决于备选方案的特征或所衡量的环境物品的特征及消费者的社会经济特征；$\varepsilon_i$ 为随机变量，用于解释各人偏好误差和测量误差。根据效用最大化理论，消费者 $n$ 选择方案 $i$ 的概率可表示为

$$P_n(i) = \Pr\left(U_{in} \geqslant U_{jn}\right) \qquad (10.17)$$

即

$$P_n(i) = \Pr\left(V_{in} + \varepsilon_{in} \geqslant V_{jn} + \varepsilon_{jn}, \forall i \neq j\right) \qquad (10.18)$$

双边界二分式 CVM 是 CVM 方法中评估结果较精确的一种方法，它先为被调查者提供一个投标值，问其是否愿意支付。如果被调查者的回答是"是"，则为其提供另一个较高的投标值；否则为其提供另一个较低的投标值。因此，被调查者的回答会有 4 种可能："是—是""是—否""否—是""否—否"。被调查者可能产生的 4 种不同回答结果的概率可采用 Logit 的函数形式来表示：

$$P_i(\text{YY}) = 1 - \frac{1}{1 + \exp\left(\alpha + \beta \times \text{BID}_U + \sum_k \gamma_k x_k\right)} \qquad (10.19)$$

$$P_i(\text{YN}) = \frac{1}{1 + \exp\left(\alpha + \beta \times \text{BID}_U + \sum_k \gamma_k x_k\right)} - \frac{1}{1 + \exp\left(\alpha + \beta \times \text{BID}_I + \sum_k \gamma_k x_k\right)} \qquad (10.20)$$

$$P_i(\text{NY}) = \frac{1}{1 + \exp\left(\alpha + \beta \times \text{BID}_I + \sum_k \gamma_k x_k\right)} - \frac{1}{1 + \exp\left(\alpha + \beta \times \text{BID}_L + \sum_k \gamma_k x_k\right)} \qquad (10.21)$$

$$P_i(\text{NN}) = \frac{1}{1 + \exp\left(\alpha + \beta \times \text{BID}_L + \sum_k \gamma_k x_k\right)} \qquad (10.22)$$

其中，$P_i(\text{YY})$、$P_i(\text{YN})$、$P_i(\text{NY})$、$P_i(\text{NN})$ 分别为被调查者 $i$ 的回答结果为"是—是""是—否""否—是""否—否"的概率；$\text{BID}_I$ 为初始投标值；$\text{BID}_U$ 为第 2 个较高的投标值；$\text{BID}_L$ 为第 2 个较低的投标值；$\alpha$、$\beta$、$\gamma$ 为待估参数；$x$ 为被调查者的社会经济特征。

假设虚变量 $I_{\text{YY}}$、$I_{\text{YN}}$、$I_{\text{NY}}$、$I_{\text{NN}}$ 分别表示"是—是""是—否""否—是""否—否"的回答结果（如果被调查者的回答结果为"是—是"，则 $I_{\text{YY}} = 1$，否则 $I_{\text{YY}} = 0$；$I_{\text{YN}}$、$I_{\text{NY}}$、$I_{\text{NN}}$ 的定义类似），假设被调查者在回答两个问题时的 WTP 不

变，对数似然方程可表示为

$$L^{DB} = \sum_{i=1}^{N} \ln\left[ I_{YY} P_i(YY) + I_{YN} P_i(YN) + I_{NY} P_i(NY) + I_{NN} P_i(NN) \right] \quad (10.23)$$

参数 $\alpha$、$\beta$、$\gamma$ 可通过最大似然法求得，被调查者的平均 WTP 可表示为

$$WTP = \frac{\ln\left[ 1 + \exp\left( \alpha + \sum_k \gamma_k x_k \right) \right]}{-\beta} \quad (10.24)$$

### （二）选择实验模型法估计的 WTP

在选择实验模型法中，假设 $\varepsilon$ 服从独立同分布，则被调查者 $n$ 选择方案 $i$ 的概率可用 MNL 表示：

$$P_n(i) = \frac{\exp^{\mu V_{in}}}{\sum_{j \in C_n} \exp^{\mu V_{jn}}} \quad (10.25)$$

其中，$\mu$ 为标量函数，通常可取 1。

在 MNL 估计的基础上，环境物品单个属性的价值可表示为

$$WTP = -(\beta_{attribute}) / (\beta_m) \quad (10.26)$$

其中，$\beta_{attribute}$ 为环境物品各属性项的估计系数；$\beta_m$ 为收入的边际效用，通常用货币项的估计系数表示。

假设被调查者 $n$ 选择方案 $i$ 的间接效用函数为线性，即

$$V_{ni} = \alpha_{ni} + \beta X_i \quad (10.27)$$

其中，$\alpha_{ni}$ 为常数项，用于表示被调查者 $n$ 选择方案 $i$ 的内在偏好；$\beta$ 为待估系数；$X_i$ 为方案 $i$ 的属性特征，则

$$CS = \frac{1}{\beta_m} \left\{ \ln\left[ \sum_i \exp(v^0) \right] - \ln\left[ \sum_i \exp(v^1) \right] \right\} \quad (10.28)$$

其中，CS 为补偿剩余，表示环境物品状态变化所带来的福利；$v^0$ 和 $v^1$ 分别为环境物品状态变化前和状态变化后的间接效用。

### （三）比较

CVM 是过去主要使用的方法，随着应用的深入，人们越来越发现 CVM 本身具有很难克服的缺点，具体如下：①策略偏见（strategic bias），是指被调查者随意的回答不能确切代表他的真实偏好；②附和（yea saying），被调查者做出选择不是因为强偏好，而是顾及面子；③对变化的不敏感性（insensitivity to scope variations），被调查者的价值判断不能随环境的改变而发生变化；④思维定式（framing），被调查者不能迅速地对替代物品做出反应。

20 世纪 90 年代开始，人们开始对选择实验产生兴趣。以下一些因素促进了人们选择实验模型法去获取消费者对食物产品属性的 WTP：第一，选择实验与消费者怎样从对产品内在属性的消费中（而不是对产品本身消费）获得效用是一致的。第二，选择实

验数据可能很容易和显示出来的WTP数据相结合。第三，选择实验允许对不同产品特性间的交换性进行估价。第四，选择实验接近地模拟实际购买状况；特别是在不同属性之间的平衡，而在不同属性平衡的过程中，一种产品能够按照几个可以竞争的选项被挑选出来。第五，选择实验被发现可以用于对产品被引进市场后的结果进行准确预测。

研究者对 CVM 和选择实验模型法得到的结果进行比较发现，运用双边界二分式 CVM 方法得出的平均 WTP 与用选择实验模型法得到的平均 WTP 相差不大。虽然双边界二分式 CVM 方法问题格式相对简单，被调查者对于这种类似于市场交易的问题格式比较容易接受；而选择实验模型法的问题格式则比较复杂，从而增加了被调查者的感知负担，导致其有效问卷的比例要低于双边界二分式 CVM 方法。但是，选择实验模型法可以揭示属性的 WTP 并能评估出不同选择方案相对于现状的价值，因此，选择实验模型法比双边界二分式 CVM 能揭示出更多的消费者偏好信息。

**（四）选择实验模型优势和劣势**

1. 选择实验模型的优势

（1）丰富的信息。选择实验模型提供的是一个模型，可以估计参与者对各种替代情景的 WTP，因而比 CVM 能更充分地揭示参与者的偏好信息。同时，选择实验模型提供的环境属性的部分价值和属性的边际替代率可揭示参与者赋予各属性的相对重要性，拥有这些信息，决策者可以设计出更符合实际情况的环境政策。

（2）范围测试。不能揭示环境物品状态和范围变化的影响是 CVM 常受质疑的原因之一。因为可能存在嵌入影响，CVM 中范围影响测试需要比较不同范围环境状态的估值结果，这显然增加了成本。在选择实验模型的应用中，范围影响测试可以自动完成。

（3）动机的相容性。在参与者面前呈现多于两种替代情景时就增加了参与者策略行为的自由度。显然，在选择实验模型中参与者想要构造一致的策略行为比在 CVM 中更难。

2. 选择实验模型的劣势

（1）感知负担。选择实验模型需要参与者理解选择的属性、不同属性状态变化的方式，以及由不同的资源利用选择所导致的不同属性状态的组合，同时需要参与者在多个替代情景之间做出选择。显然选择实验模型的参与者面对的感知负担要超过 CVM 的参与者。问题的复杂性如果超过参与者的感知能力，就可能引起参与者采用最简单的策略（采用直观推断或试探法），选择那些存在微妙差异影响中的任意一个，导致估计参数矢量存在较大的偏差。

（2）增加的成本和技术分析的难度。由于选择实验模型参与者的感知负担要超过 CVM 的参与者，故选择实验模型的问卷应该相对简化以减少参与者的感知负担，这增加了研究投入成本，加上选择实验模型问题分析本身的难度，这些都增加了实际应用选择实验模型的难度。

### 3. 未来的方向

在过去的二十年中，关于选择实验模型的设计、分析、建立及其行为结果的解释方面都已取得可观的进展，但仍存在许多不被发现和解决的问题，特别是如何有效地在特定目的与模型复杂程度间进行最优设计的权衡，这是对选择实验模型结果进行更充分的阐释和预测所必需的。

国际上关于选择实验模型在非市场价值评估方面的应用正处于形成与发展阶段。从最近工作的进展来看，仍需要做好以下两个方面的工作。

（1）数据的组合。组合陈述性偏好的数据与显示性偏好的数据进行分析，能提高陈述性偏好数据和显示性偏好数据的有效性。归并陈述性偏好和显示性偏好的数据后，再进行校准可以改进模型的拟合性质，提高价值估计的精度。从发展的情形看，需要在更广泛的环境变化背景下估计显示性偏好和陈述性偏好联合模型，以提高估计结果的可靠性和有效性。

（2）估值对象范围的确定。在建立合适的分析框架上，选择实验模型比CVM有优势，但是只允许参与者从调查问卷所提供的选择集中选择一种替代情景存在缺陷，因为参与者的偏好可能支持多种选择方案，而且参与者也可能希望对自己的 WTP 在变化的组合间进行分解。这涉及选择集的可变性问题，是选择实验模型法应用中需要进一步研究解决的问题。

# 参考文献

戴利 H E. 1996. 超越增长——可持续发展的经济学. 诸大建, 等译. 上海: 上海译文出版社.

金建君, 王志石. 2006. 选择实验模型法在澳门固体废弃物管理中的应用. 环境科学, （27）: 820-824.

王宗明, 张柏, 张树清. 2004. 吉林省生态系统服务价值变化研究. 自然资源学报, 19（1）: 55-61.

徐中民, 张志强, 龙爱华, 等. 2003. 环境选择模型在生态系统管理中的应用——以黑河流域额济纳旗为例. 地理学报, 58（3）: 398-405.

薛达元, 包浩生, 李文华. 1999. 长白山自然保护区生物多样性非使用价值评估. 中国环境科学, 19（3）: 247-252.

张巨勇, 韩洪云. 2004. 非市场产品的价值评估. 北京: 中国农业科学出版社.

张志强, 徐中民, 程国栋. 2003. 条件价值评估法的发展与应用. 地球科学进展, （18）: 454-463.

赵军. 2005. 生态系统服务的条件价值评估: 理论、方法与应用. 华东师范大学硕士学位论文.

赵军, 杨凯. 2006. 自然资源与环境价值评估: 条件价值法及应用原则探讨. 自然资源学报, 21（5）: 834-843.

Adamowicz W, Boxall P, Williams M, et al. 1998. Stated preference approaches for measuring passive use values. American Journal of Agriculture Economics, （80）: 64-75.

Adamowicz W, Louviere J, Williams M. 1994. Combining revealed and stated preference methods for valuing environmental amenities. Journal of Environment Economics and Management，（26）：271-292.

Bennet J，Russell B. 2001. The Choice Modeling Approach to Environmental Valuation. London：Edward Elgar Publishing Inc. .

Boxall P，Adamowicz W，Swait J，et al. 1996. A comparison of stated preference methods for environmental valuation. Ecological Economics，（18）：243-253.

Carlsson F，Frykblom P，Lagerkvist C J. 2005. Consumer preferences for food product quality attributes from Swedish agriculture. AMBIO：Journal of the Human Environment，（34）：366-370.

Carlsson F，Frykblom P，Liljenstolpe C. 2003. Valuing wetland attributes：an application of choice experiments. Ecologic Economics，（47）：95-103.

Carson R T. 2003. Contingent Valuation：A Comprehensive Bibliography and History. Northampton：Edward Elga.

Christie M，Hanley N，Warren J，et al. 2004-10-08. A valuation of biodiversity in the UK using choice experiments and contingent valuation. http://www.bioecon.uc1.ac.uk.

Costanza R，Farber S C，Maxwell J. 1989. The valuation and management of wetland ecosystems. Ecological Economics，1（4）：335-361.

Costanza R，Folke C. 1997. Valuing ecosystem services with efficiency，fairness and sustainability as goals//Daily G. Nature's Services：Societal Dependence on Natural Ecosys-tems. Washington，DC：Island Press：49-70.

Hanley N，Robert E W，Gary K. 2002. Modeling recreation demand using choice experiments：climbing in Scotland. Environment Resource Economics，（22）：449-466.

Hanley N，Wright R，Adamowicz W. 1998. Using choice experiments to value the environment. Environment Resource Economics，（11）：413-428.

Lehtonen E，Kuuluvainen J，Pouta E，et al. 2003. Non-market benefit of forest conservation in southern Finland. Environmental Science and Policy，（6）：195-204.

Loomis J B，Walsh R G. 1997. Recreation Economic Decisions：Comparing Benefits and Costs. 2nd ed. Pennsylvania：Venture Publishing Inc. .

Stevens T，Belkner R，Dennis D，et al. 2003. Comparison of contingent valuation and conjoint analysis in ecosystem management. Ecological Economics，（32）：63-74.

Xu Z，Zhang Z，Chang G，et al. 2002. Measuring the total value of restoring Ejina Banner's ecosystem services. Acta Geographic Sinaca，（57）：107-116.

# 应用篇：世界环境管理模式演进趋势及中国面临的挑战

# 第十一章

# 世界水污染治理及其对中国的启示

## 第一节　水资源的特性

### 一、水资源特性

水资源作为自然资源中一类重要的资源，它应该具有资源的一般性和其自身的特殊性。《英国大百科全书》中将水资源定义为"全部自然界任何形态的水，包括气态水、液态水和固态水"。从人类社会发展的过程来看，不同时代和不同地点的水资源的范围、种类、数量、质量等不同。广义上，地球上一切形态的水都有可能被人类利用；狭义上，在现有社会经济技术水平下，水资源主要是指赋存于地球陆地的淡水水体。在本章的研究中，水资源是指可供人类利用的淡水资源。

水资源作为资源，具有一切资源的共性——稀缺性和有用性，而且水资源是人类必需的生活资料、生产资料和环境资源，同时具有经济属性和社会属性。水资源的稀缺性导致可供利用水的竞争。这些可供利用的水在数量和时间上都是有限的。当水资源在时间或数量上出现短缺时，往往会发生各类用水需求之间的竞争。当需水量超出可供水量时，就会造成短缺。此外，可供水能力还必须与需水量在时间上相一致。在多雨季节或许会出现供给过剩，而在旱季则可能出现短缺而不能满足需求。同样，在干旱年份可能会发生短缺，而在其他年份则会有充足的供给。由于水资源的流动性和存储运输困难，故水资源的短缺可能来源于蓄水和其他设施开发不足，不能有效存蓄、输运和分送水资源。

可使用的水资源有两类——地表水和地下水。地表水包括江河、湖泊及储藏在地球表面的水库中的水。地表水资源的恢复依存于气象和自然条件，属于可再生资源。过去，地表水曾一度被用于稀释和输运废物。在水资源有限的地方，水体受到不良影响的时候可能会出现水质下降。必须实行污染控制，否则，某些类用水将可能被削减，而且为满足不断增长的需求而进行的水资源再利用也将无法实施。有一类污染是由于回流和排水增加天然供给水源含盐量而造成的。当水资源被引取并用于农业灌溉时，排水回流到河流中，溶解性的固体总量就会增加。每一次水资源的再利用都会增加矿物质含量。

相反，地下水储存在地下含水层的多孔层中。尽管有些地下水可通过雨水或融雪的渗透得到净化，但大多已储存在不同的地质年代中，并且由于它们的地理位置，一旦耗竭就无法得到补充，故地下水属于可枯竭资源。在开发一个普通地下水流域时，相互竞争的用水常常导致超采情况的发生。当每年地下水净抽取量超出地下水流域安全产量时，通常将其定义为超采；而每年在不造成不良后果的情况下可以抽取的水量则定义为安全产量。当地下水抽取量长期超出可补给量时，才可以称作超采。这时，就必须实施水资源补给工程，否则，持续超采会带来不良影响，有些影响甚至可能是不可恢复的。无法缓解的超采会引起地下水位下降，从而带来供水投资和运营成本增加等严重的经济后果。地下水位的下降，还可能导致低质量的水进入地下水流域，特别是沿海地下水流域还可能会受到海水的侵袭。

我们不仅面临水资源量的稀缺性，同时也面临水质问题，水污染更加剧了水资源短缺。同时，农用土地的城市化也加剧了水资源稀缺。因此，水资源的有效分配包括水量的分配和水质的保护两个方面。水资源的有效分配主要取决于地表水和地下水是否被开采与如何被开采。当面临短缺时，地表水问题是在相互竞争的用户间分配一种可再生资源。代与代之间的影响不太重要，因为未来的供应取决于自然现象，而不是目前的开采行为。另外，超过地下水补给水平的开采量，可能导致地下水资源的枯竭。此时，今天的开采确实影响未来几代可获得的资源水平。在这种情况下，时间上的分配是分析的重点，决策者必须做出选择：今天开采还是明天开采。

## 二、水环境污染的成因

众所周知，海洋、湖泊、河流和小溪里的水已经被人类广泛利用。水经过提取，可以作为人们的饮用水或普通生活用水，也可以用于工业生产或农田灌溉。水体可以繁殖鱼类来进行商业开发，可以用于垂钓和娱乐等项目，还可以冲刷工厂或城市下水道里的垃圾。中国水体污染物的约 1/3 来自农业面源污染，农业面源污染是全球水污染的主要来源。从各方面来说，水体的使用完全依靠水的质量。然而，大量废物排向水体，在某种程度上会削弱或降低水的质量，甚至水体原有的一些功能将完全丧失。

水环境污染通常可分为点源污染（point source pollution）和面源污染。点源污染是指通过固定排放口集中排放的污染，主要包括工业废水、城市生活污水、固体废弃物处理厂排放的污水等固定污染源产生的污染。面源污染，也称为非点源污染（non-point source pollution），是指溶解的和固体的污染物从非特定的地点，在降水或融雪等自然力的冲刷作用下，在水体中（包括河流、湖泊、水库和海湾等）或其他地点汇集所形成的水体富营养化或其他形式的污染。

一般来说，面源污染主要是指在工农业生产和人们的生活中，土壤泥沙颗粒、氮磷等营养物质、秸秆农膜等固体废弃物、畜禽养殖粪便污水、水产养殖饵料药物、农村生活污水垃圾、各种大气颗粒物等，通过地表径流、土壤侵蚀、农田排水、地下淋溶、大气沉降等形式进入水、土壤或者大气环境所形成的污染。与点源污染相比，面源污染具有起源地区分散、发生位置和地理边界难以识别和确定、随机性强、成因复杂、涉及范围广、潜伏周期长、控制难度大等特征，目前面源污染已成为影响水体环境质量的重要污染源。

根据面源污染发生区域和发生过程的特点，一般将其分为城市和农业面源污染两大类。城市面源污染，也称为城市暴雨径流污染，是指在降水条件下，雨水和径流冲刷城市地面，污染径流通过排水系统的传输，使受纳水体水质污染。农业面源污染是指在农业生产活动中的氮磷等营养物质、农药及其他有机或无机污染物，通过农田地表径流和农田渗漏所形成的地表和地下水环境污染。

## 第二节　英国水环境管理模式演进路径

英国的水污染治理政策历经数十年的发展，已经形成一个由多项具体政策构成的政策体系。英国是第一个于1994年响应里约全球首脑会议要求，制定可持续发展战略的国家。1997年新工党政府上台后，明确提出保护环境是制定各项政策的核心与基础，并在1999年5月的第二份可持续发展战略报告中，确定经济、社会和环境协调发展的战略目标。

### 一、英国水污染治理制度目标变化

1937年以前是英国水污染治理萌芽发展阶段。英国作为最早完成工业化的国家，其水资源管理经历了污染、治理到水资源保护的发展历程；英国水污染治理过程更是一部完美的水法律发展史。早在13世纪，英国涉水的有关权利安排就已初具雏形，并逐渐成为习惯法的一部分，如涉及水流不受阻碍的权利（The right to an unimpeded flow of water）、调水的权利（The right concerning diversion）及涉及水污染的权利（The right concerning pollution）（Murphy，1957）。理查德二世于1388年颁布历史上最早的关于水资源保护的法律——《1388年水污染法》（Water Pollution Act of 1388）。该法主要是为了应对河流中废弃物日益增多的环境健康风险，做出关于禁止向河流中丢弃污物的规定（Fish，1970）。

随着工业革命发展引致的水污染问题的加剧，工业革命中后期是英国水资源管理相关的法律发展最为活跃的时期。从英国国家档案局公布的法律可以看到，英国1848年《公共卫生法》（Public Health Act of 1848）出台后，颁布的直接或间接涉及水污染治理的法律及其修正案达50部。作为最早完成工业化的国家，英国在享受先进技术带来的优势的同时，也面临着水污染导致的糟糕的公共卫生状况和不良的公众健康状况，如疫病横行、人口寿命短、死亡率高等一系列社会问题。随着水污染的日益严峻，英国议会于1848年正式通过了第一部《公共卫生法》。关于水污染治理，该法主要通过对执法机构权利和义务的界定、城市居民卫生规范及公共卫生设施（主要为城市污水处理设施）的管制等手段达到水污染治理的目的。例如，该法案规定地方卫生局（Local Board of Health）对所有公共下水道（除在国会的地方法案或者私有法案指导下为排水、保护或者改善土地而铺设的下水道等情形外）享有所有权、管理权，对私人下水道的征收权及其相应的维护义务。第 46 条涉及对公共下水道的违法行为的规定：禁止在将下水道或排水系统连接到属于地方卫生局的下水道中的水道上方随意搭建建筑等。任何违反上述法律规定的行为人，都将受到 5 英镑的处罚；并且在收到处罚通知之后未及时做出整改，将受到额外每天 40 先令的罚款。此外，该法第 48 条做了任何新建或重建的房屋都需要附带建设相应的排水系统的规定，并且地方卫生局的检查员有权对排水系统的尺寸、材料、标准及落差等进行监察。

19 世纪 50 年代是英国工业革命以来环境污染最为严重的时期，水环境污染及糟糕的城市卫生导致霍乱横行和百姓死亡。1831~1866 年英国伦敦发生 4 次大规模的霍乱，共夺走四万多人的性命。仅 1831 年霍乱第一次传入英国和大规模暴发，就造成超过 3 万名英国人死亡。出于公众健康的考虑，英国议会于 1855 年通过《有害物质去除法》（Nuisances Removal and Disease Prevention Acts of 1855）。该法的焦点是对城市中的各污染源、污染途径进行管制以及相应机构的权力设置，主要涉及城市水污染的治理和控制与水质量的提高。该法将有害物质界定如下：任何水池、沟渠、排水沟、厕所、河道、小便池、污水坑、排水管及火炉中污秽的、对人有害的物质。此外，该法赋予地方法官要求企业或者个人对界定为有害物质的物质进行清洁或者移除，地方当局要求当事人对界定为有害的、不能以地方当局规定的方法进行无害化处理的物质铺设下水道及相应设施等权力。另外，规定任何个人或者公司在生产汽油的过程中将相应的有害物质排放到规定水体中，每次都将受到 200 英镑的处罚。

英国国会于 1863 年通过立法建立世界上第一个国家公共污染控制机构——碱督查组（Alkali Inspectorate），其职能主要为控制来自烧碱行业的空气污染[①]。1875 年新的《公共卫生法》（Public Health Act of 1875）以其完整性全面取代包括 1848 年《公共卫生法》、1855 年《疾病防治法》（The Diseases Prevention Act of 1855）等在内的 19 部法律中的绝大部分内容。关于水污染治理，该法包含关于执法机构［地方卫生局，包括城市卫生局（Urban Sanitary Authority）和农村卫生局（Rural Sanitary Authority）］、排污设施、供水及有害物质等在内的规定等。相较于 1848 年《公共卫生法》，该法在水管理职能规定中，更加重视地方当局对城市和乡村供水和排水管理的规定，同时适当兼顾水质保护。具体而言，该法第 13~20 条对地方卫生局的下水道管理范围做了界定，赋予其下水管道购买、维护、制造、更换及清洁等权力。第 21~29 条对本地居民和邻近辖区的居民对下水道的使用，地方当局对其使用的管理和处罚等做了规定。如果房主排放污水到地方当局管理的下水道中，不但需要告知地方当局并遵守地方当局制定的排放规则，而且需要服从地方当局指派的检查员的监管。任何违反前项规定的人都将受到不超过 20 英镑的处罚，并且地方当局将对违法管道进行拆除。此外，如果地方当局发现相

---

① 资料来源：http://www.soas.ac.uk/cedep-demos/000_P508_EAEMS_K3736-Demo/module/pdfs/p508_unit_01.pdf。

关房屋未安装排水管道或者安装的排水管道不符合地区总排水系统的要求，其有权力要求房主安装或更换排水管道。如果城市地区新建或重建的房屋未安装排水设备，房主将受到不超过 50 英镑的罚款；而未经授权就在下水道上方或者街道下方建造建筑，房主将受到不超过 5 英镑的罚款，违法期间需缴纳每天 40 先令的处罚。第 32~34 条对地方当局开展污水工程的告知及居民存在反对意见时的处理做了规定。第 51~67 条对地方当局在供水方面的权利与义务做了规定。第 68~70 条对地方当局对水的保护做了规定。例如，以下行为将受到 200 英镑的罚款，包括：①在生产汽油的过程中，将清洗污水或者其他物质排入河流、水库、沟渠、池塘等水体或者是与之相连的管道；②制造或者提供汽油，并使河流、水库、沟渠及池塘等水体受到污染。在地方当局发出处罚通知 24 小时后，相关责任人并未采取相应措施，缴纳每天 20 英镑的滞纳金。无论污染是否发生在其辖区，地方当局在检察长（Attorney General）的批准下，可以其或他人名义对其认定为由于污水排放而造成的河道污染提起诉讼。此外，如果地方当局辖区内公共或者私人的水井、水槽或水池中用于饮用或家庭用途，或者是制造饮料的水受到污染并且对人体健康有害，地方当局可以向当地法院申请简易审批权以采取补救措施；如果此污染源属于私人所有，则所有者将会受到法院的传唤；若此污染源属于公共所有，则此污染源面临暂时或永久的关闭或者用于某种不危害健康的特定用途。

1878 年《公共卫生法（水）》［Public Health Act（Water）of 1878］对 1875 年的《公共卫生法》中关于农村卫生当局在供水方面的条款进行补充，包括农村卫生当局有权为住宅提供或者要求住户提供充足的供水、为执行前项规定采取强制程序及对辖区内的供水定期进行检查，住户可就农村卫生当局关于充足供水的要求或因供水所产生的费用分摊向法官起诉、只有在获得农村卫生当局所颁布的证书之后才能建造或者重建房屋等。1883 年《公共卫生法》（Public Health Act of 1883）对 1875 年《公共卫生法》关于矿区的公共下水道和污水工程等方面做了修改和补充。1897 年《公共卫生（苏格兰）法》［Public Health Act（Scotland）of 1897］将 1875 年《公共卫生法》适用范围扩大到苏格兰，仅就法律适用性做了小幅度的修改、1907 年《公共卫生修正案》（Public Health Acts Amendment Act of 1907）对涉及城市污水设施的内容做了修改。降低水污染的公共健康影响，是水污染治理法律安排的主要目标。

基于 1930 年《土地排水法》（Land Drainage Act of 1930），英国成立流域委员会（Catchment Boards），其主要职责包括土地排水、防洪及发电。需要指出的是，根据该法设立的流域委员会仅覆盖英格兰和威尔士地区的 47 个流域，远少于该法出台前英国环境委员会界定的 100 个流域。

1936 年《公共卫生法》（Public Health Act of 1936）将上述修订案与 1875 年的《公共卫生法》做了整合，成为当时最为完善的公共卫生法。首先，该法对地方当局关于公共下水道的权利及义务做了规定。地方当局不但可以为满足公众排水需求建设公共下水道或污水处理工程，而且有权对辖区内任何不属其管辖的，并且在此法律颁布之前还未完工的下水道或污水处理工程宣布接收。如果有人提议建设排水沟或下水道并且地方当局认为有必要，当事人需要根据地方当局的要求进行建设，但地方当局需要向当事人支付由此产生的多余的建设及维护费用，直到此排水沟或者下水道被用于公共用途。此外，地方当局有权同意或者拒绝在公共下水道上方修建建筑，如果此类建筑修建于该法颁布之前，地方当局可以要求当事人更改或者拆除。关于地方当局的义务，该法规定其有义务更换、关闭和维护公共下水道。此外，地方当局需要为其辖区内的工厂提供排污设施，以便其将生产过程中的液态物质排放到公共下水道中。其次，该法对私人下水道、下水沟及化粪池做了规定。房屋或者私人下水道的所有者或者居住者将其下水道与公共下水道的连通，将污水或者房屋的表面积水排放到公共下水道等权利将受到限制；如果合并排水更加有效，地方当局会要求两幢或两幢以上分开排水的建筑合并排水。在污水坑、私人下水道等与其建筑有关的设施损坏并且有可能危害公众健康的情况下，地方当局有权要求房主或居住者进行更新、维修或清理。用于输送雨水的管道不得用于输送卫生设施中的污水或粪便，用于输送粪便的管道需要有很好的通风，用于输送房屋表面积水的管道不得用于为输送污水的排水沟或者下水道通风。如果有人违反前项规定，则会收到要求其执行的通知。如果现有房屋的排水沟或者下水道已连接到公共下水道并且能有效地排水，但不能与本地区总的污水处理系统相适应，地方当局需要承担上述房屋管道的改造费用，使之与本地区总的污水处理系统相适应。再次，该法还对公众免受水污染做出规定。对用于住宅或者公众消费，且很可能对人体健康造成危害的水井、池塘或者其他水源，即便该水源不属于其管辖范围，地方当局仍可向法院起诉。最后，任何将煤渣、粉煤灰、石头、垃圾、灰尘、污秽物及其他可能造成污染的物质投放到河流、溪流或者河道中的人将会受到处罚。总体而言，该法关于水污染治理的内容不多，主要关注点仍然是城市公共卫生。

1937 年，英国议会通过了 1937 年《公共卫生法（工厂排水）》［Public Health Act（Drainage of Trade Premise）of 1937］。虽然名为"公共卫生法"并从公共卫生的角度对排放到公共下水道的工业废水的排放做了规定，但该法从内容上来说是对工业废水排放管理法律的一个逐步展开，具有较大的意义。具体而言，该法从地方当局、部长及工厂主三个方面展开，规定了各自的权力与责任，并且对一些矛盾情况的应对措施做了说明。

1937 年之前，英国的水法条例的功能主要在于被动地应对已存在的水污染，以避免水污染带来的人民生命财产损失，保护公众健康是英国水污染治理的主要目标。由于英国在 1937 年之前并不存在严格意义上的水法，一些与水有关的法律条文散布于其他法律之中。虽然 1937~1945 年英国逐渐开始出现严格意义上的水法，但 20 世纪 50 年代以前，英国并不存在全国性的水污染治理机构，水污染治理机构设置是零散、独立的，水污染治理的职能只存在于一些针对某些局部地区或流域水污染治理机构或者附属于一些其他机构。作为英国第一部公共卫生法，1848 年的《公共卫生法》也是英国开始水资源管理与水污染治理的发端，其对地方卫生局和中央卫生局（General Board of Health）在水污染方面的权力做了规定。例如，地方卫生局在下水道、排水系统、公共浴室污水处理等方面具有优先的建造权、经营权和管理权（倪念念，2012）；地方卫生局有权处理供水和排污（张丽丽，2009）。

## 二、英国水环境管理组织设置

作为水资源政策及法律的执行和实施部门，水资源管理机构不但是涉水管理活动的承担主体，而且是水污染治理政策演化的推动者，也是政策的执行者和监督者。纵观英国水污染治理史，随着水污染问题的变化及相应水法律及政策的出台，英国的水污染治理机构设置也做出相应的调整，从最开始的 1 500 多个水管理局到 1963 年的 27 个河流管理局（River Authority），再到 1973 年的 10 个地区水务局（Regional Water Authority），以及后来的水务办公室（The Water Services Regulation Authority）等（姚勤华等，2006）。英国水污染治理制度演化主要经历四个时期：高度分散化时期（20世纪 50 年代之前）、高度分散化向初步流域一体化转变时期（1948~1972 年）、流域一体化时期（1973~1988 年）及民营化改革时期（1989 年至今）（表 11.1）。

**表 11.1　英国环境法律安排、组织创设与环境目标发展**

| 时间 | 法律规制 | 管理机构 | 政策措施 | 政策目标 |
|---|---|---|---|---|
| 高度分散化时期（20世纪 50 年代之前） | 1875 年《公共卫生法》<br>1930 年《土地排水法》<br>1936 年《公共卫生法》<br>1937 年《公共卫生法（工厂排水）》<br>1945 年《水法》（Water Act of 1945） | 流域委员会<br>1 000 个供水主体<br>1 400 个污水处理主体 | 政府部门的行政管制及惩处措施<br>税收政策：改对直接从排水工程中受益的人征税为对流域两岸的所有人征税 | 改善土地排水（地势低地区），生活和工业污水处理，增加供水，水资源保护和利用 |
| 高度分散化向初步流域一体化转变时期（1948~1972 年） | 1948 年《河流委员会法》（River Boards Act of 1948）<br>1963 年《水资源法》（Water Resources Act of 1963） | 31 个河流委员会（River Board）<br>27 个河流管理局<br>水资源委员会（Water Resource Board） | 许可证制度（排污许可证制度、水资源开采许可证制度）<br>许可证收费制度 | 按流域进行水污染治理、土地排水、防洪、淡水渔业的保持和改善及内陆河的航运，使英国涉水方面的管理逐步走向集中化 |
| 流域一体化时期（1973~1988 年） | 1973 年《水法》（Water Act of 1973）<br>1974 年《污染防治法》（Control of Pollution Act of 1974） | 10 个地区水务局 | 首次将供水、水资源保护、污水处理、河流污染的预防和控制、渔业、调水及流域内设施建立等多项职能赋予单一的行政单位 | 满足日益增长的水需求，进一步改善水污染治理情况 |
| 民营化改革时期（1989 年至今） | 1989 年《水法》（Water Act of 1989）<br>1991 年《水资源法》（Water Resource Act of 1991）<br>1995 年《环境法》（Environment Act of 1995）<br>2003 年《水法》（Water Act of 2003） | 国家河流局（National River Authorities）<br>环境署（Environment Agency）<br>饮用水监管委员会（Drinking Water Inspectorate）<br>水务办公室<br>环境、食品和农村事务部（Department for Environment, Food & Rural Affairs） | 包括排污法律措施、许可证制度、排污收费制度、排污权交易制度、公众参与等在内的政策组合 | 公用事业市场化改革，涉水的经济活动与环境保护相分离；水资源管理的政策制定和监管执行相分离 |

### 1. 高度分散化时期（20 世纪 50 年代之前）

20 世纪 50 年代之前是英国水法律发展的重要时期，法律调整不但涉及取水、排污、水资源保护、污染治理等细则，而且为水资源管理机构的改革及相应水污染治理政策的出台提供了法律依据。1945 年的《水法》，是英国第一部水法，其主要目标是对水资源的使用与保护、供水等方面做出规定，共包括五个部分。前两个部分主要是对一些权力机构的概况、涉水权利与义务做出规定，包括卫生部部长（Ministry of Health）、中央水顾问委员会（Central Advisory Water Committees）及水联合咨询委员会（Joint Advisory Water Committees）。第三和第四部分侧重于水资源的节约与保护，主要包括对一些地区地下水抽取的控制、废弃物的预防、供水及法定水务机构（Water Undertaker or Sewerage Undertaker，包括水公司和地方当局等）对辖区内水污染预防的规定。第五部分是一些细则。相较于之前的法律规定，该法做了如下方面的改进：①成立了中央水顾问委员会及水联合咨询委员会等，为卫生部部长就水资源利用与保护制定决策提供参考建议等；②首次从水资源开发利用的控制、废弃物的控制等角度，提出了水资源保护理念；③对地方当局及水务机构在供水、相关设施修建等方面的权力做了拓展。

1948 年《水法》修订案对 1936 年《公共卫生法》提出的"法定水务机构"概念进行重新界定：法定水务机构不但是指经过地方法令授权进行供水的公司、地方当局、地方委员会或个人，或者经过 1936 年《公共卫生法》授权的地方当局或委员会，而且包括该法授权进行供水的地方当局，但具有法定授权的铁路公司、航运管理局及仅将供水用于生产动力的个人除外。此外，该法规定卫生部部长有权就以下事项对法定水务机构或向其申请成为法定水务机构的申请人进行授权：①授权法定水务机构或申请人建设、协议收购、改造或者维护水务设施；②授权申请人在任何地方进行供水；③授权申请人为成为法定水务机构筹集资金。为完成上述授权，申请者或者法定水务机构可以强制征收土地，但征收过程需要符合 1946 年《土地征收（授权程序）法》[Acquisition of Land（Authorization Procedure）Act of 1946]的相应规定。此外，此法赋予河流委员会发放排污许可证的权力，这也代表了英国开始实施排污许可证制度。

20 世纪 50 年代，出于就业方面的考虑，英国水污染治理政策偏向于污染者，多为企业的合作治理。例如，1951 年《河流（污染防治）法》[Rivers（Prevention of Pollution）Act of 1951]实施原则规定，河流管理局只有在其他手段无效的情况下才能对污染者提起诉讼。通过与污染者保持密切联系的手段，污染者的污水排放问题往往能被有效解决（Storey，1977）。受政策的影响，当时的执法机构——河流管理局相较于其前身——河流委员会，在执法时也采取具有合作性质的做法。当排污者超额排放时，河流管理局只有在经过向排污者寄送监测报告及超额排放提醒书，寄送整改意见书等程序并且排污者未做出整改的情况下，才有可能考虑诉讼程序。在采取诉讼手段之前，河流管理局需要尽可能与排污者进行沟通并达成共识，以最大限度地减少诉讼的可能性（Storey，1977）。

英国最早的河流管理局泰晤士河流管理局产生于 19 世纪 50 年代，其职能主要为对整个泰晤士河流域进行管理，具体包括流域航运维持及主要河段的水质提升。1894 年，泰晤士河流管理局河流污染控制的范围拓展到整个流域。同年，约克郡西区也成立河流委员会（Fish，1970）。1951 年的《河流（污染防治）法》替代 1876 年的《河流污染防治法》（Rivers Pollution Prevention Act of 1876）。首先，该法对向河流排放物质的违法行为进行界定，包括：①造成或者有意将有毒的、有害的或者有污染的物质排放到河流中；②造成或有意将物质排放到河流中，阻碍河流的正常流动并导致污染的实质性恶化。同时，该法规定违法行为的处罚额度：经循公诉程序定罪（conviction on indictment）的，将受到不超过 200 英镑的处罚；以简易程序定罪（summary conviction）的，将受到不超过 50 英镑的处罚，适用范围包括自然人与法人。此外，未经河道管理局的允许，任何人都不能使用任何新的或者是改变过的污水排放口来排污。最后，该法也对许可制度中审批条件的变更与撤销程序、许可效力及其处罚做出规定。在此基础之上，1951 年《河流（污染防治）法》将其适用范围扩大到苏格兰。

根据《英国水务改革与发展研究报告》，1945 年英国有 1 000 个供水主体和 1 400 个污水处理主体，而且大部分属于地方政府所有（中国华禹水务产业投资基金筹备工作组，2007）。由于没有统一的安排，各个水污染处理主体都有自己的水污染治理标准。为实现流域水污染有效治理，英国议会颁布 1948 年《河流委员会法》，进而 31 个河流委员会取代流域委员会，其主要职责包括土地排水、防洪、河流污染防治、淡水渔业的保持和改善及内陆河的航运。此外，河流委员会有发放排污许可证的权力，这也标志着英国开始实施排污许可证制度。河流委员会的建立标志着英国涉水方面的管理逐步开始走向集中化，但当时强调的是加强污水排放的小流域管理。由于当时的治理机构设置是零散的、独立的，英国水资源管理，污水的收集、处理和排放等仍处于分散的状态，故英国总体的水污染情况没有得到很好改善。

2. 高度分散化向初步流域一体化转变时期（1948~1972 年）

20 世纪 50 年代，随着英国经济的快速发展，其农业、工业、电力及居民生活对水资源的需求日益增加，而缺乏有效的水资源管理又使得英国的水资源供应显得相对不足。此外，英国 1959 年的干旱及 1960 年的洪水使得这一矛盾更加突出。1951 年《河流（污染防治）法》的实施，标志着英国排污许可证制度正式开始实施，它首次规定排污需要获得由河流委员会核准发放的许可证。此外，该法还规定河流委员会在土地排水、防洪、河流污染防治、淡水渔业的保持和改善、河流水流量的测量及内陆河的航运等方面的权力。

污染者付费原则最早于 1972 年由经济合作与发展组织提出。作为环境立法的重要原则，其认为污染者必须承担采用污染控制措施的全部费用。英国的排污收费制度主要建立在排污许可证制度基础之上。早在 1961 年《公共卫生法》（Public Health Act of 1961）中就规定，地方当局有权对工业经营场所向公共下水道排放的由地方当局进行处理的工业废水进行收费。根据工业废水的属性、成分、数量及排放速率决定收费水平。基于以上考虑，英国议会通过 1963 年《水资源法》，该法的出台为英国的水资源管理带来两个主要变化。

一是促进水资源管理结构的重大变化，由 27 个河流管理局（表 11.2）取代河流委员会，成为英国涉水管理的主要机构。具体而言，其职责主要涉及辖区内水资源保护、土地排水、防洪及海岸堤防、水污染防治及淡水渔业的保持和改善，但不包括供排水服务。此外，部分河流管理局的职能还涉及内陆河的航运。基于行政区域划分的河流管理局，并不能有效管理管辖区域内的跨流域、水域问题。例如，泰晤士河流管理局与约克夏尔河流管理局的管辖区域都为单一的流域，而像肯特河流管理局、埃塞克斯河流管理局及兰开夏郡河流管理局的管辖区域为许多条较小河流的集合。跨流域管理仍然是水污染治理的薄弱环节。就其人员构成而言，每一个河流管理局由 21~31 个成员组成，主要是由地方委员会任命的成员和农业、渔业与食品部部长（Minister of Agriculture, Fisheries and Food）任命的成员。虽然河流管理局的设立并未彻底地改变英国水资源分散管理的局面，但其对英国水资源管理产生了较大的影响，为流域一体化的管理模式发展奠定了组织基础。此外，该法建立全国性的咨询机构——水资源委员会，其主要职能包括为河流管理局和国务大臣（Secretary of State）提供咨询意见、协助政府和河流管理局进行水资源保护及协调流域间的合作与长期规划。该法规定，委员会的成员应不超过 8 人，而且均由农业、渔业与食品部部长任命，其中包括正副主席各一人。相较于河流管理局，水资源委员会并无任何行政权力。因此在 1973 年《水法》出台后，这个机构就被解散了。

表 11.2　27 个河流管理局及其辖区

| 编号 | 名称 | 管辖区域 |
|---|---|---|
| 1 | 诺森柏林郡河流管理局 | 诺森柏林郡及泰恩和河流委员会、威尔河和蒂斯河河流委员会管辖区域 |
| 2 | 约克郡乌斯河与赫尔河河流管理局 | 赫尔和东约克郡河流委员会、约克夏尔乌斯河河流委员会管辖区域 |
| 3 | 特伦特河流管理局 | 特伦特河流委员会管辖区域 |
| 4 | 林肯郡河流管理局 | 林肯郡河流委员会管辖区域 |
| 5 | 韦兰德与内内河流管理局 | 韦兰德河流委员会和内内河流委员会辖区 |
| 6 | 大乌斯河河流管理局 | 大乌斯河河流委员会管辖区域 |
| 7 | 东萨福克和诺福克河流管理局 | 东萨福克和诺福克河流委员会管辖区域 |
| 8 | 埃塞克斯河流管理局 | 埃塞克斯河流委员会管辖区域 |
| 9 | 肯特河流管理局 | 肯特河流委员会管辖区域 |
| 10 | 苏赛克斯河流管理局 | 东、西苏赛克斯河流委员会管辖区域 |
| 11 | 汉普郡河流管理局 | 汉普郡河流委员会管辖区域 |
| 12 | 怀特岛河流管理局 | 怀特岛河流委员会管辖区域 |
| 13 | 埃文河和多塞特郡河流管理局 | 埃文河和多塞特郡河流委员会管辖区域 |
| 14 | 德文郡河流管理局 | 德文郡河流委员会管辖区域 |
| 15 | 康沃尔郡河流管理局 | 康沃尔郡河流委员会管辖区域 |
| 16 | 萨默塞特郡河流管理局 | 萨默塞特郡河流委员会管辖区域 |
| 17 | 布里斯托埃文河流管理局 | 布里斯托埃文河流委员会管辖区域 |
| 18 | 塞汶河流管理局 | 塞汶河流委员会管辖区域 |
| 19 | 怀尔河流管理局 | 怀尔河流委员会管辖区域 |
| 20 | 厄斯克河流管理局 | 厄斯克河流委员会管辖区域 |
| 21 | 格拉摩根郡河流管理局 | 格拉摩根郡河流委员会管辖区域 |

续表

| 编号 | 名称 | 管辖区域 |
|---|---|---|
| 22 | 西南威尔士河流管理局 | 西南威尔士河流委员会管辖区域 |
| 23 | 格拉摩根郡河流管理局 | 格拉摩根郡河流委员会管辖区域 |
| 24 | 迪和克卢伊德河流管理局 | 迪和克卢伊德河流委员会管辖区域 |
| 25 | 默西河和韦弗河流管理局 | 默西河和韦弗河流委员会、柴郡河河流委员会管辖区域 |
| 26 | 兰开夏郡河流管理局 | 兰开夏郡河流委员会管辖区域 |
| 27 | 坎伯兰郡河流管理局 | 坎伯兰郡河流委员会管辖区域 |

资料来源：英国 1963 年《水资源法》

二是对取水许可证的申请、权利设置、撤销、变更等做了具体规定。取水许可证申请者需要符合以下条件：①获得许可证申请授权。②当涉及内陆水域的开采时，申请者需要符合以下条件：为内陆水域相连土地的所有者；向河流管理局证明其在许可证颁发时已获得上述土地；当涉及地下水的开采时，申请者需要是地下水上土地的所有者。除了符合上述条件外，申请者需同时提供许可证申请书及一份包含规定格式的公告复印件和规定的证据［主要用于证明公告已经按照特定要求进行公示，要求包括报刊要求（伦敦宪报等）、公示日期要求等］。河流管理局如果认为需要撤销或修改许可证，或者经过持证者的申请，可以制定撤销或修改的提议。只有提议经过部长同意和公示程序后，取水许可证才可以被撤销或修改。最后，该法还规定河流管理局需要就取水许可证向当事人收取费用做说明。为了使水开采许可证持续有效，持证者需要每年向河流管理局支付 5 英镑的费用或者暂时由部长规定的金额，此收费标准也适用于取水和蓄水工程建设、改造的混合许可证。倘若开采的地下水主要用于农业，并且不采用喷灌法，那么上述支付标准改为每年 1 英镑。

Fish（1970）对包括中央政府部门在内的 1963 年英国水资源管理的行政设置做了介绍。其中，住房及地方政府事务部部长（Minister of Housing and Local Government）的职能主要涉及对国家层面的水政策方向的确定，确保河流管理局和公共水供给承担者对水的合理使用以及确保充足的水供应，而农业、渔业与食品部部长的职能主要涉及土地排水、洪水控制、海岸提防及涉农的水资源保护。

相较于内陆水域的污染，海洋污染不具有紧迫性和与人类生活较小的相关性。因此，关于海洋污染治理的法律一般晚于内陆水域污染治理的法律。在 1960 年《清洁河流（河口和潮汐水域）法案》颁布之前，英国有关污水和工业废水排放的立法控制范围仅限于内陆水域，而该法的颁布标志着向海域排放的污水和工业废水也纳入法律监管体系之中。该法在排污许可证方面并未做过多改变，只是将适用范围拓宽到特定的潮汐和河口水域（Marine and Coastal Environment Group Cardiff University，2004）。

3. 流域一体化时期（1973~1988 年）

20 世纪 70 年代初期，英国对水资源的需求进一步加大，而相应的水污染治理情况并未得到有效改善。为此，英国议会通过 1973 年《水法》，该法的颁布带来了英国水资源管理结构的重大变革。新水法的内容均围绕水务局展开，包括其建立、构成、职能及财务方面的规定等。为有效地进行水管理，英国在 1974 年对水资源管理机构进行了重建，按照英格兰和威尔士的主要水流域建立了 10 个地区水务局，9 个位于英格兰，1 个位于威尔士。10 个地区水务局取代了基于 1963 年《水法》建立的 27 个河流管理局职能，并将英国范围内 157 个水管理单位、1 580 个法定供水主体及 1 400 个污水处理机构进行了整合（Shelton，1981）。这也是英国政府首次将供水、水资源保护、污水处理、河流污染的预防和控制、渔业、调水及流域内设施建立等多项职能赋予单一的行政单位。水务局的成员包括由国务大臣任命的一位主席和部分成员，农业、渔业与食品部部长任命的部分成员以及地方当局任命的部分成员。水务局的主要职能包括：①在水资源保护方面，负责辖区内的水资源保护、重新分配、增加水资源数量、合理使用，辖区间的水资源调配；②在供水方面，负责为辖区内提供安全健康充足的饮用水；③在污水排放、处理方面，负责辖区内的公共下水道和污水处理厂的提供、运营和维护；④在污染预防、环境保护及环境质量改善方面，负责排污许可证管理和水质量检测；⑤在渔业方面，保护、提高及发展主要经济鱼类以及建立相关的咨询委员会；⑥在土地排涝方面，负责对土地排涝进行监管以及对土地排涝委员会的排涝工作进行部分安排；⑦调水。

1973 年《水法》的出台使得 10 个地区水务局正式取代 27 个河流管理局，成为英国涉水管理方面的主要机构。该法第 31 条第一款规定：如果水务局认为有必要的话，有权针对其提供的服务、设施及许可权来确定、要求、收取或者改变费用。10 个地区水务局在涉水排污收费方面也具有法定权利。此外，该法还规定，在国务大臣的指导下，水务局可以根据其所提供的服务、设施及权力的运用制订收费计划，作为收费的依据。此计划不但要说明收费方法及收费项目制定的原则，而且要对外进行公示。虽然 1973 年《水法》没有对具体的排污收费事项做出规定，但其使排污收费制度基于流域一体化成为可能。10 个地区水务局概况见表 11.3。

表 11.3    10 个地区水务局概况

| 名称 | 区域 | 面积/平方千米 | 服务人口/千人 | 给水普及率 | 排水普及率 |
|---|---|---|---|---|---|
| 西北水务局 | 坎伯兰地区，兰开夏郡，默西河以及韦弗河河流局管辖区域 | 14 445 | 6 928 | 99.1% | 97% |
| 诺森柏林水务局 | 诺森柏林河流局管辖区域 | 9 191 | 2 638 | 99.5% | 98.4% |
| 赛文春特水务局 | 赛文河和春特河河流局管辖的区域，除了赛文河中归维塞克斯水务局管理的区域 | 21 600 | 8 177 | 99.3% | 96% |
| 约克夏尔水务局 | 约克夏河河流局管辖区域 | 13 503 | 4 517 | 99.3% | 97.4% |
| 安格里安水务局 | 东萨福克郡和诺福克郡，埃塞克斯，大乌斯河，林肯郡和韦兰德河，内内河管辖区域，但除了泰晤士河水务局管理的埃塞克斯河的一部分 | 27 358 | 4 372 | 99.3% | 91.3% |
| 泰晤士水务局 | 埃塞克斯河河流局管辖区域中的一部分；肯特河河流局管理辖区的一部分 | 13 100 | 11 545 | 99.9% | 97.6% |
| 南方水务局 | 怀特岛和汉普郡的地区，肯特河和苏塞克斯河河流管辖区域，肯特河泰晤士水务局管辖的除外 | 10 946 | 3 801 | 99.8% | 95.8% |
| 维塞克斯水务局 | 埃文河和多塞特河，布里斯托埃文河以及萨默塞特河河流局管辖的区域，除了埃文河和多塞特河中归西南水务局管理的区域；赛文河河流局管辖区域的一部分 | 9 620 | 2 285 | 99.3% | 93.3% |

续表

| 名称 | 区域 | 面积/平方千米 | 服务人口/千人 | 给水普及率 | 排水普及率 |
|---|---|---|---|---|---|
| 西南水务局 | 埃文河和多塞特河中除了归维塞克斯水务局管辖的部分；康沃尔和德文郡河流局管辖的区域 | 10 884 | 1 392 | 93.6% | 90.9% |
| 威尔士及英格兰水务局 | 英格兰及威尔士 | 152 058 | 49 170 | 99.2% | 95.8% |

资料来源：英国 1973 年《水法》；唐云梯（1987）

成立于 20 世纪 70 年代的地区水务局对英国的水资源管理有以下两个方面意义：首先，水资源管理机构进一步的整合与流域一体化管理与经营的实现。根据 1963 年《水法》成立的 27 个河流管理局是以流域为基础的水资源保护，这使英国水资源管理机构分散的情况有所好转。总体而言，在这种模式下的水资源管理仍然是基于行政区域的划分。相比较而言，地区水务局则是按照河流及其支流所构成的流域和集水区的地理范围进行划分，即流域一体化管理（中国华禹水务产业投资基金筹备工作组，2007）。这种划分使得单一流域的水资源管理更具整体性和连贯性。其次，水资源管理机构的职能有了大幅度的拓展。之前河流管理局的职能主要侧重于水量控制，而没有涉及供排水服务、水污染治理及控制等方面，而地区水务局则以流域一体化及产业一体化的模式将辖区内几乎所有与水资源相关的事务纳入自身的职能范畴。

在 1973 年《水法》的基础之上，1974 年的《污染防治法》在废物处理、水污染、噪声、空气污染及公共卫生等方面做了进一步规定。关于水污染，该法新增的内容主要涉及国务大臣在排污许可审批方面的权力，具体包括：第 35 条规定，在河流局就许可证申请的审批向国务大臣做出陈述的情况下（如申请者对河流局关于许可证申请的审批存在异议），此类许可证由国务大臣进行审批；第 39 条规定，有关河流局撤回许可证审批的不合理行为以及许可证公示过程中存在不合理内容等问题，须交由国务大臣处理；第 42 条规定，国务大臣有权免除提交申请书、申请批准及相应条件的公示等程序；第 52 条规定，在咨询国家水理事会的前提下，国务大臣可以以法令的形式将 1973 年《水法》第 30 条和第 31 条的规定扩展至工业废水及污水的排放，这意味着，10 个地区水务局可以就其所提供的服务、设施及权力的运用正式对工业废水及污水的排放收取费用。

在 1961 年《河流（污染防治）法》[Rivers (Prevention of Pollution) Act of 1961] 的基础上，1974 年《污染防治法》的总体目标是减少向大气、水、地表的污染排放，运用不会带来严重污染和废弃物的技术，采用清洁生产方式有效利用能源，防止产生环境事故。1968 年，美国经济学家戴尔兹最早提出了排污权交易的基本思想，排污权交易是一种基于计划和市场的环境政策。首先，政府根据环境质量目标设定排污总量。在水污染治理方面，相对于排污许可证制度而言，排污权交易在英国的使用并不是十分广泛。英国的排污权交易制度的发展有两个阶段：排污权交易制度的产生（1974 年）及其发展（1990 年至今）。英国的排污许可交易制度最早出现于 1974 年《污染防治法》中。该法规定，在向废物处理当局发出关于在某个日期转让许可证的通知后，废物处理许可证的所有者可以转让废物处理许可证。虽然当时排污权交易所涉及的是向土壤中排放受控制废弃物，但这代表了英国排污权交易的开端。

4. 民营化改革时期（1989 年至今）

1979 年，保守党领袖撒切尔夫人上台，这标志着英国公用事业市场化改革的开端。1986 年，英国政府相继出台了民营化白皮书以及修正案，成立了一个非部级政府主体——国家河流局，这也标志着英国水务行业的民营化发端。随着民营化的进一步展开，在 1989 年，10 个地区水务局演变为以流域为基础的 10 个水务公司。1989 年《水法》的出台标志着英国水务行业民营化的发端。

《水法》建立了一个包括经济监管、环境监管、水质监管的专业化监管体系，实现了水务行业运营与监管的分离。10 个地区水务局变为以流域为基础的 10 个水务公司，将防洪、排涝、污染控制等环境监管职能移交给国家河流局。首先，该法对国家河流局、地区河流咨询委员会（Regional River Advisory Committees）及水务总干事（The Director General of Water Services）等机构的人员构成和职能等进行界定。具体而言，国家河流局开始承担 10 个地区水管局在水资源保护、污染预防、环境保护及环境质量改善、渔业资源保护和土地防洪排涝等方面的职能，以及排污许可证方面的职能；地区河流咨询委员会需要就国家河流局在任何地区行使其职能所发布的提案提供咨询服务，为河流局在任何地区行使其职能提出推荐人选；水务总干事承担执行该法分派给国务大臣的职能。其次，该法对水务机构（水务公司）供水服务与污水处理服务方面做了规定，包括水务机构设立、提供服务的规定及所有权等的规定。最后，该法对国家河流局关于河流及其他水体的保护做了规定，包括污染的控制和处理，应对干旱、洪水等的职能。

依照 1989 年《水法》，成立了基于流域的 10 个水务公司，和原先存在的 29 个小型水务公司在获得政府取水、污水排放许可证的基础上，或者在政府分配的水权和指定的服务区域内，自主经营、自负盈亏（矫勇等，2001）。此外，该法对水务公司的排污收费权利进行了规定，主要包括：水务公司有权根据自身所行使的工业废水处理职能确定排污费用，并向相关当事人收取费用；制订收费计划，内容包括确定所提供服务的收费标准、收费的时间及方式，针对不同条件的不同标准以及一些补充条款；确定收费上限。

根据欧盟及英国法律，英国水资源管理的发展战略及相关政策是由环境、食品和农村事务部与威尔士国民议会共同制定的；而具体对政策执行的监管则分别是由环境署、饮用水监管委员会和水务办公室三个专业化的监管机构来实现的。这种制度安排体现了政策制定和监管执行的分离原则，也就是"政监分离"（中国华禹水务产业投资基金筹备工作组，2007）。至此，英国政府并未就水资源管理设置专门的部门，而是将相关职责分散在不同的部门之中。除了几个政府部门外，一些非部委公共机构（non-departmental public body）（包括环境署和水务消费者委员会）也参与其中。

饮用水监管委员会成立于 1990 年，是英格兰和威尔士的独立的饮用水监管机构，其目的是确保水公司能够提供安全的、能被消费者接受的和符合法律标准的饮用水。饮用水监管委员会总部位于伦敦，有工作人员 41 人。水务办公室成立于 1989 年，是英格兰和威尔士水务的经济监管机构，主要是为了帮助建立水务与消费者、环境及社会间的相互信任。水务办公室主要负责以下几个方面的事务：①保护消费者权益；②确保水公司正常运转的足够的资金支持，尤其是要确保它们的资本回报率；③确保具有水供给许可证的公司（这类公司的顾客为大型企业客户）正常运转；④确保水供给与废水系统长期的弹性，以及水公司在长期内能够采取措施以满足水供给与污水处理的服务。此外，水务办公室也负责：①提高水公司的经济效益与效率；②确保水公司在确定固定费用方面没有给予不当优惠或者表现出歧视；③确保水公司在服务提供方面没有给予不当优惠或者表现出歧视；④确保水公司在出售土地的时候，消费者的权益受到保护；⑤确保水公司在发生未受规定的活动时，消费者的权益得到保护；⑥对可持续发展的实现做出贡献。

1990 年《环境保护法》（Environmental Protection Act of 1990）指出，任何将有害物质（电解质溶液、高温液体及其他国务大臣所描述的物质）排放到以下区域的行为，都需要得到执法官员（总督察或者地方当局）的授权：①海洋或海床上；②河流、河道、湖或池塘（无论是自然的还是人工的），或者水库中；③地下水；④公共下水道。为了获得此种授权，当事人需要根据国务大臣的收费计划向执法当局（Chief Inspector or the Local Authority）支付费用。在财政部批准的情况下，国务大臣负责制订和修改收费计划。收费计划不仅涉及申请授权的费用、改变授权内容时发生的费用及因排污种类不同所带来的收费差异，还包含一些特殊规定，如关于不同的情况制定不同的条例、允许对涉及多项事务的同一当事人的费用减免等。收费周期为一年一次，同时国务大臣要确保制定的收费能够涵盖执法官员进行授权所发生的一切费用。

1990 年《环境保护法》进一步确定了排污许可证授权。排污许可证虽是由执法当局发布的，但其授权须遵循国务大臣制订的计划。关于授权，国务大臣需要制订如下计划：①建立某一地区、某一时期的总量限制；②对总量进行分配；③对排放物浓度等属性进行限制；④建立质量目标和质量标准。此外，1990 年《环境保护法》的颁布标志着英国涉水排污权交易制度的正式产生。该法所指的环境是指包括水、空气及土地在内的环境。为获得与之相关的排污权利，经营者需要获得执法官员（总督察或者地方当局）的授权。在获得授权之后，倘若当事人将经营场所及相应的业务转让给他人，那么其需要将授权一并转让。在交易发生后的 21 日内，受让人需要将受让情况以书面的形式告知执法当局。只有在受让人同意该法的第 6 条（关于授权的一项总则）之后，授权才可以正式生效。

1991 年颁布实施的《水资源法》对国家河流局及其下属单位——抗洪委员会（Flood Defense Committees）的职能进行进一步细化。具体而言，国家河流局的职能包括：①在水资源管理方面，主要涉及通过水开采许可证及蓄水许可证的发放，对取水、蓄水进行限制，取水、涉水许可证及应对干旱等；②在水资源污染控制方面，涉及设定水质目标、界定污染行为及防止和控制水污染；③在抗洪方面，国家河流局对英格兰和威尔士地区所有与抗洪有关的事务负有监管责任，并且可为履行抗洪职能对相关地区实施调查；④渔业；⑤在财务方面，涉及水资源收费、水污染防治收费及排污收费等；⑥排水委员会（Drainage Board）涉及干流的所有职能移交给国家河流局。此外，该法将国务大臣的权力下放，赋予国家河流局制定污水收费以及发放排污许可证收费计划的权力，但是收费计划的通过仍需获得国务大臣的同意。抗洪委员会的成员包括由部长或国务大臣任命的一位主席和部分成员，由国家河流局任命的两名成员以及部分由制宪议会（Constituent Council）任命的成员。该法规定，抗洪委员会的职能包括：①向国家河流局提交区域性的抗洪计划。②为提交计划而向下列部门咨询：计划中涉及的地方当局；与抗洪或农业相关的组织代表，以及在不违反任何有关地方抗洪委员会任命计划并且符合本条第二款的情况下，根据该法以及 1991 年《土地排水法》规定的国家河流局与抗洪有关的职能应安排由地区抗洪委员会执行，包括：涉及地区抗洪委员会辖区内的事务，交由地区抗洪委员会执行；涉及两个及以上的地区抗洪委员会的辖区的相关事务，由国家河流局决定交由何方执行。

1991 年出台的《水产业法》（Water Industry Act of 1991）主要侧重于工业废水方面排污许可证。在水务机构（水公司）的许可下，工厂主可以将工业废水排放到公共下水道。为了获得许可，工厂主需要向水务机构进行申请。在申请书中，工厂主需要就工业废水的属性、成分、每日最大排放量及最高排放速率等事项进行说明。倘若工厂主的申请中包含一些特殊种类的物质，那么水务机构需要就以下两个方面参考国务大臣的意见：①是否应该否决申请；②如果不否决申请，是否需要提出额外要求。此外，该法还就水务机构关于申请的审批条件，对工厂主关于申请的任何异议的处理程序及审批条件的更改做了说明。工厂主未在水务机构的同意下将工业废水排放到公共下水道，将会受到一个不超过限额的即决裁定或者是公诉处罚。

1995 年《环境法》的出台对于英国水污染治理有重大影响。该法促使环境署取代国家河流局，承担水资源保护、污染预防、环境保护及环境质量改善、渔业方面和土地防洪排涝等职能。1996 年 4 月以前，英国的环境治理由各自独立的环境管理专业机构负责，包括国家河流管理局、英国污染监察局、废物管制局、环境事务部下属的一些分支机构等，这些机构专门从事特定范围环境管理和执法工作，它们职能明确、职责清晰、严格执法、注重工作效率。

1996 年开始，国家河流局的全部职能被移交给环境署。1996 年 4 月 1 日成立的英国环境署，首次把土地、空气和水资源管理纳入一体化管理轨道。作为一个由环境、食品和农村事务部与威尔士议会赞助的非政府机构，英国环境署总部设在英格兰、苏格兰等地，各郡都成立了分支机构，仅英格兰的环境保护机构就有 10 214 名职员，1.9% 的职员在总部，98.1% 的职员分布在其他 8 个理事会。2015 年，该机构的年度预算为 11.51 亿英镑，其中约 4.56 亿英镑将用于防止和控制污染[①]。值得一提的是，1996 年 4 月 1 日前，英国所有的环境保护机构都属于官办，但之后只有环境执法部门的少数人仍享受政府补贴，政府对该机构的补贴逐年减少，主要靠污染控制收费（收入来源有监管业务、航运、渔业、商业等）来平衡预算。环境署主要负责英格兰地区如下方面的事务：①监管主要产业及其废弃物排放；②治理污染土地；③水质量与水资源管理；④渔业；⑤内陆水、河口及港口；⑥环境保护与生态。此外，环境署还承担了洪水管理的职责，主要

---

① 资料来源：https://www.gov.uk/government/uploads/system/uploads/attachment_data/file/522908/Agenda_and_papers_for_17_May_2016_board_meeting.pdf。

包括：①干流、水库、河口及海岸的洪水预警（未来三天的洪水风险预测、实时的河流与海洋水位监测）；②提供抗洪指南；③制订洪水抵御与风险管理计划；④降低干流、水库、河口及海岸的洪水风险措施（河流与海岸维护、防止海岸侵蚀、河岸所有者权利及义务的界定、确保水库安全、洪水及沿海侵蚀防御投资等）。

需要指出的是，英国环境署独立于政府的直接管辖，执行一定范围，但不是全部的欧盟国家环境义务。这种独立性减小了政治干预环境决议的可能性。此外，该法引入环境许可证概念，将排污许可证等有关环境方面的许可证列入环境许可证的范围。关于环境许可证收费及制订收费计划的相应权力也随之转移给环境署。因此，在国务大臣的批准下，环境署有权根据收费计划就环境许可证进行收费，包括环境许可证申请、变动及后续收费，许可证的转让、更新及撤销。

2003 年《水法》主要是对 1991 年《水资源法》和 1991 年《水产业法》的进一步修订。具体包括：①对水务消费者委员会的建立及其职能做出说明。水务消费者委员会是环境、食品和农村事务部与威尔士议会政府下属的一个非政府部门的公共机构（英国现行的水管理体系见图 11.1）。作为消费者利益的代表，水务消费者委员会主要负责处理消费者关于水与污水机构、特许供水企业的投诉，获取和发布信息，提供建议及调查消费者所关心的事件。②将土地排涝与抗洪活动相关联。③对与受控制污染水体有联系的污染土地进行规定。④对环境署的相关职能进行拓展。1995 年《环境法》还赋予了英国环境署一些全新的职责，其中包括对污染土地恢复工作进行管理，实施"改善大气质量战略"，并发布环境状况报告。

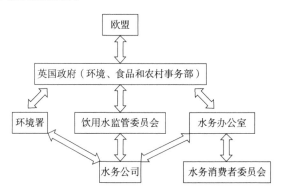

图 11.1　英国现行的水管理体系

1999 年以来英国海水及沿海政策变化表现如下：制定国家海洋和沿海战略政策方向、新的海洋立法和机构、海洋规划框架，以及沿海海岸带综合管理的整合方法治理等。近年来，随着欧洲水污染治理政策一体化进一步加深，相应的研究也转向英国对欧盟相关指令的政策化。例如，为贯彻执行欧盟水框架指令，英国采取包括流域取水管理战略在内的系列战略，并将排污收费分为公用事业方面的收费和水污染治理方面的收费（Fletcher et al.，2013）。英国的取水收费政策始于 1963 年，1963 年《水资源法》规定，为了取水许可证持续生效，持证者需要每年向河流管理局支付 5 英镑的费用或者由农业、渔业和食品部部长制定的其他数额。此外，1963 年《水资源法》还对取水许可证的申请者应具备的条件、审批条件及河流管理局对申请的处理等做了规定。此后，随着英国多部水法律的出台及水资源管理机构的调整，取水收费政策的部分内容及执行主体也随之调整。

1989 年《水法》规定，国家河流局需要就取水许可证费用制订收费方案，内容包括：①费用支付时间和方式；②不同情形（环境和地点）下的收费标准；③部分补充性的、继起性的及过渡性的条款。此外，收费计划的实施需要通过国务大臣和财政部的批准。1991 年《水资源法》规定，若取水量不超过 5 立方米并且不是连续或系列取水行为的构成部分的取水行为，即使取水总量超过 5 立方米，也不受到任何限制；若取水量不超过 20 立方米、不是连续或系列取水行为的构成部分并且获得国家河流局同意的取水行为，即使取水总量超过 20 立方米，也不受任何限制。

1995 年《环境法》对取水收费方案进行补充和修改，包括不同情形（不同的个体、环境和地点）收费标准和关于撤销或修改此前收费计划的条款。此外，1995 年《环境法》还要求环境署每年发布一份取水收费方案，每份方案的有效期为当年的 4 月 1 日至次年的 3 月 31 日（毛春梅和蔡成林，2014），并且需要在将方案递交给国务大臣前对其进行公示。2003 年《水法》规定，除法律规定的免除许可证的情形（土地排水、工程排水和消防用水）除外，任何日取水量超过 20 立方米的个人或企业都需要向环境署申请取水许可证。当前，英国的取水收费政策的执行主体是环境署。根据英国 2016~2017 年取水收费方案，当前英国取水收费主要包括四项内容：①申请费（the application charge）：因许可证权限不同分为两档，即 1 500 英镑/次和 135 英镑/次。②广告管理费用（the advertising administration charge）：作为审批程序的组成部分，获批的许可证需要在地方报纸上进行公示，100 英镑/次。③许可证年费（the annual charge）：由标准费用（the standard charge）和补偿费用（the compensation charge）构成，最低 25 英镑/年。④申请前期咨询费（pre-application charge）：许可证申请前向环境署进行咨询所引起的费用，超过 15 小时后，每小时收取 125 英镑。

英国的环境保护主要分三级管理，责任主体分别是环境、食品和农村事务部，环境署及地方政府。环境、食品和农村事务部主要负责制定与环境保护相关的政策法规。环境署作为执法机构，主要负责执行环境、食品和农村事务部制定的各项政策法规。地方政府主要负责管理本辖区内的环境保护工作。环境、食品和农村事务部成立于 2001 年，由原农业、渔业和食品部与环境、运输和地区部合并而来，其总部位于伦敦，共有约一万名工作人员，其中也包括执行机构。环境、食品和农村事务部的大部分工作人员主要分布在伦敦、约克郡、布里斯托尔及阿尼克，并且在全英格兰范围内有较多办事处。作为一个部级部门，环境、食品和农村事务部下设有 35 个代理机构和公共机构。

英国环境署主要致力于三个目标：第一，将以前各环境机构的功能融为一体；第二，确保各地区机构运作和管理上的一致性；第三，促使环境的差异性得以延续。该机构的实际工作集中在实施环境法规、防止和减少废物污染、加强环境教育和对国内政府各部门及欧洲各国政府施加有利影响等方面。英国环境署成立之后效果显著：一是将各部门融为一体，具体运作由外部分离、相互掣肘变为内部分工、协调一致，简化了程序和手续，提高了办事效率和服务质量，英国工业联合会（Confederation of British

Industries，CBI）对它的成立表示欢迎。二是将多学科、高水平、具有不同经验的工程技术人员聚合协同解决环境技术问题，并就环境领域重大课题联合攻关，提高了应用开发和技术服务能力；在旧体制下，环境监测与环境技术研究机构基本不相往来，经常出现研究与实践脱节，查处、罚款变成了目的，技术研究很难有的放矢。在新体制下，这些机构成为新机构的一部分，技术开发更有针对性，信息更具实用性，树立了应有的权威。三是环境保护工作由以往部门分割变成对全国、区域、流域的整体规划，合理布局、统一管理，实现以较少工作量、较少投资达到保护环境的最佳效果，开创一个机构负责一个国家、一个地区环境保护工作的先河，受到联合国环境组织和欧美国家的重视。此外，环境署必须为其发布的政策做出声明，且在准备或修改声明的过程中，环境署必须咨询受政策影响的利益相关者。在声明发表之后，环境署在执行其职能的时候必须遵循声明中的内容。英国地方政府把环境保护作为自己的重要职责，各地方政府内部都有针对环境管理的职能机构，但与中央没有隶属关系，地方政府环境部门具体负责城镇与乡村规划、废物处置、公共健康、噪声控制、大气污染控制等。

作为英国政府中一个专门负责有关环境、食品和农村事务政策和法规的部门，环境、食品和农村事务部依法对监管机构与被监管的企业进行宏观调控。当前，此部门主要有以下三个方面的职能。第一，主要负责以下方面的政策法规的制定：自然环境、生物多样性、植物和动物；可持续发展和绿色经济；食品行业、农业和渔业；动物健康与福利；环境保护与污染控制；农村社区及其事务。第二，对包括环境署、饮用水监管委员会及水务办公室在内的水务监督管理机构进行管理，负责制订改革计划，并且对改革成效进行评估，以及不断对改革方案进行调整（邓涌涌和江莹，2006）。第三，虽然环境、食品和农村事务部仅直接服务于英格兰，但它也和威尔士、苏格兰和北爱尔兰的政府紧密合作，并主要代表英国就水政策制定和实施的安排与欧盟进行谈判。

### 三、英国水污染治理政策演化

随着英国多部水法律的颁布及修订，为实现组织管理目标，一系列相应的水污染治理政策也随之出台，如排污许可政策、排污收费政策及排污权交易政策等，尤其以排污许可政策、环境影响评价制度和环境政策设计的公众参与，为现行主要的政策措施。

#### 1. 排污许可政策安排

英国的排污许可证制度开始于 20 世纪 50 年代。经过几十年的演化，排污许可证制度已经发展成为英国一项完善的水污染治理政策。就其发展阶段而言，按照排污许可证发放主体的不同可将其划分为河流委员会时期（1951~1973 年）、地方河流局时期（1973~1989 年）、国家河流局时期（1990~1995 年）及环境署时期（1996 年至今）。

1948 年《河流委员会法》赋予河流委员会发放排污许可证的权力，这也代表了英国开始实施排污许可证制度。1951 年《河流（污染防治）法》规定，未经河流委员会同意，任何人都不能使用新的或改造的、用于将工业废水或者污水排放到河流中的排放孔，也不能将新的工业废水或者污水排放到河流中。为了达到排放废水或建造新排放孔的目的，当事人需要向河流委员会进行申请。河流委员会主要对如下方面进行审批：排放孔与河流连接点的位置、排放孔的建造过程、排放孔的用途及某一场所或土地新建的排放孔；废水或污水的属性、成分、温度、排放量、排放速率及其产生的场所。此外，若要取得河流局的批准，新建的或改造的排放孔要能够方便河流委员会对排放物进行取样。河流委员会需要时常对审批条件进行检查，并且需要把变更或者撤销的内容告知当事人。如果有必须的话，地方政府或规划部部长可以对河流委员会关于批准条件的变更或撤销的过程进行指导。倘若河流委员会在规定时间内不能达到地方政府或规划部部长的要求，地方政府或规划部部长可自行发出通知。此外，河流委员会需要对以下详情进行登记，包括本地区排放口排放废水的情况和当前生效的审批条件。任何人在任何合理的时间内都可以对登记情况进行查阅。在未经河流委员会批准的情况下，当事人使用新的或改造的、用于将工业废水或者污水排放到河流中的排放孔，或将新的工业废水或者污水排放到河流中，河流委员会可以向当事人发出包含许可条件的通告。此外，当事人在未获得河流委员会批准或者遵守相关条件的情况下，将会受到处罚。经循公诉程序定罪的当事人将受到不超过200英镑的处罚，而经简易程序定罪的当事人将受到不超过50英镑的处罚。

由于1951年《河流（污染防治）法》中涉及排污许可证的规定是初步的，1961年《河流（污染防治）法》做了如下方面的拓展和修改：在申请和审批条件上，该法做了更加详细的技术规定，包括污水排放时的最高温度、每日污水的最大排放量及污水的最高排放速率；在许可证时效上，该法规定申请书需要注明批准条件的有效期限或者是生效之日与结束之日；当事人可以就河流局不合理的审批过程或者不合理的通知内容向地方政府或规划部部长提出意见。

1974年《污染防治法》第34~42条对排污许可证制度在申请和审批条件上，增加了当事人应该在申请书中注明污水排放地点要求。如果有必要的话，水务局可以将包含多个排放地点的单一许可申请视为多个许可申请进行处理。另外，该法增加了对许可证申请书中造假行为进行处罚的规定。许可证申请必须包含如下内容：①污水排放的地点及排水口的设计与建设；②污水的属性、成分、温度、数量、排放速率及排放时间段；③关于提供污水取样的设备，提供和维修排水孔、检查井等的说明；④关于对排污量、排放速率、属性、成分及温度等进行测量的设备的提供、维修和测试；⑤关于对排放污水的属性、成分、温度、数量、排放速率的记录；⑥将上述记录信息提交给水务局；⑦采取的防止污水进入地下水水域的措施。此外，该法还就许可证申请书的公示做了规定。河流局在审核期间内需要将申请书进行公示，而且需要将申请书的复印件提交给地方当局（主要为地方议会）和相关机构（主要为国务大臣，农业、渔业和食品部部长，倘若污水排放与他们相关的话）；许可证中要注明在许可证发放之后，河流局在规定时间内（一般不少于两年）、在没有当事人同意的情况下不得向其发出通知。同时，该法增加了当事人反映自身诉求的规定，包括规定的合理性及河流局处理程序的合理性等；增加了对河流局登记内容的说明，包括申请情况进行注册、批准情况、采样污水的情况及发出的许可证、通知等。

2007年通过的《环境许可（英格兰和威尔士）条例》也增加了相应规定。根据该条例，在经营者和建议受让者联合申请情况下，监管者可以将整个环境许可证或者环境许可证中的任何一部分转让给受让者。当排污许可证被转让给受让者时，相应部分的义务也需一并转让。当为部分许可证转让时，监管者需要授予受让者一个与原先许可证条件相同的新的环境许可证。当发生受让时，受让人需要符合以下两个条件：①是法定事务的经营者；②按照环境许可经营法定事务。

2007 年《环境许可（英格兰和威尔士）条例》作为一个过渡条例，内容已经被 2010 年《环境许可（英格兰和威尔士）条例》所涵盖。2010 年《环境许可（英格兰和威尔士）条例》生效于 2010 年 5 月 6 日，主要基于 1999 年《污染防止与控制法》。它不仅取代了 2007 年《环境许可证（英格兰和威尔士）条例》，还为英格兰和威尔士创造了一个单一的环境许可制度体系。作为当前英国环境许可制度的指导文件，2010 年《环境许可证（英格兰和威尔士）条例》对涉及环境许可的方方面面均做了规定。具体而言，以下七类活动（可被理解为具体活动和经营活动）需要获得环境许可证：安装（installation）、移动植被（mobile plant）、废物操作（a waste operation）、开矿废料经营（a mining waste operation）、有关放射物质的活动（a radioactive substances activity）、水排放活动（a water discharge activity）及地下水活动（a groundwater activity）。2010 年《环境许可（英格兰和威尔士）条例》指出，在经营者和建议受让者联合申请情况下，监管者可以将整个环境许可证或者环境许可证中的任何一部分转让给受让者，但这一规定不适用于有关于授权一个独立水排放活动或者独立的地下水排放活动继续使用的许可证。此外，环境署需要就转让进行公告，公告不但需要按照监管者所提供的表格形式发布相关信息，而且需要注明转让生效时间，且公示期不少于 20 天。

英国有两种类型的排污许可证。一种是标准许可证，其制定基于监管部门根据许可事项进行公开咨询所确定的标准规则。这些标准规则包括对许可事项的地点、规格等进行的限制。经营者如果能够证明其当前及后续经营活动能够按照这些标准规则进行，那么就能够申请此类标准。另外一种是定制许可证，主要针对的是由于需要详细的实地评估或者必要的控制过于复杂，而仍未或不能够制定标准规则的活动。

下面就水排放活动方面的许可证进行简单介绍。在需获得排水许可证的情况方面，关于水排放活动，主要如下：①将任何有毒、有污染物质、废弃物、工业废水及污水排放到特定水体中；②将任何工业废水或者污水由管道从陆地排放到海洋中；③内陆淡水河床沉积物的移除；④内陆淡水中大量植被的移除，并且采取的方式不恰当；⑤将公路上的水、工业废水或者污水排放到不算是内陆淡水水域的湖中或者池塘中。此外，倘若高速公路排水也涉及①、②，或者是将污水或工业废水排放到不归为内陆淡水水域的湖中或池塘中，那么经营者也需要获得排污许可证。在对排水许可证申请者的要求方面，只有从事法定经营活动的经营者才可以获得环境许可证。在免除排污许可证的情况方面，满足以下条件的排水活动可以免除排污许可证：①小型污水处理厂等每日排放到内陆淡水、海水中的污水不超过 5 立方米就可以申请免除排污许可证，但是还需满足下列条件：处理厂和处理设备必须满足一定要求；排放水中不包含工业废水；所有设备需要得到生产者的维护；设备维护情况记录必须保持至少 5 年。②一个经营者将经营活动转交给另一经营者，那么旧经营者需向新经营者告知：免除许可证的活动；相关条件；设备维护情况。③每日污水排放量少于 2 立方米的化粪池。④植被经营活动中符合特定要求的。⑤一些符合特定条件的小规模废水排放。即便如此，经营者仍需向管理当局进行注册。倘若经营者停止从事此活动，则需要向管理当局报备。

2. 环境影响评价制度

英国具有较长的战略环境影响评价历史，并且是世界上第一个提出了指令导则的国家。由于在欧洲范围内缺乏统一的要求，一些欧洲成员国在 20 世纪 80 年代后期开始建立体系。从"环境评估""可持续性评估"到"战略环境影响评价"，英国对战略环境影响评价的认识及战略环境影响评价研究的开展经历了一个不断发展的过程。经过 1996 年、1999 年的不断修订，2001 年 7 月正式发布欧洲战略环境影响评价指令，作为欧盟环境领域重要的法律。2002 年 5 月英国的规划开始由副首相办公室（Office of Deputy Prime Minister，ODPM）负责，直接由副首相进行领导。随着 2001 年《欧盟指令》颁布，英国开始根据本国的情况执行《欧盟指令》，建立了一系列相应的法律和原则，并应用于相关的部门，进入正式的阶段。

第一，环境评价阶段。在英国，地方发展框架（原发展规划）指导着一个地区的发展。1992 年，政府建议地方权力机构对其发展规划实施环境评估。根据发展规划的《环境评估实践指南》，环境评价是以环境质量的定量本底为基础，对发展规划政策和建议的产生的单一及复合的环境影响予以清晰、系统和反复评价，并作为规划编制和审查的一部分。环境评价的任务包括：识别环境的价值、危机和机遇，确定适宜的环境评价主题和范围，评价对环境产生的影响，包括对方案进行选择、提炼和改善。该指南中建议评估工作可以在规划制定的任何阶段开展。如果评估过程由内部人员完成，则可建议向外界人员咨询。尽管根据评估结果可能需要对规划重新修改，但并不重要。

第二，可持续发展评价阶段。为将可持续发展思想纳入政策、规划、计划和项目各个层次，根据 1999 年《公共咨询草案》，区域规划机构应对区域规划实行可持续性评价。1999 年环境、运输和区域部（Department of the Environment，Transport and the Regions，DETR）发布的实践指南——《区域规划纲要可持续性评价》中指出，应首先发展区域规划纲要中的可持续性目标，其次是那些战略选择能否实现目标的指标。之后发布的《发展规划的规划政策》中建议：①环境评估过程中评估的内容扩大到经济和社会领域；②对可选方案、政策和选址等进行全面评估；③从规划的早期开始向公众咨询，使以往的环境评价的内容更广，公众参与更多。

第三，战略环境影响评价阶段。2002 年 5 月英国的规划开始由副首相办公室负责，直接由副首相进行领导。随着 2001 年《欧盟 SEA（Strategic Environmental Assessment in Action）指令》的颁布，英国开始根据本国的情况执行《欧盟 SEA 指令》，建立了一系列相应的法律和导则，并应用于相关的部门，进入正式的 SEA 阶段。

英国的战略环境评价具有如下几个特点。

战略环境评价的内容在不断发展之中。在《欧盟 SEA 指令》颁布之前，英国的战略环境评价是快速的、主观的和内部的。到可持续性评估阶段，评价内容从单纯强调环境问题发展到综合考虑环境、社会和经济问题，从单纯对环境影响进行评价到将可持续发展纳入决策中，从建议向外界咨询到公众的广泛参与。到了真正的"阶段"，对评价的内容、适用评价的类型、评价过程和报告、相关机构的责任等在法律上予以规定。从1992年开始经历了十几年的探索与积累。因此，不仅是一个过程导向的评价，本身的发展也需要一个过程。

战略环境评价与规划体系的变革同步。SEA的对象是不同层次的规划和计划。英国的规划体系从1947年的《城乡规划法》（Town and Country Planning Act of 1947）开始，建立了两个层次的规划体系，即机构规划和地方规划。这一体系经过1971年的《城乡规划法》得到巩固。其间根据政府组织体系的变化做过调整，但无重大变化。直到2004年的《规划和强制性收购法》（Planning and Compulsory Purchase Act）颁布，英国规划体系发展改变，新的体系仍然以规划为导向，包括区域空间战略和地方发展框架两个层次。在县议会层次上的结构规划被取消，只负责废弃物和矿物规划。与此相适应，SEA也在做相应的调整。以案例为基础，重视编制可操作性的SEA评价导则。英国具有相对较长的历史，目前颁布的导则都是以大量的案例和研究为基础的。早在2001年，英国的8个地区都对区域规划纲要进行了相当于早期的可持续性评估。例如，2005年环境机构编制的《实践指南》是在对洪水管理战略、地方废弃物规划、县矿物替代规划、油气开发战略、风能战略、区域资源潜力与发展战略等多个案例的基础上编写的（洪水管理战略、地方废弃物规划、县矿物替代规划、油气开发战略、风能战略、区域资源潜力与发展战略等内容主要来源于2003年《战略环境评价指令——规划机构指南》和2004年《战略环境评价指令——时间指南草稿》）。内容主要包括评价阶段、环境主题、不同部门规划、评价方法和案例研究五部分，要求相对具体明确，容易操作。

依据规划计划的类型编制相应的评价指南。SEA的对象包括不同的规划计划类型，各种类型规划计划的特点及与环境的相关关系有所不同，决定了不同部门规划计划的评价目标、指标和方法、减缓措施等方面都有所差别。英国在编制全国统一的评价导则后，相继编制了威尔士、苏格兰等不同地区的相关导则及土地利用与空间规划、交通、能源等不同的评价导则（主要包括《战略环境影响评价实践指南》《战略环境影响评价——交通规划和计划的核心导则》《区域空间战略和地方发展框架的可持续评价》等）。英国的规划环境影响评价导则的公布，部门导则的编制仍然需要深入开展，以满足工作的需要。

3. 环境政策设计的公众参与

英国的"政府决策的公众参与"这一提法可以追溯到1969年。当前，公众参与政府决策的领域主要包括社会安全、监管和预防犯罪、公共医疗卫生服务。最近二十年，由于环境部门出于可持续发展的考虑、对专家的信任危机、公众对环境风险和健康风险的恐惧及与环境政策密切相关的地方当局土地使用规划制定过程公众的广泛参与，公众在环境政策领域的参与愈加明显，包括发展规划的预咨询和修订、规划应用的公示和咨询及为政策过程制定提供环境信息（Petts and Leach，2000）。1990年《环境保护法》在环境许可授权中规定，执法官员（总督察或者地方当局）需要保存以下内容以供公众查询：授权申请，批准的授权申请，变动通知、强制通知及禁止通知，授权的撤销，上诉，对违法行为的定罪及授权信息，等等。执法官员需要确保上述细节在任何合理的时间内都是可获得的。1992 年《环境信息条例》规定，公众有权获取关于任何水的状态的信息，涉水活动与采取措施的信息及任何保护水的活动、措施等的信息。

为了达到告知群众以及基于群众提出的意见做出的决定可能更加适当的目的，2007 年《环境许可（英格兰和威尔士）条例》规定环境署负有满足公众参与的职责。具体而言，环境署的公众参与职责包括：①规则制定当局（环境署或者地方当局）在为规定的活动制定标准规则（如环境许可证的标准）时，必须向受规约影响的、具有代表性的一部分人，或其他任何受影响的人，或感兴趣的人进行咨询。②需要将标准规则进行公示。③在废除标准规则之前，需要向①中所提及的全体进行咨询。④在收到许可证后的 30 日内，当局必须确保环境许可申请及其中的地点、时间对公众是免费开放的。

2010 年《环境许可（英格兰和威尔士）条例》规定，环境署需要就以下事项进行各种咨询：被提议的标准规则；这些标准规则的风险评估；定制许可证的申请；针对安装活动的标准许可证的申请；其他特殊事项。咨询的具体流程可分为关于制定标准规则的咨询和关于许可申请的咨询。在制定标准规则的咨询方面，环境署需要首先确定与即将制定规则相关的组织，并与其制定草案、评估风险。其次，环境署可以就标准规则及其风险向公众咨询。在此基础之上，环境署将对标准规则进行修改。关于许可申请的咨询，环境署需要在收到申请的 30 日内将申请书公布在环境署网站上，公众可根据申请书内容提出自己的意见。在此基础之上，环境署决定是否要批准申请并将结果公布在环境署网站上。对于突发环境风险事故的处理，英国成立有 3 个层次的风险事故处理部门：公众紧急事务委员会、战略协调小组、科学技术委员会。

4. 英国水污染治理政策安排与发展趋势——农村发展与环境保护的统一

（1）农村发展政策与环境保护的矛盾到环境政策一体化。

农田环境是一个与人类生存关系密切的特殊生态环境。它是由农田土壤、气候、水文及各种农田动植物等因素构成的生态系统，与人类进行着频繁的物质和能量的交换。欧盟国家根据农药和化肥的毒性、用量和使用方法对生态环境和公众健康可能造成的危害，建立严格的登记制度。1992 年 6 月欧盟部长会议正式制定了共同农业政策，包括环境保护措施的引进、农业用地中的造林项目和农民早期退休计划等。1993 年欧盟出台具体的农业结构政策的环境标准；1999 年正式批准的"2000 年议程"更是将对农民的直接补贴与环保标准的贯彻挂钩，同时大幅度增加环保资金。一些欧盟国家根据农药和化肥的毒性、用量和使用方法对生态环境和公众健康可能造成的危害，建立严格的登记制度。欧盟更关注整个农村大环境的综合保护与治理，通过结构性基金项目促进结构性调整，帮助农民适应市场变化和创造新经济收入来源，促进农业和乡村发展研究与农业资源的保护和利用。

欧洲共同体（以下简称欧共体）在 1993 年的《第五个环境行动计划》中对交叉遵守进行了表述，支出保险的分配及其他补偿支付应该"满足环境义务"。为应对欧盟的硝酸盐指令中减少水中氮含量的要求，苏格兰在 2003 年确定了四个硝酸盐脆弱地区，在这些地区，农民需要面临更加严格的氮肥管理（Barnes et al., 2009）。政策的实施效果直接影响了这项"服役年限"，也影响了政府随后的政策决策。因此，对政策的实施效果进行研究和评判就显得尤为重要，当前关于这方面的研究主要集中在英国对欧盟指令政策化效果的研究方面。McMellor 和 Underwood（2014）指出，由于对城市废水处理指令（91/271/EEC）与硝酸盐指令（91/676/EEC）等欧盟政策的实施，在过去三十年间，英国科恩河的富营养化情况显著好转，相应指标 DIN、TOxN 等显著下降。Matjaz 等（2012）以 Axe 流域为例，通过土壤和水评估模型测量其流量和营养物质含量，指出了流域实行的水质量目标与其经济、审美和娱乐价值的保持之间的冲突，并提出结合草场缓冲带、减少牲畜数量等方式以缓解此矛盾。

共同农业政策一直是影响欧洲农业的一个重要因素。这一政策始于 1957 年建立的欧洲经济共同体[①]，欧共体条约的目的是确保每个成员国内的生产者能获得平等的支持和保护。欧共体的共同农业生产政策的目标是保护农场收入。1972 年，欧共体通过了三项结构性指令，包括对适于开发的农场投资提供财政援助、对介于 55 岁至国内退休年龄农民和农场工人提供提前退休支付、对从事农耕的人进行培训。1975 年理事会通过了关于山区、丘陵农耕和发展和磁环地区农耕地 75/268 号指令，该指令是英国加入欧共体的一个直接结果。英国长期以来为山地农业提供资金，在第二次世界大战期间开始对山地农业实施补贴，如 1946 年《山地农耕法》延续了对山地农民的补贴政策。

1985 年，欧共体取消了 1972 年的农业结构指令和 1975 年的发展迟缓地区指令，而代之以 797/85 号条例。1996 年 11 月在爱尔兰的科克（Cork）举行的关于农村发展的欧共体代表会议，通过了农村地区未来政策的十点声明，又谓科克宣言，指出"农村发展政策必须强调概念的多学科性、应用的多部门性，具有清晰的区域维度……它必须以综合性方法为基础，包含于同一法律和政策框架之中"。由于单独通过对农民的结构政策而给农村发展提供欧共体资金的做法已经不合时宜，第 1257/99 号条例用更广泛的"农村发展计划"替代了欧共体农业结构政策。要求成员国必须制定 2000 年 1 月开始的七年农村发展规划，成员国有权决定基于国情的措施，但要求所有农村发展计划必须包含农业户籍计划，对为农民订立环境土地管理服务合同做出了规定。第 1698/2005 号条例更进一步包含了推动农业和林业竞争力的措施，并通过建立一项或多项农业指导和担保基金，以资助农业政策的运作，1257/2005 号条例为 CAP（Common Agricultural Policy，欧盟共同农业政策）创造了一个新的财政框架，设立了两个新的基金，即欧洲农业担保基金（The European Agricultural Guarantee Fund）和欧洲农村发展农业基金（The European Agricultural Fund for Rural Development）。欧共体已经开始把财政资助的重点放在农村发展政策上，已占共同农业政策总支出的 22%。

为了进一步促进农村可持续发展，并与欧盟共同农业政策的改革相呼应，英国从 2005 年 4 月开始，对农民保护环境性经营方式给予补贴。政府将根据农民加入保护环境性经营计划情况对其发放环境保护补贴。农场主在其经营的土地上进行良好环境管理经营，每公顷土地每年可得到最多达 30 英镑的补贴，而进行不使用化肥和农药的绿色耕

---

① 欧洲经济共同体是欧洲共同体的旧称，于 1957 年正式建立。

作则将得到 60 英镑的补贴。无论从事粗放性畜牧养殖的农场主，还是进行集约耕作的粮农，都可与政府部门签订协议，加入这一计划。加入该计划后，农场主有义务在其农田边缘种植作为分界的灌木篱墙，并且保护自家土地周围未开发地块中的野生植物自由生长，以便为鸟类和哺乳动物等提供栖息家园。近些年来，英国政府已开始采取包括保护乡村生物多样性等措施在内的多种环境管理鼓励计划，作为经济可持续发展战略的一部分。把良好的环境行为与政府补贴明确联系起来，与欧盟共同农业政策的改革，即从 2005 年 1 月开始取消 11 种不同补贴而采取单一补贴机制完全相符。欧盟农业部部长会议于 2005 年 1 月 26 日在卢森堡就欧盟农业政策改革达成一项妥协方案，内容包括废除将农业补贴与农产品产量挂钩的做法，将农业补贴额度与环保和食品安全等标准挂钩，并向农民提供单一次性补贴。英国政府的这一新举措得到许多英国农场主的支持[①]。

在欧共体共同农业政策的影响下，英国农村发展政策经历了环境保护与农业政策割裂，到环境治理一体化的政策安排。实现了农业补贴从价格支持向产品支持的转变，将环境条件与农民直接支付进行连接，对超过产量限制的部分停止支付，以阻止过度集约化生产。

（2）农村发展的政策措施。

20 世纪五六十年代，欧洲的环境问题主要表现为工业污染问题。对欧盟来说，在工业社会中，人类的经济活动造成各类环境破坏。西欧在历史上最早实现工业化，同样也最早遭受工业污染，吞吃了环境被破坏所带来的苦果。1958~1972 年西方普遍把工业污染看作一个通过技术处理、加强控制就可以解决的单纯危害人体的污染问题。总体来看，欧共体在 1973 年之前还没有正式的环境政策，有的只是与环境有关的法律和一些主要以保护健康或完善共同市场为名义的环境法令。这个阶段西欧的环境被严重破坏，但当时的人们并没有把环境污染看作环境破坏，而认为是危害人类健康的污染问题或"公害"，所以走了一条先污染后治理的被动之路。

1987 年《单一欧洲法》生效，至 1992 年《欧洲联盟条约》缔结之日，欧盟环境政策通过不断积累，在欧盟国家的大力支持下，从 1987 年到 1992 年，一共颁布了一百多项环境政策法令，使欧盟环境政策得到了进一步的发展。1992 年至今，欧盟环境政策进入了可持续发展战略阶段。在这个阶段，欧盟的环境观念从把环境问题看作一个环境破坏问题转变为把环境问题看作一个有关人类可持续发展的问题，这是一个根本性的转变。欧盟在 2001 年的哥德堡峰会上正式提出可持续发展战略。该阶段环境政策有了质的飞跃，在 1973~1993 年，欧盟环境政策已取得较显著的成就，但环境状况总体上还是在不断恶化。直到 1995 年之后，环境质量才不断得到改善，但欧洲环境署发布报告称，2012 年欧盟国家共支出约 3 059 亿美元应对大气污染。由于经济疲软和环保政策的生效，欧盟大气污染治理经费曾一度减少。欧洲 26%的大气污染主要来自火力发电厂。欧盟曾制定防治大气污染法草案，但遭到不少欧盟工业企业的反对，有的企业甚至威胁将工厂迁出欧盟地区。

在生产性农业时期，为应对第二次世界大战后的食品匮乏问题，欧盟各国纷纷采取

---

① 资料来源：http://www.parliament.uk/documents/post/postpn254.pdf。

农业扶持政策恢复农业生产，并于 1962 年颁布欧盟共同农业政策，通过对农产品施行价格保护和补助等措施提高农产品产量。这一时期农业政策的主要特点是政府给予强大的财务支持，对农产品施行价格保护和补助等措施提高农产品产量；具有一个规模不大但强有力、紧密的农业政策团体和强大的由上到下的农业政策结构；农业政策中对环境有害农业实践的管制较少。

英国政府拟定了一系列以土地为基础的农田环境管理规划及相关的管理政策，这些规划和政策对英国的农业发展与土地资源保护起到了重要的作用，具体如下：一是环境敏感区规划。在英国的某些地区如高地，拥有特别的野生生物物种的地区，或是历史遗迹的所在地，英国政府特别设置了环境敏感区计划，目的在于诱使该地区的农民在实行相关农业操作的同时能够更加注意对环境的影响。此计划有些类似国内在某些地区划设国家公园或生态保护区，能够有效地保护原生动植物，为英国闻名于世的乡村风光增添诸多风景[①]。

二是守护田庄规划。有鉴于农业生产对于乡村景观及地景的改变，英国农业部开放了守护田庄规划的申请。不同于环境敏感区规划，这个计划提供给非特定区域的土地拥有者与管理人，不论该区域的地景生态如何，都可加入此规划。也就是说，不管该农场在湿地、高地、果园、草地、市郊等任何一种区域，都可以申请加入。此规划最终可以提升乡村景观的自然美，恢复受农业操作影响的生物多样性，使大众获得享受乡村的景观与休憩环境的条件[②]。

三是有机农业生产规划。有机农业生产规划提供有意采用有机种植或养殖的农场某种程度的经济援助，以鼓励更多的农场实行有机耕作与养殖。尽管化学合成物质的使用对农业生产发展起到一定作用，但对环境的影响甚大，不但污染地下水、土壤和作物，而且使用化学物质防除杂草或病虫害的同时也有可能杀害原生种动植物，改变其栖息地甚或扼杀生物多样性。然而，当人们再用古老的有机方法种植或养殖时，必须面临市场竞争力的问题。用长远的眼光看，有机农耕可最大程度减小对环境的伤害，以可持续经营的理念来说是合理的，问题在于如何扭转农民与消费大众的心态使其接受有机产品。在过渡期中，政府用补助金或奖励金鼓励农民采用有机方式生产，不仅有效地防治了农用化学物质的污染，还为提供健康安全食品创立了条件[③]。

四是能源作物规划。在石化燃料不可或缺的今日，找到其他替代能源对全体人类而言是一件刻不容缓的大事。在计划之初，能源作物包含木本作物、白杨属植物与柳树种的轮伐及芒草属植物的推广种植。该规划的实施提高了能源作物的种植面积，通过对石化能源一定程度的替代，在减少不可再生能源的消耗和降低温室效应气体产生方面起到积极作用。

① 资料来源：http://adlib.everysite.co.uk/resources/000/077/289/esa_leaflet.pdf。

② 资料来源：Defra.gov.uk，Countryside Stewardship and Environmentally Sensitive Areas Schemes：Report on Performance 2003/04 and 2004/05 Page 4，https://en.wikipedia.org/wiki/Countryside_Stewardship_Scheme。

③ 资料来源：http://webarchive.nationalarchives.gov.uk/frame/20021125170838/http://www.defra.gov.uk/erdp/schemes/landbased/ofs/ofsindex.htm。

# 第三节 美国农业面源污染治理政策设计困境

## 一、制度环境、组织创设与环境政策目标演进

### （一）环保局的创设与环境政策目标演进

公共政策设计是制度变迁的核心，经济和政治因素是决定创设或取缔管理政策的重要因素。1865 年，随着美国的工业化、城市化发展和人口增加，生活垃圾和工业废弃物的河流和港口堆积，导致河道堵塞。为此，早在 1886 年，美国政府颁布《河流和港口法案》（River and Harbor Act），并于 1899 年重新修订为《1899 年河流和港口法案》（Rivers and Harbors Act of 1899）（俗称《垃圾法》），作为美国第一部水污染法，其主要目标是保持航道通行。为应对市政供水和排水管网污水直排河流或湖泊对居民健康的威胁，美国政府于 1912 年创设联邦公共卫生局（U.S. Public Health Service），负责流行病、供水和水污染管理，并于 1914 年制定州际交通设施饮用水水质标准。1924 年《石油污染控制法案》禁止远洋船只向近海岸排放石油。根据 1933 年《田纳西流域开发法案》，成立田纳西河流域管理局（Tennessee Valley Authority，TVA），田纳西河流域覆盖 7 个州，TVA 彻底颠覆了传统的水分散管理模式，负责流域内水电、航运、土地、矿产、森林、渔业、旅游等资源的统一管理。随着州际水污染管理目标从保护航运到公众健康目标的转换，政策工具也从禁止向河道倾倒垃圾，转向为城市污水处理提供技术和资金支持，但保护公共健康和航道安全是公共卫生局和流域管理机构的主要目标。

尽管 19 世纪的公共卫生系统改革确立了联邦政府的供水、污水处置和废物管理职责，但水环境保护工作仍由各州和地方负责，不断升级的水污染需要联邦政府发挥更大作用。为此，随着 1948 年《联邦水污染法》（Federal Water Pollution Act of 1948）的颁布实施，污染防治管理局成立，并为污水处理设施建设提供资金支持（Johns，2001）。1956 年《联邦水污染控制法》（Federal Water Pollution Control Act of 1956）修订案，确定了恢复和维护国家水体的化学、物理和生物完整性的政策目标，并为市政污水处理设施建设提供联邦拨款，取消了州对联邦管辖的否决权，联邦政府可以直接对州际污染者提起公共损害赔偿诉讼。该法先后于 1961 年、1965 年、1966 年、1970 年进行了四次修订。1961 年修正案将联邦政府管辖权从州际扩展到所有可航水域；但对州内水污染，联邦政府行使管辖权必须事前征得州政府的同意。1965 年《水质法案》要求各州在两年内建立起州内环境水质标准，确定和监管污染排放量，否则将丧失联邦拨款资格；各州关于州际水域水质标准、实施计划和程序，必须报经联邦水污染控制管理局审批。如果州政府没有制定出合适的标准，卫生教育福利部部长有权制定和公布州适用标准。20 世纪 60~70 年代，在部分免责前提下，联邦政府制定了一系列国家环境标准，州政府制定了一系列联邦标准之上的州立标准。通过立法途径逐步扩大联邦政府的水污

染治理管理权，是 19 世纪水法律体系建设的目标。

虽然 1965 年《水质法案》授权联邦政府在全国范围内建立直饮水水质标准，但联邦环境管理机构缺乏，阻碍了环境标准的制定与实施（Johns，2001）。20 世纪 60 年代末，水环境恶化日益凸显：加利福尼亚州和路易斯安那州石油泄漏、五大湖地区鱼类汞含量高达危险水平、伊利湖因为重度污染成为死水、俄亥俄州凯艾哈格河（Cuyahoga）因严重化学污染引起河面着火的事件等，水环境污染已经引起公众的广泛关注。顺应公众的期盼，美国总统尼克松于 1970 年 1 月 1 日签署了美国第一部环保成文法《国家环境政策法》（National Environmental Policy Act，NEPA），该法明确了环境政策的法律地位，创设了环境影响评价制度，设立了环境质量委员会（Council on Environmental Quality，CEQ）。《国家环境政策法》设定环境保护的目标是创造一个"安全、卫生、多姿、优美、文明、令人愉快的环境"，"国家的各项政策、法律以及公法解释与执行"均应当与《国家环境政策法》的规定相一致，环境质量委员会"在环境质量报告的准备过程中帮助总统，并向总统提出建议"。《国家环境政策法》直接促成了 1969 年 EPA 的创设。1971 年正式成立的环保局全面负责监测、控制和管理环境质量，包括水、空气、土地、固体废物、农药和辐射物管理。原属于卫生教育和福利部的饮用水管理与隶属于内政部的联邦水污染控制局的水污染防治职责，都被整合到 EPA 的综合管理。EPA 作为独立的、直接向总统负责的国家机构，在所有工业化国家是独一无二的。

20 世纪 70 年代中期，空气和水污染与弥漫性有毒化学物质危害引起的环境事件，再次引起公众的关注。为应对环境立法割裂导致的环保权力分裂，1972 年《联邦污染控制法案》授权环保局承担恢复和维护环境的化学、物理和生态系统一体性的管理责任，并于 1985 年提出了可游泳、可垂钓和零污染排放的政策目标（Hoornbeek，2005），1972 年《清洁法案》第 301 款要求对城市、建筑工地和工业企业实施排污许可制度（Ribaudo，2008），实现了由污染治理到污染防治的政策转变。1972 年《清洁水法》首次明确提出控制面源污染，并尝试建立全国统一的技术标准和污染治理政府成本分担计划，实施由 EPA 统一执行的排污许可制度，并于 1972 年适时推出"日最大负荷总量"（Total Maximum Daily Load，TMDL）计划（Taylor et al.，2001）。1972 年《清洁水法》的颁布实施，是美国水污染治理具有里程碑意义的事件。1987 年《水质法案》进一步要求各州对面源污染进行系统识别与管理，并授予环保局行政处罚权，明确的管理责任降低了管理主体间的破坏性竞争和摩擦。1990 年《河岸管理法再修正案》制定了一系列标准，寻求控制面源污染。EPA 于 1985 年颁布了 TMDL 计划的具体实施细则，并于 1996 年开始依据《清洁水法》对州 EPA 的执行情况进行全面评价，2000 年 7 月 13 日颁布了新的 TMDL 计划细则以指导具体实施。

作为一个概念学习过程，美国的环境政策目标界定是一个递进的过程，其环境管理目标从早期的维护航道清洁和保护公共健康，到对水体美学和休闲价值的强调，再到修复和维护水体的化学、物理和生态完整性。EPA 成立后，在《清洁水法》和《水质法案》两部基石性法律的指导下，通过污水排放许可制度安排，尤其是 TMDL 计划的实施，市政污水处理和工业点源污染得到了有效的控制。TMDL 计划是将面源污染纳入污染物总量控制的一项重要管理措施，但由于州政府有是否采用 TMDL 计划的自由选择权，"1980 年以来，只有 10 个点源与面源污染自愿交易项目"（Ribaudo and Gottlieb，2011）。美国早在 20 世纪 60 年代末就提出了排污权交易概念，直到 1995 年后才真正开始排污权交易。TMDL 计划希望通过点源污染和面源污染排污权交易，降低河道的污染负荷总量和实现经济效率。面源污染治理的道德风险和点源污染企业逆向选择倾向，导致点源与面源污染交易都是不成功的，其政策效果取决于农户的自愿参与水平。农业面源污染治理政策效果有限，阻碍了环保目标的实现。

### （二）农业政策与面源污染治理

1969 年以来，美国逐渐形成了一个权力相对集中的环境管理体制。除环保局外，还有许多与环境保护相关联的部门，包括内政部、健康与人力资源部、能源部、原子能监督委员会、商务部（Ferrey，2007）；因为农业是面源污染的主要来源，在所有部门中，环保局承担了农业面源污染治理的监督责任，农业部则负责实施农业面源污染治理的相关政策。美国农业部创设于 1862 年，其早期目标是土地开发和农村人口聚集。早在 1933 年，美国《农业调整法案》（The Agricultural Adjustment Act of 1933）开始通过转移支付促使农民休闲土地，以提高农产品价格（McCann，2000），但自 1977 年《清洁水法》修正案强调农业部在诱导农民采用降低农业面源污染的农业措施以来，农业部已经实施了多项与农业面源污染治理相关的项目，包括河岸与农业部-环保局养殖规划（The Water Bank Program and the USDA-EPA National Strategy for Animal Feeding Operations）、土地休耕和耕地保护计划（Land Retirement Programs and Working Lands Conservation Programs）（Johns，2001）。作为农业部的组成部分，美国农业资源保护项目中心通过资源保护计划（the Conservation Reserve Program，CRP）向环境敏感土地拥有者提供资金支持，以激励环境脆弱土地退出农业生产[①]。CRP 向参与者提供 10~15 年的土地休耕合约，补偿支付包括土地休耕导致的农业收益损失和植被种植成本的政府分担（Claassen et al.，2008）。

1985 年《农场法案》（Farm Bill）力图实现农业项目从土地资源保护到污染治理目标的转变；但直到 2002 年，土地休耕计划的直接目标仍然是提高农业收入，环境保护仍未成为农业项目目标（McCann，2000）。农场法案环境质量激励项目［Environmental Quality Incentive Program（EQIP）of Farm Bill］是最大的激励农户耕地"最佳管理措施"项目。"从 1974 到 2004 年，37%的 EQIP 资金用于与水质保护和水保护有关的项目，28%用于动物粪便处置"（Ribaudo，2008）。2002 年《农场法案》授权的保护安全项目（The Conservation Security Program，CSP）是一个新的耕地管理项目，该项目远比专注流域的 EQIP 资金少。2008 年《农场法案》以保护管理程序（Conservation Stewardship Program）取代了 CSP（ERS/USDA，2008），该项目希望通过引入市场机制，激励农民采取措施以应对环境问题，环境保护贡献越大，获得的支付越高。虽然政策制定者已经对农业环境政策给予足够的关注和资金支持，但农业收入和土地生产力保

---

① 资料来源：http://www.ers.usda.gov/Briefing/Conservation Policy。

护仍然是美国农业部政策实施的主要目标，这导致农业政策目标与环境保护的面源污染
治理目标不一致。虽然水质问题是联邦、州政府环境法律和政策关注的焦点，但面源污
染治理远比点源污染治理困难得多（James，2003）。水环境面源污染治理是美国水污
染治理面临的最大挑战。

## 二、美国农业面源污染政策设计困境与演进趋势

### （一）面源污染治理政策设计目标偏差

1. 联邦与州政府政策目标偏差

随着 1972 年《清洁水法》的实施，"环境管理标准的制定与监督职责逐渐转向联
邦政府"（Freeman，2002），但州政府具有执行和实施环境标准的权力（Ferrey，
2007），而且"作为对各自州的特定需求的反应，不同的州有各自的政策目标"
（Hardy and Koontz，2008）；"虽然联邦政府制定了很多关于面源污染的政策与实践
建议"（Hoornbeek，2005），但联邦政府只在政策实施中承担支持性角色，州政府拥
有对土地和水管理的实际控制权，"所有规制性环境政策目标都是模棱两可和充满歧
义的"（Bromley，2007），"联邦政府对于水土资源保护的责任界定是那么模糊，
往往让位于州目标。在缺乏确切的协调机制的前提下，全面恢复和保护水生态系统健
康目标显得如此捉摸不定"（Adler and Straube，2000）。虽然地方政府具有信息优
势，使得环境管理分散化在世界范围内广受欢迎；但管理权力分散化的批评者认为，
当地政府只是关心经济发展，对于环境规制措施选择，主要出于对地区间竞争优势的
考虑，缺乏联邦政府统一领导的环境政策可能导致对生态系统一体性和社会特性的考
虑缺失（James，2003）。"政府权力和当地知识的融合与支持，在很多区域取得了
水环境管理改善的成功，但这种成功取决于资源可获得程度"（Hardy and Koontz，
2008）。

政府为系统网络，具有不同目标的政府部门在复杂网络中相互交织，环境政策只
是一个关注特定目标的概念化的理念，即使对于环境保护问题的界定，"不同的政府
部门不断地制定和调整政策措施，对于政策的协调与适应，对于广泛政策目标的有效
性，还缺乏清晰的认识"（Lyons，1999），政策制定者很少能够从一个更广泛的视
角制定政策。从运作层面而言，环境政策目标与制度架构间的不协调，是环境管理效
果的最大障碍（Muldavin，2000），一个新的趋势是通过法律途径实现管理责任的一
体化发展，明确政府环境政策实施责任，因为"规制是被规制者与规制机构间的一个
责任分解问题"（Koski，2007），政策设计应该考虑政策内容与政治制度环境的适应
性，但对于"制度环境与相应政策如何匹配的问题，认识往往是不清晰的"（May，
1991）。政策实施失败的一个主要原因在于"研究者和政策制定者只是在政策设计之
初考虑了可能的一体化，而不是项目实施的最后阶段"（Walker，1982）。环境政策
合理有效性的最大障碍在于缺乏战略层面的政策制定和实施的一体机制（James，
2003）。

2. 农业政策与环境政策的目标割裂

美国早期的农业政策是"消费者和纳税人通过价格机制向农业部门转移支付"的过程（Ferrey，2007）。土地价格上涨和技术进步导致土地的集约利用，农业支持政策本身正在导致环境恶化（McCann，2000）；虽然自 1985 年《农场法案》以来，土壤保护的成本分担和技术支持成为重要的农业-环境政策，这部分地扭转了农业政策的环境目标的冲突趋势（McCann，2000），但农业与环境政策目标协调机制缺乏，仍然是美国环境政策设计的一大污点。20 世纪 80 年代中期以来，农业政策制定者试图扩展农业政策的范畴，考虑农业的环境保护目标（Claassen et al.，2005）。美国政府广泛地采用成本分担政策诱导农户的环境保护行为，以往的政策制定很少考虑环境和农户收入效果，农业政策与环境政策协调机制，是美国农业-环境政策设计的一大障碍。

美国环境保护法建议采用经济激励政策治理面源污染，自愿参与的环境政策设计成为面源污染政策关注的焦点（Horan，2001）。历史上的基于农户自愿参与的激励政策只取得了有限成功，其政策设计面临如下困境：首先，基于生产者接受意愿而不是潜在环境收益的补偿水平不能够诱导有效的农户自愿参与，农业生产与水污染之间的关系是十分复杂的，需要考虑物理、生态和经济的联系。其次，环境保护的收益与成本，以及生产者接受意愿随生产者、土壤类型、地理条件和地址变化而变化，需要详细的信息收集（Claassen et al.，2005）。虽然自愿遵从被认为效果有限，但对于什么样的政策是适宜的政策，还没有一致认识，许多环境保护政策不成功的原因在于政策设计是基于地点特性的信息而不是环境保护的结果。环境保护政策从污染治理到防治的彻底变革，需要环境管理政策设计理念的彻底革命。

### （二）面源污染治理集体合作联盟的发展

美国面源污染约占总污染的 2/3，其中，农业污染占面源污染总量的 68%~83%，20%的农业污染来自集约化养殖废物排放；60%~80%的水体污染来自农业面源污染，养殖业与农业污染一起，导致 3/4 的河道和溪流、1/2 的湖泊污染（Innes，2000）。以往的农业面源污染政策包括税收政策、尾水标准、农业耕作管理标准、农场耕作管理激励政策和集约型养殖场点污染源排污许可制度。2000 年 1 月，美国环保署重新修订国家土地和养殖废水排放标准。美国农业部与环保局制定针对大型养殖企业（1 000 养殖单位）动物排泄物标准，要求养殖场在 2009 年前必须完成氮管理计划，但农业面源污染并不需要申请许可证（Ferrey，2007；Ribaudo，2008）。政府动物废弃物治理政策包括：基于水清洁法的规制政策和为自愿参与提供经济激励——技术支持、成本分担计划和教育支持。政府对到底有多少养殖场没有遵从国家氮管理规定、养殖场对于国家环境政策的态度和参与意愿还知之甚少，农业和集约化养殖点源污染几乎没有采取任何治理措施（Horan，2001）。

土地利用和管理方式变化是环境恶化的根源。美国 1972 年的《清洁水法》倡导以土地利用合理化为基础的"最佳管理实践"控制面源污染，包括工程和非工程措施，即人工湿地、植被过滤带、草地缓冲带、岸边缓冲区、免耕少耕法、病虫害综合防治、生物废弃物再利用、防护林和地下水位控制等（Claassen et al.，2005）。由于"最佳管理实践"的环境收益将更多地以公共物品的形式转向社会，环境服务受益者向服务提供者提供生态补偿，是世界范围内广受欢迎的经济激励机制。由于不同地域潜在的环境收益与成本差别，环境服务意愿接受价格都随地域、生产者、土壤类型和地形地貌变化而变化（Claassen et al.，2008）。生态补偿的成本支付原则，在世界范围内得到了广泛应用；但由于农民有激励夸大管理成本以获得额外的政府补贴，补偿标准的确定十分困难（Lyons，1999）。有研究认为，在补偿成本的同时，生态补偿还需要关注环境价值补偿和利益相关者的参与激励（Hoffman，2008），由于以往的研究往往针对物品而不是政策本身，对环境政策实施的成本和收益未给予充分考虑。

## 第四节　中国水污染治理政策安排现状与问题

### 一、中国水污染治理体系

农业与工业污染相耦合，工业与生活污染叠加，土地环境退化和水环境污染相耦合导致生态环境退化，水环境污染已经成为中国经济和社会可持续发展的最严重威胁。中国水污染的核心问题是水体的氮、磷富营养化。根据中国环境保护局在太湖、巢湖、滇池、三峡库区等流域的调查，工业废水对总氮、总磷的贡献率仅占 10%~16%，而生活污水和农田的氮、磷流失是水体富营养化的主要原因（张维理等，2004）。人口增长和城市化发展加大了有限水资源分配压力，水污染更加剧了水资源短缺和水环境恶化。水污染加剧了水资源供需矛盾，经济外延式扩张、人口快速增长及城市化导致水需求量急剧增加；不适当开发利用，导致水体污染与生态环境恶化；长期的以水供给为主要目标的水资源宏观管理体制，水资源保护法律法规不健全，是影响中国水安全的主要因素。中国突出的水问题为水资源短缺、水环境恶化和洪涝灾害。水资源不足、水环境污染、水生态退化已经成为中国经济、社会可持续发展的主要制约因素。水是生态环境的重要功能性要素，水生态系统是生态系统里最重要的组成部分，在大生态链中起关键作用，水生态系统危机是最严重的水危机。

政府的政治职能包括政治统治职能、保卫国家主权的职能和民主职能。政府的经济职能主要是政府在经济生活中所承担的经济角色。

1974 年 10 月《国务院环境保护机构及有关部门的环境保护职责范围和工作要点》问世以来，中国环境管理立法有了长足发展，其标志是 1979 年《中华人民共和国环境保护法（试行）》的颁布试行，该法规定"国务院和所属各部门、地方各级人民政府必须切实做好环境保护工作"，并建立了环境评价和环境保护"三同时"制度。1989 年《中华人民共和国环境保护法》（修订）第七条把政府的笼统的管理职责聚焦到监督管理。2014 年 4 月 24 日第十二届全国人民代表大会常务委员会第八次会议上，对中国第一部环保法进行重大修改。2014 年《中华人民共和国环境保护法》（修订草案）增加了关于划定生态保护红线的规定，扩大了环境公益诉讼的主体范围，加大了对环境违法行为的处罚力度，对大气污染特别是雾霾治理和应对做出了更有针对性的规定。

为实现经济社会与人口、资源环境的协调发展，可持续发展已经成为中国的最基本国策。1983~1999 年，"保护环境"、"合理利用土地、保护耕地"、"水土保持"和"节约资源"相继被确立为基本国策。1989 年十三届四中全会以来，中国政府始终把实施可持续发展战略摆在现代化建设的战略地位。2003 年 10 月十六大提出了"实施科教兴国和可持续发展战略，实现速度和结构、质量、效益相统一"的发展战略。2007 年十七大报告将"科学发展观"写入党章，把建设"资源节约型、环境友好型社会"作为贯彻落实科学发展观的重大举措。2009 年 9 月，党的十七届四中全会将生态文明建设提升到与经济、政治、文化和社会建设"五位一体"的战略高度。2010 年 10月，党的十七届五中全会提出要把"绿色发展，建设资源节约型、环境友好型社会"和"提高生态文明水平"作为"十二五"时期的重要战略目标。2011 年 3 月，"十二五"规划纲要明确指出：全面健全激励与约束机制，提高生态文明水平。因此，必须"实行最严格的制度、最严密的法治，才能为生态文明建设提供可靠保障"。

尽管生态文明建设已经成为中国资源与环境管理的战略目标，环境权力的缺失，造成了生态系统功能和资源退化。虽然中国于 1984 年 10 月 1 日开始征收资源税，并在1986 年和 1994 年两次扩大了资源税征收范围，但现行的税收安排中，只有资源税、固定资产投资方向调节税和所得税有环境保护的性质。中国的环保事业始于 1973 年国务院召开第一次环境保护会议，会后成立国务院环境保护领导小组办公室，这是中国第一个临时性环保机构。1982 年国务院机构改革，撤销了国务院环境保护领导小组办公室，变为城乡建设环境保护部下属的环境保护局。1984 年，建立了国务院环委会作为保护局的协调机构。1988 年，国务院再次机构改革，环境保护局脱离建设部，成为直属国务院管理的副部级单位。1998 年九届全国人大一次会议审议通过了《关于国务院机构改革方案的决定》，国家环境保护局升格为国家环境保护总局，成为国务院直属的正部级单位，完成了一次历史性转变。

早在 2007 年国家发展和改革委员会就明确提出要研究开征环境税。虽然中国政府在 20 世纪 90 年代末启动的以退耕还林、天然林保护为代表的一系列大型生态建设工程，对生态恢复进行了有益的尝试，但现有的生态补偿只考虑机会成本，并不包括环境服务提供和实施成本与生态服务价值补偿。环境服务价值的缺失，导致生态补偿缺乏科学性和公平性。2007 年 10 月 15 日党的十七大报告提出要"建立健全资源有偿使用制度和生态环境补偿机制"，但由于环境成本核算在中国尚处于探索起步阶段，全面科学的环境价值评价是国内外环境经济学界面临的开拓性研究课题。

早在 2005 年 10 月 11 日，中共十六届五中全会《中共中央关于制定国民经济和社会发展第十一个五年规划的建议》明确提出：要加快行政管理体制改革，加强社会管理和公共服务职能。2006 年 10 月 11 日中共十六届六中全会在《中共中央关于构建社会主义和谐社会若干重大问题的决定》中进一步提出：建设服务型政府，强化社会管理和公共服务职能。2007 年党的十七大报告和 2008 年十七届二中全会《关于深化行政管理体制改革的意见》提出"按照精简统一效能的原则和决策权、执行权、监督权既相互制约又相互协调的要求，紧紧围绕职能转变和理顺职责关系，进一步优化政府组织结构，规范机构设置，探索实行职能有机统一的大部门体制，完善行政运行机制"。通过大部制

"职能整合"和"机构重组"，克服政府职能交叉和多头管理弊端，实现环境管理的社会管理转型，是中国环境管理组织设置的内在要求。2008 年，十一届人大一次会议批准《国务院机构改革方案》，正式组建环境保护部，其主要职责是拟定并组织实施环境保护规划、政策和标准，组织编制环境功能区划，监督管理环境污染防治，协调解决重大环境问题，等等。

经过几十年的发展，中国已经初步形成一个区域管理与流域管理相结合的水污染治理体系。当前，中国的水污染治理体系的建立主要是基于《中华人民共和国水法》（2002 年修订）、《中华人民共和国水文条例》、《中华人民共和国水法》（2016 年修订）及《中华人民共和国环境保护法》（2014 年修订）等相关法律授权，以及国务院"三定"方案（定职责、定机构、定编制）的行政授权，已经基本满足市场经济下的环境管理和资源管理的要求（葛察忠等，2011）。历史地看，中国已经建立中央、省、市和县四级环境行政管理体系。作为"自上而下"的管理模式，中国环境管理体制设置的经济性管制越位与社会性管制缺位并存，造成中央和地方、不同行政机构经济性管制权力重叠和环境权力保障方面的社会性管制缺位。政府环境管理机构设置上的重叠和缺位并存，是中国环境管理体制面临的主要问题。

2016 年 7 月，全国人大常委会审议通过修改后的《中华人民共和国环境影响评价法》，将环评审批与企业投资项目审批脱钩，取消行业预审，并将环境影响登记表由审批制改为备案制，加大对"未批先建"的处罚等。2014 年新修改的《中华人民共和国环境保护法》和 2015 年新修改的《大气污染防治法》均删除了建设项目环境保护设施竣工验收的规定。《全国人民代表大会常务委员会关于修改〈中华人民共和国节约能源法〉等六部法律的决定》已由第十二届全国人民代表大会常务委员会第二十一次会议于2016 年 7 月 2 日通过。《全国人民代表大会常务委员会关于修改〈中华人民共和国节约能源法〉等六部法律的决定》对《中华人民共和国节约能源法》《中华人民共和国水法》《中华人民共和国防洪法》《中华人民共和国职业病防治法》《中华人民共和国航道法》所做的修改，自公布之日起施行；对《中华人民共和国环境影响评价法》所做的修改，自2016 年 9 月 1 日起施行。

## 二、中国水污染治理政策

### （一）排污许可证制度

排污许可证制度源于瑞典，由于在水污染防治方面发挥了巨大的作用，此项制度先后被许多国家所采纳。作为我国较早实施的水污染防治制度，排污许可证制度在1989 年被列为我国环境污染防治政策体系的核心——八项制度之一（李启家等，2006）。即便如此，我国的排污许可证制度的制定过程并不顺利，而且目前的相关法律依然很不完善。

1988 年 3 月，国家环保局颁布了《水污染物排放许可证管理暂行办法》，这标志着我国排污许可证制度正式开始实施。在污染物浓度控制管理的基础上，该办法规定："排污单位必须在指定时间内，向当地环境保护行政主管部门办理排污申报登记手续，并提供防治水污染方面的有关技术资料。"此外，该办法还就排污申报登记制度、排放许可证制度、管理与监督及其处罚做了说明。该办法的出台为我国的排污许可证制度的实施提供了中央层面上的指导，为地方层面上排污许可证制度的实施提供了依据。需要说明的是，该办法并不代表排污许可证制度有了严格意义上的法律依据。

1989年7月，由国务院批准通过的《中华人民共和国水污染防治法实施细则》对排污单位向水体排放污染物需申请排污许可证做了规定。此外，该细则还对污染排放总量指标及实际排放量与其发生冲突时的处理过程做了规定。1989年12月，全国人大法律委员会在对《中华人民共和国环境保护法（修改草案）》进行审议时就排污许可证制度是否应该纳入法律范畴进行了激烈的争论。看似是对法律条文的争论，实际上反映了当时国家在经济发展和环境保护两个矛盾面的取舍。最终，环境许可证制度未能在国家法律层面上得到反映。1996年，在对《中华人民共和国水污染防治法》进行修改时，国家环保局的"将排污许可证制度纳入法律范畴"的提议因遭到了工业部门的反对而流产。2000年，由国务院发布的《中华人民共和国水污染防治法实施细则》规定："县级以上地方人民政府环境保护部门根据总量控制实施方案，审核本行政区域内向该水体排污的单位的重点污染物排放量，对不超过排放总量控制指标的，发给排污许可证；对超过排放总量控制指标的，限期治理，限期治理期间，发给临时排污许可证。具体办法由国务院环境保护部门制定。"

进入21世纪，排污许可证制度在我国的发展情况有了较为明显的改善。2001年，国家环境保护总局制定了对水污染物排放许可证制度规定最为全面的《淮河和太湖流域排放重点水污染物许可证管理办法（试行）》，其不仅对排污许可证制度在淮河和太湖流域的实施做了规定，还对排污许可证中的一些细节做了说明。2008年2月，由第十届全国人民代表大会常务委员会第三十二次会议修订通过的《中华人民共和国水污染防治法》规定我国开始正式实行排污许可制度。具体如下："直接或者间接向水体排放工业废水和医疗污水以及其他按照规定应当取得排污许可证方可排放的废水、污水的企业事业单位，应当取得排污许可证；城镇污水集中处理设施的运营单位，也应当取得排污许可证。排污许可的具体办法和实施步骤由国务院规定。禁止企业事业单位无排污许可证或者违反排污许可证的规定向水体排放前款规定的废水、污水。"

### （二）排污收费制度

在改革开放初期，我国就开始实施排污收费制度。1978年12月，中共中央对国务院环境保护领导小组的《环境保护工作汇报要点》做出重要批示。《环境保护工作汇报要点》的出台标志着我国排污收费制度就此展开。1979年9月，第五届全国人民代表大会常务委员会通过并颁布《中华人民共和国环境保护法（试行）》，这也是我国第一次将排污收费制度正式纳入法律的范畴。该法规定："超过国家规定的标准排放污染物，要按照排放污染物的数量和浓度，根据规定收取排污费。"

为了对1979年《中华人民共和国环境保护法》进行贯彻执行，国务院于1982年2月正式发布《征收排污费暂行办法》，并于同年7月正式开始执行。《征收排污费暂行办法》不但规定收费目的、收费标准、收费对象、收费程序及收费范围，而且规定排污单位在缴纳排污费的同时并不能免除污染治理、赔偿损失的责任。

《排污费征收管理使用条例》于 2003 年 1 月 2 日由国务院发布，并于同年 7 月 1 日开始正式实施。《排污费征收管理使用条例》有以下几个方面的创新：一是"收支两条线"，这样保证了排污收费与使用相分离，规范了预算的使用；二是改变了单因子收费，有利于从整体上对水污染进行治理；三是改变了超标排污收费，有利于控制污染总量。

### （三）排污权交易制度

我国首次进行排污权交易制度的实践已逾三十年，但至今仍未有任何法律对其做出规定。就其在我国的实践而言，可粗略地分为三个时期：起步尝试时期（1986~2000 年）、试点探索时期（2001~2006 年）及深化试点时期（2007 年至今）（葛察忠等，2011）。在这些时期内，一些地区性质文件、办法等得以制定和使用以指导试点的展开。

1988 年 3 月，由国家环保局颁布并实施的《水污染排放许可证管理暂行办法》规定："水污染排放总量控制指标，可以在本地区的排污单位间互相调剂。"此项规定可以看作我国排污权交易制度发展的渊源。一般来说，实施排污权交易制度的前提是污染排放总量的控制。为此，在 1996 年，国务院批复同意由国家环境保护局提出的《"九五"期间全国主要污染物排放总量控制计划》，其正式把排放物总量控制政策列为"九五"期间环境保护的考核目标，为我国的排污权交易奠定了基础。

在试点探索时期，我国的环境保护工作的重点全面转移到污染物排放总量的控制上，国家环境保护局也提出了通过实施排污许可证制度促进总量控制工作（葛察忠等，2011）。在此背景下，我国的排污许可证制度在这一阶段有了较大的发展。

2007 年至今为排污许可证制度在我国的深化试点时期。2007 年 9 月制定的《江苏省太湖水污染防治条例》规定："太湖流域在科学确定区域排污总量、完成削减目标的基础上，通过试点逐步推行区域主要水污染物排放总量指标初始有偿分配和交易制度。" 2007 年 8 月，浙江省诸暨市出台了《诸暨市污染物排放总量指标有偿使用暂行规定》。 2007 年，嘉兴市制定了《嘉兴市主要污染物排污权交易办法（试行）》。

### （四）公众参与

水污染的治理需要整个社会的共同努力，这是不可否认的。我国在某些环境立法中，对公众参与环境污染治理做了一些规定。

1984 年通过并实施的《中华人民共和国水污染防治法》就对公众参与水污染防治提出了要求。根据该法第五条，"一切单位和个人都有责任保护水环境，并有权对污染损害水环境的行为进行监督和检举。因水污染危害直接受到损失的单位和个人，有权要求致害者排除危害和赔偿损失"。此外，《环境信息公开办法（试行）》也规定："公民、法人和其他组织可以向环保部门申请获取政府环境信息。"作为信息的发布者，《环境信息公开办法（试行）》也对环保部门的信息公开制度做了说明，规定"环保部门应当建立、健全环境信息公开制度"。

## 三、中国水环境农业面源污染治理政策设计现状与困境

### （一）农业面源污染治理政策设计困境

经过几十年的发展，中国已经初步形成了一个区域管理与流域管理相结合的水污染治理体系。中国已经建立了宪法、法律、法规、规章及标准 5 个层次的环保制度体系，建立了环境影响评价、"三同时"和排污收费制度。环境保护部的创设，促进了环境管理职能的统一。除了环境保护部外，与资源利用有关的行政管理职责分布在综合经济部门、农林水土等部门，不同部门被要求承担不同领域的管理职能，不可避免地导致环境规划、标准制定、监管和实施的职能交叉、机构重复设置和能力重复建设。中国环境保护部门间政策缺乏协调，农业部门和环境保护改革是中国改革进程中的最棘手问题（Saleth and Dinar，2000）。2008 年成立的环境保护部，作为国务院的组成部门之一，"负责重大环境问题的统筹协调和监督管理"。作为环境保护部的组成部分，环境监察局"负责重大环境问题的统筹协调和监督执法检查"；污染防治司"负责环境污染防治的监督管理和环境形势分析研究"；自然生态保护司"负责指导、协调、监督生态保护工作"。不同司局的环境信息收集渠道和口径不一致，以及水、土、大气污染的相互关系数据的缺乏，导致环境保护部难以建立统一的数据信息系统。克服管制者和被规制者间的信息不对称，消除环境管理权力滥用的根源，是中国环境管理体制改革必须回答的难题，也是确保环境政策有效性的关键。

随着中国经济的迅速成长，由作物种植和畜禽养殖导致的面源污染日益凸显。中国农业污染研究起始于 20 世纪 80 年代的湖泊富营养化调查。我国农业污染防治研究领域的科技工作者经过长期不懈努力，取得了丰硕的科研成果，但该领域还在较大程度上把单项技术作为研发活动的主要对象，缺乏与其他相关技术的有效衔接和明确的市场导向。中国农业面源污染治理政策研究尚处于起步阶段，农业面源污染研究主要集中于以生物技术为主的农业污染防治技术研究方面，包括废弃物资源化技术、立体污染阻控技术、无害化和污染减量化生产技术及关键工艺与工程配套技术等，中国的政策制定者已经认识到农业污染防治补偿机制是农业污染防治的难点，但现有的研究本身既缺少深厚的理论基础，更缺少实践探索。虽然中国存在循环经济的尝试，但面源污染治理仍然沿用了植物缓冲带等点源污染治理措施，目前主要沿袭点源污染的治理模式，通过位于河口、河道地带示范区的工程建设来治理污染，中国的农业污染缺乏源头控制和激励措施，技术创新依然是面源污染治理的主要目标。目前中国缺乏源头控制和奖惩措施，对农民和农村农资供销生产与经营行为缺乏指导与监督。随着对点源污染治理能力的提高，不受环境政策法规约束的中国大量的小农户，农业与工业污染相耦合，工业与生活污染相叠加，使得中国环境污染治理任务更为艰巨和复杂。

环境经济政策的制定过程是一个复杂的利益和权力划分的过程，政策的系统性、一致性和可预见性是资源和环境制度建设的内在要求。产业政策、财政政策、税收政策、金融政策、技术政策的衔接和配合，建立有利于生产和生活方式转变、科技进步和资源节约、保护环境的政策体系，是解决资源和环境问题的重要制度保障。政府环境政策

协调与环境政策对新技术开发和扩散的影响，是环境保护成败的最重要决定因素之一。由于农业面源污染治理涉及自然条件、生产方式、政策法规、经济投入、公众意识等多个方面，不但要依靠多学科的理论与方法，而且必须对新的客体和新的观念建立新的理论体系。由于面源污染政策实施和监督困难，通过集体激励政策诱导农户的环境保护行为，无论是发达国家，还是发展中国家，都是面源污染治理政策设计的挑战性领域。

### （二）总量控制的农业面源污染缺失

水资源是人类生存和社会发展不可替代的战略资源，在社会经济发展和生态环境保护中发挥着极其重要的作用，但是，随着人口的快速增长和社会经济的高速发展，水环境污染问题也越来越严重，主要水污染负荷长期超过水体水环境容量和承载力，又进一步加剧了水环境污染。中国由于长期过度依赖高资源消耗、高污染排放的粗放型发展方式，故水环境污染和水生态破坏问题尤其突出，水环境污染问题已经成为生态文明绿色可持续发展的重大瓶颈，深刻地影响着我国现代化进程。20 世纪 70 年代开始研究以来，我国总量控制制度一直在探索中前进与发展，虽然其在实施中存在一定问题，但对我国降低水污染物排放、水污染防治基础设施建设和水环境质量改善等还是起到了一定的促进作用。我国自 20 世纪 70 年代后期引入环境容量概念，自 1996 年开始实行环境总量控制政策，实现了环境政策由末端治理向污染控制的转变。2013 年 1 月《国家环境保护标准"十二五"发展规划》提出：我国将逐步实现环境管理由污染控制向环境质量改善为目标的转变，实现环境管理战略从总量控制的末端污染治理向质量改善及风险控制模式的转型。

《国务院关于印发水污染防治行动计划的通知》（国发〔2015〕17 号）提出了水污染防治的总体要求、工作目标、主要指标及重点工作，明确提出要"推进循环发展，加强工业水循环利用"。国家发展改革委等 9 部委制定发布了《关于加强资源环境生态红线管控的指导意见》（发改环资〔2016〕1162 号）。根据 2016 年十二届全国人大四次会议通过的《中华人民共和国国民经济和社会发展第十三个五年规划纲要》，要落实最严格的水资源管理制度，建立健全资源高效利用机制，实施水资源消耗总量和强度双控行动。由此可见，水资源的管理已进入国家战略体系，以环境质量目标为导向的全过程环境风险管控已提升至国家战略高度。欧洲哲学理念认为，凡是不能测量（量化）的事物，都是难以被控制与改善的事物。因此，需要一个系统的方法对我国水资源污染的环境风险和无形的水资源进行量化、评估和管理。

然而，当前我国污染物总量控制却面临着与水环境质量改善不对应的问题，我国政府和社会对水污染防治做出的巨大努力是客观事实，而水环境质量没有得到根本改善也是客观事实。归其原因，当前我国污染物总量控制、排污许可与水环境质量改善未能建立输入响应关系，总量控制分配未考虑区域水环境承载能力和水环境质量，造成污染物总量控制目标完成，而在某些水环境超载的地区水环境质量未能明显改善的矛盾尤为突出，难以实现区域社会经济和生态环境和谐发展。

# 参考文献

奥尔森 M. 2011. 集体行动的逻辑. 陈郁，郭宇峰，李崇新，译. 上海：格致出版社，上海三联书店，
　　上海人民出版社.

庇古 A C. 2006. 福利经济学（上卷）. 朱泱，张胜纪，吴良健，译. 北京：商务印书馆.

布坎南 J M. 2002. 民主财政论. 穆怀鹏，译. 北京：商务印书馆.

布罗姆利 D W. 1996. 经济利益与经济制度——公共政策的理论基础. 陈郁，郭宇峰，汪春，译. 上
　　海：上海三联书店，上海人民出版社.

蔡文灿. 2005. 整合视野下的排污许可证制度探析. 武汉大学硕士学位论文.

陈家琦，王浩. 1996. 水资源学概论. 北京：中国水利水电出版社.

邓涌涌，江莹. 2006. 英国水管理状况与启示. 人民长江，37（8）：123-126.

杜荣江，周延恒. 2007. 中英水资源管理和财务管理体制比较. 水利经济，25（3）：26-28.

葛察忠，王新，费越，等. 2011. 中国水污染控制的经济政策. 北京：中国环境科学出版社.

巩羿. 2013. 英国空气污染治理经验对我国空气治理政策的启示. 中央民族大学硕士学位论文.

胡德胜. 2010. 英国的水资源法和生态环境用水的保护. 中国水利，（5）：51-54.

姜翔程，方乐润. 2000. 英国水价制度介绍及启示. 水利经济，（1）：55-59.

矫勇，陈明忠，石波，等. 2001. 英国法国水资源管理制度的考察. 中国水利，（3）：43-45.

经济合作与发展组织. 1996. 环境管理中的经济手段. 北京：中国环境科学出版社.

科斯 R，阿尔钦 A，诺斯 D C，等. 1994. 财产权利与制度变迁——产权学派与新制度学派译文集.
　　上海：上海三联书店.

可持续流域管理政策框架研究课题组. 2011. 英国的流域涉水管理体制政策及其对我国的启示. 水利发
　　展研究，（5）：77-81.

李广兵，蔡守秋. 2008. 关于水环境水资源保护相关法律法规的评估. 中国法学会.

李晶，王新义，贺骥. 2004. 英国和德国水环境治理模式鉴析. 水利发展研究，（1）：52-54.

李启家，蔡文灿，吕忠梅. 2006. 论我国排污许可证制度的整合与拓展//吕忠梅. 环境资源法丛论. 6版.
　　北京：法律出版社：171-188.

刘雪婷. 2012. 我国水资源保护立法研究. 吉林大学硕士学位论文.

刘源. 2011. 我国排污许可证制度现状分析及完善. 上海交通大学硕士学位论文.

马歇尔 A. 1980. 经济学原理. 朱志泰，陈良璧，译. 北京：商务印书馆.

马元珽. 2005. 英格兰和威尔士水资源管理的现行法律法规框架. 水利水电快报，26（5）：1-3.

毛春梅，蔡成林. 2014. 英国、澳大利亚取水费征收政策对我国水资源费征收的启示. 水资源保护，
　　30（2）：70-73，77.

穆勒 D C. 2010. 公共选择理论. 韩旭，杨春学，等译. 北京：中国社会科学出版社.

倪念念. 2012. 论1848年英国《公共卫生法案》. 南京大学硕士学位论文.

诺斯 D C. 1991. 经济史中的结构与变迁. 陈郁，罗华平，等译. 上海：上海三联书店.

丘博 C，格里菲斯 M，斯普纳 S. 2012. 欧洲水质管理制度与实践手册. 黄河流域水资源保护局，译. 郑州：黄河水利出版社.

萨缪尔森 P，诺德豪斯 W. 1992. 经济学（上册）. 12版. 高鸿业，译. 北京：中国发展出版社.

萨缪尔森 P，诺德豪斯 W. 2008. 经济学. 18版. 萧琛，译. 北京：人民邮电出版社.

沈大军. 1999. 水价理论与实践. 北京：科学出版社.

沈满洪，何灵巧. 2002. 外部性的分类及外部性理论的演化. 浙江大学学报（人文社会科学版），32（1）：152-160.

史虹. 2009. 泰晤士河流域与太湖流域水污染治理比较分析. 水资源保护，25（5）：90-97.

水杯子. 2014-08-11. 中国近十年主要水污染事件. http://www.njsbz.com/ztlistshow-459.html.

孙义福，赵青，张长江. 2005. 英国水资源管理和水环境保护情况及其启示. 山东水利，（3）：12，13.

唐云梯. 1987. 改革体制　强化管理　合理开发利用保护水资源——兼介英国水务管理与水污染控制. 环境与可持续发展，（11）：3-10.

万钧，柳长顺. 2014. 英国取水许可制度及其启示. 水利发展研究，14（10）：63-66.

王金南. 1997. 排污收费理论学. 北京：中国环境科学出版社.

王俊豪. 2007. 管制经济学原理. 北京：高等教育出版社.

王友列. 2014. 从排污到治污：泰晤士河水污染治理研究. 齐齐哈尔师范高等专科学校学报，（1）：105-107.

徐朝阳. 2011. 英国水务行业私有化变革的启示. 资源与产业，13（4）：32-36.

姚勤华，朱雯霞，戴铁尘. 2006. 法国、英国的水务管理模式. 城市问题，（8）：79-86.

张丽丽. 2009. 19世纪英国公共卫生立法研究. 河南大学硕士学位论文.

张维理，武淑霞，冀宏杰，等. 2004. 中国农业面源污染形势估计及控制对策Ⅰ. 21世纪初期中国农业面源污染的形势估计. 中国农业科学，37（7）：1008-1017.

植草益. 1992. 微观管制经济学. 朱绍文，胡欣欣，等译. 北京：中国发展出版社.

中国华禹水务产业投资基金筹备工作组. 2007. 英国水务改革与发展研究报告. 北京：中国环境科学出版社.

朱中彬. 1997. 外部性的三种不同涵义. 经济学消息报，23（3）：7.

Adler R W，Straube M. 2000. Watersheds and the integration of US water law and policy：bridging the great divides. William & Mary Environmental Law and Policy Review，25：998-1067.

Anson M. 1987. Past，present，and future of water management in the UK. International Water，79（7）：12-16.

Barnes A P，Willock J，Hall C，et al. 2009. Farmer perspectives and practices regarding water pollution control programmes in Scotland. Agricultural Water Management，96：1715-1722.

Bromley D W. 2007. Environmental regulations and the problem of sustainability：moving beyond "market failure". Ecological Economics，63（4）：676-683.

Brown L R. 2001. How water scarcity will shape the new century. Water Science and Technology，43（4）：17-22.

Buchanan J M. 1965. An economic theory of clubs. Economica，32（125）：1-14.

Claassen R，Cattaneo A，Johansson R. 2005. Cost-effective design of agri-environmental payment programs：U.S. experience in theory and practice. Paper to be Presented at ZEF-CIFOR Workshop on Payments for Environmental Services in Developed and Developing Countries，Titisee，Germany.

Claassen R，Cattaneo A，Johansson R. 2008. Cost-effective design of agri-environmental payment programs：US experience in theory and practice .Ecological Economics，65：737-752.

Clapham J H. 1922. Of empty economics boxes. Economic Journal，32：305-314.

Cook H F. 1999. Groundwater development in England. Environment and History，5（1）：75-96.

Costanza R，Farber S C，Maxwell J. 1989. The valuation and management of wetland ecosystems. Ecological Economics，1（4）：335-361.

ERS/USDA. 2008. The 2008 Farm Act replaced the CSP with the conservation stewardship program. http://www.ers.usda.gov/Briefing/FarmPolicy/gov-pay.htm.

Ferrey S. 2007. Environmental law：examples and explanations. Aspen Publishers Online.

Fish H. 1970. River basin management practice in Great Britain. Water Pollution Control Federation，42（5）：758-771.

Fletcher S，Jefferson R，Glegg G，et al. 2013. England's evolving marine and coastal governance framework. Marine Policy，46：261-268.

Fox I A，Walker W. 2002. Abstraction and abstraction control in Scotland. The Science of the Total Environment，294（1）：201-211.

Freeman M. 2002. Environmental policy since earth day I：what have we gained? Journal of Economic Perspectives，16（1）：125-146.

Hamill L，Bell F G. 1987. Groundwater pollution and public health in Great Britain. Bulletin of the International Association of Engineer Geology，35：71-78.

Hardy S D，Koontz T M. 2008. Reducing nonpoint source pollution through collaboration：policies and programs across the US states. Environmental Management，41：301-310.

Hoffman J. 2008. Watershed shift：collaboration and employers in the New York city catskill/delaware watershed from 1990-2003. Ecological Economics，68：141-161.

Holmes M G R，Young A R，Goodwin T H，et al. 2005. A catchment-based water resource decision-support tool for the United Kingdom. Environmental Modelling & Software，20：197-202.

Hoornbeek J A. 2005. The promises and pitfalls of devolution：water pollution policies in the American states. The Journal of Federalism，35：87-114.

Horan R D. 2001. Differences in social and public risk perceptions and conflicting impacts on point/nonpoint trading ratios. American Journal of Agricultural Economics，83：934-941.

Howarth W. 1989. Water pollution：improvement the legal conditions. Environmental Law，73：25-37.

Innes R. 2000. The economics of livestock waste and its regulation. American Journal of Agricultural Economics，82：97-117.

James L A. 2003. Non-point source pollution and the Clean Water Act：policy problems and professional prospects. Water Resources，126：60-67.

Johns C M. 2001. Effective policy regimes for the management of non-point source water pollution：ontario and the US in comparative perspective. McMaster University.

Kathuria V. 2006. Controlling water pollution in developing and transition countries-lessons from three successful cases. Journal of Environmental Management, 78（4）: 405-476.

Koski C. 2007. Regulatory choices: analyzing state policy design. Law & Policy, 29: 407-434.

Lyons M. 1999. Political self-interest and US environmental policy. Natural Resources Journal, 39: 271-294.

Marine and Coastal Environment Group Cardiff University. 2004. Waste disposal and pollution control. http://www.severnestuary.net/sep/pdfs/Topic%20Paper%2010.pdf.

Marsden M W, Mackay D W. 2001. Water quality in Scotland: the view of the regulator. The Science of the Total Environment, 256（1/3）: 369-386.

Matjaz G, White S M, Holman I P. 2012. Water quality targets and maintenance of valued landscape character-experience in the axe catchment, UK. Journal of Environment Management, 103: 142-153.

May P J. 1991. Reconsidering policy design: policies and publics. Journal of Public Policy, 11: 187-206.

McCann L. 2000. Evolution of agri-environmental policy in the United States. The 44th Annual Conference of the Australian Agricultural and Resource Economics Society.

McMellor S, Underwood G J C. 2014. Water policy effectiveness: 30 years of change in the hypernutrified colne estuary, England. Marine Pollution Bulletin, 81: 200-209.

Muldavin J. 2000. The paradoxes of environmental policy and resource management in reform-era China. Economic Geography, 76: 244-271.

Murphy E F. 1957. English water law doctrines before 1400. The American Journal of Legal History, 1（2）: 103-118.

Petts J, Leach B. 2000. Evaluating methods for public participation: literature review. https://www.gov.uk/government/publications/evaluating-methods-for-public-participation-literature-review.

Ribaudo M O. 2008. Non-point pollution regulationapproaches in the US//Albiac J, Dinar A. The Management of Water Quality and Irrigation Technologies. London: Earthscan: 84-101.

Ribaudo M O, Gottlieb J. 2011. Point-nonpoint trading-can it work? Journal of the American Water Resources Association, 47: 5-14.

Saleth R M, Dinar A. 2000. Institutional changes in global water sector: trends, patterns, and implications. Water Policy, 2: 175-199.

Samuelson P A. 1954. The pure theory of public expenditure. Review of Economics and Statistics, 36: 387-389.

Scitovsky T. 1954. Two concepts of external economies. Journal of Political Economy, 62（2）: 143-146.

Shaw H B, Millis L W F. 1946. Digest of the British Water Act of 1945. American Water Works Association, 38（1）: 85-130.

Shelton M L. 1981. Reviewed work: water management in England and Wales. Annals of the Association of American Geographers, 71（1）: 119-121.

Storey D J. 1977. A socio-economic approach to water pollution law enforcement in England and Wales. International Journal of Social Economics, 4（3）: 207-224.

Taylor M, Randall A, Sohngen B. 2001. Point-nonpoint source pollution trading using collective performance incentives. Selected Paper for the Annual Meeting of the American Agricultural Economics Association Chicago, IL August 5-8.

Walker W E. 1982. Models in the policy process: past, present, and future. Interfaces, 12: 91-100.

Water Environment Federation. 1975. British water law: a new approach. Water Pollution Control Federation, 47 (5): 919-920.

Younger P L. 2001. Mine water pollution in Scotland: nature, extent and preventative strategies. The Science of the Total Environment, 265: 309-326.

# 第 十 二 章

# 发达国家空气污染治理政策设计
# 及其对中国的启示

在当今的各种环境污染问题中，空气污染已成为全球普遍关注的重要问题之一。因此，制定公共政策与采取切实措施以解决空气污染问题已成为众多国家共同关注的重要课题。中国经济转轨促进了经济的高速增长，但同时也带来了严重的环境污染问题。如何采用科学方法来估算环境空气污染造成的损害，并基于社会福利最大化的目标实施治理对策，已经成为保证社会经济可持续发展的重要前提之一，也是环境经济学与福利经济学等相关研究领域面临的重要挑战之一。

## 第一节 美国空气污染防治对策

早在 19 世纪后期，美国就开始进行空气污染治理，到 20 世纪时空气污染治理受到全面重视。治理模式演进经历了管制与命令、市场激励及区域合作共治三个阶段。

### 一、20 世纪 60 年代：美国联邦空气污染防治政策的形成

20 世纪 60 年代，美国出台了四项重要的空气法案，包括 1955 年联邦《空气污染控制法》、1963 年《清洁空气法》、1965 年《机动车空气污染控制法》和 1967 年《空气质量法》。以上四项法案奠定了此后美国空气污染治理政策的基调与走向，也标志着美国联邦政府开始主导空气污染治理的进程。

#### （一）1955 年联邦《空气污染控制法》

美国的空气污染问题由来已久，但是受到州、地方及联邦政府重视的时间并不相同。美国出台的第一部空气污染控制法，是 1864 年圣路易斯市公布的旨在治理烟尘的

《空气污染治理法》。此后，纽约、圣路易斯、布法罗、底特律、芝加哥、丹佛等城市也相继制定烟尘法令。据统计，美国在 1900~1930 年的 30 年间，共有 45 个城市颁布空气污染控制法律。到 1954 年，各州的法令已达到 14 项，到 1956 年，共有 82 项地方空气污染控制计划出台，反映出美国对空气污染治理的日益重视。由于对空气污染的管理没有全国统一的管理措施，法律条文亦比较简单，最主要的措施是禁止露天焚烧以控制烟尘，故其效果是十分有限的（王歆予，2016）。

在环保运动和社会舆论压力下，联邦政府逐渐承担起空气污染治理责任。为解决继烟尘问题之后的新型污染，尤其是可吸入性粉尘污染与新型烟雾污染，1955 年联邦政府首次颁布全国性的空气污染控制立法，即《空气污染控制法》，它适应于全美国。这是联邦政府首次开始主动介入对空气污染的治理，标志着其在空气污染治理政策上的角色转变。促使该法案法诞生的因素来自五个方面：第一，战后经济繁荣是促使联邦政府颁布全国控制空气污染立法的基础。在经济稳步增长的 20 世纪 50 年代，美国经济的繁荣使联邦政府开始重视并真正开始投入资金保护环境。第二，美国中产阶级队伍的扩大及其对环境生活质量要求的提高。经济的繁荣造成了美国富裕人口的不断增加。曾经他们以为搬离市区就可以得到良好的生活环境，但现实使他们发现郊区的环境质量也日益受到污染的威胁，他们开始更多地参与到环境保护的行列中去，通过各类方法督促政府治理各类污染。第三，新型空气污染事件的产生以及媒体的连篇报道成为引发各级政府颁布法令、法规的催化剂，其中有两例事件最为引人注目，即 1948 年 10 月发生在宾夕法尼亚州多诺拉的逆温事件，以及 1952 年 12 月发生在英国伦敦的烟雾与二氧化硫污染事件。第四，各地方政府与州政府在治理空气污染上取得的经验为联邦颁布全国性空气污染治理法令奠定了坚实基础。第五，艾森豪威尔政府开始重视美国日益严重的空气污染问题。1954 年在艾森豪威尔总统的要求下，健康教育福利部（Department of Health, Education and Welfare，HEW）部长组织建立跨部门空气污染治理委员会（Interdepartmental Committee on Community Air Pollution）。该委员会由以下部门代表组成，即农业部（Department of Agriculture）、国防部（Department of Defense）、内政部（Department of Interior）、原子能委员会（Atomic Energy Commission）、全国科学基金会（National Science Foundation）及健康教育福利部。经过一年的调查研究，该部门向总统提出联邦空气污染治理立法的建议。

1955 年 1 月，艾森豪威尔总统递交给国会的国情咨文中特别指出空气污染对美国人健康存在重大威胁。在此背景下，美国联邦政府历史性地颁布了全国空气污染控制法案，即 1955 年《空气污染控制法》。该法明确指出州和地方政府仍是控制空气污染的主要责任人，但联邦政府可以通过提供调研、培训和技术援助的方式，帮助州和地方空气污染治理机构。根据 1955 年《空气污染控制法》第 5 款的要求，国会从 1955 年 7 月 1 日起，五年为限，每年为公共卫生局拨款 500 万美元。第 2 款到第 4 款指出，公共卫生局局长负责领导和协调全面的空气污染控制工作，鼓励并支持州、地方政府及其他非公立性机构积极开展治理与研究、收集和发布相关信息，并推动研究或实验结果的资源共享。1955 年颁布后，国会在 1960 年和 1962 年又通过其修正案。1960 年修正案将划拨调研基金的年限延长了 4 年，1962 年修正案则在重新强调原法案主要条款的基础上要求卫生局加强对机动车排放物影响的研究。从直接效果上看，1955 年《空气污染控制法》所起的作用十分有限，对治理空气污染问题、改善空气质量影响甚微，但该法是"美国的第一项全国空气污染治理立法，标志着联邦在空气污染治理政策上有限的角色转变"。该法也是联邦政府第一次试图从源头上治理空气污染，同时宣告国会在治理空气污染问题上拥有绝对的权力。因此，1955 年《空气污染控制法》的出台是联邦控制空气污染立法的真正起点，具有极其重要的历史意义。

### （二）1963 年《清洁空气法》

1963 年《清洁空气法》是在联邦政府未对机动车制定排放标准和规范的前提下，第一次以清洁空气的名义，通过联邦行政机构的具体管理，采用"命令-控制"模式的空气污染治理。该法授权联邦健康教育福利部处理跨州的空气污染治理问题，认为机动车尾气排放对全国空气质量有明显影响。

虽然该法加大了联邦政府对空气污染治理的力度，但未对机动车制定排放标准和规范。1963 年的《清洁空气法》是美国历史上第一次以清洁空气的名义制定和发布空气污染控制法案，具有深远的历史意义。促使该法案颁布的直接原因包括以下三个方面：第一，1955 年《空气污染控制法》差强人意的效果是颁布 1963 年《清洁空气法》的最直接原因。由于 1955 年法授权国会划拨的资金十分有限，联邦政府在治理空气污染上也只是徒有其名，并未进行任何实质性工作，其表现令人失望。第二，20 世纪 60 年代各种运动对颁布新的空气污染法案起到了一定的促进作用。支持这些运动的青年抱有理想主义，为环保问题的提出创造了机会。第三，1956 年英国正式通过本国的《清洁空气法》，其表现出的直接效果也在某种程度上推动了美国政府颁布新空气污染控制法案。1963 年《清洁空气法》的内容主要有三点：第一，该法的目的在于提高、强化并加速治理空气污染的各项计划。为了达成这一目标，国会将在三年内为州和地方机构划拨 9 000 万美元，用于研究和开发空气污染控制计划。第二，该法设定会议程序，要求联邦健康教育福利部处理跨州空气污染问题，以及在州和地方机构提出申请后处理州内或地方内部空气污染问题。根据 1963 年《清洁空气法》，健康教育福利部部长在召开会议时，相关州机构与地方机构代表要出席会议，相关工业或团体也可以参与听取会议意见。在会议结束时，如果健康教育福利部部长认为这些计划提高公众健康福利并不充分，就可以提出其他具体计划，在必要的情况下，联邦法院会对其进行强制执行。第三，1963 年《清洁空气法》承认机动车对空气污染的影响。该法鼓励为固定污染源与机动车污染源制定排放标准，并授权联邦政府采取措施减少因高硫煤燃烧而造成的跨州空气污染。

纵观 1963 年《清洁空气法》这三项主要内容，不难发现该法与 1955 年《空气污染控制法》相比，既具有创新性又存在一定不足。该法扩大了联邦政府在管制空气污染问题上的权力范围。该法不但授权健康教育福利部部长制定空气污染条例的权力，还允许其在必要情况下为州和地方机构提出具体控制空气污染计划。同时，该法指出如果某州的空气污染影响到其他州居民的健康与福利，健康教育福利部有权不经过该州政府的同意直接启动治理污染计划。最后，1963 年《清洁空气法》强调机动车对空气污染问题的重大影响。在 1963 年《清洁空气法》之前，联邦就已经意识到机动车作为移动污染源的重要性，1962 年《空气污染控制法修正案》中也提出对机动车污染进行研究，但只有 1963 年《清洁空气法》明文指出"鼓励"联邦对机动车和固定污染源制定污染物排放标准。机动车作为一种移动污染源，其对空气污染的影响得到正式承认。

1963 年《清洁空气法》的不足之处同样十分明显。首先，尽管国会下拨的空气污染治理资金增加了一倍，但与当时美国的经济状况相比，其所占的比例仍相当小，而空气污染问题则已经非常严重。其次，健康教育福利部的权力虽然扩大许多，但其并未真正采取行动。最后，1963 年《清洁空气法》对机动车污染没有采取任何有效措施。法案原文使用"鼓励"一词，而非授权健康教育福利部对此进行研究，为其拨款。简而言之，1963 年《清洁空气法》表明美国联邦政府涉入空气污染政策的程度加深，逐步开始国家化进程。但是，在联邦权力加大的同时，我们不难发现掌握主动权的部门并未真正使用这一权力，空气污染治理在相当程度上仍停留在理论研究阶段。

### （三）1965 年《机动车空气污染控制法》

1965 年联邦政府颁布《机动车空气污染控制法》，要求健康教育福利部为各类机动车及发动机制定排放标准，并对符合标准的机动车或发动机发放合格证书，进口到美国的机动车或发动机也必须遵行该法。为避免各州试图抢先制定本州机动车污染排放标准，1966 年联邦政府召开第三次全国空气污染大会（National Conference on Air Pollution），直接推动 1967 年《空气质量法》的颁布。

1963 年《清洁空气法》明确要求健康教育福利部对机动车污染排放进行研究，经过一年多的探索，终于在 1965 年通过了《机动车空气污染控制法》。该法的主要内容包括四个方面：第一，健康教育福利部部长应适当考虑技术与经济因素，为各类机动车或机动车发动机规定切合实际的标准，防止或控制空气污染。第二，健康教育福利部通过试验、研究等手段检测机动车或发动机后，如果认为符合标准，有权向制造商发放合格证书。第三，进口到美国的机动车或发动机如果违反该法要求，不得引进美国。但是财政部部长与健康教育福利部部长有权延迟最后决定。如果该产品经过调整，符合条件便可授权其引进美国。如果该商品最终不能引进，财政部部长要根据海关法处理。第四，该法第 209 款规定，1966 年 6 月 30 日前，国会为该法拨款 47 万美元；1967 年 6 月 30 日前，国会拨款不得超过 84.7 万美元。

1965 年《机动车空气污染控制法》颁布后，一些州仍试图颁布州内机动车排放标准。根据《机动车空气污染控制法》，全国从 1968 年起开始实行加利福尼亚州"为 1967 年新产品年度制定的机动车排放标准"，为了赶在这之前，纽约州州长尼尔森·洛克菲勒（Nelson Rockefeller）在 1966 年 8 月就签署了一项法律，授权纽约空气污染控制局（New York Air Pollution Control Board）在适当考虑联邦法律的同时制定纽约自己的机动车尾气排放标准。1965 年《机动车空气污染控制法》出台的最重要意义在于该法已经明确反映出空气污染控制立法联邦化的趋势。在制定尾气排放标准时，该法精确地使用了"联邦地"（federally）一词，这在以往的法案中是从未有过的。该法案的另一个意义就是联邦政府开始全面研究机动车尾气排放对全国空气质量的影响，在日后逐渐找到了引发空气污染的另一个罪魁祸首，即光化学物质（photochemical matters）。这对联邦统一治理全国空气污染问题有着重要意义。

### （四）1967 年《空气质量法》

1967 年《空气质量法》的主体包括八个方面，基本涵盖了空气污染问题的所有方面，内容十分全面（王歆予，2016），被称为"国家系统管理空气污染治理问题的蓝本"。例如，要求建立州内和跨州空气质量控制区（Air Quality Control Regions，AQCRs），以地区为准开发与实施空气质量标准（Ambient Air Quality Standards）。从污染源上看，这三部法案涉及固定污染源和移动污染源排污的控制和治理；从地区角度上看，包括了州、地方及跨州地区空气污染问题的解决方案。

颁布 1967 年《空气质量法》的直接原因显而易见。第一，越来越多的公众已经认识到空气污染问题的复杂性和重要性，各类机构在开发管制方法上也取得了不小的进步，这"使人们相信联邦应在颁布空气污染立法上走得更远"。第二，面对各州试图抢先制定本州机动车污染排放标准的情况，联邦政府不得不尽早颁布全国统一的机动车排放标准，避免国内出现排放标准混乱状态。第三，1966 年 11 月纽约市再次发生逆温现象，造成约 169 人死亡。在公众的一片谴责声中，第三次全国空气污染大会在华盛顿特区召开，主要讨论制定更为全面的空气污染治理法案的必要性。在以上三个直接因素的推动下，国会于 1967 年 9 月批准参议院第 780 号议案，约翰逊总统在 11 月 21 日签署《空气质量法》。

《空气质量法》的主要内容包括：第一，在全国建立州内与跨州空气质量控制区，并以地区为准开发与实施空气质量标准。如果该地区为跨州区域，所涉州就要为自己管辖的那部分区域制定空气质量标准。在制定空气质量标准时，州要负主要责任。如果健康教育福利部经过调查，认为该州在治理空气污染问题上的行动不够充分，该部部长就有权采取行动，减少空气污染。第二，州提交的空气质量标准得到批准后，必须向健康教育福利部提交一份具体达成目标的计划书。在该计划中，州需要指出达成地区空气质量标准所需的方法与时间安排。第三，该法指出联邦要对设立全国统一固定污染源排放标准的必要性及其所能带来的效果进行调查研究。在此之前，针对不同工业企业设立污染排放标准，仍是州与地方政府的责任。第四，在机动车污染控制方面，该法指出要设立全国统一的联邦标准，并要对燃料添加剂进行登记。第五，联邦政府要加大研发空气污染治理问题活动的力度。这些研发包括针对管制空气污染支出的全面经济性研究；空气污染治理领域人力与培训需要方面的调查，以及管制喷气式飞机与传统型号飞机造成空气污染问题的可行性研究；等等。同时，联邦要加大拨款力度，支持州与地方机构的空气污染治理活动，并要为跨州空气质量计划提供财政援助。第六，根据该法，要建立起一个由 15 人组成的空气质量顾问委员会（Fifteen-Member Presidential Air Quality Advisory Board），为总统提供必要的帮助及相关信息。同时，还要建立一个顾问组，为健康教育福利部提供意见及建议。第七，国会授权联邦解决跨州空气污染问题，在州提出要求时联邦也可以介入解决州内空气污染问题。在紧急状态下，健康教育福利部部长在接到法院命令时有权行动，直接介入空气污染治理工作。第八，第 309 款规定，国会在 1967 年 6 月 30 日前拨款不得超过 9 900 万美元，在 1968 年 6 月 30 日前拨款不得超过 1.45 亿美元，在 1969 年 6 月 30 日前不得超过 1.843 亿美元。

1967 年《空气质量法》的积极作用包括四个方面：第一，该法是对 20 世纪 50 年代后空气污染控制立法的一个重要补充和归纳。1967 年《空气质量法》在以往立法的基础上指出固定污染源与移动污染源的重要性，第一次将两者放在同样重要的位置。第二，联邦在治理空气污染问题上的权力和责任范围不断扩大与深化。这具体表现在以下三个方面：在制订治理空气污染的计划研发上，联邦政府机构不仅要对空气污染源问题进行研究，还要对其需要的人力问题及经济效益进行研究；在制定机动车排放标准上，联邦政府最终得到国会授权，采取全国统一的机动车排放标准；在治理跨州空气污染问题上，联邦在健康教育福利部部长做出州治理行动不充分这一决定后，参与跨州地区空气质量标准的研发与制定。第三，跨州空气污染问题受到重视。一直以来，跨州地区空气污染问题都是各级政府制定空气污染控制立法时争论的话题，由于地跨多个州，在空气质量标准制定的松紧度上各州争论不下。该法首次表明，在治理这类地区时，各州要分别制定本州范围内地区的空气质量标准，在特定的情况下，联邦可以接替州，负责制定跨州地区的空气质量标准。

1967 年《空气质量法》的不足包括以下四个方面：第一，联邦未能对固定污染源建立统一的排放标准。事实上，从 1955 年《空气污染控制法》颁布时就有人提出要建立针对固定污染源污染排放标准的想法，但结果却是直到起草 1967 年《空气质量法》之时国会也没有对此达成共识。在工业利益集团的介入下，国会最终以空气质量标准代替议案中原本提出的污染排放标准。显然，这只是治标不治本的方法。第二，在决定空气质量标准的过程中浪费过多的时间。1967 年《空气质量法》第 107（a）款的要求，健康教育福利部部长在该法通过后的 18 个月内必须建立起空气质量控制区。尽管第 107（b）款要求该部部长要尽快执行空气质量标准，保护公众健康福利，但事实上该法的各项规定却拖延空气质量标准出炉的速度。简单地说，州长在得到健康教育福利部的关于空气质量标准与控制技术的建议书后，有 90 天的时间起草一份目的书，在其后的 180 天内必须召开听证会对此予以讨论，听证会结束后的 180 天内州必须提交本州的空气污染治理计划。如果该计划通过，就可以正式成为州执行的标准；如果健康教育福利部部长认为该计划中的空气污染控制行动并不充分，他就要在 180 天内通知各方修改该计划。假如计划没有得到及时修改，大法官（Attorney General）就会对该州或涉及该地区的相关州提出诉讼，其拖延的时间根本无法确定。因此，最坏的结果就是州在超过 560 天的时间内颁布本州空气质量标准。事实证明，截至 1970 年中，虽然一些州提交的空气质量标准得以通过，但 21 个州提交的 21 份具体计划（达到这一标准的实施步骤与方法）却无一通过。第三，在治理空气污染问题上，1967 年《空气质量法》将优先权给予州政府，并且没有重视地方空气污染治理机构或环境保护机构。在该法颁布之前，联邦在空气污染控制问题上通常是与地方政府机构直接联系的。1967 年《空气质量法》的颁布对地方空气污染治理机构或环保机构的负面影响主要有两个方面：首先，该法第 105 款授予州长决定是否为地方机构拨款的权力，而不需要考虑该机构提交的空气污染控制计划的有效性与急迫性。这至少从理论上给予州长政治特权，其对空气污染的认知水平和其他政治因素很可能会影响地方计划的颁布与实施。其次，1967 年《空气质量法》忽略地方机构在空气污染治理方面积攒的经验、技术与人才。地方机构在三级政府中是最接近普通公众的政府组织，其在参与治理空气污染问题上的时间最长，经验最丰富，人员配备最好，投入也是最多的。显然，1967 年《空气质量法》希望通过由州负责空气污染控制这一方式加强州对该问题的重视，从而将空气污染问题的治理联邦化、系统化。但是，空气污染问题是一个以城市为主导根源的问题，州在该问题上缺少经验与人才，根本无法快速进入管理状态，在此时给予其如此之大的权力确实欠缺考虑。约翰·奥弗伦指出，"给予州过多的政治权力并不是一种达成法案目标的动力，而是一种阻力"。第四，在跨州地区空气质量标准的制定上 1967 年《空气质量法》的处理方式并不成熟。该法规定各州各自制定本州管辖地区内的空气质量标准，这很可能会导致跨州地区内部工业企业在服从标准时的无所适从，从而引发混乱，或者某些工厂为了逃避严格的空气质量标准而迁移到别州管辖区内。由于以上原因，特别是 21 个州提交的计划无一通过这一原因，很多环保主义者将 1967 年《空气质量法》视为联邦政府一个失败的尝试。因而，在 1970 年该法到期前，环保主义者对联邦政府与国会施加更大的压力，力图颁布一项更为全面、彻底的空气污染控制法。

20 世纪 60 年代颁布的以下法案奠定了日后美国空气污染控制政策的基调与走向，也基本划定空气污染治理的范围。虽然美国在 20 世纪 60 年代前已基本解决烟尘问题，但美国空气质量并没有得到更大提高，公害事件依然时有发生。为了巩固环境保护的法律基础，60 年代美国推出的主要环境立法包括 1960 年《多重利用与可持续生产法》（Multiple Use-Sustained Yield Act）、1964 年《荒野法》（Wilderness Act）、1964 年《分类与多重利用法》（Classification and Multiple Use Act）、1964 年《公共土地法审查委员会法》（Public Land Law Review Commission Act）、1965 年《水质法》（Water Quality Act）、1965 年《固体废弃物处置法》（Solid Waste Disposal Act）、1968 年《天然与风景河流法》（Wild and Scenic Rivers Act）及 1968 年《安全饮用水法》（Safe Drinking Water Act）。

从 1955 年开始到 1967 年，美国国会主要出台了四部空气污染控制立法，包括 1955 年《空气污染控制法》、1963 年《清洁空气法》、1965 年《机动车空气污染控制法》和 1967 年《空气质量法》。60 年代空气污染控制立法具有如下特点：第一，联邦涉入空气污染控制立法的程度不断加深。1963 年《清洁空气法》颁布后，联邦便开始了全面介入空气污染控制立法的进程。这不仅体现在国会授权联邦政府对各类引发空气污染的行为进行全面调研上，更体现在国会授权联邦针对机动车制定全国统一的排放标准上。第二，60 年代颁布的空气污染控制法案，尤其是 1967 年《空气质量法》，确定了美国日后空气污染治理的范围，为 70 年代空气污染控制立法定下了基调。第三，联邦政府经过十余年的尝试，无论是在对空气污染问题的调研上，还是在人才培养上都积攒了大量的理论与实践经验。第四，联邦政府在拨款问题上力度加大。根据 1955 年《空气污染控制法》与 1967 年《空气质量法》，国会每年为治理空气污染划拨的资金从 1955 年的 500 万美元上涨到 1969 年的 1.843 亿美元，增长幅度惊人。第五，60 年代空气污染治理法案的出台带有强烈的应急性。一开始国会重视全国范围内的空气污染问题是工业排放导致公害事件的频发及人员的伤亡,其后机动车排放标准的出台也是因为光化学烟雾事件的恶劣影响,范围最广、内容最为全面的 1967 年《空气质量法》的出台,则是为了防止地方政府赶在联邦之前颁布本地区的机动车排放标准。

正是这些立法的应急性导致联邦在颁布法令之时无暇多顾,产生了一些问题。空气污染控制立法从 1955 年开始联邦化,到 1967 年时已经迈出相当大的一步。这一时期联邦政府在空气污染治理领域权责的逐步增强为 20 世纪 70 年代颁布彻底联邦化的空气污染治理法奠定了坚实的基础。

## 二、20 世纪 70 年代:空气污染治理的全面联邦化

### (一)20 世纪 70 年代空气污染治理的联邦化发展

20 世纪 70 年代,美国联邦政府全面接手空气污染治理问题,连续两次修订空气污染管制法令。1970 年的《清洁空气法修正案》结合 60 年代立法的经验,将该政策的联邦化推向高潮。该修正案授权美国环境保护局为 6 种主要空气污染物设立两个级别的国家环境空气质量标准(National Ambient Air Quality Standards,NAAQS),一级标准必须做到保护敏感人群的健康与充分安全,二级标准则必须要保护公众福利。要求各州必须提交州执行计划(State Implementation Plan,SIP),详细说明怎样管制已有污染源排放的主要污染物,并证明州内所有空气质量控制区都能遵守国家一级标准(王歆予,2016)。1970 年 1 月 1 日颁布《国家环境政策法》后,尼克松宣布美国进入环境保护新时代。在这一时期,美国联邦政府连续两次重新修订《清洁空气法》。1970 年《清洁空气法修正案》结合 60 年代空气污染治理立法之大成,将该政策的联邦化推向最高潮。1977 年联邦政府再次修订《清洁空气法》,处理 1970 年修正案中定义含糊的问题与新涌现的问题。

70 年代联邦空气污染治理政策对美国空气质量的提高起到重要作用。环保问题在 60 年代虽然受到公众的极大重视,但是在大选中却出乎意料地没起到重要作用。在环保主义者感到沮丧之时,尼克松却出人意料地表示,自己将尽力推动环境保护立法进程,保护美国公众的健康福利与生活质量。在尼克松上任 4 个月后,于 1969 年 5 月签署行政命令,宣布成立环境质量委员会;12 月 5 日签署其任期内的第一份重要环保立法——《濒危物种保护法》(Endangered Species Protection Act);1970 年 1 月 1 日,尼克松签署美国环保政策史上最重要的联邦立法,即《国家环境政策法》,并宣布 20 世纪 70 年代将是环境保护的十年;1 月 20 日,尼克松总统在就职演说上强调环境问题的重要性,指出保护环境、提高生活质量与实现充分就业、改善住房条件一样紧迫,必须加紧行动步伐;1970 年 7 月尼克松总统向国会递交了第三号机构重组计划,最终在 1970 年 12 月正式成立美国环境保护局(以下简称环保局);1970 年底,尼克松签署《清洁空气法修正案》;在其他污染治理政策领域尼克松总统也颇有成就,相继签署 1972 年《联邦水污染控制法》(Federal Water Pollution Control Act),1974 年《安全饮用水法》(Safe Drinking Water Act)、《有毒物质控制法》(Toxic Substances Control Act)与《资源保护与复兴法》(Resource Conservation and Recovery Act)等。

1970 年之前，特别是 20 世纪 60 年代美国各级政府在环境保护与治理各个方面的不断实践为 70 年代初颁布全国环境保护根本大法奠定了坚实的基础。在印第安纳大学教授林顿·考德威尔起草的《国家环境政策决议草案》的基础上，民主党参议员亨利·杰克逊与众议员约翰·丁格尔在 1969 年 1 月向国会递交《国家环境政策法草案》。经过国会近一年的辩论，终于在 12 月通过了该法，1970 年 1 月 1 日经尼克松总统签字，正式生效。该法在内容上包括三部分，即国家环境政策与目标、具体实施条款及设立环境质量委员会。具体如下。

第一，《国家环境政策法》指出，颁布该法的目的在于"宣布一项旨在鼓励人与环境之间形成一种有成效并令人愉悦的和谐关系的国家政策，防止和消除对环境和生物圈的损害，促进健康、福利事业以及人类对环境认识的加深；丰富人类关于生态系统与自然资源对国家重要性的理解和认识"。该法第一篇第 101 款（b）项列出国家必须达到的 6 项环境目标：①履行每一代人作为后代环境托管人的责任；②确保所有美国人享有安全、健康、丰富、充满美感和文化的令人愉快的环境；③在不造成环境退化，对健康和安全无风险，或其他不希望看到的结果的前提下，达到对环境最大限度的有益利用；④保护我们国家重要的历史、文化和自然遗产，尽可能保存一个支持个人选择多样化和多元化的环境；⑤在人口和资源利用之间达成某种平衡，使高水平生活和广泛享用生活的舒适成为可能；⑥提高可再生资源的质量，最大限度地循环利用不可再生资源。第二，为了保证以上目标的实现，《国家环境政策法》"授权和指导美国的政策、法规和公法尽最大可能依据本法制定的政策做出解释和执行"。第 102 款规定了联邦的义务与职责，包括尽可能使用具有连贯性、跨学科的方法，确保协调利用自然与社会科学以及环境设计；确定并发展方法与程序，保证目前尚未符合规定的环境优势与价值在经济、技术问题确定时同时得到考虑；联邦政府在颁布立法或实行影响环境质量的重大举措时应提交建议或报告。第三，《国家环境政策法》第二篇第 202 款规定，总统应授权建立一个或多个机构，负责拨款、与私立机构或组织签订合约、接受捐助等活动；负责开发与维持一份名单，列出公立或私立机构制定或实行的现有及日后资源开发项目等主要计划；负责建立一个收集与接受公立、私立机构及个人提供的生物学研究与评估方面信息的体制；负责协助州政府、地方政府及私营企业，使其行动与本法案及其他旨在提高环境质量的法案的目标相一致。《国家环境政策法》是美国历史上最重要的环境立法，首次建立起全国环境保护法的框架。该法最大的作用在于其要求所有重要工程项目都必须首先递交环境影响报告。这一严格的审查过程不但使政府机构能够及时制止某些损害环境的事件的发生，还促使公众积极关注并参与到这一过程中来，这在某种程度上也促进了美国的政治民主化与公开化进程。《国家环境政策法》带来的良好效果也得到世界组织与其他国家的认可，为其所借鉴和效仿。

尼克松在环保问题上的另一大功绩在于其积极创立环保局。该机构在短短几十年间规模迅速扩大，预算从 1970 年的 10 亿美元迅速上升到 2003 年的 76.16 亿美元，工作人员也从最初的 4 084 人上升到 1.76 万人，成为美国举足轻重的部门之一。建立该独立部门的原因主要有两个：第一，从联邦开始涉足环境保护领域以来，政府内部就有多个部门同时负责处理环境治理的不同方面，甚至同一问题。这些部门（如内政部、农业部及健康教育福利部）各自独立，互不相属，在处理问题、颁布政策及执行政策时难以协调，甚至产生冲突。这不仅造成了资源的极大浪费，也导致了行政程序过于繁杂，延误环保政策颁布的时间与效率。第二，尼克松积极组织创立一个独立环境保护部门也是出于某种现实考虑。尽管尼克松上台后美国先后出台《濒危物种保护法》与《国家环境政策法》，但这主要是由以民主党为首的国会推动产生的。可以说，这时尼克松在环保领域并没有做出令人满意的行动。同时，以支持环保著称的民主党参议员马斯基（Muskie）等的行动也使尼克松倍感压力，他意识到自己必须尽快掌握环保问题的主动权，而重组一个拥有最高环保决定权的机构无疑是最好的选择。

1970 年 7 月 9 日，尼克松向国会递交 3 号改组计划，阐述其整合多个拥有环保职能机构的愿望和原因。经过数个月的研究，环保局终于在 1970 年 12 月 2 日正式开始工作。在结构上，环保局设局长和副局长各一名，由总统任命，参议院审核，直接对总统负责。环保局的总部设在华盛顿特区，下属纽约、芝加哥、旧金山等 10 个地区办公室与实验室。环保局内设有 4 个项目办公室：空气与放射性物质项目办公室（Office of Air and Radiation）、杀虫剂与有毒物质项目办公室（Office of Pesticides and Toxic Substances）、水项目办公室（Office of Water）及固体废弃物与其他紧急问题项目办公室（Office of Solid Waste and Emergency Response Programs）。这些项目办公室与其他地区职能办公室、地区实验室相互合作，负责处理全国主要环境问题。环保局的主要职能包括以下六个方面：①污染预防——采取措施预防污染的产生，而不是仅仅消除已经释放出来的污染物；②风险评估和减少风险——识别并减少对人类健康和环境有重大危险的污染问题；③科学、研究和技术——开展有助于制定环境政策和推动技术革新以解决环境问题的研究；④制定规章——制定规则，如设备操作程序和污染物排放标准等；⑤执行——保证遵守执行已经制定的规章；⑥环境教育——编写环保教材，推动环境信息的传播和交流、支持地方环境教育等。环保局在美国环保史上具有重要意义。首先，环保局确立环境管理的一个重要模式，即"命令-控制"模式。尽管该模式在 20 世纪 80 年代受到经济学家、政治家与国会议员的强烈反对，认为其缺乏灵活性并且违反了市场规律，但不可否认的是在 70 年代这一制度以强有力的方式解决了之前无法解决的环境污染问题，有效地保护了环境和美国公众的健康。其次，环保局与其他曾经负责过环境问题的机构不同，它目标明确——保护环境，参与制定与监督相关法规。这本身就是一项"史无前例的创举"。最后，环保局的建立极大地协调联邦、州与地方政府在环保问题上的分工合作，提高各级政府的办事效率。环保局通过在地方设立实验室和分支机构的方式了解地方的环境污染情况，得到重要基础数据，各级相关机构提供财政与技术支持；州与地方则必须至少采用联邦制定的最低环境标准，保证全国的环境质量。

1970 年法案在美国空气治理政策史上有着不可替代的地位。尽管如此，美国联邦政府成为空气治理的主导力量还是引发多方指责。尼克松政府时期正式确立的"命令-控制"模式受到了前所未有的质疑与挑战。除立法本身带来的高支出问题外，更多人认为联邦政府不应该直接介入地方和州政府的事务处理。1981 年里根明确提出采取"CBA"方法替代原有的"命令-控制"模式，要求废除那些社会管制成本高于收益的法令，新法令必须满足收益最大化目标。总的来看，现行的"命令-控制"模式，还存在以下问题：其一，碎片化管制。立法管制的主要目的是在提高生产、促进经济发展的前提下对烟尘进行控制。治理措施简单，最主要的措施是禁止露天燃烧。由于法令多由州和地方政府颁布，故其局限性在于每个州只能在自己的行政范围内对本州的空气污染进行治理，一个州的法令和治理不能影响其他州。其二，管制缺乏科学性。在当时的科学技术条件下，人们认为烟尘是造成空气污染的主要原因，因此只针对烟尘制定各种法律法规。并且，只有在芝加哥、纽约等发达城市，才会设立专门的烟尘观察员，对烟尘问题进行专门研究和专业化管理，其他地区则没有任何对空气污染原因进行研究的专门机构。其三，简单化的法律条文。由于时代的局限，该时期法令条文非常简单，当时被赞誉为"最完备"的芝加哥烟尘控制法令也只有 28 条，空气污染最严重的匹兹堡的烟尘治理法令只有简短的 10 条。这与后来联邦政府《清洁空气法》内容有 400 多页 1 000 多条形成鲜明对比。

### （二）1970 年《清洁空气法》的两次修订

1967 年《空气质量法》颁布两年后立法者与环保主义者都认识到该法的不足，最明显的表现就是在该法颁布后，按照会议程序提交到法院的案件只有一例。此时，支持联邦在空气污染治理领域权力扩大的人愈渐增多，除 1967 年法效果不佳这一原因外，还包括如下影响因素：第一，越来越多的人认识到只有联邦才能有效治理跨州、跨地区空气污染问题，特别是那些采取严格标准却因其他州的污染源而备受影响的州，强烈要求联邦对此加强控制。第二，人们逐渐发现，在经济、就业问题与环境治理发生矛盾时，州更倾向牺牲后者。第三，在多个州都拥有工厂的大型企业更希望联邦能统一标准，显然，在不同的州执行不同的排放标准对其企业的生产会造成不利影响。第四，美国登月成功与空气质量有所提高使美国人对治理空气污染问题信心倍增。很多人认为"如果我们都能登上月球，那么当然也能处理好这个地球上更为平凡的问题"。第五，一部分政府官员认为将环保问题联邦化可以转移青年人对反战运动的注意力，同时还可以争取到环保主义者的支持，以及那些对政府解决环保问题不抱希望的人的支持。以上这些因素不同程度地推动 1970 年《清洁空气法修正案》的出台。尼克松总统面对其劲敌——参议员埃德蒙德·马斯基（Edmund Muskie）的威胁，也确实希望能颁布一项空气污染治理方面的法案，加强其在环保领域的成绩。在这种种因素的影响下，《清洁空气法修正案》终于在 1970 年 12 月 31 日经尼克松总统签字正式生效。

美国著名环境问题专家保罗·R. 伯特尼在《环境保护的公共政策》一书中指出，对 1970 年《清洁空气法修正案》的所有重要特性做一个完整的总结是不可能的，因为该法案内容繁杂，包括近百个章节，篇幅也多达 173 页。伯特尼从空气污染控制的目标和手段两方面解读了 1970 年法，本章试图通过总结该法的几点极具影响力的内容更全面地介绍这部法案。第一，1970 年《清洁空气法修正案》授权环保局为六种空气污染物，设定两个级别的国家空气质量标准。这六种污染物包括一氧化碳（CO）、氧化合物（sulfur oxides）、氮氧化合物（nitrogen oxides）、固体颗粒物（particulates）、铅（lead）及臭氧（ozone）。根据该法要求，一级标准必须做到保护敏感人群的健康与充分安全，二级标准则必须保护公众的福利，这也包括保护私人的经济利益，如保护农田和土地财产等。显然，一级标准与二级标准相比要宽松一些，但法律同时规定所有州都必须达到一级标准，各州也可以制定更为严格的空气质量标准，但不得低于国家标准。在这一内容上最具争议的一项要求就是该法要求环保局制定的一级标准"要能够提供足够的'安全边际'来保护公众不会受到环境空气中任何污染物可能造成的对健康已知的或是预计的负面影响"。尽管这一规定的目的在于保护公众的健康不受威胁，但国会对于"安全边际"（margin of safety）一词并没有明确的定义，这个看似技术性的词为制定污染物浓度标准造成了一个巨大的麻烦。简单来说，环保局主要依据的是传染病学和临床医学数据，但是即使在最低的浓度水平下，污染物对人体也会产生"某些"影响，使某些体质敏感的人受到"健康威胁"。

环保局只能根据自己的判断制定出各类污染物的最高浓度，结果也当然会引起相当程度的争议与批评。同时，对在缺少支出-收益（cost-benefit）测算的情况下，贸然要求所有州执行统一的一级空气质量标准也存在大量批评。显然这还不是一个重视经济收益大于重视环境治理的时期，空气质量提高的经济效益与高额支出的对比还没有成为公众和联邦政府关注的焦点，此时空气质量是否能够提高、能够提高多少才是他们真正关心的问题。第二，1970 年《清洁空气法修正案》授权环保局全面负责新固定污染源（new stationary sources）排放标准，或称执行标准的制定，现有污染源排放标准则仍由州负责。该法要求环保局挑选出"减少污染排放最好的，并且也是得到充分证明认可的制度"，并要在制定标准时需考虑社会成本及受到影响者的承受能力。这至少表明此时国会已经开始考虑将经济因素引入标准制定程序之中。该法同时指出在未达标地区建立的新污染源必须服从比全国标准更为严厉的污染物排放要求。第三，1970 年《清洁空气法修正案》要求环保局严格控制机动车，特别是新机动车尾气排放污染。该法还特别指出环保要为新机动车制定氮氧化合物（nitrogen oxides）、一氧化碳及碳氢化合物（hydrocarbons，HC）排放标准，以五年为一个阶段，逐步强化，并要在 1975 年前使这三类机动车污染物的排放量与 1970 年或 1971 年相比减少 90%。第四，1970 年《清洁空气法修正案》要求各州必须提交州执行计划。在此之前环保局已经规定出 247 个空气质量控制区。该修正案规定，州执行计划必须制定出管制策略，使所有空气质量控制区达到国家标准。该计划同时要详细指明怎样管制已有污染源排放的各类重要污染物，证明州内所有空气质量控制区都能遵守国家一级标准，根据不同污染物各州达标的截止时间为 1982 年或 1987 年。另外，如果州负责的某一地区未能达到机动车排放污染物，也就是氧化剂（或臭氧，ozone）与一氧化碳排放标准，那么它们就必须执行一项强制的机动车监督与维护制度。1970 年修正案关于州执行计划方面的要求很自然地遭到一些州的强烈不满。第五，1970 年《清洁空气法修正案》要求全国建立更多的监测点，以便得到更为准确与全面的空气质量信息数据。在 1970 年以前，全国针对空气污染方面的监测网络并没有受到足够的重视，环保局与众多专家关于空气质量提高方面的结论也经常因为数据不够充分、全面而受到挑战和质疑。针对这种状况，国会决定拨款建设全面的空气质量监测网络。监测器由州与地方政府管理，联邦仅负责指导工作与划拨资金。以上五个方面为 1970 年《清洁空气法修正案》的主要内容。尽管从内容上来看，它们已经非常全面，但在颁布后的具体实施中还是出现了新问题。这些问题主要包括两个方面：第一，1970 年修正案没有具体讨论在空气质量比全国标准更好的地区，新污染源或者其他污染源的建设问题；第二，由于 1970 年法在某些规定上过于严格，很多地区根本无法在指定的时间期限内达到国家标准，针对这类地区不知该如何处置。正因如此，国会在调查、总结 1970 年修正案实施状况后于 1977 年颁布又一项空气污染治理方面的法案，即 1977 年《清洁空气法修正案》。

1977 年《清洁空气法修正案》主要涉及以下三个方面的内容：第一，环保局局长必须与其他机构合作，研究除六种主要污染物外的其他影响公共健康与福利的污染物。这些污染物包括硫酸盐（sulfates）、放射性污染物（radioactive pollutants）、镉（cadmium）、砷（arsenic）及多环有机物（polycyclic organic matter）。该研究需包括一份全面的关于硫化物组成的调查报告以及保护公众健康与福利不受此类物质影响的方法。第二，在此法案颁布后一年内，环保局需向国会递交一份关于"主要排放设施"（major emitting facility）影响的报告。这些设施每年排放的污染物达到 250 吨以上。该项研究要指出所涉设施的种类及管理其所学的行政程序等。环保局同时要在此期限内递交一份协助州执行防止重要退步地区（prevention of significant deterioration）计划的指导性文件。第三，州需要提交一份报告证明本州有能力将污染物排放量降到 1970 年《清洁空气法修正案》要求的水平。州有两种方式证明：一是列出所有未达标地区污染物的排放量、污染源等详细信息，证明本州符合 1970 年《清洁空气法修正案》中的规定；二是提出一份可实施的许可证计划，该计划要求新固定污染源与改造后的主要污染源至少必须满足 1970 年《清洁空气法修正案》第 173 款规定的排放量限制，并能根据规定达到年减排额。同时，该计划必须要求现有污染源根据最低合理可利用控制技术（reasonably available control technology，RACT）达到 1970 年修正案所要求的减排量。1970 年《清洁空气法修正案》与 1977 年修正案的内容相当复杂，除了以上产生了重大影响并在日后被猛烈讨论或批评的条款外，该法还有其他一些零碎的要求，如环保局要根据这两个法案管制汽油中的铅含量，起草一份民事惩罚计划等。如此复杂的一项法案在实施上必然会产生一些问题，专家学者也自然对该法持有不同看法。不可否认的是，1970 年《清洁空气法修正案》在美国空气污染治理政策史上有着不可替代的地位，保罗·R. 伯特尼对该法案的评价极高，他认为"除了个别条款之外，在 1977 年与 1990 年对此法令所做的修正也只能称得上是在其 1970 年的基本框架上做了些小修小补罢了"。

联邦政府在空气污染治理领域的管制在 20 世纪 70 年代达到了顶峰。回顾 1970~1979 年十年间的空气污染治理政策，可以总结出以下四个方面的特点：第一，70 年代颁布的空气污染控制立法确定了联邦在空气污染治理领域的主导地位。与 60 年代相比，70 年代的联邦-州-地方分工更为明确：联邦负责制定全国空气质量标准，州负责制定本州达标方法与时间表，地方则负责具体实行并针对本地特殊情况对此进行补充。空气污染控制政策的联邦化还具体表现在环保局的建立。作为一个独立机构，环保局直接对总统负责，避免了 60 年代一项计划多重标准、多重审批的问题，在一定程度上提高了效率。空气污染治理政策的联邦化对控制机动车污染的作用最大，同样地，机动车污染的急剧减少也是该领域政策联邦化有利一面的最好证据。第二，70 年代颁布的空气污染控制立法缺少对成本问题的考虑。环境问题专家罗伯特·W. 柯兰道尔（Robert

W. Crandall）认为，国会 1970 年第一次制定联邦空气污染治理立法时根本就未重视这一政策的经济效率问题。第三，行政程序的烦琐阻碍了空气污染领域新知识在实际上的应用速度。专家对污染物的认识是不断加深的，如在 60 年代和 70 年代中期人们认为二氧化硫的危害主要在于其气体状态，通过增加烟囱高度就可以减少对地面空气的负面影响，但其后专家证实，在高空硫氧化合物更易形成硫酸盐，最终以酸雨形式降落到地面，对人类健康与动植物生长造成更大的损害，但是将这一理论认识加入实际应用中却出现了重大延误。《清洁空气法》规定，州只有在合理的通告与召开公众听证会后才可以修改州执行计划，其程序要合乎州行政管理程序法的要求；经过这一步骤后，州将修改计划提交到环保局，申请批准；环保局根据联邦行政管理程序法（Federal Administrative Procedure Act），将该修改计划刊登在联邦登记簿（Federal Register）上，目的在于得到公众的意见；在考虑过公众意见后，环保局才可以根据自己的调查判断，决定是否完全或部分上支持州的修改计划。简而言之，州想要修改州执行计划必经过两次公众意见审核以及两级批准。这种双重保险制度虽然能够阻止州出台任何不利于空气质量的规定，却也同时阻碍了新知识与新技术在实际减排中的应用，最终造成行政审批过程与权力集中化重于最终结果这一问题。第四，环保局的任务量过大，建立时间过短，在处理问题时极度透支。如果说空气污染治理立法的各项要求就足够我们头疼的话，那么我们就必须意识到环保局需要处理的问题还包括水污染、固体废弃物污染等其他问题。由于时间与能力的限制，环保局忽视一些问题不足为奇。例如，环保局在 1970 年颁布《清洁空气法修正案》时就未能明确提出新污染的准确定义，这引起很多麻烦；酸雨问题的拖后也在很大程度上要归咎于环保局。同时，环保局在处理各类污染的关系上经验不够丰富。尽管对 20 世纪 70 年代联邦空气污染控制立法存在争议，本章中介绍该阶段立法中存在问题的篇幅也较大，但提出所有这些问题的目的只有一个，那就是在考虑经济利益的同时增加管制空气污染的效率。通过提高效率减少污染而不再仅依赖庞大的成本开支。正如伯特尼所评价的，"清洁空气法及其修正案无可争辩地在促进美国空气质量改善与防止其进一步恶化方面起到了重要的作用"。

## 三、20 世纪 90 年代以来的美国空气污染治理政策

### （一）乔治·布什政府时期的空气污染治理政策

乔治·布什（George Bush）在总统竞选期间承诺做一个"环保的总统"。他在第一个任期内，像二十年前的理查德·尼克松总统一样，面对层出不穷的环境问题，制定了一些环保政策；但他也像尼克松一样，在经济衰退和商业组织的压力下，转变到消极环保的立场。事实上，在 1992 年，他的作为更像罗纳德·里根，当年一项民意调查中显示有 2/3 的民众并不认可布什政府治理环境的政策。不过，值得肯定的是，布什政府在制定环保政策方面有所创新，并直接推动美国环保政策的变革，尤其是 1990 年《清洁空气法修正案》的通过，该法案的巨大创新在于注重市场政策工具在美国空气污染治理中的运用，此后以市场为导向型的空气污染治理政策和"命令—管制"型的政策并驾齐驱，成为推动美国空气污染治理的有力手段，试图实现经济发展与环境保护

之间的平衡。

1990 年，布什政府修改《清洁空气法》，该法有三个主要目标：第一，通过减少燃煤电厂的二氧化硫的排放，达到控制酸雨，计划到 2000 年二氧化硫排放量降低一半；第二，减少大约 80 个没有达到 1977 年空气质量标准的城市的空气污染；第三，到2000 年约 200 种空气中的有毒化学物质的排放量降低 75%~90%。

1990 年《清洁空气法修正案》的部分条款体现了市场机制在空气污染治理中的应用。第一，1990 年《清洁空气法修正案》遵照以市场为基础的原则，鼓励其他的创新方法。第二，提供一个符合成本-效益分析法的燃料和技术有效结合的使用框架。第三，鼓励使用清洁的含硫较低的煤和天然气，以及鼓励降低含硫较高的煤的技术创新。第四，通过创建清洁燃料市场，降低能源浪费，从而将石油进口减少到每天 100 万桶。第五，通过酸雨计划——二氧化硫排污交易计划鼓励能源节约。这一新法案打破了1977 年《清洁空气法》以来空气污染治理政策调整停滞的状态，是一个创造性的以市场为基础的法案。它将使美国以一种最有效的方式实现国家空气污染治理的目标。布什政府对于《清洁空气法》的修改，在继承美国环保立法传统的同时增加了许多基于市场原则的条款，还要求环保署对新的《清洁空气法》进行评估，运用成本-效益分析法，估算出治理空气污染所投入的成本，以及在改善人类健康、福利和生态系统方面所获得的收益，并进行比较分析，定期向国会和公众提供全面的、最新的信息。

布什政府还确立空气污染排放交易制度。为了减少有害气体的排放，美国环保局在 1993 年 3 月 5 日公布一项酸雨污染物排放交易规则。该规则是在 1990 年《清洁空气法修正案》要求下发布的，计划到 2010 年将使 1980 年发电厂的二氧化硫排放量减少几乎一半。这一酸雨防治计划是有创造性的：一方面，环境得到明显的改善，因为酸雨的大量减少提高了湖泊和溪流的水质，保护了建筑和森林，减少了空气中的烟雾；另一方面，发电厂和纳税人获益，因为以市场为基础的方法可以使发电厂以尽可能低的成本完成环保任务。同时，污染物排放交易制度也鼓励能源利用效率的提高，使用新的污染控制技术和含硫量低的燃料。酸雨污染物排放交易制度是美国环保政策体现经济和环境融合的表现之一，不但促进了环保，而且刺激了经济的发展。排污交易实际上是以市场为基础的环保政策的具体应用。《清洁空气法修正案》当中的关于排放权交易的条款，在空气污染控制方面是一个创新性的改革。然而，排放权交易条款的实施，可能导致某些企业的"合法污染"对空气污染治理产生不利影响。尽管如此，通过市场的刺激，对企业的空气污染行为还是有约束力的。根据美国环保局的报告，在实施该修正案后，美国的城市空气污染问题得到有效控制。不过美国环保局也承认，尽管美国的空气污染在 20 世纪 90 年代得到有效的控制，但是仍有许多美国人生活在有污染的空气当中。

### （二）比尔·克林顿政府时期的空气污染治理政策

比尔·克林顿（Bill Clinton）时期美国环保政策的推动力主要来自白宫，但是共和党阻碍了政府积极环保政策的出台。1994 年 11 月，42 年来共和党第一次在众议院获得了控制权，并选举纽特·金里奇为议长。环保政策的改革仍在积极探索当中，克林顿政府希望通过发挥市场机制的作用，充当环境保护主义者和污染企业联系的桥梁，从而使这一新的管制环境的手段得到双方的共同支持，这一道路在空气污染治理政策上也有体现。克林顿政府期间要求环保局每隔 5 年重新评估美国空气质量标准的科学依据。从1992 年起，经过 4 年的研究后，环保局制定新的关于臭氧和细颗粒物（PM2.5）的标准。环保局认为新标准符合成本-效益分析原则，因为新标准能极大降低每年因空气微粒引发的呼吸系统疾病造成的 15 000 人死亡。尽管工业界和克林顿政府经济顾问对其预期的花费表示不满，但是政府支持了这两项新标准。不过克林顿为了平息企业和国会内反对力量的抗议也做出了一些让步，要求各州在 15 年之内开始实行新标准。

除此之外，克林顿政府期间美国的空气污染治理政策的成果显著。例如，克林顿总统和副总统戈尔发起的清洁空气行动，制定新的严格的烟雾和烟尘标准，此标准将保护1.25 亿美国人的健康，其中包括 3 500 万名儿童。克林顿政府清洁空气的成就还包括提高汽车和燃料的清洁度。出台有史以来最严格的减少汽车排放物的标准，这将使新车比现行标准下的汽车清洁 77%~95%。第一，第一次要求 SUV 车型、小货车和轻型卡车像其他乘用车一样满足低水平的尾气排放标准；第二，要求显著减少二氧化硫的排放，首次将清洁汽油和清洁汽车视为一个系统来进一步改善空气质量；第三，在电厂减排方面，采取前所未有的行动减少大型电厂和工业排放的污染物，要求氮氧化物的排放量减少一半；第四，减少重型卡车和柴油燃料的有害排放。减少 90%以上重型卡车排放的有害氮氧化物、颗粒物和烟尘。克林顿政府在清洁空气过程中，充分运用市场机制，除了制定比之前更高的污染物排污标准外，还鼓励技术创新，刺激能源消费，在清洁空气的同时也刺激经济发展。

2002 年，美国环保局公布一项《清洁空气法》有效性的研究报告。该报告指出虽然空气污染治理仍存在大量的问题需要去解决，但是《清洁空气法》仍然取得了巨大的成就。其中值得注意的是，从 1970 年到 2002 年，尽管能源的消费增加了 42%，GDP 增加了 164%，美国人的汽车公里数增加了 155%，但六种最危险的空气污染物的排放下降了 48%。此时美国环保局估计《清洁空气法》当中的人类健康、福利和环境收益与成本的比例为 40：1。从美国环保局的研究报告的结果可以看出，注重对空气污染治理政策的成本-效益分析，强调市场机制在空气污染治理政策中的使用，在空气治理方面取得良好的成效。这一空气污染治理的模式能够更好地协调空气污染治理和经济发展及能源消耗的关系。

### （三）乔治·沃克·布什政府时期的空气污染治理政策

乔治·沃克·布什（George Walker Bush）政府时期，曾积极地推行环保政策，制定一系列的空气污染治理政策。虽然许多政策没有真正落实，变成一纸空文，但是小布什政府期间所颁布的空气污染治理政策也注意到市场机制的运用，从而促进经济和环境的协调发展。

2002 年，美国 13 个城市的地面臭氧的亚健康水平达到 30 天以上。为了减少污染，小布什政府不得不制定新的立法或者更严格的条例。因此，小布什政府在 2002 年提出了一个《清洁天空法》（Clear Skies Act），2003 年 2 月提案再次提交国会时通过。该法案对于《清洁空气法》的部分条款进行修改，将极大地减少和限制发电厂的二氧化硫、氮氧化物和水银的排放量。该法案的规定："第一，使二氧化硫的排放量降低到2000年排放量的73%；第二，使氮氧化物的排放量降低到2000年排放量的67%；第三，该法案使水银的排放量降低到2000年排放量的69%。"（表12.1）

**表12.1　《清洁天空法》实施目标**

| 类目 | 2000年的实际排放量 | 《清洁天空法》排放上限 | | 全面实施后总的下降比例 |
|---|---|---|---|---|
| | | 第一次实施的要求 | 第二次实施的要求 | |
| 二氧化硫 | 1 120万吨 | 到2010年减少到450万吨 | 到2018年减少到300万吨 | 73% |
| 氮氧化物 | 510万吨 | 到2008年减少到210万吨 | 到2018年减少到1.7万吨 | 67% |
| 水银 | 48吨 | 到2010年减少到26吨 | 到2018年减少到15吨 | 69% |

资料来源：http://www.epa.gov/air/clearskies/pdfs/fsfeb27.pdf

小布什总统对于《清洁天空法》给了很高的评价，"该法案将会给美国人带来更加清新的空气、健康的森林和湖泊。许多的城市将会在多年以来第一次达到空气质量标准。我们几乎可以解决酸雨问题，这一问题一直影响东北地区的湖泊和森林。该法案将会降低发电厂造成的空气污染达70%，同时我们将采用以市场为基础的体制从而可以为美国人提供能够支付得起的电价"。《清洁天空法》在设置空气污染物排放上限的同时推行基于市场原则的可交易制度。不仅降低二氧化硫、氮氧化物和水银的排放量，还将会推动经济发展，在清洁空气的同时会获得相应的经济收益。小布什政府期间，为了减少二氧化硫和氮氧化物的排放量，2005年3月10日美国环保局公布一项条例，即《清洁空气州际规程》（Clean Air Interstate Rule）。为确保美国人能够继续呼吸清洁的空气，该规程大量降低跨越各州边界的空气污染，将永久性地限制美国东部的二氧化硫和氮氧化物的排放量。该规程已经在美国的28个东部州和哥伦比亚地区取得巨大的减排效果。当该规程完全被执行时，和2003年的水平相比，这些州的二氧化硫的排放量将减少70%以上，氮氧化物的排放量将减少60%以上。这将获得850亿美元到1 000亿美元的健康收益，并且将极大降低美国东部地区的过早死亡的数量。到2015年，所获得的健康和环境收益比所花费的成本要多25倍。随着条例的继续执行，收益每年会继续增加。综上所述，小布什政府时期所颁布的空气污染治理政策，在设置污染物排放上限的同时允许排放权交易，是基于市场原则的政策。在政策颁布时，规定运用成本效益分析法对政策实施的成本和收益进行评估和分析，确保政策的可行性。

## 第二节　英国与欧共体相异的空气污染治理风格冲突

随着全球经济从世界大战的废墟中复苏，人们逐渐意识到战后高速工业化、城市化及激烈的资源竞争背后其实隐藏着巨大生态危机——环境污染尤其是空气污染从区域性转变为全球性。20世纪70年代，污染治理与环境保护被诸多国家提上议程，欧洲各国也从战后经济重建、发展现代化和高水平生活的关切中走出，加大环境事务的投入力度，欧洲委员会甚至宣告"一九七〇年为欧洲保护年"。然而欧共体对环境领域的重视却增加了与英国之间的摩擦，尤其自 1973 年英国加入欧共体后，两者之间因彼此相异的环境政策和管控风格，产生诸多冲突，集中体现在空气污染治理方面。

## 一、20 世纪 80 年代前英国空气污染治理的巨大成就

### （一）20 世纪 80 年代前英国空气污染治理发展

英国伦敦曾经一度以"雾都"闻名世界，著名文学作品《雾都孤儿》描述的也正是在这个城市发生的故事。著名的"伦敦烟雾事件"发生于 1952 年 12 月 5 日至 9 日。当时，燃煤所产生的二氧化硫和粉尘等污染物质，与正好开始形成的大气逆温层气象相遇，造成大量的污染物在空气中积累，久久不能散去，进而引发连续数日的大雾天气。其间由于大气污染的原因，大批的飞机航班被取消，路上的汽车白天也必须开着大灯才能行驶，甚至参加音乐会的人们都看不到前方的舞台。更严重的是，在发生烟雾的这一周以及之后的数周内，多达 12 000 人因为空气污染而丧生，而受到伤害的人数则已无法计数。在此之后，伦敦后续还发生多起烟雾污染事件。1952 年的伦敦烟雾事件被认为是 20 世纪世界重大环境灾害事件之一。作为煤烟型大气污染事件的典型案例，其出现在多部环境科学教科书当中。

1973 年英国加入欧共体，在最初的十多年里，英国一直对环境管控和污染治理方面怀有强烈的"优越感"，因而与欧洲大陆保持疏离，实际上就以英国的空气污染防治进程来看，这种优越地位名副其实。英国是世界上第一个工业化国家，在享受工业革命带来经济繁荣的同时，也遭受它所带来的苦果——严重的环境污染问题，其中空气污染在工业革命的"催化"下变得尤为严重。工业革命以来，蒸汽机的发明使用及城市人口的急剧增长使英国煤炭的消费量大大增加，从 1830 年至 1913 年上升三倍之多。伴随经济飞速发展的却是频繁出现的烟雾，严重影响人们的工作和生活，甚至造成严重的烟雾"杀人"事件，1873 年、1879 年、1880 年和 1892 年的冬季均出现大规模烟雾，死亡人数从几百增至上千人。巨大的烟雾损害及有志之士的倡议"迫使"政府不得不颁布相关减少烟尘的法律，进行空气污染治理。

19 世纪中后期以法律手段进行污染管控以来，英国取得不少成就：1863 年《制碱法》的颁布标志着英国创立了世界上第一个全国性的环境管控机构——中央碱巡查局；1956 年《清洁空气法》是世界上第一部较为全面的清洁空气立法；1970 年英国建立了世界上第一个环境部。20 世纪七八十年代，英国人终于摆脱了烟雾的侵害，工业部沃伦泉实验室对约一千一百五十个市镇监测点和一百五十个乡村监测点进行调查发现，与 1860 年相比，1973~1974 年英国的烟雾平均浓度下降三分之二。

在空气污染治理进程中，英国还形成本国独特的灵活、温和与渐进的污染治理风格，这在"最佳可行性方法"中体现得淋漓尽致。"最佳可行性方法"主要被中央碱巡查局用于管控制碱业排放的盐酸，该方法需要碱巡查员在考虑工厂减排成本和设备技术的基础上，与工厂协商制定排放标准。碱巡查员认为以此制定的标准是双方赞同的结

果，制造商愿意遵守且有能力遵守，当工厂的设备技术更新时，再协商制定新的排放标准，好比一道"弹性的紧箍咒"，逐步减少污染排放。

事实上英国很少制定严格、统一的污染物排放标准，对于英国而言最重要的是，如何在不过分损害工业利益的同时又减少污染，使污染不会成为一种公害，兼顾经济发展与环境治理才是英国形成独特风格的根源。以此来看，英国无论是在环境法律制定还是环境机构组建方面都走在世界前列，空气质量也大幅度提升，取得不少喜人的成就。对于近一个多世纪形成的环境政策和管控风格，英国表示非常自信，认为本国的环境管控是通过长期试验并且符合常识的，这种卓越的管控体系应该在欧共体得以普及。

**（二）欧共体对环境管控的标准化发展**

20世纪70年代起，欧共体的关注"焦点"逐渐从政治、经济、外交扩大到环境领域，意图建立统一的环境管控标准，营造成员国之间的自由贸易的良好"氛围"。与英国畅想相反的是，欧共体不仅未采用其独特的环境管控体系，反而制定与英国截然不同的环境政策，这主要源于欧共体最初组建的目的和作用。欧洲国家最初建立区域内跨国合作组织是为了在第二次世界大战后美苏争霸中增加欧洲话语权，1951年法、德、意、比、荷、卢六国签订《建立欧洲煤钢共同体条约》，随后1965年《布鲁塞尔条约》的签订正式组建欧共体。欧共体旨在减少各成员国之间的贸易壁垒，促进区域内国家政治、经济、外交等方面的协调，推动共同发展，很少涉及污染治理和环境管控等方面。1957年建立欧洲经济共同体与欧洲原子能共同体的法定条文《罗马条约》中没有包含具体的环境治理条款，仅有一些间接减少污染的指令，也是为了确保工业制造产生的污染不会影响各成员国之间公平竞争与自由贸易。到了20世纪70年代，欧共体转变以往对环境"忽视"的态度，开始举办环境保护会议并制定具体的环境政策。为了提高环境意识，鼓励"所有欧洲人关心和享受高质量的环境"，欧洲委员会于1970年在斯特拉斯堡召开欧洲保护会议，来自二十多个国家的350名官员、商业领袖、专业机构的代表参与会议，为欧洲环境保护拉开了序幕。

1973年英国加入欧共体，同年欧共体发布第一次环境行动计划，宣称"个别国家的环境政策不能再单独规划或实施，国家环境政策应在共同体内协调"，"协调"意味着建立统一的排放标准，强调污染治理过程和监管程序的标准化，以此确保环境污染不会成为各成员之间自由贸易和公平竞争的障碍。随着1981年欧洲委员会环境总局的成立，欧共体正式拥有了独立处理环境事务的部门，有效推动了环境立法以及环境指令的执行。此外，面对成员国声称环境指令没有法定性，欧洲委员会于1986年通过《单一欧洲法》将"环境"命题纳入欧共体统一政策范围："环境保护必须成为欧共体的其他政策的一个组成部分。"法定基础条约为欧共体的环境政策奠定框架并确立方向，而环境政策实施则一般是通过欧共体发布的具体环境指令，各个成员国需要将指令转化为国内相应立法以达到欧共体的环境目标。实际上欧共体的环境指令在英国转化的过程并不顺利，甚至会产生冲突。

### （三）英欧之间空气污染治理政策冲突的具体表现

早在英国加入欧共体之前，双方就曾因"跨国酸雨"问题有所摩擦。一直以来，"高空烟囱政策"是碱巡查局与地方当局管控空气污染的重要手段，管控者往往通过规定烟囱高度稀释污染物来降低地面污染浓度，该方法所遵循的"没有有害物质，只有有害的浓度"的原则，其实是英国环境政策与管控风格的典型表现。在英国环境管控者看来，考虑经济成本与现有技术的污染治理虽然较为缓慢，但也会渐进地达到治污目标，采取强制统一的环境标准反而会引起制造商的反抗，不利于污染治理。英国国内的空气污染浓度随着烟囱变高逐渐降低，却并不意味着污染物"消失"，被释放到高空的污染物尤其是二氧化硫通过盛行风飘到斯堪的纳维亚半岛，严重危害当地环境。1972 年联合国人类环境会议在斯德哥尔摩举行，会议探讨了瑞典、挪威等国的酸雨问题，并对"贡献"大部分二氧化硫的英国进行谴责。

1973 年英国加入欧共体之后，双方关于空气污染治理的冲突不断增加，英国强烈反对欧共体的环境政策，不仅出于对本国污染管控的满意，更是因为建立标准化、统一化的环境指标会使治污成本过高，与英国坚持的低成本有效治污理念严重不符。因此，面对欧共体制定统一空气质量标准，英国皇家环境污染委员会提出疑问，委员会认为空气质量标准被用于指出"在何种污染浓度下会检测到污染对动植物和人类健康产生危害，是不具备法律或行政效力的"，仅仅为污染浓度与造成损害之间的关系提供依据，对此委员会建议使用空气质量"目标"代替空气质量"标准"。空气质量目标基于污染对人们健康危害程度的评估结果来规定空气污染浓度的界限范围，在范围内的低风险污染是可以接受的，不会严重危害公众健康的同时也可减少制造商对污染管控的"敌对情绪"。可以说英国的空气质量目标类似于空气质量指南，预设了一个清新空气的前景，而欧共体的空气质量标准则是一个必须严格执行的数值指标。由此观之，欧共体制定的统一、严格的空气质量标准在英国看来不应该具有法律效力，并且空气质量标准是一个单一的数据，缺少灵活性，故此英国认为可以用更具弹性的空气质量目标代替之，以一个较为宽松的范围规定空气质量。空气质量标准和空气质量目标清晰呈现了欧共体与英国环境政策的风格和特点，与欧共体统一、严格的环境标准相比，英国更倾向渐进、灵活的管控方式，在不同环境政策的导向下冲突难以避免。此外，欧共体环境指令需要内化为成员国立法，这一过程在英国就出现不少问题。

1976 年欧共体发布"燃油指令"要求成员国使用低硫燃油，并规定二氧化硫浓度与排放量，但该指令无视了英国国情，欧洲大陆国家的发电厂主要供能是燃油，使用低硫燃油可以降低二氧化硫排放，然而英国超过 60%的发电厂使用煤炭，即使英国使用低硫燃油也无法达到欧共体燃油指令规定的目标，因此燃油指令在英国缺乏可执行性。随后欧共体于 1984 年发布"空气框架指令"，旨在协调各成员国主要工厂的管控措施，指令采纳了德国热衷的"最佳可行技术"的方法，但英国却担心该方法忽视运行成本，而指令所规定的允许部长理事会制定排放限制更是挑战了英国碱巡查员的自由裁量权。

英国与欧共体关于空气污染治理的冲突，源于两者截然不同的环境政策和管控风格，与欧洲大陆实行统一、严格的排放标准相比，英国更倾向本国灵活、温和、渐进的管控方式。因此，面对欧共体公布的统一排放标准和空气指令，英国表现出反对和疏离的态度，认为欧共体的做法没有考虑成员国具体的国情，难以在英国执行。

## 二、孤立：英国环境地位跌落与"欧洲污染者"形象

20 世纪七八十年代，欧共体顺应国际环境保护形势的发展，加大对环境事务的关注与投入，整个欧洲大陆呈现出一种积极向上的环保态势。在此反衬下，英国所坚持的灵活、温和与渐进的管控风格被看作一种环保"滞后"的表现，甚至从污染治理世界领先的地位跌落为"欧洲污染者"。如此巨大反差的背后，除了英国与欧共体相异的环境政策和管控风格外，地理位置、政府管理模式和法律体系等也是重要的影响因素，英国在环境领域被欧洲国家孤立，更是一种政治关系的表现。

### （一）欧洲环境保护形势的发展

进入 20 世纪，不少发达国家遭受严重的空气污染问题，如 1930 年比利时的马斯河谷烟雾事件、1949 年美国洛杉矶烟雾事件、1952 年英国伦敦烟雾事件……空气污染逐渐成为一种公害。各国纷纷进入空气污染防治立法兴盛时期，国际环境保护形势良好，1972 年联合国在瑞典首都斯德哥尔摩第一次召开了以"环境保护"为议题的国际会议，共有 113 个国家的代表参会，并发表著名的《联合国人类环境会议宣言》，为环境保护打开新局面。

同时，欧共体的环境保护行动也积极展开，1972 年欧共体政府首脑在巴黎峰会上首次提出在欧共体内部建立"共同环境保护政策的框架"，并制定环境保护行动规划。1973 年欧共体环境理事会通过《欧共体第一个环境行动规划》（1973~1976 年），其中一条内容是"在涉及环境保护的国际组织中采取共同行动"，在这里欧共体明确各成员国在环境行动保持一致的目标。随后，1977 年发布的《欧共体第二个环境行动规划》（1977~1981 年）扩展了第一个规划的内容。1983 年通过的《欧共体第三个环境行动规划》（1982~1986 年）首次提出"综合污染控制"的概念，要求各成员国建立整体控污体系，防治污染转移。在 1987 年通过的《欧共体第四个环境行动规划》（1987~1992 年）中，欧共体提出需要建立更严格的环境标准，这也是为了缓解公众压力，"增加欧洲工业的竞争力"。到了 1993 年，《欧共体第五个环境行动规划》（1993~2000 年）被正式批准，该规划的全称为《欧洲共同体有关走向可持续性的环境和可持续发展的政策和行动的规划》，可以看到这是一份"更加深刻和有效"的环境政策指南。除此之外，欧洲大陆国家也逐渐加强污染治理和环境管控，瑞典分别在 1972 年、1976 年颁布《关于汽车排气的皇家条例》和《有关燃料油中硫含量的法律和法令》。联邦德国也于 1974 年颁布《联邦污染控制法》，并根据此法制定一系列条例和规定。法国在 1976 年颁布的《大自然保护法》要求各工程项目实施之前需要进行环境影响评价，同年还修订了《环境保护分类工厂法》，进一步完善环境管控立法。

### （二）英国"欧洲污染者"的形象

20 世纪 80 年代，英国被称为"欧洲污染者"，学者菲利普·洛和斯蒂芬·沃德对英国的"污染者"形象做出进一步阐述：与欧洲环保形势上升相反的是，英国依然坚持本国灵活、温和与渐进的污染治理和环境管控风格，坚持捍卫"较为松懈"的排放标准，然而空气中硫酸、亚硝酸盐等污染物排放量的增加，以及河流水质的不断降低，挑战了英国所主张的渐进管控风格。此外，英国的环境主张阻碍欧洲采取严格的环境立法，尤其是斯堪的纳维亚半岛的酸雨，这一跨国污染的源头——英国遭到了欧洲国家的谴责，因此被称为"欧洲污染者"。这里所说的"欧洲污染者"指的并不是一种真实的污染程度，而是有更复杂的内涵，除了是对英国造成斯堪的纳维亚半岛酸雨的控诉，也是对英国所坚持独特管控风格的诘问，同时也是对英国加入欧共体后在环境政策上与欧洲大陆疏离的谴责。实际上，英国对不造成公害的污染物采取容忍态度是一贯作风，在空气污染治理中亦是如此，1863 年《制碱法》关于"制碱厂盐酸排放量降低 95%"的条例中就已经表现出渐进的特点，法律并没有直接禁止盐酸的排放，而是"容忍"了一定程度污染。中央碱巡查局所坚持的"最佳可行性"方法也是通过与工厂企业的不断协商，逐渐调整排放标准。环境部甚至表示当工厂尽最大努力采取减排措施时，合理范围内的空气质量是可以接受的。

英国坚信对污染治理采取渐进的方式，才能在不损害工厂企业利益的情况下获得一定清洁成效，若是直接采取严格的标准反而会造成运营商的敌对，影响社会经济发展。从空气污染防治进程来看，这种渐进、灵活的治理方式的确有效，使伦敦成功摘掉了"雾都"的帽子，然而英国渐进的治理风格及容忍一定程度污染物的做法，却在欧共体严格统一的环境标准面前显得"滞后"和"反环境"。除了污染治理的管控风格被人诟病外，加入欧共体后最初十多年英国所展现的疏离态度也受到争议，英国很少执行欧共体发布的环境指令，对欧共体环境理事会制定的前四个环境行动规划也并没有太多重视，在其他欧共体成员看来，英国坚持"独特性"的做法阻碍了欧洲环境领域的一体化。此外，英国参加国际环境活动也不积极，1985 年联合国欧洲经济委员会在芬兰召开关于远程越界大气污染公约的执行机构第三次会议，来自欧洲和美洲的 31 个国家参会，共有 19 个国家签订了一项减少二氧化硫排放量的议定书，英国虽然参会但却没有签署。

总的来看，英国对污染物的容忍风格、对欧共体环境行动的漠视、对国际环境活动的懈怠，引起了欧洲国家的不满和质疑，故而借以"欧洲污染者"斥责英国的管控风格和环境政策。

### （三）英国的孤立处境

一个有趣的现象是，英国"疏离"欧洲大陆逐渐转变为欧洲"孤立"英国，这种转变暗含了英国环境地位的跌落，被称为"欧洲污染者"的英国遭到欧洲国家的谴责与孤立。除了环境政策外，地理位置、政府管理模式和法律体系等因素也加深了英国的孤立处境，同时这种孤立处境也是英国与欧共体之间政治关系的体现。

英欧之间面临地理位置的差异，在英国人看来，他们处于一个独立的岛屿，不需要与欧洲大陆国家分享空气和水源，故而英国即使加入欧共体，也保持了一定的"独特"性。此外，两者的政府管理模式与法律体系也大有不同，学者杰里米·J. 理查森指出英国政府的管理风格是非正式的、渐进的，重视协商与谈判，反对强制和对抗，这种模式极大地影响了英国的环境政策，碱巡查员进行污染管控时可以将"行政自由裁量权凌驾于司法解释之上"，拥有极大的酌情处理权。同样，英国以普通法为基础的法律体系也强调渐进性与缓慢性，通过判例的积累与调整逐步发展，如在"最佳可行性方法"被1956 年《清洁空气法》正式界定前已经在多部法律中出现并使用了；与之相反，欧共体法律遵循罗马法模式，通过具体条例与连续法令"从上而下"进行构建，强调严格性和统一性。值得注意的是，英国在环境领域被欧洲大陆"孤立"也受到两者之间政治关系的影响。英国最初加入欧共体是出于一定的现实考量，英镑体系的羸弱、英帝国的崩溃、世界力量格局的改变……国内外形势迫使英国放弃"光辉孤立"政策，加入欧洲。作为共同体成员，英国虽然在经济和政治上获得一定好处，但这不足以抵消英国所坚持的利益特殊性，对于英国来说，超国家的欧洲一体化没有政治吸引力，甚至与本国的利益冲突，英国不甘心处于"二流"国家的地位，希冀找回过去世界霸主的荣耀。此外，在预算制度和共同农业政策上，英国与欧共体都存在矛盾，而英国所表现出来的"民族主义情绪和讨价还价的态度"，也招致其他欧共体成员的不满。

总的来说，自1973 年英国加入欧共体，到20 世纪80 年代中期，英欧之间一直处于"若即若离"的状态，对于英国所表现出的冷漠与疏离，欧洲大陆以对其孤立作为"反馈"。

## 三、融合：被孤立的"污染者"转向欧洲化

20 世纪80 年代末，英国在环境领域逐渐表现出更"积极"的态度，采取相对严格的控污措施，吸纳公众进入环境管理中，建立综合污染管控系统……以此来试图摆脱"欧洲污染者"的形象。英国这一"欧洲化"的改变，受到国内污染源转变、公众环保意识觉醒、欧洲首个绿党组建及国外欧洲一体化趋势加强的多重影响。此后，英国真正能感受到，之前作为英国外交政策的欧洲事务逐渐影响英国国内政策的制定，甚至在环境领域成为英国环境政策和法律制定的"风向标"。

### （一）英国空气污染治理政策转变的促进因素

如果说"欧洲污染者"的形象及环境孤立处境是欧洲大陆对英国的诘问，为英国环境政策转变埋下伏笔，那么英国国内新污染源出现、公众环保意识觉醒、绿党组建及国外欧洲一体化趋势加强等诸多因素，成为英国环境政策"欧洲化"的重要推力。英国击退烟雾侵害之后，又遇到了更难治理的现代混合污染，大型工厂和机动车辆排放的二氧化硫、一氧化碳、氮氧化物等污染成为新时期的空气污染源，然而英国现有的清洁空气立法大都以单一污染物为管控内容，无法解决复合型污染难题。

新出现的空气污染问题引起了公众的关注，希冀英国转变旧的治理方式，吸纳符合新时代的治理观念。同时，英国公众的环保意识也逐渐觉醒，公众对环境问题的兴趣高涨，冲击了英国空气污染治理进程中一贯执行的环境信息保密工作，皇家环境污染委员

会多次发布报告强调公众对环境信息获取的必要性。1972 年斯德哥尔摩召开的第一次联合国人类环境会议也声明人们有责任保护和改善环境。对此，英国需要改变固有的环境信息保密工作，创建公众获得环境信息和参与环境事务管理的渠道。这一时期，对环境充满担忧的英国人还于 1973 年组建欧洲第一个绿党（最初名为"人民党"，1985 年改为"绿党"），为致力于环境保护和生态建设的有志之士提供阵地，与环境运动团体互动，向执政党的环境政策进行质疑和反对，不断提升环境议题在英国的地位。此外，国外形势与英欧关系也发生改变，20 世纪 80 年代，欧洲一体化势头重新兴起，"特别是联邦主义的复活，给英国带来了很大压力"。1984 年在枫丹白露欧洲理事会上，英国与欧共体的"预算摊款"问题终于解决，为两者之间营造了更良好的合作氛围。撒切尔政府对欧共体事务表现出更加积极的态度，也意味着英国与欧共体关系缓和，逐渐走向新的道路。1986 年欧共体欧首脑会议在卢森堡召开，会议签订《单一欧洲文件》，加强成员国在经济、外交、环境等领域的协同合作，标志着 70 年代停滞不前的欧洲一体化于 80 年代中期开始复兴。

1990 年，约翰·梅杰接替撒切尔成为英国首相，在与欧共体的关系上，梅杰怀有对英国成为"欧洲核心"的渴望，1991 年在荷兰举行的欧共体首脑会议上签订《马斯特里赫特条约》（《欧洲联盟条约》），意味着欧洲一体化进入一个新阶段。从 80 年代中期至 90 年代，英国与欧共体（欧盟）的关系从孤立到缓和再到融合，与之相应的是英国的环境政策也逐渐转变，趋向欧洲化。

### （二）英国空气污染治理政策的欧洲化

面对欧洲一体化趋势的加强、公众环保意识的觉醒及新时期空气污染治理的"困局"，英国决心重新获得在国际环境外交中的领导地位，环境政策逐渐呈现"欧洲化"的特点。1988 年玛格丽特·撒切尔发表了关于大气污染危害的"绿色演讲"，专门强调环境方面的巨大挑战，环境部也在 80 年代不断试图提高环境政策的"知名度"，意味着英国将改变传统做法，主张采取更积极的环境政策。将公众纳入环境事务管理是英国环境政策巨大转变的标志之一，20 世纪 70 年代英国各界还在对环境信息保密或公开进行激烈争论，到了 80 年代已经在欧共体"环境影响评估指令"（85/337/EEC）下颁布 1988 年《城市和乡村规划（环境影响评估）条例》，赋予公众获取环境信息和参与评估的权利。

为了摆脱"欧洲污染者"的形象，减少因二氧化硫造成的跨国冲突，英国改变对污染物"容忍"的态度和相对松懈的管控手段，规定工厂企业的燃煤设备需要使用脱硫技术，并响应 1988 年欧共体发布的大型燃烧装置指令，承诺"以 1980 年二氧化硫的排放量为基准，分别在 1993 年、1998 年和 2003 年之前将排放量减少 20%、40% 和 60%"。除了实行更加严格的排放标准外，英国的环境管控也逐渐呈现欧洲化的特点，根据杰里米·J. 理查森的观点，英国环境政策如同政府统治风格一样，是渐进的、协商的、非正式的，这种反应式的行事风格无法应对激进的变化，同样也不利于预期目标的判断。

为了弥补固有模式的缺陷，英国积极地将欧盟发布的相关指令转化为国内环境政策，1990 年颁布的《环境保护法》正式建立了综合污染控制系统，英国首次对污染进行综合管控其实是对欧洲委员会"空中框架指令"（84/360/EEC）和"综合污染防治指令"（96/61/EC）的采纳与应用。在执行该系统时，中央女王陛下污染巡查局主张减少个人巡检员的"裁量权"，利用更正式的排放标准对工业污染进行综合管控。此外，英国现代化空气污染管控机制——空气质量管理框架的建立也受到欧盟的指导，20世纪90年代末，欧盟委员会发布了"环境空气质量评估和管理指令"（96/62/EC），以协调成员国空气质量测量程序。根据此指令，英国制定了国家空气质量战略，对二氧化硫、二氧化氮、铅、臭氧等污染物排放进行管控。

综合污染控制系统与空气质量管理框架中所蕴含的整体性和预防性原则，将环境管控范围从已知污染扩大到潜在风险，为英国环境管控和生态保护提供了现代化治理理念和手段。这一时期英国国内保守党发起的政治经济改革也为英国环境政策的欧洲化提供了经济基础，1979年玛格丽特·撒切尔上台后大幅削减公共服务开支，将中央政府的不少职能外包给市场，"公共事业的私有化为英国制定符合欧洲空气指令的政策提供资金"，在一定程度上减少了对空气污染实行严格排放标准的阻碍。

## 四、英国空气污染治理政策欧洲化的实际成效

英国空气污染治理政策的欧洲化取得一定成效：以更加严格、统一的污染物排放标准代替经验管控，减少个人"裁量权"，改变对污染物"容忍"的态度和相对松懈的管控方式；采用更加现代化的治理理念和管控手段，通过综合污染治理系统和空气质量管理框架来构建英国整体性、预防性和可持续性的环境治理与保护机制；强调更加多元的环境决策模式，提高公众参与度和政策透明度。

总的来看，英国以更积极的态度、更严格的措施来进行空气污染治理和环境管控，尤其是对造成跨国污染的"酸雨"问题更加重视，并取得减排成果。首先，英国改变了以往对二氧化硫"松懈"的管控态度，正视了酸雨问题。1985年"由七名保守党成员、三名工党成员和一名自由党成员组成的特别委员会"对英国国内和国外（联邦和斯堪的纳维亚半岛）的酸雨进行调查，指出应"毫不拖延地采取行动，打击酸雨的影响"，委员会提出的21项建议中已经有19项被政府采纳并执行。

其次，英国政府授权"中央发电局安装烟气脱硫设备"，以新技术减少二氧化硫排放。1988年英国同意并执行欧共体大型燃烧厂指令，为减少二氧化硫的排放量制定阶段性目标。1990年英国政府发布的环境白皮书——《共同继承》明确提出对酸雨的管控政策。面对酸雨问题，英国政府采取减排措施、颁布相关政策、响应欧共体环境指令……积极的管控态度与严格的减排措施成为二氧化硫排放量减少的重要保障。1991年英国的二氧化硫排放量"与1970年相比下降了近40%，与1980年相比下降了24%"，初步达到了欧共体大型燃烧厂指令所规定的1993年之前二氧化硫排放量比1980年减少20%的目标。1995年环境部表示，在全球范围内进行比较，英国的空气质量总体处于良好态势。20世纪80年代中后期至90年代，英国无论是在环境管控态度和减排措施上，还是在空气质量的监测结果上，都与"欧洲污染者"时期大有不同，实际上在很大程度上改变了以往的"污染者"形象。

## 第三节　中国空气污染治理现状与挑战

### 一、跨区域空气污染治理困境

中国行政机构管理职能缺乏法律支撑，更由于环境管理机构设置重叠与缺位并存，造成经济性管制越位和社会性管制缺位并存，是中国环境恶化的制度根源；中国污染治理总量控制实施技术约束和面源污染治理政策缺失，是造成水环境退化的物理根源。中国环境管理体制改革必须按照统一效能的原则，确保决策权、执行权、监督权既相互制约又相互协调，通过"职能整合"和"机构重组"，破解中国环境管理经济性管制越位和社会性管制缺位困局。

首先，环境管理机构职能和运行机制的整合，必须考虑生态系统完整性的要求。中国生态文明建设战略要求环境管理体制必须从水、土、气资源分散管理，向统一管理转变。基于生态系统一体要求，对原有的各级环保行政主管部门的相关职能进行整合，加强水土资源的综合治理和保护，将地区环境综合监测、评价及相应的环境管理监督职能交由垂直管理的环境监管机构负责。其次，机构设置必须与环境保护战略相协调。水、土、气的分裂管理，导致生态系统整体性、相互关联性和服务功能多样性的割裂。随着中国环境管理战略目标从总量控制的末端污染治理，向质量改善和风险控制模式的转变，必须实现环境管理政策水、土、气分散治理向综合治理模式转变。再次，中国环境管理体制改革必须考虑政治上的可行性，必须与管制机构设置相协调。因为制度是法律、政策和管理机构交互作用的结果。环境管理体制改革是渐进的改革过程，必须与法律法规制度安排、组织机构设置和环境政策协调互动。最后，中国水环境政策设计必须与环境管理体制改革协调发展，完善社会管理职能和创新公众参与渠道，通过环境管理顶层制度设计，创新社会公众的环境保护参与渠道，发挥环境管理公众监督效能，这是中国环境管理转型路径和政策创新的内在要求，也是中国生态文明制度体系建设的根本所在。

自 1974 年 10 月《国务院环境保护机构及有关部门的环境保护职责范围和工作要点》问世，中国环境管理立法有了长足发展，其标志是 1979 年《中华人民共和国环境保护法（试行）》的颁布试行，其规定"国务院和所属各部门、地方各级人民政府必须切实做好环境保护工作"，并建立了环境评价和环境保护"三同时"制度。1989 年《环境保护法》（修订）第七条把政府的管理职责聚焦到监督管理。2014 年《环境保护法》（修订草案）是中国第一部环保法实施 25 年来的第一次重大修改，该法增加了关于划定生态保护红线的规定，扩大了环境公益诉讼的主体范围，加大了对环境违法行为的处罚力度，对大气污染特别是雾霾治理和应对做出了更有针对性的规定。

中国目前是全球最大的能源消费国。一方面，能源为经济的发展和生活水平的提升提供了重要的物质基础；另一方面，能源消费带来的污染物和碳排放，是造成环境污染、生态退化及气候变化等问题的重要原因。由于能源在经济系统中具有基础性的地位，且能源的生产与消费又与国民经济的生产和生活活动广泛且紧密地联系在一起，能源政策的制定往往牵一发而动全身。1978 年末改革开放以来，我国经济和社会发展迅速，GDP 长期保持着高增长率，并且在经济、科技、基础设施建设等各领域都取得巨大进步，但是经济增长的代价之一是资源大量浪费和环境遭到严重破坏，特别是近年来愈演愈烈的空气质量问题成为我国各界首要关注的问题。

随着国民经济的持续增长，加之中国高投入、高污染的经济增长方式，一系列由不科学发展导致的环境问题日益突显；日益严重的环境污染和空气污染，导致公众生活受到一定程度影响：机场航班大量延误、高速公路紧急封闭、交通事故发生率上升、呼吸道疾病患者数量攀升。中国的空气污染问题十分严重，很多城市的污染物浓度长期处于超标状态，尤其是一部分城市的大气污染物浓度已经远远超过了国际最低标准。近年来，中国各地持续出现的严重雾霾天气，引发民众对空气质量问题的担忧，也让一个专业性很强的词汇——$PM_{2.5}$ 进入公众的视野。$PM_{2.5}$ 是目前我国大气污染中最重要的污染物之一。这种对人体健康危害极大的 $PM_{2.5}$，事实上已在中国大城市存在了长达二十多年，却在很长一段时间未被纳入国家空气质量评价体系。$PM_{2.5}$ 引发的风暴将一系列严峻的问题摆在了人们面前：中国已经成为世界上空气污染最为严重的地区之一。同时，由于经济和城市空前快速发展，各种代际的污染问题在短时间内相互叠加。中国已经进入"区域复合型"大气污染时代（黄晗，2015）。

根据 2019 年《中国生态环境状况公报》，2019 年全国 337 个地级以上城市中，157 个城市环境治理达标，占全部城市数的 46.6%；180 个环境空气质量超标，占53.4%。以 $PM_{2.5}$、$O_3$、$PM_{10}$、$NO_2$ 和 CO 为首要污染物的超标天数分别占总超标天数的 45.0%、41.7%、12.8%、0.7%和不足 0.1%，未出现以 $SO_2$ 为首要污染物的超标天气。337 个城市累计发生严重污染 452 天，比 2018 年减少 183 天；重度污染 1 666 天，比 2018 年增加 88 天。以 $PM_{2.5}$、$PM_{10}$ 和 $O_3$ 为首要污染物的天数分别占重度及以上污染天数的 78.8%、19.8%和 2.0%，未出现 $SO_2$、$NO_2$ 和 CO 为首要污染物的重度及以上污染。

我国虽然一直加强环保建设，对空气污染的治理也越来越重视，但是污染治理的成效甚微，大气污染问题依旧严峻。随着生活质量提高，在人们的物质生活得到极大改善之后，对空气质量的要求也更加迫切，切实改善空气环境质量是人们重点关注的问题。中国大气污染的成因，包括以下几个方面：第一，自然因素的影响。大气污染呈现出冬季重污染的问题，我国大气污染日益严重。2010 年以来，冬季的气象条件加剧了雾霾的形成，包括欧洲、美洲的一些早已基本解决空气重污染的国家也与我国一样，接连发生较大范围、较高强度的雾霾重度污染事件。特别是 2016 年秋冬，受到之前强厄尔尼诺现象的影响，气象条件变得更加不稳定，尤其是我国北方的部分地区近年来冬季温度偏高，冷空气强度偏低，风速减弱，既加速了 $PM_{2.5}$ 的生成，又不利于大气污染物的扩散。除不利的气象条件干扰以外，我国某些特殊的地形也会对空气质量造成影响，如我国三面环山的京津冀地区及四川盆地等，城市周边山脉等高于城市海拔高度的障碍物阻挡，大气污染物难以快速扩散，间接导致雾霾现象的形成和加剧。第二，工业生产排放。工业排放的烟粉尘的成分是二氧化硫、氮氧化物，是 $PM_{2.5}$ 的主要来源，大量企业的加工生产无形中带来更多的烟粉尘，在缺乏强有力的体制监管下，这些有毒气体、颗粒在未经过任何净化措施下被不断排放到空气中，造成大气质量恶化。第三，汽车尾气排放。汽车尾气排放是污染物排放总量的重要贡献者。我国机动车保有量持续多年增长。机动车燃料所含有的各种杂质及添加剂等，经过不完全燃烧之后，会产生大量对大气和人类健康有危害的物质。另外，在机动车排放的尾气中也含有大量化学物质，包括碳氮化合物、碳氧化合物等气体及黑炭、焦油等颗粒物，这些污染物在强烈的紫外线照射下，便会通过化学作用产生二次污染物。庞大的机动车使用量致使污染物排放量逐年攀升，机动车污染已经成为许多大中城市细颗粒物的主要来源。第四，秸秆焚烧。随着生活水平的提高，多数农户已经基本不需要用秸秆当柴烧，再加上农业科技的发展水平有限，如今并无合理的方式帮助农民处理剩余秸秆，其他处理方式的成本过高，且无法带来较高的转化率，令秸秆的经济价值得不到充分体现。考虑到秸秆焚烧产生的草木灰的确是一种肥料，许多农民便干脆"一烧了之"。这也是前几年我国城市空气质量下降的一个十分重要的原因，整个城市由于周边农村的大量秸秆焚烧点屡禁不止，空气中时长弥漫着一股焚烧产生的难闻气味，严重威胁到公众的健康。第五，煤炭燃烧。在能源消费方面，我国不断增长的能源消耗和对于化石燃料的过度依赖，导致污染排放量迅速增加。中国燃烧的煤炭占全世界用量的一半，燃煤主要用于发电，其余煤炭消费基本用于供暖和工业制造。每当北方城市进入供暖季节，雾霾的发生频率便会增加，有鲜明的季节特征。长期以来能源消费结构的不合理性也是空气污染问题一直难以解决的主要原因之一。第六，城市化发展的负面效应。城市的发展与扩张，聚集了更多的人群和车流量，交通拥堵情况使机动车油耗和污染物排放增加，以及在城市快速成长的状态下，由于道路、桥梁、房屋建筑的大量建设与改造均会带动工程材料的使用和运输，在此过程中会产生大量扬尘，其主要成分 $PM_{10}$ 是导致雾霾天气的重要因素之一。另外，城市中的建筑物随着城市人口密度的增长，出于节约生产成本的考虑，其高度与密度也越来越高，高耸且密集的建筑物阻碍城市中空气的流通。

　　从自然因素上讲，由于大气环流、大气化学的作用，空气污染会呈现出较强的空间传输性；从经济、社会因素方面讲，由于区域经济连片发展、污染产业转移及产业集聚等多种因素的影响，空气污染状况在地理分布上呈现出一定的空间相关特征。因此，空气污染的治理问题不仅是单一省份的局部问题，更是区域性乃至全球性亟待解决的问题，涉及颗粒物在空气中的远途传输和化学循环。由此可见，空气污染治理，必须重视大气污染具有的空间相关性特征。

　　大气污染范围与程度因受气候与天气影响，覆盖区域有一定的易变性和不确定性，是不受行政区域限制的污染情形，具有典型的跨区域特性。雾霾，是霾为主要成分的雾与霾的混合物。雾是由大量近地面空气中悬浮的液态小水滴或者冰晶凝华而形成的，霾是指大量悬浮在空气中的来源不明的烟、坐等微粒，其核心物质是有机碳氮化合物、硫酸、灰尘等细小粒子。雾与霾都会使大气变得浑浊，导致能见度降低。一般情况下，当早上或夜间的相对空气湿度较大时会形成雾，当白天温度较高、湿度较小时则形成的是霾。雾霾主要由氮氧化物、二氧化硫与颗粒物组成，它们与雾气融合，让空气变得灰暗浑浊。二氧化硫经过氧化成为硫酸雾或硫酸盐气溶胶，会导致环境的酸化。雾霾是在特定气候环境下，自然界与人类活动复合的产物。在高密度人口环境中，社会活动将释放大量的细颗粒，一旦细颗粒物浓度过高，就容易出现大范围的雾霾现象。雾霾是一种大气污染现象，我国许多地区将雾霾天气现象作为灾害预警预报，统称为"雾霾天气"。雾霾的防治需要我们改变以往的思路，打破行政区域的空间壁垒，突破行政责任的制度阻碍，寻求更科学合理的方式方法。《大气污染防治行动计划》指出，"要坚持政府统领、企业实治、市场驱动和公众共同参与"的全新的大气污染防治机制，这也为未来的雾霾治理模式指明了改革方向。

20 世纪 70 年代，空气污染治理的主要对象是烟尘；到了 80 年代，中国大气污染防治进入以酸雨治理为核心的第二阶段，重点转移为对硫等污染物进行集中控制。从 20 世纪初开始，中国温室气体排放成为全世界聚焦的一个中心，温室气体的减排使得中国如何在能源消费方面采取节能措施、提高能源效率、调整工业结构成为新的问题。最近 10 年左右，中国大气污染的复合型特征日益增强，高浓度的一次污染和二次污染同时存在，城市灰霾天气不断增多。这种新的空气污染引发公众的强烈关注，特别是从近两三年起，二次污染、复合污染、区域污染等名词开始进入公众的视野，对政府和环境保护部门的环境绩效构成较大的社会压力。中国现今环境问题的一个重要体制性根源在于地方政府的发展主义特性。由于地方政府在推动中国经济发展过程中的重要作用，环境问题的产生和环境治理两者在空间尺度上具有较大不一致性。把空气污染的环境问题整合进地方政治面临着两个基本困境：首先，发展中的地方面临着更加紧迫的地方经济发展问题；其次，环境议题超出地方政府的关注范围，地方政府处理环境问题在空间和时间二个维度都是困难的。空间维度的困难是指，地方政府一般会认为环境问题超出了其管辖范围，应该交由全国性政府去完成；时间维度的困难是指，地方政府一般会认为处理环境问题超出其任期范围（黄晗，2015）。

中国近三十年快速的工业化和城市化使得多种空气污染问题在 30 年内集中出现。这些污染问题并不是国外上百年工业化和城市化过程中出现的污染问题的简单叠加，而是一种更加复杂的污染状况。因此，中国目前的空气污染呈现出"复合型"和"区域性"两种特征：首先，在"复合型"特征方面，中国现今的空气污染是发达国家各个污染阶段的浓缩体，快速工业化和城市化发展使得一次污染和二次污染同时集中出现；其次，在"区域性"特征方面，关于空气污染这个议题到底更具有地方性特征还是更具区域型特征，空气污染在其源头上可能更多地来自固定点源污染，具有很强的地方性，但是空气污染物会随着气象条件而长距离传输，因而经常呈现出跨行政辖区界限的区域性特征。

然而，相较于复合型和区域型的污染形势，中国现行的大气污染控制策略和管理体制却暴露出严重的弊端。首先，现行的空气污染控制是一种量化控制。在现行官员考核制度和激励机制下，中央政府对地方政府考核一般采用，同时也被认为最便捷高效的办法就是量化考核，抽象的、难以测度的指标往往无法被采用。就空气污染而言，政府关注的始终是"排放量"而不是"空气质量"。也就是说，目前的空气污染控制和管理只是需要各级政府对现下有明确规定的某种污染物进行排放量的控制，完成其减排量，而这些污染物指标的选取并未见得能反映空气污染的真实状况，真正的空气质量问题在很大程度上是无人负责的。这种单一总量的考核机制很难用以应对复杂的污染现状，因此空气污染治理的实际效果非常有限。其次，中国的空气污染管理模式是行政辖区区隔的管理模式，以行政区划为基本单位进行考核和管理，各地之间难以进行真正的协调治理。空气污染监测数据表明，高速发展的城市化和区域经济一体化使得中国地区空气污染一体化现象日趋明显，各城市的大气污染正逐渐从局地污染向区域污染演变。近几年，虽然中国也出现了一些区域性大气污染的试验，如中国的四大城市在近几年的大型事件中，都不同程度地采取了"联防联控"，通过联合相邻城市采取共同措施控制城市的空气质量。但是，这种区域性空气污染治理目前还远远没能形成一种长效的机制。目前，面对空气污染的区域性特征，中国现有的制度架构和政府体制中还没有一种相对常态和成熟的制度安排以解决这一问题。

复合性的空气污染形态意味着以"指标"为核心的考核和激励机制将面临"失败"的局面。例如，PM$_{2.5}$这种二次污染指标无法用单一污染物排放量限定的方法来控制，如果说原来的污染治理尚可以"头痛医头脚痛医脚"，现在的情况则是连这一点都难以为继了。也就是说，首先，传统的通过指标、配额方式进行治理的方式已经越来越低效；其次，区域性的空气污染也意味着以行政辖区为区隔的治理体系在很大程度上将不得不被打破。空气污染是一种典型的生态风险。风险不仅是一种客观存在，更是一个社会和集体建构的过程。虽然风险必定部分地来自事实，但其更重要的部分在于大众通过社会的公共交流对风险进行阐释、界定和认知的过程，也正因为如此，空气污染为思考当今中国国家和社会之间的关系形态提供了很好的一个切入点。

## 二、中国空气污染治理的农村能源政策缺失

能源作为支撑社会经济发展的重要因素，农村能源是实现乡村振兴的重要基础。在美国、英国等发达国家，由于城市与农村能源使用情况差异不大，发达国家多使用农业能源这一概念。农村能源概念多见诸中国、印度及土耳其等城乡差异明显的发展中国家。农村能源特是指农村地区用于生产和生活的能源，属于能源建设与行业管理的范畴。农村能源既包括秸秆、薪柴、沼气、太阳能、风能和地热能等非商品能源，也包括煤炭、电力、石油及天然气等商品能源。随着国家或地区经济的快速发展，农村能源结构也发生了质和量的深刻变革。由于经济发展水平、能源禀赋的巨大差异，故不同国家对不同能源的依赖程度有所不同。此外，同一国家或地区在不同发展时期的能源消费也有所侧重。

中国是世界上人口最多的发展中国家。作为最大的发展中人口大国，中国 2000 年以来一直是全球能源需求增长的最大来源国（IEA，2016），并于 2009 年超过美国成为最大的能源消费国（Kuby et al.，2011）。在能源总量约束的条件下，城市能源往往是一个国家能源发展战略的核心，而农村能源往往游离于能源体系之外，中国城乡二元结构所导致的"能源城乡二元结构"不但严重制约农村地区的经济社会发展，而且会对国家能源安全产生威胁。随着经济的发展，由于收入水平的提高及农村商品能源的可获得性得到改善，农村人口会增加煤炭、石油等传统商品能源的消费，农村能源的有效利用

能显著降低二氧化碳等温室气体的排放。随着发展中国家的农村工业化与城镇化在深度和广度上不断拓展，农村能源消费快速增长，以煤炭为主的商品能源的比重不断加大。这种转变最为直接的影响就是以二氧化碳为代表的温室气体排放的显著增加。从本质上讲，农村能源问题的根源在于能源的城乡不平等（朱四海，2007），但商品能源消费量的增加不仅意味着对非商品能源的替代，而且是对能源缺乏情况下农村人口能源需求的满足，经济增长与能源消费之间存在指数相关关系。农村能源使用所造成的环境压力将进一步加剧国家能源安全挑战。

根据《国务院关于印发打赢蓝天保卫战三年行动计划的通知》（国发〔2018〕22号），"到2020年，二氧化硫、氮氧化物排放总量分别比2015年下降15%以上；PM$_{2.5}$未达标地级及以上城市浓度比2015年下降18%以上，地级及以上城市空气质量优良天数比率达到80%，重度及以上污染天数比率比2015年下降25%以上"。同时，"控制农业源氨排放。减少化肥农药使用量，增加有机肥使用量，实现化肥农药使用量负增长。提高化肥利用率，到2020年，京津冀及周边地区、长三角地区达到40%以上"。"新增天然气量优先用于城镇居民和大气污染严重地区的生活和冬季取暖散煤替代，重点支持京津冀及周边地区和汾渭平原，实现'增气减煤'"，加快农村"煤改电"电网升级改造。制订实施工作方案。电网企业要统筹推进输变电工程建设，满足居民采暖用电需求。鼓励推进蓄热式等电供暖。地方政府对"煤改电"配套电网工程建设应给予支持，统筹协调"煤改电""煤改气"建设用地。当前中国农村能源建设正处于机遇和挑战并存的阶段。一方面，党的十八大提出的关于生态文明建设和生态环境保护的新思想和新要求为农村能源建设指明发展道路和前进方向；另一方面，日益严峻的大气污染严重损害人民群众的身体健康，影响社会和谐发展，对农村能源建设提出更高的要求（田宜水，2013）。

根据我国相关农村能源发展相关政策及法律的系统梳理发现，中国标志性的法律法规体系建设属1998年的《节约能源法》和2006年颁布的《可再生能源法》。《节约能源法》第五十九条规定"县级以上各级人民政府应当按照因地制宜、多能互补、综合利用、讲求效益的原则，加强农业和农村节能工作，增加对农业和农村节能技术、节能产品推广应用的资金投入"。由于缺乏具体的操作规定，在实际中很难得到体现。《可再生能源法》第十八条规定"国家鼓励和支持农村地区的可再生能源开发利用"。《国民经济和社会发展第十二个五年规划纲要》提出"加强农村能源建设，继续加强水电新农村电气化县和小水电代燃料工程建设，实施新一轮农村电网升级改造工程，大力发展沼气、作物秸秆及林业废弃物利用等生物质能和风能、太阳能，加强省柴节煤炉灶炕改造"。《能源发展"十二五"规划》也提出"坚持统筹规划、因地制宜、多能互补、高效清洁的原则，以逐步推进城乡能源基本公共服务均等化为导向，以实施新一轮农村电网改造升级、建设绿色能源示范县、解决无电地区用电问题为重点，全面推进能源民生工程建设"等。

投资补贴方面，财政部、国家发展和改革委员会和农业农村部等相关部委先后下发《农村沼气项目建设资金管理办法》、《农村沼气服务体系建设方案》、《养殖小区和联户沼气工程建设方案》和《关于做好秸秆沼气集中供气工程试点项目建设的通知》

等，出台一系列沼气项目补贴、财政支持、税收优惠等政策；启动乡村服务网点和县级服务站建设项目，提高户用沼气和服务网点的中央投资补助标准，为农村沼气持续健康发展提供稳定的资金保障。财政部还下发了《秸秆能源化利用补助资金管理暂行办法》，国家发展和改革委员会发布《关于完善风力发电上网电价政策的通知》等，中央财政采取综合性补助方式，税收、补助等激励等，支持可再生能源企业。此外还规范了行业标准并努力建立良好的市场机制。

我国农村能源政策的上述变迁，是农村能源的从属地位和政策环境变化的结果。早期的能源短缺阶段，农村能源的相关政策是鼓励自力更生，初衷在于解决农村能源严重短缺问题，但问题还没完全解决就迎来了国家能源安全问题，在能源可持续发展战略的引领下，农村能源服务于国家能源，政策的重心转向可再生能源的开发和利用上。后由能源消费产生的温室气体引发的全球变暖问题使得农村能源被要求为国家减缓和适应气候变化做贡献，农村能源政策目标进一步多元化。此外，我国农村能源政策长期游离在国家能源的总体框架之外，受政府能源部门设置及煤炭、石化和电力等常规能源为主的制约，农村能源一直难以进入能源建设的"主旋律"，管理上也存在"多龙治水"，涉及发改委、农业部等多个政府部门。同时规划技术发展路线，推动我国可再生能源的发展，但也存在市场机制问题。

## 三、中国环境管制的监督惰性

中国环境管理面临着经济增长与环境保护的双重任务。政府作为公共利益的代表，实现公共利益最大化是政府管制的目标。市场本身的不完善为政府环境管制提供了借口，但管制作为市场力量的替代，并非总能够实现目标。国际经验表明，管制失效往往是政府管制目标和微观主体目标不一致的结果。中国环境管制面临法律法规不健全、管制机构分散、管制职能不清和管制主体不明等问题，导致转轨期间的经济性管制越位与社会性管制缺位并存。中国现行的统分结合的多部门、多层次执法管理体制，使得地方环保机构变成本地区行政机关的附属物，管制者的行为并不必然与既定管制目标相一致。尽管政府投入大量人力、物力，但历届环保风暴都以实效甚微而告终。

环境问题的背后无不隐藏着经济利益冲突，中国环境管制政策的制定与实施面临一系列复杂的委托代理关系。在中国转型经济大背景下，面对自然的不确定性和不完备的监督技术，资源所有者、监督人和企业管理者三方面临复杂的委托代理关系。根据《中华人民共和国国民经济和社会发展"九五"计划和 2010 年远景目标纲要》，在中国环境管理过程中，包括四个行为主体：国家、监督人、企业管理者和公众。公众出于对自身健康与安全的考虑，理所当然地关心环境保护。《中华人民共和国环境影响评价法》（2002 年）明确指出，"国家鼓励有关单位、专家和公众以适当方式参与环境影响评价"，《中国21世纪议程》第20章更明确提出团体与公众参与环境影响评价的机制和方式，但还没有具体的法律条例来执行这一具体行动计划，社会团体、基层民间组织和公民个人参与环保的管理机制尚未形成，公众的环境保护监督角色值得质疑。

中国转型经济大背景使得公众更加关注经济发展；由于企业信息披露制度不完善，

公众难以获得企业环境效果信息。公众的环境管制监督人角色是值得怀疑的；即使公众能够发挥一定的监督作用，由于公众的自组织缺乏，其作用也是十分有限的。监督人的相机选择权是监督人和代理人败德行为的根源（Vafaï，2002），信息缺失是监督人相机抉择权的根源（Laffont and Martimort，1999）。2008 年成立的环境保护部，作为国务院的组成部门之一，"负责重大环境问题的统筹协调和监督管理"。作为环境保护部的组成部分，环境监察局"负责重大环境问题的统筹协调和监督执法检查"；污染防治司"负责环境污染防治的监督管理和环境形势分析研究"；自然生态保护司"负责指导、协调、监督生态保护工作"。不同司局的环境信息收集渠道和口径不一致，以及水、土、大气污染的相互关系数据的缺乏，导致环境保护部难以建立统一的数据信息系统。克服管制者和被规制者间的信息不对称，消除环境管理权利滥用的根源，是中国环境管理体制改革必须回答的难题，也是确保环境政策有效性的关键。

# 参考文献

黄晗. 2015. 治理尺度的变迁及国家角色再认识——中国空气污染治理的政治学思考. 武汉大学学报（哲学社会科学版），68（3）：40-45.

田宜水. 2013. 中国农村能源发展现状与趋势. 中国能源，36（8）：10-14.

王歆予. 2016. 美国空气污染治理政策模式及其启示. 文史博览（理论），（9）：45-47.

朱四海. 2007. 中国农村能源政策：回顾与展望. 农业经济问题，（9）：20-25.

IEA. 2016. World Energy Outlook 2016. Paris：International Energy Agency.

Kuby M，He C，Trapido-Lurie B，et al. 2011. The changing structure of energy supply，demand，and $CO_2$ emissions in China. Annals of the Association of American Geographers，101：795-805.

Laffont J J，Martimort D. 1999. Separation of regulators against collusive behavior. RAND Journal of Economics，30（2）：232-262.

Vafaï K. 2002. Preventing abuse of authority in hierarchies. International Journal of Industrial Organization，20：1143-1166.

# 第 十 三 章

# 中国气候变化政策设计挑战

## 第一节 人类可持续发展的气候变化威胁

气候环境作为地球生态环境的重要组成部分，它的任何变化都会直接影响人类的生产和生活的可持续发展。20 世纪以来，科学研究表明全球气候发生了急剧变化，大量使用化石燃料排放二氧化碳等温室气体和其他污染物质，其综合效果导致全球气候系统变暖。如果继续保持当前或高于当前的排放速率将会引起气候的进一步变暖，全球气温到 21 世纪末，可能比工业化之前的时期升高 5℃甚至更多（IPCC，2007），这成为制约人类社会可持续发展的重大问题。气候变化对环境适应性弱的人类而言将是灾难性的，更为严重的是其影响的不可逆转性。为了尽可能减少全球变暖的风险，人类必须立即采取措施应对气候变化，以保护气候、保护环境、保护人类健康，建设生态文明，实现人类社会的可持续发展。

### 一、气候变化的不确定性影响

#### （一）气候变化的事实

人们对气候变化问题的关注源于科学界对温室效应理论的研究与争论。1860 年有气象仪器观测记录以来，全球平均温度升高了 0.6 ± 0.2℃。1896 年，瑞典科学家阿兰纽斯对燃煤可能改变地球气候做出预测，他认为，当大气中的二氧化碳浓度增加一倍时，地球表面的平均气温将增加 5~6℃，但该结论在当时并没有引起更多的关注。直到 1979 年第一次世界气候大会的召开，国际科学界才在气候变化问题上达成进一步的共识，大会宣言指出，"大气中二氧化碳对地球大气的温度起根本的作用"[1]。这直接推动了国际社会对气候问题的关注与重视。1988 年，世界气象组织（World Meteorological

---

[1] 世界气候大会宣言. https://www.ixueshu.com/document/a1fbffeb6164d68e318947a18e7f9386.html，1979.

Organization，WMO）和联合国环境规划署联合组建成立了联合国政府间气候变化专门委员会（Intergovernmental Panel on Climate Change，IPCC）。作为评估有关气候变化问题的科学信息及评价气候变化的环境和社会经济后果的国际权威机构，IPCC 的多卷评估报告在协助各国政府采取并执行应对气候变化的政策方面起到了重大作用，尤其是在 2007 年颁布的第四次评估报告，对当前的气候变化形势做出了明确判断，"气候系统变暖已经毋庸置疑"（IPCC，2007）。20 世纪北半球温度可能是过去 1000 年中最高的（秦大河，2003）。在科学研究不断推进的同时，人们也切身感受到了气候变化带来的环境影响，气候变化使降水分布也发生了变化，大陆地区尤其是中高纬地区降水增加，非洲等一些地区降水减少，有些地区极端天气事件（如厄尔尼诺、干旱、洪涝、雷暴、高温天气和沙尘暴等）出现频率与强度都有所增加。根据 IPCC 的研究结果，显著的气候变迁过程主要表现为以下四个方面的特征。

第一，全球气候变暖趋势。IPCC 第四次评估报告指出："全球地表温度的器测资料（1850 年以来）显示，最近一百年（1906~2005 年）的温度线性趋势为 0.74℃，近五十年（1956~2005 年）的线性变暖趋势（每十年 0.13℃）几乎是近一百年（1906~2005 年）的两倍。"（IPCC，2007）全球温度普遍升高，增幅随区域和季节而有所差异，具体表现为北半球较高纬度地区温度升幅较大，陆地区域的变暖速率比海洋快，冬季的增暖在全年中最明显，而北极温度升高的速率几乎是全球平均速率的两倍。

第二，海平面上升加快。海平面上升是全球变暖导致的重要现象。1961 年以来，全球海洋平均温度升高已延伸到至少 3 000 米的深度，海洋已经且正在吸收气候系统增加热量的 80%以上，截至 1980 年，全球海平面在百年中已升高 10~12 厘米。其中，海洋热膨胀是加快海平面上升的主要原因，此外，冰川融化、冰盖解体也产生了重要影响。1978 年以来的卫星资料显示，北极年平均海冰面积已经以每十年 2.7%的速率退缩，夏季的海冰退缩率较大，为每十年退缩 7.4%。由海平面上升带来的后果是十分严重的，目前世界各地共有 3 351 座城市位于低海拔（海拔 10 米以下）的沿海地区，如果全球变暖导致海平面继续上升，它们将不同程度地受到影响，此外，海平面上升还会引发洪水灾害、咸水入侵，以及海啸、风暴潮等海洋灾难。

第三，全球降水分布变化。全球平均温度增加很可能导致降水和大气水分的变化，这是因为在全球变暖的条件下，水循环更为活跃，并且整个大气容纳水的能力增强（国家气候变化对策协调小组办公室和中国 21 世纪议程管理中心，2005）。研究表明，全球降水格局变化总趋势为在中纬度地区降水量增大，北半球的副热带地区降水量下降，南半球降水量增大。由于影响降水量分布的因素很多，降水变化的局地差异很大，从而带来更多的旱涝灾害。这一研究结果在 IPCC 的第四次评估报告中得到了印证。

第四，天气和气候极端事件的变化。当某地天气的状态严重偏离其平均状态时，就可以认为是不易发生的小概率事件，在统计意义上，不容易发生的事件就可以称为极端事件，干旱、洪涝、高温热浪和低温冷害等事件都可以看成极端气候事件（《气候变化国家评估报告》编写委员会，2007）。在全球变暖背景下，天气和气候极端事件的出现频率也会随之发生变化，根据 IPCC 所掌握的观测信息，在过去五十年中，某些天气极端事件的频率和强度已发生了变化，接连发生的气候极端事件彰显了全球气候变化的巨大破坏力。纵观上述气候变化的各种表现与特征，我们可以明确的是全球气候变暖已成既定事实，在紧迫的气候危机面前人类不容回避，只有在未来付出更大代价的代价之前立即行动，才能确保人类的安全与社会的可持续发展。

### （二）气候变化的影响

已观测到的事实和科学研究表明，全球气候变化对环境、生态和社会经济系统具有深远的影响，其影响是多尺度、全方位、多层次的，正面和负面影响并存，其中，负面影响更多受到科学界与社会的普遍关注。主要包括如下几个方面。

1. 气候变化对自然生态系统的影响

气候变化对森林、草地、山区、湖泊等陆地生态系统及这些自然生态系统的变化产生重大影响。许多自然系统正受到区域气候变化，特别是温度升高的影响。具体表现为与积雪、冰和冻土（包括多年冻土层）相关的自然系统变化；水文系统受到的影响；对陆地生物系统产生的强烈影响；海洋和淡水生物系统的变化（国家气候变化对策协调小组办公室和中国 21 世纪议程管理中心，2005）。对气候变化形势的预估不可避免地存在不确定性，但国际社会已经对气候变化的现实和未来趋势基本达成共识：在这样的全球气候变化趋势下，地球生态系统将会受到诸多严重影响。表现如下：①许多环境自身的适应弹性可能在 21 世纪内被气候变化、相关扰动（如洪涝、干旱、野火、虫害、海水酸化）和其他全球变化驱动因子（如土地利用变化、污染、对自然系统的分割、资源过度开采）的空前叠加超过；②陆地生态系统的碳净吸收在 21 世纪中叶可能达到高峰，随后减弱甚至出现逆转，进而对气候变化起到放大作用；③20%~30%的动植物物种可能面临增大的灭绝风险；④生态系统的结构和功能、物种的生态相互作用、地理范围等会出现重大变化，并在生物多样性、生态系统的产品和服务（如水和粮食供应）方面产生重要的不利影响。

2. 气候变化对社会经济活动的影响

根据 IPCC 对未来气候变化的预估范围，气候变化将增加对人类健康的威胁，尤其是对热带和亚热带的低收入人群，在人类社会各个领域，预测未来气候变化的影响主要是负面的（《气候变化国家评估报告》编写委员会，2007）。

首先，气候变化对农业的影响。农业是对气候变化反应最为敏感的产业之一，气候的冷、暖、干、湿变化，都会引起农业生产环境、布局和结构的变化，从而影响粮食、经济作物、畜牧业、水产业的生产。$CO_2$ 浓度的升高使农业生产力提高，提高的程度取决于作物类型、水分和养分供应及气候变化情景，但气温的影响效果不同，在温带，气温升高较小时产量会增加，但气温升高较大时，产量将会比正常气候时减少；在大多数热带和亚热带地区，只要气温再增加，不论增加多少都会使谷物产量比正常气候时降低；亚热带和热带的旱地和雨养农业地区，升温的同时降雨会减少较多，对作物产量的负面影响将更加突出，由此引发的最直接的社会经济问题就是粮食安全隐患的滋生。

其次，气候变化对水资源的影响。气候变化对水资源的影响是十分明显的，IPCC第四次评估报告着重论述了全球变暖背景下的未来水资源趋势：在可用水方面，预估冰川物质普遍损失和积雪减少的速率将会在整个 21 世纪期间加快，从而减少可用水量，降低水力发电的潜力并改变依靠主要山脉融水的地区的河流的季节性流量；在径流量分布方面，较高纬度地区和某些潮湿的热带地区，年江河径流量将有所增加，而某些中纬度和干燥的热带地区，由于降水减少而蒸腾率上升，年江河径流量将会减少；在极端降水事件方面，预计未来许多区域的暴雨将显著增多，由此增加的洪水风险将给社会、有形基础设施和水质带来挑战（IPCC，2007）。尽管由于温度升高，在区域尺度上会增加由山地积雪、冰川融化等带来的淡水量，但在全球范围内更加频繁、更为严重的洪水和干旱将对可持续发展产生不利影响，尤其是处于自然灾害多发带的发展中和贫困国家将面临更为严峻的生态挑战。

再次，气候变化对人体健康的影响。气候变化可通过各种渠道影响人类健康，其中包括对人体的直接影响，对病毒、细菌、寄生虫、敏感原的影响，对各种传染媒介和宿主的影响，对人的精神、人体免疫力和疾病抵抗力的影响等（李爱贞等，2003）。尽管气候变化在温带地区可能会减少寒冷所造成的死亡，但从总体上看，气候变化带来的效益将会被温度升高给健康带来的负面影响所抵消，特别是在发展中国家和贫困地区，由于经济发展水平低，公共卫生计划和健康基础设施建设十分落后，其预防疾病传播和适应气候环境变化的能力与措施都是较为有限的。

最后，气候变化对人类居住环境能够产生直接和间接的影响，由于能源市场或服务需求的变化，间接影响支持人类居住的经济部门；直接影响城市基础设施、建筑、交通运输及旅游等行业；通过极端天气事件、健康状况变化和人口迁移直接影响人口规模与质量等（国家气候变化对策协调小组办公室和中国 21 世纪议程管理中心，2005）。其中，洪水和泥石流是气候变化引起的强降水对人类居住地区最普遍的直接影响。IPCC（2007）评估报告进一步指出：最脆弱的工业、人居环境一般是那些位于海岸带和江河洪泛平原的地区、经济与气候敏感资源关系密切的地区及那些极端天气易发地区，特别是那些快速城市化的地区和贫困社区更为脆弱。

综上所述，人类社会对气候变化的科学知识得到迅速增加，对气候变化的事实、机理和未来趋势的相关问题也已经部分确认，确认了应对气候变化的行动的现实性和紧迫性。全球气候变暖将对自然生态系统和社会经济活动带来诸多负面影响，对广大发展中国家和贫困地区的经济社会冲击最甚，气候变化将加剧这些国家和地区的生态环境脆弱性，并侵蚀来之不易的发展成果，而缺乏足够的财力保障和技术支持又严重制约其减缓和适应气候变化的能力建设，使得气候问题变得更为严峻。由于气候变化发生和影响的全球性，任何国家都无法独善其身，也不能够独立应对，应对气候危机的关键在于人类社会的全面持久发展。对全球气候变化问题的发现是源于对大气环境保护与人类活动关系的科学认知，而应对全球气候变化则与整个经济社会抵御风险的能力和对未来潜在变化的适应程度息息相关。

## 二、气候变化与可持续发展的内在联系

随着全球变暖形势愈加紧迫，极端天气事件的频繁发生让人们倍感生态问题的严峻性，这直接推动了国际社会对全球气候变化的认知程度的提升，为随时可能发生的气候变化影响做出及时的行动安排显得更为紧要。气候变化源于人类活动对自然现象的干预，是一个主要的环境问题，而环境问题的解决，又涉及社会经济乃至于国际政治等诸多方面。20世纪80年代中后期，人类对气候变化的关注主要限于气候变化的科学事实及其变化规律，以及气候变化对自然和社会经济系统的可能影响。在20世纪90年代IPCC开展的第二次科学评估中，明确将社会经济内容单列，系统分析气候变化的社会经济内涵。由于社会经济问题必然涉及成本、效率及分配等内容，成本分摊、收益分配等公平问题又凸现出来。在IPCC的第三次科学评估中，将公平问题纳入分析范畴。这样，气候变化、环境影响、经济发展、社会公平等交织在一起，使气候变化从一个科学问题变为一个可持续发展的综合性长远问题，气候变化作为全球环境议程的首要问题，与经济社会整体的发展状态和未来趋势之间存在着看似相悖，实则相辅相成的紧密联系，国际社会已经深刻认识到，走可持续发展道路是解决全球气候变化问题的唯一有效途径。

### （一）环境保护运动的兴起

可持续发展观的形成源于人们对环境问题的重新思考，是对人类自身生产方式和人与自然关系的一种深度反思。在解决环境问题的长期探索过程中，人们逐渐认识到，单纯依靠污染控制技术、环境净化措施解决不了日趋复杂的全球环境问题，只有按照生态可持续性和经济可持续性的要求，改革传统发展模式，改变现有技术和生产结构，减少资源消耗，人类才有可能实现自身的可持续发展。20世纪中叶以来，经历两次世界大战洗礼后的国际社会终于进入一个相对稳定的和平时期，经济恢复与生产发展成为各国战后重建工作的首要任务，但英国伦敦的光化学烟雾事件、日本地区的骨痛病及印度博帕尔市的毒气事件等一系列环境公害事件的发生唤起了人们对环境问题的警觉，自然科学家和社会学家们展开了深入的探讨和研究。环保主义运动使人们认识到环境问题的严重性和环境保护的重要性，从而使环境保护从社会生活的边缘走向中心，受到公众、各国政府和国际社会的广泛关注。

### （二）可持续发展观的提出

在环保主义思潮的推动下，人们逐渐意识到单纯的环境和自然保护并不能解决所有的问题，必须要重新审视环境恶化、贫困和经济发展之间的联系。在这一背景下，人们开启了实现人类可持续发展的实践与探索进程。其中，影响最为深远的是以联合国名义召开的三个里程碑式的重要会议，即1972年在瑞典斯德哥尔摩召开的联合国人类环境会议、1992年在巴西里约热内卢召开的环境与发展会议和2002年在南非约翰内斯堡召开的可持续发展世界首脑会议。

斯德哥尔摩会议通过了《联合国人类环境会议宣言》和《行动计划》，并决定在联合国体系内为解决环境问题设立一个专门机构，为后来联合国环境规划署的成立铺平了

道路，为之后可持续发展观的正式提出做了重要的舆论铺垫，更为国际环境保护机制的发展奠定了重要的思想基础。1980 年，由国际自然与自然资源保护联盟、世界野生生物基金会和联合国环境规划署联合出版的《世界自然资源保护大纲》首次对"可持续发展"这一概念进行阐述，重点强调自然资源的保护和发展之间的相互依存性，认为可持续发展取决于对地球资源的保护。在不断的探索中，对可持续发展观的认知也逐步深化，1987 年，世界环境与发展委员会发表了极具影响力的报告《我们共同的未来》，系统阐述了"可持续发展"的基本内涵：可持续发展是既满足当代人的需要，又不对后代人满足其需要的能力构成危害的发展（世界环境与发展委员会，1997）。里约会议上南北国家代表围绕全球可持续发展的几个焦点议题展开了激烈的辩论，不公平的消费模式、森林开发和实施全球环境协定的资金来源问题是主要的分歧内容。会议的最重要成果是签署了一项非约束性的全球可持续发展行动纲领《21 世纪议程》，发表了关于环境与发展一般性原则的《里约宣言》以及关于世界森林可持续管理的原则声明，此外，《联合国气候变化框架公约》和《生物多样性公约》也在会议期间同期达成，对后来的全球应对气候变化行动具有重要的指导意义。约翰内斯堡会议的目标就是要从行动上确保可持续发展战略的有效执行，其关键点还在于调和南北国家间的政策分歧，平衡各方的优先考虑，促进环境与发展领域的国际合作。会议首次明确和具体地提出了可持续发展的三大支柱：社会发展、经济发展和环境保护，三者是相互依赖又相互促进的关系（徐再荣，2007），这对后来世界可持续发展进程的推进和其他环境问题的解决具有重要的示范效应和指导意义。经过长期的探索和实践，国际社会最终确立以可持续发展观作为认知人与自然关系，解决环境与发展问题的唯一标准和原则。

### （三）气候变化与可持续发展的相互联系

在 IPCC 第三次评估报告中，可持续发展应对的挑战被具体描述为洁净的大气、交通运输、清洁水源、住房、食品、就业、能源、土地利用、废物处理、卫生健康等。上述可持续发展所面临的挑战，均与气候变化直接相关。首先，气候变化对自然生态环境，包括食物生产、土地利用、水循环、人类健康等产生直接影响；其次，气候变化也受到部分因子（包括交通运输、能源消费及土壤利用的变化导致温室气体排放的变化）的强化作用，这些因子不仅是可持续发展社会经济方面的挑战，而且是气候变化的重要决定因子；再次，气候变化是可持续发展的一个重要成分，气候变化，尤其是人为活动引发的、不利于社会经济发展的气候变化，不符合可持续发展的要求；最后，任何防范或减缓气候变化的努力或活动必然要影响到可持续发展的方方面面。围绕气候变化的争论和谈判从表面上看是关于全球气候变化原因的科学问题和减少温室气体排放的环境问题，但本质上是一个涉及各国社会、经济、政治和外交的国家利益问题。自 1992 年联合国环境与发展会议上 154 个国家共同签署了《联合国气候变化框架公约》以来，应对气候变化就与全球可持续发展战略的实施并行不悖，二者有着千丝万缕的联系。

首先，全球气候变化对可持续发展有着广泛的潜在影响。IPCC 第三次评估报告指出，社会、经济、环境是构成可持续发展的三个关键要素，气候变化主要从这三个方面对全球可持续发展战略的实施产生影响。三个领域之间是密切关联的，任何一个领域的问题都会对其他两个领域产生影响，同样该领域问题的解决也需要其他两个领域的政策支持与协调，而不可能孤立地应对。经济可持续发展适用于增进人类福利，由于气候资源是社会生产经营活动所必需的基本要素之一，气候变化将对后代人的经济发展和福利增进产生威胁。社会可持续发展则强调加强人类联系及个人和群体意愿的实现。气候变化所引起的主要问题是社会公平的重建与气候伦理的思考，由于大气资源是典型的全球公共物品，表现出鲜明的非排他性和非竞争性，这就很可能加剧代际与代内的不公平问题。环境可持续发展集中于保护生态系统的完整性和可恢复性。地球生态系统作为一个复杂的整体结构，任何组成部分的变化都会影响到其他子系统的稳定状态。

其次，可持续发展战略是应对全球气候变化的根本途径。在各种环境问题当中，全球气候变化涉及面最广，影响也最为深远，不仅需要跨领域综合治理，更需要在地区、国家和国际层面进行协同合作，共同应对气候变暖对全球经济、社会发展和生态环境的诸多挑战。在全球变暖问题上，可持续发展观要求以统筹兼顾的方式把应对气候变化的行动与社会和经济发展协调起来，同时充分考虑到发展中国家和贫困地区实现经济持续增长与消除贫困的正当的优先需要，倡导保护气候系统的政策和措施应当适合每个缔约方的具体情况，并贯彻到国家的发展计划中去的基本原则，更深刻认识到经济发展对于采取措施应对气候变化的至关重要性，这既符合全球气候变化影响的多层面多领域多维度特征，更反映了当前国际社会应对气候变化进展的基本事实。因此，在联合国环境与发展会议上确认的"可持续发展"的概念指导下，努力实现环境保护、能源供需稳定和经济发展的三位一体战略是应对全球气候变化的根本途径，也是国际社会和各国政府在气候问题上应当采用的基本思路。

最后，应对气候变化行动对实现人类可持续发展目标具有重要意义。气候变化与可持续发展密切相关，在寻求解决全球变暖危机的方法的同时，最终实现人类可持续发展目标是世界各国人民的共同心愿和面临的紧迫任务。应对气候变化的行动与其他环境问题的相互作用，为发展响应对策、增进有利影响、降低成本和获取协同作用提供了机遇。除环境问题外，减缓气候变化也将受到更广泛的社会经济政策和趋势（包括与发展、可持续性和公平有关的政策）的影响。因此，在协调解决气候变化问题与实现可持续发展目标的关系过程中，既要着力探索更有效的环境无害技术和措施来降低温室气体排放，推动环境可持续发展，同时也要做好应对气候变化的经济、社会政策选择，确保气候治理行动的顺利进行。

## 三、应对气候变化的国际共识

1972 年，在第一次国际环保大会——联合国人类环境会议召开之后，国际社会的环境观念发生了重大转变，特别是 1979 年第一届世界气候大会的举行，标志着国际科学界在气候变化问题上达成了一项重要的共识，即当前正在经历的气候变暖过程与人类活动密切相关，需要世界各国为此做出应对努力。因此，到 20 世纪 80 年代后期，气候变化问题逐渐成为国际政治界关注的重大问题之一，并通过三次重要的国际会议（维拉赫会议、多伦多会议、联合国环境与发展会议）的召开，逐步形成了国际社会应对全球气候变化的初步共识，为后来国际气候制度框架的确立和气候治理进程的展开奠定了重要基础。

维拉赫会议的举行开启了气候变化问题的政治化进程。1985 年 10 月，气候变化问题会议在奥地利南部小镇维拉赫召开，会议的中心内容是对气候科学研究进行深入讨论，尤其是气候变化中的温室气体作用及全球变暖趋势的未来预测等，都是会议要着力探讨的重要问题。可以看出，维拉赫会议与以往气候会议的最大不同之处在于从气候科学研究转向呼吁应对气候变化的政治行动，因而可以看作气候变化国际回应中的一个重要转折。真正将气候变化列为关切国际政治经济发展的重要议题还是在多伦多会议之后。1988 年，一系列极端气候事件的发生，促使国际社会真正地意识到气候变化的严重性和国际政治回应的紧迫性，构成多伦多气候会议召开的重要背景。1988 年 6 月在加拿大多伦多举行的"变化中的大气：对全球安全的影响"国际会议，其重要意义在于在人类环境史上首次将全球变暖列入国家决策与国际政治议程中。这次大会在重申维拉赫会议对气候变化问题评估的基础上，强调全球变暖的可能后果，并呼吁各国政府紧急行动起来，制订大气层保护行动计划，其中包括一项国际性框架公约。会议还提出建立世界大气基金的建议，以及要求各国政府和企业界到 2005 年，将二氧化碳的排放减少到 1988 年水平的 20%左右。多伦多会议拉开了《联合国气候变化框架公约》的谈判序幕。在一系列气候变化国际和地区会议的讨论和舆论准备下，许多国家开始响应并做出应对气候变化的政策主张。

20 世纪 80 年代末，世界环保主义运动的再度高涨构成了里约联合国环境与发展会议召开的主要背景。这次规模盛大的国际高峰会议，讨论了包括全球环保、消费模式、人口问题、森林问题及环境基金等在内的诸多议题，有关气候变化问题的认知与应对也是其中的重要内容之一。在各国为联合国环境与发展会议紧张筹措的同时，有关气候公约的谈判也在激烈进行中，受国际社会环保主义力量及全球环境问题日趋严峻的压力的推动，历时 12 天的联合国环境与发展会议终于达成对国际环境合作具有重要指导意义的《里约环境发展宣言》和《21 世纪议程》。尤其是在环境与发展会议期间签署的《联合国气候变化框架公约》，为国际气候治理实践开启了一扇法律之门，标志着应对气候变化全球政治共识的初步形成，从此人类对全球气候变化问题的认知与行动进入一个崭新的阶段。

## 第二节　应对气候变化的经济分析基础

### 一、气候资源和气候变化的经济学特征

#### （一）气候资源的稀缺性

对于自然资源的重要性的认识，可以追溯到威廉·配第，他认为"劳动是财富之父，土地是财富之母"。以魁奈为代表的重农学派更是将土地视为人类财富的唯一源

泉。自然资源稀缺性的研究可以追溯到马尔萨斯，他认为经济发展将受到有限的土地供给和土地产出的约束，人口将以几何级数增长，需求将无限扩大，而土地的供给无论在数量上还是质量上都是有限的（戴星翼，1997）。罗马俱乐部发表的《增长的极限》延续了马尔萨斯人口论的思想脉络，从人口、资金、粮食、不可再生资源、环境污染等因素出发，建立全球分析模型，认为 20 世纪末 21 世纪初将达到全球性的增长极限（Neumayer，2000）。《增长的极限》发表后引起强烈的反响，以美国学者朱利安·林肯·西蒙（Julian L. Simon）为代表的乐观派则从历史的经验推论技术增长具有无限性，对"资源有限论"进行集中批评，论述"无限的自然资源"和"永不枯竭的能源"，提出"从任何经济意义上讲，自然资源并不是有限的"，因为人们无法准确地探测到自然的蕴藏量，人类历史上曾经遇到过的困难都已经通过技术进步得到解决，以此认为人类社会现在面临的和未来将要遇到的所有资源环境问题都可以通过技术进步加以解决（西蒙，1985）。对自然资源稀缺问题的世界性关注，其焦点从经济增长的自然极限，转变为资源稀缺的社会经济含义，再到可持续性共识的达成。

资源具有有限性的特征，相对于人类的需求，资源总是少于人们能够自取自用的情形。经济学的主要研究对象是资源的稀缺性问题，通过研究如何最有效地配置资源，实现效益最大化。经济学对自然资源的态度在新古典时期发生了巨大变化。由于技术进步、规模经济等现象的出现，自然资源对经济增长的贡献大大减小。相对于自然资源，经济增长对资本和劳动的需求更大，而且社会的供给能力也更为有限。因此，"稀缺"的概念从与自然资源的直接关联转移到了资本、劳动等因素上。它被抽象化为"基于人类的需求以及满足这种需求的能力"（刘思华，2001）。自然资源虚化的一个主要表现是在经典的新古典经济学增长模型中，自然资源不再作为关键因素被考虑。这种理论的导向对经济高速增长过程中的环境损失起到推波助澜的作用，最终自然资源被大量消耗和浪费，导致世界范围的资源危机、严重的环境污染和自然生态的退化。

传统观念认为气候资源不能像土地和矿产等资源一样定价与交易，因而长期被认为是人类生存的客观外部条件，而非具有经济价值的自然资源。20 世纪 40 年代，美国著名气候学家兰茨伯格（Landsberg）首次提出"气候是一种自然资源"的观点，气候资源开始作为一种可利用且具有经济价值的自然资源逐渐为人类所重视。气候资源"是气候系统要素或气候现象的总体，是一种自然物；同时，它在一定的社会经济技术条件下可以为人类所直接或间接利用，对人类具有使用价值"（葛全胜，2007）。气候资源因其动态性、整体性、可再生性与清洁性的特点与其他自然资源有着本质的不同，对人类的价值也因类别不同而有差异。不同的气候资源对人类的使用价值并不相同，如大气成分资源侧重体现对人类的生存价值，降水资源与热能资源侧重体现对人类农业生产的经济价值，风能资源与太阳能资源侧重体现对人类工业能源开发利用的经济价值。随着工业化进程的加快，能源消耗大幅上升，导致大气中的温室气体总量剧增，温室气体的排放空间不断缩小，各利益主体对于温室气体的排放空间的争夺日益激烈，这种稀缺性日渐体现为一种气候资源，进而转化成可以交易的对象。

### （二）气候资源的公共物品特征

从经济物品的分类可知，公共物品具有广义和狭义之分。狭义的公共物品是指纯公共物品，即那些既具有非排他性又具有非竞争性的物品。广义的公共物品是指那些具有非排他性或非竞争性的物品，一般包括俱乐部物品或自然垄断物品、公共池塘资源或共有资源及狭义的公共物品三类（沈满洪和谢慧明，2009）。萨缪尔森认为，公共物品同时兼具非竞争性和非排他性。非竞争性具体是指，某物品的消费者数量的增加不会导致原本的消费者的损失。非排他性是指，所有人都可使用该物品，阻止他人消费某物品并不能为其带来收益。目前被广泛接受的公共物品是每个人消费这种物品不会导致别人对该物品消费的减少（臧旭恒和曲创，2004），是指一定程度上共同享用的事物。纯粹意义上的公共物品与私人物品并不多见，而多数都是介于两者之间的混合物品（mixedgoods）。"私人物品可以通过市场机制的自由交换方式获得，而公共物品的提供是市场机制难以奏效的，多数情况下需要通过政府为主体的第三方实施"（李政军，2009）。

生态资源属于广义公共物品范畴，具有公共物品的典型特征，如山河湖泊、水权、排污权等均是生态公共物品。气候资源作为一种生态资源，按气候要素的构成分为太阳能资源、热量资源、降水资源、风能资源和大气成分资源，是气候环境要素中可以被人类利用的那一部分自然物质和能量，因而同样具有公共物品的典型特征。大气具有均质性特征，温室气体一旦排放，造成的影响是全球性的。气候变化问题属于全球问题，大气容量资源具有全球公共物品的属性。由于在国际社会中，"不存在一个中央权威可以将自己的意志强加于各国，强制他们提供全球公共物品，因此政府机制在全球公共物品供给中也失灵了"（普格尔和林德特，2001），全球公共物品供给不仅面临着市场失灵，还面临着政府机制的失灵。工业化生产不加节制的排放及排放后果由全球承担的责任机制，造成全球对于气候资源这一公共物品的滥用，这是导致全球气候恶化的根本原因。

### （三）气候资源的外部不经济性

一般认为，外部性的概念是马歇尔首次提出的。马歇尔在 1890 年发表的《经济学原理》中，在分析个别厂商和行业经济运行时，首创了外部经济和内部经济这一对概念（张宏军，2007）。由于作用效果的不同，外部性分为正外部性和负外部性。其中，正外部性是指因个体的某种经济行为，其他经济主体获得了收益；负外部性是指由于个体的经济行为，其他经济主体受到了损失。马歇尔虽然没有提出内部不经济和外部不经济概念，但从他对内部经济和外部经济的论述中，可以从逻辑上推出内部不经济和外部不经济的概念及其含义。福利经济学创始人庇古提出了私人边际成本、社会边际成本、边际私人纯产值和边际社会纯产值等概念，并以此作为理论分析工具，基本形成静态技术外部性的基本理论。对于环境问题外部性的处理，庇古的理论认为，当个人的边际成本或收益与社会的边际成本或收益存在差异时，不能单纯依靠市场的力量消除差异，这样既不能实现资源配置的优化，也不能使社会福利最大化。在这种情况下，需要政府采取必要的政策来抵消存在的这种差异。政府可以通过税收形式，对于边际成本小的产业进行征税，对于边际收益小的产业进行补偿，进而使社会福利实现最大化。

20 世纪 60 年代，科斯在其经典论文"社会成本问题"中批判了以庇古税处理外部性问题的思路。科斯认为对于经济活动中的理性人而言，当交易成本等于零，理性的经济活动主体在分析成本和收益问题时，会把溢出的成本和收益加以考虑，因而不存在社会成本问题。因此，在这种情况下不管怎样界定产权，社会资源都会得到最充分的利用，达到帕累托最优状态。根据科斯的产权理论，公共物品供给不足的原因，并不是由市场机制造成的，而应归咎于产权界定不明晰。科斯认为，如果产权界定是明晰的，交易的成本为零，从而使外部性问题内部化。科斯提出，政府在面对外部性问题时，政府应当起到明晰产权的作用。科斯提出处理外部性问题的市场化解决方案，巩固了经济自由主义的理论根基，同时也表明了政府干预不是解决市场失灵的唯一办法，但是科斯定理同庇古税一样，暗含着一定的假定前提——当事者之间进行协商的成本为零；产权在市场上可以进行自由交换；协商的结果可以达到帕累托最优。气候资源是全人类共同享用的资源，具有动态性。全人类均有权使用气候资源，使用者不受时间和地域的限制，遵循先用原则，先使用者先受益，不合理开发利用必然导致难以克服和难以避免的外部不经济性问题，增加他人的生产成本或造成生态破坏（毛锐，2016）。在政策制定、机制设计等一系列气候资源利用的实践中将庇古策略与科斯定理理论取长补短地加以运用，已成为学界达成的统一共识。对于解决环境外部性的具体实践途径，有污染纳税、行政立法、财政补贴、产权改革、排污许可证制度等。在应对全球气候变暖这一具体问题上，以上措施也得到了全面的运用，为了实现温室气体减排目标，在减排政策制定上较多围绕选择碳税还是碳排放权交易展开了具体实践。

## 二、碳市场与碳排放权交易

### （一）应对气候变化的市场化机制

经济学将污染物排放视为典型的外部性问题。相对于传统污染物，温室气体排放有其典型特征：首先，传统污染物的环境损失由流量决定，而温室气体排放的环境损害则来源于排放存量，这是温室气体在大气中留存时间过长而导致的；其次，温室气体的环境损失的大小与其排放源无关，各国的温室气体排放导致全球平均气温的上升，具有"一致混合污染物"的特点（王许，2015）。环境经济学将减排政策工具分为命令控制型、市场导向激励型两种。命令控制型政策是早期被广泛采用且在一定条件下政策设计较为简单的管理方式。命令控制型政策工具亦称直接管理工具，是政府利用公共权力制定的特定监管标准或规则，对相关产品生产或使用过程中的个人和组织的行为加以限制与管控，具有一定的强制性。较为常见的命令控制型政策包括排放许可证、行业排放标准等直接管制措施。市场导向激励型政策主要分为价格型政策（如税收）和数量型政策（如排放权交易机制）两种形式。庇古税根据厂商排放水平征收一定费用，将排放的外部成本内部化，以此激励厂商采取减排技术并保证政策的成本有效性，而基于科斯定理的排放权交易机制是由政府设定污染物排放上限并分配给厂商一定的初始排放配额，厂商间通过配额的交易以降低各自的减排成本，从而在保证总量控制目标完成的同时实现全社会减排成本的最小化。在完全竞争市场这一理想化的政策环境中，两种市场化政策工具可以实现相同的环境效果，但受监管者和排放者之间的信息不对称、减排行为的不确定性、不完全竞争的市场结构等因素制约，两者的实际政策效果存在较大差异。

### （二）碳排放权与排放权交易

碳排放权是指权利主体为了生存和发展的需要，由自然或者法律所赋予的向大气排放温室气体的权利，这种权利实质上是权利主体获取的一定数量的气候资源使用权（杨泽伟，2011）。碳排放权既是一种权利，更是一种责任。权利主体获取的一定数量的气候环境资源使用权，这种使用权的对象是大气环境，在这种状态下，气候资源不再被认为是无限的，而是一种稀缺的资源，任何国家和地区的发展都有赖于这一资源，因此，碳排放权这种稀缺资源，直接影响国家和地区经济社会的发展，逐渐从一项自然权利转变为发展权利。1997 年 12 月，在日本京都召开的《联合国气候变化框架公约》缔约方第三次会议，通过了旨在限制温室气体排放量以抑制全球变暖的《京都议定书》。《京都议定书》不仅明确了 2008 年到 2012 年第一承诺期各发达国家削减温室气体排放量的比例和任务，还设立了三种灵活机制（flexible mechanisms），分别是基于配额的国际排放贸易机制（emission trading，ET）、基于项目的联合履行机制（joint implementation，JI）和清洁发展机制（clean development mechanism，CDM）。国际排放贸易机制作为三大灵活机制之一，开始进入实践环节，并受到越来越多的发达国家和发展中国家的普遍关注与探索实践。

### （三）国际主要碳市场的制度设计

国际主要的碳排放体系有欧盟碳排放交易体系（European Union Emission Trading Scheme，EUETS）、芝加哥气候交易所（Chicago Climate Exchange，CCX）、区域温室气体减排行动（Regional Greenhouse Gas Initiative，RGGI）、澳大利亚新南威尔士州温室气体减排体系（New South Wales Greenhouse Gas Abatement Scheme，NSWGGAS）、碳定价机制（carbon price mechanism，CPM）等。

EUETS 于 2005 年 1 月 1 日正式启动，以"限制-交易"作为核心运行模式，旨在控制和降低区域温室气体排放，截至目前 EUETS 为全球规模最大、运行最成熟的碳排放权交易市场。EUETS 最初设计为三个发展阶段，第一阶段为 2005~2007 年，该阶段是试验阶段。覆盖的行业主要是玻璃、钢铁、能源、陶瓷、水泥、造纸等高碳排放行业，管控气体为二氧化碳，覆盖企业数量达到 1.2 万家，控排的二氧化碳占欧盟总排放的 45% 以上。第二阶段为 2008~2012 年，该阶段是运行阶段。在经历了两年的探索阶段后，第二阶段将航空业纳入控排，所有在欧盟区域内起降的飞机产生的排放量都将纳入管控范围。在配额管理方面，欧盟减少配额总量，对 85% 的配额采用历史法；降低免费配额比例，将拍卖比例由原来的不超过 5% 提高至不超过 10%，拍卖的配额较第一阶段显著增加。第三阶段为 2013~2020 年，该阶段是推广阶段。在此阶段，欧盟进一步扩大控排气体和行业的涵盖范围，《京都议定书》中议定的二氧化碳（$CO_2$）、甲烷（$CH_4$）、氧化亚氮（$N_2O$）、氢氟碳化物（HFCs）、全氟化碳（PFCs）及六氟化硫（$SF_6$）六种温室气体全部被纳入管控中。

美国加州碳排放交易体系在温室气体减排和碳市场交易等领域取得了值得借鉴的成就。2017 年 6 月，美国政府宣布退出《巴黎协定》，此前美国也拒绝签署《京都议定书》。虽然美国在国际气候变化问题上的态度并不明朗，但其国内已存在多个碳排放交易体系，2003 年美国建立世界第一家资源温室气体减排交易所——芝加哥气候交易所，同年，国内七个州发起的区域温室气体减排行动是美国第一个区域性的强制减排行动。2008 年，美国提出了"绿色经济新政"，计划 2020 年温室气体排放量降低至 1990年水平，降幅达 14%，到 2050 年实现减排 83%。2013 年，美国加州碳排放交易体系正式启动，该体系是美国运行最成熟的基于市场机制的分阶段碳排放交易体系。

澳大利亚也是世界上最早探索碳排放体系的国家之一，2003 年 1 月，澳大利亚宣布在新南威尔士州实行温室气体减排计划，该计划采用基准法计算不同行业的配额数量，由政府统一分配，超额排放的企业可以购买排放权许可或核证减排量用以抵消。2012 年澳大利亚终止了 NSWGGAS，同年 7 月启动 CPM。CPM 的计划是到 2020 年前实现比 2000 年减排 5%，该计划涵盖 60%以上的企业单位，纳入管控的企业需支付固定的排放费用；政府实行免费配额发放政策，企业可与其他企业或政府交易碳配额，交易价格由市场决定。2014 年，澳大利亚宣布终止 CPM，取而代之的是减排基金政策，CPM 仅运行了两年就被废除，至此澳大利亚并未再推出基于市场机制的碳排放体系。

## 三、碳税与国际贸易

### （一）全球碳税政策与实践

碳税是一种市场型碳减排约束手段，是基于应对全球气候变化、减少二氧化碳排放和抑制全球气候变暖而设立的税种。碳税的实质是一种基于价格调控的市场型环境政策工具，即政策制定者对单位二氧化碳或碳排放量以税的形式设定一定的价格，碳排放者为每单位排放量支付相应的税费，因此，碳税是一种固定排放价格但不限制排放数量的市场化工具。由于碳税强调负外部性，故也是一种庇古税。开征碳税的主要目的是通过提高化石燃料和其他高耗能产品的价格，以降低化石燃料的消耗，减少二氧化碳的排放，最终实现减缓全球气候变化的目标。广义上，只要是以减少二氧化碳的排放为目的，对化石燃料（煤炭、天然气、汽油和柴油等）按照其碳含量或碳排放量征收的税即碳税。在各种减缓气候变化的手段中，碳税被认为是减少碳排放的重要经济手段之一（邢丽，2010）。碳税政策具有的无须确定减排基准年、有利于增加财政收入、减少税制扭曲、实施和监管成本较低等特点，使得碳税手段在提高经济效率、促进社会公平、获得公众支持、避免滋生寻租方面比碳排放权交易手段更具优势，但是碳税政策除了具有抑制碳排放的能源消费效应的特点外，作为一种税收，其势必对经济增长和收入分配造成影响。

碳税制度既可以直接对二氧化碳排放量或碳排放量进行征收，也可以间接对化石燃料（如煤炭、天然气、汽油和柴油等）按其碳含量等征收。从各国开征碳税的形式看，主要有三种类型：一是开征新税种，即将碳税作为新设立的税种，与国内原有的能源税等税种之间没有直接的关系，如英国的气候变化税；二是基于碳排放对能源税改造形成碳税，即在基于热量征收的能源税的基础上，将其改造为基于碳含量或碳排放量的碳税，最终形成的税种一般为碳税与能源税的混合税（即碳-能源税），主要以北欧国家为代表；三是以大气污染排放费（或环境税）的税目征收，将二氧化碳等温室气体作为大气污染排放税费的一个税目，主要有波兰、爱沙尼亚等国家。所有推行碳税国家的碳税制度可以分为两类，一类是在全国范围推行的碳税制度，这一类主要集中在欧洲发达国家，又可以被分为两个子类：第一个子类包括芬兰、瑞典、挪威、丹麦和荷兰，这五个国家是全球最早推出碳税的国家，并且这些国家将碳税作为一个明确的税种单独提出；第二个子类包括意大利、德国和英国，第二个子类国家碳税的推出时间落后于第一个子类，并且这些国家的碳税属于拟碳税（即没有将碳税作为一个单独的税种直接提出，而是通过将碳排放因素引入已有税收的计税依据形成潜在的碳税）。另一类为仅在国内部分地区推行的碳税制度，这类主要包括加拿大的魁北克省和不列颠哥伦比亚省，美国的加州等地区（范允奇，2012）。

20世纪90年代伊始，芬兰、瑞典、挪威和丹麦相继开征碳税，是世界上第一批实施碳税的国家。碳税政策的设计框架及征缴方式与能源税相似，在碳税税基方面，各国主要是遵循从"含碳量"到"含碳量+能源含量"再到"碳（二氧化碳）排放量"的路线。由于北欧四国的碳税是国家整体环境税改革中的重要环节，通过增设碳税，以降低居民的个人所得税、养老金储蓄税等其他相关劳动税收，最终达到将碳税税负由劳动力转向环境保护及税制绿化的目的（刘建梅，2016），因此，北欧四国碳税收入主要体现了税收中性原则，包括如下几个基本特征：首先，欧洲国家的碳税都是在对已有环境税进行修改的基础上实现的，主要在已有环境税的基础上根据能源消费和二氧化碳排放量对环境税负进行相应的提高；其次，征收得到的碳税主要用于减少劳动要素成本，通过减轻个人所得税和社会保障税来实现；再次，一部分国家的碳税政策也包含了对厂商的补贴，如鼓励企业进行提高能源效率的投资，降低资本要素的税负；最后，税收优惠政策在居民与厂商之间，以及不同产业之间存在着非对称性。

### （二）碳关税与贸易壁垒

碳关税是指一国对从国外进口的高能耗产品征收的二氧化碳排放关税，是一种从量税。碳关税最早由欧盟提出，又称为"基于碳排放量的边境调节税"，规定允许成员国对其国内税进行调整，目的是消除欧盟碳排放交易机制运行后，欧盟国际的碳密集型产品在国际竞争中可能遭受的不公平。美国等发达国家也认为因为国际贸易中高能耗产品在发展中国家生产不需要缴纳税收，同时在发达国家因为碳税的征收其生产成本提高，所以同类产品在国际市场的竞争不公平。为了避免这种不公平，所以要征收碳关税，碳关税的理论基础是承担同样的减排成本从而达到公平竞争。除了公平竞争理论外，防止碳泄漏是另一征收碳税理论，碳泄漏是指发达国家采用单边减排措施，导致高碳产业跨国转移，进而导致二氧化碳排放转移到其他未采取减排措施的国家，最后全球二氧化碳的减排预期难以实现（林伯强和李爱军，2012）。1996年美国提出针对燃料中的能源含量征税，并提出"对燃料费用与电费之和超过产品价值2%的进口产品征税"，这是碳关税最初的提出形态。2009年，美国众议院通过《清洁能源与安全法案》，将碳关税条款纳入其中。2012年法国宣布将重启碳关税，并将其置于欧委会的议事日程。

碳税和碳关税的不同之处如下：一是征收主体不同，前者是本国政府，税收收入归本国所有，后者是外国政府，税收收入归外国所有；二是征收的对象不同，前者针对出口产品，后者针对碳排放企业。总的来说，碳税是本国政府对国内企业征收的税收，而碳关税是外国政府对本国出口产品征收的税收。碳关税作为一种新的贸易壁垒出现，在不同国家的气候变化相关的贸易措施中成为最具争议的一个。从本质上来看，它是一国保护本国贸易的一种政策手段，其目的不仅在于增加国家财政上的收入，更重要的是通过征税措施提高进口产品的成本，以减弱其国际竞争力。同时，碳关税的征收也是为了使各国的减排成本达到均衡，抑制碳排放的增加，对减缓气候变化起到一定的作用。碳关税制度设计的初衷体现为对温室气体过度排放的惩罚，但它又不可避免地成为一种新的贸易壁垒，继而引发新的贸易争端。

# 第三节　全球气候治理行动与制度建设

## 一、全球气候治理的内涵

"治理"（governance）一词在英文中的释义是统治、控制、支配。在全球化深入发展的背景下，尤其是各种全球性问题不断涌现的今天，对"治理"含义的理解已经超越了国内事务管辖的层面，进一步延伸到对全球范围内公共问题的管理协调领域。全球治理委员会（Commission on Global Governance）对"治理"一词进行全新界定："治理是各种公共的或私人的机构管理其共同事务的诸多方式的总和。它是使相互冲突的或不同的利益得以调和并且采取联合行动的持续的过程。治理既包括有权迫使人们服从的正式制度和规则，也包括各种人们同意或符合其利益的非正式的制度安排。"（Commission on Global Governance，1995）治理并非国际社会的常态，尤其是在现阶段主权国家仍是世界政治中最重要行为体的条件下，确立大多数国家都能遵守的通行规则并不容易，特别是在涉及个体利益的敏感领域，对于国际社会面临的公共问题，全球治理的特殊意义与作用就会凸显出来。

全球治理概括如下："通过具有约束力的国际规制解决全球性的冲突、生态、人权、移民、毒品、走私、传染病等问题，以维持正常的国际政治经济秩序。"全球治理的基本构成要素包括治理的价值、治理的规制、治理的主体或基本单元、治理的对象或客体及治理的结果（俞可平，2002）。气候治理是全球治理中的一部分，它包括治理主体、治理对象、治理规则、治理目标、治理成效五个基本要素。气候合作是国际社会处理与气候变化相关的全球政治经济事务的最主要形式，其实现的前提与保障是确立公平的气候制度；任何行动方案与应对计划的实施都要紧紧围绕着气候制度所确立的国际通行规则才能获得最广泛的参与度和合法性，从而构成在气候变化问题上的全球治理初级模型。全球气候治理的主体指的是制定和实施国际气候机制、实施气候治理的组织机构（苏长和，2000）。主要有三类：①各国政府、政府部门及次国家行为体；②国际组织，既包括正式国际组织，如联合国、世界银行、世界贸易组织、国际货币基金组织等，也包括非正式国际组织，如八国集团、二十国集团等；③全球公民社会组织。这三类行为体在全球气候治理中都发挥着重要的作用（O'Neill，2009）。

当然，实践中的气候治理过程更加复杂，除了治理主体、治理规则及治理形式之外，有关治理环境中的大国力量、经济收益、科学认知及社会观念等因素对气候治理的结果也产生了十分突出的影响。全球气候治理的价值即在全球范围内所要达到的气候治理的理想目标。根据IPCC，把温度升高限制在2℃以内可以避免五类与气候变化相关的严重风险，如极端天气事件的风险或大规模自然系统突变的风险等（Commission on Global Governance，1995）。全球气候治理的对象包括已经影响或者将要影响全人类的跨国性气候问题。这些问题很难依靠单个国家得以解决，而必须依靠国际社会的共同努力。

## 二、全球气候治理的制度诉求

国际机制是全球气候治理和制度建设的重要工具。国际机制是指一系列隐含的或明确的原则、规范、规则及决策程序，行为者对某个既定国际关系领域的预期围绕着它们而汇聚在一起。原则是指对事实、因果关系和诚实的信仰；规范是指以权利和义务方式确立的行为标准；规则是指对行动的专门规定和禁止；决策程序是指决定和执行集体选择政策的习惯。从某种意义上说，国际气候治理机制在全球气候治理中处于核心的地位，因为如果没有一套能够为全人类共同遵守、对主要行为体都具有影响力的普遍规范，全球气候治理便无从说起。进一步来讲，有效的制度能够促使经济增长过程中的社会收益率与个人收益率趋于相等，有利于激励人们进行经济活动。所以制定科学、合理的气候制度能够激励各主权国家实现各自利益的最大化，促进各国进行有效的减排活动，致力于进行气候变化的技术创新，进而为全球的减排活动和减排中的技术支持奠定基础。

在减排问题上，发展中国家强调发达国家的历史责任，认为他们必须要为污染债买单；发达国家则认为新兴经济体的排放量在不断攀升，何时出现排放峰值尚不确定，这个强制减排的法律责任不该由发达国家全部承担。在应对气候变化问题上，各国要面对的不仅是承诺之辩，更是利益之争，发达国家和发展中国家之间的意愿分歧将在很大程度上左右着未来全球气候治理进程的态势。虽然国际社会已经越来越认识到全球气候变化问题的严重性与紧迫性，但受各种现实因素的影响，全球气候治理进程并不一帆风顺，这既有气候变化问题本身特殊性的原因，也受气候治理主体多样性和复杂性特点的影响，而唯一能够将问题的困境与主体的难点进行最好契合的途径就是加快国际气候制度的建设与完善，提供更加坚实的制度保障。因此，有效的制度能够规制当前气候变化领域的无序状态，提供一个可操作的、可量化的减排安排，提高制度执行的可行性，从而促进减排的全球化进程，进而为全球气候合作的顺利开展奠定基础。

国际气候制度的根本功能是控制交易成本和提供可靠的信息，从而解决全球气候治理中的市场失灵问题，其具体机制设定的原则、规范、规则和决策程序使得国家在气候制度的框架内的交易成本降低。新自由制度主义界定国家是追求绝对收益的理性自我主义者，只关心自己的得失；承认权力在国际机制中的作用，但认为国际机制是国际关系中的独立变量，强调国际机制在帮助国家实现共同利益中的重大作用；活跃在特定问题领域的国家拥有只能通过合作才能实现的共同利益；认为不确定性是国际机制形成理论的核心，世界政治存在广泛的不确定性。国际机制帮助达成政府之间意愿的契合，通过降低不确定性来促进国际合作。全球气候变化问题上存在着各国的共同利益，基于 20世纪 90 年代国际气候制度的发展，特别是《联合国气候变化框架公约》缔约方会议和秘书处及各种机构的建立，气候变化问题拥有比其他国际性问题更高的互动前景，这使各国代表更有信心坚持对国际气候变化议程的讨论，因此更倾向合作。因此，有效的制度能够对各主权国起到很好的约束作用，各主权国对制度中规定的权利、义务及可排放量的边际有清楚的认识，对未来拥有稳定的预期。通过制度约束，各主权国家产生纠纷的概率也将大幅降低，能够减少交易中的成本，从而提高各主权国家遵守制度的自觉性。

国际气候制度的确立是国际气候合作实现的前提条件。气候变化问题本身具有特殊性：一方面，气候资源作为自然公共物品，表现出明显的外部性和稀缺性特征；另一方面，国家在面对国际社会公共利益时，往往会产生"个体理性行为的总和导致集体非理性的反论问题"，这些情况直接导致国际政治的"市场失灵"现象，即无法在缺少中央权威的国际层面实现资源的有效配置，从而决定应对气候变化的国际集体行动不能自动产生，国际气候合作需要一定的前提条件。从制度化的视角，以国际法的途径，确立相对公平的国际温室气体排放权责分配，是公认的实现国际气候合作的有效途径。国际气候制度的核心是使国际气候治理生效的法律框架。在"国际无政府状态"下，尤其是在"民族国家是国际关系的主要行为体，主权原则仍然是国际关系的基础"的背景下，国际社会应对气候变化的集体行动需要将各国的政治共识上升到国际法的高度，用具有相对强制力的法律规范来约束和要求各行为主体履行应对气候变化集体行动的责任与义务。这既是国际气候制度的核心内容，也是确保国际气候治理活动能够发挥效力的法律基础与原则框架。日益严峻的全球气候变化形势催促了国际气候治理行动的实施，并根据气候治理的现实难度和所能达到的程度，对行动目标予以确认，进而在国际气候制度的法律框架下固定下来，以确保气候治理任务的完成。

## 三、全球气候治理的制度供给

全球气候治理是指在联合国主导下围绕着一系列的国际规则与行动条款，在世界范围内开展的，旨在控制人为因素引起的大气空间二氧化碳增量的国际合作活动。从1988 年联合国环境规划署与世界气象组织共同推动建立 IPCC，到 1992 年《联合国气候变化框架公约》的诞生，再到 1997 年《京都议定书》的通过，直至 2015 年 12 月 12 日达成的《巴黎协定》，集中体现了国际气候治理逐渐清晰的制度化特征与发展方向。

### （一）《联合国气候变化框架公约》

1988 年 12 月，由联合国环境规划署和世界气象组织联合成立的 IPCC 正式运作并对气候变化进行了科学评估，研究分析了气候变化对全球各个国家的政治和经济发展可能产生的影响。最终在 1990 年 12 月，联合国大会决定由 IPCC 负责主导和组织《联合国气候变化框架公约》文本的谈判。1992 年 6 月在联合国环境与发展会议上，154 个国家签署并通过了《联合国气候变化框架公约》，该公约是世界上第一个具有法律约束力的公约（陈迎，2007）。中国是最早参与到公约制定的谈判并最早签署《联合国气候变化框架公约》的国家之一。

《联合国气候变化框架公约》（以下简称《公约》）从 1994 年起正式生效。《公约》包括序言、正文和附件几个部分。其中，正文中的目标、原则及承诺为核心内容。附件包括附件一和附件二，列出了不同类型的国家名单。《公约》在序言中回顾了国际社会应对气候变化问题的历史及所付出的努力，并重申了各缔约方对该问题已经达成的共识：第一，承认气候变化问题及其所带来的负面影响是全人类共同关注的问题，并认为这个全球性问题需要各个国家依据其所具备的条件和能力，广泛开展和积极参与国际合作；第二，阐述了当前气候变化的原因是温室气体排放，而其中大部分的温室气体来自发达国家的历史排放，发达国家应率先采取行动控制温室气体排放；第三，突出气候环境治理的主权原则，根据国际法原则，各国拥有按照本国环境政策处理和开发资源的权利，但应确保在行使该权利时不对他国构成威胁和侵害。

《公约》规定了将大气中的温室气体浓度稳定在防止气候系统受到人为干扰的威胁的水平上。以减少温室气体排放作为目标，力争通过制度的约束将人类活动对气候环境的损害降至最低，以提高环境系统对气候变化的应对能力。《公约》所规定的最终目标是控制大气中的温室气体浓度，"使生态系统能够适应气候变化、确保粮食生产安全并保证经济的可持续发展"。为实现目标，《公约》中列举了气候谈判和减排行动的相关原则，其中包括"共同但有区别的责任"原则、风险预防原则、成本效益原则、国际合作原则、可持续发展原则。《公约》不仅规定了发达国家的减排目标应是将温室气体排放水平恢复到 1990 年水平，还规定了发达国家和发展中国家各自的义务，包括适用于所有缔约方的一般承诺和适用于不同缔约方的具体承诺，将缔约国分为三类，包括附件一的工业化国家、附件二的发达国家和非附件一国家（主要指发展中国家），未被列入附件的发展中国家不需要承担减排义务，目的是保证其经济发展，发达国家要对其减缓和适应气候变化的行动提供资金、技术的支持。《公约》奠定了应对气候变化国际合作的法律基础，是气候谈判中最重要和最基本的框架。尽管《公约》创建了国际社会合作解决气候变化问题的机制，但它并没有对温室气体的排放做出强制性的规定，没有强制执行力。鉴于《公约》规定的不足，且各国出于对气候变化问题的担忧，越来越意识到有必要出台一部具有法律效力的、用来规范各国减排量的国际公约，这促成了 1997 年

《京都议定书》的诞生。

## （二）《京都议定书》

在 1997 年《公约》第三次缔约方会议上，第一份有法律效力的气候法案——《京都议定书》诞生。《京都议定书》为《公约》中规定的"减排义务"创立了具体的实施规则。《京都议定书》延续了《公约》中对南方国家的"特殊待遇"，发达国家的减排指标首次被确定下来，即 2008 年至 2012 年的年平均排放量比 1990 年下降 5.2%，而发展中国家从 2012 年开始承担减排任务。《京都议定书》是应对气候变化领域唯一一个具有强制力的国际条约，是在历史上具有里程碑意义的法律文件。在满足了生效条件后，2005 年《京都议定书》正式生效。《京都议定书》作为《公约》下的续订协议，其目的在于为实现《公约》所确立的应对气候变化最终目标而做出具体的行动安排，并根据"共同但有区别的责任"原则，设定与各缔约方相适应的减排目标。《京都议定书》由正文和两个附件组成，共分为二十八条和 A、B 两个附件，其中附件 A 列出了温室气体种类及排放的经济部门，附件 B 为部分缔约方的量化限制或减少排放的承诺。《京都议定书》设定了各缔约方量化限制和减少排放的目标、政策措施、计算方法、履行减排义务的三种灵活方式、减排信息的通报与审查、资金机制、遵约机制以及以《公约》缔约方会议作为本议定书缔约方会议的相关规定等。

《京都议定书》规定："附件一所列缔约方应个别地或共同地确保其在附件 A 中所列温室气体的人为二氧化碳当量排放总量不超过按照附件 B 所载其量化的限制和减少排放的承诺和根据本条的规定所计算的其分配数量，以使其在 2008 年至 2012 年承诺期内这些气体的全部排放量从 1990 年水平至少减少 5%。"文中提及的"附件一"指的是《公约》的附件一。同时，《京都议定书》还根据这些国家的实际情况，有所区别地对附件一缔约方分配了减排配额。在《京都议定书》附件 B 中就明确规定了附件一所列缔约方不同的量化限制或减少排放的承诺，其中，"奥地利、比利时、保加利亚等 24 个欧盟成员国承诺在 2008~2012 年将其温室气体排放量削减至 1990 年水平之下 8%；美国为 7%；加拿大、匈牙利、日本、波兰为 6%；克罗地亚为 5%；新西兰、俄罗斯和乌克兰与 1990 年排放量持平；而挪威、澳大利亚和冰岛则分别允许比 1990 年排放量增加 1%、8% 和 10%"。这既是对《公约》"共同但有区别的责任"原则的体现，也充分说明了在应对气候变化的全球行动中，各个国家治理主体的复杂性与多样化。

在履约方式上，《京都议定书》提出了三种灵活机制，以促进应对气候变化行动的全球参与和减排目标的实现，即第六条所确立的联合履约、第十二条确立的清洁发展机制及第十七条确立的国际排放贸易机制。其中，联合履约与国际排放贸易机制都是针对发达国家的约束性减排任务而设立的履约方式，即可以通过"联合履约"的这种"集团式"减排来共同完成某一减排目标。清洁发展机制是目前阶段发展中国家唯一可以参与的减排机制，它允许承担减排义务的发达国家在发展中国家投递低碳项目，产生的减排量可以冲抵投资方的减排任务，而发展中国家在合作过程中获得的先进技术与海外资金可用来帮助国内应对气候变化能力建设，从而实现发达国家与发展中国家的双赢。这一机制对促进应对气候变化行动的全球参与发挥了积极作用，因此具有十分重要的应用价值与实践意义。《京都议定书》作为《公约》重要的后续文件，为《公约》所确立的"共同但有区别的责任"等原则的具体落实开辟了有法可依、有规可循的实践渠道，是人类通过有约束力的国际法途径解决全球性问题的重要尝试。

### （三）《巴黎协定》

《京都议定书》的生效将全球气候治理带入新的阶段。在数次联合国气候大会中诞生了如《波恩政治协议》《巴厘路线图》《哥本哈根协议》《坎昆协议》等一系列协定，但由于这些后京都时代的国际气候制度设计都没能跳脱出《京都议定书》的框架，所以未能很好地协调各国的利益诉求（庄贵阳，2008）。在这样的背景下，后京都进程中的联合国框架下多边制度发展缓慢。2015 年在巴黎召开了《公约》第 21 次缔约方大会，将聚焦《京都议定书》的第二承诺期到期后（2020 年以后）的制度安排。由于《京都议定书》的第二承诺期的减排控制范围仅限于全球温室气体排放的 15%，巴黎气候变化大会上，全球气候治理的谈判焦点就在于如何构建一种新的、更有效的应对气候变化国际合作机制。最终会议通过了《巴黎协定》，这一协定是继《公约》和《京都议定书》之后国际社会为应对气候变化行动达成的又一份实质性文件，是国际气候治理的新起点。

《巴黎协定》的成果既包括原则性的、具有长期指导意义的成果，还包括阶段性的成果。按照《巴黎协定》的生效要求，需要至少 55 个国家批准或签署并且排放量份额超过全球的 55%，可见，这是自《京都议定书》之后的又一份具有法律约束力的协定。然而，《巴黎协定》与《京都议定书》又有很多不同之处，体现在以下几个方面：首先，在法律约束力上，和《京都议定书》不同的是，《巴黎协定》未将各国的"国家自主贡献"（the intended nationally determined contributions，INDC）规定在强制性的范围；其次，在覆盖范围上，不同于《京都议定书》的只对发达国家制定减排责任，《巴黎协定》覆盖所有的缔约方；最后，减排目标的提出模式上，《京都议定书》遵循"自上而下"的模式，从规则上直接设定发达国家缔约方的减排目标，而《巴黎协定》拟采用"自下而上"的模式，"这种自主提出减排允诺的方式更契合了政治经济格局与排放发展形势"（邓梁春，2016）。《巴黎协定》的理念有利于形成对各国自主减排的激励，从而对气候治理的国际合作起到全面推动作用。从实质意义上来说，全球气候治理行动寄希望于一套有约束力的制度和相对公平的责任分配方案，从而来应对全球的气候变化。从 IPCC 的建立，到《公约》的诞生和《京都议定书》的通过，直至 2015 年《巴黎协定》的签署，无不凝结了国际社会对良好的气候生态环境和可持续发展目标的渴求，全球气候治理行动逐渐向制度化方向发展。应对气候变化制度是推动全球气候治理的重要动力，其在本质上属于国际法范畴，不仅包括各国共同缔结的国际公约，还涵盖了特定阶段国际社会减缓和适应气候变化的战略和规则。

## ■ 第四节 中国应对全球气候治理的行动和机遇

### 一、基于低碳发展的中国环境制度

#### （一）低碳经济的内涵

"低碳经济"（low-carbon economy）最早见诸 2003 年英国政府发表的能源白皮书《我们能源的未来：创建低碳经济》。该书指出低碳经济是通过更少的自然资源消耗和更少的环境污染，获得更多的经济产出，是创造更高的生活标准和更好的生活质量的途径与机会，也为发展、应用和输出先进技术创造了机会，同时也能创造新的商机和更多的就业机会。国际气候组织在国际气候会议中也多次运用低碳的概念，使得低碳经济理念得到了更多的关注。从经济形态的层面进行概括，低碳经济是绿色生态经济，是低碳产业、低碳技术、低碳生活和低碳发展等经济形态的总称（冯之浚和牛文元，2009），是经济发展的碳排放量、生态环境代价及社会经济成本最低的经济，是一种能够改善地球生态系统自我调节能力的、可持续性很强的经济（方时姣，2010）。从低碳经济的实质内涵进行概括，低碳经济是以低能耗、低污染、低排放为基础的经济模式，其实质是高能源利用效率和清洁能源结构问题，核心是能源技术创新、制度创新和人类生存发展观念的根本性转变，通过减少温室气体排放，减缓全球气候变化，实现经济和社会的清洁发展和可持续发展。低碳经济的发展模式，是一场涉及生产方式、生活方式和价值观念的全球性革命（张坤民，2008）。

#### （二）低碳经济的主要特征

首先，低碳经济最初发端于全球气候变化国际公约，并为各国迅速探索，其涉及的范围也不仅仅局限于应对气候变化的能源利用问题，而且涉及工业技术变革、社会价值理念重构、社会制度创新及社会消费观念的变革等社会政治经济生活的各方面。在纵向方面，低碳经济同以往经济形态不同，更注重于人类代与代之间的可持续性，代际公平、物种之间的公平理念开始进入人类的传统观念。

其次，传统经济形态的变革是人类社会以追求更好的经济物质生活为主要动力，通过改进生产技术来实现的。低碳经济更多地是从改变人类生活环境质量的角度进行的，是对人与自然关系的理性回归。低碳经济以可持续发展理念为产生基础，目的在于保障人与自然秩序的稳定性，实现人类社会发展的可持续性。

最后，与传统经济形态比较，低碳经济所保护的对象是人类和自然的和谐关系，属于人类的公域，调节的是人与自然、人类集体的共存关系。因此，低碳经济发展的目标具有宏观性、基础性、超国家主权性的特点。传统环境问题及其规制大多局限于国内法范畴，而低碳经济发展所应对的气候变化问题发端于国际气候关注，并最初以国际条约的形式实现国家之间的义务分配，在法律属性上属于软法，体现了该问题的超国别特征。

综上所述，低碳经济是指在可持续发展理念指导下，通过社会生产生活技术的低碳化，严格控制温室气体排放总量，在自然生态环境和气候条件可承受范围内最大程度实现经济社会发展的一种经济发展形态。首先，低碳经济属于经济范畴。这是低碳经济的根本属性，低碳经济的发展体现在经济层面上，是生产方式的变革。其次，低碳经济的核心是技术创新问题。这是低碳经济的技术性质。同以往社会文明形态不同，低碳经济社会下的人类生产技术发生了根本性的变革，即技术应用目的除了人自身发展以外还有环境因素的考量，尽管后者的终极目的是实现人的全面发展。最后，低碳经济还是政治问题。低碳经济兴起于经济层面，体现了人类利益价值考量，并会影响到国家政治层面，法律便是其中重要的部分。低碳经济的本质属性反映了低碳经济的多层次性，也反映了其影响的广泛性。

### （三）中国低碳经济的制度安排

中国的环境保护始于 20 世纪 70 年代。长期以来我国一直强调政府在环境保护中的主导作用，因此，环境管理体制也主要根据行政管理制度而建立。中国的环境管理体制有以下两个特点：一是实行中央与地方分级管理，中央政府对环境问题进行宏观管理，地方各级政府，包括省市级对地方环境保护进行统筹管理，县、乡环境保护部门则进行微观管理，这样进行制度设计有利于针对宏观上的某种环境问题进行集中管理，同时也可以就某一具体环境问题由地方环境保护部门根据当地实际情况进行分散管理；二是实行统一监管与部门分管相结合，国家对全国环境保护工作就大方针、政策的制定和贯彻落实进行统一监督管理，其他各级行政主管部门根据自己的职能分工履行部分环境保护管理职责，这既是环境管理工作的综合性和广泛性在环保机构设置上的体现，也是提高环保水平、改善环保质量、强化治污实效的要求（欧阳澍，2011）。尽管我国建立与发展低碳经济相关的气候变化法律制度体系，确立了国际通行的"共同但有区别原则""污染者付费""生态补偿"等一系列基本法律原则，并开始对原有环境法律制度进行修正，但仍然存在一些不足，这在一定程度上制约了我国经济发展模式的转型。

首先，发展低碳经济的专项立法还比较稀少。目前我国低碳经济立法大多基于对大气环境的保护立法，虽在一定程度上与低碳经济发展的法律要求相结合，但是低碳经济的发展涉及社会生产生活的方方面面，因而简单地依靠该类法律规则难以实现全面发展低碳经济的目的。其次，市场调节功能利用有限。目前我国环境法律的实施大多是基于环境的公共行政管理而进行的行政管理，市场调节功能的利用十分有限。尽管市场调节手段在环境保护中有自身不可避免的缺陷，但是运用市场调节手段发展低碳经济的相关制度在国外已经有很多成功的例证，碳交易体制便是其中的典型。因而，如何发挥市场的调节机制是我国环境法律制度构建的重要思考方面。再次，环保机构的设置和权能存在矛盾与冲突。从环境管理体制的实际运行效果来看，统一监督管理与分级、分部门监督管理相结合的管理体制在实践中收效甚微，环境保护部门过多过滥导致职责不清。最后，环境管理体制中相关机制缺失。权力的运行需要一整套良性运行机制予以制约和协调，而我国环境管理体制中存在监督机制缺位的现象。依据监督发生的时间来划分，可以分为事前监督、事中监督和事后监督三种形态。在我国环保工作机制中，大多监督机制属于事后监督。然而纯粹的事后监督毕竟具有滞后性，而环境危害行为一旦实施或者环境危害后果一旦开始显现，这种事后监督就已经于事无补。

## 二、中国碳交易市场机制构建

### （一）排污收费制度与排污权交易制度

1978 年 12 月 31 日，中共中央批转了国务院环境保护领导小组的《环境保护工作汇报要点》，提出"必须把控制污染源的工作作为环境管理的重要内容，排污单位实施排放污染物的收费制度，由环境保护部门会同有关部门规定具体收费办法"。这是第一次正式提出要实施排污收费制度。1982 年 2 月 5 日，国务院批准并发布《征收排污费暂行办法》，对征收排污费的目的、征收对象、征收标准、加收和减收条件、资金管理和使用办法等做出详细规定，并于当年 7 月 1 日起在全国各地全面开展。我国排污许可证制度的建立始于 1988 年国家环境保护局颁布的《水污染物排放许可证管理暂行办法》，该办法对排污申报登记制度、排放许可证制度、监督与管理及处罚细则等做了明确规定，使排污许可证制度有了明确的法律法规依据。排污收费制度是主要的环境保护工具，我国对排污收费制度的基本原则，资金管理使用以及针对环境污染领域的水、空气等设立的具体的规章制度为排污收费制度的实施提供了法律依据。相比较而言，排污许可证制度的开展还只是停留在法律的规定上，只在几个试点城市进行大气污染和水污染领域的摸索实施。

1992 年 6 月 3 日，在巴西的里约热内卢组织召开了联合国环境与发展会议，大会提出环境与人类可持续发展的新战略和新观念，讨论并通过《里约宣言》《21 世纪议程》，我国签署了《联合国气候变化框架公约》和《生物多样性公约》。1996 年国务院召开的第四次全国环境保护会议上，通过《国务院关于环境保护若干问题的决定》，规定"按照'排污费高于污染治理成本'的原则，提高现行排污收费标准，促使污染单位积极治理污染"。1998 年，在杭州、郑州和吉林进行污染物排放总量的排污收费试点。2000 年 4 月 29 日，我国通过了修订的《中华人民共和国大气污染防治法》，对排污收费制度的征收标准和使用监督等进行明确规定，总量收费制度的确定为排污收费制度新的探索实行奠定了坚实的法律基础。2000 年《中华人民共和国大气污染防治法》的实施也确立了大气污染物总量控制和大气污染物排放许可证制度，将酸雨控制区、二氧化碳污染控制区划定为主要大气污染物排放总量控制区，正式核定大气污染物排放总量和核发大气污染物排放许可证，为总量控制的实施奠定法律基础。2001 年起，我国开始排污权交易的试点工作。同年 3 月，国家环境保护总局（以下简称国家环保总局）开始在 131 个城市（包括县级市）和 727 家企业进行二氧化硫排放总量控制及排污交易政策实施的示范工作，为排污权交易的实施积累了丰富的实践经验。

### （二）碳税政策与碳排放权交易试点

2003 年，国家发展计划委员会会同财政部、国家环保总局、国家经济贸易委员会根据《排污费征收使用管理条例》，出台《排污费征收标准管理办法》等相关配套规章政策，使排污收费制度得到逐步完善。排污收费制度已经覆盖废水、废气、废渣、噪声、放射性等五大领域，但是由于收费制度本身的缺陷，对于排污"费"改"税"的呼声已经越来越高。在此背景下，国务院先后于 2007 年 6 月与 2010 年 5 月通过了国家发展和改革委员会同有关部门制定的《节能减排综合性工作方案》和《关于 2010 年深化经济体制改革重点工作意见》，这两份文件都明确提出要"研究开征环境税"。得益于排污费改税政策的推行，我国对征收碳税政策的研究也提上议事日程。2007 年 6 月 3 日，国务院通过了国家发展和改革委员会同有关部门制定的《中国应对气候变化国家方案》，该方案中提到"要充分发挥价格杠杆的作用，形成有利于减缓温室气体排放的体制机制"，提高我国适应气候变化的能力。2007 年 12 月召开的中央经济工作会议和 2011 年的"十二五"规划纲要中均提出要积极应对气候变化，加快财税体制改革，深化资源性产品价格和环保收费改革。上述会议、方案等的核心内容与我国开征碳税的目标相一致，充分的政策支持为我国开征碳税创造了良好的条件。

2002 年 3 月 1 日，国家环保总局规定在江苏、上海、河南、山东、天津、山西、柳州七个省市，开展二氧化硫排放总量及排污权交易试点工作。2008 年，天津排污权交易所、北京环境交易所和上海环境能源交易所相继成立，交易标的物不仅有二氧化硫、化学需氧量等传统污染物，温室气体排放权、经济生产发展机制技术等也有涉及。基于二氧化硫排放权交易试点的实践经验，我国开始了对二氧化碳排放权交易的探索。2007 年 11 月 9 日，在北京正式建立中国清洁发展机制基金及其管理中心。2009 年 3 月底，财政部、国家税务总局联合发文明确了我国清洁发展机制基金及实施清洁发展机制项目企业的所得税减免政策，极大地促进了清洁发展机制在我国的进一步实施。2011 年，"十二五"规划纲要提出"逐步建立碳排放交易市场，推进低碳试点示范"。在该纲要的引导下，2011 年 10 月，国家发展和改革委员会印发《关于开展碳排放权交易试点工作的通知》，批准北京、上海、天津、重庆、湖北、广东和深圳七个省市开展碳排放权交易试点工作，并将 2013~2015 年作为试点阶段。截至 2014 年底，七个省市的碳排放权交易试点全面实施。

### （三）中国碳交易市场现状

我国目前尚未开征碳税，虽然从长远看，征收碳税的负面影响将会不断弱化，但是对中国这样一个发展中国家，通过征收碳税实施温室气体减排，经济代价十分高昂。现有税收体系中的资源税、消费税、增值税、企业所得税及车辆购置税等税种涉及控制二氧化碳排放的内容，但是由于这些税种的征收目的均不是以促进二氧化碳减排为主的，故其对控制二氧化碳排放行为的调控力度相对较小。因此，建立碳交易市场是建设低碳经济的首选之策。碳市场作为一个新型的市场，虽然其市场机制还不够完善，但碳市场能够使碳排放权的分配与碳信用的生产与消费达到成本的有效性，是分配碳排放权、提高能源有效利用率与调节经济的重要手段之一。2011 年 10 月以来，各试点省市为了确保碳交易市场的有效运行，在地方法律法规、总量目标与覆盖范围、测量、报告和核查制度、配额分配、登记注册系统、交易制度、企业遵约机制及保障措施方面进行了相对合理的制度安排和严格的管控措施。北京市发展和改革委员会介绍，经初步测算，通过建立碳排放权交易市场，重点排放单位 2014 年二氧化碳排放量同比降低了 5.96%，协同减排了 2 193 吨 $PM_{10}$ 和 1 462 吨 $PM_{2.5}$，二氧化碳排放量同比下降率及绝对减排量均明显高于上年。深圳 635 家管控企业实现了绝对减排，在工业增加值增长了 1 051 亿元的前提下，碳排放绝对量下降了 383 万吨，下降幅度为 11.7%，超额完成了"十二五"碳排放强度下降要求（刘建梅，2016）。

虽然，各试点省市碳交易的实施带来一定的环境效益和经济效益，但是各碳交易市场的有效性还有待进一步提高。一是我国目前试点阶段碳市场呈现明显的履约期驱动型市场特征，整个交易年度内，只在履约期碳交易量环比大幅增长，履约期前后各碳市场的交易量较小。这一方面反映出我国各试点碳交易市场中履约机构占比较大，自愿参加碳排放权交易的企业数量较少；另一方面也说明控排企业参与碳交易的积极性不高。二是我国目前试点省市碳交易市场参与主体较为单一，控排企业是主要的参与者，机构和个人投资者所占比重较小，主体结构的失衡在很大程度上限制了碳交易市场的活跃程度。三是我国目前各试点省市的政策缺乏稳定性。碳交易市场是政策产物，政策的制定、变动和行政干预等都对碳交易的价格和成交量产生直接影响。由于我国碳交易还处于试点阶段，我国对碳交易政策在应对气候变化中发挥的作用目前尚不明确，试点省市政府对各自碳市场如何过渡到全国性的碳交易市场也不够明朗。四是我国目前各试点省市碳交易的市场化程度不高。市场对碳配额价格的有效反应可以促进企业和社会以更低的成本实现碳减排。我国试点省市政府在碳配额价格、拍卖机制及交易规则等方面的干预以及碳交易平台过多、信息不对称和我国其他限制政策的存在导致碳交易市场化程度不高。

## 三、中国在全球气候治理中的战略对策

第一，健全低碳法律法规。立法是保证低碳经济发展的重要支撑。发展低碳经济，建设低碳社会，立法要先行。英国、美国、日本等发达国家已经有低碳经济的专门立法及与其他相关领域相互配合的法律体系。我国目前已经颁布的低碳经济法律法规还比较零散，没有形成统一完善的体系。建立起完备的低碳经济法律体系之后，最关键的就是法律的实施。为了保证低碳经济法律法规的有效实施，必须建立与低碳经济立法相适应的配套机制，包括推进低碳经济发展的管理机制、监督考察机制，低碳领域的技术创新机制，高能耗、高排放等中小企业员工再就业保障机制，促进低碳经济发展的多元化投入机制，低碳经济法律的宣传教育机制，低碳经济立法效果的评估机制，等等。

第二，制定低碳能源战略。低碳经济的核心是节能减排，关键在于能源利用，包括能源的种类、利用率、污染物排放等。要加强煤炭的清洁化利用。清洁能源的开发和利用既是我国能源结构调整的战略选择，也是减少碳排放的重要途径。短期内煤炭在我国能源结构中具有不可替代的作用，当前应致力于开发清洁煤利用技术，规范煤炭开采，对煤炭进行深加工，将煤炭气化或液化，提高煤炭的利用率。加大太阳能、风能、生物质能、水能、核能等能源的利用，提高新能源和可再生能源的发电比例。制定可再生能源中长期发展规划，加大可再生能源领域投资，加快可再生能源技术开发，实现可再生能源的规模化、产业化发展。同时，要建立低碳节能标准。美国对国内很多行业制定相

关的节能标准，不仅达到了节能减排的目的，还提高了出口产品的国际竞争力。发达国家制定的碳标准、碳关税将成为制约我国产品出口的重要障碍。因此，我国需要在电动汽车及混合动力汽车、家用电器、建筑等方面制定相应的节能标准，提高我国产品的节能效果和出口竞争力。

第三，加快能源与产业结构转型。我国的能源消费结构是制约中国低碳经济发展和制约中国后巴黎时代履约能力的重要因素。因此，推进中国能源体系改革，提高天然气、一次能源等清洁能源在能源消费中的比例，进而建成低碳、高效的现代能源体系至关重要。当前我国的经济发展进入新常态，能源需求的增速有所下降。经济发展新常态下的能源需求放缓将有利于能源结构改革的推进。能源结构改革应从国内能源密集型产业入手，抑制不合理能源需求、控制煤炭消费，建立低碳、高效的能源体系，推进可再生能源在生产和生活中的使用，提高企业获得补贴的标准，提升我国新能源汽车自主研发能力，增加新能源技术在公共汽车和家庭轿车领域的使用率和普及率。

产业结构直接决定能源消费强度和消费弹性的高低，从而影响国民经济对能源的使用效率。产业结构不合理是我国碳排放量不断增加的主要原因之一。中国制造业相对发达，是目前最具竞争力的部门。在国内需求相对不足，必须靠出口拉动经济增长的情况下，中国政府必须以产业结构调控为龙头，通过产业转型升级，转变经济发展方式，实现能源消费、碳排放和经济增长的协调发展。2015 年国务院出台了《中国制造 2025》规划，规划提出要推动传统制造业向中高端发展，降低规模以上单位工业增加值能耗。只有切实推进能源消费结构的低碳化，加快经济结构转型才能完成中国的低碳经济转型，为我国完成国家自主贡献目标提供扎实基础。

第四，进一步完善碳市场机制。国际碳交易和统一碳市场的建立是低碳经济背景下遏制全球变暖的新趋势。根据世界银行测算，全球的碳交易市场规模将于 2020 年达到 3.5 万亿美元，规模可能超过石油市场成为第一大能源和环境权益类衍生品市场。碳市场的核心在于产权明晰、权责明确、分配公平、交易透明、成本有效，以完善的技术、法律和政策为支撑，以实现排放权的确权、分配、交易、履行和处罚为必备的过程和基础。我国应当从建立健全技术支撑体系入手，逐步向市场立法、排放基准设定和排放权分配等法律与政策支撑过渡，稳步推进碳市场的制度建设，就碳市场的模式选择而言，从强制报告与自愿交易的试运行阶段出发，逐步向强制报告和全面交易的正式运行阶段过渡。

《京都议定书》规定先以发达国家和转型国家为全球二氧化碳排放总量的控制对象；欧盟的碳排放交易机制实施初始也是先将几个能源密集型行业纳入控制范围；美国的芝加哥气候交易所规定碳排放交易机制的实施先以一个地区作为其覆盖范围。纵观国际碳排放权交易市场的发展实践经验，考虑到碳排放权交易制度的复杂性，建议我国碳排放权交易的总量控制也应按照渐进性原则，即先以区域为碳配额的首次分配对象，然后再将重点控制行业纳入碳交易体系进行区域内的二次分配，随着碳排放权交易实践经验的不断积累，待发展到一定阶段后逐渐覆盖所有行业。

第五，促进低碳技术自主创新。发展低碳技术是降低能源消耗强度，提高能源利用效率，实现低碳经济转型的重要手段。中国应根据当前低碳经济发展现状，立足自身国情探索不同于发达国家的低碳技术创新模式。在能源开发、能源运输方式和设备利用各个环节进行技术改造，提高能源利用效率。社会经济发展要以资源为基础，与环境承载能力相协调，从而使低碳技术创新的目标朝着高科技、低消耗、低污染方向发展。开展低碳技术国际合作是积极、有效应对全球气候变化的基础。中国要以可持续发展理念为指导，以低碳技术创新为突破口，通过能源产业转型、新能源开发利用等多种手段，在能源使用技术、节能环保技术、能源法律法规建设等方面开展国际合作，与其他国家共同建立一个经济、安全、清洁的全球低碳合作机制。

第六，推动贸易低碳化。气候变化相关的贸易措施尽管推行时间不长，但其对温室气体减排行动和国际贸易却产生了重大的影响。气候变化相关的贸易措施由于其保护性特征，对我国经济、贸易以及气候治理成本等方面都产生了影响，因此，我国应积极应对，推动贸易低碳化。近年来，由于经济的快速发展，我国的温室气体排放量在国际社会中所占的比重逐渐增加，这为我国未来发展带来了严峻的挑战，特别是在国际贸易领域容易受到更多的制约。这就要求我们加快推动转型升级，将气候变化的贸易措施对我国的影响降至最低。尽管贸易措施存在一定的不公平性，但我们不得不承认的事实是，我国出口贸易的碳比重确实过高。未来社会崇尚绿色发展理念，绿色低碳产业将引领未来的经济转型，为此，我国也应把握机遇，努力培养对外贸易的竞争优势，为贸易创造良性的发展空间。

## ■ 参考文献

陈迎. 2007. 国际气候制度的演进及对中国谈判立场的分析. 世界经济与政治，（2）：7，8，54-61.

戴星翼. 1997. 环境资源现代文明的基石. 北京：当代中国出版社.

邓梁春. 2016. 巴黎峰会：一个崭新的里程碑. 中国经济报告，（1）：51.

范允奇. 2012. 我国碳税效应、最优税率和配置机制研究. 首都经济贸易大学博士学位论文.

方时姣. 2010. 绿色经济视野下的低碳经济发展新论. 中国人口·资源与环境，20（4）：8-11.

冯之浚，牛文元. 2009. 低碳经济与科学发展. 中国软科学，（8）：13-19.

葛全胜. 2007. 中国可持续发展总纲（第7卷）. 北京：科学出版社.

国家气候变化对策协调小组办公室，中国21世纪议程管理中心. 2005. 全球气候变化——人类面临的挑战. 北京：商务印书馆.

李爱贞，刘厚凤，张桂芹. 2003. 气候系统变化与人类活动. 北京：气象出版社.

李政军. 2009. 萨缪尔森公共物品的性质及其逻辑蕴涵. 南京师大学报（社会科学版），（5）：47-53，94.

林伯强，李爱军. 2012. 碳关税的合理性何在？ 经济研究，（11）：119-128.

刘建梅. 2016. 经济新常态下碳税与碳排放权交易协调应用政策研究. 中央财经大学博士学位论文.

刘思华. 2001. 绿色经济论. 北京：中国财政经济出版社.

毛锐. 2016. 应对气候变化制度的经济学分析. 吉林大学博士学位论文.

欧阳湾. 2011. 基于低碳发展的我国环境制度架构研究. 中南大学博士学位论文.

普格尔 T，林德特 P. 2001. 国际经济学. 李克宁，译. 北京：经济科学出版社.

《气候变化国家评估报告》编写委员会. 2007. 气候变化国家评估报告. 北京：科学出版社.

秦大河. 2003. 气候变化的实施与影响及对策. 中国科学基金，（1）：1-3.

沈满洪，谢慧明. 2009. 公共物品问题及其解决思路——公共物品理论文献综述. 浙江大学学报（人文社会科学版），39（6）：133-144.

世界环境与发展委员会. 1997. 我们共同的未来. 长春：吉林人民出版社.

苏长和. 2000. 全球公共问题与国际合作：一种制度的分析. 上海：上海人民出版社.

王许. 2015. 市场势力、交易费用与碳市场有效性的实证研究. 吉林大学博士学位论文.

西蒙 J L. 1985. 没有极限的增长. 黄江南，朱嘉明，译. 成都：四川人民出版社.

邢丽. 2010. 碳税的国际协调. 北京：中国财政经济出版社.

徐再荣. 2007. 全球环境问题与国际回应. 北京：中国环境科学出版社.

杨泽伟. 2011. 碳排放权：一种新的发展权. 浙江大学学报（人文社会科学版），41（3）：40-49.

俞可平. 2002. 全球治理引论. 马克思主义与现实，（1）：20-32.

臧旭恒，曲创. 2004. 从客观属性到宪政决策——论"公共物品"概念的发展与演变. 山东大学学报（哲学社会科学版），（2）：37-44.

张宏军. 2007. 西方外部性理论研究述评. 经济问题，（2）：16-18.

张坤民. 2008. 低碳世界中的中国：地位、挑战与战略. 中国人口·资源与环境，18（3）：1-7.

庄贵阳. 2008. 后京都时代国际气候治理与中国的战略选择. 世界经济与政治，（8）：5，8-17.

IPCC. 2007. 政府间气候变化专门委员会第四次评估报告第一、第二和第三工作组的报告.

Commission on Global Governance. 1995. Our Global Neighborhood. Oxford：Oxford University Press.

Neumayer E. 2000. Scarce or abundant? The economics of natural resource availability. Journal of Economic Surveys，14（3）：307-335.

O'Neill K. 2009. The Environment and International Relations. Cambridge：Cambridge University Press.

# 第十四章

# 生态现代化发展与中国生态文明
# 制度建设

环境问题正以前所未有的广度、深度和强度影响着人类社会，无论是发达国家还是发展中国家，都身处其中。环境并不是现代社会发展轨道偶然的意外结果，相反正是经济和社会发展的现代性，应该为环境问题负责。为此，本章在深入思考经济和社会发展模式的内在联系的基础上，通过对资源与环境、社会关系认知的分析，探索实现经济和社会可持续发展的理论发展脉络。随着环境污染问题日益突显，环境治理的途径呈现多元化，环境研究得到政治学者的关注，环境政治学在 20 世纪 60 年代应运而生。随后，环境社会学对环境治理给予充分关注。随着生态现代化的发展，我国对环境与社会发展的关系的认知逐步深入，尤其是党的十七大提出的"生态文明"理念，为未来中国环境制度的发展指明了方向。

## ■ 第一节　生态现代化的世界发展

### 一、环境政治学的发展

20 世纪中叶以来，随着工业文明的快速发展，西方发达国家面临着严重的环境污染和生态破坏问题。自 1962 年美国海洋生物学家蕾切尔·卡逊出版《寂静的春天》开始，人类的环保意识逐步觉醒。1972 年，罗马俱乐部的第一份研究报告《增长的极限》明确指出：基于以往过快的工业和人口增长对资源的消耗，人类发展将在 21 世纪的某个时刻达到地球承载能力的极限。同年 6 月召开的联合国人类环境会议上，通过了《联合国人类环境会议宣言》，并发表了非正式报告《只有一个地球》，以唤起世界对生态环境问题的关注。随着西方一些国家民众的环境意识逐渐觉醒，他们走上街头，掀起了大规模的群众运动，以抗议政府对环境治理的不力。并且，这些抗议也很快得到了世界其他国家民众的积极响应，从而拉开了全球性的生态政治运动的序幕。全球环境问题已经引起人们的普遍关注，有学者把环境治理与政治学结合起来，从政治视角研究环境问题，从而促进了环境政治学的发展。

早期的文献研究发现，在 19 世纪，马克思、迪尔凯姆和韦伯已经将环境因素纳入他们的分析框架中，并从多方面对其进行论述。马克思把未来社会的原则确定为社会与人的全面发展，其实现条件是生产力的高度发达的社会化大生产基础上的人人平等（冯霞，2008）。马克思通过对资本主义社会的考察，发展出较为系统的关于环境议题的社会生态代谢思想。社会生态代谢是马克思环境思想的核心。马克思用代谢来描述人类通过劳动与自然建立的联系："劳动首先是人类与自然发生联系的过程，通过这个过程，人类用行动调节、管理和控制自身与自然的代谢。他把物质视为自然的力量，他用身体、手臂、腿、头和手来动员自然的力量，以使自然中的物质满足他自身的需要。他在作用于和改变外部自然的时候，同时也改变了他自身……劳动过程是人类与自然代谢互动的普遍形式，也是人类生存于自然中的一个方式。"（Marx，1867）也就是说，劳动过程从来都不会脱离自然本身的财富创造潜力，这也正是人类与自然之间复杂和动态的内在交换关系的体现。劳动过程是"生产使用价值的有目的行为。它是人类为了满足自身需要而对自然资源的利用。这是人类与自然资源之间新陈代谢互动关系的普遍情况"（Marx，1867）。自然是人类的无机体，在资本主义生产方式下，人类与这个无机体之间的关系被劳动过程所否定。这种否定体现如下：自然变成了这种"异化工作"的纯粹原材料和一系列输入。它不再被视为是有自身权利的，而是变成人类达成目标的手段。这个异化还导致人类对精神或者审美需要的否定。进一步来说，人类对自然的疏离意味着他们对自身赖以繁荣的生物物理资源的轻视，以及对人类与这个系统的关系的麻木。

有着"资产阶级的马克思"之称的韦伯，"是以一位对马克思的资产阶级回应者的面目，出现在社会科学领域中的"。同马克思一样，他也是要探究资本主义或现代性所面临的困境；但"马克思的主要兴趣在于两个阶级的利益冲突，韦伯的兴趣则主要在于具体社会组织形态"。因此，不同于马克思的基于无产阶级立场最终走向无产阶级革命的方案，韦伯则站在资产阶级立场捍卫资本主义的现代性成果："他对理性和自由事业的深刻信仰，指导了他对研究课题的选择。他的研究结论也是十分明确的，即西方世界的理性和自由正处于危险之中……韦伯也是为了在充分探究启蒙运动遗产的历史前提之后来捍卫这份伟大的遗产。"在具体的研究路径上，韦伯与马克思也不尽相同。韦伯对资本主义和现代性的理解不同于马克思是显见不争的：不同于马克思，韦伯的基本问题是要回答——正如他本人所说的那样——为什么"在——且仅在——西方世界，曾出现（至少我们认为）具有普遍性意义及价值之发展方向的某些文化现象"。他最终以宗教社会学的研究为起点，并将其同文化与社会的合理化现象联系起来，即通过从宗教向度对"世界观"之合理化的探究，再通过"从文化合理化转向社会合理化"，进而形成对资本主义社会在西方兴起的解释。韦伯运用历史和比较方法，考虑了环境因素在历史进程中的作用，这些因素"通过挑选一定的阶层并使他们生存下来，以影响复杂的社会"。他在强调社会行动者和价值的同时，也主张"文化根源于自然（如果不是被自然决定），若是把社会的发展从自然界的因果关系中脱离出来，将会导致理想类型与理论知识同经验现实的不相对照"，因此，"理解人类行动的意图也需要关注自然和生态系统对社会行动的影响"（Albrow，1990）。

作为社会学家的韦伯则认为，实现现代化的基本途径不外是社会化的大生产和市场经济，社会化大生产会造成社会阶层的等级制，市场经济的基本法则也会造成优胜劣汰的市场理性，这两者是实现现代化过程中违反人性和侵犯平等却又无法规避的伴生物，是任何国家实现现代化都必须面对的一道难题（冯霞，2008）。在韦伯看来，社会科学绝不可能是自然科学或者经济科学的扩充，因为"社会"是一个新的领域，其新意具体体现如下：与自然科学关注的"同质连续性"不同，这门科学关注的是个别的历史"切片"、"断面"或者"快照"；与历史科学关注的"异质间断性"不同，它又想为这种"个别性"确立某种因果规律，即确立历史个体的因果性（West，1984）。

环境不仅包括非人类的自然环境，也包括人造环境和社会环境。环境不仅包括19世纪和20世纪初欧美所认定的自然、荒野、非人类的动物、海洋、森林等内容，还包括人类生活、工作、学习、祈祷和玩耍的场所。事实上，正是人与人之间的不平等引起和强化了环境问题。马克思和韦伯著作中包含生态学的论述，强调生态问题嵌入了资本主义社会不平等的政治经济体系和权力结构，这为环境社会学提供了极大的支持。马克思和韦伯深切关注现代性、资本主义文化和制度对边缘群体、生态体系和未来民主制度的消极影响。他们强调，掌握国家、企业和官僚机构权力的人，对其他群体所施加的影响之大，也许仅有人类施加于非人类领域所造成的影响可比拟。

迪尔凯姆（2000）运用生物学概念来呈现关于社会进化和团结的理论，他更加关注的是能够将个体维系起来的社会纽带。他认为，没有约束的人口增长给生态资源带来越来越大的压力，导致了一种特别的劳动分工。他认为"社会团结本身是一种整体上的道德现象"，在一个社会中形成一套共同价值和信仰是十分重要的，"每一种强烈的意识都是生活的源泉，都是我们整个生命活力的基本要素"。迪尔凯姆认为，"如果人们相互结成一个共同体，并在其中感受到了某种信念或感情，那么这种信念和感情会给我们带来多么大的力量啊"，"相反的意识总是相互消除，而相同的意识则总是相互融通，相互壮大；相反的意识总是相互消解，相同的意识总是相互加强"。正是"社会成员平均具有的信仰和感情的总和，构成了他们自身明确的生活体系"，即迪尔凯姆所说的"具有道德特性的集体意识或共同意识"。"一种具有机械团结特性的社会结构是存在的，它就是由彼此相似的同质环节共同构成的一个体系"，"由团结产生的社会关系的紧密程度主要取决于以下三个条件：①共同意识与个人意识之间的关系。前者越是能够全面地涵盖后者，社会关系就越紧密。②集体意识的平均强度。如果个人意识和共同意识是对等的，那么共同意识越有活力，它对个人的作用就越强。相反，如果共同意识软弱无力，那么它也只能软弱无力地把个人带到集体的方向上去，这样，个人就很容易另谋出路，社会团结也会松垮下来。③集体意识的确定程度。实际上，信仰和行动越是界限分明，越不会给个人留有背离这些规定的余地"（迪尔凯姆，2000）。"集体意识"，就是"一般社会成员共同的信仰和情感的总和"，这一总和形成一个具有生命的体系。集体意识包括宗教、信仰、行为规范、价值目标、道德标准等，它是维系社会的最主要因素。迪尔凯姆认为只有社会成员间存在一定的向心力（即"团结"），作为成员集合体的社会才能存在。集体良知是形成良善社会的精神基础，而"集体良知的摧毁也就是社会自身的摧毁"。社会的核心价值就是"集体意识"的内核。它并不仅仅是官方的意识形态，而是一套被广泛认同并践行的信念、原则和规范，是把社会中每一个个体凝聚在一起的普适理念和信仰。它既对人民具有精神凝聚力，同时又为国家制度提供法理性和伦理性的支持。在他最著名的《社会分工论》中，在解释人类从机械团结社会向有机团结社会转型时，他使用了人口密度、资源缺乏和生存竞争，这些后来被称为人类生态学理论视角的主要变量。

我们越来越清晰地认识到，当今人类面临的生态环境问题不仅是经济问题、文化问题、技术问题，更是一个政治问题。生态环境问题关乎国计民生，影响人类的全局性、根本性和长远性的利益，是一个重大的政治问题。政治的含义众多，我们把生态环境问题理解为一个政治问题，不可能体现每一个政治含义的题中应有之义，而是更多地体现在某些广义的政治观的理解上。具体而言，把生态环境问题理解为一个政治问题，有以下几方面原因。

第一，生态环境污染，是最典型的公共产品问题。生态环境问题关乎国计民生，在它影响到人类全局性、根本性和长远性利益的时候，就已经成为一个政治问题了。在西方，生态政治的研究是为了应对并解决日益严重的生态危机而展开的。从雷切尔·卡逊出版了《寂静的春天》开始，西方的生态政治理论的研究逐步兴起，研究人员不断增多，致力于生态政治研究的相关机构也大量涌现，其中尤以罗马俱乐部最为著名。罗马俱乐部于1972年公开发表了研究报告《增长的极限》，指出地球资源将无法承受由过快的经济增长和人口增长所带来的消耗，人类的发展将在21世纪的某个时候达到地球的极限。康芒纳（1997）的《封闭的循环——自然、人和技术》认为，环境危机的根源不在于经济增长本身，而在于造成这种增长的现代技术，要克服这种技术上的缺陷，必须树立生态学的观点。作者进一步指出，要解决环境危机，人类要进行各种社会变革，采取有效的自觉的社会行动，"因为环境危机是社会对世界资源错误管理的结果，所以当人类的社会组织与生态圈取得和谐一致时，环境危机就可以得到解决，人类也就可以以一种人道的状态幸存了"。

生态主义是一种不同于21世纪初其他竞争性政治意识形态的独立政治理论。20世纪七八十年代，西方资本主义国家普遍遭遇经济衰退、生态恶化、核战争危机等困境，生态主义作为一种探索危机解救之道的政治思潮应运而生。多布森（2005）作为生态自治主义的代表，在其著作《绿色政治思想》中系统分析生态主义与其他政治意识形态的关系、激进与改革主义的绿色传统之间的差异及如何实现绿色社会变革等。生态主义以人与自然的关系为研究对象，强调宇宙的整体性，要求作为宇宙整体要素之一的人类应平等对待其他要素；同时质疑强人类中心主义，认同增长极限，追求人与自然和谐的可持续社会的到来；在变革措施上，崇尚激进主义，否定工业资本主义的价值体系及其制度，要求彻底改变资本主义制度及其生产和生活方式，最终建立一个政治、经济、知识等各层面都已重构的自然和社会生态平衡的"绿色社会"。

20 世纪 80 年代后，生态政治理论的研究进入一个深化和繁荣阶段。1981 年，莱斯特·布朗出版《建设一个可持续发展的社会》，第一次明确提出了可持续社会概念。1987 年，世界环境与发展委员会发布了由布伦特兰夫人主持的报告《我们共同的未来》，第一次明确提出并界定"可持续发展"的含义，其作为一个人类可持续发展的国际性宣言，为各国采取一致的可持续行动奠定了基础。随着理论研究的进一步推进，生态政治理论基于不同的哲学基础进行了分化，总体上可以分为两类：一类是基于生态中心主义的"深绿"生态政治理论，也称生态自治主义；另一类是基于人类中心主义的"浅绿"和"红绿"生态政治理论。多布森则将其分为"生态主义"和"环境主义"的区别。

科尔曼（2002）在《生态政治——建设一个绿色社会》中明确提出，环境灾难的真正原因深深扎根于人类事务的政治之中，化解之道也自然在其中，他认为要通过确立健全的价值观，加强参与型基层民主建设及进行广泛的弘扬合作与社群精神的改造运动，以建设一个绿色的社会。政治是具有公共性的，无论是在无阶级社会还是在阶级社会，政治都会体现程度不同的公共性。在阶级社会，政治的实质是具有不同利益的阶级之间的斗争，具有阶级性，但即便如此，国家也不会仅执行政治上的统治职能，而是要以执行社会职能为基础，并且政治统治只有在它执行了某种社会职能时才能维持下去。当国家执行社会职能的时候，实际上实现的就是社会的公共利益，是政治的公共性的体现。所以，"政府职能作为国家政权的具体运作，具有两重性：一是直接服务于统治阶级利益的政治统治职能；二是从社会公共利益出发所履行的社会管理职能。社会管理职能的履行代表社会公共利益，以公共目标为依归，并不单纯服务于统治阶级的特殊利益"。理解生态环境问题也是一个政治问题，先要理解什么是政治。关于政治，历史上的思想家和政治学家给出的答案是五花八门的。由于人们在不同的时代所面临的主要问题是不同的，故需要政治发挥作用的侧重点、着力点就会有所不同，所以当人们通过政治进行解释时，环境政治学还不是一个真正成熟的政治学理论或分支学科。这是基于理论自身方面的考虑，在经过 20 世纪 60 年代末以来近四十年努力之后，它仍未令人信服地阐明，作为现代化生产生活方式之上层建筑对应物的现代民主制与人类生态环境危机之间，究竟是一种什么性质的关系（郇庆治，2010）。

第二，生态环境与政治相互作用，相互影响，生态环境问题的产生和解决都跟政治有关。人是生活在自然中的，人来自自然，依赖于自然，人的活动受到自然环境的影响和制约。同时，人又组成了社会，任何人都是生活在一定社会中的人，人和人之间形成了各种各样的具体的社会关系，人又要受到社会关系的制约。"自然-人-社会"就构成了一个相互关联、相互作用的有机统一整体。在这个系统中，人与自然之间的关系和人与人之间的关系是彼此共生、相互影响的。除了人类社会的经济、政治和文化之间本身所具有的联系外，它们的状况都会影响人类所处的自然环境的状况；反过来说，自然环境的状况同样也会影响人类的经济、政治和文化。就生态环境与政治的关系而言，虽然不能说生态环境的状况决定一定社会的政治状况，但对政治造成的多方面影响却是显而易见的。一定的生态环境会影响国家的政治稳定、政治决策、政治体制、环境外交及公民的政治参与等，而不同的政治决策、政治体制等又会导致不同的生态环境状况。

生态环境与政治的联系、互动程度随着生态环境问题的逐步恶化而呈现出不断加深的现象。生态环境问题的出现是人类出于自利和贪婪不合理地盲目改造自然的结果，体现的是人与自然之间的一种紧张化和尖锐化关系，而政治体现的则是人与人之间的关系。人与自然关系的对立和紧张会造成人与人关系的对立和紧张，而人与人关系的不和谐也必然造成人与自然关系的不和谐。生态环境问题也是一个政治问题。当今社会，生态环境问题的产生固然有很多的因素，是"世界问题复合体"，但政治因素无疑是一种影响十分重大、深远的因素。在不科学的政治决策的影响下，在不合理的政治制度的安排和激励下，追求着自身利益的人们都以各种各样的方式剥夺、践踏着自然环境。"生态危机从其本质上看，是人类政治制度的危机、政治决策的危机、政治实践的危机、政治行为的危机及政治文化的危机等交织在一起的一系列综合性的危机所导致的并发症"。生态环境问题的产生有其政治根源，因此，生态环境问题的最终解决也必须上升到政治的高度。从西方国家的生态政治运动可以看到，生态问题的政治化，特别是国际政治化，已经历了几十年的发展过程，并且其程度还在日益加深。生态环境问题正不断从政府决策的边缘转向中心，西方国家的生态政治运动正处在蓬勃的发展中。

## 二、环境社会学的发展

20 世纪 60 年代以后，由于工业化和城市化进程的迅猛发展，西方工业国家环境问题层出不穷，人类社会开始感受到自身生存面临的威胁。由此而引发的民众环境意识普遍觉醒和环保运动的发展壮大给各国社会和国际社会带来了一系列变化，如一些国家相继出台有关环境保护的法律法规、政党的政治倾向逐步向环保倾斜及国家间与环境问题相关的协商会议也日益增多。进入 90 年代，环境保护已经从科学家和民众的呼声变为大多数国家领导人的共识，至此，整个世界都围绕着环境问题发生了深刻的变化。以研究当代问题为主的社会学界同样密切关注着由环境问题导致的种种社会问题。社会学的分支学科——环境社会学就在这种背景下应运而生。

1978 年，美国社会学家 R. E. 邓拉普和 W. R. 卡顿撰写的论文"环境社会学：一个新的范式"的公开发表，标志着环境社会学的正式形成。两位学者向传统社会学的基本范式提出了挑战，创造了"新生态范式"的理念。在此之前，西方传统社会学中也存在着一些资源环境管理方面的浅显研究，如荒野、森林的合理利用和保护及社会效用等，但这只能算作"环境问题的社会学"。一个新学科的成立在某种程度上首先取决于学术团体和组织的产生和发展：1974 年美国社会问题研究委员会率先成立了环境社会学特别委员会，1975 年美国社会学协会也成立了环境社会学分会。这些学术机构的成立标志着环境社会学作为一门新兴学科已经得到社会的承认。新生态范式是邓拉普和卡顿提出的，具有激进的生态中心主义色彩的观点。新生态范式偏离了传统社会学"社会事实只能被其他的社会事实所解释"的原则，以生态环境为中心，形成关于社会与环境互动关系的新分析框架，提出"环境三维竞争功能"理念，指出环境对人类有三种功能：其一，为人类和其他生物提供生存空间；其二，为人类和其他生物提供生存资源；其三，为各类废品和污染物提供储存空间。但是，某一环境功能的过度使用，将会限制其他功能的正常发挥，而且人类活动的巨大影响会在不同程度上破坏环境履行其三种功能的能力，并使某种功能或全部功能变成危害人类和生态系统的反功能。当今的环境问题，正是环境三种功能间矛盾的解决和协调出现了障碍所致。

从此，环境社会学的研究，从工业化污染治理转向人类可持续发展研究。美国社会学家 A. 施耐伯格于 1980 年提出"苦役踏车"理论，该理论揭示人类社会与环境的冲突。工业社会发展的中心动力是持续的经济增长。工业社会的经济增长，形成了大量生产—大量消费—大量废弃这一资本主义市场经济运行怪圈，即施耐伯格的"苦役踏车"。由于不可再生资源被毫无节制地消耗，经济快速增长必定带来生态环境的破坏。施耐伯格认为，出现这种"苦役踏车"式恶性循环的深层原因，在于经济政策和制度。如果这种结构性因素和机制没有改变，环境问题就不可能得到彻底解决。关于环境与社会关系的现状与未来，施耐伯格给出了三种可能性：一是"经济综合系统"，即最大限度地追求经济增长，忽视经济增长与资源环境之间的矛盾；二是"管理综合系统"，即尝试通过管理去控制那些危害人类健康和生态系统的生产行为；三是"生态综合系统"，即对社会生产和消费采取特定的控制和削减措施，并使用可再生资源来降低环境破坏和资源锐减的程度，从而使经济发展具有可持续性（赵晓红，2007）。

环境社会学着重研究环境与人类社会之间的互动关系。环境社会学的研究对象，一般认为应当围绕环境问题的社会原因和社会影响来进行（赵晓红，2007）。环境社会学的具体研究领域应当包括：①政府、企业和组织对环境问题的反应；②人类对自然灾害和环境灾难的反应；③环境问题社会影响评估；④能源及其他资源短缺的社会影响；⑤社会不平等与环境风险之间的关系；⑥公众意识、环境主义和环境运动；⑦环境问题及政策的国家比较；⑧对公众环境态度变化的调查；⑨与环境相关的大规模社会变迁；⑩人口增长、贫富差距与环境的关系。环境社会学不但要研究环境与社会的一般关系，而且要了解环境与社会相互影响、制约、作用的机制，从而探讨决定人类在环境问题上的行为的价值观、道德观和思想根源。

## 三、生态现代化的发展

### （一）生态现代化的内涵演进

生态指生物在一定的自然环境下生存和发展的状态，是人类与物理和生物环境之间的关系。生物圈指地球表面有生命的地带，包括地球上一切生命有机体植物、动物和微生物及其赖以生存和发展的环境空气、水、岩石、土壤等。生物群落与环境之间及生物群落内部通过能量流动和物质循环形成的一个统一整体，即生态系统。生态系统很多，生物圈是地球上最大的生态系统；生物圈的安全是所有生命生存与发展的依靠和基础。当下，人类的行为已经导致生态系统的大规模破坏，人类与自然界越来越处于一个不平衡、不健康、不正常的互动关系，甚至可能发生生态灭绝。人类已经走到一个十字路口——生存还是死亡。

生态现代化概念是德国环境社会学家约瑟夫·胡伯于 20 世纪 80 年代初提出来的，

用以指称经济重构的绿色转折，其政策主张从改变经济社会发展模式出发，协调经济发展与环境改善，最终达至经济增长与环境保护的双赢局面（马国栋，2014）。生态现代化理论，是对西方在现代化进程中产生的环境问题所做出的一种理论回应，强调在经济发展与环境保护之间寻求一种平衡。按照胡伯的定义：生态现代化是发挥生态优势的现代化进程，生态现代化能够实现经济发展与环境保护的双赢。耶内克、西蒙斯、科恩等学者在胡伯思想的基础上，将生态现代化理论进行了深入的扩展性研究。

生态现代化理论与方法的基本含义是，通过政策推动的技术革新和现有的成熟的市场机制，通过市场机制和技术创新，促进工业生产率的提高和经济结构的升级，取得经济发展和环境改善的双赢（郇庆治和耶内克，2010）。生态现代化的核心是技术革新、市场机制、环境政策与预防理念（郇庆治和耶内克，2010），也有学者认为，生态现代化在传统视角下研究核心应为社会实践、体制规划、社会政策与政策话语等（王宏斌，2014）。

摩尔（Mol）从三个方面对生态现代化的理论内涵加以阐释，进一步明晰和解释生态现代化理论。第一，生态现代化的概念应当运用于社会理论的探讨中，其范围从环境社会学到关于现代性和后现代性等更宽泛的理论。第二，通过社会科学家对 20 世纪80~90 年代的环境治理及治理的变化特点的分析，生态现代化是作为一个新的政策范例展现出来的。第三，20 世纪末期，工业化国家为了解决所面临的生态问题，将生态现代化作为环境和经济政策设计的理论依据。生态现代化理论与方法存在以下局限性：一方面，虽然大多数国家都制定了可持续发展战略，但只有 12%左右真正进入落实阶段；另一方面，环境保护带来的局部改善往往会被随后的经济增长过程所抵消，导致经济发展的"N"形曲线困境。由于经济增长的"N"形曲线困境和生态现代化失利者的强力抵制，经济增长的环境问题的结构性解决不可或缺。生态革新应该以管理的转型或环境政策的生态化结构性转变为支撑（表 14.1）。

**表 14.1　一种明智的和有利于革新的环境规制框架的构成要素**

| |
|---|
| 政策工具是有利于革新的，如果它们提供经济激励 |
| 整合多重因素一起行动 |
| 是建立在战略性计划和目标基础上的 |
| 把革新作为一个过程，考虑到革新和扩散的不同阶段 |
| 一种政策风格是有利于革新的，如果它是建立在对话和共识基础上的 |
| 可计算的、可依赖的及具有连续性 |
| 决定性的、积极主动的、严格要求的 |
| 开发和灵活的 |
| 以管理为导向的 |
| 一种行为体结构是有利于革新的，如果它有助于水平和纵向政策一体化 |
| 各种各样的规制目标是网络状的 |
| 管理者与被管理者之间的关系网是紧密的 |
| 有关的利益相关方都括在政策网络中 |

资料来源：耶内克和雅各布（2012）

从经济学意义上而言，如果现代化可以看作一个产品和生产过程系统的、以知识为基础的提高过程，"生态现代化（ecological modernization）这一概念则描述了一种以技术为基础的环境政策。'生态现代化'不同于纯粹的末端治理环境管理方式，它包括能够促进生态革新并使这些革新得以扩散的所有措施"（耶内克和雅各布，2012）。生态现代化意图通过环境技术革新而促成一种更加环境友好型经济的发展。生态现代化治理方式发展的要旨是通过环境政策设计推进环境友好型技术创新。生态现代化大致有以下几层含义：首先，生态现代化作为一种结果和目标指的是生态型的现代化。所指的现代化社会不仅有着发达的经济水平、高素质的人群和合理高效的社会架构，同时还应具备良好的生态环境。其次，生态现代化作为一种过程指的是生态化的现代化，即现代化进程同时也是生态理念的贯彻、生态工程技术的广泛应用及生态环境保护和建设的过程。最后，生态环境在社会复杂的系统中并非孤立的要素，作为人类生存、发展的空间和物质载体，它与经济、社会等要素相互渗透、相互促进、相互制约。生态现代化的核心是预防、创新和结构转变，它有六个要点：第一，是现代工业社会的持续生态重构，这种生态重构是生态和环境意识引发的社会实践与制度的转型和改革；第二，在生态重构中充分发挥现代科技和市场经济的联合作用；第三，正确看待环境挑战，环境挑战既是危，也是机；第四，建立新的环境议程，解决经济增长和相应环境管理的常规矛盾；第五，建立具有前瞻性和预防性的环境政策，在推动环境改革的进程中坚持预防性原则；第六，建立参与式的战略环境管理。国家在生态现代化发展中起着举足轻重的作用。在环境革新的政治竞争中，明智的规制发挥至关重要的作用。

耶内克和雅各布（2012）认为，环境革新领导型市场具有如下特征："被设计用来满足某一地方需求偏好和条件的产品或生产过程的革新，也能够被引入其他地理范围的市场之中，并且能够在没有进行太多改变的情况下被成功地商业化。"先驱国家要倡导一种规制趋势，需要一种特定的远见卓识，即"一个社会鉴别和解决环境问题的能力"。先驱国家的政策革新必须是一种能够导致国际政治议程的政策建议，国际制度扮演一个重要角色。环境政策领域的先驱国家的最关键特征是"一个强有力的绿色倡议联盟具有足够熟练的技巧去利用一种机会结构以及情势性机会"。环境管理部门的实力和权限，还有环境运动的组织化力量和专业性，是先驱国家的重要特征。对话和共识文化是成功的环境政策的一个重要条件，这对于创建一个广泛的生态现代化联盟似乎特别重要。耶内克和雅各布（2012）给出环境政策领域先驱者的因果关系漏斗，如图14.1所示。

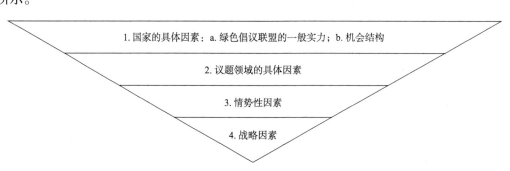

图 14.1　环境政策领域先驱者的因果关系漏斗

资料来源：耶内克和雅各布（2012）

### （二）生态现代化发展的经验启示

20 世纪 80 年代早期，少数西欧国家（如德国、荷兰和英国），首次提出生态现代化理论（Mol，2001）。生态现代化理论主要以欧洲经验为基础，描述一种新模式，这种经济和环境的双赢模式，追求经济增长与环境保护相互协调，经济增长与环境退化脱钩，追求经济有效、社会公正和环境友好的发展。生态现代化作为 20 世纪八九十年代以来盛行的现代环境治理理论，其成功的经验在于利用现有成熟的市场机制、实施预防为主的环境政策、依靠技术革新和实现渐进式变革（乔永平，2014）。同时，也存在诸如执行赤字、无力解决持久性环境难题、"N"形曲线困境、地域局限性和缺乏全球正义等缺陷。在工业化和现代化的背景下，生态现代化理论倡导一种积极乐观的态度。尽管生态现代化理论存在着几种思想流派，但其主要的理论观点还是倾向生态现代化理论的积极作用，强调利用技术的进步性、潜在性和可替代性，来解决工业化和现代化过程中所引发的环境问题。例如，在"社会—经济"背景和条件下，技术对一些环保材料的创新与应用，减少了原有环境有害物质的排放和流动。另外，生态现代化理论的提出，符合当下经济社会发展与环境保护之间协同共进的要求。第一，生态现代化是一种环境社会学理论，提供环境改革的一种社会学解释；第二，生态现代化是理解和分析技术密集的环境政策和生态转型的新范式；第三，生态现代化是对发达国家 20 世纪 80 年代以来环境和经济改革相关进步的真实反映；第四，生态现代化是一种社会变迁理论，描述环境意识引发的经济和社会转型过程，包括生产和消费模式、环境和经济政策、现代科技、政府管理和现代制度的生态转变等（孔繁德等，2007）。

多年来，生态现代化理论一直面临着来自不同理论观点的各种挑战，对生态现代化的理论批评也从未停止过。就连耶内克也承认外部环境和理论自身两个方面的原因使得"生态现代化"理论与方法对于实现一种长期可持续绿色发展具有很大的局限性，即使在西方发达国家内部，无论是"明智的"环境管治还是一般意义上的环境管治都不是政府政策的主导方面，而这在全球层面上更加严重。特别是结构性变革的方案不能依赖一种"生态现代化"战略，因为既存的问题不能通过可以市场化的技术革新来解决。所以生态现代化尽管有其巨大的环境改善潜能，但它不足以提供环境的长期稳定或可持续性。

目前来看，生态现代化理论作为一种分析框架，已进入一种具体化、行业化的过程。进入 21 世纪以来，依靠自身的实践性和特有的适应性，该理论被全球许多国家应用于实践过程，如美国、日本、澳大利亚等国家，各个国家对此也确立了不同的研究主体，且开始具有针对性地进行深入研究（郭熙保和杨开泰，2006）。

学界对于生态现代化的概念还没有形成一个明确的范畴。狭义的生态现代化只关注技术过程，以及对技术过程的规制和经济控制等；而广义的生态现代化还应包括更为广泛的政治和文化层面，甚至可以归为更为广阔的社会科学理论范围（李彦，2009）。因此，生态现代化理论既可以理解为一种规划策略，也可以看作一种社会理论（林兵，2012）。生态现代化理论提出之初，其着眼点如下：科学与技术在环境保护方面发挥的是一种变革或改革的作用；市场经济和经济主体的重要性在不断增加；民族国家发展方式转变的重要性；社会运动的地位、作用和意识形态的转变；话语实践的改变和新意识形态的出现（王宏斌，2014）。此后，对科学和技术在环境变革方面的注意力开始减弱，在转型期条件下，注重政府和市场之间的作用和关系（李彦，2009）；形成相关的政策和理论学说，解释和融合生态现代理论（郭熙保和杨开泰，2006）；从不同方面阐述生态现代化作为一种社会理论引起的社会变迁（林兵，2012）；结合经验研究来探求生态现代化的多样性（洪大用，2012）。生态现代化作为经济重构的绿色转折，其初衷在于实现现代工业社会对环境危机的有效应对，其政策主张从改变经济社会发展模式出发，协调经济发展与环境改善，最终达至经济增长与环境保护的双赢。生态现代化理论，是对西方在现代化进程中产生的环境问题所做出的一种理论回应，但在现实应用中面临着政策实施困境和经济发展的"N"形曲线困境。如何通过环境管理模式和政策工具设计，实现生态现代化转型，仍然是先驱国家环境管理战略面临的一大挑战。

### （三）世界生态文明制度发展

生态环境问题是 21 世纪人类社会面临的最严峻问题之一，也是我国大力推进生态文明建设的重要因素之一。面对严峻的生态环境形势，加强对西方国家生态治理理论成果的吸收与借鉴，将有助于我国生态文明建设的推进。广义生态现代化的基本要求是"三化一脱钩"，即非物化（轻量化）、绿色化、生态化和经济与环境退化脱钩。生态化的基本内涵是预防、创新、循环、双赢：预防原则是发展生态农业、生态工业、生态旅游、生态城镇、保护自然和生物资源；创新原则是环境友好的知识创新、技术创新和制度创新，提升生态效率和生态文化；循环经济是提高废物再循环、再利用、再制造和废物处理率；双赢原则是在经济发展的同时，加强生态重建，降低生态退化，实现经济和环境双赢等。20 世纪 90 年代末期以来，国内学者开始关注生态现代化理论（乔永平，2013）。生态现代化理论形成的原因归结为三个因素：人口不断增加、环境问题不断加剧、严重的生态危机制约了各国经济的发展（包庆德，2011；乔永平，2013）。

生态文明是世人对传统工业发展模式和生态危机深刻反思的过程中形成的一种思维方式和行为模式。20 世纪中叶，资源短缺、环境污染、生态失衡等问题日益严重，使人们认识到生态环境问题的重要性。1992 年召开的联合国环境与发展会议，确定了可持续发展的基本战略和思路；2002 年可持续发展世界首脑会议将经济发展、社会进步与环境保护作为可持续发展的三大支柱，促进传统工业文明的生态化转型逐渐成为共识。Morrison（1995，2007）率先提出英语语境下的生态文明概念，并指出全球性动力机制与具体政策正促成工业文明向生态文明的转型，工业文明的自我破坏性是生态转型的必要条件，生态民主是实现生态转型的至关重要的基础。生态文明是一种全球性的文明形态，是继承和保留农业文明与工业文明中促进人与自然和谐发展的合理要素，具有多样性和差异性的文明（Gare，2010）。生态文明强调人与自然、人与人之间和谐相处，"强生态系统"具有自我调节、多样性、自足及自我更新恢复力的特征（Magdoff，2012）。Mol（2015）认为，中国的环境改革是生态现代化的另一种风格或模式。从生态现代化视角来看，公民——消费者是实现中国可持续发展的关键性力量，通过加强公众环境决策参与的合法性和有效性，推进环境信息公开化、透明化及环境治理民主化，可以发挥公众对可持续生产和消费的驱动作用，实现环境和社会发展的可持续性。多元主体协同治理是推进生态现代化的有效途径，生态现代化不仅需要政府、企业和非政府组织共同参与，同时需要健全公众参与机制，加强社会责任治理，促使企业环境行为透明化并发挥经济手段和市场手段在保护环境中的作用。

西方国家的环境管理已经逐渐从分部门管理转为综合管理。第二次世界大战后日本环境管理战略转型经历了末端治理的公害防止模式、面向生产全过程的污染预防管理模式和经济可持续发展的社会管理模式。欧洲国家的环境保护管理经历了末端治理、预防性治理和综合治理阶段。作为内生的、对自下而上的环境管理需求压力的回应，美国环境管理运行机制更加强调合作机制、协调机制、执行机制和监督机制四个方面。世界范围内的环境管理模式包括污染控制、质量改善和以风险防控为目标导向的环境管理。从污染控制转向以环境质量为目标导向，环境管理由被动应对转为主动防控。而且，发展中国家在实现其现代化的过程中，在寻求经济发展和环境保护之间的平衡点方面，对生态现代化理论给予了较高的期望，这也为生态现代化理论的发展提供了必要的现实基础。在国家推动工业化与现代化的道路上，尤其是在政府职能转变、市场经济体制趋于完善、产业结构调整、能源结构不断优化及公众环境意识的觉醒与积极表达自己的话语权等方面，都可以看到生态现代化理论的身影（林兵和刘胜，2017）。中国的生态现代化面临如下挑战：生态现代化的五大困境：技术条件不足、经济发展不充分、经济地区发展不平衡、制造业为主的产业结构问题、政府主导模式下的发展（洪大用，2012）；中国环境污染问题及潜在的环境污染问题压力的不断加大，对生态现代化的影响（朱芳芳，2011）；科技的异化也会引发环境问题（王芳，2003）；政府环境保护部门在执行环境中地位尴尬（周雪光和练宏，2011）。

## 第二节　生态文明视域下的中国绿色发展挑战

### 一、中国环境管理转型的挑战性领域

#### （一）中国环境管理公众参与缺乏

资源短缺与环境退化已经成为制约中国经济社会持续健康发展的重要瓶颈，水资源不足、水环境污染和水生态环境退化相互强化，水环境恶化已经超越洪涝灾害，成为中国政府最大和最难解决的问题。"自上而下"的管理模式，管理机构设置上的重叠或缺位，管理体制上的地区和部门分割，是中国环境管理体制面临的主要问题。中国生态环境部的建立，有助于克服中国环境管理主要以统一管理与部门管理相结合、中央管理与地方管理相结合为特征而产生的缺陷，改善了中国环境保护管理体制的缺、分、弱、乱的状况。通过环境管理体制改革克服环境管理部门缺乏协调的政治制度安排，中国政府采取的政策措施是十分有限的（World Bank，2006）。政策是技术知识和政治判断的结合，环境管理则是通过对人们的思想观念和行为进行调整，实现人类社会的发展和自然

环境的承载能力相协调，因此中国环境管理政策变化必须在遵从环境保护的学理和政治学的基础上，环境管理体制改革必须与环境管理手段的协调创新。

中国环境管理制度和相关政策起步于 20 世纪 70 年代，经过四十多年的逐步发展已经形成独具特色的环境管理制度体系。现有制度安排的主要内容包括环境影响评价制度、"三同时"制度、排污收费制度、污染集中控制制度、排污申报登记与排污许可证制度、污染限期治理制度、环境保护目标责任制、城市环境综合整治定量考核制度及污染物总量控制制度。总的来看，中国的环境管理政策虽已由末端治理向全过程污染控制演变，由单一的命令控制手段向行政、经济与技术等综合手段演变，但仍然侧重于行政手段灵活的经济刺激手段应用十分不足。行政主导型的环境管理模式对于城市和工业"点源污染"的管理具有较好效果，但在解决农村环境问题特别是"面源污染"问题上作用微弱且执行率低，缺乏可度量的农业生产技术标准和防治政策、相关规定的可操作性不强、责任追究制度不完善、现有环境法规不完善、行政管理制度不健全、缺乏经济手段、公众参与程度低。

随着中国社会制度和社会组织结构的发展，企业和公众的生产模式和消费模式以及与之相关的价值取向，从根本上影响着环境与发展关系的处理，公众参与环境治理有助于克服行政公务人员由于路径依赖形成的经验主义和专业偏执主义，公众和社会团体更应成为环境保护监督管理的重要力量。虽然《中华人民共和国环境影响评价法》（2002年）明确指出，"国家鼓励有关单位、专家和公众以适当方式参与环境影响评价"，《中国 21 世纪议程》第 20 章更明确提出了团体与公众参与环境影响评价的机制和方式，但这一具体行动计划缺乏具体的法律支撑，社会团体、民间组织和公众参与环保的管理机制尚未形成。中国环境保护政策制定和执行缺乏司法监督和公众参与。目前中国环境管理公众参与不足，非营利性环保组织建设严重滞后，有效的环境问责和公众监督参与机制是中国未来环境管理体制变革的关键。

中国已经建立了宪法、法律、法规、规章及标准五个层次的环保制度体系，按照预防为主、防治结合和污染者负担原则，建立了包括环境影响评价、"三同时"和排污收费制度。为加强环境影响评价制度的实施，2002 年的《中华人民共和国环境影响评价法》对环境影响评价的程序、报告书内容、环境影响评价机构资质审核、公众参与、信息公开和法律责任都做出了明确规定，2003 年 11 月国家环保总局设立了环境监察局作为专门的环境执法机构；为加强跨界污染管理，环境保护部先后成立东北、华北、华东、华南、西南和西北六大环境保护督察中心。在具体的环境管理实施中，国务院环境保护行政主管部门为国家环境质量标准和污染排放标准的制定主体，并负责全国的环境监测管理，县级及以上环保行政主管部门是中国环境管理的主体。现行的统分结合的多部门、多层次管理监管体制，导致地方环保机构变成本地区行政机关的附属物，地方政府对当地环境管理部门的财权和人事权的控制，限制了地方环保执法的独立性。中国环境管制法律法规不健全、管制机构分散、职能不清和主体不明导致的经济性管制越位与社会性管制缺位并存问题，是中国环境管理监督惰性的主要成因。

中国目前的环境管理基本属于污染控制模式，环境政策多为立法者面对环境压力制定的适应性政策，导致中国环境管理手段缺乏系统性和协调性。由于公众环境保护参与渠道缺乏，公众在环境管理中的作用有限。环境监督区域组织缺乏，是中国环境管理体制改革必须正视的难题。环境管理是一个系统工程，需要政府、社会、非政府组织及企业等多主体的耦合，中国环境管理模式从政府治理到社区自治转变面临政府与社区管理权合理划分的困难。虽然《环境保护法》（2014 年修订）第五十三条规定"公民、法人和其他组织依法享有获取环境信息、参与和监督环境保护的权利"，但由于公众自组织缺乏和环境治理监督参与机制不健全，故中国环境保护政策制定和执行缺乏司法监督和公众参与。政府的责任在于创造一个支持性的制度环境，重构新型公共管理控制结构（Scholz and Wang，2006）。通过顶层制度变革，创新环境管理的公众参与渠道，是中国环境管理模式从污染治理到生态保护转变的最大挑战。

中国的环保事业始于 1973 年国务院召开的第一次环境保护会议，会后成立国务院环境保护领导小组，这是中国第一个临时性环保机构。1982 年国务院机构改革，撤销环境保护领导小组办公室，创设城乡建设环境保护部下属的环境保护局。1984 年建立国务院环境保护委员会作为环境保护局的协调机构。1988 年国务院再次机构改革，环境保护局脱离建设城乡建设环境保护部成为直属国务院的副部级单位。1998 年国家环保局升格为国家环保总局，成为国务院直属正部级单位，完成了一次历史性转变。根据 2008 年《国务院机构改革方案》，正式组建中华人民共和国环境保护部，其主要职责是拟定和组织实施环境保护规划、政策和标准，组织编制环境功能区划，监督管理环境污染防治，协调解决重大环境问题，等等。中国环境管理是"自上而下"的分级管理和部门管理相结合的管理模式，体制设置的经济性管制越位与社会性管制缺位并存，是中国环境管理体制面临的主要问题。必须通过大部制"职能整合"和"机构重组"，克服政府职能交叉和多头管理弊端（王清军和 Yang，2010）。

生态现代化理论于 20 世纪 80 年代产生于西欧，是对 20 世纪 60 年代以来欧洲工业社会对人类生存基础持续破坏而引发的政治、经济、文化价值观重大转变的总结性反思。生态现代化理论产生的政治基础是政府和环境运动都需要走出两难的困境；经济基础是伴随着能耗增高、生态恶化，经济飞速发展和技术不断提高；文化价值观基础是中产阶级的产生和扩大使整体社会价值观转向非物质化。生态现代化理论本质上是对国家（政府、制度、法规）、经济行为主体（市场、大型企业）、科研机构（专家、技术）、非政府组织（环境运动、环境纲领）、市民社会（价值观、话语）五个行为主体在生态变革中所起作用及其相互关系的探究。生态现代化理论强调经济发展和环境保护的协调和互利性，政府、企业、非政府环境组织和广大消费者应该认同环境保护与经济发展的兼顾性和妥协性，为了实现经济生态化、生态经济化，在环境治理实践中兼施宏观和微观措施。中国环境管理制度变革，亟待构建全社会广泛参与的，行政监督、市场调控与法律约束相互协调的环境管理体制，如何通过社会资本发展，合理划分国家和社区管理空间，利用当地社会网络的发展促进实施与遵从（Scholz and Wang，2006），创新社会管理模式，协调政府与社会组织发展，是中国社会结构变化亟待破解的难题。

**（二）中国农业与环境政策协调机制缺失**

中国农村生态环境退化主要表现如下：水土流失、土地荒漠化、森林面积减少和质量下降、草地退化和生物多样性消失。农业化学品的大量投入、土地不合理利用、农业配套设施和经营模式不当是导致土地环境退化的根源；农村工业和农村生活废弃物点源污染、养殖业废弃物排放复合污染，造成农村水环境恶化和空气污染。土地环境退化和水环境污染是中国农村生态环境管理面临的最突出矛盾。水是生态圈中生命维持系统的基本要素，水环境内在地与土地利用相关。土地环境退化与水环境恶化相互强化，导致生态系统供给功能退化并威胁生态系统基本功能，其根源在于事前预防和事后管理政策缺乏。2008 年环境保护部的创设，促进了环境管理职能的统一。除了环境保护部外，与资源利用有关的行政管理职责还分布在综合经济部门、农林水土等部门，不同部门被要求承担不同领域的管理职能，不可避免地导致环境规划、标准制定、监管和实施的职能交叉，机构重复设置与能力重复建设。当前中国的环境政策侧重于对点源污染的管理，忽视了对农业面源污染的管理（任景明等，2009），中国大量的小农户并不受现行环境规制政策约束的现实使得中国的面源污染政策设计更为复杂（Menzies，1991；Yeh，2000），农业部门和环境保护改革是中国改革进程中的最棘手问题；中国环境管理面临部门间政策缺乏协调（Saleth and Dinar，2000）和跨行政区水污染问题（毕亮亮，2007）；由于公众环境保护参与渠道缺乏，私人部门和公民在环境管理中的作用有限（World Bank，2006），中国公众环境保护参与只在城市地区有所发展，在广大的农村地区几乎是不存在的（Menzies，1991；Yeh，2000）。中国的环境管理制度多为立法者直接面对环境压力制定的，导致中国环境管理手段缺乏整合、环境政策缺乏系统性和协调性。部门间政策协调政治制度的安排、当地权力机构缺乏对环境防治的监督和实施权利及区域组织缺乏，是中国环境管理体制改革必须正视的难题（World Bank，2006）。

### （三）中国城乡二元体制下的农村环境管理缺失

城镇化是农村人口向城镇逐步转移的过程，也是城镇基础设施和公共服务覆盖更多农村地区的过程。由于中国城市发展属分散型城市化、基础设施落后、城乡一体规划和社区作用缺失及乡村治理政府"不作为"，中小城市环境污染比大城市更严重，走资源节约和环境友好的小城镇发展道路，是中国农村城镇化持续、健康发展的内在要求。一些发达地区试图通过农村工业向园区集中、农民向城镇与农村新社区集中来克服乡镇企业分散发展和就地城市化的弊端，但由于企业和居民管理参与缺乏导致的工业园管理和监督无效，工业园正在将集中生产变成集中排污。在当今农村基层组织资源萎缩的背景下，小城镇环境保机构不健全，政府监督缺失和环境保护部门执法效力低是环境恶化的制度根源。面对中国现代化进程中的工业和农业转型压力，"经济社会结构深刻变化对创新农村社会管理提出了亟待破解的课题"（2014 年中央一号文件）。在当今农村基层组织资源萎缩的背景下，2014 年中央一号文件将改善乡村治理作为农村改革的重要内容。城镇化发展进程中经济发展与环境保护的协调，是中国工业化和城镇化发展必须解决的难题。

根据《中华人民共和国城市规划法》，狭义上的小城镇包括建制镇和县城。建制镇是农村在一定区域内政治、经济、文化和生活服务的中心；广义上的小城镇，还包括集镇。小城镇既是城与乡、工与农的接合部，又是城镇体系的基础。发展小城镇不仅是城乡统筹发展的要求，也是缩小城乡差距和解决"三农"问题的一个重要途径。中国半数新增城市人口是 20 世纪 90 年代通过当地政府重新规划、农村划为城市的结果，分散城市化（王金南和蒋洪强，2012）、城乡一体规划和社区作用缺失（宋言奇，2008），更由于城镇郊区市政基础设施不健全，中小乡镇企业众多，城镇郊区经济发展与环境保护矛盾尖锐（蒋洪强等，2012）。随着工业化和城市化的迅速发展，不受环境政策法规约束的小农户、面状分布的农村工业企业和城郊生活废弃物排放使城镇郊区人居环境问题尤为严重；城市污水、生活垃圾、工业废弃物及化肥农药的渗漏导致地下水质恶化，中国 64%的城市地下水遭严重污染，仅 3%基本清洁。据 2011 年《全国地下水污染防治规划（2011—2020 年）》，我国地下水污染正在由点状、条带状向面上扩散，由浅层向深层渗透，由城市向周边蔓延。城镇化与环境污染的矛盾冲突是中国城镇化发展亟须解决的重要课题（蒋洪强等，2012）。由于城乡接合部的城镇郊区产业链尚未成熟、基础设施缺乏、社区组织发展低下和社区主体差异大；与城市环境管理相比，城郊环境监管几乎一片空白；更由于城镇郊区行为主体主体，包括农户、郊区居民和乡镇企业利益诉求差异大，城镇郊区水环境管理亟须政策创新。

以规范、信任和网络化为核心内容的社会资本通过影响行为主体对其他人的环境保护行为、对环境政策有效性的预期，以及社会网络的信息传递和知识扩散的相互作用，影响行为人环境政策的遵从和合作行为（Jones，2010）。社会资本作为以群体或组织共同利益为目的，通过人际互动形成的社会关系网络（赵雪雁，2010），能够提高社会凝聚、社会信任，促进自组织、非正式规则的形成（张伟明，2013），最终提高社会效率和社会整合度（刘晓峰，2011）。如何通过制度资本促进与规范社会资本（宋言奇，2010），实现环境管理转型与创新（洪进等，2010），是中国农村城镇化发展环境政策设计必须破解的难题。政府与非政府组织间的强互惠关系是克服集体合作困难的必要条件，政府的责任在于创造一个支持性的制度环境，重新构建新型公共管理控制结构（Scholz and Wang，2006），通过政策和制度设计引导和激励人类的合作行为（黄少安和张苏，2013）。

## 二、中国生态文明制度发展历程

制度建设是社会主义现代化建设的重要保障，是生产力和生产关系问题。改革开放以来，我国政府特别重视生态文明制度方面的建设，并意识到社会主义现代化建设不但是生产力的发展，是科学技术的发展，也是社会主义制度不断改革深化的结果。我国的社会主义制度包括经济制度、政治制度、文化制度、社会制度等几个方面的内容。社会主义现代化建设的迅猛发展，使人们逐渐意识到社会主义现代化建设不仅要有政治、经济、文化、社会方面的制度，更要有生态文明制度。生态文明是在工业文明已经取得的成果基础上，用更文明的态度对待自然，是继原始文明、农业文明、工业文明之后，人类社会发展的一个新的文明形态，意味着人类在处理人与自然的关系方面达到一个更高的文明程度。生态文明建设，就是指人们为实现生态文明而努力的社会实践过程。在我国生产力尚不发达的语境下所讲的生态文明建设，指的是站在人类文明最高形态生态文明的高度，从生态文明的要求和我国当代的实际出发，积极创造条件，改善和优化人与自然、人与人、人与社会之间的关系所进行的社会实践。

### （一）十一届三中全会前的艰难起步阶段

20 世纪 70 年代，是我国环保制度的起步阶段。一是参与并召开环境保护会议。1972 年我国参加了联合国人类环境会议。受国际环保运动的影响，国务院于 1973 年召开了第一次全国环境保护会议，审议通过我国第一个环境保护的综合性法规《关于保护和改善环境的若干规定》。二是成立环保机构。1974 年国务院正式成立环境保护领导小组及其办公室，这是中华人民共和国成立的第一个环保机构，并在省、市和县相继建立环保机构，这些机构的建立，使得环保事业开始步入正轨。1978 年，中国环境科学学会成立。三是制定环境保护的法律法规。环境保护领导小组及其办公室设立后，开展了大量卓有成效的"三废"治理、综合利用、污染调查等工作，并制定出台《关于环境保护的十年规划意见》。特别是 1978 年 3 月修订的《中华人民共和国宪法》中规定，"国家保护环境和自然资源，防治污染和其他公害"。这是国家法律第一次对环境保护做出规定，为以后的环境法规的出台奠定了宪法依据。出于当时的社会原因，我国的生态环境保护事业尚处于起步阶段。"四人帮"覆灭，"文化大革命"宣告结束后，国家在各个方面都已拨乱反正，但十年"文革"所带来的经济停滞和社会动荡等问题，导致环保制度难以落到实处。

### （二）20 世纪 90 年代初的初步形成期

改革开放初期，随着以经济建设为中心的发展思路的确立、社会主义市场经济体系改革的启动，中国工业快速化发展，在经济史无前例发展的同时，以高消耗和高排放为特征的相对落后的技术应用，导致了经济发展的高环境污染和生态日益退化，经济和社会发展的资源瓶颈日益凸显。经济发展的速度远远超越了生态自我净化的能力，环境问题广度和深度的蔓延，不仅造成日益严重的生态恢复经济成本和民众健康成本，也为国际上构建绿色壁垒、制造与我国的贸易摩擦提供更多可乘之机。

20 世纪 80 年代，为了缓解经济和社会发展的人口、资源和环境压力，中国政府逐步将计划生育和环境保护上升为基本国策，为生态文明制度发展奠定了坚实的制度基础。尤其是十一届三中全会以后，邓小平同志首先推出走法治化生态文明建设道路的规划，他在主持中央工作时明确指出"要集中力量制定各种必要的法律"，包括"森林法、草原法、环境保护法"，在有法可依和有章可循的条件下保证生态建设的实效。在邓小平同志的积极推动下，我国逐步制定、颁布了一系列切实可行的环保法律、监察奖惩制度，1978 年修订的《中华人民共和国宪法》，首次将保护生态环境列入其中，1979 年颁布第一部环境保护基本法——《中华人民共和国环境保护法（试行）》，1983 年环境保护正式被确立为基本国策。

以邓小平同志为核心的第二代中央领导集体高度重视林业生态工程体系的建设。1978 年，先后确定十大林业生态工程作为全国总体林业生态工程的基本布局，其中，工程建设总面积覆盖 406.9 万平方千米的"三北"防护林大型生态工程体系，通过人工植树、飞播造林、封山（沙）育林（草）等多维立体手段有效治理了三北地区的风沙危害和水土流失，极大改善了多地生态环境，带来了从生产优先到产业结合的转变。尤其是在 1998 年特大洪灾之后，"退耕还林"工程在四川、陕西、甘肃三省试点和启动，并于 2002 年在全国全面推广，有计划地将水土流失、沙化、盐碱化、石漠化严重和低产的耕地退耕还林还草，这是迄今为止我国覆盖面积最广、群众参与程度最高，甚至也是世界范围内最大的生态工程。

### （三）党的十八大之前的加速发展阶段

20 世纪 90 年代初期至党的十八大召开前是中国共产党生态文明制度建设的深化发展期。这一时期，我国开始系统化的环境制度设计及治理工程。1990 年，我国提出八项环境管理制度：环境保护目标责任制，城市环境综合整治与定量考核制度，污染集中控制，限期治理制度，排污申报登记和排污许可证制度，环境影响评价制度，"三同时"制度，排污收费制度。1996 年，国家制定了"33211 工程"（主要是指 3 条河、3座湖、2 种大气污染物、1 个城市、1 个海洋）。同时，对水、气、林等自然资源进行综合治理，颁布我国历史上第一部流域性法规——《淮河流域水污染防治暂行条例》（1995 年）、《水污染防治法》（2008 年修订）、《国家环境保护局关于推行清洁生产的若干意见》（1997 年）、《清洁生产促进法》（2002 年）、《大气污染防治法》（2000 年修订）等法律法规，通过含铅汽油停止生产与销售（1998 年），城市污水集中处理工程建设（1999 年），全面启动"天然林保护工程"（2000 年）等决定。除此之外，我国第一份探讨人口、资源、环境与经济建设之间关系的政策指导性学术期刊——《中国人口·资源与环境》于 1991 年创刊，邓小平亲笔题写刊名。

20 世纪 90 年代以来，"生态"一词频频出现在各种制度文本中，标志着生态文明理论开始在我国孕育发展。1992 年，我国向联合国提交《中华人民共和国环境与发展报告》，成立中国环境与发展国际合作委员会，正式开始编制国家环境保护五年规划。同年，制定《环境与发展十大对策》，这是继联合国环境与发展会议之后，我国制定的第一份环境与发展方面的纲领性文件。1992 年，召开了全国首次环境教育工作会议，明确把环境教育正式纳入九年义务教育课程。我国先后颁布《全国环境宣传教育行动纲要（1996—2010 年）》《2001 年—2005 年全国环境宣传教育工作纲要》。

1994 年，我国第一个民间环保组织——"自然之友"成立。公众积极的参与意识来自有效的宣传教育工作。顺应环境保护的世界潮流，中国政府于 1994 年正式通过了《中国 21 世纪议程》，明确走可持续发展道路。1996 年八届人大四次会议从长远发展高度确立可持续发展为国家基本战略。1996 年通过的《国民经济和社会发展"九五"计划和 2010 年远景目标纲要》正式将可持续发展确定为国家战略，在世界引起巨大反响。同年，制定《中国跨世纪绿色工程规划》（1996~2010 年），该规划的实施，是把环境保护纳入国民经济计划的重大举措。1996 年，发布《国务院关于环境保护若干问题的决定》，明确要求"维护生态平衡"。国务院先后批准或颁布《国家生态建筑规划》、《全国生态环境建设规划》（1998 年）、《全国生态环境保护纲要》

（2000 年）、《全国生态环境保护"十五"计划》（2002 年）、《生态县、生态市、生态省建设指标（试行）》（2003 年）。

2001 年 3 月，全国生态环境建设部际联席会议第一次会议召开。同年 7 月，国家环保总局建立了全国环境保护部际联席会议制度。2003 年，建立了生物物种资源保护部际联席会议制度。2004 年政府工作报告中提出循环经济概念，国家开展了绿色 GDP 的核算研究。2006 年 9 月发布了我国第一份绿色 GDP 核算研究报告。2008 年，颁布了《循环经济促进法》。2007 年，党的十七大提出要"建设生态文明，基本形成节约能源资源和保护生态环境的产业结构、增长方式、消费模式"。我国于 2005 年在《中共中央关于制定国民经济和社会发展第十一个五年规划的建议》中明确将目光投向整个生态系统。生态系统是一个整体，任何一部分出现问题，都会牵一发而动全身，造成整个生态系统的破坏。从宏观角度推进生态文明制度建设符合可持续发展的基本要求。

2002 年，江泽民在中央人口资源环境工作座谈会上强调："必须把可持续发展放在十分突出的地位，坚持计划生育、保护环境和保护资源的基本国策。"2003 年十六届三中全会上提出：树立全面、协调、可持续的科学发展观，以"可持续"发展为重要目标、以"全面"为基本要求、以"协调"为主要内容。党的十六大以后，为适应市场经济加速发展形势，党中央进一步强调保护资源和生态环境要运用法律体系、经济手段、技术方法、宣传方法和必要的行政办法，建立完备的资源环境保护法律和政策体系。2004 年 3 月，胡锦涛提出："加强人口资源环境方面的立法以及有关法律法规的修改工作，严格执行已经颁布的有关法律法规。"2005 年 3 月，胡锦涛首次提出"生态文明"概念，提出了要"在全社会大力进行生态文明教育"的总体要求。2005 年 10 月，"十一五"规划建议指出，要"提高环境监管能力，加大环保执法力度"。2005 年 12 月，《国务院关于落实科学发展观加强环境保护的决定》出台，再次要求"综合运用法律、经济、技术和必要的行政手段解决环境问题"。

党的十六大以后，胡锦涛强调要将资源环境保护综合决策制度落到实处，提出"建立环境保护综合决策机制，完善环保部门统一监管、有关部门分工负责的协调机制"。这一时期，我国加强了环境管理机构改革。1993 年 3 月，成立全国人大环境保护委员会，后更名为全国人大环境与资源保护委员会，负责研究、审议和拟定相关法律议案等。1998 年 6 月，我国正式成立国家环境保护总局，接管全国环境保护工作的组织协调职能。胡锦涛进一步要求落实领导干部的环境保护责任，全面落实目标管理责任制。2005 年 12 月，《国务院关于落实科学发展观加强环境保护的决定》将环境保护纳入领导干部考核体系，明确"考核情况作为干部选拔任用和奖惩的依据之一"，"评优创先活动要实行环保一票否决"，引导领导干部树立正确的政绩观，倒逼领导干部在决策中自觉保护生态环境和节约资源。

运用经济手段促进资源环境保护与治理。这一阶段，我国经济体制改革的步伐逐步加快，社会主义市场经济体制逐步建立，利用经济手段推进资源环境保护与治理是党在这一阶段的重要举措。党中央提出，要"推行有利于环境保护的经济政策，建立健全有利于环境保护的价格、信贷、采购等政策体系"，同时还要"建立健全资源有偿使用制度和生态环境补偿机制"，"中央和地方财政转移支付应考虑生态补偿因素，建立遗传资源惠益共享机制"。这些经济手段极大地促进了环境保护工作。2006年4月，温家宝在第六次全国环境保护会议上提出了国家环境保护战略的"三个转变"，其中之一就是从主要依靠行政手段转变为综合运用法律、经济、技术和必要的行政办法解决环境问题，为我国资源环境保护法律和政策体系建设指明了方向。2006年12月，第一次全国环境政策法制工作会议在北京召开，周生贤提出了今后一段时期我国加强资源环境保护政策法制建设工作的总体要求和重点任务，将资源环境保护政策研究提升到了国家战略层面，突出强调了对环保执法的监督和对环保政策法制工作的领导。

2007年10月，胡锦涛在十七大报告中提出："完善有利于节约能源资源和保护生态环境的法律和政策。"2011年12月，李克强在第七次全国环境保护会议上指出，"要加快修改环境保护法等法律法规，形成比较完备的环境法律法规框架"。上述一系列重要讲话和重要文件的出台，表明此时中国共产党已经形成健全生态文明制度、促进生态文明建设的思想，包括建立和完善资源环境法律法规体系，加大对环境违法行为的惩处力度；完善政府、企业、社会共同参与的环境保护投入机制；运用经济手段保护环境；建立健全社会监督机制等。2008年3月，我国开启了大部门体制改革，不再保留国家环境保护总局，整合组建了环境保护部作为国务院组成部门统一管理环境保护工作，环境保护在党和国家事业中的地位提升到新的高度。

**（四）党的十八大至今的丰富完善阶段**

党的十八大至今，是中国共产党生态文明制度建设思想的丰富完善期。党的十八大报告首次提出加强生态文明制度建设以来，"生态文明制度建设""生态文明体制改革""生态文明制度体系"等概念频繁出现在党和国家重要文献中，表明中国共产党生态文明制度建设思想逐步走向成熟，推动我国生态文明制度进入系统构建阶段。

党的十八大以来，习近平以强烈的问题意识反思我国生态文明建设存在的深层次体制机制问题，提出了深化生态文明体制改革的要求。他指出，"我国生态环境保护中存在的突出问题，一定程度上与体制不健全有关"，体制不健全问题影响我国生态文明建设。对此，2013年11月，党的十八届三中全会提出要"紧紧围绕建设美丽中国深化生态文明体制改革"。此后，党中央将生态文明体制改革作为加强生态文明建设的重中之重，要求"抓紧制定生态文明体制改革总体方案"。经过充分酝酿，2015年9月，《生态文明体制改革总体方案》出台，该方案明确了生态文明体制改革的理念、原则和路线图，是一份统率我国生态文明体制改革的纲领性文件，同时是党中央关于生态文明领域改革理论成果的集大成者。

2015年10月，习近平在"十三五"规划建议说明中指出：我国环保管理体制中存在的突出问题，"一是难以落实对地方政府及其相关部门的监督责任，二是难以解决地方保护主义对环境监测监察执法的干预，三是难以适应统筹解决跨区域、跨流域环境问题的新要求，四是难以规范和加强地方环保机构队伍建设"。对此，2015年10月，党的十八届五中全会提出了实行省以下环保机构监测监察执法垂直管理制度的建议，这一建议在"十三五"规划纲要中得到体现。2016年9月，中国共产党中央委员会办公厅、国务院办公厅就省以下环保机构监测监察执法垂直管理制度改革出台专门的指导意见，为这项改革的顺利实施提供了方向指引。2017 年 10 月，习近平在党的十九大报告中提出要"加快生态文明体制改革，建设美丽中国"，要求将主要着力点放在推进绿色发展、解决突出环境问题、加大生态系统保护力度和改革生态环境监管体制上，进一步提升了生态文明体制改革的战略地位。2018 年 5 月，习近平在全国生态环境保护大会上提出了生态文明体制改革的落实问题，要求"加快推进生态文明体制改革落地见效……及时制定新的改革方案"。党中央的生态文明体制改革思想更加成熟。在党中央深化生态文明体制改革思想指导下，我国生态文明领域改革取得阶段性成效。

自 2016 年 9 月《关于省以下环保机构监测监察执法垂直管理制度改革试点工作的指导意见》出台，试点省份纷纷出台了地方方案，明确了省级、省以下环保机构事权的分配，将市（地）级环境保护部门人事财政权直接纳入省级环境保护部门，县级环境保护部门则只作为市（地）级环境保护部门的派出机构，极大地增强了环保监管执法的统一性、权威性和有效性。2018 年 3 月，国务院启动"大部制"改革，整合了环境保护部的全部职责和其他六部委涉及环境污染治理的职责，纳入了新组建的生态环境部；整合了原来分散在各部门的国土空间和自然资源管理职责，组建了自然资源部。这一重大改革将分散交叉的环保职责统一，解决了生态环境和自然资源监管职责模糊不清、责任交叉重复和多头治理等问题，增强了资源环境监管部门的权威性和环境监管的有效性。

此外，党中央还十分注重运用自身的权威性，开创了一项运动型环保督察机制——中央环保督察制度，专门针对各级政府及有关部门履行生态文明建设职责的情况开展督察，直奔问题、强化震慑、严肃问责，是一项压实地方环保责任的硬招。2019 年 6 月，《中央生态环境保护督察工作规定》出台，首次以党内法规的形式明确了中央环保督察制度的框架、程序和规范，界定了督察权限和责任，推动我国环保督察制度纵深发展。十八大以后，我国加快了顶层设计，系统构建生态文明制度体系。2013 年 11 月，党的十八届三中全会提出"建设生态文明，必须建立系统完整的生态文明制度体系，用制度保护生态环境"。2013 年 12 月，习近平在中央经济工作会议上进一步指出，"生态文明领域改革，三中全会明确了改革目标和方向，但基础性制度比较薄弱，形成总体方案还需做些功课"，表明党中央已经形成了系统谋划顶层设计的思想。此外，习近平针对构建生态文明制度体系提出"两个最严"要求，"只有实行最严格的制度、最严密的法治，才能为生态文明建设提供可靠保障"。"两个最严"以高度凝练的表述阐明了我国加强生态文明制度建设的必要性和总体要求。另外，习近平强调用最严密的法治保护生态环境。

总的来看，伴随着我国环境问题的日益突出，党和政府不约而同地将生态文明建设提升至战略层面加以重视。党的十八大以前，中国特色社会主义制度中并没有包含生态文明制度，党的十八大将生态文明制度建设列为中国特色社会主义制度的重要核心内容，这是理论建设史无前例的一次重大创新。在党的十四届五中全会上，党中央明确将可持续发展确立为我国的发展战略，并将其纳入"九五"建设规划中。党的十六大报告中特别指出，当前我国必须要建设一个人民幸福且生态良好的文明社会。党的十六届五中全会首次提出构建"两型"社会的国家新战略，即建设资源节约型社会和环境友好型社会，我国政府在生态文明建设的道路上又向前迈进了关键的一步。党的十六大以后，生态文明建设有了重要突破，在党的十七大报告中第一次提出了生态文明概念，这也是人类文明形态史上具有里程碑意义的一次创新。特别是在党的十八大以后，我国政府又将生态文明建设提升至前所未有的国家战略高度。在党的十八大报告中，将生态文明建设纳入社会主义建设总体布局，尤其强调了生态文明制度的重要性，并明确指出保护生态环境，制度建设必须放在首位。

## 三、中国绿色发展道路选择

### （一）中国绿色发展进程

实现经济与环境协调发展，是中国经济和社会发展的长期目标。生态环境是生物群落及非生物自然因素所构成的系统整体，包括一定空间内的生物群落与其环境。生态系统具有内在的自我恢复的"基本功能"和系统"供给功能"。人类对生态系统供给功能的过度开发利用导致生态系统基本功能的退化或丧失，并制约系统供给功能。气候变化的不确定性，放大了人类社会经济活动风险。耶鲁大学和哥伦比亚大学联合发布的《2018年全球环境绩效指数报告》显示：2018年参与排名的180个国家中，中国的环境综合得分排第120名。2004~2010年，中国环境退化成本年均增长13.66%，虚拟治理成本年均增长 11.72%，中国经济增长的环境问题正在加剧恶化（杨传志和杨浩昌，2017）。我国当前的环境污染状况不容乐观。我国生态文明建设面临的突出矛盾与问题包括公众生态意识淡漠、粗放式发展代价沉重、生态欠债问题突出、法律体系不完善、技术支撑能力不足和政绩考核机制偏颇。必须确立生态文明理念，实现观念更新，实现现代化的生态转型（孔繁德等，2007）。

实现经济增长与环境污染脱钩，其本质是经济发展的物质消耗减量化、废物排放减量化和去污染化，其核心在于提高生态效率或环境绩效。我国作为一个发展中国家，有着与西方国家不一样的国情，没有掀起类似的生态政治运动。环境保护的意识和行动虽然在我国起步相对较晚，但我国的生态环境问题的政治化同样也正在进行当中，1997 年 9 月，党的十五大提出：我国在现代化建设过程中必须实施"可持续发展战略"。2002 年 11 月，十六大报告强调"经济发展必须同人口、资源与环境相协调"。2007 年 10 月，十七大报告将"科学发展观"写入党章，强调建设"资源节约型、环境友好型社会"是贯彻落实科学发展观的重大举措。2012 年 11 月，十八大报告指出"建设生态文明，是关系人民福祉、关乎民族未来的长远大计"。2015 年 10 月，十八届五中全会提出了创新、协调、绿色、开放、共享的发展理念，提出要以绿色发展为导向，推动农业绿色发展，实现资源集约与高效利用，确保农产品质量安全。2017 年党的十九大报告提出要"加快建立绿色生产和消费的法律制度和政策导向，建立健全绿色低碳循环发展的经济体系；构建市场导向的绿色技术创新体系，发展绿色金融，壮大节能环保产业、清洁生产产业、清洁能源产业；推进能源生产和消费革命，构建清洁低碳、安全高效的能源体系"，阐明了绿色发展的实现方式。2019 年的政府工作报告明确指出，"绿色发展是构建现代化经济体系的必然要求，是解决污染问题的根本之策"，至此绿色发展在全国形成广泛共识。

党的十八大以来，党中央国务院高度重视经济社会的绿色发展，并做了一系列战略部署，也推动了农业绿色发展。2016 年中央一号文件《中共中央国务院关于落实发展新理念加快农业现代化实现全面小康目标的若干意见》明确提出，"加强资源保护和生态修复，推动农业绿色发展"，提出加快形成资源利用高效、生态系统稳定、产地环境良好、产品质量安全的农业发展新格局；2017 年中央一号文件《中共中央国务院关于深入推进农业供给侧结构性改革加快培育农业农村发展新动能的若干意见》提出了"推行绿色生产方式，增强农业可持续发展能力"的指导方针。2017 年 7 月 19 日，习近平主持召开中央全面深化改革领导小组第三十七次会议，审议通过了《关于创新体制机制推进农业绿色发展的意见》。意见指出：要正确处理农业绿色发展和生态环境保护、粮食安全、农民增收的关系，创新有利于增加绿色优质农产品供给、降低资源环境利用强度、促进农民就业增收的体制机制，形成同环境资源承载能力相匹配、生产生活生态相协调的农业发展格局，实现农业可持续发展。

### （二）绿色发展的内涵界定

1989 年，皮尔斯在《绿色经济的蓝图》一书中提出"绿色经济"的概念，主张建立一种"可承受的经济"，并提出将有害环境和耗竭资源的活动代价纳入国家经济平衡表，经济发展应该充分考虑自然生态环境的承受能力。可持续发展就是在追求经济增长的同时，遏制并降低环境成本，其核心在于提高生态效率或环境绩效。2002 年联合国开发计划署发表了《2002 年中国人类发展报告：让绿色发展成为一种选择》，明确指出了中国应选择绿色发展之路。2008 年 10 月，联合国环境规划署提出了"全球绿色新政"和"发展绿色经济"的倡议。2009 年 9 月，联合国环境规划署发布的《全球绿色新政政策简报》再次强调了经济的"绿色化"转型，并提出了一系列促进环境与经济共赢的相关措施。世界各国政府对绿色经济的关注，使得绿色经济成为当前最热门的概念之一，定量估算绿色经济发展随之变得迫切。根据绿色经济内涵，绿色经济发展指数是综合反映生产、消费过程中节约资源、减少废物排放并提供绿色产品与服务、促使生态健康协调发展的变动趋势和程度的相对数。绿色经济是"促成提高人类福祉和社会公平，同时显著降低环境风险和生态稀缺的经济"，是显著降低环境风险和生态稀缺的经济（UN，2011）。全球经济正在向那些能够提高能源效率、生态创新、降低污染和维持自然资本的国家提供正向回报（OECD，2011）。提高资源生产率是 21 世纪驱动和协调创新活动的主题，绿色新政是各国经济成功复苏的关键因素（Barbier，2016），绿色发展强调社会、经济、自然生态之间的系统性、整体性和协调性。

现有研究对绿色发展的内涵主要从系统观、自然观、经济观、科技观进行分析（表 14.2）。系统观最大的缺陷是假定绿色发展是一个线性的投入产出关系。事实上，绿色发展应该是一个非常复杂的循环过程。自然观的解释虽然比较符合人们的直观感受，却把绿色发展看成一个静态的过程，在现实情况下，绿色发展应该是一个动态演化的过程。经济观则重点强调绿色发展中的经济效益，但是，绿色发展是一个具有多元化内涵的复杂系统，只考虑其经济效益将难以科学把握绿色发展。科技观则突出强调了绿色技术是绿色发展的关键途径，然而，绿色发展驱动力是多元化的，仅仅从技术的角度进行解释略显单薄（刘耀彬等，2019）。

表 14.2　几种典型的绿色发展观的比较

| 绿色发展观 | 核心问题 | 最终目标 | 存在问题 |
| --- | --- | --- | --- |
| 系统观 | 统筹经济社会和环境的共同发展 | 在自然边界内实现经济的可持续发展 | 忽视了绿色发展的循环增值过程 |
| 自然观 | 注重环境保护 | 以环境保护为主要目标，限制过度开发和不健康发展 | 忽视了生态环境容量和资源承载力的动态变化过程 |
| 经济观 | 致力于发展高质量经济 | 以经济发展为主要目标，进而采用经济手段解决社会问题 | 忽视了人类发展本身 |
| 科技观 | 依靠绿色科技驱动 | 以绿色科技为手段，解决经济社会发展中的难题 | 忽视了多元化驱动力的应用 |

资料来源：刘耀彬等（2019）

### （三）中国绿色发展政策设计挑战

20 世纪 90 年代初，学界已就绿色经济开展了相关研究，但直到近年来这一概念才引起国际社会广泛关注，在联合国会议等国际场合被频繁使用，并逐步从学术研究层面走向国际和国家政策操作层面（张梅，2013）。它强调经济发展和环境保护的协调统一，是实现可持续发展的重要手段。虽然从 20 世纪 70 年代开始，联合国、各国政府、著名国际研究机构和学者尝试探讨绿色 GDP 的核算，但由于其在实践中的困难，这一工作进展缓慢。把绿色经济作为一个完整的国民经济整体开展相关研究仍在探索中（向书坚和郑瑞坤，2013）。经济和社会发展的资源环境成本度量，是绿色发展评价的基础。环境管理体制、政治环境和环境政策相互协调，是提高环境管理效力的基础。面对资源约束趋紧、环境污染严重、生态退化的严峻形势，必须把生态文明建设融入经济、政治、文化和社会建设各方面和全过程，通过制度变革与政策创新，走中国特色环境保护新道路，实现经济与环境的协调可持续发展。实现经济与环境协调发展，是中国政府长期以来追求的目标。1989 年党的十三届四中全会以来，中国政府始终把实现经济发展和人口、资源、环境协调持续发展摆在现代化建设的战略地位。2002 年 10 月，党的十六大报告《全面建设小康社会，开创中国特色社会主义事业新局面》指出：中国必须"实施科教兴国和可持续发展战略，实现速度和结构、质量、效益相统一，经济发展和人口、资源、环境相协调"。2004 年 3 月 10 日，胡锦涛总书记在中央人口资源环境工作座谈会上的讲话中进一步明确指出，"可持续发展，就是要促进人与自然的和谐，实现经济发展和人口、资源、环境相协调，坚持走生产发展、生活富裕、生态良好的文明发展道路"。

2005 年中央人口资源环境工作座谈会上，胡锦涛总书记提出要完善促进生态建设的法律和政策体系，在全社会大力进行生态文明教育。2005 年 10 月 11 日，中共十六届五中全会在《中共中央关于制定国民经济和社会发展第十一个五年规划的建议》中明确提出要加快行政管理体制改革，加强社会管理和公共服务职能，深化政府机构改革，优化组织结构，减少行政层级和理顺职责分工。2006 年 10 月 11 日中共十六届六中全会在《中共中央关于构建社会主义和谐社会若干重大问题的决定》中进一步提出：建设服务型政府，强化社会管理和公共服务职能。2007 年党的十七大报告将"科学发展观"写入党章，提出建设"资源节约型、环境友好型社会"是贯彻落实科学发展观的重大举措，要形成节约能源资源和保护生态环境的产业结构、增长方式、消费模式，推动全社会树立生态文明观念。2008 年环境保护部的建立，为中国环境管理模式转型奠定了组织基础，但环境管理是一个系统工程，环境管理模式转型，包括环保目标的设定以及为实现这一目标所制定的法律、法律实施机构和运行机制。2009 年 9 月，党的十七届四中全会将生态文明建设提升到与经济、政治、文化和社会建设并列的战略高度。2010 年10 月，党的十七届五中全会提出要把"绿色发展，建设资源节约型、环境友好型社会"，"提高生态文明水平"作为"十二五"时期的重要战略任务。

2011 年 3 月，中国"十二五"规划纲要明确指出：面对日趋强化的资源环境约束，必须健全激励与约束机制，加快构建资源节约、环境友好的生产方式和消费模式，增强可持续发展能力，提高生态文明水平。2012 年 11 月 8 日，十八大报告指出：建设生态文明，是关系人民福祉、关乎民族未来的长远大计。2013 年 1 月，《国家环境保护标准"十二五"发展规划》提出：我国将逐步实现环境管理由以环境污染控制为目标导向，向以环境质量改善为目标导向转变，加快实现环境管理战略转型——从总量控制的末端污染治理向质量改善及风险控制模式转型。党的十八大将生态文明建设提高到社会主义现代化建设"五位一体"总体布局的高度，对生态文明建设做了全面战略部署，形成生态文明理论与实践研究的热潮（杨世迪和惠宁，2017）。生态文明建设是一个涉及生态、经济、社会协调发展的综合性问题（杨世迪和惠宁，2017）。

## 四、中国生态现代化发展及其挑战

面对资源短缺约束、环境污染严重和生态退化的严峻形势，必须把生态文明建设融入经济、政治、文化和社会建设各方面和全过程，通过制度变革与政策创新，走中国特色环境保护新道路，实现经济与环境的协调可持续发展。在里约会议的指引下，随着世界各国相继展开生态文明建设热潮，中国从 20 世纪 90 年代始将环境问题提升至与经济、社会并重的高度加以重视，并对二者的协调发展做出不懈的探索和实践。国务院于2000 年发布《全国生态环境保护纲要》，明确提出"维护国家生态环境安全"的重要目标。生态安全观是习近平生态文明思想中的一个重要观点，也是习近平总体国家安全观中的重要组成部分。生态安全也可称为环境安全，是人类在生产活动、生活消费活动和身心健康等方面不受生态破坏与环境污染等影响的保障程度，具体包括饮用水安全、食品安全及空气质量与绿色宜居环境等基本生态产品要素对人类生存与发展的安全保障程度。

生态退化与环境恶化已成为全球最急迫和最具灾难性的问题。生态文明是人类社会进步的重大成果。人类经历了原始文明、农业文明、工业文明，生态文明是工业文明发展到一定阶段的产物，是实现人与自然和谐发展的新要求。生态现代化关注生态与经济相互作用的模式。在今天，这一术语与工业绿色化、绿色增长和绿色经济是一种同义语。生态现代化理论作为一种分析框架，已进入一种具体化、行业化的过程。进入 21世纪，依靠自身的实践性和特有的适应性，该理论被全球多国用于实践过程，如美国、日本、澳大利亚等国家（郭熙保和杨开泰，2006）。生态现代化的核心要素包括技术革新、市场机制、环境政策与预防理念（郇庆治和耶内克，2010），生态现代化在传统视角下研究核心为社会实践、体制规划、社会政策与政策话语等（王宏斌，2014）。生态现代化是作为一个新的政策范例展现出来的。20 世纪末期，工业化国家为了解决所面临的生态问题，将生态现代化作为环境和经济政策设计的理论依据（郭熙保和杨开泰，2006）。生态现代化理论既可以看作一种规划策略，也可以看作一种社会理论（林兵，2012）。生态现代化大致有以下几层含义：首先，生态现代化作为一种结果和目标指的是生态型的现代化，其所指的现代化社会不仅有着发达的经济水平、高素质的人群和合理高效的社会架构，同时还应具备良好的生态环境。其次，生态现代化作为一种过程指的是生态化的现代化，即现代化进程同时也是生态理念的贯彻、生态工程技术的广泛应用及生态环境保护和建设的过程。最后，生态环境在社会复杂的系统中并不是孤立的要素，作为人类生存、发展的空间和物质载体，它与经济、社会等要素相互渗透、相互促进、相互制约（陈瑜，2009）。生态现代化的核心是预防、创新和结构转变（郭熙保和杨开泰，2006）。生态现代化作为 20 世纪八九十年代以来盛行的现代环境治理理论，其成功的经验在于利用现有成熟的市场机制、实施预防为主的环境政策、依靠技术革新和实现渐进式变革。同时，也存在如执行赤字、无力解决持久性环境难题、"N"形曲线困境、地域局限性和缺乏全球正义等缺陷（乔永平，2014）。

生态政治兴起于 20 世纪 60 年代以后。生态政治主要是为了调和与解决人类与自然环境之间的利益矛盾与冲突，以及由此引起的社会中人与人之间的利益矛盾与冲突，其最终目标是为了人类的可持续发展。生态政治建构的治理路径包括：鼓励公民的绿色政治参与，提高公民的生态政治意识，促进政府决策的科学化、民主化、生态化，将生态环境问题纳入全球治理规划，从全球战略的高度上统筹考虑和解决社会与生态的平衡问题，完善相关的法律制度，强调立法、执法、监督并重（陈潭和张晓亮，2008）。只有政治文化的绿化和生态利益的直接相关人——公民有效地参与政治过程，才能推动社会的成熟，奠定生态文明发展的坚实基础，形成社会、市场、政治间相互制约的有效生态治理结构（陈潭和张晓亮，2008）。我国正处于工业化中后期，发达国家在工业化进程中所经历的各种资源环境问题，在中国集中爆发显现。生态文明是世人对传统工业发展模式和生态危机深刻反思的过程中形成的一种思维方式和行为模式。建设生态文明，是对现代工业文明和资本主义生产方式的局限性进行深刻反思的结果，是对人类文明进步思想的继承和发展。党的十九大报告首次提出"建设现代化经济体系"，把建立健全绿色低碳循环发展作为重点任务之一。作为中国特色社会主义"五位一体"总体战略布局的重要组成部分，生态文明建设是现代化经济体系建设的行动指引，要求破解资源环境约束，提升绿色竞争力，与全球绿色低碳可持续发展目标契合。具体来说，就是以生态安全为底线，以新旧动能转换为目标，以绿色低碳循环发展为特征，以生态与产业融合、制造业转型升级、清洁能源体系、绿色消费模式为核心内容，以绿色金融、考核评估和绿色技术创新为驱动力，以生态环境治理体系和治理能力现代化为保障（庄贵阳，2020）。

生态现代化描述了一种以技术为基础的环境政策。生态现代化不同于纯粹的"末端治理"环境管理方式，它包括能够促进生态革新并使这些革新得以扩散的所有措施。学界对于生态现代化的概念还没有形成一个明确的范畴（林兵和刘胜，2017），狭义的生态现代化只是关注技术过程，以及对技术过程的规制和经济控制等；而广义的生态现代化还应包括更为广泛的政治和文化层面，甚至可以归为更为广阔的社会科学理论范围（李彦，2009）。耶内克对作为一个相对稳定的行动条件的能力与对能力的利用进行区分，"一个国家的环境能力由环境保护的政府性和非政府性支持者的力量、权能、构型及具体的认知性信息条件、政治制度条件和经济技术框架条件构成，而能力的运用依赖支持者的战略、意志和技巧，依赖特定的情势性机会"（耶内克和雅各布，2012）。理顺环境管理体制，合理引入市场调节，建立企业、民众与非营利组织广泛参与的环境管理机制，是中国环境管理转型路径与政策创新的内在要求。中国环境管理长期停留在污染治理阶段，对市场化的环境政策制定以及公众的环境利益缺乏重视，阻碍了环境管理战略转型升级。中国环境管理体制改革必须遵循环境管理的发展规律，遵从环境保护的学理和政治基础。环境管理机构、职能和运行机制的整合，必须考虑环境保护的生态系统完整性要求，环境管理体制改革必须与环境管理手段相互协调。尽管生态安全已经受到国内外政府和科学家的高度重视与关注，我国也在生态安全的概念、理论体系、政策及关键地区的生态安全理论研究等方面取得了较为显著的进展，但与我国面临的一系列的人口、资源与生态环境问题相比，我国的生态安全研究还存在以下几个显著的问题：①过去有关区域生态安全的构建更强调森林、草地和湿地的生态系统功能，强调植被的恢复与重建，对于农村和城市生态环境建设在区域生态安全中的地位和作用重视不够，致使农村面源污染加剧、农村生态环境恶化严重，城市生态环境质量下降，流域面源污染的叠加效应导致大量的水体水质恶化，人类的生存和健康受到严重威胁。②过去有关区域生态安全体系的建设常常重视退化生态系统的恢复与重建，而对于那些脆弱生态系统的保护常常被忽视。③过去有关退化生态系统的恢复与重建更强调植被的恢复与重建，尤其是基于退化生态系统本身的恢复与重建，缺乏大生态学的理念和技术体系。这种基于末端治理的生态恢复重建与环境治理模式除了投入巨大的缺点以外，还难以从根本上扭转生态系统退化和环境恶化。

# 参考文献

包庆德. 2011. 从工业社会到"生态社会"：生态现代化研究进展. 内蒙古大学学报（哲学社会科学版），（3）：9-15.

毕亮亮. 2007. "多源流框架"对中国政策过程的解释力——以江浙跨行政区水污染防治合作的政策过程为例. 公共管理学报，4（2）：36-41.

陈潭，张晓亮. 2008. 环境治理与生态政治——绿色中国的政策议程及其行动框架. 甘肃行政学院学报，（1）：27-31.

陈瑜. 2009. 生态现代化理论研究评述. 吉首大学学报，30（6）：91-95.

迪尔凯姆 E. 2000. 社会分工论. 渠东，译. 北京：生活·读书·新知三联书店.

多布森 A. 2005. 绿色政治思想. 郇庆治, 译. 济南: 山东大学出版社.

冯霞. 2008. 社会发展的科学探索与和谐社会构建——"马恩设想"、"韦伯难题"与构建和谐社会的思考. 求实, （12）: 9-11.

格拉姆林 R, 弗罗伊登伯格 W R. 1996. 环境社会学: 关于21 世纪的范型. 国外社会科学, （2）: 77.

郭瑞雁. 2010. 论激进生态政治的依靠主体——安德鲁·多布森生态政治理论解读. 山西高等学校社会科学学报, 22（2）: 14-17.

郭熙保, 杨开泰. 2006. 生态现代化理论评述. 教学与研究, 54（4）: 46-52.

洪大用. 2012. 经济增长、环境保护与生态现代化: 以环境社会林兵学为视角. 中国社会科学, （9）: 82-99.

洪进, 郑梅, 余文涛. 2010. 转型管理: 环境治理的新模式. 中国人口·资源与环境, 20（9）: 78-83.

郇庆治. 2010. 环境政治学研究在中国: 回顾与展望. 鄱阳湖学刊, （2）: 45-56.

郇庆治, 耶内克 M. 2010. 生态现代化理论: 回顾与展望. 马克思主义与现实, （1）: 175-179.

黄少安, 张苏. 2013. 人类的合作及其演进研究. 中国社会科学, （7）: 77-89.

蒋洪强, 张静, 王金南, 等. 2012. 中国快速城镇化的边际环境污染效应变化实证分析. 生态环境学报, 21（2）: 293-297.

康芒纳 B. 1997. 封闭的循环——自然、人和技术. 侯文蕙, 译. 长春: 吉林人民出版社.

科尔曼 D A. 2002. 生态政治——建设一个绿色社会. 梅俊杰, 译. 上海: 上海译文出版社.

孔繁德, 王连龙, 谭海霞, 等. 2007. 《中国现代化报告2007—生态现代化研究》述评. 中国环境管理干部学院学报, 17（3）: 1-5.

李彦. 2009. 生态现代化理论视角下的荷兰环境治理. 山东大学博士学位论文.

林兵. 2012. 环境社会学理论与方法. 北京: 中国社会科学出版社.

林兵, 刘胜. 2017. 生态现代化理论的本土化建构研究. 吉林师范大学学报（人文社会科学版）, （4）: 57-62.

刘晓峰. 2011. 社会资本对中国环境治理绩效影响的实证分析. 中国人口·资源与环境, 21（3）: 20-24.

刘耀彬, 袁华锡, 胡凯川. 2019. 中国的绿色发展: 特征规律·框架方法·评价应用. 吉首大学学报（社会科学版）, 40（4）: 16-29.

马国栋. 2014. 生态现代化理论产生和发展的理论背景分析. 南京工业大学学报（社会科学版）, （3）: 66-72.

乔永平. 2013. 国内生态现代化理论的研究内容、特点及展望. 商业时代, （29）: 23-25.

乔永平. 2014. 生态文明视域下的生态现代化: 成功经验、局限性及启示. 生态经济, 30（5）: 182-185.

任景明, 刘磊, 张辉, 等. 2009. 完善我国环境影响评价制度的对策建议. 环境与可持续发展, 34（6）: 44-46.

宋言奇. 2008. 改革开放30年来我国的城市化历程与农村生态环境保护. 苏州大学学报（哲学社会科学版）, 29（6）: 24-26.

宋言奇. 2010. 社会资本与农村生态环境保护. 人文杂志, （1）: 163-169.

王芳. 2003. 环境与社会：跨学科视阈下的当代中国环境问题. 上海：华东理工大学出版社.

王宏斌. 2014. 生态现代化语境中的中国生态文明建设//"当代世界社会主义的理论与实践"学术研讨会暨当代世界社会主义专业委员会2014年年会.

王金南，蒋洪强. 2012. 国家十二五环境保护规划体系与重点任务. 环境保护，（1）：51-55.

王清军，Yang T. 2010. 中国环境管理大部制变革的回顾与反思. 武汉理工大学学报（社会科学版），23（6）：858-863.

习近平. 2017. 决胜全面建成小康社会，夺取新时代中国特色社会主义伟大胜利. 北京：人民出版社.

向书坚，郑瑞坤. 2013. 中国绿色经济发展指数研究. 统计研究，30（3）：72-77.

杨传志，杨浩昌. 2017. 产业聚集与环境污染的相互关系——基于联立方程模型的实证研究. 生态经济，（7）：109-114.

杨世迪，惠宁. 2017. 国外生态文明建设研究进展. 生态经济，33（5）：181-185.

耶内克 M，雅各布 K. 2012. 全球视野下的环境管治：生态与政治现代化的新方法. 李慧明，李昕蕾，译. 济南：山东大学出版社.

张梅. 2013. 绿色发展：全球态势与中国的出路. 国际问题研究，（5）：93-102.

张伟明. 2013. 乡村视阈下社会资本的理论与经验研究. 浙江大学博士学位论文.

赵晓红. 2007-01-16. 环境社会学：重新思索人类社会与环境的关系. http://www.china.com.cn/xxsb/txt/2007-01/16/content_7665420.htm.

赵雪雁. 2010. 社会资本与经济增长及环境影响的关系研究. 中国人口·资源与环境，20（2）：68-73.

中共中央文献研究室. 2017. 习近平关于社会主义生态文明建设论述摘编. 北京：中央文献出版社.

周雪光，练宏. 2011. 政府内部上下级部门间谈判的一个分析模型——以环境政策实施为例. 中国社会科学，（5）：80-98.

朱芳芳. 2011. 中国生态现代化能力建设与生态治理转型. 马克思主义与现实，（3）：193-196.

庄贵阳. 2020. 生态文明建设目标行动导向下的现代化经济体系研究. 生态经济，36（5）：208-214.

UN. 2011. 迈向绿色经济——实现可持续发展和消除贫困的各种途径. 联合国环境规划署.

Albrow M. 1990. Max Weber's Construction of Social Theory. London：Macmillan.

Barbier E B. 2016. Building the green economy. Canadian Public Policy，42（S1）：S1-S9.

Gare A. 2010. Toward an ecological civilization. Process Studies，39（1）：5-38.

Jones N. 2010. Environmental activation of citizens in the context of policy agenda formation and the influence of social capital. The Social Science Journal，47（1）：121-136.

Magdoff F. 2012. Harmony and ecological civilization：beyond the capitalist alienation of nature. Monthly Review，64（2）：1-9.

Marx K. 1867. Capital. vol. 1. New York：Vintage.

Menzies N K. 1991. Rights of access to upland forest resources in southwest China. Journal of World Forest Resource Management，（6）：1-20.

Mol A P J. 2001. Globalization and Environmental Reform：The Ecological Modernization of the Global Economy. Cambridge：The MIT Press.

Mol A P J. 2015. China's transition to sustainability. which direction to take？//Redclift M，Springett D. Routledge International Handbook of Sustainable Development. Abingdon：Routledge：351-363.

Morrison R S. 1995. Ecological Democracy. Boston：South End Press.

Morrison R S. 2007. Building an ecological civilization. Social Anarchism：A Journal of Theory & Practice，
（38）：1-18.

OECD. 2011. Towards green growth a summary for policy makers. This brochure was prepared for the OECD
Meeting of the Council at Ministerial Level，25-26 May 2011，Paris.

Saleth M，Dinar A. 2000. Institutional changes in global water sector：trends，patterns，and implications.
Water Policy，2：175-199.

Scholz J T，Wang C L. 2006. Cooptation or transformation? Local policy networks and federal regulatory
enforcement. American Journal of Political Science，50（1）：81-97.

West P C. 1984. Max Weber's human ecology of historical societies//Murvar V. Theory of Liberty，
Legitimacy and Power. Boston：Routledge and Kegan Paul：216-234.

World Bank. 2006. China water quality management：policy and institutional considerations//East Asia and
Pacific Environmental and Social Development Discussion Paper. Washington：World Bank.

Yeh E. 2000. Forest claims，conflicts，and commodification：the political ecology of tibetan mushroom-
harvesting villages in Yunnan province，China. China Quarterly，（161）：225-278.

# 后　记

　　中国是一个水资源紧缺、水患灾害十分频繁的国家，资源短缺与环境退化已经成为中国经济、社会发展的制约因素。资源的效率配置与环境保护是中国经济、社会可持续发展的关键。本书的研究包括三个部分：第一部分是资源环境可持续发展的相关概念界定；第二部分是资源的最优配置的理论基础；第三部分是环境保护政策设计与选择的理论应用部分。

　　当然，作者在编著本书的过程中，也明确感受到编写一本系统的资源与环境经济学教材的困难，因为资源与环境经济学涵盖生物学、经济学和社会科学的方方面面，本书试图从资源与环境统一的视角，研究资源与环境的利用和管理问题，希望通过对资源利用与配置规律的探索，以及对环境政策的设计与选择的分析和研究，为中国资源与环境管理的政策制定提供一定的理论指导。

　　本书研究成果主要来源于作者主持的国家社会科学基金项目（09AZD043）和2020年国家自然科学基金项目（72073119）成果的集成和扩展。同时，本书也是作者多年讲授"资源与环境经济学"点滴体会的总结和集成。

　　由于时间和精力的限制，本书并没有对分部门的环境政策进行系统研究，因为本人相信，读者在掌握了资源与环境经济学的基本原理之后，自然能够自觉地将所掌握的知识应用到不同部门的研究中。当然，本书的研究尚存在很多不足，相关研究还需不断深入，希望本书的出版能够起到一个抛砖引玉的作用！如果本书能够为有志于中国资源与环境管理这一重大问题研究的同仁提供一点借鉴，为中国资源与环境管理政策制定做出一点贡献，那便是给我们的最大鼓励！

　　本书在写作的过程中得到了博士后陈儒和博士吴枢的帮助。陈儒负责完成第十三章内容，吴枢负责完成第十一章和第十二章部分内容，在此说明并表示衷心的感谢！

韩洪云

2020年10月于杭州